U0922189

2020

辽宁省人口普查年鉴

(上册)

LIAONING POPULATION CENSUS YEARBOOK 2020

(BOOK 1)

辽宁省第七次全国人口普查领导小组办公室
辽　宁　省　统　计　局　编

Compiled by
Office of the Leading Group of Liaoning Province for the Seventh National Population Census
Liaoning Provincial Bureau of Statistics

图书在版编目（CIP）数据

辽宁省人口普查年鉴. 2020. 上册 / 辽宁省第七次全国人口普查领导小组办公室, 辽宁省统计局编. -- 北京 : 中国统计出版社, 2022.9
ISBN 978-7-5037-9651-7

Ⅰ. ①辽… Ⅱ. ①辽… ②辽… Ⅲ. ①人口普查－统计资料－辽宁－2020－年鉴 Ⅳ. ①C924.253.1-54

中国版本图书馆 CIP 数据核字(2022)第 118926 号

辽宁省人口普查年鉴-2020（上册）
Liaoning Population Census Yearbook 2020 (Book 1)

作　者/辽宁省第七次全国人口普查领导小组办公室　辽宁省统计局
责任编辑/佘竞雄
封面设计/李雪燕
出版发行/中国统计出版社有限公司
通信地址/北京市丰台区西三环南路甲 6 号　邮政编码/100073
发行电话/邮购（010）63376909　书店（010）68783171
网　址/http://www.zgtjcbs.com/
印　刷/河北鑫兆源印刷有限公司
经　销/新华书店
开　本/880mm×1230mm　1/16
字　数/964 千字
印　张/31.5
版　别/2022 年 9 月第 1 版
版　次/2022 年 9 月第 1 次印刷
定　价/880.00 元（全三册附光盘）

《辽宁省人口普查年鉴—2020》
编委会和编辑工作人员

编辑说明

在以习近平总书记为核心的党中央坚强领导下，按照国务院第七次全国人口普查领导小组统一部署，辽宁省委、省政府和各地区各有关部门精心组织、协同推进，全体普查人员艰苦努力、无私奉献，全省人民共同参与、积极配合，普查取得了圆满成功，获得了丰富详实的资料。为了满足社会各界的需要，现将汇总的数据资料编辑出版。

为便于读者使用本资料，现将有关情况说明如下:

一、普查对象和标准时点

第七次全国人口普查的普查对象指普查标准时点在中华人民共和国境内的自然人以及在中华人民共和国境外但未定居的中国公民，不包括在中华人民共和国境内短期停留的境外人员。普查标准时点为 2020 年 11 月 1 日零时。

二、普查表式

第七次全国人口普查采用长、短两种普查表。普查短表包括反映人口基本状况的项目，由全部住户（不包括港澳台居民和外籍人员）填报；普查长表包括所有短表项目和人口的经济活动、婚姻生育和住房等情况的项目，在全部住户中抽取 10%的户（不包括港澳台居民和外籍人员）填报。

三、资料主要内容

本资料分为三部分。第一部分是全部人口数据，主要反映人口的基本状况，分为八卷，共 196 张表；第二部分是普查长表数据，主要反映人口的各种结构情况，分为九卷，共 218 张表；第三部分是附录，主要是普查的有关规定和技术文件等。

四、数据汇总口径及推算说明

本资料是普查实际登记直接汇总的数据，不包括现役军人。

资料中各项指标的汇总结果未做任何误差校正，读者在使用时应考虑不同指标登记误差因素的影响。

由于普查长表是按户抽样并进行登记，因此人口总数以及各种人口结构数据的抽样比会存在略微差异，请读者使用本资料推算总体时，对采用的方法予以注意。

五、城乡划分规定

本次人口普查关于城乡的划分，按照国家统计局《统计上划分城乡的规定》执行。

六、其他

本资料中部分相对数由于单位取舍问题而产生的计算误差，均未做机械调整。本资料中空项表示无数字或数字很小。

目　　录

上　册

第一部分　全部数据资料

第一卷　概要

第五卷 家庭

第六卷 死亡

中　册

第二部分　长表数据资料

第一卷　概要

第二卷　民族

第三卷　教育

第四卷 就业

第五卷 婚姻

下　册

第二部分　长表数据资料（续）

第六卷　生育

第七卷 迁移和户口登记地

第八卷 老年人口

第九卷 住房

第三部分 附 录

第一部分　全部数据资料

第一卷　概要

1-1 各地区户数、

地区	户数						
				合计			
	合计	家庭户	集体户	合计	男	女	性别比(女=100)
辽宁	**18168393**	**17467111**	**701282**	**42591407**	**21263529**	**21327878**	**99.70**
沈阳市	3931138	3732544	198594	9027781	4499023	4528758	99.34
大连市	3168761	2959972	208789	7450785	3710161	3740624	99.19
鞍山市	1449277	1411251	38026	3325372	1665873	1659499	100.38
抚顺市	801270	778600	22670	1731864	859141	872723	98.44
本溪市	598323	578371	19952	1326018	656531	669487	98.06
丹东市	928784	904495	24289	2188436	1088067	1100369	98.88
锦州市	1149322	1114291	35031	2703853	1341806	1362047	98.51
营口市	984598	951889	32709	2328582	1173434	1155148	101.58
阜新市	700315	681641	18674	1647280	812522	834758	97.34
辽阳市	709749	694463	15286	1604580	800602	803978	99.58
盘锦市	578528	560915	17613	1389691	692330	697361	99.28
铁岭市	991981	977260	14721	2388294	1194753	1193541	100.10
朝阳市	1125376	1102207	23169	2872857	1453153	1419704	102.36
葫芦岛市	979104	953948	25156	2434194	1230001	1204193	102.14
辽宁省沈抚新区管委会	71867	65264	6603	171820	86132	85688	100.52

1-1a 各地区户数、

地区	户数						
				合计			
	合计	家庭户	集体户	合计	男	女	性别比(女=100)
辽宁	**11263547**	**10672010**	**591537**	**25572477**	**12626419**	**12946058**	**97.53**
沈阳市	3170455	2990801	179654	7182292	3565398	3616894	98.58
大连市	2494437	2303383	191054	5858459	2899532	2958927	97.99
鞍山市	865516	834475	31041	1863746	919074	944672	97.29
抚顺市	527628	508479	19149	1101461	539217	562244	95.90
本溪市	356399	341104	15295	765932	374538	391394	95.69
丹东市	490310	474238	16072	1090680	532444	558236	95.38
锦州市	558088	528101	29987	1273214	619381	653833	94.73
营口市	620134	593014	27120	1396148	694119	702029	98.87
阜新市	316751	303921	12830	696563	335450	361113	92.89
辽阳市	387722	375344	12378	855682	419147	436535	96.02
盘锦市	401146	387178	13968	942809	467259	475550	98.26
铁岭市	271809	266291	5518	623723	306929	316794	96.89
朝阳市	386359	371994	14365	955223	472976	482247	98.08
葫芦岛市	361672	343590	18082	835958	415390	420568	98.77
辽宁省沈抚新区管委会	55121	50097	5024	130587	65565	65022	100.84

人口数和性别比

单位：户、人

人口数								平均家庭户规模（人/户）
家庭户				集体户				
小计	男	女	性别比（女=100）	小计	男	女	性别比（女=100）	
39914651	**19800387**	**20114264**	**98.44**	**2676756**	**1463142**	**1213614**	**120.56**	**2.29**
8136592	4017484	4119108	97.53	891189	481539	409650	117.55	2.18
6779996	3340209	3439787	97.11	670789	369952	300837	122.97	2.29
3177319	1586857	1590462	99.77	148053	79016	69037	114.45	2.25
1664750	820466	844284	97.18	67114	38675	28439	135.99	2.14
1257395	621186	636209	97.64	68623	35345	33278	106.21	2.17
2092042	1035721	1056321	98.05	96394	52346	44048	118.84	2.31
2551777	1262503	1289274	97.92	152076	79303	72773	108.97	2.29
2222208	1115503	1106705	100.79	106374	57931	48443	119.59	2.33
1576659	774815	801844	96.63	70621	37707	32914	114.56	2.31
1552311	772613	779698	99.09	52269	27989	24280	115.28	2.24
1316002	650452	665550	97.73	73689	41878	31811	131.65	2.35
2317401	1157544	1159857	99.80	70893	37209	33684	110.46	2.37
2780548	1398122	1382426	101.14	92309	55031	37278	147.62	2.52
2343533	1174999	1168534	100.55	90661	55002	35659	154.24	2.46
146118	71913	74205	96.91	25702	14219	11483	123.83	2.24

人口数和性别比(城市)

单位：户、人

人口数								平均家庭户规模（人/户）
家庭户				集体户				
小计	男	女	性别比（女=100）	小计	男	女	性别比（女=100）	
23359821	**11419772**	**11940049**	**95.64**	**2212656**	**1206647**	**1006009**	**119.94**	**2.19**
6391828	3138795	3253033	96.49	790464	426603	363861	117.24	2.14
5245312	2561351	2683961	95.43	613147	338181	274966	122.99	2.28
1744040	856224	887816	96.44	119706	62850	56856	110.54	2.09
1046604	507745	538859	94.23	54857	31472	23385	134.58	2.06
715638	348914	366724	95.14	50294	25624	24670	103.87	2.10
1030151	499025	531126	93.96	60529	33419	27110	123.27	2.17
1143882	553678	590204	93.81	129332	65703	63629	103.26	2.17
1308659	647713	660946	98.00	87489	46406	41083	112.96	2.21
646606	309231	337375	91.66	49957	26219	23738	110.45	2.13
813250	396986	416264	95.37	42432	22161	20271	109.32	2.17
888596	435275	453321	96.02	54213	31984	22229	143.88	2.30
600076	293814	306262	95.94	23647	13115	10532	124.53	2.25
901685	441918	459767	96.12	53538	31058	22480	138.16	2.42
770962	374147	396815	94.29	64996	41243	23753	173.63	2.24
112532	54956	57576	95.45	18055	10609	7446	142.48	2.25

1-1b 各地区户数、

地区	户数			合计			
	合计	家庭户	集体户	合计	男	女	性别比(女=100)
辽宁	**2211309**	**2136933**	**74376**	**5153499**	**2566297**	**2587202**	**99.19**
沈阳市	205212	196247	8965	459319	232379	226940	102.40
大连市	117470	106197	11273	277268	138441	138827	99.72
鞍山市	260586	254648	5938	615945	310725	305220	101.80
抚顺市	115435	112530	2905	249305	122805	126500	97.08
本溪市	128262	125577	2685	287494	141484	146010	96.90
丹东市	173490	166426	7064	416791	205661	211130	97.41
锦州市	153556	149853	3703	340041	167773	172268	97.39
营口市	69630	65672	3958	168094	85682	82412	103.97
阜新市	141884	136789	5095	319059	157196	161863	97.12
辽阳市	98467	96212	2255	215944	108250	107694	100.52
盘锦市	55618	53598	2020	132879	66485	66394	100.14
铁岭市	302239	294831	7408	694298	341347	352951	96.71
朝阳市	187449	182016	5433	480045	240756	239289	100.61
葫芦岛市	202011	196337	5674	497017	247313	249704	99.04
辽宁省沈抚新区管委会							

1-1c 各地区户数、

地区	户数			合计			
	合计	家庭户	集体户	合计	男	女	性别比(女=100)
辽宁	**4693537**	**4658168**	**35369**	**11865431**	**6070813**	**5794618**	**104.77**
沈阳市	555471	545496	9975	1386170	701246	684924	102.38
大连市	556854	550392	6462	1315058	672188	642870	104.56
鞍山市	323175	322128	1047	845681	436074	409607	106.46
抚顺市	158207	157591	616	381098	197119	183979	107.14
本溪市	113662	111690	1972	272592	140509	132083	106.38
丹东市	264984	263831	1153	680965	349962	331003	105.73
锦州市	437678	436337	1341	1090598	554652	535946	103.49
营口市	294834	293203	1631	764340	393633	370707	106.18
阜新市	241680	240931	749	631658	319876	311782	102.60
辽阳市	223560	222907	653	532954	273205	259749	105.18
盘锦市	121764	120139	1625	314003	158586	155417	102.04
铁岭市	417933	416138	1795	1070273	546477	523796	104.33
朝阳市	551568	548197	3371	1437589	739421	698168	105.91
葫芦岛市	415421	414021	1400	1101219	567298	533921	106.25
辽宁省沈抚新区管委会	16746	15167	1579	41233	20567	20666	99.52

人口数和性别比(镇)

单位：户、人

人口数								平均家庭户规模(人/户)
家庭户				集体户				
小计	男	女	性别比(女=100)	小计	男	女	性别比(女=100)	
4879792	**2420009**	**2459783**	**98.38**	**273707**	**146288**	**127419**	**114.81**	**2.28**
422549	210671	211878	99.43	36770	21708	15062	144.12	2.15
242210	121104	121106	100.00	35058	17337	17721	97.83	2.28
595019	299578	295441	101.40	20926	11147	9779	113.99	2.34
239806	117710	122096	96.41	9499	5095	4404	115.69	2.13
277593	135521	142072	95.39	9901	5963	3938	151.42	2.21
386833	191101	195732	97.63	29958	14560	15398	94.56	2.32
326464	160292	166172	96.46	13577	7481	6096	122.72	2.18
156326	78948	77378	102.03	11768	6734	5034	133.77	2.38
301595	148048	153547	96.42	17464	9148	8316	110.00	2.20
209256	104741	104515	100.22	6688	3509	3179	110.38	2.17
127476	63500	63976	99.26	5403	2985	2418	123.45	2.38
658600	324207	334393	96.95	35698	17140	18558	92.36	2.23
459415	227871	231544	98.41	20630	12885	7745	166.37	2.52
476650	236717	239933	98.66	20367	10596	9771	108.44	2.43

人口数和性别比(乡村)

单位：户、人

人口数								平均家庭户规模(人/户)
家庭户				集体户				
小计	男	女	性别比(女=100)	小计	男	女	性别比(女=100)	
11675038	**5960606**	**5714432**	**104.31**	**190393**	**110207**	**80186**	**137.44**	**2.51**
1322215	668018	654197	102.11	63955	33228	30727	108.14	2.42
1292474	657754	634720	103.63	22584	14434	8150	177.10	2.35
838260	431055	407205	105.86	7421	5019	2402	208.95	2.60
378340	195011	183329	106.37	2758	2108	650	324.31	2.40
264164	136751	127413	107.33	8428	3758	4670	80.47	2.37
675058	345595	329463	104.90	5907	4367	1540	283.57	2.56
1081431	548533	532898	102.93	9167	6119	3048	200.75	2.48
757223	388842	368381	105.55	7117	4791	2326	205.98	2.58
628458	317536	310922	102.13	3200	2340	860	272.09	2.61
529805	270886	258919	104.62	3149	2319	830	279.40	2.38
299930	151677	148253	102.31	14073	6909	7164	96.44	2.50
1058725	539523	519202	103.91	11548	6954	4594	151.37	2.54
1419448	728333	691115	105.39	18141	11088	7053	157.21	2.59
1095921	564135	531786	106.08	5298	3163	2135	148.15	2.65
33586	16957	16629	101.97	7647	3610	4037	89.42	2.21

1-2 各地区分性别、

地区	人口数			居住本乡、镇、街道，户口在本乡、镇、街道		
	合计	男	女	小计	男	女
辽宁	**42591407**	**21263529**	**21327878**	**26642879**	**13367516**	**13275363**
沈阳市	9027781	4499023	4528758	4627203	2285541	2341662
大连市	7450785	3710161	3740624	3867837	1916060	1951777
鞍山市	3325372	1665873	1659499	2301646	1158462	1143184
抚顺市	1731864	859141	872723	1287687	644596	643091
本溪市	1326018	656531	669487	886384	443358	443026
丹东市	2188436	1088067	1100369	1521555	762531	759024
锦州市	2703853	1341806	1362047	1912216	963399	948817
营口市	2328582	1173434	1155148	1445371	736681	708690
阜新市	1647280	812522	834758	1252817	623654	629163
辽阳市	1604580	800602	803978	1024809	519017	505792
盘锦市	1389691	692330	697361	810504	405318	405186
铁岭市	2388294	1194753	1193541	1750784	888577	862207
朝阳市	2872857	1453153	1419704	2141499	1095262	1046237
葫芦岛市	2434194	1230001	1204193	1726100	881693	844407
辽宁省沈抚新区管委会	171820	86132	85688	86467	43367	43100

1-2a 各地区分性别、

地区	人口数			居住本乡、镇、街道，户口在本乡、镇、街道		
	合计	男	女	小计	男	女
辽宁	**25572477**	**12626419**	**12946058**	**12753695**	**6251852**	**6501843**
沈阳市	7182292	3565398	3616894	3221690	1569237	1652453
大连市	5858459	2899532	2958927	2586700	1265669	1321031
鞍山市	1863746	919074	944672	1117226	548236	568990
抚顺市	1101461	539217	562244	767797	377839	389958
本溪市	765932	374538	391394	475378	233929	241449
丹东市	1090680	532444	558236	619667	301759	317908
锦州市	1273214	619381	653833	692618	339101	353517
营口市	1396148	694119	702029	682321	339544	342777
阜新市	696563	335450	361113	438781	210994	227787
辽阳市	855682	419147	436535	433878	213897	219981
盘锦市	942809	467259	475550	460415	227665	232750
铁岭市	623723	306929	316794	338697	167267	171430
朝阳市	955223	472976	482247	477081	239701	237380
葫芦岛市	835958	415390	420568	381089	186927	194162
辽宁省沈抚新区管委会	130587	65565	65022	60357	30087	30270

户口登记状况的人口

单位：人

居住本乡、镇、街道，户口在外乡、镇、街道，离开户口登记地半年以上			居住本乡、镇、街道，户口待定			原住本乡、镇、街道，现在港澳台或国外工作学习		
小计	男	女	小计	男	女	小计	男	女
15670121	**7760506**	**7909615**	**50940**	**26273**	**24667**	**227467**	**109234**	**118233**
4322703	2177163	2145540	10438	5706	4732	67437	30613	36824
3522197	1764442	1757755	13495	7161	6334	47256	22498	24758
1012461	502073	510388	3238	1600	1638	8027	3738	4289
412975	199610	213365	937	487	450	30265	14448	15817
430609	208271	222338	1050	528	522	7975	4374	3601
655898	319684	336214	1873	1011	862	9110	4841	4269
785836	375575	410261	2169	1107	1062	3632	1725	1907
874347	432264	442083	2669	1387	1282	6195	3102	3093
388334	185623	202711	1701	845	856	4428	2400	2028
569903	276911	292992	1691	824	867	8177	3850	4327
571297	283087	288210	1182	637	545	6708	3288	3420
616175	295450	320725	1981	982	999	19354	9744	9610
724573	354518	370055	4244	1934	2310	2541	1439	1102
701550	344961	356589	4154	2015	2139	2390	1332	1058
81263	40874	40389	118	49	69	3972	1842	2130

户口登记状况的人口(城市)

单位：人

居住本乡、镇、街道，户口在外乡、镇、街道，离开户口登记地半年以上			居住本乡、镇、街道，户口待定			原住本乡、镇、街道，现在港澳台或国外工作学习		
小计	男	女	小计	男	女	小计	男	女
12651030	**6296748**	**6354282**	**31889**	**17201**	**14688**	**135863**	**60618**	**75245**
3903275	1969891	1933384	8652	4834	3818	48675	21436	27239
3224063	1611282	1612781	12042	6450	5592	35654	16131	19523
738866	367314	371552	1171	603	568	6483	2921	3562
318065	154602	163463	576	309	267	15023	6467	8556
287691	139307	148384	534	280	254	2329	1022	1307
466267	228386	237881	855	499	356	3891	1800	2091
577015	278554	298461	1072	613	459	2509	1113	1396
709110	352262	356848	1617	859	758	3100	1454	1646
255587	123425	132162	416	222	194	1779	809	970
415787	202570	213217	1040	484	556	4977	2196	2781
479516	238233	241283	772	422	350	2106	939	1167
280339	137493	142846	310	158	152	4377	2011	2366
475995	232232	243763	1328	674	654	819	369	450
452474	227219	225255	1395	751	644	1000	493	507
66980	33978	33002	109	43	66	3141	1457	1684

1–2b 各地区分性别、

地 区	人口数			居住本乡、镇、街道，户口在本乡、镇、街道		
	合计	男	女	小计	男	女
辽宁	**5153499**	**2566297**	**2587202**	**3383962**	**1704038**	**1679924**
沈阳市	459319	232379	226940	257865	131584	126281
大连市	277268	138441	138827	171071	85067	86004
鞍山市	615945	310725	305220	419410	212860	206550
抚顺市	249305	122805	126500	184832	92148	92684
本溪市	287494	141484	146010	184271	90992	93279
丹东市	416791	205661	211130	293241	146685	146556
锦州市	340041	167773	172268	222932	112393	110539
营口市	168094	85682	82412	120604	62163	58441
阜新市	319059	157196	161863	223810	111556	112254
辽阳市	215944	108250	107694	128138	65467	62671
盘锦市	132879	66485	66394	87315	44074	43241
铁岭市	694298	341347	352951	434574	217767	216807
朝阳市	480045	240756	239289	322999	163037	159962
葫芦岛市	497017	247313	249704	332900	168245	164655
辽宁省沈抚新区管委会						

1–2c 各地区分性别、

地 区	人口数			居住本乡、镇、街道，户口在本乡、镇、街道		
	合计	男	女	小计	男	女
辽宁	**11865431**	**6070813**	**5794618**	**10505222**	**5411626**	**5093596**
沈阳市	1386170	701246	684924	1147648	584720	562928
大连市	1315058	672188	642870	1110066	565324	544742
鞍山市	845681	436074	409607	765010	397366	367644
抚顺市	381098	197119	183979	335058	174609	160449
本溪市	272592	140509	132083	226735	118437	108298
丹东市	680965	349962	331003	608647	314087	294560
锦州市	1090598	554652	535946	996666	511905	484761
营口市	764340	393633	370707	642446	334974	307472
阜新市	631658	319876	311782	590226	301104	289122
辽阳市	532954	273205	259749	462793	239653	223140
盘锦市	314003	158586	155417	262774	133579	129195
铁岭市	1070273	546477	523796	977513	503543	473970
朝阳市	1437589	739421	698168	1341419	692524	648895
葫芦岛市	1101219	567298	533921	1012111	526521	485590
辽宁省沈抚新区管委会	41233	20567	20666	26110	13280	12830

户口登记状况的人口(镇)

单位：人

居住本乡、镇、街道，户口在外乡、镇、街道，离开户口登记地半年以上			居住本乡、镇、街道，户口待定			原住本乡、镇、街道，现在港澳台或国外工作学习		
小计	男	女	小计	男	女	小计	男	女
1748519	**851374**	**897145**	**6071**	**3021**	**3050**	**14947**	**7864**	**7083**
200541	100326	100215	403	210	193	510	259	251
104278	52187	52091	527	246	281	1392	941	451
194962	97077	97885	1146	579	567	427	209	218
59859	28426	31433	137	75	62	4477	2156	2321
101916	49795	52121	188	93	95	1119	604	515
121659	57926	63733	430	238	192	1461	812	649
116516	55098	61418	397	183	214	196	99	97
46999	23249	23750	215	112	103	276	158	118
94318	45132	49186	311	146	165	620	362	258
87048	42398	44650	178	92	86	580	293	287
45036	22135	22901	123	73	50	405	203	202
256260	121846	134414	637	331	306	2827	1403	1424
156156	77287	78869	549	242	307	341	190	151
162971	78492	84479	830	401	429	316	175	141

户口登记状况的人口(乡村)

单位：人

居住本乡、镇、街道，户口在外乡、镇、街道，离开户口登记地半年以上			居住本乡、镇、街道，户口待定			原住本乡、镇、街道，现在港澳台或国外工作学习		
小计	男	女	小计	男	女	小计	男	女
1270572	**612384**	**658188**	**12980**	**6051**	**6929**	**76657**	**40752**	**35905**
218887	106946	111941	1383	662	721	18252	8918	9334
193856	100973	92883	926	465	461	10210	5426	4784
78633	37682	40951	921	418	503	1117	608	509
35051	16582	18469	224	103	121	10765	5825	4940
41002	19169	21833	328	155	173	4527	2748	1779
67972	33372	34600	588	274	314	3758	2229	1529
92305	41923	50382	700	311	389	927	513	414
118238	56753	61485	837	416	421	2819	1490	1329
38429	17066	21363	974	477	497	2029	1229	800
67068	31943	35125	473	248	225	2620	1361	1259
46745	22719	24026	287	142	145	4197	2146	2051
79576	36111	43465	1034	493	541	12150	6330	5820
92422	44999	47423	2367	1018	1349	1381	880	501
86105	39250	46855	1929	863	1066	1074	664	410
14283	6896	7387	9	6	3	831	385	446

1—3 各地区分性别的户口登记地在外乡镇街道的人口状况

单位：人

地区	户口登记地					
	合计			本县(市、区)		
	合计	男	女	小计	男	女
辽宁	**15670121**	**7760506**	**7909615**	**6179523**	**2997112**	**3182411**
沈阳市	4322703	2177163	2145540	1176231	576312	599919
大连市	3522197	1764442	1757755	927225	451099	476126
鞍山市	1012461	502073	510388	572560	282760	289800
抚顺市	412975	199610	213365	211049	100168	110881
本溪市	430609	208271	222338	218750	105337	113413
丹东市	655898	319684	336214	388798	185944	202854
锦州市	785836	375575	410261	379029	181228	197801
营口市	874347	432264	442083	403592	195973	207619
阜新市	388334	185623	202711	188255	87987	100268
辽阳市	569903	276911	292992	256749	124823	131926
盘锦市	571297	283087	288210	208599	101670	106929
铁岭市	616175	295450	320725	349748	168435	181313
朝阳市	724573	354518	370055	460629	224962	235667
葫芦岛市	701550	344961	356589	410583	196874	213709
辽宁省沈抚新区管委会	81263	40874	40389	27726	13540	14186

1—3 续表

单位：人

地区	户口登记地					
	本省其他县(市、区)			省外		
	小计	男	女	小计	男	女
辽宁	**6643290**	**3248628**	**3394662**	**2847308**	**1514766**	**1332542**
沈阳市	2324270	1151021	1173249	822202	449830	372372
大连市	1389451	677310	712141	1205521	636033	569488
鞍山市	316626	153795	162831	123275	65518	57757
抚顺市	159539	76374	83165	42387	23068	19319
本溪市	177130	84859	92271	34729	18075	16654
丹东市	204146	99571	104575	62954	34169	28785
锦州市	333693	157304	176389	73114	37043	36071
营口市	324603	161244	163359	146152	75047	71105
阜新市	169114	80691	88423	30965	16945	14020
辽阳市	256386	122841	133545	56768	29247	27521
盘锦市	284226	139674	144552	78472	41743	36729
铁岭市	222207	106418	115789	44220	20597	23623
朝阳市	215220	104928	110292	48724	24628	24096
葫芦岛市	227056	113082	113974	63911	35005	28906
辽宁省沈抚新区管委会	39623	19516	20107	13914	7818	6096

1-3a　各地区分性别的户口登记地在外乡镇街道的人口状况(城市)

单位：人

地　区	户口登记地					
	合　计			本县(市、区)		
	合计	男	女	小计	男	女
辽宁	**12651030**	**6296748**	**6354282**	**4657511**	**2273632**	**2383879**
沈阳市	3903275	1969891	1933384	1042213	512554	529659
大连市	3224063	1611282	1612781	845660	411024	434636
鞍山市	738866	367314	371552	430828	213821	217007
抚顺市	318065	154602	163463	156629	74680	81949
本溪市	287691	139307	148384	124717	60101	64616
丹东市	466267	228386	237881	289226	139132	150094
锦州市	577015	278554	298461	241042	117576	123466
营口市	709110	352262	356848	341004	167328	173676
阜新市	255587	123425	132162	103303	49124	54179
辽阳市	415787	202570	213217	180187	87849	92338
盘锦市	479516	238233	241283	185124	90519	94605
铁岭市	280339	137493	142846	168153	82872	85281
朝阳市	475995	232232	243763	287914	140109	147805
葫芦岛市	452474	227219	225255	235999	114470	121529
辽宁省沈抚新区管委会	66980	33978	33002	25512	12473	13039

1-3a　续表

单位：人

地　区	户口登记地					
	本省其他县(市、区)			省　外		
	小计	男	女	小计	男	女
辽宁	**5614422**	**2751423**	**2862999**	**2379097**	**1271693**	**1107404**
沈阳市	2123393	1052332	1071061	737669	405005	332664
大连市	1284112	624240	659872	1094291	576018	518273
鞍山市	231810	112341	119469	76228	41152	35076
抚顺市	131187	63049	68138	30249	16873	13376
本溪市	138189	66194	71995	24785	13012	11773
丹东市	139091	68552	70539	37950	20702	17248
锦州市	277817	131455	146362	58156	29523	28633
营口市	252377	125384	126993	115729	59550	56179
阜新市	133159	63391	69768	19125	10910	8215
辽阳市	201508	97293	104215	34092	17428	16664
盘锦市	233994	115572	118422	60398	32142	28256
铁岭市	97940	47546	50394	14246	7075	7171
朝阳市	166139	81042	85097	21942	11081	10861
葫芦岛市	173281	87731	85550	43194	25018	18176
辽宁省沈抚新区管委会	30425	15301	15124	11043	6204	4839

1-3b　各地区分性别的户口登记地在外乡镇街道的人口状况(镇)

单位：人

地　　区	户口登记地					
	合　　计			本县(市、区)		
	合计	男	女	小计	男	女
辽宁	**1748519**	**851374**	**897145**	**1071776**	**516664**	**555112**
沈阳市	200541	100326	100215	82963	40196	42767
大连市	104278	52187	52091	27729	13633	14096
鞍山市	194962	97077	97885	115845	57075	58770
抚顺市	59859	28426	31433	42304	19879	22425
本溪市	101916	49795	52121	74272	35623	38649
丹东市	121659	57926	63733	73221	34474	38747
锦州市	116516	55098	61418	95139	45138	50001
营口市	46999	23249	23750	17381	8181	9200
阜新市	94318	45132	49186	68088	32080	36008
辽阳市	87048	42398	44650	55008	27044	27964
盘锦市	45036	22135	22901	13401	6351	7050
铁岭市	256260	121846	134414	147150	70607	76543
朝阳市	156156	77287	78869	129401	63960	65441
葫芦岛市	162971	78492	84479	129874	62423	67451
辽宁省沈抚新区管委会						

1-3b　续表

单位：人

地　　区	户口登记地					
	本省其他县(市、区)			省　　外		
	小计	男	女	小计	男	女
辽宁	**484781**	**235569**	**249212**	**191962**	**99141**	**92821**
沈阳市	85600	42913	42687	31978	17217	14761
大连市	36862	17839	19023	39687	20715	18972
鞍山市	50566	25214	25352	28551	14788	13763
抚顺市	12659	6084	6575	4896	2463	2433
本溪市	22874	11735	11139	4770	2437	2333
丹东市	35674	16608	19066	12764	6844	5920
锦州市	16550	7601	8949	4827	2359	2468
营口市	21454	10863	10591	8164	4205	3959
阜新市	19944	9748	10196	6286	3304	2982
辽阳市	23432	10944	12488	8608	4410	4198
盘锦市	25350	12449	12901	6285	3335	2950
铁岭市	92063	43358	48705	17047	7881	9166
朝阳市	17554	8643	8911	9201	4684	4517
葫芦岛市	24199	11570	12629	8898	4499	4399
辽宁省沈抚新区管委会						

1－3c　各地区分性别的户口登记地在外乡镇街道的人口状况(乡村)

单位：人

地　　区	户口登记地					
	合　　计			本县(市、区)		
	合计	男	女	小计	男	女
辽宁	**1270572**	**612384**	**658188**	**450236**	**206816**	**243420**
沈阳市	218887	106946	111941	51055	23562	27493
大连市	193856	100973	92883	53836	26442	27394
鞍山市	78633	37682	40951	25887	11864	14023
抚顺市	35051	16582	18469	12116	5609	6507
本溪市	41002	19169	21833	19761	9613	10148
丹东市	67972	33372	34600	26351	12338	14013
锦州市	92305	41923	50382	42848	18514	24334
营口市	118238	56753	61485	45207	20464	24743
阜新市	38429	17066	21363	16864	6783	10081
辽阳市	67068	31943	35125	21554	9930	11624
盘锦市	46745	22719	24026	10074	4800	5274
铁岭市	79576	36111	43465	34445	14956	19489
朝阳市	92422	44999	47423	43314	20893	22421
葫芦岛市	86105	39250	46855	44710	19981	24729
辽宁省沈抚新区管委会	14283	6896	7387	2214	1067	1147

1－3c　续表

单位：人

地　　区	户口登记地					
	本省其他县(市、区)			省　　外		
	小计	男	女	小计	男	女
辽宁	**544087**	**261636**	**282451**	**276249**	**143932**	**132317**
沈阳市	115277	55776	59501	52555	27608	24947
大连市	68477	35231	33246	71543	39300	32243
鞍山市	34250	16240	18010	18496	9578	8918
抚顺市	15693	7241	8452	7242	3732	3510
本溪市	16067	6930	9137	5174	2626	2548
丹东市	29381	14411	14970	12240	6623	5617
锦州市	39326	18248	21078	10131	5161	4970
营口市	50772	24997	25775	22259	11292	10967
阜新市	16011	7552	8459	5554	2731	2823
辽阳市	31446	14604	16842	14068	7409	6659
盘锦市	24882	11653	13229	11789	6266	5523
铁岭市	32204	15514	16690	12927	5641	7286
朝阳市	31527	15243	16284	17581	8863	8718
葫芦岛市	29576	13781	15795	11819	5488	6331
辽宁省沈抚新区管委会	9198	4215	4983	2871	1614	1257

1-4 各地区分性别、民族的人口

单位：人

地　　区	合　　计			汉　　族		
	合计	男	女	小计	男	女
辽宁	**42591407**	**21263529**	**21327878**	**36169617**	**18007012**	**18162605**
沈阳市	9027781	4499023	4528758	8105916	4033376	4072540
大连市	7450785	3710161	3740624	6955255	3460420	3494835
鞍山市	3325372	1665873	1659499	2836339	1415727	1420612
抚顺市	1731864	859141	872723	1240483	611288	629195
本溪市	1326018	656531	669487	885924	436482	449442
丹东市	2188436	1088067	1100369	1413438	701003	712435
锦州市	2703853	1341806	1362047	1975956	968504	1007452
营口市	2328582	1173434	1155148	2166258	1089155	1077103
阜新市	1647280	812522	834758	1401922	689595	712327
辽阳市	1604580	800602	803978	1480535	736224	744311
盘锦市	1389691	692330	697361	1316741	656201	660540
铁岭市	2388294	1194753	1193541	1838821	914301	924520
朝阳市	2872857	1453153	1419704	2661590	1345022	1316568
葫芦岛市	2434194	1230001	1204193	1758863	883893	874970
辽宁省沈抚新区管委会	171820	86132	85688	131576	65821	65755

1-4　续表 1

单位：人

地　　区	蒙古族			回　　族			藏　　族		
	小计	男	女	小计	男	女	小计	男	女
辽宁	**677760**	**338989**	**338771**	**216379**	**107576**	**108803**	**4104**	**1970**	**2134**
沈阳市	134645	67317	67328	63260	31308	31952	1747	884	863
大连市	51448	25427	26021	18186	8985	9201	641	284	357
鞍山市	9984	4830	5154	15125	7593	7532	120	52	68
抚顺市	4880	2303	2577	10165	5034	5131	113	59	54
本溪市	5046	2437	2609	18753	9076	9677	62	26	36
丹东市	24873	13079	11794	12983	6418	6565	75	29	46
锦州市	28278	13216	15062	16998	8449	8549	339	172	167
营口市	8373	3975	4398	11630	5834	5796	120	48	72
阜新市	177622	88362	89260	6316	3084	3232	113	53	60
辽阳市	6719	3071	3648	6440	3269	3171	451	188	263
盘锦市	8523	4117	4406	3727	1895	1832	42	21	21
铁岭市	12142	5707	6435	9241	4631	4610	77	40	37
朝阳市	165005	84554	80451	13418	6846	6572	86	59	27
葫芦岛市	38558	19777	18781	9599	4887	4712	114	54	60
辽宁省沈抚新区管委会	1664	817	847	538	267	271	4	1	3

1－4　续表 2

单位：人

地　　区	维吾尔族			苗　　族			彝　　族		
	小计	男	女	小计	男	女	小计	男	女
辽宁	**6604**	**3383**	**3221**	**14378**	**7224**	**7154**	**4447**	**2447**	**2000**
沈阳市	2055	1184	871	3447	1808	1639	1015	602	413
大连市	2522	1104	1418	4161	2002	2159	1261	631	630
鞍山市	194	141	53	642	325	317	234	132	102
抚顺市	266	152	114	464	240	224	118	65	53
本溪市	172	54	118	304	163	141	110	48	62
丹东市	36	23	13	703	340	363	146	75	71
锦州市	389	168	221	666	332	334	246	140	106
营口市	63	32	31	1164	573	591	250	128	122
阜新市	46	15	31	372	195	177	116	53	63
辽阳市	84	53	31	540	277	263	125	70	55
盘锦市	160	62	98	387	204	183	118	61	57
铁岭市	86	46	40	522	252	270	123	55	68
朝阳市	25	14	11	477	251	226	285	223	62
葫芦岛市	96	30	66	465	233	232	265	144	121
辽宁省沈抚新区管委会	410	305	105	64	29	35	35	20	15

1－4　续表 3

单位：人

地　　区	壮　　族			布依族			朝鲜族		
	小计	男	女	小计	男	女	小计	男	女
辽宁	**7536**	**3516**	**4020**	**6794**	**3284**	**3510**	**229158**	**111425**	**117733**
沈阳市	2056	1020	1036	1492	745	747	87509	42212	45297
大连市	2365	1103	1262	2107	999	1108	26405	12511	13894
鞍山市	310	143	167	273	121	152	7821	3749	4072
抚顺市	239	122	117	208	111	97	27276	13461	13815
本溪市	314	155	159	159	75	84	10841	5478	5363
丹东市	273	123	150	364	166	198	16859	8328	8531
锦州市	553	228	325	292	137	155	2068	997	1071
营口市	235	99	136	553	271	282	8521	4198	4323
阜新市	154	70	84	195	102	93	1206	567	639
辽阳市	210	78	132	243	116	127	4636	2201	2435
盘锦市	157	77	80	208	96	112	8856	4421	4435
铁岭市	194	76	118	233	105	128	17227	8459	8768
朝阳市	211	100	111	207	116	91	1205	567	638
葫芦岛市	215	99	116	221	105	116	1507	703	804
辽宁省沈抚新区管委会	50	23	27	39	19	20	7221	3573	3648

1-4 续表 4

单位：人

地区	满族			侗族			瑶族		
	小计	男	女	小计	男	女	小计	男	女
辽宁	**5085984**	**2589948**	**2496036**	**7606**	**3885**	**3721**	**1557**	**764**	**793**
沈阳市	561478	285614	275864	1654	896	758	335	187	148
大连市	358432	182509	175923	2234	1086	1148	518	248	270
鞍山市	450606	231046	219560	301	152	149	66	29	37
抚顺市	443573	224251	219322	285	144	141	51	23	28
本溪市	402198	201513	200685	159	76	83	73	34	39
丹东市	709719	353983	355736	417	222	195	108	44	64
锦州市	661523	341072	320451	299	156	143	126	64	62
营口市	127540	67141	60399	697	322	375	49	24	25
阜新市	54992	28269	26723	229	135	94	20	12	8
辽阳市	100728	53036	47692	313	169	144	39	22	17
盘锦市	48490	23964	24526	206	113	93	31	11	20
铁岭市	486985	249264	237721	299	143	156	36	20	16
朝阳市	28433	14493	13940	251	143	108	38	19	19
葫芦岛市	621868	318932	302936	218	104	114	60	24	36
辽宁省沈抚新区管委会	29419	14861	14558	44	24	20	7	3	4

1-4 续表 5

单位：人

地区	白族			土家族			哈尼族		
	小计	男	女	小计	男	女	小计	男	女
辽宁	**2029**	**1020**	**1009**	**10080**	**5386**	**4694**	**480**	**194**	**286**
沈阳市	476	265	211	2825	1549	1276	120	54	66
大连市	684	328	356	3088	1552	1536	93	40	53
鞍山市	110	59	51	485	290	195	46	31	15
抚顺市	62	30	32	253	141	112	40	12	28
本溪市	62	32	30	217	118	99	29	4	25
丹东市	53	26	27	358	174	184	17	8	9
锦州市	110	52	58	560	303	257	17	7	10
营口市	95	52	43	499	269	230	12	2	10
阜新市	49	23	26	245	148	97	11	5	6
辽阳市	67	28	39	304	158	146	34	11	23
盘锦市	53	30	23	304	171	133	12	2	10
铁岭市	63	30	33	279	126	153	19	9	10
朝阳市	50	19	31	292	173	119	10	3	7
葫芦岛市	82	37	45	319	189	130	16	4	12
辽宁省沈抚新区管委会	13	9	4	52	25	27	4	2	2

1-4　续表 6

单位：人

地　区	哈萨克族			傣　族			黎　族		
	小计	男	女	小计	男	女	小计	男	女
辽宁	**1041**	**485**	**556**	**395**	**155**	**240**	**2444**	**1168**	**1276**
沈阳市	290	169	121	75	27	48	471	211	260
大连市	389	143	246	121	51	70	366	183	183
鞍山市	15	11	4	28	16	12	73	29	44
抚顺市	105	58	47	19	3	16	49	25	24
本溪市	36	7	29	26	13	13	143	75	68
丹东市	1		1	14	7	7	136	65	71
锦州市	154	73	81	11	4	7	140	72	68
营口市	2	1	1	28	8	20	123	59	64
阜新市	3	1	2	4	2	2	195	87	108
辽阳市	7	1	6	17	7	10	147	70	77
盘锦市	6	2	4	10	4	6	97	49	48
铁岭市	5	1	4	4	1	3	195	97	98
朝阳市	2	1	1	16	4	12	73	31	42
葫芦岛市	5	1	4	20	7	13	229	112	117
辽宁省沈抚新区管委会	21	16	5	2	1	1	7	3	4

1-4　续表 7

单位：人

地　区	傈僳族			佤　族			畲　族		
	小计	男	女	小计	男	女	小计	男	女
辽宁	**704**	**203**	**501**	**252**	**111**	**141**	**429**	**237**	**192**
沈阳市	84	33	51	34	14	20	137	83	54
大连市	79	37	42	116	59	57	146	77	69
鞍山市	19	11	8	3	2	1	22	9	13
抚顺市	10	2	8	5		5	9	4	5
本溪市	9	4	5	7	2	5	11	2	9
丹东市	16	4	12	7	4	3	13	9	4
锦州市	36	10	26	15	3	12	15	8	7
营口市	11	4	7	5	2	3	10	7	3
阜新市	7	2	5	2	1	1	9	4	5
辽阳市	22	8	14	4	3	1	11	7	4
盘锦市	6	1	5	4		4	14	9	5
铁岭市	20	4	16	9	2	7	2	1	1
朝阳市	205	47	158	27	10	17	10	8	2
葫芦岛市	177	34	143	13	9	4	20	9	11
辽宁省沈抚新区管委会	3	2	1	1		1			

1-4 续表 8

单位：人

地区	高山族			拉祜族			水族		
	小计	男	女	小计	男	女	小计	男	女
辽宁	**231**	**108**	**123**	**118**	**40**	**78**	**1377**	**669**	**708**
沈阳市	65	27	38	28	10	18	273	156	117
大连市	19	7	12	29	11	18	434	206	228
鞍山市				6	1	5	57	24	33
抚顺市	3	2	1	10	1	9	43	15	28
本溪市	11	7	4	5		5	19	10	9
丹东市	12	6	6	11	6	5	73	33	40
锦州市	30	15	15	5	3	2	59	29	30
营口市	13	5	8				119	59	60
阜新市	18	11	7	1		1	41	18	23
辽阳市	7	4	3	7	4	3	78	34	44
盘锦市	1		1	4		4	39	18	21
铁岭市	35	17	18	3	1	2	62	32	30
朝阳市	12	4	8	2	1	1	32	14	18
葫芦岛市	5	3	2	7	2	5	42	19	23
辽宁省沈抚新区管委会							6	2	4

1-4 续表 9

单位：人

地区	东乡族			纳西族			景颇族		
	小计	男	女	小计	男	女	小计	男	女
辽宁	**820**	**452**	**368**	**158**	**69**	**89**	**109**	**36**	**73**
沈阳市	372	201	171	33	16	17	23	10	13
大连市	74	39	35	67	30	37	25	9	16
鞍山市	91	51	40	6	3	3	1	1	
抚顺市	8	2	6	2	1	1	10	3	7
本溪市	5	1	4	22	7	15	11	5	6
丹东市	3	2	1	1	1		9	2	7
锦州市	48	27	21	5		5	3		3
营口市	10	4	6	10	5	5	1		1
阜新市									
辽阳市	32	15	17	7	5	2	12	3	9
盘锦市	135	84	51	2		2	2	1	1
铁岭市	12	6	6	1		1	5	1	4
朝阳市	25	18	7				5	1	4
葫芦岛市	3	1	2	1		1	2		2
辽宁省沈抚新区管委会	2	1	1	1	1				

1-4　续表 10　　单位：人

地　区	柯尔克孜族			土　族			达斡尔族		
	小计	男	女	小计	男	女	小计	男	女
辽宁	**238**	**105**	**133**	**293**	**159**	**134**	**3240**	**1415**	**1825**
沈阳市	49	27	22	69	39	30	787	333	454
大连市	81	28	53	92	60	32	1377	620	757
鞍山市	8	6	2	11	8	3	108	49	59
抚顺市	7	6	1				47	19	28
本溪市	1		1	6	2	4	42	12	30
丹东市	12	5	7	14	6	8	121	47	74
锦州市	21	7	14	62	21	41	148	70	78
营口市	9	2	7	7	2	5	166	74	92
阜新市	4		4	3	1	2	46	23	23
辽阳市	4	3	1	5	5		68	28	40
盘锦市	8	1	7	8	3	5	64	31	33
铁岭市	16	13	3	3	3		78	26	52
朝阳市	3	1	2	6	6		85	39	46
葫芦岛市	5	1	4	6	2	4	88	38	50
辽宁省沈抚新区管委会	10	5	5	1	1		15	6	9

1-4　续表 11　　单位：人

地　区	仫佬族			羌　族			布朗族		
	小计	男	女	小计	男	女	小计	男	女
辽宁	**263**	**140**	**123**	**218**	**125**	**93**	**32**	**11**	**21**
沈阳市	74	46	28	42	25	17	7		7
大连市	111	50	61	81	47	34	16	7	9
鞍山市	8	4	4	6	4	2	1	1	
抚顺市	6	5	1	9	5	4	1		1
本溪市	12	6	6	12	5	7	1	1	
丹东市	5	2	3	7	3	4			
锦州市	19	10	9	4	3	1			
营口市	9	7	2	12	9	3	2	1	1
阜新市	4	2	2	4	2	2			
辽阳市				2	1	1			
盘锦市	4	2	2	12	9	3			
铁岭市	3	1	2	4	2	2	2		2
朝阳市	5	3	2	11	2	9			
葫芦岛市	3	2	1	12	8	4	2	1	1
辽宁省沈抚新区管委会									

1-4 续表 12

单位：人

地　区	撒拉族			毛南族			仡佬族		
	小计	男	女	小计	男	女	小计	男	女
辽宁	**251**	**144**	**107**	**167**	**76**	**91**	**1160**	**671**	**489**
沈阳市	101	60	41	40	17	23	330	203	127
大连市	87	49	38	53	22	31	369	201	168
鞍山市				8	5	3	62	42	20
抚顺市				4	1	3	22	16	6
本溪市				4	1	3	23	17	6
丹东市	1	1		9	2	7	45	26	19
锦州市	16	7	9	8	5	3	63	27	36
营口市	8	4	4	9	5	4	64	35	29
阜新市				3	1	2	29	18	11
辽阳市	12	8	4	2	1	1	30	16	14
盘锦市	1		1	4	2	2	26	13	13
铁岭市	8	5	3	7	4	3	27	16	11
朝阳市				8	5	3	27	14	13
葫芦岛市	14	8	6	7	4	3	32	21	11
辽宁省沈抚新区管委会	3	2	1	1	1		11	6	5

1-4 续表 13

单位：人

地　区	锡伯族			阿昌族			普米族		
	小计	男	女	小计	男	女	小计	男	女
辽宁	**127561**	**66274**	**61287**	**33**	**16**	**17**	**26**	**15**	**11**
沈阳市	53162	27707	25455	3	1	2	8	5	3
大连市	15609	8180	7429	2		2	8	5	3
鞍山市	2004	1091	913	13	9	4	2	2	
抚顺市	2847	1460	1387	1		1			
本溪市	1063	526	537	1	1		3		3
丹东市	7259	3671	3588	5	3	2	1		1
锦州市	14346	7320	7026	3		3	1	1	
营口市	1480	804	676	3	2	1			
阜新市	3109	1558	1551						
辽阳市	2458	1318	1140						
盘锦市	1077	569	508	1		1	3	2	1
铁岭市	21230	11133	10097	1		1			
朝阳市	514	252	262						
葫芦岛市	829	412	417						
辽宁省沈抚新区管委会	574	273	301						

1-4　续表 14　　　　　　　　　　　　　　　　　　　　　　　　　　　　　　单位：人

地　　区	塔吉克族			怒　　族			乌孜别克族		
	小计	男	女	小计	男	女	小计	男	女
辽宁	**31**	**18**	**13**	**44**	**9**	**35**	**11**	**4**	**7**
沈阳市	9	7	2	4		4	1	1	
大连市	7	5	2	3		3	5	1	4
鞍山市									
抚顺市	1	1					3	1	2
本溪市	2	1	1						
丹东市	1	1		1		1			
锦州市	3		3				1	1	
营口市				1	1				
阜新市									
辽阳市	1	1		1		1			
盘锦市									
铁岭市	3	2	1						
朝阳市				27	7	20	1		1
葫芦岛市	3		3	7	1	6			
辽宁省沈抚新区管委会	1		1						

1-4　续表 15　　　　　　　　　　　　　　　　　　　　　　　　　　　　　　单位：人

地　　区	俄罗斯族			鄂温克族			德 昂 族		
	小计	男	女	小计	男	女	小计	男	女
辽宁	**263**	**115**	**148**	**688**	**317**	**371**	**6**	**1**	**5**
沈阳市	60	29	31	145	55	90	2	1	1
大连市	118	52	66	293	141	152	1		1
鞍山市	4	2	2	29	11	18	1		1
抚顺市	5	1	4	12	3	9			
本溪市	2		2	13	7	6			
丹东市	9	4	5	28	13	15			
锦州市	19	7	12	22	10	12	1		1
营口市	10	3	7	39	21	18			
阜新市	3	1	2	26	12	14			
辽阳市	13	7	6	7	4	3			
盘锦市	2		2	11	10	1			
铁岭市	7	4	3	15	7	8			
朝阳市	5	2	3	14	8	6	1		1
葫芦岛市	5	3	2	33	14	19			
辽宁省沈抚新区管委会	1		1	1	1				

1-4 续表 16

单位：人

地区	保安族			裕固族			京族		
	小计	男	女	小计	男	女	小计	男	女
辽宁	**13**	**5**	**8**	**19**	**7**	**12**	**28**	**14**	**14**
沈阳市	2	1	1	4		4	4	3	1
大连市	1		1	4	2	2	12	6	6
鞍山市	4	1	3						
抚顺市	2	2					1		1
本溪市							3	2	1
丹东市									
锦州市	2		2	2		2	2	1	1
营口市							3	1	2
阜新市									
辽阳市	1	1		2	1	1			
盘锦市	1		1	5	3	2			
铁岭市							2	1	1
朝阳市							1		1
葫芦岛市				2	1	1			
辽宁省沈抚新区管委会									

1-4 续表 17

单位：人

地区	塔塔尔族			独龙族			鄂伦春族		
	小计	男	女	小计	男	女	小计	男	女
辽宁	**20**	**7**	**13**	**28**	**12**	**16**	**296**	**126**	**170**
沈阳市	3	1	2	5	2	3	62	24	38
大连市	2		2	4	2	2	107	52	55
鞍山市							9	2	7
抚顺市	2		2				6	3	3
本溪市	1		1				10	4	6
丹东市				1	1		11	4	7
锦州市	3		3	2	2		6		6
营口市	2	2		3	1	2	28	14	14
阜新市	2	2					6	4	2
辽阳市	2		2				8	3	5
盘锦市	2	1	1	1	1		6	2	4
铁岭市	1	1					10	2	8
朝阳市				8	1	7	12	8	4
葫芦岛市				4	2	2	15	4	11
辽宁省沈抚新区管委会									

1–4　续表 18

单位：人

地　区	赫哲族			门巴族			珞巴族		
	小计	男	女	小计	男	女	小计	男	女
辽宁	**196**	**79**	**117**	**22**	**10**	**12**	**9**	**5**	**4**
沈阳市	56	19	37	2	2		4	2	2
大连市	72	29	43	13	6	7	3	1	2
鞍山市	7	1	6	1		1			
抚顺市	9	3	6						
本溪市	6	4	2						
丹东市	7	6	1	2	1	1			
锦州市	9	5	4	1		1			
营口市	6		6						
阜新市									
辽阳市	2		2	3	1	2	1	1	
盘锦市	11	4	7						
铁岭市	6	4	2						
朝阳市									
葫芦岛市	4	3	1				1	1	
辽宁省沈抚新区管委会	1	1							

1–4　续表 19

单位：人

地　区	基诺族			未定族称人口			入　籍		
	小计	男	女	小计	男	女	小计	男	女
辽宁	**17**	**6**	**11**	**3131**	**1642**	**1489**	**512**	**245**	**267**
沈阳市	5	1	4	724	382	342	102	52	50
大连市	5	1	4	847	449	398	137	64	73
鞍山市	2		2	86	49	37	21	8	13
抚顺市				109	52	57	21	11	10
本溪市				67	31	36	18	7	11
丹东市	2	1	1	141	72	69	36	18	18
锦州市	1	1		137	61	76	10	6	4
营口市				280	146	134	50	23	27
阜新市				136	76	60	17	8	9
辽阳市				120	62	58	19	9	10
盘锦市				94	56	38	15	7	8
铁岭市				154	93	61	17	9	8
朝阳市				109	54	55	28	10	18
葫芦岛市	1	1		116	54	62	15	8	7
辽宁省沈抚新区管委会	1	1		11	5	6	6	5	1

1-4a 各地区分性别、民族的人口(城市)

单位：人

地区	合计			汉族		
	合计	男	女	小计	男	女
辽宁	**25572477**	**12626419**	**12946058**	**23021453**	**11366970**	**11654483**
沈阳市	7182292	3565398	3616894	6469920	3210564	3259356
大连市	5858459	2899532	2958927	5477390	2711055	2766335
鞍山市	1863746	919074	944672	1789874	881915	907959
抚顺市	1101461	539217	562244	986649	482541	504108
本溪市	765932	374538	391394	642763	314842	327921
丹东市	1090680	532444	558236	834046	408881	425165
锦州市	1273214	619381	653833	1044625	508180	536445
营口市	1396148	694119	702029	1313268	652514	660754
阜新市	696563	335450	361113	633987	304909	329078
辽阳市	855682	419147	436535	791887	387153	404734
盘锦市	942809	467259	475550	893099	442324	450775
铁岭市	623723	306929	316794	463608	227856	235752
朝阳市	955223	472976	482247	892373	441511	450862
葫芦岛市	835958	415390	420568	687068	342133	344935
辽宁省沈抚新区管委会	130587	65565	65022	100896	50592	50304

1-4a 续表 1

单位：人

地区	蒙古族			回族			藏族		
	小计	男	女	小计	男	女	小计	男	女
辽宁	**268506**	**131552**	**136954**	**168925**	**83082**	**85843**	**3387**	**1554**	**1833**
沈阳市	83660	41462	42198	54685	26958	27727	1584	775	809
大连市	45747	22554	23193	15350	7490	7860	589	259	330
鞍山市	5621	2761	2860	11019	5450	5569	90	38	52
抚顺市	3525	1731	1794	9382	4614	4768	92	47	45
本溪市	3302	1629	1673	17286	8363	8923	31	16	15
丹东市	10967	5419	5548	11821	5829	5992	39	15	24
锦州市	11284	5245	6039	10257	5008	5249	215	78	137
营口市	5983	2899	3084	8949	4414	4535	107	43	64
阜新市	32350	15544	16806	5299	2575	2724	89	41	48
辽阳市	4265	1965	2300	4792	2398	2394	389	163	226
盘锦市	5737	2859	2878	2732	1367	1365	33	19	14
铁岭市	3585	1686	1899	4990	2455	2535	24	12	12
朝阳市	37618	18522	19096	8986	4505	4481	30	16	14
葫芦岛市	13689	6704	6985	2922	1427	1495	73	31	42
辽宁省沈抚新区管委会	1173	572	601	455	229	226	2	1	1

1-4a　续表 2　　　　单位：人

地　区	维吾尔族			苗　族			彝　族		
	小计	男	女	小计	男	女	小计	男	女
辽宁	**5396**	**2795**	**2601**	**10131**	**5176**	**4955**	**3328**	**1831**	**1497**
沈阳市	1564	893	671	2949	1565	1384	848	487	361
大连市	2161	967	1194	3552	1698	1854	1157	579	578
鞍山市	162	116	46	426	216	210	172	98	74
抚顺市	260	150	110	325	170	155	71	41	30
本溪市	131	43	88	205	108	97	70	32	38
丹东市	29	19	10	290	147	143	68	34	34
锦州市	362	151	211	394	214	180	187	110	77
营口市	51	24	27	705	355	350	184	87	97
阜新市	41	12	29	232	135	97	82	40	42
辽阳市	44	26	18	326	176	150	94	53	41
盘锦市	59	39	20	250	133	117	69	39	30
铁岭市	25	19	6	133	61	72	42	14	28
朝阳市	14	7	7	134	86	48	177	154	23
葫芦岛市	88	27	61	178	97	81	89	54	35
辽宁省沈抚新区管委会	405	302	103	32	15	17	18	9	9

1-4a　续表 3　　　　单位：人

地　区	壮　族			布依族			朝鲜族		
	小计	男	女	小计	男	女	小计	男	女
辽宁	**5977**	**2909**	**3068**	**4800**	**2349**	**2451**	**159813**	**76906**	**82907**
沈阳市	1777	906	871	1288	643	645	68916	33015	35901
大连市	2174	1029	1145	1800	859	941	25196	11960	13236
鞍山市	238	113	125	188	87	101	7012	3357	3655
抚顺市	172	95	77	142	79	63	14724	7199	7525
本溪市	226	113	113	99	52	47	2772	1309	1463
丹东市	140	61	79	150	64	86	10751	5276	5475
锦州市	442	190	252	203	105	98	1402	673	729
营口市	156	72	84	318	150	168	6334	3108	3226
阜新市	106	52	54	116	66	50	737	339	398
辽阳市	127	59	68	155	72	83	3457	1618	1839
盘锦市	95	51	44	122	60	62	2885	1393	1492
铁岭市	66	32	34	51	22	29	7568	3687	3881
朝阳市	106	57	49	60	33	27	623	303	320
葫芦岛市	125	65	60	85	45	40	966	467	499
辽宁省沈抚新区管委会	27	14	13	23	12	11	6470	3202	3268

1-4a 续表 4 单位：人

地区	满族			侗族			瑶族		
	小计	男	女	小计	男	女	小计	男	女
辽宁	**1822763**	**902244**	**920519**	**5286**	**2709**	**2577**	**1177**	**606**	**571**
沈阳市	451803	226256	225547	1422	772	650	299	173	126
大连市	263990	131605	132385	1893	918	975	481	235	246
鞍山市	46472	23582	22890	176	94	82	40	15	25
抚顺市	83373	41169	42204	211	106	105	24	13	11
本溪市	97601	47318	50283	110	56	54	38	21	17
丹东市	218699	104928	113771	182	88	94	42	19	23
锦州市	199502	97356	102146	162	91	71	87	45	42
营口市	57675	29241	28434	429	194	235	37	17	20
阜新市	21686	10779	10907	141	93	48	15	9	6
辽阳市	47593	24155	23438	181	98	83	35	21	14
盘锦市	36100	18123	17977	128	64	64	18	10	8
铁岭市	134234	66435	67799	59	28	31	12	5	7
朝阳市	14271	7365	6906	68	41	27	19	8	11
葫芦岛市	129281	63622	65659	96	49	47	26	13	13
辽宁省沈抚新区管委会	20483	10310	10173	28	17	11	4	2	2

1-4a 续表 5 单位：人

地区	白族			土家族			哈尼族		
	小计	男	女	小计	男	女	小计	男	女
辽宁	**1525**	**785**	**740**	**7908**	**4284**	**3624**	**329**	**152**	**177**
沈阳市	435	241	194	2477	1363	1114	90	41	49
大连市	612	293	319	2782	1408	1374	85	39	46
鞍山市	74	44	30	372	226	146	42	29	13
抚顺市	29	14	15	181	102	79	13	6	7
本溪市	41	21	20	143	76	67	4		4
丹东市	24	12	12	182	89	93	7	3	4
锦州市	71	37	34	444	244	200	15	7	8
营口市	68	35	33	333	189	144	11	2	9
阜新市	26	14	12	167	111	56	7	2	5
辽阳市	42	19	23	182	97	85	23	7	16
盘锦市	32	18	14	222	124	98	8	1	7
铁岭市	14	7	7	84	42	42	14	9	5
朝阳市	15	7	8	116	71	45	3	2	1
葫芦岛市	31	16	15	184	121	63	5	3	2
辽宁省沈抚新区管委会	11	7	4	39	21	18	2	1	1

1－4a 续表 6 单位：人

地 区	哈萨克族			傣 族			黎 族		
	小计	男	女	小计	男	女	小计	男	女
辽宁	**909**	**433**	**476**	**271**	**109**	**162**	**1717**	**822**	**895**
沈阳市	225	134	91	68	27	41	421	193	228
大连市	348	133	215	104	41	63	316	156	160
鞍山市	14	10	4	18	10	8	51	21	30
抚顺市	102	58	44	3		3	31	17	14
本溪市	32	5	27	6	3	3	108	54	54
丹东市	1		1	9	4	5	75	36	39
锦州市	151	72	79	9	4	5	80	41	39
营口市	2	1	1	26	8	18	87	42	45
阜新市	3	1	2	2	2		129	58	71
辽阳市	4	1	3	14	7	7	89	38	51
盘锦市				4	1	3	77	37	40
铁岭市				1		1	75	42	33
朝阳市	1	1		2	1	1	48	22	26
葫芦岛市	5	1	4	4	1	3	125	63	62
辽宁省沈抚新区管委会	21	16	5	1		1	5	2	3

1－4a 续表 7 单位：人

地 区	傈 僳 族			佤 族			畲 族		
	小计	男	女	小计	男	女	小计	男	女
辽宁	**232**	**98**	**134**	**176**	**86**	**90**	**335**	**185**	**150**
沈阳市	66	28	38	31	13	18	125	75	50
大连市	67	37	30	112	57	55	128	66	62
鞍山市	8	3	5	1	1		17	8	9
抚顺市	4		4	2		2	4	2	2
本溪市	4	3	1	2	1	1	7	2	5
丹东市	8	3	5	4	3	1	6	3	3
锦州市	16	4	12	5	2	3	11	6	5
营口市	8	4	4	1		1	5	4	1
阜新市	3		3				4	3	1
辽阳市	8	3	5	3	2	1	4	3	1
盘锦市	5		5	1		1	9	7	2
铁岭市	2		2	4	1	3	1		1
朝阳市	14	5	9	3		3	2	2	
葫芦岛市	16	6	10	6	6		12	4	8
辽宁省沈抚新区管委会	3	2	1	1		1			

1-4a 续表 8 单位：人

地区	高山族			拉祜族			水族		
	小计	男	女	小计	男	女	小计	男	女
辽宁	**167**	**81**	**86**	**83**	**30**	**53**	**932**	**458**	**474**
沈阳市	58	26	32	25	9	16	235	131	104
大连市	18	7	11	29	11	18	372	182	190
鞍山市				5	1	4	31	14	17
抚顺市	2	2		3	1	2	30	10	20
本溪市				3		3	13	7	6
丹东市	9	5	4	6	3	3	25	8	17
锦州市	7	4	3	5	3	2	29	13	16
营口市	13	5	8				73	33	40
阜新市	18	11	7	1		1	27	11	16
辽阳市	6	4	2	3	2	1	41	20	21
盘锦市	1		1	1		1	26	16	10
铁岭市	19	10	9				6	3	3
朝阳市	11	4	7				3	2	1
葫芦岛市	5	3	2	2		2	18	7	11
辽宁省沈抚新区管委会							3	1	2

1-4a 续表 9 单位：人

地区	东乡族			纳西族			景颇族		
	小计	男	女	小计	男	女	小计	男	女
辽宁	**716**	**393**	**323**	**141**	**63**	**78**	**64**	**28**	**36**
沈阳市	341	182	159	33	16	17	17	10	7
大连市	67	37	30	63	27	36	23	9	14
鞍山市	77	44	33	5	2	3			
抚顺市	7	2	5	1	1		2	2	
本溪市	2	1	1	15	6	9	3	2	1
丹东市	3	2	1				1		1
锦州市	41	24	17	5		5	1		1
营口市	10	4	6	9	5	4	1		1
阜新市									
辽阳市	30	13	17	7	5	2	11	3	8
盘锦市	107	64	43	1		1	2	1	1
铁岭市	5	2	3						
朝阳市	23	16	7				3	1	2
葫芦岛市	2	1	1	1		1			
辽宁省沈抚新区管委会	1	1		1	1				

1-4a　续表 10　　　　单位：人

地　区	柯尔克孜族			土　族			达斡尔族		
	小计	男	女	小计	男	女	小计	男	女
辽宁	**188**	**77**	**111**	**248**	**136**	**112**	**2684**	**1201**	**1483**
沈阳市	37	18	19	62	37	25	678	293	385
大连市	78	28	50	81	54	27	1281	580	701
鞍山市	8	6	2	11	8	3	60	30	30
抚顺市	7	6	1				34	15	19
本溪市	1		1	6	2	4	31	9	22
丹东市	6	2	4	5	1	4	62	26	36
锦州市	17	6	11	59	20	39	124	60	64
营口市	5		5	4	1	3	139	64	75
阜新市	3		3	2	1	1	25	13	12
辽阳市	2	2		5	5		51	20	31
盘锦市	5	1	4	7	3	4	52	24	28
铁岭市	3	2	1	1	1		42	17	25
朝阳市	3	1	2				43	23	20
葫芦岛市	3		3	4	2	2	47	21	26
辽宁省沈抚新区管委会	10	5	5	1	1		15	6	9

1-4a　续表 11　　　　单位：人

地　区	仫佬族			羌　族			布朗族		
	小计	男	女	小计	男	女	小计	男	女
辽宁	**219**	**120**	**99**	**167**	**96**	**71**	**24**	**9**	**15**
沈阳市	67	43	24	37	22	15	7		7
大连市	102	45	57	72	41	31	15	7	8
鞍山市	7	4	3	6	4	2	1	1	
抚顺市	5	5		6	3	3			
本溪市	7	4	3	4	1	3	1	1	
丹东市	2	1	1	1		1			
锦州市	17	9	8	3	3				
营口市	8	7	1	9	7	2			
阜新市	2	2		1	1				
辽阳市				1		1			
盘锦市	1		1	12	9	3			
铁岭市				1	1				
朝阳市				9	1	8			
葫芦岛市	1		1	5	3	2			
辽宁省沈抚新区管委会									

1-4a 续表 12

单位：人

地　区	撒拉族			毛南族			仡佬族		
	小计	男	女	小计	男	女	小计	男	女
辽宁	**215**	**125**	**90**	**118**	**50**	**68**	**916**	**532**	**384**
沈阳市	94	56	38	37	16	21	299	187	112
大连市	76	42	34	42	16	26	326	178	148
鞍山市				7	4	3	46	31	15
抚顺市				3	1	2	19	15	4
本溪市				2	1	1	18	13	5
丹东市	1	1		4		4	20	12	8
锦州市	13	7	6	7	4	3	53	20	33
营口市	6	3	3	5	3	2	35	19	16
阜新市				2	1	1	24	16	8
辽阳市	12	8	4				27	13	14
盘锦市	1		1	1		1	14	8	6
铁岭市	5	4	1				3	1	2
朝阳市				4	2	2	10	5	5
葫芦岛市	4	2	2	4	2	2	14	8	6
辽宁省沈抚新区管委会	3	2	1				8	6	2

1-4a 续表 13

单位：人

地　区	锡伯族			阿昌族			普米族		
	小计	男	女	小计	男	女	小计	男	女
辽宁	**67505**	**33560**	**33945**	**14**	**5**	**9**	**20**	**12**	**8**
沈阳市	34581	17271	17310	2	1	1	7	4	3
大连市	8340	4126	4214	2		2	8	5	3
鞍山市	1309	692	617	1	1		1	1	
抚顺市	1907	946	961						
本溪市	781	389	392						
丹东市	2883	1393	1490	2	2		1		1
锦州市	2773	1286	1487	3		3			
营口市	825	436	389	2	1	1			
阜新市	1153	561	592						
辽阳市	1648	852	796						
盘锦市	793	412	381	1		1	3	2	1
铁岭市	9008	4456	4552	1		1			
朝阳市	374	179	195						
葫芦岛市	692	351	341						
辽宁省沈抚新区管委会	438	210	228						

1—4a　续表 14

单位：人

地　　区	塔吉克族			怒　　族			乌孜别克族		
	小计	男	女	小计	男	女	小计	男	女
辽宁	**20**	**12**	**8**	**14**	**3**	**11**	**10**	**3**	**7**
沈阳市	4	3	1	4		4			
大连市	7	5	2	3		3	5	1	4
鞍山市									
抚顺市	1	1					3	1	2
本溪市	1	1							
丹东市				1		1			
锦州市	2		2				1	1	
营口市									
阜新市									
辽阳市	1	1		1		1			
盘锦市									
铁岭市	1	1							
朝阳市				4	2	2	1		1
葫芦岛市	3		3	1	1				
辽宁省沈抚新区管委会									

1—4a　续表 15

单位：人

地　　区	俄罗斯族			鄂温克族			德　昂　族		
	小计	男	女	小计	男	女	小计	男	女
辽宁	**225**	**94**	**131**	**576**	**268**	**308**	**3**	**1**	**2**
沈阳市	52	25	27	128	48	80	1	1	
大连市	113	48	65	271	131	140	1		1
鞍山市	3	2	1	21	6	15			
抚顺市	5	1	4	10	3	7			
本溪市	2		2	9	5	4			
丹东市	8	3	5	23	10	13			
锦州市	13	3	10	15	7	8	1		1
营口市	9	2	7	31	18	13			
阜新市	2	1	1	14	9	5			
辽阳市	12	7	5	4	3	1			
盘锦市	2		2	10	9	1			
铁岭市				4	2	2			
朝阳市	2	1	1	7	6	1			
葫芦岛市	2	1	1	28	10	18			
辽宁省沈抚新区管委会				1	1				

1-4a 续表 16

单位：人

地　区	保安族			裕固族			京　族		
	小计	男	女	小计	男	女	小计	男	女
辽宁	**8**	**3**	**5**	**18**	**6**	**12**	**22**	**12**	**10**
沈阳市	2	1	1	4		4	4	3	1
大连市	1		1	4	2	2	11	5	6
鞍山市									
抚顺市	1	1							
本溪市							2	2	
丹东市									
锦州市	2		2	2		2	1	1	
营口市							3	1	2
阜新市									
辽阳市	1	1		2	1	1			
盘锦市	1		1	4	2	2			
铁岭市							1		1
朝阳市									
葫芦岛市				2	1	1			
辽宁省沈抚新区管委会									

1-4a 续表 17

单位：人

地　区	塔塔尔族			独龙族			鄂伦春族		
	小计	男	女	小计	男	女	小计	男	女
辽宁	**15**	**5**	**10**	**14**	**8**	**6**	**222**	**99**	**123**
沈阳市	3	1	2	4	2	2	53	20	33
大连市	2		2	4	2	2	100	50	50
鞍山市							1	1	
抚顺市	1		1				2	2	
本溪市	1		1				8	2	6
丹东市				1	1		8	3	5
锦州市	2		2	2	2		4		4
营口市	2	2					21	11	10
阜新市	2	2					1		1
辽阳市	2		2				6	3	3
盘锦市				1	1		4	1	3
铁岭市							1		1
朝阳市				2		2	6	3	3
葫芦岛市							7	3	4
辽宁省沈抚新区管委会									

1-4a　续表 18　　　　单位：人

地　　区	赫哲族			门巴族			珞巴族		
	小计	男	女	小计	男	女	小计	男	女
辽宁	**171**	**68**	**103**	**20**	**9**	**11**	**6**	**3**	**3**
沈阳市	54	18	36	1	1		1		1
大连市	71	29	42	13	6	7	3	1	2
鞍山市	5		5						
抚顺市	2	1	1						
本溪市									
丹东市	7	6	1	2	1	1			
锦州市	9	5	4	1		1			
营口市	5		5						
阜新市									
辽阳市	2		2	3	1	2	1	1	
盘锦市	11	4	7						
铁岭市	2	2							
朝阳市									
葫芦岛市	2	2					1	1	
辽宁省沈抚新区管委会	1	1							

1-4a　续表 19　　　　单位：人

地　　区	基诺族			未定族称人口			入　籍		
	小计	男	女	小计	男	女	小计	男	女
辽宁	**12**	**3**	**9**	**2033**	**1044**	**989**	**323**	**165**	**158**
沈阳市	4		4	619	327	292	84	42	42
大连市	5	1	4	700	364	336	116	54	62
鞍山市				43	23	20	11	5	6
抚顺市				82	37	45	9	7	2
本溪市				33	19	14	8	6	2
丹东市	2	1	1	42	20	22	15	10	5
锦州市	1	1		73	37	36	4	2	2
营口市				164	79	85	32	15	17
阜新市				57	32	25	7	4	3
辽阳市				77	42	35	12	6	6
盘锦市				54	29	25	9	4	5
铁岭市				24	11	13	4	3	1
朝阳市				31	8	23	4	3	1
葫芦岛市				31	14	17	5	2	3
辽宁省沈抚新区管委会				3	2	1	3	2	1

1-4b 各地区分性别、民族的人口(镇)

单位：人

地　区	合　计			汉　族		
	合计	男	女	小计	男	女
辽宁	**5153499**	**2566297**	**2587202**	**3939286**	**1965832**	**1973454**
沈阳市	459319	232379	226940	415763	210152	205611
大连市	277268	138441	138827	257029	128581	128448
鞍山市	615945	310725	305220	445092	225795	219297
抚顺市	249305	122805	126500	89165	44755	44410
本溪市	287494	141484	146010	126816	62899	63917
丹东市	416791	205661	211130	250626	124973	125653
锦州市	340041	167773	172268	243148	119370	123778
营口市	168094	85682	82412	149902	76167	73735
阜新市	319059	157196	161863	262758	129606	133152
辽阳市	215944	108250	107694	200144	100343	99801
盘锦市	132879	66485	66394	125182	62653	62529
铁岭市	694298	341347	352951	592724	290974	301750
朝阳市	480045	240756	239289	422592	212264	210328
葫芦岛市	497017	247313	249704	358345	177300	181045
辽宁省沈抚新区管委会						

1-4b 续表 1

单位：人

地　区	蒙古族			回　族			藏　族		
	小计	男	女	小计	男	女	小计	男	女
辽宁	**133678**	**65252**	**68426**	**28937**	**14858**	**14079**	**201**	**106**	**95**
沈阳市	11602	5570	6032	3268	1673	1595	21	13	8
大连市	1719	835	884	1080	552	528	31	13	18
鞍山市	2203	1082	1121	3711	1921	1790	17	11	6
抚顺市	485	210	275	455	238	217	6	3	3
本溪市	927	442	485	1075	519	556	14	3	11
丹东市	3137	1532	1605	735	365	370	11	6	5
锦州市	4275	1995	2280	5106	2607	2499	10	4	6
营口市	764	376	388	1688	899	789	2		2
阜新市	42043	20395	21648	823	406	417	7	4	3
辽阳市	930	424	506	885	470	415	12	3	9
盘锦市	934	458	476	763	402	361	1		1
铁岭市	3605	1632	1973	2752	1394	1358	26	10	16
朝阳市	51662	25497	26165	1050	539	511	27	25	2
葫芦岛市	9392	4804	4588	5546	2873	2673	16	11	5
辽宁省沈抚新区管委会									

1-4b　续表 2　　单位：人

地　区	维吾尔族			苗　族			彝　族		
	小计	男	女	小计	男	女	小计	男	女
辽宁	**428**	**180**	**248**	**983**	**504**	**479**	**506**	**302**	**204**
沈阳市	24	16	8	113	63	50	104	89	15
大连市	271	88	183	131	51	80	39	16	23
鞍山市	17	13	4	68	37	31	31	14	17
抚顺市	1	1		36	20	16	15	9	6
本溪市	6	4	2	27	17	10	15	8	7
丹东市	5	3	2	125	54	71	44	17	27
锦州市	11	7	4	39	17	22	14	8	6
营口市	9	7	2	75	42	33	23	14	9
阜新市	3	1	2	31	13	18	11	4	7
辽阳市	15	10	5	42	23	19	7	4	3
盘锦市	4	2	2	18	12	6	1		1
铁岭市	55	24	31	132	69	63	36	17	19
朝阳市	4	3	1	69	47	22	47	36	11
葫芦岛市	3	1	2	77	39	38	119	66	53
辽宁省沈抚新区管委会									

1-4b　续表 3　　单位：人

地　区	壮　族			布依族			朝鲜族		
	小计	男	女	小计	男	女	小计	男	女
辽宁	**594**	**239**	**355**	**491**	**213**	**278**	**20294**	**10188**	**10106**
沈阳市	71	31	40	52	28	24	1062	585	477
大连市	85	19	66	64	21	43	503	224	279
鞍山市	37	15	22	26	6	20	436	211	225
抚顺市	28	13	15	14	4	10	5897	2898	2999
本溪市	40	21	19	12	5	7	4807	2463	2344
丹东市	97	44	53	96	42	54	2760	1370	1390
锦州市	30	12	18	15	4	11	206	110	96
营口市	12	6	6	42	24	18	281	146	135
阜新市	28	12	16	26	10	16	257	128	129
辽阳市	21	6	15	16	10	6	354	170	184
盘锦市	12	6	6	27	10	17	735	378	357
铁岭市	65	23	42	48	19	29	2650	1331	1319
朝阳市	37	18	19	27	17	10	137	72	65
葫芦岛市	31	13	18	26	13	13	209	102	107
辽宁省沈抚新区管委会									

1-4b 续表 4

单位：人

地 区	满 族			侗 族			瑶 族		
	小计	男	女	小计	男	女	小计	男	女
辽宁	**1011654**	**500307**	**511347**	**555**	**280**	**275**	**125**	**52**	**73**
沈阳市	24966	12929	12037	51	29	22	9	3	6
大连市	14760	7260	7500	73	35	38	18	5	13
鞍山市	163556	81179	82377	35	17	18	12	9	3
抚顺市	152894	74511	78383	12	6	6	7	3	4
本溪市	153417	74943	78474	10	3	7	16	5	11
丹东市	157443	76384	81059	97	60	37	36	15	21
锦州市	84144	42164	41980	20	9	11	2	1	1
营口市	14976	7850	7126	52	24	28	4	3	1
阜新市	12102	6137	5965	29	11	18	1	1	
辽阳市	13167	6634	6533	21	9	12			
盘锦市	5004	2445	2559	14	10	4	5		5
铁岭市	88091	43802	44289	71	29	42	9	4	5
朝阳市	4163	2100	2063	38	25	13	2	1	1
葫芦岛市	122971	61969	61002	32	13	19	4	2	2
辽宁省沈抚新区管委会									

1-4b 续表 5

单位：人

地 区	白 族			土 家 族			哈 尼 族		
	小计	男	女	小计	男	女	小计	男	女
辽宁	**152**	**69**	**83**	**693**	**347**	**346**	**47**	**13**	**34**
沈阳市	12	8	4	109	63	46	7	1	6
大连市	30	13	17	103	37	66	5	1	4
鞍山市	20	10	10	47	24	23			
抚顺市	4	2	2	38	20	18	11	3	8
本溪市	7	2	5	25	11	14	5	1	4
丹东市	11	6	5	82	41	41	2	1	1
锦州市	13	4	9	37	18	19	2		2
营口市	1	1		26	12	14	1		1
阜新市	5	2	3	35	16	19	3	2	1
辽阳市	6	3	3	32	13	19	3	3	
盘锦市	3	1	2	12	9	3	1	1	
铁岭市	29	12	17	69	30	39	3		3
朝阳市				49	37	12	2		2
葫芦岛市	11	5	6	29	16	13	2		2
辽宁省沈抚新区管委会									

1-4b　续表 6　　　　单位：人

地　　区	哈萨克族			傣　　族			黎　　族		
	小计	男	女	小计	男	女	小计	男	女
辽宁	**47**	**14**	**33**	**42**	**21**	**21**	**280**	**137**	**143**
沈阳市				3		3	19	6	13
大连市	40	10	30	5	3	2	22	11	11
鞍山市	1	1		8	6	2	10	4	6
抚顺市				3		3	9	5	4
本溪市	2	2		12	7	5	21	15	6
丹东市							14	8	6
锦州市				1		1	20	11	9
营口市							13	8	5
阜新市				1		1	26	10	16
辽阳市							12	8	4
盘锦市				2	2		5	3	2
铁岭市	4	1	3	1		1	56	24	32
朝阳市				3	1	2	11	7	4
葫芦岛市				3	2	1	42	17	25
辽宁省沈抚新区管委会									

1-4b　续表 7　　　　单位：人

地　　区	傈 僳 族			佤　　族			畲　　族		
	小计	男	女	小计	男	女	小计	男	女
辽宁	**68**	**20**	**48**	**9**	**4**	**5**	**30**	**12**	**18**
沈阳市	6	2	4	1	1		2	1	1
大连市	2		2				3		3
鞍山市	8	7	1	1		1	4	1	3
抚顺市				1		1			
本溪市	2		2				2		2
丹东市				1	1		2	2	
锦州市	4	2	2	3	1	2	1	1	
营口市							4	2	2
阜新市	2	1	1				3		3
辽阳市	7	3	4				2		2
盘锦市				1		1	1		1
铁岭市	7		7				1	1	
朝阳市	16	3	13				4	4	
葫芦岛市	14	2	12	1	1		1		1
辽宁省沈抚新区管委会									

1-4b 续表 8

单位：人

地区	高山族			拉祜族			水族		
	小计	男	女	小计	男	女	小计	男	女
辽宁	**16**	**5**	**11**	**14**	**6**	**8**	**81**	**45**	**36**
沈阳市	2	1	1	3	1	2	6	3	3
大连市							12	5	7
鞍山市							5	2	3
抚顺市	1		1	2		2			
本溪市	5	2	3	1		1	2	2	
丹东市	2	1	1	2	1	1	14	10	4
锦州市	5	1	4				3	1	2
营口市							6	5	1
阜新市							5	2	3
辽阳市				2	1	1	7	2	5
盘锦市							1		1
铁岭市	1		1	2	1	1	14	10	4
朝阳市				1	1		1	1	
葫芦岛市				1	1		5	2	3
辽宁省沈抚新区管委会									

1-4b 续表 9

单位：人

地区	东乡族			纳西族			景颇族		
	小计	男	女	小计	男	女	小计	男	女
辽宁	**48**	**28**	**20**	**8**	**2**	**6**	**13**	**4**	**9**
沈阳市	11	6	5				1		1
大连市	4	1	3	2	1	1			
鞍山市	9	4	5				1	1	
抚顺市				1		1	2		2
本溪市				3		3	1	1	
丹东市				1	1		2	1	1
锦州市	1		1						
营口市									
阜新市									
辽阳市							1		1
盘锦市	18	13	5						
铁岭市	4	3	1	1		1	5	1	4
朝阳市	1	1							
葫芦岛市									
辽宁省沈抚新区管委会									

1-4b 续表 10 单位：人

地　区	柯尔克孜族			土　族			达斡尔族		
	小计	男	女	小计	男	女	小计	男	女
辽宁	**22**	**14**	**8**	**13**	**10**	**3**	**246**	**108**	**138**
沈阳市	1	1		1	1		39	21	18
大连市	3		3	3	1	2	33	15	18
鞍山市							37	14	23
抚顺市							8	3	5
本溪市							7	2	5
丹东市	6	3	3	2	2		33	12	21
锦州市							7	4	3
营口市				2	1	1	7	4	3
阜新市	1		1				11	7	4
辽阳市							11	5	6
盘锦市							6	4	2
铁岭市	10	9	1	1	1		17	4	13
朝阳市				4	4		8	4	4
葫芦岛市	1	1					22	9	13
辽宁省沈抚新区管委会									

1-4b 续表 11 单位：人

地　区	仫佬族			羌　族			布朗族		
	小计	男	女	小计	男	女	小计	男	女
辽宁	**20**	**8**	**12**	**21**	**9**	**12**	**2**		**2**
沈阳市	2	1	1						
大连市	6	3	3	4	2	2	1		1
鞍山市									
抚顺市	1		1						
本溪市	3	1	2	5	2	3			
丹东市	1		1	5	2	3			
锦州市									
营口市				1		1			
阜新市	1		1	2	1	1			
辽阳市				1	1				
盘锦市									
铁岭市	1		1	1		1	1		1
朝阳市	5	3	2						
葫芦岛市				2	1	1			
辽宁省沈抚新区管委会									

1-4b 续表 12 单位：人

地　区	撒拉族			毛南族			仡佬族		
	小计	男	女	小计	男	女	小计	男	女
辽宁	**24**	**14**	**10**	**11**	**6**	**5**	**61**	**32**	**29**
沈阳市	6	4	2				8	5	3
大连市	6	3	3	2	2		13	6	7
鞍山市							3	2	1
抚顺市									
本溪市									
丹东市				3	1	2	14	7	7
锦州市							1	1	
营口市				1	1		4	2	2
阜新市							1		1
辽阳市							1	1	
盘锦市				1		1	1	1	
铁岭市	2	1	1	4	2	2	11	4	7
朝阳市							1	1	
葫芦岛市	10	6	4				3	2	1
辽宁省沈抚新区管委会									

1-4b 续表 13 单位：人

地　区	锡伯族			阿昌族			普米族		
	小计	男	女	小计	男	女	小计	男	女
辽宁	**13306**	**6807**	**6499**	**15**	**9**	**6**			
沈阳市	1908	1032	876						
大连市	1125	604	521						
鞍山市	503	319	184	12	8	4			
抚顺市	193	97	96						
本溪市	186	95	91						
丹东市	1339	672	667	3	1	2			
锦州市	2906	1411	1495						
营口市	163	69	94						
阜新市	786	395	391						
辽阳市	229	99	130						
盘锦市	117	69	48						
铁岭市	3740	1890	1850						
朝阳市	51	28	23						
葫芦岛市	60	27	33						
辽宁省沈抚新区管委会									

1-4b　续表 14

单位：人

地　　区	塔吉克族			怒　　族			乌孜别克族		
	小计	男	女	小计	男	女	小计	男	女
辽宁	**4**	**2**	**2**	**2**		**2**			
沈阳市	1	1							
大连市									
鞍山市									
抚顺市									
本溪市									
丹东市									
锦州市	1		1						
营口市									
阜新市									
辽阳市									
盘锦市									
铁岭市	2	1	1						
朝阳市				2		2			
葫芦岛市									
辽宁省沈抚新区管委会									

1-4b　续表 15

单位：人

地　　区	俄罗斯族			鄂温克族			德 昂 族		
	小计	男	女	小计	男	女	小计	男	女
辽宁	**14**	**8**	**6**	**57**	**28**	**29**			
沈阳市	1	1		11	4	7			
大连市				8	5	3			
鞍山市	1		1	7	5	2			
抚顺市									
本溪市				4	2	2			
丹东市				2	1	1			
锦州市	2	2		1		1			
营口市				5	2	3			
阜新市	1		1	3	1	2			
辽阳市				1		1			
盘锦市									
铁岭市	6	3	3	10	5	5			
朝阳市	1	1		1		1			
葫芦岛市	2	1	1	4	3	1			
辽宁省沈抚新区管委会									

1-4b 续表 16　　单位：人

地　区	保安族			裕固族			京　族		
	小计	男	女	小计	男	女	小计	男	女
辽宁	**4**	**1**	**3**						
沈阳市									
大连市									
鞍山市	4	1	3						
抚顺市									
本溪市									
丹东市									
锦州市									
营口市									
阜新市									
辽阳市									
盘锦市									
铁岭市									
朝阳市									
葫芦岛市									
辽宁省沈抚新区管委会									

1-4b 续表 17　　单位：人

地　区	塔塔尔族			独龙族			鄂伦春族		
	小计	男	女	小计	男	女	小计	男	女
辽宁	**1**		**1**	**3**	**1**	**2**	**36**	**14**	**22**
沈阳市							5	3	2
大连市							4	1	3
鞍山市							5		5
抚顺市							3		3
本溪市							2	2	
丹东市									
锦州市	1		1						
营口市				1		1	2	1	1
阜新市							5	4	1
辽阳市							2		2
盘锦市									
铁岭市							3		3
朝阳市				1		1	3	3	
葫芦岛市				1	1		2		2
辽宁省沈抚新区管委会									

1-4b　续表 18

单位：人

地　区	赫哲族			门巴族			珞巴族		
	小计	男	女	小计	男	女	小计	男	女
辽宁	**14**	**4**	**10**	**1**		**1**			
沈阳市									
大连市									
鞍山市	2	1	1	1		1			
抚顺市	6	1	5						
本溪市	3	1	2						
丹东市									
锦州市									
营口市									
阜新市									
辽阳市									
盘锦市									
铁岭市	1		1						
朝阳市									
葫芦岛市	2	1	1						
辽宁省沈抚新区管委会									

1-4b　续表 19

单位：人

地　区	基诺族			未定族称人口			入　籍		
	小计	男	女	小计	男	女	小计	男	女
辽宁	**2**	**2**		**296**	**165**	**131**	**44**	**15**	**29**
沈阳市	1	1		42	27	15	5	3	2
大连市				26	15	11	3	2	1
鞍山市				10	3	7	5	2	3
抚顺市				6	3	3	1		1
本溪市				9	3	6	5	1	4
丹东市				35	22	13	3		3
锦州市				10	6	4	2	2	
营口市				25	15	10	2	1	1
阜新市				44	25	19	5	2	3
辽阳市				11	5	6	2		2
盘锦市				8	6	2	2		2
铁岭市				25	15	10	2	1	1
朝阳市				19	13	6	6		6
葫芦岛市	1	1		26	7	19	1	1	
辽宁省沈抚新区管委会									

1-4c 各地区分性别、民族的人口(乡村)

单位：人

地区	合计			汉族		
	合计	男	女	小计	男	女
辽宁	**11865431**	**6070813**	**5794618**	**9208878**	**4674210**	**4534668**
沈阳市	1386170	701246	684924	1220233	612660	607573
大连市	1315058	672188	642870	1220836	620784	600052
鞍山市	845681	436074	409607	601373	308017	293356
抚顺市	381098	197119	183979	164669	83992	80677
本溪市	272592	140509	132083	116345	58741	57604
丹东市	680965	349962	331003	328766	167149	161617
锦州市	1090598	554652	535946	688183	340954	347229
营口市	764340	393633	370707	703088	360474	342614
阜新市	631658	319876	311782	505177	255080	250097
辽阳市	532954	273205	259749	488504	248728	239776
盘锦市	314003	158586	155417	298460	151224	147236
铁岭市	1070273	546477	523796	782489	395471	387018
朝阳市	1437589	739421	698168	1346625	691247	655378
葫芦岛市	1101219	567298	533921	713450	364460	348990
辽宁省沈抚新区管委会	41233	20567	20666	30680	15229	15451

1-4c 续表 1

单位：人

地区	蒙古族			回族			藏族		
	小计	男	女	小计	男	女	小计	男	女
辽宁	**275576**	**142185**	**133391**	**18517**	**9636**	**8881**	**516**	**310**	**206**
沈阳市	39383	20285	19098	5307	2677	2630	142	96	46
大连市	3982	2038	1944	1756	943	813	21	12	9
鞍山市	2160	987	1173	395	222	173	13	3	10
抚顺市	870	362	508	328	182	146	15	9	6
本溪市	817	366	451	392	194	198	17	7	10
丹东市	10769	6128	4641	427	224	203	25	8	17
锦州市	12719	5976	6743	1635	834	801	114	90	24
营口市	1626	700	926	993	521	472	11	5	6
阜新市	103229	52423	50806	194	103	91	17	8	9
辽阳市	1524	682	842	763	401	362	50	22	28
盘锦市	1852	800	1052	232	126	106	8	2	6
铁岭市	4952	2389	2563	1499	782	717	27	18	9
朝阳市	75725	40535	35190	3382	1802	1580	29	18	11
葫芦岛市	15477	8269	7208	1131	587	544	25	12	13
辽宁省沈抚新区管委会	491	245	246	83	38	45	2		2

1－4c　续表 2　　单位：人

地　区	维吾尔族			苗　族			彝　族		
	小计	男	女	小计	男	女	小计	男	女
辽宁	**780**	**408**	**372**	**3264**	**1544**	**1720**	**613**	**314**	**299**
沈阳市	467	275	192	385	180	205	63	26	37
大连市	90	49	41	478	253	225	65	36	29
鞍山市	15	12	3	148	72	76	31	20	11
抚顺市	5	1	4	103	50	53	32	15	17
本溪市	35	7	28	72	38	34	25	8	17
丹东市	2	1	1	288	139	149	34	24	10
锦州市	16	10	6	233	101	132	45	22	23
营口市	3	1	2	384	176	208	43	27	16
阜新市	2	2		109	47	62	23	9	14
辽阳市	25	17	8	172	78	94	24	13	11
盘锦市	97	21	76	119	59	60	48	22	26
铁岭市	6	3	3	257	122	135	45	24	21
朝阳市	7	4	3	274	118	156	61	33	28
葫芦岛市	5	2	3	210	97	113	57	24	33
辽宁省沈抚新区管委会	5	3	2	32	14	18	17	11	6

1－4c　续表 3　　单位：人

地　区	壮　族			布依族			朝鲜族		
	小计	男	女	小计	男	女	小计	男	女
辽宁	**965**	**368**	**597**	**1503**	**722**	**781**	**49051**	**24331**	**24720**
沈阳市	208	83	125	152	74	78	17531	8612	8919
大连市	106	55	51	243	119	124	706	327	379
鞍山市	35	15	20	59	28	31	373	181	192
抚顺市	39	14	25	52	28	24	6655	3364	3291
本溪市	48	21	27	48	18	30	3262	1706	1556
丹东市	36	18	18	118	60	58	3348	1682	1666
锦州市	81	26	55	74	28	46	460	214	246
营口市	67	21	46	193	97	96	1906	944	962
阜新市	20	6	14	53	26	27	212	100	112
辽阳市	62	13	49	72	34	38	825	413	412
盘锦市	50	20	30	59	26	33	5236	2650	2586
铁岭市	63	21	42	134	64	70	7009	3441	3568
朝阳市	68	25	43	120	66	54	445	192	253
葫芦岛市	59	21	38	110	47	63	332	134	198
辽宁省沈抚新区管委会	23	9	14	16	7	9	751	371	380

1−4c 续表 4 单位：人

地　区	满　族			侗　族			瑶　族		
	小计	男	女	小计	男	女	小计	男	女
辽宁	**2251567**	**1187397**	**1064170**	**1765**	**896**	**869**	**255**	**106**	**149**
沈阳市	84709	46429	38280	181	95	86	27	11	16
大连市	79682	43644	36038	268	133	135	19	8	11
鞍山市	240578	126285	114293	90	41	49	14	5	9
抚顺市	207306	108571	98735	62	32	30	20	7	13
本溪市	151180	79252	71928	39	17	22	19	8	11
丹东市	333577	172671	160906	138	74	64	30	10	20
锦州市	377877	201552	176325	117	56	61	37	18	19
营口市	54889	30050	24839	216	104	112	8	4	4
阜新市	21204	11353	9851	59	31	28	4	2	2
辽阳市	39968	22247	17721	111	62	49	4	1	3
盘锦市	7386	3396	3990	64	39	25	8	1	7
铁岭市	264660	139027	125633	169	86	83	15	11	4
朝阳市	9999	5028	4971	145	77	68	17	10	7
葫芦岛市	369616	193341	176275	90	42	48	30	9	21
辽宁省沈抚新区管委会	8936	4551	4385	16	7	9	3	1	2

1−4c 续表 5 单位：人

地　区	白　族			土家族			哈尼族		
	小计	男	女	小计	男	女	小计	男	女
辽宁	**352**	**166**	**186**	**1479**	**755**	**724**	**104**	**29**	**75**
沈阳市	29	16	13	239	123	116	23	12	11
大连市	42	22	20	203	107	96	3		3
鞍山市	16	5	11	66	40	26	4	2	2
抚顺市	29	14	15	34	19	15	16	3	13
本溪市	14	9	5	49	31	18	20	3	17
丹东市	18	8	10	94	44	50	8	4	4
锦州市	26	11	15	79	41	38			
营口市	26	16	10	140	68	72			
阜新市	18	7	11	43	21	22	1	1	
辽阳市	19	6	13	90	48	42	8	1	7
盘锦市	18	11	7	70	38	32	3		3
铁岭市	20	11	9	126	54	72	2		2
朝阳市	35	12	23	127	65	62	5	1	4
葫芦岛市	40	16	24	106	52	54	9	1	8
辽宁省沈抚新区管委会	2	2		13	4	9	2	1	1

1-4c　续表 6　　单位：人

地　区	哈萨克族			傣　族			黎　族		
	小计	男	女	小计	男	女	小计	男	女
辽宁	**85**	**38**	**47**	**82**	**25**	**57**	**447**	**209**	**238**
沈阳市	65	35	30	4		4	31	12	19
大连市	1		1	12	7	5	28	16	12
鞍山市				2		2	12	4	8
抚顺市	3		3	13	3	10	9	3	6
本溪市	2		2	8	3	5	14	6	8
丹东市				5	3	2	47	21	26
锦州市	3	1	2	1		1	40	20	20
营口市				2		2	23	9	14
阜新市				1		1	40	19	21
辽阳市	3		3	3		3	46	24	22
盘锦市	6	2	4	4	1	3	15	9	6
铁岭市	1		1	2	1	1	64	31	33
朝阳市	1		1	11	2	9	14	2	12
葫芦岛市				13	4	9	62	32	30
辽宁省沈抚新区管委会				1	1		2	1	1

1-4c　续表 7　　单位：人

地　区	傈僳族			佤　族			畲　族		
	小计	男	女	小计	男	女	小计	男	女
辽宁	**404**	**85**	**319**	**67**	**21**	**46**	**64**	**40**	**24**
沈阳市	12	3	9	2		2	10	7	3
大连市	10		10	4	2	2	15	11	4
鞍山市	3	1	2	1	1		1		1
抚顺市	6	2	4	2		2	5	2	3
本溪市	3	1	2	5	1	4	2		2
丹东市	8	1	7	2		2	5	4	1
锦州市	16	4	12	7		7	3	1	2
营口市	3		3	4	2	2	1	1	
阜新市	2	1	1	2	1	1	2	1	1
辽阳市	7	2	5	1	1		5	4	1
盘锦市	1	1		2		2	4	2	2
铁岭市	11	4	7	5	1	4			
朝阳市	175	39	136	24	10	14	4	2	2
葫芦岛市	147	26	121	6	2	4	7	5	2
辽宁省沈抚新区管委会									

1-4c 续表 8 单位：人

地区	高山族			拉祜族			水族		
	小计	男	女	小计	男	女	小计	男	女
辽宁	**48**	**22**	**26**	**21**	**4**	**17**	**364**	**166**	**198**
沈阳市	5		5				32	22	10
大连市	1		1				50	19	31
鞍山市				1		1	21	8	13
抚顺市				5		5	13	5	8
本溪市	6	5	1	1		1	4	1	3
丹东市	1		1	3	2	1	34	15	19
锦州市	18	10	8				27	15	12
营口市							40	21	19
阜新市							9	5	4
辽阳市	1		1	2	1	1	30	12	18
盘锦市				3		3	12	2	10
铁岭市	15	7	8	1		1	42	19	23
朝阳市	1		1	1		1	28	11	17
葫芦岛市				4	1	3	19	10	9
辽宁省沈抚新区管委会							3	1	2

1-4c 续表 9 单位：人

地区	东乡族			纳西族			景颇族		
	小计	男	女	小计	男	女	小计	男	女
辽宁	**56**	**31**	**25**	**9**	**4**	**5**	**32**	**4**	**28**
沈阳市	20	13	7				5		5
大连市	3	1	2	2	2		2		2
鞍山市	5	3	2	1	1				
抚顺市	1		1				6	1	5
本溪市	3		3	4	1	3	7	2	5
丹东市							6	1	5
锦州市	6	3	3				2		2
营口市				1		1			
阜新市									
辽阳市	2	2							
盘锦市	10	7	3	1		1			
铁岭市	3	1	2						
朝阳市	1	1					2		2
葫芦岛市	1		1				2		2
辽宁省沈抚新区管委会	1		1						

1-4c　续表 10　　单位：人

地　区	柯尔克孜族			土　族			达斡尔族		
	小计	男	女	小计	男	女	小计	男	女
辽宁	**28**	**14**	**14**	**32**	**13**	**19**	**310**	**106**	**204**
沈阳市	11	8	3	6	1	5	70	19	51
大连市				8	5	3	63	25	38
鞍山市							11	5	6
抚顺市							5	1	4
本溪市							4	1	3
丹东市				7	3	4	26	9	17
锦州市	4	1	3	3	1	2	17	6	11
营口市	4	2	2	1		1	20	6	14
阜新市				1		1	10	3	7
辽阳市	2	1	1				6	3	3
盘锦市	3		3	1		1	6	3	3
铁岭市	3	2	1	1	1		19	5	14
朝阳市				2	2		34	12	22
葫芦岛市	1		1	2		2	19	8	11
辽宁省沈抚新区管委会									

1-4c　续表 11　　单位：人

地　区	仫佬族			羌　族			布朗族		
	小计	男	女	小计	男	女	小计	男	女
辽宁	**24**	**12**	**12**	**30**	**20**	**10**	**6**	**2**	**4**
沈阳市	5	2	3	5	3	2			
大连市	3	2	1	5	4	1			
鞍山市	1		1						
抚顺市				3	2	1	1		1
本溪市	2	1	1	3	2	1			
丹东市	2	1	1	1	1				
锦州市	2	1	1	1		1			
营口市	1		1	2	2		2	1	1
阜新市	1		1	1		1			
辽阳市									
盘锦市	3	2	1						
铁岭市	2	1	1	2	1	1	1		1
朝阳市				2	1	1			
葫芦岛市	2	2		5	4	1	2	1	1
辽宁省沈抚新区管委会									

1-4c　续表 12　　　　单位：人

地　区	撒拉族			毛南族			仡佬族		
	小计	男	女	小计	男	女	小计	男	女
辽宁	**12**	**5**	**7**	**38**	**20**	**18**	**183**	**107**	**76**
沈阳市	1		1	3	1	2	23	11	12
大连市	5	4	1	9	4	5	30	17	13
鞍山市				1	1		13	9	4
抚顺市				1		1	3	1	2
本溪市				2		2	5	4	1
丹东市				2	1	1	11	7	4
锦州市	3		3	1	1		9	6	3
营口市	2	1	1	3	1	2	25	14	11
阜新市				1		1	4	2	2
辽阳市				2	1	1	2	2	
盘锦市				2	2		11	4	7
铁岭市	1		1	3	2	1	13	11	2
朝阳市				4	3	1	16	8	8
葫芦岛市				3	2	1	15	11	4
辽宁省沈抚新区管委会				1	1		3		3

1-4c　续表 13　　　　单位：人

地　区	锡伯族			阿昌族			普米族		
	小计	男	女	小计	男	女	小计	男	女
辽宁	**46750**	**25907**	**20843**	**4**	**2**	**2**	**6**	**3**	**3**
沈阳市	16673	9404	7269	1		1	1	1	
大连市	6144	3450	2694						
鞍山市	192	80	112				1	1	
抚顺市	747	417	330	1		1			
本溪市	96	42	54	1	1		3		3
丹东市	3037	1606	1431						
锦州市	8667	4623	4044				1	1	
营口市	492	299	193	1	1				
阜新市	1170	602	568						
辽阳市	581	367	214						
盘锦市	167	88	79						
铁岭市	8482	4787	3695						
朝阳市	89	45	44						
葫芦岛市	77	34	43						
辽宁省沈抚新区管委会	136	63	73						

1-4c 续表 14

单位：人

地　　区	塔吉克族			怒　　族			乌孜别克族		
	小计	男	女	小计	男	女	小计	男	女
辽宁	**7**	**4**	**3**	**28**	**6**	**22**	**1**	**1**	
沈阳市	4	3	1				1	1	
大连市									
鞍山市									
抚顺市									
本溪市	1		1						
丹东市	1	1							
锦州市									
营口市				1	1				
阜新市									
辽阳市									
盘锦市									
铁岭市									
朝阳市				21	5	16			
葫芦岛市				6		6			
辽宁省沈抚新区管委会	1		1						

1-4c 续表 15

单位：人

地　　区	俄罗斯族			鄂温克族			德 昂 族		
	小计	男	女	小计	男	女	小计	男	女
辽宁	**24**	**13**	**11**	**55**	**21**	**34**	**3**		**3**
沈阳市	7	3	4	6	3	3	1		1
大连市	5	4	1	14	5	9			
鞍山市				1		1	1		1
抚顺市				2		2			
本溪市									
丹东市	1	1		3	2	1			
锦州市	4	2	2	6	3	3			
营口市	1	1		3	1	2			
阜新市				9	2	7			
辽阳市	1		1	2	1	1			
盘锦市				1	1				
铁岭市	1	1		1		1			
朝阳市	2		2	6	2	4	1		1
葫芦岛市	1	1		1	1				
辽宁省沈抚新区管委会	1		1						

1−4c 续表 16

单位：人

地　区	保安族			裕固族			京　族		
	小计	男	女	小计	男	女	小计	男	女
辽宁	**1**	**1**		**1**	**1**		**6**	**2**	**4**
沈阳市									
大连市							1	1	
鞍山市									
抚顺市	1	1					1		1
本溪市							1		1
丹东市									
锦州市							1		1
营口市									
阜新市									
辽阳市									
盘锦市				1	1				
铁岭市							1	1	
朝阳市							1		1
葫芦岛市									
辽宁省沈抚新区管委会									

1−4c 续表 17

单位：人

地　区	塔塔尔族			独龙族			鄂伦春族		
	小计	男	女	小计	男	女	小计	男	女
辽宁	**4**	**2**	**2**	**11**	**3**	**8**	**38**	**13**	**25**
沈阳市				1		1	4	1	3
大连市							3	1	2
鞍山市							3	1	2
抚顺市	1		1				1	1	
本溪市									
丹东市							3	1	2
锦州市							2		2
营口市				2	1	1	5	2	3
阜新市									
辽阳市									
盘锦市	2	1	1				2	1	1
铁岭市	1	1					6	2	4
朝阳市				5	1	4	3	2	1
葫芦岛市				3	1	2	6	1	5
辽宁省沈抚新区管委会									

1-4c　续表 18

单位：人

地　区	赫哲族			门巴族			珞巴族		
	小计	男	女	小计	男	女	小计	男	女
辽宁	**11**	**7**	**4**	**1**	**1**		**3**	**2**	**1**
沈阳市	2	1	1	1	1		3	2	1
大连市	1		1						
鞍山市									
抚顺市	1	1							
本溪市	3	3							
丹东市									
锦州市									
营口市	1		1						
阜新市									
辽阳市									
盘锦市									
铁岭市	3	2	1						
朝阳市									
葫芦岛市									
辽宁省沈抚新区管委会									

1-4c　续表 19

单位：人

地　区	基诺族			未定族称人口			入　籍		
	小计	男	女	小计	男	女	小计	男	女
辽宁	**3**	**1**	**2**	**802**	**433**	**369**	**145**	**65**	**80**
沈阳市				63	28	35	13	7	6
大连市				121	70	51	18	8	10
鞍山市	2		2	33	23	10	5	1	4
抚顺市				21	12	9	11	4	7
本溪市				25	9	16	5		5
丹东市				64	30	34	18	8	10
锦州市				54	18	36	4	2	2
营口市				91	52	39	16	7	9
阜新市				35	19	16	5	2	3
辽阳市				32	15	17	5	3	2
盘锦市				32	21	11	4	3	1
铁岭市				105	67	38	11	5	6
朝阳市				59	33	26	18	7	11
葫芦岛市				59	33	26	9	5	4
辽宁省沈抚新区管委会	1	1		8	3	5	3	3	

1-5 各地区分年龄、性别的人口

单位：人

地区	合计			0岁		
	合计	男	女	小计	男	女
辽宁	**42591407**	**21263529**	**21327878**	**220080**	**113136**	**106944**
沈阳市	9027781	4499023	4528758	52750	27213	25537
大连市	7450785	3710161	3740624	43116	21928	21188
鞍山市	3325372	1665873	1659499	14757	7555	7202
抚顺市	1731864	859141	872723	6394	3344	3050
本溪市	1326018	656531	669487	5168	2680	2488
丹东市	2188436	1088067	1100369	10532	5454	5078
锦州市	2703853	1341806	1362047	11248	5745	5503
营口市	2328582	1173434	1155148	12170	6256	5914
阜新市	1647280	812522	834758	7409	3843	3566
辽阳市	1604580	800602	803978	7152	3718	3434
盘锦市	1389691	692330	697361	8480	4373	4107
铁岭市	2388294	1194753	1193541	8852	4548	4304
朝阳市	2872857	1453153	1419704	17495	8994	8501
葫芦岛市	2434194	1230001	1204193	13654	6995	6659
辽宁省沈抚新区管委会	171820	86132	85688	903	490	413

1-5 续表 1

单位：人

地区	1-4岁			5-9岁			10-14岁		
	小计	男	女	小计	男	女	小计	男	女
辽宁	**1216563**	**627520**	**589043**	**1660365**	**862850**	**797515**	**1640931**	**858999**	**781932**
沈阳市	296338	153278	143060	362187	188123	174064	317613	166481	151132
大连市	243715	125324	118391	320700	166234	154466	260411	135679	124732
鞍山市	82136	41991	40145	121086	62803	58283	129598	67437	62161
抚顺市	37533	19417	18116	54063	27907	26156	56765	29286	27479
本溪市	28561	14671	13890	42108	21939	20169	43363	22563	20800
丹东市	56066	28812	27254	74919	38587	36332	72768	37368	35400
锦州市	61617	31711	29906	88549	45658	42891	100618	51901	48717
营口市	66750	34116	32634	96713	50139	46574	93504	48916	44588
阜新市	40502	21087	19415	59179	31021	28158	64487	33687	30800
辽阳市	37981	19538	18443	53211	27661	25550	59345	31026	28319
盘锦市	45637	23704	21933	54181	27899	26282	58687	30968	27719
铁岭市	52176	27041	25135	77843	40435	37408	100388	52219	48169
朝阳市	92087	47977	44110	142467	75413	67054	154567	83465	71102
葫芦岛市	70202	36110	34092	106921	55813	51108	123266	65107	58159
辽宁省沈抚新区管委会	5262	2743	2519	6238	3218	3020	5551	2896	2655

1-5　续表 2

单位：人

地　区	15-19岁			20-24岁			25-29岁		
	小计	男	女	小计	男	女	小计	男	女
辽宁	**1685551**	**887252**	**798299**	**1848330**	**963247**	**885083**	**2237992**	**1149681**	**1088311**
沈阳市	372374	197840	174534	497622	259697	237925	570754	289923	280831
大连市	272083	141801	130282	368223	187125	181098	402156	203325	198831
鞍山市	125872	65996	59876	130622	70095	60527	162994	86696	76298
抚顺市	49159	26271	22888	51915	27923	23992	69238	35673	33565
本溪市	47115	24231	22884	44250	22767	21483	56415	29075	27340
丹东市	80928	42391	38537	69571	34922	34649	97931	49265	48666
锦州市	125336	64121	61215	124797	62506	62291	126834	64617	62217
营口市	79286	41311	37975	80946	43575	37371	112297	59441	52856
阜新市	64000	32932	31068	60068	31796	28272	83423	42745	40678
辽阳市	60734	31955	28779	61501	32378	29123	73325	38094	35231
盘锦市	54742	28457	26285	57442	29706	27736	82167	41798	40369
铁岭市	96354	49850	46504	85926	44410	41516	115928	60172	55756
朝阳市	130507	70491	60016	101253	53263	47990	148692	77397	71295
葫芦岛市	114540	63324	51216	101876	56871	45005	127186	67141	60045
辽宁省沈抚新区管委会	12521	6281	6240	12318	6213	6105	8652	4319	4333

1-5　续表 3

单位：人

地　区	30-34岁			35-39岁			40-44岁		
	小计	男	女	小计	男	女	小计	男	女
辽宁	**3432844**	**1736758**	**1696086**	**2965212**	**1499850**	**1465362**	**3122536**	**1581981**	**1540555**
沈阳市	854624	429525	425099	741287	374421	366866	674605	342948	331657
大连市	672323	335220	337103	582726	288320	294406	543991	271704	272287
鞍山市	247015	126327	120688	226877	115733	111144	244973	124054	120919
抚顺市	116419	59148	57271	111409	57036	54373	116181	59021	57160
本溪市	95112	48465	46647	83440	42475	40965	92376	46769	45607
丹东市	151446	75975	75471	134679	67500	67179	159407	80380	79027
锦州市	181513	91789	89724	167696	85936	81760	197117	100251	96866
营口市	226461	117691	108770	163120	84414	78706	175781	89941	85840
阜新市	111194	56277	54917	103147	52741	50406	119958	61069	58889
辽阳市	113280	57352	55928	98857	49820	49037	123916	62465	61451
盘锦市	116187	58816	57371	94121	47056	47065	111670	55791	55879
铁岭市	155217	78856	76361	139905	71321	68584	176901	90230	86671
朝阳市	200058	103398	96660	161525	83738	77787	202258	104272	97986
葫芦岛市	177273	90425	86848	144826	73349	71477	171372	86749	84623
辽宁省沈抚新区管委会	14722	7494	7228	11597	5990	5607	12030	6337	5693

1-5 续表 4

单位：人

地　区	45-49岁			50-54岁			55-59岁		
	小计	男	女	小计	男	女	小计	男	女
辽宁	**3579319**	**1797709**	**1781610**	**3984324**	**1986758**	**1997566**	**4042893**	**2001325**	**2041568**
沈阳市	667213	335044	332169	734028	365489	368539	787957	388186	399771
大连市	639586	321697	317889	631977	316779	315198	628588	312195	316393
鞍山市	275698	137965	137733	318024	157915	160109	339196	168862	170334
抚顺市	144263	72630	71633	175319	88181	87138	208959	104254	104705
本溪市	111665	55755	55910	136867	67593	69274	154867	76782	78085
丹东市	195587	98273	97314	222656	110760	111896	226375	112335	114040
锦州市	222792	111399	111393	259271	128361	130910	263499	129173	134326
营口市	202247	101946	100301	219846	109603	110243	215083	106703	108380
阜新市	148133	73475	74658	176685	87105	89580	175695	85934	89761
辽阳市	152037	76997	75040	157794	79263	78531	157663	78590	79073
盘锦市	129577	64550	65027	139428	69133	70295	122364	61148	61216
铁岭市	225156	112761	112395	265309	131629	133680	247657	122933	124724
朝阳市	253976	129176	124800	293430	148468	144962	275579	136531	139048
葫芦岛市	198420	99245	99175	238904	118962	119942	223819	109990	113829
辽宁省沈抚新区管委会	12969	6796	6173	14786	7517	7269	15592	7709	7883

1-5 续表 5

单位：人

地　区	60-64岁			65-69岁			70-74岁		
	小计	男	女	小计	男	女	小计	男	女
辽宁	**3536986**	**1731601**	**1805385**	**3123673**	**1505700**	**1617973**	**1852831**	**873679**	**979152**
沈阳市	701773	341635	360138	605518	288826	316692	334473	154539	179934
大连市	583997	286169	297828	507410	247741	259669	311552	149784	161768
鞍山市	293663	145104	148559	254457	123067	131390	149763	70522	79241
抚顺市	183209	89643	93566	148070	71662	76408	83104	38936	44168
本溪市	131317	64764	66553	106508	51739	54769	61476	28894	32582
丹东市	197995	97184	100811	183104	89062	94042	112603	54234	58369
锦州市	235734	115096	120638	230149	111351	118798	136605	64697	71908
营口市	181589	88871	92718	167740	81201	86539	100897	47903	52994
阜新市	146534	70888	75646	121567	56900	64667	71735	32068	39667
辽阳市	135522	66464	69058	130002	61849	68153	82609	38416	44193
盘锦市	96420	46371	50049	95234	44621	50613	59252	28043	31209
铁岭市	199109	98516	100593	192616	92986	99630	120974	56760	64214
朝阳市	240521	117392	123129	189828	91837	97991	114135	53956	60179
葫芦岛市	196461	97178	99283	179565	87139	92426	106941	51853	55088
辽宁省沈抚新区管委会	13142	6326	6816	11905	5719	6186	6712	3074	3638

1-5　续表 6

单位：人

地　区	75-79岁			80-84岁			85-89岁		
	小计	男	女	小计	男	女	小计	男	女
辽宁	**1128789**	**519826**	**608963**	**746549**	**327298**	**419251**	**388314**	**164040**	**224274**
沈阳市	196120	88112	108008	140531	57687	82844	82332	34193	48139
大连市	193442	91763	101679	134333	61055	73278	75572	32029	43543
鞍山市	94291	43675	50616	64985	28779	36206	33531	14411	19120
抚顺市	52455	22449	30006	38329	14797	23532	20469	8058	12411
本溪市	39563	16944	22619	26239	10316	15923	13581	5624	7957
丹东市	68043	32242	35801	41407	19186	22221	21749	9633	12116
锦州市	82699	38988	43711	50220	22801	27419	25192	10474	14718
营口市	64222	29907	34315	41010	18758	22252	19260	8516	10744
阜新市	43234	18697	24537	30987	12477	18510	13886	5576	8310
辽阳市	50641	23122	27519	29264	13398	15866	13601	5925	7676
盘锦市	31980	14691	17289	19929	9556	10373	8494	4021	4473
铁岭市	64441	30539	33902	37416	18105	19311	17811	7817	9994
朝阳市	76614	35000	41614	48369	20540	27829	21202	8517	12685
葫芦岛市	67513	32117	35396	41539	18954	22585	20706	8881	11825
辽宁省沈抚新区管委会	3531	1580	1951	1991	889	1102	928	365	563

1-5　续表 7

单位：人

地　区	90-94岁			95-99岁			100岁及以上		
	小计	男	女	小计	男	女	小计	男	女
辽宁	**140222**	**59142**	**81080**	**31316**	**12776**	**18540**	**5787**	**2401**	**3386**
沈阳市	29808	12602	17206	6580	2715	3865	1294	546	748
大连市	27468	11461	16007	6325	2438	3887	1091	390	701
鞍山市	12118	5326	6792	3038	1248	1790	678	312	366
抚顺市	6978	2847	4131	1409	584	825	224	74	150
本溪市	4960	2058	2902	958	380	578	109	47	62
丹东市	8389	3554	4835	1928	786	1142	353	164	189
锦州市	9704	4069	5635	2219	957	1262	444	205	239
营口市	7350	3239	4111	1982	848	1134	328	139	189
阜新市	4555	1855	2700	749	292	457	153	57	96
辽阳市	4807	2023	2784	1081	448	633	257	100	157
盘锦市	2981	1330	1651	600	258	342	118	40	78
铁岭市	6600	2857	3743	1465	651	814	250	117	133
朝阳市	6918	2783	4135	1207	468	739	169	77	92
葫芦岛市	7230	3007	4223	1674	663	1011	306	128	178
辽宁省沈抚新区管委会	356	131	225	101	40	61	13	5	8

1-5a 各地区分年龄、性别的人口(城市)

单位：人

地　　区	合　　计			0岁		
	合计	男	女	小计	男	女
辽宁	**25572477**	**12626419**	**12946058**	**144518**	**74257**	**70261**
沈阳市	7182292	3565398	3616894	44756	23131	21625
大连市	5858459	2899532	2958927	36792	18698	18094
鞍山市	1863746	919074	944672	7621	3888	3733
抚顺市	1101461	539217	562244	3782	2016	1766
本溪市	765932	374538	391394	2632	1352	1280
丹东市	1090680	532444	558236	5979	3141	2838
锦州市	1273214	619381	653833	6170	3183	2987
营口市	1396148	694119	702029	7956	4054	3902
阜新市	696563	335450	361113	3340	1725	1615
辽阳市	855682	419147	436535	4307	2216	2091
盘锦市	942809	467259	475550	6094	3137	2957
铁岭市	623723	306929	316794	2480	1239	1241
朝阳市	955223	472976	482247	6974	3547	3427
葫芦岛市	835958	415390	420568	4899	2532	2367
辽宁省沈抚新区管委会	130587	65565	65022	736	398	338

1-5a 续表 1

单位：人

地　　区	1-4岁			5-9岁			10-14岁		
	小计	男	女	小计	男	女	小计	男	女
辽宁	**828508**	**427334**	**401174**	**1057931**	**549097**	**508834**	**904619**	**472638**	**431981**
沈阳市	255178	132057	123121	306209	159076	147133	243593	127483	116110
大连市	210834	108357	102477	272427	141530	130897	211608	110674	100934
鞍山市	45801	23377	22424	64257	33290	30967	60757	31412	29345
抚顺市	23500	12188	11312	33146	17048	16098	31722	16408	15314
本溪市	15475	7959	7516	23508	12181	11327	23708	12262	11446
丹东市	33485	17177	16308	41521	21338	20183	34305	17670	16635
锦州市	36044	18546	17498	46038	23742	22296	43648	22534	21114
营口市	45427	23329	22098	61573	31950	29623	53793	28106	25687
阜新市	18754	9733	9021	24319	12641	11678	22762	11702	11060
辽阳市	23407	12005	11402	30718	16006	14712	29997	15603	14394
盘锦市	34596	17990	16606	39619	20446	19173	40100	21183	18917
铁岭市	16291	8376	7915	23106	11966	11140	25220	13191	12029
朝阳市	38435	20053	18382	51496	27061	24435	45494	24327	21167
葫芦岛市	26854	13886	12968	34991	18238	16753	33649	17863	15786
辽宁省沈抚新区管委会	4427	2301	2126	5003	2584	2419	4263	2220	2043

1-5a　续表 2　　单位：人

地　区	15-19岁			20-24岁			25-29岁		
	小计	男	女	小计	男	女	小计	男	女
辽宁	**1056726**	**552336**	**504390**	**1250867**	**645348**	**605519**	**1486272**	**748498**	**737774**
沈阳市	297993	158933	139060	421231	220363	200868	480716	243016	237700
大连市	230489	119862	110627	316376	160634	155742	344520	171256	173264
鞍山市	67032	34244	32788	76043	39759	36284	92076	48020	44056
抚顺市	28205	15207	12998	34963	19065	15898	43524	22237	21287
本溪市	25100	13021	12079	28930	14668	14262	31339	16001	15338
丹东市	44062	23573	20489	34014	16613	17401	55047	26617	28430
锦州市	77844	38402	39442	80001	38737	41264	70429	35159	35270
营口市	51459	25912	25547	50409	26241	24168	76355	39274	37081
阜新市	29404	14498	14906	26748	14415	12333	36783	18499	18284
辽阳市	37363	19273	18090	34895	17900	16995	43826	22280	21546
盘锦市	37023	19621	17402	37127	19110	18017	60958	30711	30247
铁岭市	25351	13201	12150	22266	11359	10907	35642	17936	17706
朝阳市	52252	26702	25550	35356	17473	17883	60212	30057	30155
葫芦岛市	45199	25521	19678	43050	23879	19171	47750	23937	23813
辽宁省沈抚新区管委会	7950	4366	3584	9458	5132	4326	7095	3498	3597

1-5a　续表 3　　单位：人

地　区	30-34岁			35-39岁			40-44岁		
	小计	男	女	小计	男	女	小计	男	女
辽宁	**2381197**	**1186944**	**1194253**	**2068446**	**1032851**	**1035595**	**1957912**	**975059**	**982853**
沈阳市	734277	367545	366732	635356	318813	316543	543300	273984	269316
大连市	589342	290750	298592	516365	254238	262127	457958	227548	230410
鞍山市	146270	73467	72803	141038	70907	70131	136564	67510	69054
抚顺市	75591	38181	37410	75155	38470	36685	73115	36649	36466
本溪市	53378	26751	26627	53048	26886	26162	53089	26616	26473
丹东市	91421	44950	46471	79123	38953	40170	83271	40992	42279
锦州市	100332	49521	50811	94580	47389	47191	96793	47623	49170
营口市	149585	75936	73649	111096	56818	54278	112859	56732	56127
阜新市	54382	26895	27487	47416	23681	23735	46341	22536	23805
辽阳市	68293	33823	34470	60455	29671	30784	68028	33364	34664
盘锦市	88986	44828	44158	71679	35393	36286	83223	40935	42288
铁岭市	52523	26187	26336	44870	22561	22309	51810	25850	25960
朝阳市	90965	45717	45248	66917	33903	33014	74881	37128	37753
葫芦岛市	73409	36121	37288	61903	30315	31588	67340	32754	34586
辽宁省沈抚新区管委会	12443	6272	6171	9445	4853	4592	9340	4838	4502

1-5a 续表 4

单位：人

地 区	45-49岁			50-54岁			55-59岁		
	小计	男	女	小计	男	女	小计	男	女
辽宁	**2086336**	**1032648**	**1053688**	**2135402**	**1050861**	**1084541**	**2266350**	**1118628**	**1147722**
沈阳市	507840	253414	254426	525912	259919	265993	597718	294058	303660
大连市	498973	249050	249923	452486	225232	227254	447084	221488	225596
鞍山市	151224	74077	77147	170803	83848	86955	197453	98163	99290
抚顺市	86962	43026	43936	105880	52336	53544	139048	68831	70217
本溪市	63492	31288	32204	77200	37483	39717	93477	46145	47332
丹东市	95432	46672	48760	99406	48223	51183	104553	51195	53358
锦州市	101516	49258	52258	103517	50155	53362	109822	53723	56099
营口市	123127	60896	62231	125175	61326	63849	122402	60574	61828
阜新市	57910	27716	30194	70777	33776	37001	78891	38275	40616
辽阳市	80067	39349	40718	80082	39226	40856	81002	40114	40888
盘锦市	89947	44456	45491	87755	43350	44405	74342	37057	37285
铁岭市	58816	28856	29960	63521	30655	32866	57997	28681	29316
朝阳市	87908	43399	44509	84793	41708	43085	79735	39647	40088
葫芦岛市	73400	36158	37242	77244	38241	39003	71144	35022	36122
辽宁省沈抚新区管委会	9722	5033	4689	10851	5383	5468	11682	5655	6027

1-5a 续表 5

单位：人

地 区	60-64岁			65-69岁			70-74岁		
	小计	男	女	小计	男	女	小计	男	女
辽宁	**1982379**	**961846**	**1020533**	**1645547**	**779090**	**866457**	**923964**	**426864**	**497100**
沈阳市	544815	263702	281113	449534	212282	237252	235957	108407	127550
大连市	414325	201645	212680	352881	169741	183140	203693	96438	107255
鞍山市	174794	86424	88370	135754	64836	70918	73780	33739	40041
抚顺市	122775	59268	63507	91292	43097	48195	48563	22407	26156
本溪市	78399	38244	40155	59570	28549	31021	31180	14499	16681
丹东市	92570	44809	47761	80688	38491	42197	47203	22178	25025
锦州市	98152	47373	50779	86013	40221	45792	48151	22052	26099
营口市	98764	48068	50696	85521	40650	44871	49972	23192	26780
阜新市	61704	29404	32300	45706	21005	24701	25197	10867	14330
辽阳市	67868	33160	34708	59523	27870	31653	35041	15645	19396
盘锦市	55358	26251	29107	56849	26103	30746	38664	17984	20680
铁岭市	45416	22253	23163	39647	18367	21280	25812	11605	14207
朝阳市	62257	29870	32387	45739	21363	24376	27583	12538	15045
葫芦岛市	55314	26701	28613	48169	22388	25781	28556	13219	15337
辽宁省沈抚新区管委会	9868	4674	5194	8661	4127	4534	4612	2094	2518

1-5a　续表 6

单位：人

地　　区	75-79岁			80-84岁			85-89岁		
	小计	男	女	小计	男	女	小计	男	女
辽宁	**595575**	**261374**	**334201**	**447009**	**183053**	**263956**	**245747**	**102077**	**143670**
沈阳市	144144	63082	81062	113857	44483	69374	69469	28712	40757
大连市	128881	59177	69704	93219	40376	52843	55446	22768	32678
鞍山市	49806	21751	28055	40754	16763	23991	21998	9263	12735
抚顺市	33039	13490	19549	29025	10572	18453	15947	6193	9754
本溪市	21757	8801	12956	17458	6387	11071	9405	3857	5548
丹东市	30683	13644	17039	21168	9042	12126	11308	4826	6482
锦州市	32852	14505	18347	22996	9486	13510	12440	5134	7306
营口市	32605	14513	18092	22778	9804	12974	10626	4608	6018
阜新市	19311	7753	11558	16544	6144	10400	7532	3026	4506
辽阳市	23051	9752	13299	16347	6912	9435	8025	3486	4539
盘锦市	20575	9201	11374	12802	6088	6714	5053	2475	2578
铁岭市	15837	7003	8834	10265	4683	5582	4778	2053	2725
朝阳市	20698	8923	11775	14368	5768	8600	6491	2607	3884
葫芦岛市	19812	8683	11129	13883	5878	8005	6550	2802	3748
辽宁省沈抚新区管委会	2524	1096	1428	1545	667	878	679	267	412

1-5a　续表 7

单位：人

地　　区	90-94岁			95-99岁			100岁及以上		
	小计	男	女	小计	男	女	小计	男	女
辽宁	**85353**	**36690**	**48663**	**18382**	**7528**	**10854**	**3437**	**1398**	**2039**
沈阳市	24395	10413	13982	5099	2121	2978	943	404	539
大连市	19649	8173	11476	4333	1622	2711	778	275	503
鞍山市	7530	3339	4191	1908	781	1127	483	216	267
抚顺市	5060	2058	3002	1012	421	591	155	49	106
本溪市	3173	1352	1821	553	210	343	61	26	35
丹东市	4276	1855	2421	973	399	574	192	86	106
锦州市	4626	2070	2556	1051	483	568	199	85	114
营口市	3662	1706	1956	864	374	490	140	56	84
阜新市	2271	970	1301	383	162	221	88	27	61
辽阳市	2675	1200	1475	583	243	340	129	49	80
盘锦市	1678	783	895	315	136	179	66	21	45
铁岭市	1692	716	976	337	171	166	46	20	26
朝阳市	2175	972	1203	440	178	262	54	35	19
葫芦岛市	2263	999	1264	481	206	275	98	47	51
辽宁省沈抚新区管委会	228	84	144	50	21	29	5	2	3

1-5b 各地区分年龄、性别的人口(镇)

单位：人

地区	合计			0岁		
	合计	男	女	小计	男	女
辽宁	**5153499**	**2566297**	**2587202**	**26375**	**13624**	**12751**
沈阳市	459319	232379	226940	2726	1440	1286
大连市	277268	138441	138827	1480	771	709
鞍山市	615945	310725	305220	3195	1632	1563
抚顺市	249305	122805	126500	1098	569	529
本溪市	287494	141484	146010	1344	724	620
丹东市	416791	205661	211130	2017	1028	989
锦州市	340041	167773	172268	1379	691	688
营口市	168094	85682	82412	862	440	422
阜新市	319059	157196	161863	1491	779	712
辽阳市	215944	108250	107694	1015	545	470
盘锦市	132879	66485	66394	905	460	445
铁岭市	694298	341347	352951	2559	1329	1230
朝阳市	480045	240756	239289	3231	1663	1568
葫芦岛市	497017	247313	249704	3073	1553	1520
辽宁省沈抚新区管委会						

1-5b 续表 1

单位：人

地区	1-4岁			5-9岁			10-14岁		
	小计	男	女	小计	男	女	小计	男	女
辽宁	**149181**	**77044**	**72137**	**212061**	**110814**	**101247**	**226491**	**119321**	**107170**
沈阳市	14364	7357	7007	16752	8788	7964	18285	9761	8524
大连市	8224	4332	3892	10950	5662	5288	9450	4862	4588
鞍山市	18421	9510	8911	27065	14144	12921	28895	15117	13778
抚顺市	6632	3483	3149	9458	4896	4562	10244	5213	5031
本溪市	7919	4069	3850	11485	6007	5478	11379	5983	5396
丹东市	10566	5414	5152	14738	7560	7178	15219	7829	7390
锦州市	7960	4124	3836	11846	6140	5706	14245	7199	7046
营口市	4679	2386	2293	7085	3642	3443	7364	3881	3483
阜新市	8514	4398	4116	12117	6336	5781	12737	6707	6030
辽阳市	5561	2865	2696	7907	4055	3852	9018	4746	4272
盘锦市	4557	2374	2183	5610	2875	2735	5652	2968	2684
铁岭市	16620	8681	7939	24221	12582	11639	28416	14725	13691
朝阳市	18218	9344	8874	27882	15040	12842	28184	15549	12635
葫芦岛市	16946	8707	8239	24945	13087	11858	27403	14781	12622
辽宁省沈抚新区管委会									

1-5b　续表 2　　　　单位：人

地　　区	15-19岁			20-24岁			25-29岁		
	小计	男	女	小计	男	女	小计	男	女
辽宁	**245802**	**126443**	**119359**	**182603**	**92225**	**90378**	**273040**	**138672**	**134368**
沈阳市	16523	8641	7882	16903	8751	8152	31906	16442	15464
大连市	14901	6890	8011	16644	6890	9754	13507	7056	6451
鞍山市	27312	14374	12938	23791	12684	11107	35756	18699	17057
抚顺市	11283	5656	5627	6264	3223	3041	11153	5475	5678
本溪市	12928	7173	5755	7956	4273	3683	14185	6905	7280
丹东市	20536	9721	10815	15247	7245	8002	17993	9040	8953
锦州市	16146	8192	7954	10141	5058	5083	16360	8168	8192
营口市	6883	3545	3338	6144	3498	2646	7693	4188	3505
阜新市	18024	9233	8791	9893	4970	4923	17115	8593	8522
辽阳市	8962	4708	4254	8390	4482	3908	10949	5641	5308
盘锦市	5352	2806	2546	4644	2362	2282	8235	4084	4151
铁岭市	36079	17489	18590	24464	11987	12477	35370	17871	17499
朝阳市	24944	14157	10787	14786	7600	7186	25576	12763	12813
葫芦岛市	25929	13858	12071	17336	9202	8134	27242	13747	13495
辽宁省沈抚新区管委会									

1-5b　续表 3　　　　单位：人

地　　区	30-34岁			35-39岁			40-44岁		
	小计	男	女	小计	男	女	小计	男	女
辽宁	**415319**	**208909**	**206410**	**344407**	**174560**	**169847**	**407567**	**206800**	**200767**
沈阳市	44612	23148	21464	35617	18697	16920	38693	20404	18289
大连市	22201	11648	10553	16786	8604	8182	18379	9456	8923
鞍山市	53797	27610	26187	43504	22352	21152	51518	26321	25197
抚顺市	18696	9147	9549	16877	8287	8590	19227	9676	9551
本溪市	25833	12697	13136	19479	9695	9784	23262	11455	11807
丹东市	28145	13819	14326	25060	12532	12528	31538	15920	15618
锦州市	25465	12747	12718	22278	11230	11048	27375	13785	13590
营口市	15798	8248	7550	11316	5936	5380	12297	6347	5950
阜新市	23785	11916	11869	20947	10610	10337	24854	12637	12217
辽阳市	17676	8955	8721	14305	7334	6971	18682	9424	9258
盘锦市	12002	6077	5925	8923	4604	4319	10234	5263	4971
铁岭市	50233	24787	25446	45576	22779	22797	55386	27929	27457
朝阳市	37329	18536	18793	31263	15758	15505	38366	19419	18947
葫芦岛市	39747	19574	20173	32476	16142	16334	37756	18764	18992
辽宁省沈抚新区管委会									

1-5b 续表 4

单位：人

地 区	45-49岁			50-54岁			55-59岁		
	小计	男	女	小计	男	女	小计	男	女
辽宁	**459796**	**230981**	**228815**	**501437**	**248689**	**252748**	**476625**	**236252**	**240373**
沈阳市	40934	21100	19834	44945	22749	22196	40807	20023	20784
大连市	24461	12702	11759	26952	13818	13134	24637	12408	12229
鞍山市	54627	27592	27035	57199	28282	28917	52767	26190	26577
抚顺市	22858	11396	11462	25789	12961	12828	25738	12916	12822
本溪市	25657	12642	13015	28171	13678	14493	28445	13908	14537
丹东市	38238	19128	19110	42622	21275	21347	42059	20934	21125
锦州市	28809	14456	14353	32697	16054	16643	32470	16192	16278
营口市	14245	7305	6940	15735	7891	7844	15335	7610	7725
阜新市	28745	14369	14376	32306	15991	16315	31009	15402	15607
辽阳市	21739	11181	10558	20834	10476	10358	19328	9641	9687
盘锦市	11512	5818	5694	13208	6492	6716	12145	6099	6046
铁岭市	64910	32086	32824	69432	33936	35496	67806	33587	34219
朝阳市	42875	21342	21533	46035	22987	23048	41258	20273	20985
葫芦岛市	40186	19864	20322	45512	22099	23413	42821	21069	21752
辽宁省沈抚新区管委会									

1-5b 续表 5

单位：人

地 区	60-64岁			65-69岁			70-74岁		
	小计	男	女	小计	男	女	小计	男	女
辽宁	**391316**	**190538**	**200778**	**353140**	**167942**	**185198**	**218581**	**101321**	**117260**
沈阳市	31353	15204	16149	28119	13446	14673	17094	7671	9423
大连市	21357	10459	10898	18939	9236	9703	12205	5870	6335
鞍山市	43117	21144	21973	40440	19331	21109	24759	11735	13024
抚顺市	20665	10001	10664	18754	9016	9738	10980	5083	5897
本溪市	23099	11229	11870	19035	9057	9978	11925	5384	6541
丹东市	35946	17682	18264	32281	15614	16667	20018	9497	10521
锦州市	26879	13003	13876	26692	12605	14087	17425	8071	9354
营口市	13083	6490	6593	12138	5949	6189	7453	3639	3814
阜新市	25933	12502	13431	21634	9955	11679	13690	5984	7706
辽阳市	15590	7620	7970	14553	6807	7746	10113	4574	5539
盘锦市	9479	4610	4869	9389	4468	4921	5068	2353	2715
铁岭市	53646	26193	27453	50364	23587	26777	31974	14598	17376
朝阳市	34542	16550	17992	27314	12905	14409	16268	7477	8791
葫芦岛市	36627	17851	18776	33488	15966	17522	19609	9385	10224
辽宁省沈抚新区管委会									

1-5b　续表 6　　　　单位：人

地　区	75-79岁			80-84岁			85-89岁		
	小计	男	女	小计	男	女	小计	男	女
辽宁	**133258**	**61170**	**72088**	**80001**	**36719**	**43282**	**37644**	**16222**	**21422**
沈阳市	9864	4443	5421	5751	2633	3118	2639	1089	1550
大连市	7733	3798	3935	4852	2380	2472	2423	1103	1320
鞍山市	14860	7079	7781	8645	4202	4443	4041	1765	2276
抚顺市	6831	2932	3899	3930	1715	2215	1901	760	1141
本溪市	7655	3368	4287	4530	1866	2664	2178	945	1233
丹东市	12210	5673	6537	7282	3454	3828	3418	1595	1823
锦州市	10718	4969	5749	6338	2979	3359	2971	1266	1705
营口市	4760	2251	2509	2967	1413	1554	1400	643	757
阜新市	7788	3357	4431	5182	2160	3022	2319	895	1424
辽阳市	6256	2867	3389	3164	1495	1669	1275	574	701
盘锦市	2979	1378	1601	1798	888	910	820	362	458
铁岭市	18027	8287	9740	11130	5279	5851	5381	2389	2992
朝阳市	10999	4951	6048	6892	2853	4039	2952	1169	1783
葫芦岛市	12578	5817	6761	7540	3402	4138	3926	1667	2259
辽宁省沈抚新区管委会									

1-5b　续表 7　　　　单位：人

地　区	90-94岁			95-99岁			100岁及以上		
	小计	男	女	小计	男	女	小计	男	女
辽宁	**14568**	**6200**	**8368**	**3571**	**1510**	**2061**	**716**	**341**	**375**
沈阳市	1061	439	622	309	127	182	62	26	36
大连市	922	380	542	226	97	129	39	19	20
鞍山市	1681	728	953	449	178	271	106	56	50
抚顺市	780	341	439	125	48	77	22	11	11
本溪市	831	336	495	185	82	103	13	8	5
丹东市	1307	550	757	297	121	176	54	30	24
锦州市	1306	589	717	404	185	219	137	70	67
营口市	602	261	341	240	111	129	15	8	7
阜新市	835	351	484	120	45	75	21	6	15
辽阳市	466	190	276	108	47	61	53	23	30
盘锦市	304	116	188	55	26	29	8	2	6
铁岭市	2089	970	1119	526	228	298	89	48	41
朝阳市	948	343	605	168	72	96	15	5	10
葫芦岛市	1436	606	830	359	143	216	82	29	53
辽宁省沈抚新区管委会									

1-5c 各地区分年龄、性别的人口(乡村)

单位：人

地区	合计			0岁		
	合计	男	女	小计	男	女
辽宁	**11865431**	**6070813**	**5794618**	**49187**	**25255**	**23932**
沈阳市	1386170	701246	684924	5268	2642	2626
大连市	1315058	672188	642870	4844	2459	2385
鞍山市	845681	436074	409607	3941	2035	1906
抚顺市	381098	197119	183979	1514	759	755
本溪市	272592	140509	132083	1192	604	588
丹东市	680965	349962	331003	2536	1285	1251
锦州市	1090598	554652	535946	3699	1871	1828
营口市	764340	393633	370707	3352	1762	1590
阜新市	631658	319876	311782	2578	1339	1239
辽阳市	532954	273205	259749	1830	957	873
盘锦市	314003	158586	155417	1481	776	705
铁岭市	1070273	546477	523796	3813	1980	1833
朝阳市	1437589	739421	698168	7290	3784	3506
葫芦岛市	1101219	567298	533921	5682	2910	2772
辽宁省沈抚新区管委会	41233	20567	20666	167	92	75

1-5c 续表 1

单位：人

地区	1-4岁			5-9岁			10-14岁		
	小计	男	女	小计	男	女	小计	男	女
辽宁	**238874**	**123142**	**115732**	**390373**	**202939**	**187434**	**509821**	**267040**	**242781**
沈阳市	26796	13864	12932	39226	20259	18967	55735	29237	26498
大连市	24657	12635	12022	37323	19042	18281	39353	20143	19210
鞍山市	17914	9104	8810	29764	15369	14395	39946	20908	19038
抚顺市	7401	3746	3655	11459	5963	5496	14799	7665	7134
本溪市	5167	2643	2524	7115	3751	3364	8276	4318	3958
丹东市	12015	6221	5794	18660	9689	8971	23244	11869	11375
锦州市	17613	9041	8572	30665	15776	14889	42725	22168	20557
营口市	16644	8401	8243	28055	14547	13508	32347	16929	15418
阜新市	13234	6956	6278	22743	12044	10699	28988	15278	13710
辽阳市	9013	4668	4345	14586	7600	6986	20330	10677	9653
盘锦市	6484	3340	3144	8952	4578	4374	12935	6817	6118
铁岭市	19265	9984	9281	30516	15887	14629	46752	24303	22449
朝阳市	35434	18580	16854	63089	33312	29777	80889	43589	37300
葫芦岛市	26402	13517	12885	46985	24488	22497	62214	32463	29751
辽宁省沈抚新区管委会	835	442	393	1235	634	601	1288	676	612

1-5c　续表 2

单位：人

地　　区	15-19岁			20-24岁			25-29岁		
	小计	男	女	小计	男	女	小计	男	女
辽宁	**383023**	**208473**	**174550**	**414860**	**225674**	**189186**	**478680**	**262511**	**216169**
沈阳市	57858	30266	27592	59488	30583	28905	58132	30465	27667
大连市	26693	15049	11644	35203	19601	15602	44129	25013	19116
鞍山市	31528	17378	14150	30788	17652	13136	35162	19977	15185
抚顺市	9671	5408	4263	10688	5635	5053	14561	7961	6600
本溪市	9087	4037	5050	7364	3826	3538	10891	6169	4722
丹东市	16330	9097	7233	20310	11064	9246	24891	13608	11283
锦州市	31346	17527	13819	34655	18711	15944	40045	21290	18755
营口市	20944	11854	9090	24393	13836	10557	28249	15979	12270
阜新市	16572	9201	7371	23427	12411	11016	29525	15653	13872
辽阳市	14409	7974	6435	18216	9996	8220	18550	10173	8377
盘锦市	12367	6030	6337	15671	8234	7437	12974	7003	5971
铁岭市	34924	19160	15764	39196	21064	18132	44916	24365	20551
朝阳市	53311	29632	23679	51111	28190	22921	62904	34577	28327
葫芦岛市	43412	23945	19467	41490	23790	17700	52194	29457	22737
辽宁省沈抚新区管委会	4571	1915	2656	2860	1081	1779	1557	821	736

1-5c　续表 3

单位：人

地　　区	30-34岁			35-39岁			40-44岁		
	小计	男	女	小计	男	女	小计	男	女
辽宁	**636328**	**340905**	**295423**	**552359**	**292439**	**259920**	**757057**	**400122**	**356935**
沈阳市	75735	38832	36903	70314	36911	33403	92612	48560	44052
大连市	60780	32822	27958	49575	25478	24097	67654	34700	32954
鞍山市	46948	25250	21698	42335	22474	19861	56891	30223	26668
抚顺市	22132	11820	10312	19377	10279	9098	23839	12696	11143
本溪市	15901	9017	6884	10913	5894	5019	16025	8698	7327
丹东市	31880	17206	14674	30496	16015	14481	44598	23468	21130
锦州市	55716	29521	26195	50838	27317	23521	72949	38843	34106
营口市	61078	33507	27571	40708	21660	19048	50625	26862	23763
阜新市	33027	17466	15561	34784	18450	16334	48763	25896	22867
辽阳市	27311	14574	12737	24097	12815	11282	37206	19677	17529
盘锦市	15199	7911	7288	13519	7059	6460	18213	9593	8620
铁岭市	52461	27882	24579	49459	25981	23478	69705	36451	33254
朝阳市	71764	39145	32619	63345	34077	29268	89011	47725	41286
葫芦岛市	64117	34730	29387	50447	26892	23555	66276	35231	31045
辽宁省沈抚新区管委会	2279	1222	1057	2152	1137	1015	2690	1499	1191

1-5c 续表 4 单位：人

地区	45-49岁			50-54岁			55-59岁		
	小计	男	女	小计	男	女	小计	男	女
辽宁	**1033187**	**534080**	**499107**	**1347485**	**687208**	**660277**	**1299918**	**646445**	**653473**
沈阳市	118439	60530	57909	163171	82821	80350	149432	74105	75327
大连市	116152	59945	56207	152539	77729	74810	156867	78299	78568
鞍山市	69847	36296	33551	90022	45785	44237	88976	44509	44467
抚顺市	34443	18208	16235	43650	22884	20766	44173	22507	21666
本溪市	22516	11825	10691	31496	16432	15064	32945	16729	16216
丹东市	61917	32473	29444	80628	41262	39366	79763	40206	39557
锦州市	92467	47685	44782	123057	62152	60905	121207	59258	61949
营口市	64875	33745	31130	78936	40386	38550	77346	38519	38827
阜新市	61478	31390	30088	73602	37338	36264	65795	32257	33538
辽阳市	50231	26467	23764	56878	29561	27317	57333	28835	28498
盘锦市	28118	14276	13842	38465	19291	19174	35877	17992	17885
铁岭市	101430	51819	49611	132356	67038	65318	121854	60665	61189
朝阳市	123193	64435	58758	162602	83773	78829	154586	76611	77975
葫芦岛市	84834	43223	41611	116148	58622	57526	109854	53899	55955
辽宁省沈抚新区管委会	3247	1763	1484	3935	2134	1801	3910	2054	1856

1-5c 续表 5 单位：人

地区	60-64岁			65-69岁			70-74岁		
	小计	男	女	小计	男	女	小计	男	女
辽宁	**1163291**	**579217**	**584074**	**1124986**	**558668**	**566318**	**710286**	**345494**	**364792**
沈阳市	125605	62729	62876	127865	63098	64767	81422	38461	42961
大连市	148315	74065	74250	135590	68764	66826	95654	47476	48178
鞍山市	75752	37536	38216	78263	38900	39363	51224	25048	26176
抚顺市	39769	20374	19395	38024	19549	18475	23561	11446	12115
本溪市	29819	15291	14528	27903	14133	13770	18371	9011	9360
丹东市	69479	34693	34786	70135	34957	35178	45382	22559	22823
锦州市	110703	54720	55983	117444	58525	58919	71029	34574	36455
营口市	69742	34313	35429	70081	34602	35479	43472	21072	22400
阜新市	58897	28982	29915	54227	25940	28287	32848	15217	17631
辽阳市	52064	25684	26380	55926	27172	28754	37455	18197	19258
盘锦市	31583	15510	16073	28996	14050	14946	15520	7706	7814
铁岭市	100047	50070	49977	102605	51032	51573	63188	30557	32631
朝阳市	143722	70972	72750	116775	57569	59206	70284	33941	36343
葫芦岛市	104520	52626	51894	97908	48785	49123	58776	29249	29527
辽宁省沈抚新区管委会	3274	1652	1622	3244	1592	1652	2100	980	1120

1-5c　续表 6　　　　单位：人

地　区	75-79岁			80-84岁			85-89岁		
	小计	男	女	小计	男	女	小计	男	女
辽宁	**399956**	**197282**	**202674**	**219539**	**107526**	**112013**	**104923**	**45741**	**59182**
沈阳市	42112	20587	21525	20923	10571	10352	10224	4392	5832
大连市	56828	28788	28040	36262	18299	17963	17703	8158	9545
鞍山市	29625	14845	14780	15586	7814	7772	7492	3383	4109
抚顺市	12585	6027	6558	5374	2510	2864	2621	1105	1516
本溪市	10151	4775	5376	4251	2063	2188	1998	822	1176
丹东市	25150	12925	12225	12957	6690	6267	7023	3212	3811
锦州市	39129	19514	19615	20886	10336	10550	9781	4074	5707
营口市	26857	13143	13714	15265	7541	7724	7234	3265	3969
阜新市	16135	7587	8548	9261	4173	5088	4035	1655	2380
辽阳市	21334	10503	10831	9753	4991	4762	4301	1865	2436
盘锦市	8426	4112	4314	5329	2580	2749	2621	1184	1437
铁岭市	30577	15249	15328	16021	8143	7878	7652	3375	4277
朝阳市	44917	21126	23791	27109	11919	15190	11759	4741	7018
葫芦岛市	35123	17617	17506	20116	9674	10442	10230	4412	5818
辽宁省沈抚新区管委会	1007	484	523	446	222	224	249	98	151

1-5c　续表 7　　　　单位：人

地　区	90-94岁			95-99岁			100岁及以上		
	小计	男	女	小计	男	女	小计	男	女
辽宁	**40301**	**16252**	**24049**	**9363**	**3738**	**5625**	**1634**	**662**	**972**
沈阳市	4352	1750	2602	1172	467	705	289	116	173
大连市	6897	2908	3989	1766	719	1047	274	96	178
鞍山市	2907	1259	1648	681	289	392	89	40	49
抚顺市	1138	448	690	272	115	157	47	14	33
本溪市	956	370	586	220	88	132	35	13	22
丹东市	2806	1149	1657	658	266	392	107	48	59
锦州市	3772	1410	2362	764	289	475	108	50	58
营口市	3086	1272	1814	878	363	515	173	75	98
阜新市	1449	534	915	246	85	161	44	24	20
辽阳市	1666	633	1033	390	158	232	75	28	47
盘锦市	999	431	568	230	96	134	44	17	27
铁岭市	2819	1171	1648	602	252	350	115	49	66
朝阳市	3795	1468	2327	599	218	381	100	37	63
葫芦岛市	3531	1402	2129	834	314	520	126	52	74
辽宁省沈抚新区管委会	128	47	81	51	19	32	8	3	5

1-6 各地区分性别、受教育程度的3岁及以上人口

单位：人

地　　区	3岁及以上人口			未上过学		
	合计	男	女	小计	男	女
辽宁	**41815183**	**20863428**	**20951755**	**637161**	**229275**	**407886**
沈阳市	8839320	4401618	4437702	85830	33360	52470
大连市	7296876	3631411	3665465	130698	47886	82812
鞍山市	3272910	1639081	1633829	34587	13178	21409
抚顺市	1708936	847199	861737	28968	8720	20248
本溪市	1307874	647156	660718	22315	7988	14327
丹东市	2151820	1069174	1082646	41130	13607	27523
锦州市	2664115	1321331	1342784	31988	11712	20276
营口市	2285711	1151511	1134200	28033	11246	16787
阜新市	1621445	799065	822380	27693	9357	18336
辽阳市	1579822	787811	792011	15457	6630	8827
盘锦市	1359877	676876	683001	19721	7491	12230
铁岭市	2355926	1177931	1177995	35551	13906	21645
朝阳市	2813814	1422621	1391193	84951	26478	58473
葫芦岛市	2388278	1206289	1181989	48484	17046	31438
辽宁省沈抚新区管委会	168459	84354	84105	1755	670	1085

1-6 续表 1

单位：人

地　　区	学前教育			小　　学		
	小计	男	女	小计	男	女
辽宁	**898066**	**463414**	**434652**	**8044767**	**3715818**	**4328949**
沈阳市	213448	110025	103423	1186620	547973	638647
大连市	171929	88293	83636	1405365	652464	752901
鞍山市	67666	34820	32846	526706	242862	283844
抚顺市	32267	16077	16190	274427	124700	149727
本溪市	22445	11640	10805	210939	94921	116018
丹东市	39699	20490	19209	515241	233539	281702
锦州市	46473	23871	22602	554632	257818	296814
营口市	48538	25028	23510	520138	244574	275564
阜新市	32049	16803	15246	286511	126424	160087
辽阳市	27386	14302	13084	327491	150441	177050
盘锦市	31500	16435	15065	237065	106541	130524
铁岭市	40210	20667	19543	610567	288673	321894
朝阳市	67884	35844	32040	788834	363561	425273
葫芦岛市	52813	27193	25620	574637	269311	305326
辽宁省沈抚新区管委会	3759	1926	1833	25594	12016	13578

1-6　续表 2　　单位：人

地　区	初　中			高　中			大学专科		
	小计	男	女	小计	男	女	小计	男	女
辽宁	**18228529**	**9332828**	**8895701**	**6248324**	**3216122**	**3032202**	**3769813**	**1922438**	**1847375**
沈阳市	3353553	1687473	1666080	1511357	767987	743370	1120753	570619	550134
大连市	2631814	1358288	1273526	1199236	616372	582864	713293	362027	351266
鞍山市	1706894	870313	836581	497423	255188	242235	222427	112734	109693
抚顺市	811967	410475	401492	301826	153627	148199	135197	68788	66409
本溪市	617233	309484	307749	215257	110460	104797	117798	62174	55624
丹东市	989711	509516	480195	282835	147980	134855	155043	81206	73837
锦州市	1276406	648983	627423	343075	174436	168639	219921	112662	107259
营口市	1134488	584696	549792	252769	132459	120310	179539	91365	88174
阜新市	764980	389354	375626	291771	148627	143144	120200	58155	62045
辽阳市	764023	389768	374255	216692	111859	104833	126816	64349	62467
盘锦市	580510	295153	285357	228314	117562	110752	132863	66635	66228
铁岭市	1181656	604327	577329	258522	134498	124024	141596	71827	69769
朝阳市	1203948	643467	560481	340150	184265	155885	202038	105239	96799
葫芦岛市	1137339	593436	543903	285241	148652	136589	163570	86018	77552
辽宁省沈抚新区管委会	74007	38095	35912	23856	12150	11706	18759	8640	10119

1-6　续表 3　　单位：人

地　区	大学本科			硕士研究生			博士研究生		
	小计	男	女	小计	男	女	小计	男	女
辽宁	**3631684**	**1814004**	**1817680**	**321626**	**149734**	**171892**	**35213**	**19795**	**15418**
沈阳市	1220195	613314	606881	132137	62264	69873	15427	8603	6824
大连市	932726	452834	479892	98916	45783	53133	12899	7464	5435
鞍山市	204191	103551	100640	12094	5902	6192	922	533	389
抚顺市	116332	60987	55345	7317	3492	3825	635	333	302
本溪市	94547	47262	47285	6746	2918	3828	594	309	285
丹东市	120656	59434	61222	7029	3153	3876	476	249	227
锦州市	177422	85754	91668	13165	5563	7602	1033	532	501
营口市	116042	59254	56788	5744	2686	3058	420	203	217
阜新市	90264	46219	44045	7191	3650	3541	786	476	310
辽阳市	95339	47461	47878	6224	2807	3417	394	194	200
盘锦市	122577	63531	59046	6891	3272	3619	436	256	180
铁岭市	83445	41998	41447	4098	1885	2213	281	150	131
朝阳市	119337	60760	58577	6255	2789	3466	417	218	199
葫芦岛市	118840	61235	57605	6953	3173	3780	401	225	176
辽宁省沈抚新区管委会	19771	10410	9361	866	397	469	92	50	42

1-6a 各地区分性别、受教育程度的3岁及以上人口(城市)

单位：人

地　　区	3岁及以上人口			未上过学		
	合计	男	女	小计	男	女
辽宁	**25050447**	**12357257**	**12693190**	**275313**	**106939**	**168374**
沈阳市	7021050	3481965	3539085	60817	24143	36674
大连市	5725982	2831689	2894293	84642	33621	51021
鞍山市	1835450	904668	930782	14203	5456	8747
抚顺市	1087353	531826	555527	12404	3251	9153
本溪市	756405	369586	386819	9373	3267	6106
丹东市	1069139	521271	547868	13489	5003	8486
锦州市	1250410	607610	642800	9851	3792	6059
营口市	1367475	679425	688050	14188	6011	8177
阜新市	684601	329193	355408	9293	2977	6316
辽阳市	840595	411405	429190	7522	3327	4195
盘锦市	920644	455756	464888	10200	4342	5858
铁岭市	614146	301996	312150	5597	2394	3203
朝阳市	930721	460365	470356	15079	6111	8968
葫芦岛市	818670	406414	412256	7422	2768	4654
辽宁省沈抚新区管委会	127806	64088	63718	1233	476	757

1-6a 续表 1

单位：人

地　　区	学前教育			小　　学		
	小计	男	女	小计	男	女
辽宁	**593376**	**306239**	**287137**	**3120335**	**1419160**	**1701175**
沈阳市	181300	93471	87829	754836	347516	407320
大连市	146779	75523	71256	853022	394830	458192
鞍山市	36467	18690	17777	190318	86026	104292
抚顺市	18888	9561	9327	99586	42569	57017
本溪市	11752	6074	5678	75666	32262	43404
丹东市	22890	11823	11067	150861	65969	84892
锦州市	26137	13431	12706	141279	63718	77561
营口市	32471	16848	15623	217811	100484	117327
阜新市	13810	7182	6628	74518	31628	42890
辽阳市	16214	8439	7775	106753	47138	59615
盘锦市	23704	12371	11333	123176	55063	68113
铁岭市	12908	6611	6297	83771	38681	45090
朝阳市	27295	14427	12868	133302	60906	72396
葫芦岛市	19637	10208	9429	98217	44333	53884
辽宁省沈抚新区管委会	3124	1580	1544	17219	8037	9182

1-6a 续表 2

单位：人

地区	初中			高中			大学专科		
	小计	男	女	小计	男	女	小计	男	女
辽宁	**9552557**	**4724369**	**4828188**	**4867158**	**2458127**	**2409031**	**3075020**	**1563710**	**1511310**
沈阳市	2344360	1160243	1184117	1340295	674556	665739	1034252	526768	507484
大连市	1889283	954397	934886	1084862	549782	535080	671226	339141	332085
鞍山市	856076	422034	434042	375217	188718	186499	171926	86728	85198
抚顺市	494477	241685	252792	244199	122624	121575	111021	56179	54842
本溪市	347186	168599	178587	150011	76313	73698	83660	44221	39439
丹东市	468461	228014	240447	200544	101999	98545	115155	60170	54985
锦州市	493627	239441	254186	246582	122609	123973	166180	84992	81188
营口市	640046	319641	320405	208120	107536	100584	147036	74053	72983
阜新市	250776	121064	129712	186534	92163	94371	75281	35138	40143
辽阳市	366264	179386	186878	155347	78395	76952	101422	51439	49983
盘锦市	342843	168967	173876	195764	99314	96450	109591	55926	53665
铁岭市	312061	151653	160408	105029	53981	51048	54815	28567	26248
朝阳市	370362	183704	186658	184526	94033	90493	115730	58570	57160
葫芦岛市	323830	158896	164934	169893	85904	83989	104698	55214	49484
辽宁省沈抚新区管委会	52905	26645	26260	20235	10200	10035	13027	6604	6423

1-6a 续表 3

单位：人

地区	大学本科			硕士研究生			博士研究生		
	小计	男	女	小计	男	女	小计	男	女
辽宁	**3234402**	**1619294**	**1615108**	**299795**	**140886**	**158909**	**32491**	**18533**	**13958**
沈阳市	1164245	586893	577352	126500	60178	66322	14445	8197	6248
大连市	888073	432530	455543	95703	44629	51074	12392	7236	5156
鞍山市	179344	91092	88252	11076	5434	5642	823	490	333
抚顺市	99453	52409	47044	6756	3248	3508	569	300	269
本溪市	72426	36064	36362	5820	2521	3299	511	265	246
丹东市	91253	45339	45914	6099	2749	3350	387	205	182
锦州市	153765	74034	79731	12072	5120	6952	917	473	444
营口市	102403	52321	50082	5061	2368	2693	339	163	176
阜新市	67565	35392	32173	6131	3213	2918	693	436	257
辽阳市	81104	40560	40544	5631	2551	3080	338	170	168
盘锦市	108719	56489	52230	6293	3076	3217	354	208	146
铁岭市	38120	19247	18873	1726	798	928	119	64	55
朝阳市	79749	40516	39233	4450	1984	2466	228	114	114
葫芦岛市	89035	46291	42744	5649	2635	3014	289	165	124
辽宁省沈抚新区管委会	19148	10117	9031	828	382	446	87	47	40

1-6b 各地区分性别、受教育程度的3岁及以上人口(镇)

单位：人

地区	3岁及以上人口			未上过学		
	合计	男	女	小计	男	女
辽宁	**5059153**	**2517612**	**2541541**	**70819**	**26941**	**43878**
沈阳市	449947	227496	222451	3957	1570	2387
大连市	272051	135707	136344	5364	1916	3448
鞍山市	604250	304719	299531	5395	2241	3154
抚顺市	245311	120697	124614	3855	1367	2488
本溪市	282554	138935	143619	4162	1628	2534
丹东市	409965	202183	207782	7515	2501	5014
锦州市	335002	165163	169839	3340	1295	2045
营口市	165098	84169	80929	2090	907	1183
阜新市	313699	154429	159270	4272	1548	2724
辽阳市	212330	106359	105971	2044	868	1176
盘锦市	129848	64916	64932	1688	597	1091
铁岭市	684303	336145	348158	7501	3144	4357
朝阳市	468599	234963	233636	11963	4216	7747
葫芦岛市	486196	241731	244465	7673	3143	4530
辽宁省沈抚新区管委会						

1-6b 续表 1

单位：人

地区	学前教育			小学		
	小计	男	女	小计	男	女
辽宁	**117319**	**60763**	**56556**	**962581**	**439654**	**522927**
沈阳市	11180	5703	5477	70870	33331	37539
大连市	6353	3279	3074	65506	30126	35380
鞍山市	16088	8410	7678	100061	46200	53861
抚顺市	6110	3025	3085	41506	18272	23234
本溪市	6421	3338	3083	41817	18436	23381
丹东市	7946	4071	3875	93799	41463	52336
锦州市	6422	3324	3098	60206	27330	32876
营口市	3577	1822	1755	40387	19085	21302
阜新市	6964	3650	3314	46599	20198	26401
辽阳市	4062	2103	1959	43483	19960	23523
盘锦市	3334	1743	1591	24395	10756	13639
铁岭市	12603	6598	6005	119454	54549	64905
朝阳市	13656	7317	6339	116140	53807	62333
葫芦岛市	12603	6380	6223	98358	46141	52217
辽宁省沈抚新区管委会						

1-6b　续表 2　　　　单位：人

地　区	初　中			高　中			大学专科		
	小计	男	女	小计	男	女	小计	男	女
辽宁	**2566554**	**1298863**	**1267691**	**721707**	**377579**	**344128**	**364986**	**190440**	**174546**
沈阳市	229101	116623	112478	68021	35646	32375	38040	20175	17865
大连市	122368	64777	57591	30912	17401	13511	14313	7695	6618
鞍山市	357114	182182	174932	74290	39432	34858	33060	17094	15966
抚顺市	126899	63364	63535	38605	19838	18767	15536	8284	7252
本溪市	140704	68836	71868	47481	24258	23223	24383	13640	10743
丹东市	203941	104599	99342	51481	27074	24407	24383	12691	11692
锦州市	179554	89248	90306	49201	25277	23924	22700	11929	10771
营口市	90195	46941	43254	11621	6368	5253	11868	6316	5552
阜新市	146634	73500	73134	67428	34521	32907	25656	13301	12355
辽阳市	110598	56483	54115	29629	15687	13942	13477	6902	6575
盘锦市	70237	36282	33955	15371	8182	7189	8991	4527	4464
铁岭市	338149	167603	170546	108201	55172	53029	61679	30605	31074
朝阳市	198453	101413	97040	67373	36654	30719	38372	20348	18024
葫芦岛市	252607	127012	125595	62093	32069	30024	32528	16933	15595
辽宁省沈抚新区管委会									

1-6b　续表 3　　　　单位：人

地　区	大学本科			硕士研究生			博士研究生		
	小计	男	女	小计	男	女	小计	男	女
辽宁	**243254**	**118322**	**124932**	**11010**	**4616**	**6394**	**923**	**434**	**489**
沈阳市	27130	13719	13411	1509	658	851	139	71	68
大连市	24813	9736	15077	2155	665	1490	267	112	155
鞍山市	17583	8854	8729	616	288	328	43	18	25
抚顺市	12410	6366	6044	354	165	189	36	16	20
本溪市	16929	8519	8410	616	260	356	41	20	21
丹东市	20331	9525	10806	523	241	282	46	18	28
锦州市	13113	6558	6555	432	180	252	34	22	12
营口市	5057	2587	2470	277	130	147	26	13	13
阜新市	15467	7402	8065	634	287	347	45	22	23
辽阳市	8678	4206	4472	332	142	190	27	8	19
盘锦市	5604	2737	2867	222	89	133	6	3	3
铁岭市	34789	17561	17228	1822	859	963	105	54	51
朝阳市	21799	10822	10977	772	347	425	71	39	32
葫芦岛市	19551	9730	9821	746	305	441	37	18	19
辽宁省沈抚新区管委会									

1-6c 各地区分性别、受教育程度的3岁及以上人口(乡村)

单位：人

地区	3岁及以上人口			未上过学		
	合计	男	女	小计	男	女
辽宁	**11705583**	**5988559**	**5717024**	**291029**	**95395**	**195634**
沈阳市	1368323	692157	676166	21056	7647	13409
大连市	1298843	664015	634828	40692	12349	28343
鞍山市	833210	429694	403516	14989	5481	9508
抚顺市	376272	194676	181596	12709	4102	8607
本溪市	268915	138635	130280	8780	3093	5687
丹东市	672716	345720	326996	20126	6103	14023
锦州市	1078703	548558	530145	18797	6625	12172
营口市	753138	387917	365221	11755	4328	7427
阜新市	623145	315443	307702	14128	4832	9296
辽阳市	526897	270047	256850	5891	2435	3456
盘锦市	309385	156204	153181	7833	2552	5281
铁岭市	1057477	539790	517687	22453	8368	14085
朝阳市	1414494	727293	687201	57909	16151	41758
葫芦岛市	1083412	558144	525268	33389	11135	22254
辽宁省沈抚新区管委会	40653	20266	20387	522	194	328

1-6c 续表 1

单位：人

地区	学前教育			小学		
	小计	男	女	小计	男	女
辽宁	**187371**	**96412**	**90959**	**3961851**	**1857004**	**2104847**
沈阳市	20968	10851	10117	360914	167126	193788
大连市	18797	9491	9306	486837	227508	259329
鞍山市	15111	7720	7391	236327	110636	125691
抚顺市	7269	3491	3778	133335	63859	69476
本溪市	4272	2228	2044	93456	44223	49233
丹东市	8863	4596	4267	270581	126107	144474
锦州市	13914	7116	6798	353147	166770	186377
营口市	12490	6358	6132	261940	125005	136935
阜新市	11275	5971	5304	165394	74598	90796
辽阳市	7110	3760	3350	177255	83343	93912
盘锦市	4462	2321	2141	89494	40722	48772
铁岭市	14699	7458	7241	407342	195443	211899
朝阳市	26933	14100	12833	539392	248848	290544
葫芦岛市	20573	10605	9968	378062	178837	199225
辽宁省沈抚新区管委会	635	346	289	8375	3979	4396

1-6c　续表 2

单位：人

地　区	初　中			高　中			大学专科		
	小计	男	女	小计	男	女	小计	男	女
辽宁	**6109418**	**3309596**	**2799822**	**659459**	**380416**	**279043**	**329807**	**168288**	**161519**
沈阳市	780092	410607	369485	103041	57785	45256	48461	23676	24785
大连市	620163	339114	281049	83462	49189	34273	27754	15191	12563
鞍山市	493704	266097	227607	47916	27038	20878	17441	8912	8529
抚顺市	190591	105426	85165	19022	11165	7857	8640	4325	4315
本溪市	129343	72049	57294	17765	9889	7876	9755	4313	5442
丹东市	317309	176903	140406	30810	18907	11903	15505	8345	7160
锦州市	603225	320294	282931	47292	26550	20742	31041	15741	15300
营口市	404247	218114	186133	33028	18555	14473	20635	10996	9639
阜新市	367570	194790	172780	37809	21943	15866	19263	9716	9547
辽阳市	287161	153899	133262	31716	17777	13939	11917	6008	5909
盘锦市	167430	89904	77526	17179	10066	7113	14281	6182	8099
铁岭市	531446	285071	246375	45292	25345	19947	25102	12655	12447
朝阳市	635133	358350	276783	88251	53578	34673	47936	26321	21615
葫芦岛市	560902	307528	253374	53255	30679	22576	26344	13871	12473
辽宁省沈抚新区管委会	21102	11450	9652	3621	1950	1671	5732	2036	3696

1-6c　续表 3

单位：人

地　区	大学本科			硕士研究生			博士研究生		
	小计	男	女	小计	男	女	小计	男	女
辽宁	**154028**	**76388**	**77640**	**10821**	**4232**	**6589**	**1799**	**828**	**971**
沈阳市	28820	12702	16118	4128	1428	2700	843	335	508
大连市	19840	10568	9272	1058	489	569	240	116	124
鞍山市	7264	3605	3659	402	180	222	56	25	31
抚顺市	4469	2212	2257	207	79	128	30	17	13
本溪市	5192	2679	2513	310	137	173	42	24	18
丹东市	9072	4570	4502	407	163	244	43	26	17
锦州市	10544	5162	5382	661	263	398	82	37	45
营口市	8582	4346	4236	406	188	218	55	27	28
阜新市	7232	3425	3807	426	150	276	48	18	30
辽阳市	5557	2695	2862	261	114	147	29	16	13
盘锦市	8254	4305	3949	376	107	269	76	45	31
铁岭市	10536	5190	5346	550	228	322	57	32	25
朝阳市	17789	9422	8367	1033	458	575	118	65	53
葫芦岛市	10254	5214	5040	558	233	325	75	42	33
辽宁省沈抚新区管委会	623	293	330	38	15	23	5	3	2

1-7 各地区分性别的15岁及以上文盲人口

单位：人、%

地区	15岁及以上人口			文盲人口			文盲人口占15岁及以上人口比重		
	合计	男	女	合计	男	女	合计	男	女
辽宁	**37853468**	**18801024**	**19052444**	**381928**	**105570**	**276358**	**1.01**	**0.56**	**1.45**
沈阳市	7998893	3963928	4034965	40952	11694	29258	0.51	0.30	0.73
大连市	6582843	3260996	3321847	68004	17771	50233	1.03	0.54	1.51
鞍山市	2977795	1486087	1491708	19892	6071	13821	0.67	0.41	0.93
抚顺市	1577109	779187	797922	22897	5901	16996	1.45	0.76	2.13
本溪市	1206818	594678	612140	14114	4166	9948	1.17	0.70	1.63
丹东市	1974151	977846	996305	26356	6729	19627	1.34	0.69	1.97
锦州市	2441821	1206791	1235030	21299	6560	14739	0.87	0.54	1.19
营口市	2059445	1034007	1025438	14083	4376	9707	0.68	0.42	0.95
阜新市	1475703	722884	752819	19543	5238	14305	1.32	0.72	1.90
辽阳市	1446891	718659	728232	8144	2899	5245	0.56	0.40	0.72
盘锦市	1222706	605386	617320	11349	3193	8156	0.93	0.53	1.32
铁岭市	2149035	1070510	1078525	24604	8312	16292	1.14	0.78	1.51
朝阳市	2466241	1237304	1228937	57220	13066	44154	2.32	1.06	3.59
葫芦岛市	2120151	1065976	1054175	32506	9326	23180	1.53	0.87	2.20
辽宁省沈抚新区管委会	153866	76785	77081	965	268	697	0.63	0.35	0.90

1-7a 各地区分性别的15岁及以上文盲人口(城市)

单位：人、%

地区	15岁及以上人口			文盲人口			文盲人口占15岁及以上人口比重		
	合计	男	女	合计	男	女	合计	男	女
辽宁	**22636901**	**11103093**	**11533808**	**117135**	**30035**	**87100**	**0.52**	**0.27**	**0.76**
沈阳市	6332556	3123651	3208905	22856	5886	16970	0.36	0.19	0.53
大连市	5126798	2520273	2606525	33634	8710	24924	0.66	0.35	0.96
鞍山市	1685310	827107	858203	6704	1807	4897	0.40	0.22	0.57
抚顺市	1009311	491557	517754	8740	1651	7089	0.87	0.34	1.37
本溪市	700609	340784	359825	4766	1182	3584	0.68	0.35	1.00
丹东市	975390	473118	502272	5813	1379	4434	0.60	0.29	0.88
锦州市	1141314	551376	589938	4643	1268	3375	0.41	0.23	0.57
营口市	1227399	606680	620719	5285	1594	3691	0.43	0.26	0.59
阜新市	627388	299649	327739	5335	1125	4210	0.85	0.38	1.28
辽阳市	767253	373317	393936	3060	1045	2015	0.40	0.28	0.51
盘锦市	822400	404503	417897	3827	1074	2753	0.47	0.27	0.66
铁岭市	556626	272157	284469	2067	668	1399	0.37	0.25	0.49
朝阳市	812824	397988	414836	6083	1533	4550	0.75	0.39	1.10
葫芦岛市	735565	362871	372694	3697	947	2750	0.50	0.26	0.74
辽宁省沈抚新区管委会	116158	58062	58096	625	166	459	0.54	0.29	0.79

1-7b　各地区分性别的15岁及以上文盲人口(镇)

单位：人、%

地　区	15岁及以上人口			文盲人口			文盲人口占15岁及以上人口比重		
	合计	男	女	合计	男	女	合计	男	女
辽宁	**4539391**	**2245494**	**2293897**	**39658**	**11380**	**28278**	**0.87**	**0.51**	**1.23**
沈阳市	407192	205033	202159	2203	651	1552	0.54	0.32	0.77
大连市	247164	122814	124350	3568	1048	2520	1.44	0.85	2.03
鞍山市	538369	270322	268047	2493	851	1642	0.46	0.31	0.61
抚顺市	221873	108644	113229	2641	771	1870	1.19	0.71	1.65
本溪市	255367	124701	130666	1865	487	1378	0.73	0.39	1.05
丹东市	374251	183830	190421	4770	1180	3590	1.27	0.64	1.89
锦州市	304611	149619	154992	1740	558	1182	0.57	0.37	0.76
营口市	148104	75333	72771	1046	382	664	0.71	0.51	0.91
阜新市	284200	138976	145224	2685	675	2010	0.94	0.49	1.38
辽阳市	192443	96039	96404	1010	357	653	0.52	0.37	0.68
盘锦市	116155	57808	58347	1173	355	818	1.01	0.61	1.40
铁岭市	622482	304030	318452	4110	1339	2771	0.66	0.44	0.87
朝阳市	402530	199160	203370	6517	1528	4989	1.62	0.77	2.45
葫芦岛市	424650	209185	215465	3837	1198	2639	0.90	0.57	1.22
辽宁省沈抚新区管委会									

1-7c　各地区分性别的15岁及以上文盲人口(乡村)

单位：人、%

地　区	15岁及以上人口			文盲人口			文盲人口占15岁及以上人口比重		
	合计	男	女	合计	男	女	合计	男	女
辽宁	**10677176**	**5452437**	**5224739**	**225135**	**64155**	**160980**	**2.11**	**1.18**	**3.08**
沈阳市	1259145	635244	623901	15893	5157	10736	1.26	0.81	1.72
大连市	1208881	617909	590972	30802	8013	22789	2.55	1.30	3.86
鞍山市	754116	388658	365458	10695	3413	7282	1.42	0.88	1.99
抚顺市	345925	178986	166939	11516	3479	8037	3.33	1.94	4.81
本溪市	250842	129193	121649	7483	2497	4986	2.98	1.93	4.10
丹东市	624510	320898	303612	15773	4170	11603	2.53	1.30	3.82
锦州市	995896	505796	490100	14916	4734	10182	1.50	0.94	2.08
营口市	683942	351994	331948	7752	2400	5352	1.13	0.68	1.61
阜新市	564115	284259	279856	11523	3438	8085	2.04	1.21	2.89
辽阳市	487195	249303	237892	4074	1497	2577	0.84	0.60	1.08
盘锦市	284151	143075	141076	6349	1764	4585	2.23	1.23	3.25
铁岭市	969927	494323	475604	18427	6305	12122	1.90	1.28	2.55
朝阳市	1250887	640156	610731	44620	10005	34615	3.57	1.56	5.67
葫芦岛市	959936	493920	466016	24972	7181	17791	2.60	1.45	3.82
辽宁省沈抚新区管委会	37708	18723	18985	340	102	238	0.90	0.54	1.25

1－8 各地区家庭户规模

单位：户、%

地　区	家庭户户　数	一人户		二人户		三人户	
		户数	比重	户数	比重	户数	比重
辽宁	**17467111**	**4647274**	**26.61**	**6444633**	**36.90**	**4180433**	**23.93**
沈阳市	3732544	1158734	31.04	1307346	35.03	873981	23.42
大连市	2959972	750639	25.36	1098861	37.12	759226	25.65
鞍山市	1411251	429173	30.41	492125	34.87	305346	21.64
抚顺市	778600	236285	30.35	299818	38.51	170661	21.92
本溪市	578371	161463	27.92	229717	39.72	134509	23.26
丹东市	904495	226602	25.05	346111	38.27	212219	23.46
锦州市	1114291	276555	24.82	436572	39.18	264794	23.76
营口市	951889	247954	26.05	336468	35.35	234964	24.68
阜新市	681641	165417	24.27	267413	39.23	161042	23.63
辽阳市	694463	182486	26.28	271188	39.05	166192	23.93
盘锦市	560915	123522	22.02	218526	38.96	150777	26.88
铁岭市	977260	235483	24.10	362158	37.06	235158	24.06
朝阳市	1102207	223334	20.26	406683	36.90	263360	23.89
葫芦岛市	953948	212623	22.29	346422	36.31	232075	24.33
辽宁省沈抚新区管委会	65264	17004	26.05	25225	38.65	16129	24.71

1－8 续表 1

单位：户、%

地　区	四人户		五人户		六人户	
	户数	比重	户数	比重	户数	比重
辽宁	**1438393**	**8.23**	**535394**	**3.07**	**175193**	**1.00**
沈阳市	269279	7.21	92200	2.47	23795	0.64
大连市	239716	8.10	82879	2.80	23612	0.80
鞍山市	114438	8.11	46128	3.27	17016	1.21
抚顺市	49617	6.37	16597	2.13	4474	0.57
本溪市	36009	6.23	12422	2.15	3385	0.59
丹东市	76226	8.43	31627	3.50	9542	1.05
锦州市	89238	8.01	35239	3.16	9874	0.89
营口市	85034	8.93	33177	3.49	11218	1.18
阜新市	55483	8.14	23759	3.49	7368	1.08
辽阳市	51571	7.43	17071	2.46	4885	0.70
盘锦市	45755	8.16	16064	2.86	5128	0.91
铁岭市	91735	9.39	37164	3.80	12260	1.25
朝阳市	128325	11.64	49887	4.53	24996	2.27
葫芦岛市	101086	10.60	39645	4.16	17236	1.81
辽宁省沈抚新区管委会	4881	7.48	1535	2.35	404	0.62

1-8　续表 2　　　　单位：户、%

地　区	七人户		八人户		九人户		十人及以上户	
	户数	比重	户数	比重	户数	比重	户数	比重
辽宁	**32067**	**0.18**	**7723**	**0.04**	**2508**	**0.01**	**3493**	**0.02**
沈阳市	4281	0.11	1227	0.03	556	0.01	1145	0.03
大连市	3487	0.12	874	0.03	288	0.01	390	0.01
鞍山市	4181	0.30	1413	0.10	547	0.04	884	0.06
抚顺市	870	0.11	183	0.02	54	0.01	41	0.01
本溪市	628	0.11	150	0.03	51	0.01	37	0.01
丹东市	1649	0.18	325	0.04	102	0.01	92	0.01
锦州市	1517	0.14	328	0.03	71	0.01	103	0.01
营口市	2222	0.23	550	0.06	182	0.02	120	0.01
阜新市	980	0.14	144	0.02	24		11	
辽阳市	816	0.12	179	0.03	39	0.01	36	0.01
盘锦市	786	0.14	169	0.03	72	0.01	116	0.02
铁岭市	2344	0.24	525	0.05	144	0.01	289	0.03
朝阳市	4516	0.41	826	0.07	180	0.02	100	0.01
葫芦岛市	3726	0.39	816	0.09	194	0.02	125	0.01
辽宁省沈抚新区管委会	64	0.10	14	0.02	4	0.01	4	0.01

1-8a　各地区家庭户规模(城市)

单位：户、%

地　区	家庭户	一人户		二人户		三人户	
	户　数	户数	比重	户数	比重	户数	比重
辽宁	**10672010**	**3145194**	**29.47**	**3835491**	**35.94**	**2640844**	**24.75**
沈阳市	2990801	981092	32.80	1018455	34.05	708742	23.70
大连市	2303383	608839	26.43	812665	35.28	620302	26.93
鞍山市	834475	294695	35.32	290484	34.81	172806	20.71
抚顺市	508479	166810	32.81	194282	38.21	110809	21.79
本溪市	341104	100169	29.37	138406	40.58	79248	23.23
丹东市	474238	140064	29.53	175546	37.02	113199	23.87
锦州市	528101	149299	28.27	201315	38.12	132975	25.18
营口市	593014	173100	29.19	208631	35.18	150005	25.30
阜新市	303921	85961	28.28	122678	40.37	72699	23.92
辽阳市	375344	105722	28.17	143902	38.34	93601	24.94
盘锦市	387178	91376	23.60	146437	37.82	108811	28.10
铁岭市	266291	69945	26.27	97279	36.53	71686	26.92
朝阳市	371994	78547	21.12	134805	36.24	101638	27.32
葫芦岛市	343590	86918	25.30	131272	38.21	91273	26.56
辽宁省沈抚新区管委会	50097	12657	25.26	19334	38.59	13050	26.05

1-8a 续表 1　　单位：户、%

地　　区	四人户		五人户		六人户	
	户数	比重	户数	比重	户数	比重
辽宁	**743437**	**6.97**	**233379**	**2.19**	**57280**	**0.54**
沈阳市	198531	6.64	64148	2.14	14745	0.49
大连市	182448	7.92	60471	2.63	15455	0.67
鞍山市	50525	6.05	17831	2.14	4821	0.58
抚顺市	26618	5.23	8055	1.58	1506	0.30
本溪市	16960	4.97	5187	1.52	922	0.27
丹东市	31754	6.70	10706	2.26	2423	0.51
锦州市	32883	6.23	9238	1.75	1943	0.37
营口市	43858	7.40	13153	2.22	3422	0.58
阜新市	16893	5.56	4686	1.54	875	0.29
辽阳市	23860	6.36	6532	1.74	1453	0.39
盘锦市	28951	7.48	8709	2.25	2338	0.60
铁岭市	19359	7.27	6012	2.26	1600	0.60
朝阳市	41806	11.24	10733	2.89	3817	1.03
葫芦岛市	25383	7.39	6796	1.98	1680	0.49
辽宁省沈抚新区管委会	3608	7.20	1122	2.24	280	0.56

1-8a 续表 2　　单位：户、%

地　　区	七人户		八人户		九人户		十人及以上户	
	户数	比重	户数	比重	户数	比重	户数	比重
辽宁	**9647**	**0.09**	**2882**	**0.03**	**1295**	**0.01**	**2561**	**0.02**
沈阳市	2707	0.09	878	0.03	459	0.02	1044	0.03
大连市	2102	0.09	565	0.02	199	0.01	337	0.01
鞍山市	1505	0.18	688	0.08	346	0.04	774	0.09
抚顺市	288	0.06	69	0.01	21		21	
本溪市	146	0.04	34	0.01	17		15	
丹东市	373	0.08	83	0.02	39	0.01	51	0.01
锦州市	297	0.06	79	0.01	26		46	0.01
营口市	583	0.10	137	0.02	59	0.01	66	0.01
阜新市	105	0.03	16	0.01	5		3	
辽阳市	189	0.05	53	0.01	14		18	
盘锦市	364	0.09	75	0.02	35	0.01	82	0.02
铁岭市	261	0.10	62	0.02	26	0.01	61	0.02
朝阳市	498	0.13	104	0.03	29	0.01	17	
葫芦岛市	191	0.06	33	0.01	19	0.01	25	0.01
辽宁省沈抚新区管委会	38	0.08	6	0.01	1		1	

1-8b　各地区家庭户规模(镇)

单位：户、%

地　　区	家庭户户　数	一人户		二人户		三人户	
		户数	比重	户数	比重	户数	比重
辽宁	**2136933**	**558102**	**26.12**	**808698**	**37.84**	**499754**	**23.39**
沈阳市	196247	60444	30.80	71964	36.67	44557	22.70
大连市	106197	25055	23.59	44404	41.81	24183	22.77
鞍山市	254648	68699	26.98	88361	34.70	60026	23.57
抚顺市	112530	33689	29.94	44112	39.20	24466	21.74
本溪市	125577	35042	27.90	46813	37.28	31027	24.71
丹东市	166426	38927	23.39	66973	40.24	38703	23.26
锦州市	149853	42447	28.33	59156	39.48	33475	22.34
营口市	65672	16423	25.01	23395	35.62	15757	23.99
阜新市	136789	37408	27.35	54078	39.53	31048	22.70
辽阳市	96212	28059	29.16	36194	37.62	22480	23.37
盘锦市	53598	10144	18.93	22305	41.62	14365	26.80
铁岭市	294831	80215	27.21	113405	38.46	68571	23.26
朝阳市	182016	35874	19.71	67080	36.85	44229	24.30
葫芦岛市	196337	45676	23.26	70458	35.89	46867	23.87
辽宁省沈抚新区管委会							

1-8b　续表 1

单位：户、%

地　　区	四人户		五人户		六人户	
	户数	比重	户数	比重	户数	比重
辽宁	**182212**	**8.53**	**61790**	**2.89**	**21047**	**0.98**
沈阳市	13650	6.96	4308	2.20	1097	0.56
大连市	8513	8.02	2849	2.68	983	0.93
鞍山市	24306	9.54	8876	3.49	3321	1.30
抚顺市	7672	6.82	1937	1.72	529	0.47
本溪市	8963	7.14	2722	2.17	787	0.63
丹东市	13933	8.37	5774	3.47	1750	1.05
锦州市	10092	6.73	3533	2.36	957	0.64
营口市	6306	9.60	2556	3.89	953	1.45
阜新市	9663	7.06	3486	2.55	969	0.71
辽阳市	6838	7.11	1985	2.06	534	0.56
盘锦市	4877	9.10	1421	2.65	421	0.79
铁岭市	22265	7.55	7510	2.55	2096	0.71
朝阳市	22962	12.62	7458	4.10	3643	2.00
葫芦岛市	22172	11.29	7375	3.76	3007	1.53
辽宁省沈抚新区管委会						

1-8b 续表 2

单位：户、%

地区	七人户		八人户		九人户		十人及以上户	
	户数	比重	户数	比重	户数	比重	户数	比重
辽宁	**3779**	**0.18**	**925**	**0.04**	**274**	**0.01**	**352**	**0.02**
沈阳市	155	0.08	33	0.02	22	0.01	17	0.01
大连市	154	0.15	34	0.03	11	0.01	11	0.01
鞍山市	731	0.29	211	0.08	68	0.03	49	0.02
抚顺市	94	0.08	21	0.02	4		6	0.01
本溪市	160	0.13	40	0.03	17	0.01	6	
丹东市	280	0.17	52	0.03	18	0.01	16	0.01
锦州市	130	0.09	39	0.03	8	0.01	16	0.01
营口市	201	0.31	58	0.09	15	0.02	8	0.01
阜新市	111	0.08	22	0.02	2		2	
辽阳市	103	0.11	14	0.01	2		3	
盘锦市	47	0.09	13	0.02	2		3	0.01
铁岭市	427	0.14	134	0.05	48	0.02	160	0.05
朝阳市	608	0.33	113	0.06	22	0.01	27	0.01
葫芦岛市	578	0.29	141	0.07	35	0.02	28	0.01
辽宁省沈抚新区管委会								

1-8c 各地区家庭户规模(乡村)

单位：户、%

地区	家庭户	一人户		二人户		三人户	
	户数	户数	比重	户数	比重	户数	比重
辽宁	**4658168**	**943978**	**20.27**	**1800444**	**38.65**	**1039835**	**22.32**
沈阳市	545496	117198	21.48	216927	39.77	120682	22.12
大连市	550392	116745	21.21	241792	43.93	114741	20.85
鞍山市	322128	65779	20.42	113280	35.17	72514	22.51
抚顺市	157591	35786	22.71	61424	38.98	35386	22.45
本溪市	111690	26252	23.50	44498	39.84	24234	21.70
丹东市	263831	47611	18.05	103592	39.26	60317	22.86
锦州市	436337	84809	19.44	176101	40.36	98344	22.54
营口市	293203	58431	19.93	104442	35.62	69202	23.60
阜新市	240931	42048	17.45	90657	37.63	57295	23.78
辽阳市	222907	48705	21.85	91092	40.87	50111	22.48
盘锦市	120139	22002	18.31	49784	41.44	27601	22.97
铁岭市	416138	85323	20.50	151474	36.40	94901	22.81
朝阳市	548197	108913	19.87	204798	37.36	117493	21.43
葫芦岛市	414021	80029	19.33	144692	34.95	93935	22.69
辽宁省沈抚新区管委会	15167	4347	28.66	5891	38.84	3079	20.30

1-8c　续表 1

单位：户、%

地　区	四人户		五人户		六人户	
	户数	比重	户数	比重	户数	比重
辽宁	**512744**	**11.01**	**240225**	**5.16**	**96866**	**2.08**
沈阳市	57098	10.47	23744	4.35	7953	1.46
大连市	48755	8.86	19559	3.55	7174	1.30
鞍山市	39607	12.30	19421	6.03	8874	2.75
抚顺市	15327	9.73	6605	4.19	2439	1.55
本溪市	10086	9.03	4513	4.04	1676	1.50
丹东市	30539	11.58	15147	5.74	5369	2.04
锦州市	46263	10.60	22468	5.15	6974	1.60
营口市	34870	11.89	17468	5.96	6843	2.33
阜新市	28927	12.01	15587	6.47	5524	2.29
辽阳市	20873	9.36	8554	3.84	2898	1.30
盘锦市	11927	9.93	5934	4.94	2369	1.97
铁岭市	50111	12.04	23642	5.68	8564	2.06
朝阳市	63557	11.59	31696	5.78	17536	3.20
葫芦岛市	53531	12.93	25474	6.15	12549	3.03
辽宁省沈抚新区管委会	1273	8.39	413	2.72	124	0.82

1-8c　续表 2

单位：户、%

地　区	七人户		八人户		九人户		十人及以上户	
	户数	比重	户数	比重	户数	比重	户数	比重
辽宁	**18641**	**0.40**	**3916**	**0.08**	**939**	**0.02**	**580**	**0.01**
沈阳市	1419	0.26	316	0.06	75	0.01	84	0.02
大连市	1231	0.22	275	0.05	78	0.01	42	0.01
鞍山市	1945	0.60	514	0.16	133	0.04	61	0.02
抚顺市	488	0.31	93	0.06	29	0.02	14	0.01
本溪市	322	0.29	76	0.07	17	0.02	16	0.01
丹东市	996	0.38	190	0.07	45	0.02	25	0.01
锦州市	1090	0.25	210	0.05	37	0.01	41	0.01
营口市	1438	0.49	355	0.12	108	0.04	46	0.02
阜新市	764	0.32	106	0.04	17	0.01	6	
辽阳市	524	0.24	112	0.05	23	0.01	15	0.01
盘锦市	375	0.31	81	0.07	35	0.03	31	0.03
铁岭市	1656	0.40	329	0.08	70	0.02	68	0.02
朝阳市	3410	0.62	609	0.11	129	0.02	56	0.01
葫芦岛市	2957	0.71	642	0.16	140	0.03	72	0.02
辽宁省沈抚新区管委会	26	0.17	8	0.05	3	0.02	3	0.02

1-9 各地区家庭户类别

单位：户、%

地 区	家庭户户数	一代户		二代户	
		户数	比重	户数	比重
辽宁	**17467111**	**9986900**	**57.18**	**6033090**	**34.54**
沈阳市	3732544	2209485	59.20	1267831	33.97
大连市	2959972	1672872	56.52	1062679	35.90
鞍山市	1411251	831669	58.93	460722	32.65
抚顺市	778600	478956	61.52	248957	31.97
本溪市	578371	351712	60.81	188081	32.52
丹东市	904495	515396	56.98	304004	33.61
锦州市	1114291	643864	57.78	371917	33.38
营口市	951889	526934	55.36	335833	35.28
阜新市	681641	382452	56.11	233545	34.26
辽阳市	694463	408686	58.85	235298	33.88
盘锦市	560915	312793	55.76	207549	37.00
铁岭市	977260	544480	55.71	333243	34.10
朝阳市	1102207	568401	51.57	409440	37.15
葫芦岛市	953948	501706	52.59	350886	36.78
辽宁省沈抚新区管委会	65264	37494	57.45	23105	35.40

1-9 续表

单位：户、%

地 区	三代户		四代户		五代及以上户	
	户数	比重	户数	比重	户数	比重
辽宁	**1418474**	**8.12**	**28641**	**0.16**	**6**	
沈阳市	251203	6.73	4024	0.11	1	
大连市	221281	7.48	3140	0.11		
鞍山市	116786	8.28	2073	0.15	1	
抚顺市	49912	6.41	775	0.10		
本溪市	38023	6.57	555	0.10		
丹东市	83212	9.20	1883	0.21		
锦州市	96204	8.63	2306	0.21		
营口市	86944	9.13	2177	0.23	1	
阜新市	64027	9.39	1617	0.24		
辽阳市	49578	7.14	901	0.13		
盘锦市	39853	7.10	720	0.13		
铁岭市	96899	9.92	2636	0.27	2	
朝阳市	121426	11.02	2939	0.27	1	
葫芦岛市	98534	10.33	2822	0.30		
辽宁省沈抚新区管委会	4592	7.04	73	0.11		

1-9a　各地区家庭户类别(城市)

单位：户、%

地　　区	家庭户户　数	一代户		二代户	
		户数	比重	户数	比重
辽宁	**10672010**	**6221770**	**58.30**	**3791421**	**35.53**
沈阳市	2990801	1778270	59.46	1033363	34.55
大连市	2303383	1267647	55.03	872624	37.88
鞍山市	834475	527117	63.17	261319	31.32
抚顺市	508479	321124	63.15	160927	31.65
本溪市	341104	213126	62.48	110137	32.29
丹东市	474238	279194	58.87	163351	34.44
锦州市	528101	313446	59.35	185455	35.12
营口市	593014	339048	57.17	215045	36.26
阜新市	303921	181383	59.68	105278	34.64
辽阳市	375344	221693	59.06	132274	35.24
盘锦市	387178	215271	55.60	150243	38.80
铁岭市	266291	152279	57.19	97658	36.67
朝阳市	371994	189824	51.03	155180	41.72
葫芦岛市	343590	194383	56.57	129839	37.79
辽宁省沈抚新区管委会	50097	27965	55.82	18728	37.38

1-9a　续表

单位：户、%

地　　区	三代户		四代户		五代及以上户	
	户数	比重	户数	比重	户数	比重
辽宁	**651421**	**6.10**	**7397**	**0.07**	**1**	
沈阳市	177224	5.93	1943	0.06	1	
大连市	161412	7.01	1700	0.07		
鞍山市	45614	5.47	425	0.05		
抚顺市	26151	5.14	277	0.05		
本溪市	17648	5.17	193	0.06		
丹东市	31265	6.59	428	0.09		
锦州市	28876	5.47	324	0.06		
营口市	38336	6.46	585	0.10		
阜新市	17035	5.61	225	0.07		
辽阳市	21121	5.63	256	0.07		
盘锦市	21438	5.54	226	0.06		
铁岭市	16171	6.07	183	0.07		
朝阳市	26633	7.16	357	0.10		
葫芦岛市	19140	5.57	228	0.07		
辽宁省沈抚新区管委会	3357	6.70	47	0.09		

1-9b 各地区家庭户类别(镇)

单位：户、%

地区	家庭户户数	一代户		二代户	
		户数	比重	户数	比重
辽宁	**2136933**	**1223967**	**57.28**	**747324**	**34.97**
沈阳市	196247	119152	60.72	64904	33.07
大连市	106197	63333	59.64	35132	33.08
鞍山市	254648	140121	55.03	91573	35.96
抚顺市	112530	68901	61.23	37327	33.17
本溪市	125577	73327	58.39	44201	35.20
丹东市	166426	94808	56.97	56196	33.77
锦州市	149853	91313	60.94	48202	32.17
营口市	65672	35282	53.72	23510	35.80
阜新市	136789	80020	58.50	46744	34.17
辽阳市	96212	57303	59.56	33087	34.39
盘锦市	53598	29491	55.02	20256	37.79
铁岭市	294831	176492	59.86	98595	33.44
朝阳市	182016	91376	50.20	72482	39.82
葫芦岛市	196337	103048	52.49	75115	38.26
辽宁省沈抚新区管委会					

1-9b 续表

单位：户、%

地区	三代户		四代户		五代及以上户	
	户数	比重	户数	比重	户数	比重
辽宁	**162421**	**7.60**	**3219**	**0.15**	**2**	
沈阳市	11972	6.10	219	0.11		
大连市	7574	7.13	158	0.15		
鞍山市	22574	8.86	379	0.15	1	
抚顺市	6203	5.51	99	0.09		
本溪市	7952	6.33	97	0.08		
丹东市	15096	9.07	326	0.20		
锦州市	10127	6.76	211	0.14		
营口市	6681	10.17	199	0.30		
阜新市	9819	7.18	206	0.15		
辽阳市	5733	5.96	89	0.09		
盘锦市	3784	7.06	67	0.13		
铁岭市	19352	6.56	391	0.13	1	
朝阳市	17769	9.76	389	0.21		
葫芦岛市	17785	9.06	389	0.20		
辽宁省沈抚新区管委会						

1-9c　各地区家庭户类别(乡村)

单位：户、%

地　　区	家庭户户　数	一代户		二代户	
		户数	比重	户数	比重
辽宁	**4658168**	**2541163**	**54.55**	**1494345**	**32.08**
沈阳市	545496	312063	57.21	169564	31.08
大连市	550392	341892	62.12	154923	28.15
鞍山市	322128	164431	51.05	107830	33.47
抚顺市	157591	88931	56.43	50703	32.17
本溪市	111690	65259	58.43	33743	30.21
丹东市	263831	141394	53.59	84457	32.01
锦州市	436337	239105	54.80	138260	31.69
营口市	293203	152604	52.05	97278	33.18
阜新市	240931	121049	50.24	81523	33.84
辽阳市	222907	129690	58.18	69937	31.37
盘锦市	120139	68031	56.63	37050	30.84
铁岭市	416138	215709	51.84	136990	32.92
朝阳市	548197	287201	52.39	181778	33.16
葫芦岛市	414021	204275	49.34	145932	35.25
辽宁省沈抚新区管委会	15167	9529	62.83	4377	28.86

1-9c　续表

单位：户、%

地　　区	三代户		四代户		五代及以上户	
	户数	比重	户数	比重	户数	比重
辽宁	**604632**	**12.98**	**18025**	**0.39**	**3**	
沈阳市	62007	11.37	1862	0.34		
大连市	52295	9.50	1282	0.23		
鞍山市	48598	15.09	1269	0.39		
抚顺市	17558	11.14	399	0.25		
本溪市	12423	11.12	265	0.24		
丹东市	36851	13.97	1129	0.43		
锦州市	57201	13.11	1771	0.41		
营口市	41927	14.30	1393	0.48	1	
阜新市	37173	15.43	1186	0.49		
辽阳市	22724	10.19	556	0.25		
盘锦市	14631	12.18	427	0.36		
铁岭市	61376	14.75	2062	0.50	1	
朝阳市	77024	14.05	2193	0.40	1	
葫芦岛市	61609	14.88	2205	0.53		
辽宁省沈抚新区管委会	1235	8.14	26	0.17		

1-10 各地区分性别、月份的出生人口
(2019.11.1-2020.10.31)

单位：人

地区	出生人口			2019年11月		
	合计	男	女	小计	男	女
辽宁	**220318**	**113266**	**107052**	**23014**	**11809**	**11205**
沈阳市	52805	27237	25568	5711	2910	2801
大连市	43162	21956	21206	4672	2357	2315
鞍山市	14763	7557	7206	1594	799	795
抚顺市	6401	3345	3056	605	321	284
本溪市	5180	2688	2492	535	294	241
丹东市	10545	5462	5083	1022	548	474
锦州市	11258	5751	5507	1125	611	514
营口市	12191	6269	5922	1279	642	637
阜新市	7418	3848	3570	733	378	355
辽阳市	7160	3720	3440	678	352	326
盘锦市	8484	4376	4108	881	440	441
铁岭市	8857	4551	4306	964	488	476
朝阳市	17518	9010	8508	1779	922	857
葫芦岛市	13673	7006	6667	1344	683	661
辽宁省沈抚新区管委会	903	490	413	92	64	28

1-10 续表 1

单位：人

地区	2019年12月			2020年1月		
	小计	男	女	小计	男	女
辽宁	**21076**	**10866**	**10210**	**20507**	**10625**	**9882**
沈阳市	5105	2639	2466	4937	2517	2420
大连市	4347	2201	2146	4114	2159	1955
鞍山市	1436	725	711	1430	725	705
抚顺市	608	330	278	595	302	293
本溪市	475	257	218	446	242	204
丹东市	989	528	461	967	520	447
锦州市	1016	534	482	1002	489	513
营口市	1172	601	571	1080	558	522
阜新市	658	346	312	682	353	329
辽阳市	711	365	346	661	347	314
盘锦市	853	447	406	823	440	383
铁岭市	809	409	400	860	434	426
朝阳市	1618	833	785	1525	799	726
葫芦岛市	1186	601	585	1315	703	612
辽宁省沈抚新区管委会	93	50	43	70	37	33

1-10 续表 2

单位：人

地区	2020年2月			2020年3月			2020年4月		
	小计	男	女	小计	男	女	小计	男	女
辽宁	**19196**	**9859**	**9337**	**20151**	**10349**	**9802**	**17939**	**9185**	**8754**
沈阳市	4638	2447	2191	4796	2531	2265	4273	2226	2047
大连市	3661	1845	1816	3956	2010	1946	3474	1728	1746
鞍山市	1324	665	659	1423	732	691	1213	630	583
抚顺市	577	309	268	565	309	256	549	277	272
本溪市	427	202	225	494	259	235	431	210	221
丹东市	878	465	413	954	477	477	862	447	415
锦州市	980	513	467	1037	503	534	918	487	431
营口市	1083	520	563	1159	594	565	1003	507	496
阜新市	670	355	315	652	344	308	592	297	295
辽阳市	619	336	283	642	299	343	573	290	283
盘锦市	748	370	378	736	385	351	664	358	306
铁岭市	815	437	378	846	460	386	762	385	377
朝阳市	1528	754	774	1562	778	784	1417	733	684
葫芦岛市	1166	598	568	1237	614	623	1128	569	559
辽宁省沈抚新区管委会	82	43	39	92	54	38	80	41	39

1-10 续表 3

单位：人

地区	2020年5月			2020年6月			2020年7月		
	小计	男	女	小计	男	女	小计	男	女
辽宁	**17007**	**8652**	**8355**	**18040**	**9400**	**8640**	**17862**	**9059**	**8803**
沈阳市	4034	2066	1968	4431	2281	2150	4405	2281	2124
大连市	3179	1609	1570	3355	1730	1625	3396	1712	1684
鞍山市	1165	577	588	1241	676	565	1166	568	598
抚顺市	522	271	251	545	307	238	528	245	283
本溪市	407	214	193	461	231	230	423	209	214
丹东市	857	430	427	874	453	421	863	428	435
锦州市	890	441	449	931	470	461	952	479	473
营口市	963	504	459	1027	557	470	924	483	441
阜新市	583	300	283	618	320	298	577	296	281
辽阳市	612	302	310	610	328	282	616	334	282
盘锦市	639	334	305	682	364	318	710	361	349
铁岭市	750	372	378	722	388	334	701	358	343
朝阳市	1286	652	634	1325	674	651	1415	721	694
葫芦岛市	1059	547	512	1139	579	560	1108	550	558
辽宁省沈抚新区管委会	61	33	28	79	42	37	78	34	44

1-10 续表 4

单位：人

地区	2020年8月			2020年9月			2020年10月		
	小计	男	女	小计	男	女	小计	男	女
辽宁	**17458**	**8962**	**8496**	**14975**	**7725**	**7250**	**13093**	**6775**	**6318**
沈阳市	4273	2157	2116	3579	1793	1786	2623	1389	1234
大连市	3360	1700	1660	2889	1517	1372	2759	1388	1371
鞍山市	1198	630	568	921	486	435	652	344	308
抚顺市	475	234	241	414	214	200	418	226	192
本溪市	382	209	173	366	188	178	333	173	160
丹东市	828	423	405	797	416	381	654	327	327
锦州市	949	480	469	765	387	378	693	357	336
营口市	984	528	456	838	418	420	679	357	322
阜新市	597	306	291	550	296	254	506	257	249
辽阳市	575	301	274	453	248	205	410	218	192
盘锦市	664	337	327	574	282	292	510	258	252
铁岭市	629	317	312	524	259	265	475	244	231
朝阳市	1373	730	643	1286	699	587	1404	715	689
葫芦岛市	1098	568	530	964	498	466	929	496	433
辽宁省沈抚新区管委会	73	42	31	55	24	31	48	26	22

1-10a 各地区分性别、月份的出生人口 (2019.11.1-2020.10.31)(城市)

单位：人

地区	出生人口			2019年11月		
	合计	男	女	小计	男	女
辽宁	**144655**	**74333**	**70322**	**15649**	**7991**	**7658**
沈阳市	44802	23153	21649	4920	2493	2427
大连市	36822	18715	18107	4043	2039	2004
鞍山市	7623	3889	3734	855	420	435
抚顺市	3789	2017	1772	379	204	175
本溪市	2639	1358	1281	291	152	139
丹东市	5985	3144	2841	593	320	273
锦州市	6174	3186	2988	643	349	294
营口市	7969	4062	3907	882	431	451
阜新市	3345	1729	1616	356	190	166
辽阳市	4310	2217	2093	422	216	206
盘锦市	6097	3140	2957	661	326	335
铁岭市	2480	1239	1241	279	138	141
朝阳市	6980	3551	3429	750	405	345
葫芦岛市	4904	2535	2369	500	253	247
辽宁省沈抚新区管委会	736	398	338	75	55	20

1-10a　续表 1

单位：人

地　　区	2019年12月			2020年1月		
	小计	男	女	小计	男	女
辽宁	**14451**	**7514**	**6937**	**13675**	**7073**	**6602**
沈阳市	4409	2313	2096	4234	2165	2069
大连市	3784	1915	1869	3491	1829	1662
鞍山市	771	400	371	727	367	360
抚顺市	391	220	171	348	167	181
本溪市	272	137	135	227	120	107
丹东市	580	313	267	584	315	269
锦州市	596	315	281	556	273	283
营口市	811	405	406	732	374	358
阜新市	300	155	145	315	160	155
辽阳市	434	220	214	405	219	186
盘锦市	622	332	290	612	322	290
铁岭市	259	136	123	233	118	115
朝阳市	687	368	319	660	335	325
葫芦岛市	453	241	212	490	276	214
辽宁省沈抚新区管委会	82	44	38	61	33	28

1-10a　续表 2

单位：人

地　　区	2020年2月			2020年3月			2020年4月		
	小计	男	女	小计	男	女	小计	男	女
辽宁	**12644**	**6498**	**6146**	**13205**	**6805**	**6400**	**11490**	**5838**	**5652**
沈阳市	3935	2064	1871	4087	2172	1915	3613	1862	1751
大连市	3140	1588	1552	3383	1710	1673	2896	1429	1467
鞍山市	696	353	343	740	380	360	617	309	308
抚顺市	348	191	157	346	196	150	318	154	164
本溪市	212	98	114	264	145	119	214	107	107
丹东市	493	264	229	566	271	295	468	259	209
锦州市	537	294	243	562	278	284	487	270	217
营口市	709	336	373	748	380	368	652	330	322
阜新市	317	169	148	299	152	147	246	122	124
辽阳市	382	198	184	386	191	195	327	161	166
盘锦市	550	266	284	514	273	241	461	247	214
铁岭市	208	101	107	224	110	114	189	94	95
朝阳市	630	314	316	598	295	303	550	269	281
葫芦岛市	417	226	191	410	207	203	388	193	195
辽宁省沈抚新区管委会	70	36	34	78	45	33	64	32	32

1—10a 续表 3

单位：人

地 区	2020年5月			2020年6月			2020年7月		
	小计	男	女	小计	男	女	小计	男	女
辽宁	**11062**	**5621**	**5441**	**11794**	**6194**	**5600**	**11674**	**5939**	**5735**
沈阳市	3402	1755	1647	3749	1968	1781	3727	1940	1787
大连市	2746	1386	1360	2871	1495	1376	2887	1457	1430
鞍山市	597	302	295	638	346	292	599	295	304
抚顺市	286	153	133	316	176	140	316	153	163
本溪市	196	99	97	227	116	111	198	97	101
丹东市	494	251	243	494	262	232	506	251	255
锦州市	460	222	238	520	263	257	497	249	248
营口市	624	312	312	640	357	283	610	316	294
阜新市	266	140	126	270	139	131	261	134	127
辽阳市	360	183	177	375	198	177	367	192	175
盘锦市	460	240	220	490	258	232	510	265	245
铁岭市	215	107	108	210	116	94	195	99	96
朝阳市	507	241	266	524	260	264	570	292	278
葫芦岛市	400	206	194	417	212	205	371	173	198
辽宁省沈抚新区管委会	49	24	25	53	28	25	60	26	34

1—10a 续表 4

单位：人

地 区	2020年8月			2020年9月			2020年10月		
	小计	男	女	小计	男	女	小计	男	女
辽宁	**11383**	**5807**	**5576**	**9632**	**4914**	**4718**	**7996**	**4139**	**3857**
沈阳市	3637	1824	1813	2973	1484	1489	2116	1113	1003
大连市	2823	1412	1411	2428	1264	1164	2330	1191	1139
鞍山市	602	316	286	461	234	227	320	167	153
抚顺市	283	147	136	227	126	101	231	130	101
本溪市	196	107	89	181	93	88	161	87	74
丹东市	456	234	222	449	244	205	302	160	142
锦州市	532	272	260	430	222	208	354	179	175
营口市	606	329	277	524	263	261	431	229	202
阜新市	289	146	143	240	123	117	186	99	87
辽阳市	352	187	165	274	142	132	226	110	116
盘锦市	465	243	222	390	191	199	362	177	185
铁岭市	173	77	96	152	72	80	143	71	72
朝阳市	536	286	250	490	248	242	478	238	240
葫芦岛市	370	192	178	371	189	182	317	167	150
辽宁省沈抚新区管委会	63	35	28	42	19	23	39	21	18

1-10b　各地区分性别、月份的出生人口
(2019.11.1-2020.10.31)(镇)

单位：人

地　区	出生人口			2019年11月		
	合计	男	女	小计	男	女
辽宁	**26400**	**13641**	**12759**	**2784**	**1469**	**1315**
沈阳市	2727	1441	1286	300	151	149
大连市	1481	772	709	145	76	69
鞍山市	3198	1633	1565	355	174	181
抚顺市	1098	569	529	126	64	62
本溪市	1347	725	622	145	87	58
丹东市	2021	1031	990	198	105	93
锦州市	1381	692	689	150	83	67
营口市	863	441	422	79	39	40
阜新市	1491	779	712	153	76	77
辽阳市	1015	545	470	116	67	49
盘锦市	905	460	445	95	51	44
铁岭市	2559	1329	1230	296	151	145
朝阳市	3237	1668	1569	318	170	148
葫芦岛市	3077	1556	1521	308	175	133
辽宁省沈抚新区管委会						

1-10b　续表 1

单位：人

地　区	2019年12月			2020年1月		
	小计	男	女	小计	男	女
辽宁	**2525**	**1295**	**1230**	**2573**	**1323**	**1250**
沈阳市	270	132	138	245	112	133
大连市	148	77	71	159	84	75
鞍山市	323	167	156	332	162	170
抚顺市	88	46	42	107	59	48
本溪市	125	75	50	125	76	49
丹东市	205	104	101	186	103	83
锦州市	125	72	53	143	74	69
营口市	80	41	39	77	36	41
阜新市	138	71	67	145	79	66
辽阳市	90	44	46	113	51	62
盘锦市	86	37	49	80	44	36
铁岭市	239	123	116	279	144	135
朝阳市	331	166	165	263	145	118
葫芦岛市	277	140	137	319	154	165
辽宁省沈抚新区管委会						

1-10b 续表 2

单位：人

地区	2020年2月			2020年3月			2020年4月		
	小计	男	女	小计	男	女	小计	男	女
辽宁	**2358**	**1222**	**1136**	**2483**	**1278**	**1205**	**2101**	**1089**	**1012**
沈阳市	261	148	113	243	136	107	210	121	89
大连市	128	64	64	149	78	71	121	63	58
鞍山市	279	140	139	328	166	162	262	140	122
抚顺市	108	57	51	88	46	42	106	53	53
本溪市	117	56	61	121	66	55	107	48	59
丹东市	188	97	91	164	90	74	165	87	78
锦州市	127	61	66	143	60	83	99	50	49
营口市	82	39	43	80	45	35	63	28	35
阜新市	130	71	59	127	72	55	116	59	57
辽阳市	96	60	36	90	37	53	79	39	40
盘锦市	79	46	33	90	46	44	75	36	39
铁岭市	241	137	104	255	136	119	219	111	108
朝阳市	283	142	141	302	151	151	227	118	109
葫芦岛市	239	104	135	303	149	154	252	136	116
辽宁省沈抚新区管委会									

1-10b 续表 3

单位：人

地区	2020年5月			2020年6月			2020年7月		
	小计	男	女	小计	男	女	小计	男	女
辽宁	**2018**	**1013**	**1005**	**2180**	**1096**	**1084**	**2143**	**1099**	**1044**
沈阳市	195	94	101	235	109	126	235	135	100
大连市	103	53	50	108	55	53	118	63	55
鞍山市	251	123	128	243	132	111	255	118	137
抚顺市	94	48	46	95	52	43	80	37	43
本溪市	115	63	52	124	63	61	110	56	54
丹东市	156	77	79	166	73	93	164	77	87
锦州市	117	61	56	104	48	56	122	59	63
营口市	69	37	32	90	46	44	52	29	23
阜新市	124	62	62	143	75	68	117	58	59
辽阳市	96	42	54	85	53	32	88	57	31
盘锦市	59	34	25	71	36	35	78	39	39
铁岭市	189	95	94	218	109	109	192	98	94
朝阳市	238	118	120	253	125	128	264	133	131
葫芦岛市	212	106	106	245	120	125	268	140	128
辽宁省沈抚新区管委会									

1-10b　续表 4

单位：人

地　区	2020年8月			2020年9月			2020年10月		
	小计	男	女	小计	男	女	小计	男	女
辽宁	**2040**	**1069**	**971**	**1675**	**881**	**794**	**1520**	**807**	**713**
沈阳市	206	118	88	172	93	79	155	92	63
大连市	122	65	57	91	52	39	89	42	47
鞍山市	272	144	128	181	106	75	117	61	56
抚顺市	76	40	36	66	30	36	64	37	27
本溪市	102	52	50	91	43	48	65	40	25
丹东市	167	91	76	133	59	74	129	68	61
锦州市	94	54	40	80	34	46	77	36	41
营口市	73	37	36	67	33	34	51	31	20
阜新市	105	54	51	95	56	39	98	46	52
辽阳市	65	31	34	58	38	20	39	26	13
盘锦市	71	27	44	69	34	35	52	30	22
铁岭市	176	86	90	125	64	61	130	75	55
朝阳市	277	154	123	240	128	112	241	118	123
葫芦岛市	234	116	118	207	111	96	213	105	108
辽宁省沈抚新区管委会									

1-10c　各地区分性别、月份的出生人口 (2019.11.1-2020.10.31)(乡村)

单位：人

地　区	出生人口			2019年11月		
	合计	男	女	小计	男	女
辽宁	**49263**	**25292**	**23971**	**4581**	**2349**	**2232**
沈阳市	5276	2643	2633	491	266	225
大连市	4859	2469	2390	484	242	242
鞍山市	3942	2035	1907	384	205	179
抚顺市	1514	759	755	100	53	47
本溪市	1194	605	589	99	55	44
丹东市	2539	1287	1252	231	123	108
锦州市	3703	1873	1830	332	179	153
营口市	3359	1766	1593	318	172	146
阜新市	2582	1340	1242	224	112	112
辽阳市	1835	958	877	140	69	71
盘锦市	1482	776	706	125	63	62
铁岭市	3818	1983	1835	389	199	190
朝阳市	7301	3791	3510	711	347	364
葫芦岛市	5692	2915	2777	536	255	281
辽宁省沈抚新区管委会	167	92	75	17	9	8

1–10c　续表 1　　　　　　　　　　　　　　　　　　　　　　　　　　单位：人

地　区	2019年12月			2020年1月		
	小计	男	女	小计	男	女
辽宁	**4100**	**2057**	**2043**	**4259**	**2229**	**2030**
沈阳市	426	194	232	458	240	218
大连市	415	209	206	464	246	218
鞍山市	342	158	184	371	196	175
抚顺市	129	64	65	140	76	64
本溪市	78	45	33	94	46	48
丹东市	204	111	93	197	102	95
锦州市	295	147	148	303	142	161
营口市	281	155	126	271	148	123
阜新市	220	120	100	222	114	108
辽阳市	187	101	86	143	77	66
盘锦市	145	78	67	131	74	57
铁岭市	311	150	161	348	172	176
朝阳市	600	299	301	602	319	283
葫芦岛市	456	220	236	506	273	233
辽宁省沈抚新区管委会	11	6	5	9	4	5

1–10c　续表 2　　　　　　　　　　　　　　　　　　　　　　　　　　单位：人

地　区	2020年2月			2020年3月			2020年4月		
	小计	男	女	小计	男	女	小计	男	女
辽宁	**4194**	**2139**	**2055**	**4463**	**2266**	**2197**	**4348**	**2258**	**2090**
沈阳市	442	235	207	466	223	243	450	243	207
大连市	393	193	200	424	222	202	457	236	221
鞍山市	349	172	177	355	186	169	334	181	153
抚顺市	121	61	60	131	67	64	125	70	55
本溪市	98	48	50	109	48	61	110	55	55
丹东市	197	104	93	224	116	108	229	101	128
锦州市	316	158	158	332	165	167	332	167	165
营口市	292	145	147	331	169	162	288	149	139
阜新市	223	115	108	226	120	106	230	116	114
辽阳市	141	78	63	166	71	95	167	90	77
盘锦市	119	58	61	132	66	66	128	75	53
铁岭市	366	199	167	367	214	153	354	180	174
朝阳市	615	298	317	662	332	330	640	346	294
葫芦岛市	510	268	242	524	258	266	488	240	248
辽宁省沈抚新区管委会	12	7	5	14	9	5	16	9	7

1-10c 续表 3 单位：人

地区	2020年5月			2020年6月			2020年7月		
	小计	男	女	小计	男	女	小计	男	女
辽宁	**3927**	**2018**	**1909**	**4066**	**2110**	**1956**	**4045**	**2021**	**2024**
沈阳市	437	217	220	447	204	243	443	206	237
大连市	330	170	160	376	180	196	391	192	199
鞍山市	317	152	165	360	198	162	312	155	157
抚顺市	142	70	72	134	79	55	132	55	77
本溪市	96	52	44	110	52	58	115	56	59
丹东市	207	102	105	214	118	96	193	100	93
锦州市	313	158	155	307	159	148	333	171	162
营口市	270	155	115	297	154	143	262	138	124
阜新市	193	98	95	205	106	99	199	104	95
辽阳市	156	77	79	150	77	73	161	85	76
盘锦市	120	60	60	121	70	51	122	57	65
铁岭市	346	170	176	294	163	131	314	161	153
朝阳市	541	293	248	548	289	259	581	296	285
葫芦岛市	447	235	212	477	247	230	469	237	232
辽宁省沈抚新区管委会	12	9	3	26	14	12	18	8	10

1-10c 续表 4 单位：人

地区	2020年8月			2020年9月			2020年10月		
	小计	男	女	小计	男	女	小计	男	女
辽宁	**4035**	**2086**	**1949**	**3668**	**1930**	**1738**	**3577**	**1829**	**1748**
沈阳市	430	215	215	434	216	218	352	184	168
大连市	415	223	192	370	201	169	340	155	185
鞍山市	324	170	154	279	146	133	215	116	99
抚顺市	116	47	69	121	58	63	123	59	64
本溪市	84	50	34	94	52	42	107	46	61
丹东市	205	98	107	215	113	102	223	99	124
锦州市	323	154	169	255	131	124	262	142	120
营口市	305	162	143	247	122	125	197	97	100
阜新市	203	106	97	215	117	98	222	112	110
辽阳市	158	83	75	121	68	53	145	82	63
盘锦市	128	67	61	115	57	58	96	51	45
铁岭市	280	154	126	247	123	124	202	98	104
朝阳市	560	290	270	556	323	233	685	359	326
葫芦岛市	494	260	234	386	198	188	399	224	175
辽宁省沈抚新区管委会	10	7	3	13	5	8	9	5	4

1-11 各地区分性别、月份的死亡人口
(2019.11.1-2020.10.31)

单位：人

地区	死亡人口			2019年11月		
	合计	男	女	小计	男	女
辽宁	**326235**	**191238**	**134997**	**24556**	**14490**	**10066**
沈阳市	64610	37699	26911	4833	2827	2006
大连市	52144	30038	22106	4287	2487	1800
鞍山市	19946	11701	8245	1409	792	617
抚顺市	16394	9604	6790	1270	721	549
本溪市	14113	8354	5759	1130	670	460
丹东市	18330	10802	7528	1359	816	543
锦州市	24406	14329	10077	1796	1099	697
营口市	17169	10034	7135	1315	795	520
阜新市	14595	8645	5950	1084	637	447
辽阳市	11970	7197	4773	855	502	353
盘锦市	9697	5788	3909	704	430	274
铁岭市	18593	11152	7441	1246	759	487
朝阳市	23417	13575	9842	1715	1017	698
葫芦岛市	19851	11711	8140	1483	895	588
辽宁省沈抚新区管委会	1000	609	391	70	43	27

1-11 续表 1

单位：人

地区	2019年12月			2020年1月		
	小计	男	女	小计	男	女
辽宁	**26615**	**15504**	**11111**	**27970**	**16299**	**11671**
沈阳市	5276	3085	2191	5501	3202	2299
大连市	4284	2421	1863	4575	2599	1976
鞍山市	1531	881	650	1664	965	699
抚顺市	1333	766	567	1381	820	561
本溪市	1181	710	471	1200	712	488
丹东市	1510	916	594	1525	879	646
锦州市	2077	1190	887	2260	1314	946
营口市	1518	874	644	1365	813	552
阜新市	1284	764	520	1214	696	518
辽阳市	895	550	345	940	591	349
盘锦市	851	493	358	876	527	349
铁岭市	1432	847	585	1421	829	592
朝阳市	1881	1092	789	2111	1236	875
葫芦岛市	1483	871	612	1854	1063	791
辽宁省沈抚新区管委会	79	44	35	83	53	30

1-11　续表 2　　单位：人

地　区	2020年2月			2020年3月			2020年4月		
	小计	男	女	小计	男	女	小计	男	女
辽宁	**27075**	**15741**	**11334**	**27621**	**16051**	**11570**	**26845**	**15711**	**11134**
沈阳市	5257	3040	2217	5388	3108	2280	5352	3146	2206
大连市	4415	2502	1913	4335	2478	1857	4154	2382	1772
鞍山市	1676	959	717	1712	964	748	1598	931	667
抚顺市	1298	791	507	1349	776	573	1352	821	531
本溪市	1129	684	445	1134	672	462	1194	722	472
丹东市	1523	877	646	1539	912	627	1543	882	661
锦州市	2059	1196	863	2029	1187	842	1991	1190	801
营口市	1421	835	586	1499	845	654	1421	813	608
阜新市	1233	710	523	1252	743	509	1247	740	507
辽阳市	938	559	379	1060	636	424	1046	641	405
盘锦市	806	496	310	851	511	340	784	433	351
铁岭市	1523	917	606	1653	1003	650	1571	948	623
朝阳市	2021	1139	882	2029	1160	869	1934	1108	826
葫芦岛市	1713	998	715	1702	1002	700	1584	911	673
辽宁省沈抚新区管委会	63	38	25	89	54	35	74	43	31

1-11　续表 3　　单位：人

地　区	2020年5月			2020年6月			2020年7月		
	小计	男	女	小计	男	女	小计	男	女
辽宁	**26965**	**15897**	**11068**	**26115**	**15393**	**10722**	**25985**	**15338**	**10647**
沈阳市	5399	3136	2263	5293	3140	2153	5294	3118	2176
大连市	4207	2469	1738	4122	2401	1721	3973	2305	1668
鞍山市	1663	998	665	1591	936	655	1551	932	619
抚顺市	1411	847	564	1336	761	575	1236	730	506
本溪市	1192	710	482	1095	597	498	1090	634	456
丹东市	1554	937	617	1459	846	613	1426	838	588
锦州市	1937	1123	814	1982	1190	792	2104	1242	862
营口市	1455	896	559	1344	807	537	1431	828	603
阜新市	1169	680	489	1125	673	452	1174	713	461
辽阳市	950	552	398	967	608	359	930	552	378
盘锦市	803	494	309	782	467	315	816	490	326
铁岭市	1560	940	620	1482	881	601	1527	924	603
朝阳市	1894	1052	842	1886	1094	792	1805	1067	738
葫芦岛市	1671	993	678	1565	942	623	1542	915	627
辽宁省沈抚新区管委会	100	70	30	86	50	36	86	50	36

1-11　续表 4

单位：人

地　　区	2020年8月			2020年9月			2020年10月		
	小计	男	女	小计	男	女	小计	男	女
辽宁	**27117**	**15930**	**11187**	**27730**	**16355**	**11375**	**31641**	**18529**	**13112**
沈阳市	5362	3097	2265	5206	3045	2161	6449	3755	2694
大连市	4216	2421	1795	4503	2656	1847	5073	2917	2156
鞍山市	1693	1003	690	1754	1075	679	2104	1265	839
抚顺市	1372	816	556	1461	857	604	1595	898	697
本溪市	1199	722	477	1175	709	466	1394	812	582
丹东市	1479	886	593	1570	909	661	1843	1104	739
锦州市	2129	1269	860	2102	1207	895	1940	1122	818
营口市	1424	828	596	1419	831	588	1557	869	688
阜新市	1143	673	470	1241	754	487	1429	862	567
辽阳市	1052	621	431	1155	673	482	1182	712	470
盘锦市	830	493	337	743	448	295	851	506	345
铁岭市	1616	969	647	1699	1015	684	1863	1120	743
朝阳市	1887	1098	789	1952	1136	816	2302	1376	926
葫芦岛市	1627	978	649	1655	987	668	1972	1156	816
辽宁省沈抚新区管委会	88	56	32	95	53	42	87	55	32

1-11a　各地区分性别、月份的死亡人口 (2019.11.1-2020.10.31)(城市)

单位：人

地　　区	死亡人口			2019年11月		
	合计	男	女	小计	男	女
辽宁	**158596**	**92643**	**65953**	**11978**	**6948**	**5030**
沈阳市	46839	27182	19657	3465	1989	1476
大连市	32373	18597	13776	2518	1438	1080
鞍山市	9392	5598	3794	667	379	288
抚顺市	10108	5835	4273	768	420	348
本溪市	8551	5056	3495	737	442	295
丹东市	6189	3619	2570	501	295	206
锦州市	8567	4976	3591	674	416	258
营口市	9067	5355	3712	731	439	292
阜新市	5144	2981	2163	379	208	171
辽阳市	4218	2562	1656	294	180	114
盘锦市	5091	3079	2012	351	217	134
铁岭市	3364	2029	1335	242	148	94
朝阳市	4535	2677	1858	319	186	133
葫芦岛市	4529	2713	1816	289	167	122
辽宁省沈抚新区管委会	629	384	245	43	24	19

1－11a　续表 1　　　　单位：人

地　区	2019年12月			2020年1月		
	小计	男	女	小计	男	女
辽宁	**12901**	**7463**	**5438**	**13458**	**7934**	**5524**
沈阳市	3817	2240	1577	4009	2325	1684
大连市	2596	1453	1143	2734	1562	1172
鞍山市	753	434	319	710	424	286
抚顺市	844	472	372	868	523	345
本溪市	760	449	311	776	469	307
丹东市	469	276	193	563	320	243
锦州市	718	419	299	781	439	342
营口市	839	478	361	774	484	290
阜新市	427	249	178	416	240	176
辽阳市	289	177	112	308	208	100
盘锦市	397	235	162	434	270	164
铁岭市	267	157	110	256	165	91
朝阳市	375	221	154	361	229	132
葫芦岛市	310	178	132	410	240	170
辽宁省沈抚新区管委会	40	25	15	58	36	22

1－11a　续表 2　　　　单位：人

地　区	2020年2月			2020年3月			2020年4月		
	小计	男	女	小计	男	女	小计	男	女
辽宁	**12922**	**7516**	**5406**	**13037**	**7551**	**5486**	**12962**	**7574**	**5388**
沈阳市	3806	2179	1627	3876	2211	1665	3851	2248	1603
大连市	2707	1522	1185	2593	1498	1095	2621	1505	1116
鞍山市	736	448	288	761	419	342	727	433	294
抚顺市	802	498	304	825	465	360	824	501	323
本溪市	687	416	271	677	405	272	716	434	282
丹东市	492	262	230	485	289	196	525	307	218
锦州市	720	424	296	689	402	287	687	411	276
营口市	774	455	319	820	474	346	746	426	320
阜新市	401	220	181	417	251	166	442	260	182
辽阳市	325	205	120	356	204	152	337	210	127
盘锦市	434	276	158	426	258	168	411	225	186
铁岭市	288	167	121	300	175	125	276	160	116
朝阳市	343	200	143	378	224	154	354	210	144
葫芦岛市	371	222	149	377	242	135	395	219	176
辽宁省沈抚新区管委会	36	22	14	57	34	23	50	25	25

1-11a 续表 3 单位：人

地 区	2020年5月			2020年6月			2020年7月		
	小计	男	女	小计	男	女	小计	男	女
辽宁	**13109**	**7736**	**5373**	**12891**	**7581**	**5310**	**12881**	**7520**	**5361**
沈阳市	3991	2330	1661	3926	2308	1618	3894	2281	1613
大连市	2628	1553	1075	2634	1548	1086	2550	1464	1086
鞍山市	759	462	297	754	445	309	725	432	293
抚顺市	841	490	351	805	443	362	752	439	313
本溪市	691	425	266	636	338	298	661	375	286
丹东市	488	313	175	481	279	202	473	278	195
锦州市	689	356	333	686	404	282	771	459	312
营口市	746	468	278	728	455	273	748	429	319
阜新市	389	205	184	409	249	160	435	250	185
辽阳市	303	178	125	382	228	154	342	210	132
盘锦市	437	262	175	432	265	167	482	285	197
铁岭市	284	172	112	265	165	100	276	157	119
朝阳市	365	207	158	355	212	143	354	209	145
葫芦岛市	434	271	163	347	213	134	357	219	138
辽宁省沈抚新区管委会	64	44	20	51	29	22	61	33	28

1-11a 续表 4 单位：人

地 区	2020年8月			2020年9月			2020年10月		
	小计	男	女	小计	男	女	小计	男	女
辽宁	**13464**	**7862**	**5602**	**13621**	**8003**	**5618**	**15372**	**8955**	**6417**
沈阳市	3920	2257	1663	3683	2139	1544	4601	2675	1926
大连市	2690	1533	1157	2894	1694	1200	3208	1827	1381
鞍山市	826	504	322	898	567	331	1076	651	425
抚顺市	865	507	358	933	525	408	981	552	429
本溪市	729	438	291	689	413	276	792	452	340
丹东市	553	340	213	548	313	235	611	347	264
锦州市	765	459	306	744	408	336	643	379	264
营口市	728	427	301	712	417	295	721	403	318
阜新市	429	241	188	447	276	171	553	332	221
辽阳市	382	222	160	450	271	179	450	269	181
盘锦市	456	269	187	389	241	148	442	276	166
铁岭市	269	158	111	321	210	111	320	195	125
朝阳市	396	230	166	443	252	191	492	297	195
葫芦岛市	399	238	161	414	241	173	426	263	163
辽宁省沈抚新区管委会	57	39	18	56	36	20	56	37	19

1-11b　各地区分性别、月份的死亡人口 (2019.11.1-2020.10.31)(镇)

单位：人

地　区	死亡人口			2019年11月		
	合计	男	女	小计	男	女
辽宁	**36605**	**21898**	**14707**	**2714**	**1674**	**1040**
沈阳市	3156	1855	1301	230	145	85
大连市	2294	1354	940	182	112	70
鞍山市	2560	1495	1065	180	106	74
抚顺市	1873	1100	773	160	102	58
本溪市	2079	1226	853	135	77	58
丹东市	3593	2166	1427	241	144	97
锦州市	2950	1753	1197	205	123	82
营口市	1212	737	475	89	55	34
阜新市	2553	1563	990	198	126	72
辽阳市	1334	812	522	99	57	42
盘锦市	1014	605	409	64	39	25
铁岭市	4154	2540	1614	290	182	108
朝阳市	3582	2130	1452	260	167	93
葫芦岛市	4251	2562	1689	381	239	142
辽宁省沈抚新区管委会						

1-11b　续表 1

单位：人

地　区	2019年12月			2020年1月		
	小计	男	女	小计	男	女
辽宁	**2923**	**1785**	**1138**	**3113**	**1805**	**1308**
沈阳市	215	117	98	266	141	125
大连市	166	104	62	203	112	91
鞍山市	189	97	92	221	134	87
抚顺市	142	86	56	170	97	73
本溪市	143	92	51	140	88	52
丹东市	306	204	102	272	168	104
锦州市	250	149	101	272	160	112
营口市	106	68	38	75	38	37
阜新市	249	165	84	196	111	85
辽阳市	103	62	41	108	67	41
盘锦市	96	57	39	104	61	43
铁岭市	336	215	121	302	169	133
朝阳市	305	183	122	342	194	148
葫芦岛市	317	186	131	442	265	177
辽宁省沈抚新区管委会						

1-11b 续表 2

单位：人

地区	2020年2月			2020年3月			2020年4月		
	小计	男	女	小计	男	女	小计	男	女
辽宁	**3121**	**1877**	**1244**	**3113**	**1811**	**1302**	**3019**	**1817**	**1202**
沈阳市	259	152	107	260	155	105	270	161	109
大连市	193	114	79	205	122	83	174	100	74
鞍山市	237	138	99	226	114	112	209	130	79
抚顺市	165	101	64	158	88	70	148	85	63
本溪市	149	92	57	197	109	88	180	113	67
丹东市	312	187	125	302	186	116	274	158	116
锦州市	275	162	113	213	124	89	262	156	106
营口市	91	50	41	101	56	45	105	68	37
阜新市	223	146	77	222	128	94	211	127	84
辽阳市	93	57	36	141	88	53	137	81	56
盘锦市	77	46	31	97	54	43	67	37	30
铁岭市	356	219	137	337	213	124	340	212	128
朝阳市	329	197	132	276	154	122	328	205	123
葫芦岛市	362	216	146	378	220	158	314	184	130
辽宁省沈抚新区管委会									

1-11b 续表 3

单位：人

地区	2020年5月			2020年6月			2020年7月		
	小计	男	女	小计	男	女	小计	男	女
辽宁	**3103**	**1845**	**1258**	**2973**	**1772**	**1201**	**2887**	**1764**	**1123**
沈阳市	281	161	120	262	166	96	266	163	103
大连市	201	115	86	190	113	77	182	108	74
鞍山市	220	124	96	222	140	82	167	99	68
抚顺市	177	107	70	166	93	73	129	77	52
本溪市	201	113	88	188	92	96	183	109	74
丹东市	353	209	144	283	160	123	300	194	106
锦州市	238	154	84	231	134	97	243	141	102
营口市	111	78	33	88	55	33	107	70	37
阜新市	214	119	95	202	128	74	196	128	68
辽阳市	107	65	42	90	60	30	101	63	38
盘锦市	84	55	29	75	49	26	96	55	41
铁岭市	327	196	131	344	201	143	327	213	114
朝阳市	291	163	128	279	165	114	284	169	115
葫芦岛市	298	186	112	353	216	137	306	175	131
辽宁省沈抚新区管委会									

1-11b　续表 4

单位：人

地　区	2020年8月			2020年9月			2020年10月		
	小计	男	女	小计	男	女	小计	男	女
辽宁	**2960**	**1744**	**1216**	**3110**	**1909**	**1201**	**3569**	**2095**	**1474**
沈阳市	262	137	125	276	179	97	309	178	131
大连市	211	122	89	190	115	75	197	117	80
鞍山市	212	121	91	195	124	71	282	168	114
抚顺市	141	82	59	159	104	55	158	78	80
本溪市	170	106	64	182	114	68	211	121	90
丹东市	245	147	98	280	158	122	425	251	174
锦州市	263	162	101	261	161	100	237	127	110
营口市	105	64	41	111	61	50	123	74	49
阜新市	174	104	70	237	145	92	231	136	95
辽阳市	109	66	43	119	68	51	127	78	49
盘锦市	91	61	30	75	41	34	88	50	38
铁岭市	361	209	152	395	241	154	439	270	169
朝阳市	288	160	128	270	175	95	330	198	132
葫芦岛市	328	203	125	360	223	137	412	249	163
辽宁省沈抚新区管委会									

1-11c　各地区分性别、月份的死亡人口 (2019.11.1-2020.10.31)(乡村)

单位：人

地　区	死亡人口			2019年11月		
	合计	男	女	小计	男	女
辽宁	**131034**	**76697**	**54337**	**9864**	**5868**	**3996**
沈阳市	14615	8662	5953	1138	693	445
大连市	17477	10087	7390	1587	937	650
鞍山市	7994	4608	3386	562	307	255
抚顺市	4413	2669	1744	342	199	143
本溪市	3483	2072	1411	258	151	107
丹东市	8548	5017	3531	617	377	240
锦州市	12889	7600	5289	917	560	357
营口市	6890	3942	2948	495	301	194
阜新市	6898	4101	2797	507	303	204
辽阳市	6418	3823	2595	462	265	197
盘锦市	3592	2104	1488	289	174	115
铁岭市	11075	6583	4492	714	429	285
朝阳市	15300	8768	6532	1136	664	472
葫芦岛市	11071	6436	4635	813	489	324
辽宁省沈抚新区管委会	371	225	146	27	19	8

1-11c 续表 1 单位：人

地　区	2019年12月			2020年1月		
	小计	男	女	小计	男	女
辽宁	**10791**	**6256**	**4535**	**11399**	**6560**	**4839**
沈阳市	1244	728	516	1226	736	490
大连市	1522	864	658	1638	925	713
鞍山市	589	350	239	733	407	326
抚顺市	347	208	139	343	200	143
本溪市	278	169	109	284	155	129
丹东市	735	436	299	690	391	299
锦州市	1109	622	487	1207	715	492
营口市	573	328	245	516	291	225
阜新市	608	350	258	602	345	257
辽阳市	503	311	192	524	316	208
盘锦市	358	201	157	338	196	142
铁岭市	829	475	354	863	495	368
朝阳市	1201	688	513	1408	813	595
葫芦岛市	856	507	349	1002	558	444
辽宁省沈抚新区管委会	39	19	20	25	17	8

1-11c 续表 2 单位：人

地　区	2020年2月			2020年3月			2020年4月		
	小计	男	女	小计	男	女	小计	男	女
辽宁	**11032**	**6348**	**4684**	**11471**	**6689**	**4782**	**10864**	**6320**	**4544**
沈阳市	1192	709	483	1252	742	510	1231	737	494
大连市	1515	866	649	1537	858	679	1359	777	582
鞍山市	703	373	330	725	431	294	662	368	294
抚顺市	331	192	139	366	223	143	380	235	145
本溪市	293	176	117	260	158	102	298	175	123
丹东市	719	428	291	752	437	315	744	417	327
锦州市	1064	610	454	1127	661	466	1042	623	419
营口市	556	330	226	578	315	263	570	319	251
阜新市	609	344	265	613	364	249	594	353	241
辽阳市	520	297	223	563	344	219	572	350	222
盘锦市	295	174	121	328	199	129	306	171	135
铁岭市	879	531	348	1016	615	401	955	576	379
朝阳市	1349	742	607	1375	782	593	1252	693	559
葫芦岛市	980	560	420	947	540	407	875	508	367
辽宁省沈抚新区管委会	27	16	11	32	20	12	24	18	6

1-11c 续表 3

单位：人

地 区	2020年5月			2020年6月			2020年7月		
	小计	男	女	小计	男	女	小计	男	女
辽宁	**10753**	**6316**	**4437**	**10251**	**6040**	**4211**	**10217**	**6054**	**4163**
沈阳市	1127	645	482	1105	666	439	1134	674	460
大连市	1378	801	577	1298	740	558	1241	733	508
鞍山市	684	412	272	615	351	264	659	401	258
抚顺市	393	250	143	365	225	140	355	214	141
本溪市	300	172	128	271	167	104	246	150	96
丹东市	713	415	298	695	407	288	653	366	287
锦州市	1010	613	397	1065	652	413	1090	642	448
营口市	598	350	248	528	297	231	576	329	247
阜新市	566	356	210	514	296	218	543	335	208
辽阳市	540	309	231	495	320	175	487	279	208
盘锦市	282	177	105	275	153	122	238	150	88
铁岭市	949	572	377	873	515	358	924	554	370
朝阳市	1238	682	556	1252	717	535	1167	689	478
葫芦岛市	939	536	403	865	513	352	879	521	358
辽宁省沈抚新区管委会	36	26	10	35	21	14	25	17	8

1-11c 续表 4

单位：人

地 区	2020年8月			2020年9月			2020年10月		
	小计	男	女	小计	男	女	小计	男	女
辽宁	**10693**	**6324**	**4369**	**10999**	**6443**	**4556**	**12700**	**7479**	**5221**
沈阳市	1180	703	477	1247	727	520	1539	902	637
大连市	1315	766	549	1419	847	572	1668	973	695
鞍山市	655	378	277	661	384	277	746	446	300
抚顺市	366	227	139	369	228	141	456	268	188
本溪市	300	178	122	304	182	122	391	239	152
丹东市	681	399	282	742	438	304	807	506	301
锦州市	1101	648	453	1097	638	459	1060	616	444
营口市	591	337	254	596	353	243	713	392	321
阜新市	540	328	212	557	333	224	645	394	251
辽阳市	561	333	228	586	334	252	605	365	240
盘锦市	283	163	120	279	166	113	321	180	141
铁岭市	986	602	384	983	564	419	1104	655	449
朝阳市	1203	708	495	1239	709	530	1480	881	599
葫芦岛市	900	537	363	881	523	358	1134	644	490
辽宁省沈抚新区管委会	31	17	14	39	17	22	31	18	13

1-12 各地区家庭户的住房间数和面积

地 区	家庭户户 数(户)	家庭户人 数(人)	平均每户住房建筑面积(平方米/户)	平均每户住房间数(间/户)	人均住房建筑面积(平方米/人)	人 均住房间数(间/人)
辽宁	**16571689**	**38339479**	**80.28**	**2.29**	**34.70**	**0.99**
沈阳市	3557604	7815710	79.39	2.13	36.14	0.97
大连市	2818657	6516047	79.05	2.41	34.19	1.04
鞍山市	1301821	2987003	78.55	2.31	34.23	1.01
抚顺市	739900	1604165	69.80	2.02	32.19	0.93
本溪市	550965	1216744	70.21	2.09	31.79	0.95
丹东市	860945	2017571	78.35	2.17	33.43	0.93
锦州市	1064282	2469253	83.42	2.34	35.95	1.01
营口市	885527	2108455	84.98	2.44	35.69	1.03
阜新市	656101	1531572	80.47	2.36	34.47	1.01
辽阳市	659658	1494906	79.73	2.10	35.18	0.93
盘锦市	538770	1276610	95.70	2.52	40.39	1.06
铁岭市	917630	2215238	77.67	2.17	32.18	0.90
朝阳市	1054830	2693067	84.26	2.49	33.00	0.98
葫芦岛市	906449	2259040	87.31	2.67	35.03	1.07
辽宁省沈抚新区管委会	58550	134098	83.12	2.09	36.29	0.91

注：本表数据为居住在普通住宅的家庭户。

1-12a 各地区家庭户的住房间数和面积(城市)

地 区	家庭户户 数(户)	家庭户人 数(人)	平均每户住房建筑面积(平方米/户)	平均每户住房间数(间/户)	人均住房建筑面积(平方米/人)	人 均住房间数(间/人)
辽宁	**10246924**	**22654246**	**77.90**	**2.09**	**35.24**	**0.95**
沈阳市	2879310	6197072	78.98	2.06	36.70	0.96
大连市	2212497	5083538	76.60	2.15	33.34	0.94
鞍山市	774092	1640768	75.29	1.99	35.52	0.94
抚顺市	495165	1027514	67.55	1.88	32.55	0.91
本溪市	329045	699079	66.27	1.91	31.19	0.90
丹东市	458504	1006993	77.75	2.09	35.40	0.95
锦州市	510439	1116055	79.08	2.09	36.17	0.95
营口市	557640	1258299	82.62	2.19	36.61	0.97
阜新市	297009	636047	74.30	2.12	34.70	0.99
辽阳市	365332	798484	78.19	2.10	35.78	0.96
盘锦市	377992	873543	92.73	2.45	40.13	1.06
铁岭市	258160	586719	77.29	2.08	34.01	0.92
朝阳市	356657	876582	80.72	2.11	32.84	0.86
葫芦岛市	328715	747631	83.32	2.16	36.64	0.95
辽宁省沈抚新区管委会	46367	105922	84.66	2.06	37.06	0.90

注：本表数据为居住在普通住宅的家庭户。

1-12b　各地区家庭户的住房间数和面积(镇)

地　　区	家庭户 户　数 (户)	家庭户 人　数 (人)	平均每户住 房建筑面积 (平方米/户)	平均每户 住房间数 (间/户)	人均住房 建筑面积 (平方米/人)	人　　均 住房间数 (间/人)
辽宁	**1973283**	**4621698**	**81.53**	**2.28**	**34.81**	**0.98**
沈阳市	181423	399339	80.53	2.13	36.59	0.97
大连市	98655	229975	81.23	2.55	34.85	1.10
鞍山市	228468	552390	82.85	2.43	34.27	1.00
抚顺市	99730	221344	72.49	2.03	32.66	0.91
本溪市	117406	266600	73.01	2.09	32.15	0.92
丹东市	154954	368508	77.76	2.16	32.70	0.91
锦州市	136116	306490	84.44	2.30	37.50	1.02
营口市	59181	145735	87.34	2.55	35.47	1.04
阜新市	129108	288471	82.77	2.39	37.04	1.07
辽阳市	85077	193804	79.53	2.01	34.91	0.88
盘锦市	50361	121525	92.96	2.35	38.52	0.97
铁岭市	276756	630147	77.90	2.12	34.21	0.93
朝阳市	173495	443337	87.19	2.42	34.12	0.95
葫芦岛市	182553	454033	87.61	2.55	35.23	1.02
辽宁省沈抚新区管委会						

注：本表数据为居住在普通住宅的家庭户。

1-12c　各地区家庭户的住房间数和面积(乡村)

地　　区	家庭户 户　数 (户)	家庭户 人　数 (人)	平均每户住 房建筑面积 (平方米/户)	平均每户 住房间数 (间/户)	人均住房 建筑面积 (平方米/人)	人　　均 住房间数 (间/人)
辽宁	**4351482**	**11063535**	**85.33**	**2.77**	**33.56**	**1.09**
沈阳市	496871	1219299	81.36	2.53	33.16	1.03
大连市	507505	1202534	89.28	3.53	37.68	1.49
鞍山市	299261	793845	83.71	3.06	31.56	1.15
抚顺市	145005	355307	75.64	2.50	30.87	1.02
本溪市	104514	251065	79.47	2.67	33.08	1.11
丹东市	247487	642070	79.83	2.33	30.77	0.90
锦州市	417727	1046708	88.38	2.67	35.27	1.07
营口市	268706	704421	89.36	2.94	34.09	1.12
阜新市	229984	607054	87.13	2.65	33.01	1.01
辽阳市	209249	502618	82.48	2.14	34.34	0.89
盘锦市	110417	281542	107.10	2.82	42.00	1.11
铁岭市	382714	998372	77.77	2.27	29.81	0.87
朝阳市	524678	1373148	85.70	2.78	32.75	1.06
葫芦岛市	395181	1057376	90.47	3.15	33.81	1.18
辽宁省沈抚新区管委会	12183	28176	77.25	2.22	33.40	0.96

注：本表数据为居住在普通住宅的家庭户。

第一部分　全部数据资料

第二卷　民族

2-1　全省各民族人口及比重

单位：人、%

民　族	人口数	男	女	各民族人口占总人口的比重
总　计	**42591407**	**21263529**	**21327878**	**100.00**
汉　族	36169617	18007012	18162605	84.92
蒙古族	677760	338989	338771	1.59
回　族	216379	107576	108803	0.51
藏　族	4104	1970	2134	0.01
维吾尔族	6604	3383	3221	0.02
苗　族	14378	7224	7154	0.03
彝　族	4447	2447	2000	0.01
壮　族	7536	3516	4020	0.02
布依族	6794	3284	3510	0.02
朝鲜族	229158	111425	117733	0.54
满　族	5085984	2589948	2496036	11.94
侗　族	7606	3885	3721	0.02
瑶　族	1557	764	793	
白　族	2029	1020	1009	
土家族	10080	5386	4694	0.02
哈尼族	480	194	286	
哈萨克族	1041	485	556	
傣　族	395	155	240	
黎　族	2444	1168	1276	0.01
傈僳族	704	203	501	
佤　族	252	111	141	
畲　族	429	237	192	
高山族	231	108	123	
拉祜族	118	40	78	
水　族	1377	669	708	
东乡族	820	452	368	
纳西族	158	69	89	
景颇族	109	36	73	
柯尔克孜族	238	105	133	
土　族	293	159	134	
达斡尔族	3240	1415	1825	0.01
仫佬族	263	140	123	
羌　族	218	125	93	
布朗族	32	11	21	
撒拉族	251	144	107	
毛南族	167	76	91	
仡佬族	1160	671	489	
锡伯族	127561	66274	61287	0.30
阿昌族	33	16	17	
普米族	26	15	11	
塔吉克族	31	18	13	
怒　族	44	9	35	
乌孜别克族	11	4	7	
俄罗斯族	263	115	148	
鄂温克族	688	317	371	
德昂族	6	1	5	
保安族	13	5	8	
裕固族	19	7	12	
京　族	28	14	14	
塔塔尔族	20	7	13	
独龙族	28	12	16	
鄂伦春族	296	126	170	
赫哲族	196	79	117	
门巴族	22	10	12	
珞巴族	9	5	4	
基诺族	17	6	11	
未定族称人口	3131	1642	1489	0.01
入　籍	512	245	267	

2-1a 全省各民族人口及比重(城市)

单位：人、%

民　族	人口数	男	女	各民族人口占总人口的比重
总　计	**25572477**	**12626419**	**12946058**	**100.00**
汉　族	23021453	11366970	11654483	90.02
蒙古族	268506	131552	136954	1.05
回　族	168925	83082	85843	0.66
藏　族	3387	1554	1833	0.01
维吾尔族	5396	2795	2601	0.02
苗　族	10131	5176	4955	0.04
彝　族	3328	1831	1497	0.01
壮　族	5977	2909	3068	0.02
布依族	4800	2349	2451	0.02
朝鲜族	159813	76906	82907	0.62
满　族	1822763	902244	920519	7.13
侗　族	5286	2709	2577	0.02
瑶　族	1177	606	571	
白　族	1525	785	740	0.01
土家族	7908	4284	3624	0.03
哈尼族	329	152	177	
哈萨克族	909	433	476	
傣　族	271	109	162	
黎　族	1717	822	895	0.01
傈僳族	232	98	134	
佤　族	176	86	90	
畲　族	335	185	150	
高山族	167	81	86	
拉祜族	83	30	53	
水　族	932	458	474	
东乡族	716	393	323	
纳西族	141	63	78	
景颇族	64	28	36	
柯尔克孜族	188	77	111	
土　族	248	136	112	
达斡尔族	2684	1201	1483	0.01
仫佬族	219	120	99	
羌　族	167	96	71	
布朗族	24	9	15	
撒拉族	215	125	90	
毛南族	118	50	68	
仡佬族	916	532	384	
锡伯族	67505	33560	33945	0.26
阿昌族	14	5	9	
普米族	20	12	8	
塔吉克族	20	12	8	
怒　族	14	3	11	
乌孜别克族	10	3	7	
俄罗斯族	225	94	131	
鄂温克族	576	268	308	
德昂族	3	1	2	
保安族	8	3	5	
裕固族	18	6	12	
京　族	22	12	10	
塔塔尔族	15	5	10	
独龙族	14	8	6	
鄂伦春族	222	99	123	
赫哲族	171	68	103	
门巴族	20	9	11	
珞巴族	6	3	3	
基诺族	12	3	9	
未定族称人口	2033	1044	989	0.01
入　籍	323	165	158	

2−1b　全省各民族人口及比重(镇)

单位：人、%

民　族	人口数	男	女	各民族人口占总人口的比重
总　计	**5153499**	**2566297**	**2587202**	**100.00**
汉　族	3939286	1965832	1973454	76.44
蒙古族	133678	65252	68426	2.59
回　族	28937	14858	14079	0.56
藏　族	201	106	95	
维吾尔族	428	180	248	0.01
苗　族	983	504	479	0.02
彝　族	506	302	204	0.01
壮　族	594	239	355	0.01
布依族	491	213	278	0.01
朝鲜族	20294	10188	10106	0.39
满　族	1011654	500307	511347	19.63
侗　族	555	280	275	0.01
瑶　族	125	52	73	
白　族	152	69	83	
土家族	693	347	346	0.01
哈尼族	47	13	34	
哈萨克族	47	14	33	
傣　族	42	21	21	
黎　族	280	137	143	0.01
傈僳族	68	20	48	
佤　族	9	4	5	
畲　族	30	12	18	
高山族	16	5	11	
拉祜族	14	6	8	
水　族	81	45	36	
东乡族	48	28	20	
纳西族	8	2	6	
景颇族	13	4	9	
柯尔克孜族	22	14	8	
土　族	13	10	3	
达斡尔族	246	108	138	
仫佬族	20	8	12	
羌　族	21	9	12	
布朗族	2		2	
撒拉族	24	14	10	
毛南族	11	6	5	
仡佬族	61	32	29	
锡伯族	13306	6807	6499	0.26
阿昌族	15	9	6	
普米族				
塔吉克族	4	2	2	
怒　族	2		2	
乌孜别克族				
俄罗斯族	14	8	6	
鄂温克族	57	28	29	
德昂族				
保安族	4	1	3	
裕固族				
京　族				
塔塔尔族	1		1	
独龙族	3	1	2	
鄂伦春族	36	14	22	
赫哲族	14	4	10	
门巴族	1		1	
珞巴族				
基诺族	2	2		
未定族称人口	296	165	131	0.01
入　籍	44	15	29	

2−1c 全省各民族人口及比重(乡村)

单位：人、%

民 族	人口数	男	女	各民族人口占总人口的比重
总 计	**11865431**	**6070813**	**5794618**	**100.00**
汉 族	9208878	4674210	4534668	77.61
蒙古族	275576	142185	133391	2.32
回 族	18517	9636	8881	0.16
藏 族	516	310	206	
维吾尔族	780	408	372	0.01
苗 族	3264	1544	1720	0.03
彝 族	613	314	299	0.01
壮 族	965	368	597	0.01
布依族	1503	722	781	0.01
朝鲜族	49051	24331	24720	0.41
满 族	2251567	1187397	1064170	18.98
侗 族	1765	896	869	0.01
瑶 族	255	106	149	
白 族	352	166	186	
土家族	1479	755	724	0.01
哈尼族	104	29	75	
哈萨克族	85	38	47	
傣 族	82	25	57	
黎 族	447	209	238	
傈僳族	404	85	319	
佤 族	67	21	46	
畲 族	64	40	24	
高山族	48	22	26	
拉祜族	21	4	17	
水 族	364	166	198	
东乡族	56	31	25	
纳西族	9	4	5	
景颇族	32	4	28	
柯尔克孜族	28	14	14	
土 族	32	13	19	
达斡尔族	310	106	204	
仫佬族	24	12	12	
羌 族	30	20	10	
布朗族	6	2	4	
撒拉族	12	5	7	
毛南族	38	20	18	
仡佬族	183	107	76	
锡伯族	46750	25907	20843	0.39
阿昌族	4	2	2	
普米族	6	3	3	
塔吉克族	7	4	3	
怒 族	28	6	22	
乌孜别克族	1	1		
俄罗斯族	24	13	11	
鄂温克族	55	21	34	
德昂族	3		3	
保安族	1	1		
裕固族	1	1		
京 族	6	2	4	
塔塔尔族	4	2	2	
独龙族	11	3	8	
鄂伦春族	38	13	25	
赫哲族	11	7	4	
门巴族	1	1		
珞巴族	3	2	1	
基诺族	3	1	2	
未定族称人口	802	433	369	0.01
入 籍	145	65	80	

2-2　全省各民族分年龄、性别的人口

单位：人

年龄组	合计			汉族		
	合计	男	女	小计	男	女
总　计	**42591407**	**21263529**	**21327878**	**36169617**	**18007012**	**18162605**
0-4岁	1436643	740656	695987	1137779	587396	550383
5-9岁	1660365	862850	797515	1321169	687674	633495
10-14岁	1640931	858999	781932	1303532	683932	619600
15-19岁	1685551	887252	798299	1341123	708985	632138
20-24岁	1848330	963247	885083	1527877	799892	727985
25-29岁	2237992	1149681	1088311	1863045	956856	906189
30-34岁	3432844	1736758	1696086	2878423	1452907	1425516
35-39岁	2965212	1499850	1465362	2531648	1281209	1250439
40-44岁	3122536	1581981	1540555	2670012	1351906	1318106
45-49岁	3579319	1797709	1781610	3078028	1544967	1533061
50-54岁	3984324	1986758	1997566	3405240	1697426	1707814
55-59岁	4042893	2001325	2041568	3494332	1729633	1764699
60-64岁	3536986	1731601	1805385	3077540	1499073	1578467
65-69岁	3123673	1505700	1617973	2725122	1300568	1424554
70-74岁	1852831	873679	979152	1627508	760162	867346
75-79岁	1128789	519826	608963	998438	455812	542626
80-84岁	746549	327298	419251	674454	292475	381979
85-89岁	388314	164040	224274	353590	148681	204909
90-94岁	140222	59142	81080	127009	53643	73366
95-99岁	31316	12776	18540	28386	11613	16773
100岁及以上	5787	2401	3386	5362	2202	3160

2-2　续表 1

单位：人

年龄组	蒙古族			回族			藏族		
	小计	男	女	小计	男	女	小计	男	女
总　计	**677760**	**338989**	**338771**	**216379**	**107576**	**108803**	**4104**	**1970**	**2134**
0-4岁	40101	20786	19315	8466	4315	4151	80	44	36
5-9岁	44582	23069	21513	9765	5007	4758	83	40	43
10-14岁	41751	22008	19743	8401	4357	4044	168	86	82
15-19岁	39454	20481	18973	8925	4658	4267	1438	621	817
20-24岁	39538	19880	19658	10281	5369	4912	1336	676	660
25-29岁	46584	23500	23084	10228	5274	4954	172	88	84
30-34岁	61458	30714	30744	15581	7843	7738	149	70	79
35-39岁	50581	24546	26035	15617	8022	7595	129	63	66
40-44岁	46569	23135	23434	14395	7396	6999	96	45	51
45-49岁	51576	25702	25874	16301	8245	8056	118	59	59
50-54岁	56770	28355	28415	18452	9231	9221	102	58	44
55-59岁	48957	24034	24923	19979	9967	10012	74	43	31
60-64岁	40148	19862	20286	18336	8830	9506	49	24	25
65-69岁	31488	15365	16123	16869	8027	8842	52	26	26
70-74岁	17742	8479	9263	10965	5139	5826	31	12	19
75-79岁	10428	4725	5703	6594	2909	3685	20	10	10
80-84岁	6232	2788	3444	4271	1820	2451	6	4	2
85-89岁	2757	1125	1632	2036	835	1201	1	1	
90-94岁	888	374	514	694	252	442			
95-99岁	144	55	89	193	62	131			
100岁及以上	12	6	6	30	18	12			

2-2 续表 2

单位：人

年龄组	维吾尔族			苗族			彝族		
	小计	男	女	小计	男	女	小计	男	女
总　计	**6604**	**3383**	**3221**	**14378**	**7224**	**7154**	**4447**	**2447**	**2000**
0-4岁	107	53	54	632	308	324	169	100	69
5-9岁	194	100	94	699	379	320	184	95	89
10-14岁	145	81	64	679	348	331	150	64	86
15-19岁	1593	974	619	1308	721	587	568	286	282
20-24岁	2858	1304	1554	2838	1545	1293	1388	777	611
25-29岁	524	263	261	1009	507	502	309	174	135
30-34岁	450	207	243	1201	561	640	413	247	166
35-39岁	271	122	149	978	447	531	349	181	168
40-44岁	162	91	71	1004	453	551	270	148	122
45-49岁	118	74	44	1064	464	600	224	134	90
50-54岁	70	45	25	857	387	470	148	85	63
55-59岁	46	30	16	602	275	327	109	60	49
60-64岁	30	15	15	321	182	139	65	38	27
65-69岁	18	11	7	330	167	163	39	22	17
70-74岁	5	5		272	161	111	22	11	11
75-79岁	6	3	3	214	122	92	11	4	7
80-84岁	5	5		163	84	79	18	13	5
85-89岁	2		2	126	70	56	9	6	3
90-94岁				45	25	20	2	2	
95-99岁				21	10	11			
100岁及以上				15	8	7			

2-2 续表 3

单位：人

年龄组	壮族			布依族			朝鲜族		
	小计	男	女	小计	男	女	小计	男	女
总　计	**7536**	**3516**	**4020**	**6794**	**3284**	**3510**	**229158**	**111425**	**117733**
0-4岁	353	175	178	233	118	115	8638	4346	4292
5-9岁	344	178	166	243	140	103	9817	5023	4794
10-14岁	247	122	125	310	177	133	9068	4725	4343
15-19岁	947	447	500	654	343	311	7160	3603	3557
20-24岁	2518	1253	1265	1512	782	730	6891	3433	3458
25-29岁	384	165	219	439	213	226	9715	4904	4811
30-34岁	571	224	347	487	233	254	18170	9081	9089
35-39岁	564	195	369	431	191	240	18384	9131	9253
40-44岁	335	146	189	501	214	287	16875	8502	8373
45-49岁	265	125	140	554	214	340	18448	9603	8845
50-54岁	262	118	144	460	177	283	20817	10441	10376
55-59岁	300	137	163	243	101	142	22450	11022	11428
60-64岁	175	83	92	163	86	77	20151	9662	10489
65-69岁	89	45	44	157	75	82	17264	7866	9398
70-74岁	62	30	32	116	76	40	11229	4920	6309
75-79岁	30	17	13	89	54	35	6664	2668	3996
80-84岁	42	25	17	85	41	44	4631	1646	2985
85-89岁	40	27	13	54	23	31	2088	681	1407
90-94岁	5	2	3	38	15	23	561	148	413
95-99岁	2	1	1	21	10	11	125	19	106
100岁及以上	1	1		4	1	3	12	1	11

2-2 续表 4

单位：人

年龄组	满族			侗族			瑶族		
	小计	男	女	小计	男	女	小计	男	女
总 计	**5085984**	**2589948**	**2496036**	**7606**	**3885**	**3721**	**1557**	**764**	**793**
0−4岁	229801	117676	112125	466	248	218	77	39	38
5−9岁	262242	135494	126748	396	200	196	87	41	46
10−14岁	266094	137738	128356	378	194	184	59	33	26
15−19岁	270798	140158	130640	566	298	268	188	93	95
20−24岁	235793	120300	115493	1253	687	566	457	237	220
25−29岁	294425	152024	142401	545	281	264	75	33	42
30−34岁	439630	226381	213249	611	315	296	123	52	71
35−39岁	333834	169660	164174	566	280	286	120	58	62
40−44岁	360700	184133	176567	509	230	279	69	31	38
45−49岁	401420	202464	198956	535	251	284	72	29	43
50−54岁	469059	234140	234919	509	236	273	51	25	26
55−59岁	445199	220701	224498	376	187	189	54	23	31
60−64岁	371575	189306	182269	187	113	74	59	40	19
65−69岁	324867	169525	155342	166	90	76	23	11	12
70−74岁	180845	92418	88427	150	83	67	18	7	11
75−79岁	104049	52274	51775	145	79	66	6	4	2
80−84岁	55306	27653	27653	120	58	62	14	6	8
85−89岁	26948	12229	14719	75	35	40	2	1	1
90−94岁	10726	4551	6175	34	12	22	3	1	2
95−99岁	2349	970	1379	10	5	5			
100岁及以上	324	153	171	9	3	6			

2-2 续表 5

单位：人

年龄组	白族			土家族			哈尼族		
	小计	男	女	小计	男	女	小计	男	女
总 计	**2029**	**1020**	**1009**	**10080**	**5386**	**4694**	**480**	**194**	**286**
0−4岁	65	33	32	539	299	240	33	18	15
5−9岁	88	44	44	564	288	276	39	22	17
10−14岁	80	45	35	618	299	319	30	13	17
15−19岁	203	117	86	1248	657	591	48	25	23
20−24岁	599	320	279	2613	1458	1155	87	38	49
25−29岁	96	44	52	591	323	268	26	5	21
30−34岁	156	64	92	709	339	370	63	18	45
35−39岁	136	51	85	644	306	338	64	18	46
40−44岁	130	64	66	563	301	262	34	10	24
45−49岁	91	40	51	587	332	255	13	1	12
50−54岁	89	51	38	490	291	199	7	2	5
55−59岁	90	49	41	298	154	144	3	1	2
60−64岁	59	32	27	185	119	66	19	14	5
65−69岁	61	28	33	140	76	64	10	7	3
70−74岁	36	13	23	97	44	53	3	1	2
75−79岁	22	12	10	71	31	40	1	1	
80−84岁	14	6	8	63	36	27			
85−89岁	11	6	5	37	24	13			
90−94岁	3	1	2	18	7	11			
95−99岁				3	2	1			
100岁及以上				2		2			

2-2 续表 6

单位：人

年龄组	哈萨克族			傣族			黎族		
	小计	男	女	小计	男	女	小计	男	女
总 计	**1041**	**485**	**556**	**395**	**155**	**240**	**2444**	**1168**	**1276**
0-4岁	6	4	2	23	14	9	137	64	73
5-9岁	2	1	1	25	12	13	132	75	57
10-14岁	4	1	3	23	15	8	135	73	62
15-19岁	220	104	116	39	20	19	170	85	85
20-24岁	727	329	398	97	41	56	415	229	186
25-29岁	47	32	15	32	8	24	210	84	126
30-34岁	9	6	3	39	11	28	197	96	101
35-39岁	3		3	44	8	36	152	62	90
40-44岁	4	2	2	35	12	23	172	73	99
45-49岁	7	1	6	17	8	9	188	71	117
50-54岁	6	1	5	5	2	3	138	58	80
55-59岁	1	1		6	2	4	116	63	53
60-64岁	1	1		2		2	106	45	61
65-69岁				5		5	73	41	32
70-74岁	2		2	2	2		46	27	19
75-79岁	1	1					25	9	16
80-84岁	1	1					14	5	9
85-89岁				1		1	9	3	6
90-94岁							6	3	3
95-99岁							2	1	1
100岁及以上							1	1	

2-2 续表 7

单位：人

年龄组	傈僳族			佤族			畲族		
	小计	男	女	小计	男	女	小计	男	女
总 计	**704**	**203**	**501**	**252**	**111**	**141**	**429**	**237**	**192**
0-4岁	27	14	13	8	6	2	29	15	14
5-9岁	62	25	37	22	11	11	31	14	17
10-14岁	97	41	56	17	10	7	29	14	15
15-19岁	120	63	57	9	4	5	57	34	23
20-24岁	78	35	43	25	11	14	71	35	36
25-29岁	44	4	40	31	15	16	22	12	10
30-34岁	96	9	87	35	9	26	38	18	20
35-39岁	80	5	75	35	16	19	44	28	16
40-44岁	46	1	45	20	8	12	23	15	8
45-49岁	28	1	27	16	7	9	41	27	14
50-54岁	10	2	8	11	6	5	24	14	10
55-59岁	7		7	9	2	7	11	6	5
60-64岁	6	2	4	8	5	3	6	3	3
65-69岁	1		1	3		3	1	1	
70-74岁				1	1		2	1	1
75-79岁	1	1		1		1			
80-84岁				1		1			
85-89岁	1		1						
90-94岁									
95-99岁									
100岁及以上									

2-2　续表 8　　　　单位：人

年龄组	高山族			拉祜族			水族		
	小计	男	女	小计	男	女	小计	男	女
总　计	**231**	**108**	**123**	**118**	**40**	**78**	**1377**	**669**	**708**
0–4岁	11	6	5	5	2	3	34	12	22
5–9岁	22	12	10	14	6	8	57	32	25
10–14岁	11	5	6	7	4	3	70	40	30
15–19岁	11	7	4	12	6	6	98	63	35
20–24岁	14	4	10	20	6	14	235	128	107
25–29岁	10	8	2	15	5	10	65	36	29
30–34岁	25	9	16	16	3	13	106	48	58
35–39岁	26	8	18	8	2	6	125	35	90
40–44岁	6	4	2	8		8	117	47	70
45–49岁	18	8	10	5	1	4	130	52	78
50–54岁	18	10	8	1		1	104	45	59
55–59岁	19	9	10	1		1	45	26	19
60–64岁	18	6	12	5	5		30	18	12
65–69岁	11	6	5				33	20	13
70–74岁	7	3	4				35	18	17
75–79岁	2	2					32	22	10
80–84岁				1		1	37	15	22
85–89岁	2	1	1				14	9	5
90–94岁							8	3	5
95–99岁							1		1
100岁及以上							1		1

2-2　续表 9　　　　单位：人

年龄组	东乡族			纳西族			景颇族		
	小计	男	女	小计	男	女	小计	男	女
总　计	**820**	**452**	**368**	**158**	**69**	**89**	**109**	**36**	**73**
0–4岁	70	31	39	3		3	3	2	1
5–9岁	89	47	42	3	3		7	3	4
10–14岁	43	23	20	2	1	1	12	6	6
15–19岁	63	46	17	24	11	13	6	4	2
20–24岁	146	81	65	72	32	40	19	10	9
25–29岁	131	69	62	8	4	4	6		6
30–34岁	113	67	46	6	1	5	20	2	18
35–39岁	50	32	18	9	4	5	13	2	11
40–44岁	26	17	9	3	1	2	7	1	6
45–49岁	28	11	17	4	2	2	5	2	3
50–54岁	27	14	13	6	2	4	5	1	4
55–59岁	16	5	11	7	3	4	2	2	
60–64岁	4	4		7	3	4	2	1	1
65–69岁	5	1	4						
70–74岁	2	2							
75–79岁	2	1	1						
80–84岁	5	1	4	3	1	2	2		2
85–89岁									
90–94岁				1	1				
95–99岁									
100岁及以上									

2-2 续表 10

单位：人

年龄组	柯尔克孜族			土　族			达斡尔族		
	小计	男	女	小计	男	女	小计	男	女
总　计	**238**	**105**	**133**	**293**	**159**	**134**	**3240**	**1415**	**1825**
0-4岁	9	4	5	11	8	3	283	141	142
5-9岁	12	4	8	12	5	7	314	144	170
10-14岁	11	8	3	9	4	5	208	104	104
15-19岁	45	27	18	78	38	40	165	79	86
20-24岁	72	26	46	102	62	40	269	112	157
25-29岁	18	6	12	16	9	7	238	106	132
30-34岁	13	4	9	13	7	6	455	207	248
35-39岁	11	3	8	9	6	3	412	183	229
40-44岁	13	6	7	14	7	7	222	85	137
45-49岁	10	7	3	8	5	3	188	68	120
50-54岁	4	2	2	6	6		145	57	88
55-59岁	5	1	4	8		8	119	43	76
60-64岁	8	1	7	2		2	100	36	64
65-69岁	5	4	1	2	1	1	75	31	44
70-74岁				1		1	21	7	14
75-79岁				1		1	15	4	11
80-84岁	1	1		1	1		6	6	
85-89岁							3		3
90-94岁							1	1	
95-99岁	1	1					1	1	
100岁及以上									

2-2 续表 11

单位：人

年龄组	仫 佬 族			羌　族			布 朗 族		
	小计	男	女	小计	男	女	小计	男	女
总　计	**263**	**140**	**123**	**218**	**125**	**93**	**32**	**11**	**21**
0-4岁	11	5	6	17	8	9	1	1	
5-9岁	11	8	3	10	5	5			
10-14岁	10	4	6	7	4	3	1	1	
15-19岁	33	13	20	21	9	12	5	3	2
20-24岁	124	79	45	57	37	20	14	4	10
25-29岁	10	4	6	20	11	9	2		2
30-34岁	19	6	13	17	8	9	3	1	2
35-39岁	12	5	7	14	10	4	2		2
40-44岁	13	3	10	16	7	9			
45-49岁	3	3		16	11	5	1		1
50-54岁	3	1	2	8	6	2	2		2
55-59岁	6	3	3	7	5	2			
60-64岁	3	3		2	1	1			
65-69岁	1	1		4	2	2			
70-74岁				1	1				
75-79岁	3	2	1	1		1	1	1	
80-84岁									
85-89岁	1		1						
90-94岁									
95-99岁									
100岁及以上									

2-2　续表 12　　单位：人

年龄组	撒拉族			毛南族			仫佬族		
	小计	男	女	小计	男	女	小计	男	女
总　计	**251**	**144**	**107**	**167**	**76**	**91**	**1160**	**671**	**489**
0–4岁	24	11	13	5	1	4	23	11	12
5–9岁	16	8	8	1	1		35	21	14
10–14岁	29	17	12	1	1		33	24	9
15–19岁	28	14	14	22	12	10	149	80	69
20–24岁	49	38	11	38	14	24	483	276	207
25–29岁	28	14	14	12	7	5	77	42	35
30–34岁	19	9	10	13	5	8	78	52	26
35–39岁	16	12	4	9	4	5	39	24	15
40–44岁	18	10	8	12	4	8	57	33	24
45–49岁	11	5	6	18	7	11	49	27	22
50–54岁	11	5	6	16	7	9	59	33	26
55–59岁				5	3	2	26	16	10
60–64岁	1		1	5	4	1	6	5	1
65–69岁	1	1		2	1	1	12	8	4
70–74岁				4	2	2	11	4	7
75–79岁				1	1		8	6	2
80–84岁							7	4	3
85–89岁							4	4	
90–94岁				1		1			
95–99岁				1	1		4	1	3
100岁及以上				1	1				

2-2　续表 13　　单位：人

年龄组	锡伯族			阿昌族			普米族		
	小计	男	女	小计	男	女	小计	男	女
总　计	**127561**	**66274**	**61287**	**33**	**16**	**17**	**26**	**15**	**11**
0–4岁	7835	4077	3758						
5–9岁	8705	4473	4232	1	1		3	2	1
10–14岁	8240	4276	3964	2	2				
15–19岁	7568	3868	3700	5		5	2		2
20–24岁	6592	3316	3276	7	4	3	9	6	3
25–29岁	8374	4330	4044	1	1				
30–34岁	12816	6692	6124	4	2	2	2	2	
35–39岁	9382	4744	4638	6	2	4	2		2
40–44岁	9123	4691	4432	4	2	2	2	1	1
45–49岁	8712	4490	4222	2	1	1	2	1	1
50–54岁	10024	5279	4745	1	1		1	1	
55–59岁	9152	4614	4538				1	1	
60–64岁	7436	3899	3537						
65–69岁	6616	3598	3018						
70–74岁	3499	1988	1511				1		1
75–79岁	1839	1008	831						
80–84岁	986	563	423				1	1	
85–89岁	456	252	204						
90–94岁	163	94	69						
95–99岁	42	22	20						
100岁及以上	1		1						

2-2 续表 14

单位：人

年龄组	塔吉克族			怒 族			乌孜别克族		
	小计	男	女	小计	男	女	小计	男	女
总 计	**31**	**18**	**13**	**44**	**9**	**35**	**11**	**4**	**7**
0-4岁				2	2				
5-9岁	1		1	3	2	1			
10-14岁	1	1		5	2	3			
15-19岁	7	4	3	4	1	3			
20-24岁	15	9	6	2		2	10	4	6
25-29岁	1	1		6	2	4			
30-34岁	1	1		10		10	1		1
35-39岁				6		6			
40-44岁				4		4			
45-49岁	1		1	1		1			
50-54岁				1		1			
55-59岁	1	1							
60-64岁	2		2						
65-69岁									
70-74岁									
75-79岁									
80-84岁	1	1							
85-89岁									
90-94岁									
95-99岁									
100岁及以上									

2-2 续表 15

单位：人

年龄组	俄罗斯族			鄂温克族			德 昂 族		
	小计	男	女	小计	男	女	小计	男	女
总 计	**263**	**115**	**148**	**688**	**317**	**371**	**6**	**1**	**5**
0-4岁	29	14	15	59	33	26			
5-9岁	19	7	12	66	35	31			
10-14岁	11	7	4	39	13	26			
15-19岁	18	8	10	39	23	16	3	1	2
20-24岁	31	14	17	59	20	39	1		1
25-29岁	9	6	3	72	45	27			
30-34岁	35	15	20	92	46	46			
35-39岁	24	7	17	87	38	49	1		1
40-44岁	24	8	16	40	14	26			
45-49岁	11	7	4	42	17	25			
50-54岁	16	4	12	36	14	22			
55-59岁	14	8	6	29	8	21			
60-64岁	12	5	7	16	5	11			
65-69岁	5	4	1	6	2	4			
70-74岁	2	1	1	3	2	1	1		1
75-79岁	2		2	1		1			
80-84岁				2	2				
85-89岁									
90-94岁	1		1						
95-99岁									
100岁及以上									

2-2 续表 16

单位：人

年龄组	保安族			裕固族			京族		
	小计	男	女	小计	男	女	小计	男	女
总　计	**13**	**5**	**8**	**19**	**7**	**12**	**28**	**14**	**14**
0-4岁	1	1		3	1	2	3	1	2
5-9岁							3	2	1
10-14岁	2		2	2	2				
15-19岁	2		2	2	1	1	5	3	2
20-24岁	4	1	3	4	1	3	6	4	2
25-29岁	2	2		2		2			
30-34岁	1		1	2		2	5	1	4
35-39岁									
40-44岁							2	1	1
45-49岁				1		1	3	1	2
50-54岁				1	1				
55-59岁				1		1			
60-64岁									
65-69岁	1	1							
70-74岁				1	1				
75-79岁									
80-84岁									
85-89岁							1	1	
90-94岁									
95-99岁									
100岁及以上									

2-2 续表 17

单位：人

年龄组	塔塔尔族			独龙族			鄂伦春族		
	小计	男	女	小计	男	女	小计	男	女
总　计	**20**	**7**	**13**	**28**	**12**	**16**	**296**	**126**	**170**
0-4岁	1	1					27	7	20
5-9岁				4	2	2	25	13	12
10-14岁				3	2	1	20	8	12
15-19岁	2		2	5	3	2	16	8	8
20-24岁	4	1	3				27	13	14
25-29岁	2	1	1	2		2	31	15	16
30-34岁	1	1		5	1	4	45	23	22
35-39岁	1	1		5	1	4	23	7	16
40-44岁	1		1				14	5	9
45-49岁	1		1	2	2		18	10	8
50-54岁	1		1	1	1		23	5	18
55-59岁	4	2	2	1		1	11	4	7
60-64岁	1		1				8	4	4
65-69岁	1		1				1	1	
70-74岁							4	2	2
75-79岁							2	1	1
80-84岁							1		1
85-89岁									
90-94岁									
95-99岁									
100岁及以上									

2-2 续表 18 单位：人

年龄组	赫哲族			门巴族			珞巴族		
	小计	男	女	小计	男	女	小计	男	女
总 计	**196**	**79**	**117**	**22**	**10**	**12**	**9**	**5**	**4**
0-4岁	26	11	15	3	3		1	1	
5-9岁	12	6	6						
10-14岁	13	5	8						
15-19岁	13	5	8	4	2	2			
20-24岁	11	4	7	10	5	5	4	1	3
25-29岁	14	6	8				1	1	
30-34岁	35	13	22	3		3	2	1	1
35-39岁	23	9	14						
40-44岁	10	6	4						
45-49岁	15	6	9						
50-54岁	8	1	7				1	1	
55-59岁	3	2	1						
60-64岁	5	2	3	1		1			
65-69岁	5	3	2	1		1			
70-74岁	3		3						
75-79岁									
80-84岁									
85-89岁									
90-94岁									
95-99岁									
100岁及以上									

2-2 续表 19 单位：人

年龄组	基诺族			未定族称人口			入籍		
	小计	男	女	小计	男	女	小计	男	女
总 计	**17**	**6**	**11**	**3131**	**1642**	**1489**	**512**	**245**	**267**
0-4岁	2	1	1	334	170	164	38	19	19
5-9岁	1		1	118	64	54	31	12	19
10-14岁	1	1		109	50	59	14	8	6
15-19岁				236	126	110	24	10	14
20-24岁	4	1	3	536	287	249	28	16	12
25-29岁	1		1	240	130	110	25	11	14
30-34岁	3	2	1	200	104	96	56	20	36
35-39岁	4	1	3	159	78	81	60	33	27
40-44岁				211	94	117	45	18	27
45-49岁				260	123	137	43	23	20
50-54岁	1		1	174	84	90	43	26	17
55-59岁				127	67	60	21	11	10
60-64岁				99	54	45	22	10	12
65-69岁				90	55	35	18	9	9
70-74岁				68	48	20	13	8	5
75-79岁				54	39	15	9	3	6
80-84岁				52	35	17	3	1	2
85-89岁				39	23	16	7	3	4
90-94岁				13	7	6	2		2
95-99岁				6	1	5	4	1	3
100岁及以上				6	3	3	6	3	3

2–2a 全省各民族分年龄、性别的人口(城市)

单位：人

年龄组	合计			汉族		
	合计	男	女	小计	男	女
总　计	**25572477**	**12626419**	**12946058**	**23021453**	**11366970**	**11654483**
0–4岁	973026	501591	471435	815352	421079	394273
5–9岁	1057931	549097	508834	897137	466392	430745
10–14岁	904619	472638	431981	775620	406091	369529
15–19岁	1056726	552336	504390	888229	466828	421401
20–24岁	1250867	645348	605519	1077427	559628	517799
25–29岁	1486272	748498	737774	1304297	659085	645212
30–34岁	2381197	1186944	1194253	2100597	1048434	1052163
35–39岁	2068446	1032851	1035595	1856374	929831	926543
40–44岁	1957912	975059	982853	1764894	880923	883971
45–49岁	2086336	1032648	1053688	1898968	941173	957795
50–54岁	2135402	1050861	1084541	1956458	964279	992179
55–59岁	2266350	1118628	1147722	2106338	1040681	1065657
60–64岁	1982379	961846	1020533	1857474	900092	957382
65–69岁	1645547	779090	866457	1539548	727249	812299
70–74岁	923964	426864	497100	864405	398207	466198
75–79岁	595575	261374	334201	558613	244417	314196
80–84岁	447009	183053	263956	423399	172197	251202
85–89岁	245747	102077	143670	234398	96990	137408
90–94岁	85353	36690	48663	81209	34933	46276
95–99岁	18382	7528	10854	17449	7151	10298
100岁及以上	3437	1398	2039	3267	1310	1957

2–2a 续表 1

单位：人

年龄组	蒙古族			回族			藏族		
	小计	男	女	小计	男	女	小计	男	女
总　计	**268506**	**131552**	**136954**	**168925**	**83082**	**85843**	**3387**	**1554**	**1833**
0–4岁	20886	10708	10178	6825	3477	3348	57	30	27
5–9岁	20347	10518	9829	7827	4008	3819	57	21	36
10–14岁	15027	7868	7159	6322	3280	3042	119	61	58
15–19岁	19132	9748	9384	6883	3591	3292	1241	479	762
20–24岁	22698	11126	11572	8357	4345	4012	1222	615	607
25–29岁	23437	11354	12083	8064	4109	3955	140	71	69
30–34岁	32823	15756	17067	12543	6247	6296	115	57	58
35–39岁	25153	11874	13279	12805	6501	6304	88	39	49
40–44岁	18782	8934	9848	11286	5723	5563	72	34	38
45–49岁	17727	8504	9223	12374	6185	6189	78	39	39
50–54岁	15651	7674	7977	13959	6906	7053	68	41	27
55–59岁	12667	6139	6528	15543	7632	7911	42	27	15
60–64岁	9235	4504	4731	14333	6812	7521	31	13	18
65–69岁	6631	3115	3516	12766	6003	6763	26	11	15
70–74岁	3390	1585	1805	8269	3805	4464	15	8	7
75–79岁	2356	1008	1348	4991	2133	2858	12	6	6
80–84岁	1592	706	886	3470	1419	2051	3	1	2
85–89岁	710	305	405	1641	669	972	1	1	
90–94岁	219	109	110	523	187	336			
95–99岁	40	15	25	128	39	89			
100岁及以上	3	2	1	16	11	5			

2-2a 续表 2

单位：人

年龄组	维吾尔族			苗族			彝族		
	小计	男	女	小计	男	女	小计	男	女
总计	**5396**	**2795**	**2601**	**10131**	**5176**	**4955**	**3328**	**1831**	**1497**
0-4岁	96	47	49	452	225	227	128	71	57
5-9岁	181	93	88	492	273	219	127	61	66
10-14岁	126	71	55	453	236	217	96	36	60
15-19岁	1153	723	430	1081	604	477	489	248	241
20-24岁	2338	1108	1230	2411	1325	1086	1211	684	527
25-29岁	460	228	232	709	358	351	194	112	82
30-34岁	404	181	223	817	377	440	285	162	123
35-39岁	246	106	140	633	288	345	225	119	106
40-44岁	140	77	63	642	298	344	171	93	78
45-49岁	103	66	37	642	281	361	143	90	53
50-54岁	57	36	21	515	234	281	96	58	38
55-59岁	42	29	13	377	167	210	65	39	26
60-64岁	25	13	12	212	125	87	44	31	13
65-69岁	10	7	3	194	102	92	21	10	11
70-74岁	3	3		168	102	66	7	3	4
75-79岁	6	3	3	128	75	53	6	1	5
80-84岁	4	4		96	50	46	11	7	4
85-89岁	2		2	73	38	35	7	4	3
90-94岁				19	11	8	2	2	
95-99岁				12	5	7			
100岁及以上				5	2	3			

2-2a 续表 3

单位：人

年龄组	壮族			布依族			朝鲜族		
	小计	男	女	小计	男	女	小计	男	女
总计	**5977**	**2909**	**3068**	**4800**	**2349**	**2451**	**159813**	**76906**	**82907**
0-4岁	253	121	132	156	84	72	6379	3235	3144
5-9岁	256	138	118	164	90	74	7586	3873	3713
10-14岁	166	75	91	226	124	102	7017	3653	3364
15-19岁	834	396	438	540	287	253	5584	2794	2790
20-24岁	2243	1136	1107	1324	685	639	5200	2548	2652
25-29岁	307	137	170	278	130	148	6930	3453	3477
30-34岁	424	176	248	331	168	163	12572	6173	6399
35-39岁	429	170	259	261	120	141	13093	6330	6763
40-44岁	224	103	121	333	140	193	12006	5946	6060
45-49岁	185	89	96	335	133	202	12804	6555	6249
50-54岁	158	83	75	270	104	166	13569	6728	6841
55-59岁	199	106	93	158	61	97	14531	7101	7430
60-64岁	117	69	48	95	52	43	13035	6157	6878
65-69岁	64	36	28	103	52	51	11745	5264	6481
70-74岁	39	19	20	68	45	23	7745	3359	4386
75-79岁	19	12	7	45	26	19	4686	1898	2788
80-84岁	26	16	10	41	17	24	3332	1208	2124
85-89岁	28	24	4	33	16	17	1503	513	990
90-94岁	5	2	3	22	7	15	402	105	297
95-99岁				14	7	7	87	12	75
100岁及以上	1	1		3	1	2	7	1	6

2-2a　续表 4

单位：人

年龄组	满　族			侗　族			瑶　族		
	小计	男	女	小计	男	女	小计	男	女
总　计	**1822763**	**902244**	**920519**	**5286**	**2709**	**2577**	**1177**	**606**	**571**
0-4岁	115620	58975	56645	349	189	160	56	28	28
5-9岁	116829	60074	56755	286	146	140	62	27	35
10-14岁	93645	48170	45475	243	126	117	48	29	19
15-19岁	123514	62524	60990	454	228	226	164	82	82
20-24岁	114622	56007	58615	1070	596	474	403	214	189
25-29岁	134473	65994	68479	387	203	184	48	25	23
30-34岁	209739	104017	105722	429	217	212	90	36	54
35-39岁	151128	73696	77432	377	179	198	95	52	43
40-44岁	142410	69469	72941	328	142	186	50	27	23
45-49岁	136936	66602	70334	328	158	170	36	14	22
50-54岁	128895	61941	66954	321	152	169	23	14	9
55-59岁	111849	54457	57392	225	112	113	34	14	20
60-64岁	84409	42264	42145	105	64	41	40	30	10
65-69岁	71596	35805	35791	95	54	41	10	5	5
70-74岁	38292	18900	19392	83	45	38	7	4	3
75-79岁	23794	11341	12453	65	36	29	2	1	1
80-84岁	14399	7061	7338	74	37	37	6	2	4
85-89岁	7031	3321	3710	37	14	23	2	1	1
90-94岁	2833	1274	1559	21	7	14	1	1	
95-99岁	624	286	338	6	3	3			
100岁及以上	125	66	59	3	1	2			

2-2a　续表 5

单位：人

年龄组	白　族			土家族			哈尼族		
	小计	男	女	小计	男	女	小计	男	女
总　计	**1525**	**785**	**740**	**7908**	**4284**	**3624**	**329**	**152**	**177**
0-4岁	49	29	20	423	229	194	21	11	10
5-9岁	61	29	32	425	219	206	26	16	10
10-14岁	42	18	24	445	221	224	14	5	9
15-19岁	172	97	75	1055	568	487	39	22	17
20-24岁	542	295	247	2298	1297	1001	71	35	36
25-29岁	68	33	35	431	233	198	20	5	15
30-34岁	114	52	62	535	248	287	37	13	24
35-39岁	93	40	53	496	236	260	38	13	25
40-44岁	87	47	40	420	236	184	21	7	14
45-49岁	56	25	31	418	238	180	5	1	4
50-54岁	60	32	28	339	209	130	4	1	3
55-59岁	56	30	26	209	109	100	1	1	
60-64岁	35	20	15	132	89	43	19	14	5
65-69岁	38	16	22	102	56	46	10	7	3
70-74岁	18	8	10	57	30	27	3	1	2
75-79岁	11	4	7	44	19	25			
80-84岁	13	6	7	40	25	15			
85-89岁	8	4	4	24	16	8			
90-94岁	2		2	11	5	6			
95-99岁				2	1	1			
100岁及以上				2		2			

2-2a 续表 6

单位：人

年龄组	哈萨克族			傣族			黎族		
	小计	男	女	小计	男	女	小计	男	女
总　计	**909**	**433**	**476**	**271**	**109**	**162**	**1717**	**822**	**895**
0-4岁	5	4	1	11	7	4	98	48	50
5-9岁	2	1	1	12	5	7	92	58	34
10-14岁	3	1	2	15	8	7	104	55	49
15-19岁	160	72	88	32	16	16	145	71	74
20-24岁	671	314	357	91	38	53	354	194	160
25-29岁	44	30	14	20	5	15	144	53	91
30-34岁	8	6	2	21	8	13	136	61	75
35-39岁	3		3	25	5	20	100	39	61
40-44岁	3	1	2	22	8	14	118	46	72
45-49岁	3	1	2	9	5	4	120	47	73
50-54岁	5	1	4	2		2	87	35	52
55-59岁	1	1		4	2	2	63	35	28
60-64岁	1	1		1		1	64	27	37
65-69岁				3		3	39	23	16
70-74岁				2	2		22	15	7
75-79岁							12	6	6
80-84岁							8	3	5
85-89岁				1		1	5	2	3
90-94岁							5	3	2
95-99岁									
100岁及以上							1	1	

2-2a 续表 7

单位：人

年龄组	傈僳族			佤族			畲族		
	小计	男	女	小计	男	女	小计	男	女
总　计	**232**	**98**	**134**	**176**	**86**	**90**	**335**	**185**	**150**
0-4岁	5	1	4	6	6		21	11	10
5-9岁	6	4	2	10	4	6	25	13	12
10-14岁	17	9	8	6	3	3	23	12	11
15-19岁	70	39	31	8	3	5	48	29	19
20-24岁	56	29	27	21	11	10	67	34	33
25-29岁	11	3	8	23	14	9	18	9	9
30-34岁	24	5	19	27	8	19	28	13	15
35-39岁	17	5	12	28	15	13	35	22	13
40-44岁	9		9	13	7	6	18	11	7
45-49岁	6		6	13	6	7	22	14	8
50-54岁	3	1	2	8	5	3	16	10	6
55-59岁	2		2	4	1	3	8	4	4
60-64岁	3	1	2	6	3	3	3	1	2
65-69岁	1		1	2		2	1	1	
70-74岁							2	1	1
75-79岁	1	1							
80-84岁				1		1			
85-89岁	1		1						
90-94岁									
95-99岁									
100岁及以上									

2-2a　续表 8　　　　单位：人

年龄组	高山族			拉祜族			水　族		
	小计	男	女	小计	男	女	小计	男	女
总　计	**167**	**81**	**86**	**83**	**30**	**53**	**932**	**458**	**474**
0–4岁	11	6	5	3	1	2	22	7	15
5–9岁	17	9	8	7	4	3	42	25	17
10–14岁	4	2	2	4	2	2	45	27	18
15–19岁	9	5	4	11	5	6	83	51	32
20–24岁	12	4	8	20	6	14	195	111	84
25–29岁	9	7	2	10	5	5	46	27	19
30–34岁	18	7	11	9	2	7	71	32	39
35–39岁	22	6	16	2	1	1	79	23	56
40–44岁	5	3	2	7		7	74	27	47
45–49岁	13	7	6	4	1	3	84	37	47
50–54岁	11	7	4	1		1	55	20	35
55–59岁	9	6	3	1		1	29	16	13
60–64岁	13	5	8	3	3		18	10	8
65–69岁	9	5	4				19	13	6
70–74岁	4	1	3				21	7	14
75–79岁							12	8	4
80–84岁				1		1	21	9	12
85–89岁	1	1					9	6	3
90–94岁							7	2	5
95–99岁									
100岁及以上									

2-2a　续表 9　　　　单位：人

年龄组	东乡族			纳西族			景颇族		
	小计	男	女	小计	男	女	小计	男	女
总　计	**716**	**393**	**323**	**141**	**63**	**78**	**64**	**28**	**36**
0–4岁	61	26	35	1		1	1	1	
5–9岁	79	41	38	3	3		3	2	1
10–14岁	36	19	17	2	1	1	6	4	2
15–19岁	56	41	15	21	10	11	4	3	1
20–24岁	123	71	52	67	29	38	16	9	7
25–29岁	120	61	59	6	2	4	4		4
30–34岁	96	58	38	6	1	5	10	1	9
35–39岁	44	27	17	7	4	3	6	2	4
40–44岁	23	14	9	3	1	2	2	1	1
45–49岁	24	10	14	4	2	2	4	2	2
50–54岁	22	11	11	5	2	3	3	1	2
55–59岁	15	5	10	7	3	4	1	1	
60–64岁	4	4		5	3	2	2	1	1
65–69岁	4	1	3						
70–74岁	2	2							
75–79岁	2	1	1						
80–84岁	5	1	4	3	1	2	2		2
85–89岁									
90–94岁				1	1				
95–99岁									
100岁及以上									

2-2a 续表 10

单位：人

年龄组	柯尔克孜族			土族			达斡尔族		
	小计	男	女	小计	男	女	小计	男	女
总计	**188**	**77**	**111**	**248**	**136**	**112**	**2684**	**1201**	**1483**
0-4岁	6	1	5	8	6	2	241	117	124
5-9岁	12	4	8	10	5	5	261	121	140
10-14岁	6	5	1	5	3	2	159	82	77
15-19岁	33	21	12	73	38	35	143	67	76
20-24岁	65	24	41	96	59	37	237	98	139
25-29岁	15	6	9	14	8	6	198	94	104
30-34岁	12	4	8	10	4	6	381	177	204
35-39岁	9	1	8	5	3	2	352	160	192
40-44岁	9	3	6	10	5	5	190	73	117
45-49岁	7	5	2	6	3	3	138	58	80
50-54岁	2		2	1	1		114	46	68
55-59岁	4	1	3	6		6	89	33	56
60-64岁	5		5	2		2	83	34	49
65-69岁	2	1	1				61	26	35
70-74岁				1		1	14	4	10
75-79岁							14	4	10
80-84岁	1	1		1	1		5	5	
85-89岁							2		2
90-94岁							1	1	
95-99岁							1	1	
100岁及以上									

2-2a 续表 11

单位：人

年龄组	仫佬族			羌族			布朗族		
	小计	男	女	小计	男	女	小计	男	女
总计	**219**	**120**	**99**	**167**	**96**	**71**	**24**	**9**	**15**
0-4岁	8	3	5	14	5	9			
5-9岁	9	6	3	9	5	4			
10-14岁	7	3	4	3	2	1			
15-19岁	26	12	14	17	8	9	3	3	
20-24岁	115	72	43	50	34	16	14	4	10
25-29岁	9	4	5	13	8	5	1		1
30-34岁	17	6	11	13	6	7	2	1	1
35-39岁	8	4	4	13	9	4	2		2
40-44岁	7	1	6	10	4	6			
45-49岁	2	2		10	7	3			
50-54岁	1		1	5	3	2	1		1
55-59岁	3	2	1	4	3	1			
60-64岁	2	2		1		1			
65-69岁	1	1		3	1	2			
70-74岁				1	1				
75-79岁	3	2	1	1		1	1	1	
80-84岁									
85-89岁	1		1						
90-94岁									
95-99岁									
100岁及以上									

2–2a　续表 12　　　　单位：人

年龄组	撒拉族			毛南族			仡佬族		
	小计	男	女	小计	男	女	小计	男	女
总　计	**215**	**125**	**90**	**118**	**50**	**68**	**916**	**532**	**384**
0–4岁	22	11	11	4	1	3	18	9	9
5–9岁	13	7	6	1	1		26	14	12
10–14岁	24	13	11	1	1		25	18	7
15–19岁	23	11	12	20	11	9	133	74	59
20–24岁	45	36	9	33	11	22	444	257	187
25–29岁	26	13	13	10	5	5	52	29	23
30–34岁	16	8	8	8	4	4	52	31	21
35–39岁	13	11	2	7	3	4	28	16	12
40–44岁	13	6	7	6	2	4	31	17	14
45–49岁	8	3	5	11	3	8	31	19	12
50–54岁	10	5	5	11	6	5	34	19	15
55–59岁				1	1		15	8	7
60–64岁	1		1	1		1	3	3	
65–69岁	1	1		1		1	8	6	2
70–74岁				3	1	2	6	3	3
75–79岁							6	5	1
80–84岁							3	3	
85–89岁									
90–94岁									
95–99岁							1	1	
100岁及以上									

2–2a　续表 13　　　　单位：人

年龄组	锡伯族			阿昌族			普米族		
	小计	男	女	小计	男	女	小计	男	女
总　计	**67505**	**33560**	**33945**	**14**	**5**	**9**	**20**	**12**	**8**
0–4岁	4997	2606	2391						
5–9岁	5222	2689	2533				2	2	
10–14岁	4365	2235	2130						
15–19岁	4756	2384	2372	4		4	2		2
20–24岁	4011	1950	2061	4	1	3	9	6	3
25–29岁	4947	2436	2511						
30–34岁	7999	4013	3986	2	1	1	2	2	
35–39岁	5823	2778	3045	2	1	1	1		1
40–44岁	5243	2533	2710	1	1		1	1	
45–49岁	4426	2138	2288	1	1		2	1	1
50–54岁	4365	2103	2262						
55–59岁	3612	1729	1883						
60–64岁	2716	1356	1360						
65–69岁	2366	1180	1186						
70–74岁	1258	663	595				1		1
75–79岁	705	345	360						
80–84岁	420	250	170						
85–89岁	201	132	69						
90–94岁	61	34	27						
95–99岁	12	6	6						
100岁及以上									

2-2a 续表 14

单位：人

年龄组	塔吉克族			怒族			乌孜别克族		
	小计	男	女	小计	男	女	小计	男	女
总计	**20**	**12**	**8**	**14**	**3**	**11**	**10**	**3**	**7**
0-4岁									
5-9岁				1	1				
10-14岁	1	1		1		1			
15-19岁	2		2	4	1	3			
20-24岁	13	8	5	2		2	9	3	6
25-29岁	1	1		2	1	1			
30-34岁	1	1		2		2	1		1
35-39岁				2		2			
40-44岁									
45-49岁	1		1						
50-54岁									
55-59岁	1	1							
60-64岁									
65-69岁									
70-74岁									
75-79岁									
80-84岁									
85-89岁									
90-94岁									
95-99岁									
100岁及以上									

2-2a 续表 15

单位：人

年龄组	俄罗斯族			鄂温克族			德昂族		
	小计	男	女	小计	男	女	小计	男	女
总计	**225**	**94**	**131**	**576**	**268**	**308**	**3**	**1**	**2**
0-4岁	26	11	15	48	27	21			
5-9岁	18	7	11	58	28	30			
10-14岁	8	5	3	34	12	22			
15-19岁	15	6	9	32	18	14	2	1	1
20-24岁	29	12	17	48	16	32			
25-29岁	8	5	3	64	39	25			
30-34岁	32	13	19	76	38	38			
35-39岁	22	7	15	77	34	43			
40-44岁	20	6	14	33	13	20			
45-49岁	8	5	3	32	15	17			
50-54岁	10	2	8	30	14	16			
55-59岁	12	8	4	22	5	17			
60-64岁	11	5	6	13	4	9			
65-69岁	2	2		3	1	2			
70-74岁	1		1	3	2	1	1		1
75-79岁	2		2	1		1			
80-84岁				2	2				
85-89岁									
90-94岁	1		1						
95-99岁									
100岁及以上									

2–2a　续表 16　　　　单位：人

年龄组	保安族			裕固族			京族		
	小计	男	女	小计	男	女	小计	男	女
总　计	**8**	**3**	**5**	**18**	**6**	**12**	**22**	**12**	**10**
0–4岁				3	1	2	1		1
5–9岁							2	2	
10–14岁				2	2				
15–19岁	2		2	2	1	1	4	2	2
20–24岁	4	1	3	4	1	3	6	4	2
25–29岁	2	2		2		2			
30–34岁				2		2	4	1	3
35–39岁									
40–44岁							1	1	
45–49岁				1		1	3	1	2
50–54岁				1	1				
55–59岁				1		1			
60–64岁									
65–69岁									
70–74岁									
75–79岁									
80–84岁									
85–89岁							1	1	
90–94岁									
95–99岁									
100岁及以上									

2–2a　续表 17　　　　单位：人

年龄组	塔塔尔族			独龙族			鄂伦春族		
	小计	男	女	小计	男	女	小计	男	女
总　计	**15**	**5**	**10**	**14**	**8**	**6**	**222**	**99**	**123**
0–4岁	1	1					23	7	16
5–9岁				2	1	1	20	10	10
10–14岁							14	7	7
15–19岁	2		2	4	3	1	11	7	4
20–24岁	4	1	3				20	10	10
25–29岁	1	1		1		1	27	11	16
30–34岁	1	1					36	17	19
35–39岁	1	1		4	1	3	18	4	14
40–44岁	1		1				10	4	6
45–49岁	1		1	2	2		11	10	1
50–54岁	1		1	1	1		13	3	10
55–59岁	1		1				7	4	3
60–64岁							6	2	4
65–69岁	1		1						
70–74岁							3	2	1
75–79岁							2	1	1
80–84岁							1		1
85–89岁									
90–94岁									
95–99岁									
100岁及以上									

2-2a 续表 18

单位：人

年龄组	赫哲族			门巴族			珞巴族		
	小计	男	女	小计	男	女	小计	男	女
总 计	**171**	**68**	**103**	**20**	**9**	**11**	**6**	**3**	**3**
0-4岁	25	10	15	3	3		1	1	
5-9岁	11	5	6						
10-14岁	12	4	8						
15-19岁	9	3	6	4	2	2			
20-24岁	10	3	7	9	4	5	4	1	3
25-29岁	12	5	7						
30-34岁	31	13	18	3		3	1	1	
35-39岁	23	9	14						
40-44岁	9	6	3						
45-49岁	12	4	8						
50-54岁	6	1	5						
55-59岁	2	2							
60-64岁	4	1	3	1		1			
65-69岁	3	2	1						
70-74岁	2		2						
75-79岁									
80-84岁									
85-89岁									
90-94岁									
95-99岁									
100岁及以上									

2-2a 续表 19

单位：人

年龄组	基诺族			未定族称人口			入 籍		
	小计	男	女	小计	男	女	小计	男	女
总 计	**12**	**3**	**9**	**2033**	**1044**	**989**	**323**	**165**	**158**
0-4岁	1	1		202	101	101	27	13	14
5-9岁	1		1	68	31	37	24	11	13
10-14岁				73	34	39	5	4	1
15-19岁				175	92	83	14	7	7
20-24岁	4	1	3	431	227	204	17	10	7
25-29岁	1		1	154	77	77	14	7	7
30-34岁	2	1	1	142	69	73	40	16	24
35-39岁	2		2	96	44	52	36	22	14
40-44岁				124	53	71	30	12	18
45-49岁				150	71	79	29	15	14
50-54岁	1		1	110	53	57	24	18	6
55-59岁				77	44	33	13	8	5
60-64岁				52	26	26	14	5	9
65-69岁				48	30	18	10	4	6
70-74岁				38	29	9	10	7	3
75-79岁				29	18	11	6	2	4
80-84岁				27	20	7	2	1	1
85-89岁				23	17	6	4	2	2
90-94岁				8	6	2			
95-99岁				4	1	3	2		2
100岁及以上				2	1	1	2	1	1

2-2b　全省各民族分年龄、性别的人口(镇)

单位：人

年龄组	合计			汉族		
	合计	男	女	小计	男	女
总　计	**5153499**	**2566297**	**2587202**	**3939286**	**1965832**	**1973454**
0-4岁	175556	90668	84888	117088	60498	56590
5-9岁	212061	110814	101247	143347	75111	68236
10-14岁	226491	119321	107170	157593	83394	74199
15-19岁	245802	126443	119359	170391	88543	81848
20-24岁	182603	92225	90378	137755	69943	67812
25-29岁	273040	138672	134368	203097	103735	99362
30-34岁	415319	208909	206410	305092	153855	151237
35-39岁	344407	174560	169847	257989	131905	126084
40-44岁	407567	206800	200767	312911	159870	153041
45-49岁	459796	230981	228815	359430	181843	177587
50-54岁	501437	248689	252748	393839	196849	196990
55-59岁	476625	236252	240373	376608	188150	188458
60-64岁	391316	190538	200778	311458	151794	159664
65-69岁	353140	167942	185198	285152	134565	150587
70-74岁	218581	101321	117260	180970	83304	97666
75-79岁	133258	61170	72088	110690	50750	59940
80-84岁	80001	36719	43282	67947	31104	36843
85-89岁	37644	16222	21422	31952	13785	18167
90-94岁	14568	6200	8368	12274	5218	7056
95-99岁	3571	1510	2061	3065	1317	1748
100岁及以上	716	341	375	638	299	339

2-2b　续表 1

单位：人

年龄组	蒙古族			回族			藏族		
	小计	男	女	小计	男	女	小计	男	女
总　计	**133678**	**65252**	**68426**	**28937**	**14858**	**14079**	**201**	**106**	**95**
0-4岁	8665	4495	4170	1007	509	498	8	4	4
5-9岁	9517	5005	4512	1169	595	574	4	2	2
10-14岁	8850	4736	4114	1191	630	561	10	5	5
15-19岁	10108	5144	4964	1145	587	558	22	9	13
20-24岁	5239	2575	2664	1101	587	514	39	17	22
25-29岁	8509	4171	4338	1335	722	613	11	8	3
30-34岁	11759	5709	6050	1934	1024	910	14	8	6
35-39岁	9735	4629	5106	1828	998	830	16	9	7
40-44岁	10024	4852	5172	2066	1106	960	11	7	4
45-49岁	10991	5272	5719	2454	1296	1158	14	8	6
50-54岁	11238	5291	5947	2710	1373	1337	17	9	8
55-59岁	9101	4355	4746	2692	1403	1289	11	7	4
60-64岁	7135	3385	3750	2360	1171	1189	7	4	3
65-69岁	5557	2509	3048	2447	1178	1269	8	6	2
70-74岁	3253	1442	1811	1657	807	850	4		4
75-79岁	2063	874	1189	973	467	506	3	1	2
80-84岁	1248	543	705	485	243	242	2	2	
85-89岁	494	187	307	234	107	127			
90-94岁	165	67	98	104	38	66			
95-99岁	25	11	14	38	12	26			
100岁及以上	2		2	7	5	2			

2-2b 续表 2 单位：人

年龄组	维吾尔族			苗族			彝族		
	小计	男	女	小计	男	女	小计	男	女
总　计	**428**	**180**	**248**	**983**	**504**	**479**	**506**	**302**	**204**
0-4岁	8	4	4	46	21	25	6	5	1
5-9岁	8	2	6	53	27	26	24	14	10
10-14岁	7	3	4	70	37	33	18	9	9
15-19岁	65	28	37	76	39	37	37	16	21
20-24岁	245	84	161	140	60	80	85	43	42
25-29岁	28	13	15	69	36	33	47	27	20
30-34岁	24	16	8	90	52	38	76	58	18
35-39岁	12	10	2	90	47	43	70	44	26
40-44岁	9	7	2	71	35	36	42	29	13
45-49岁	8	6	2	86	42	44	36	23	13
50-54岁	6	2	4	62	37	25	26	15	11
55-59岁	2		2	44	22	22	21	8	13
60-64岁	2	1	1	14	9	5	3	1	2
65-69岁	2	2		23	10	13	5	4	1
70-74岁	1	1		17	12	5	4	2	2
75-79岁				10	7	3	3	2	1
80-84岁	1	1		6	3	3	3	2	1
85-89岁				8	2	6			
90-94岁				4	4				
95-99岁				3	2	1			
100岁及以上				1		1			

2-2b 续表 3 单位：人

年龄组	壮族			布依族			朝鲜族		
	小计	男	女	小计	男	女	小计	男	女
总　计	**594**	**239**	**355**	**491**	**213**	**278**	**20294**	**10188**	**10106**
0-4岁	41	22	19	29	10	19	790	415	375
5-9岁	37	18	19	26	14	12	805	391	414
10-14岁	23	12	11	23	12	11	867	459	408
15-19岁	51	19	32	39	17	22	668	341	327
20-24岁	104	37	67	72	34	38	593	316	277
25-29岁	31	8	23	41	17	24	809	409	400
30-34岁	61	27	34	31	9	22	1548	846	702
35-39岁	55	14	41	51	17	34	1365	729	636
40-44岁	44	18	26	40	14	26	1398	757	641
45-49岁	29	16	13	38	16	22	1726	924	802
50-54岁	34	16	18	40	19	21	2061	1080	981
55-59岁	34	11	23	14	9	5	2145	1074	1071
60-64岁	15	6	9	6	2	4	1830	911	919
65-69岁	8	3	5	12	8	4	1426	619	807
70-74岁	6	4	2	8	5	3	963	425	538
75-79岁	6	2	4	6	3	3	613	258	355
80-84岁	8	4	4	7	4	3	428	155	273
85-89岁	7	2	5	4	1	3	194	59	135
90-94岁				2	1	1	57	19	38
95-99岁				1	1		6	1	5
100岁及以上				1		1	2		2

2-2b　续表 4

单位：人

年龄组	满族			侗族			瑶族		
	小计	男	女	小计	男	女	小计	男	女
总　计	**1011654**	**500307**	**511347**	**555**	**280**	**275**	**125**	**52**	**73**
0-4岁	46780	24138	22642	31	16	15	8	4	4
5-9岁	55832	28997	26835	29	14	15	8	4	4
10-14岁	56647	29400	27247	42	18	24	3	1	2
15-19岁	62015	31114	30901	39	22	17	9	4	5
20-24岁	36241	18090	18151	58	28	30	19	8	11
25-29岁	57925	28948	28977	38	22	16	10	2	8
30-34岁	93001	46432	46569	51	31	20	13	5	8
35-39岁	71918	35555	36363	54	26	28	9	3	6
40-44岁	79671	39448	40223	38	16	22	7	1	6
45-49岁	83780	40923	42857	46	23	23	12	7	5
50-54岁	90259	43388	46871	37	16	21	8	3	5
55-59岁	85034	40757	44277	25	12	13	2	1	1
60-64岁	67752	32880	34872	20	12	8	7	6	1
65-69岁	57859	28696	29163	9	7	2	2	1	1
70-74岁	31351	15133	16218	9	6	3	3		3
75-79岁	18697	8707	9990	16	5	11			
80-84岁	9760	4601	5159	2	1	1	5	2	3
85-89岁	4708	2061	2647	8	5	3			
90-94岁	1938	841	1097	1		1			
95-99岁	427	163	264						
100岁及以上	59	35	24	2		2			

2-2b　续表 5

单位：人

年龄组	白族			土家族			哈尼族		
	小计	男	女	小计	男	女	小计	男	女
总　计	**152**	**69**	**83**	**693**	**347**	**346**	**47**	**13**	**34**
0-4岁	5	1	4	36	21	15	1	1	
5-9岁	5	2	3	51	28	23	5	2	3
10-14岁	8	7	1	54	20	34	5	3	2
15-19岁	15	7	8	70	30	40	5	2	3
20-24岁	28	10	18	114	50	64	7	1	6
25-29岁	9	4	5	39	19	20	2		2
30-34岁	12	4	8	66	34	32	7	1	6
35-39岁	10	3	7	53	24	29	4		4
40-44岁	11	4	7	50	26	24	5	2	3
45-49岁	8	3	5	56	35	21	3		3
50-54岁	8	7	1	43	25	18	2	1	1
55-59岁	4	3	1	26	16	10	1		1
60-64岁	9	5	4	11	8	3			
65-69岁	5	1	4	8	4	4			
70-74岁	10	4	6	3	1	2			
75-79岁	4	3	1	2		2			
80-84岁				6	3	3			
85-89岁				4	3	1			
90-94岁	1	1		1		1			
95-99岁									
100岁及以上									

2-2b　续表 6

单位：人

年龄组	哈萨克族			傣　族			黎　族		
	小计	男	女	小计	男	女	小计	男	女
总　计	**47**	**14**	**33**	**42**	**21**	**21**	**280**	**137**	**143**
0-4岁				3	2	1	15	5	10
5-9岁				4	4		16	7	9
10-14岁				3	2	1	13	8	5
15-19岁	5	2	3	4	2	2	15	8	7
20-24岁	38	10	28	2	1	1	22	11	11
25-29岁	1		1	1		1	28	15	13
30-34岁				7	3	4	29	16	13
35-39岁				5	1	4	15	6	9
40-44岁	1	1		4	3	1	30	16	14
45-49岁				5	2	3	25	10	15
50-54岁	1		1	2	1	1	18	7	11
55-59岁				1		1	18	9	9
60-64岁				1		1	15	9	6
65-69岁							5	2	3
70-74岁							4	3	1
75-79岁							6	2	4
80-84岁	1	1					2	1	1
85-89岁							2	1	1
90-94岁							1		1
95-99岁							1	1	
100岁及以上									

2-2b　续表 7

单位：人

年龄组	傈僳族			佤　族			畲　族		
	小计	男	女	小计	男	女	小计	男	女
总　计	**68**	**20**	**48**	**9**	**4**	**5**	**30**	**12**	**18**
0-4岁	3	3					3	1	2
5-9岁	1	1		1	1		4	1	3
10-14岁	7	4	3				1	1	
15-19岁	17	6	11	1	1		2		2
20-24岁	7	1	6				1		1
25-29岁	5	1	4	2		2	2	1	1
30-34岁	8	2	6	1	1		5	2	3
35-39岁	10		10				5	2	3
40-44岁	5		5	1		1	1		1
45-49岁	3	1	2				3	2	1
50-54岁	1		1				1		1
55-59岁				2		2			
60-64岁	1	1		1	1		2	2	
65-69岁									
70-74岁									
75-79岁									
80-84岁									
85-89岁									
90-94岁									
95-99岁									
100岁及以上									

2-2b 续表 8 单位：人

年龄组	高山族			拉祜族			水族		
	小计	男	女	小计	男	女	小计	男	女
总　计	**16**	**5**	**11**	**14**	**6**	**8**	**81**	**45**	**36**
0-4岁							2	1	1
5-9岁	2	2		3	1	2	5	3	2
10-14岁				1	1		9	5	4
15-19岁	1	1		1	1		5	4	1
20-24岁							13	5	8
25-29岁				1		1	3	3	
30-34岁	3		3	3		3	6	3	3
35-39岁	2		2	3	1	2	3		3
40-44岁							9	6	3
45-49岁	2		2				2	1	1
50-54岁	3	1	2				6	4	2
55-59岁	2	1	1				3	2	1
60-64岁	1		1	2	2		2	1	1
65-69岁							3	1	2
70-74岁							3	3	
75-79岁							6	3	3
80-84岁									
85-89岁									
90-94岁									
95-99岁									
100岁及以上							1		1

2-2b 续表 9 单位：人

年龄组	东乡族			纳西族			景颇族		
	小计	男	女	小计	男	女	小计	男	女
总　计	**48**	**28**	**20**	**8**	**2**	**6**	**13**	**4**	**9**
0-4岁	6	3	3	1		1			
5-9岁	4	3	1				3	1	2
10-14岁	2	2					1		1
15-19岁	4	3	1	1		1	1	1	
20-24岁	11	4	7	4	2	2	2	1	1
25-29岁	5	3	2				1		1
30-34岁	9	5	4				1	1	
35-39岁	1	1		1		1	2		2
40-44岁	2	2					1		1
45-49岁	1		1				1		1
50-54岁	3	2	1						
55-59岁									
60-64岁				1		1			
65-69岁									
70-74岁									
75-79岁									
80-84岁									
85-89岁									
90-94岁									
95-99岁									
100岁及以上									

2-2b 续表 10

单位：人

年龄组	柯尔克孜族			土族			达斡尔族		
	小计	男	女	小计	男	女	小计	男	女
总　计	**22**	**14**	**8**	**13**	**10**	**3**	**246**	**108**	**138**
0-4岁				1		1	21	12	9
5-9岁							18	8	10
10-14岁	2	2		1		1	22	14	8
15-19岁	2		2	1		1	14	8	6
20-24岁	4	1	3				14	5	9
25-29岁				1	1		24	7	17
30-34岁				1	1		32	15	17
35-39岁	2	2		2	2		24	11	13
40-44岁	3	3					16	8	8
45-49岁	2	1	1	1	1		24	6	18
50-54岁	1	1		4	4		9	3	6
55-59岁	1		1				8	4	4
60-64岁	1		1				7	1	6
65-69岁	3	3		1	1		7	3	4
70-74岁							4	2	2
75-79岁							1		1
80-84岁							1	1	
85-89岁									
90-94岁									
95-99岁	1	1							
100岁及以上									

2-2b 续表 11

单位：人

年龄组	仫佬族			羌族			布朗族		
	小计	男	女	小计	男	女	小计	男	女
总　计	**20**	**8**	**12**	**21**	**9**	**12**	**2**		**2**
0-4岁	2	1	1	1	1				
5-9岁	1	1							
10-14岁	1		1	2		2			
15-19岁	4	1	3	2		2	2		2
20-24岁	3	2	1	3	2	1			
25-29岁	1		1	4	1	3			
30-34岁	1		1	2		2			
35-39岁	3	1	2						
40-44岁	1		1	4	2	2			
45-49岁									
50-54岁	1	1		1	1				
55-59岁	1		1	1	1				
60-64岁	1	1							
65-69岁				1	1				
70-74岁									
75-79岁									
80-84岁									
85-89岁									
90-94岁									
95-99岁									
100岁及以上									

2-2b　续表 12　　　　单位：人

年龄组	撒拉族			毛南族			仡佬族		
	小计	男	女	小计	男	女	小计	男	女
总　计	**24**	**14**	**10**	**11**	**6**	**5**	**61**	**32**	**29**
0-4岁	1		1	1		1			
5-9岁	2	1	1				2	2	
10-14岁	5	4	1				2	2	
15-19岁	3	1	2	1	1		6	1	5
20-24岁	3	2	1	1	1		20	9	11
25-29岁	1	1					9	3	6
30-34岁	1		1	1		1	9	6	3
35-39岁	2	1	1	1	1				
40-44岁	4	3	1	1		1	4	3	1
45-49岁	2	1	1				1		1
50-54岁				1		1	1	1	
55-59岁				1	1		3	2	1
60-64岁				1	1		1	1	
65-69岁				1	1		1	1	
70-74岁									
75-79岁							1	1	
80-84岁									
85-89岁									
90-94岁				1		1			
95-99岁							1		1
100岁及以上									

2-2b　续表 13　　　　单位：人

年龄组	锡伯族			阿昌族			普米族		
	小计	男	女	小计	男	女	小计	男	女
总　计	**13306**	**6807**	**6499**	**15**	**9**	**6**			
0-4岁	885	445	440						
5-9岁	1047	531	516						
10-14岁	986	521	465	1	1				
15-19岁	922	465	457						
20-24岁	565	258	307	3	3				
25-29岁	912	471	441	1	1				
30-34岁	1383	722	661	2	1	1			
35-39岁	1031	498	533	4	1	3			
40-44岁	1049	549	500	3	1	2			
45-49岁	970	501	469						
50-54岁	966	519	447	1	1				
55-59岁	799	395	404						
60-64岁	632	314	318						
65-69岁	577	309	268						
70-74岁	299	161	138						
75-79岁	154	84	70						
80-84岁	83	45	38						
85-89岁	26	8	18						
90-94岁	16	10	6						
95-99岁	3	1	2						
100岁及以上	1		1						

2-2b 续表 14 单位：人

年龄组	塔吉克族			怒 族			乌孜别克族		
	小计	男	女	小计	男	女	小计	男	女
总 计	**4**	**2**	**2**	**2**		**2**			
0-4岁									
5-9岁									
10-14岁									
15-19岁	1	1							
20-24岁	2	1	1						
25-29岁				1		1			
30-34岁									
35-39岁				1		1			
40-44岁									
45-49岁									
50-54岁									
55-59岁									
60-64岁	1		1						
65-69岁									
70-74岁									
75-79岁									
80-84岁									
85-89岁									
90-94岁									
95-99岁									
100岁及以上									

2-2b 续表 15 单位：人

年龄组	俄罗斯族			鄂温克族			德 昂 族		
	小计	男	女	小计	男	女	小计	男	女
总 计	**14**	**8**	**6**	**57**	**28**	**29**			
0-4岁				5	2	3			
5-9岁				5	5				
10-14岁	2	1	1	4	1	3			
15-19岁				3	2	1			
20-24岁	1	1		5	1	4			
25-29岁				4	4				
30-34岁				7	3	4			
35-39岁	1		1	7	4	3			
40-44岁	2	2		4	1	3			
45-49岁	3	2	1	4	1	3			
50-54岁	2	1	1						
55-59岁	1		1	5	3	2			
60-64岁				1		1			
65-69岁	1		1	3	1	2			
70-74岁	1	1							
75-79岁									
80-84岁									
85-89岁									
90-94岁									
95-99岁									
100岁及以上									

2–2b　续表 16　　　　单位：人

年龄组	保安族			裕固族			京族		
	小计	男	女	小计	男	女	小计	男	女
总　计	**4**	**1**	**3**						
0–4岁	1	1							
5–9岁									
10–14岁	2		2						
15–19岁									
20–24岁									
25–29岁									
30–34岁	1		1						
35–39岁									
40–44岁									
45–49岁									
50–54岁									
55–59岁									
60–64岁									
65–69岁									
70–74岁									
75–79岁									
80–84岁									
85–89岁									
90–94岁									
95–99岁									
100岁及以上									

2–2b　续表 17　　　　单位：人

年龄组	塔塔尔族			独龙族			鄂伦春族		
	小计	男	女	小计	男	女	小计	男	女
总　计	**1**		**1**	**3**	**1**	**2**	**36**	**14**	**22**
0–4岁							1		1
5–9岁				1	1		5	3	2
10–14岁									
15–19岁							3		3
20–24岁							4	1	3
25–29岁				1		1	2	2	
30–34岁							6	4	2
35–39岁							3	2	1
40–44岁							3		3
45–49岁							3		3
50–54岁							5	2	3
55–59岁				1		1			
60–64岁	1		1						
65–69岁									
70–74岁							1		1
75–79岁									
80–84岁									
85–89岁									
90–94岁									
95–99岁									
100岁及以上									

2–2b 续表 18 单位：人

年龄组	赫哲族			门巴族			珞巴族		
	小计	男	女	小计	男	女	小计	男	女
总 计	**14**	**4**	**10**	**1**		**1**			
0–4岁									
5–9岁									
10–14岁	1	1							
15–19岁	1		1						
20–24岁									
25–29岁	2	1	1						
30–34岁	3		3						
35–39岁									
40–44岁	1		1						
45–49岁	2	1	1						
50–54岁	2		2						
55–59岁									
60–64岁	1	1							
65–69岁				1		1			
70–74岁	1		1						
75–79岁									
80–84岁									
85–89岁									
90–94岁									
95–99岁									
100岁及以上									

2–2b 续表 19 单位：人

年龄组	基诺族			未定族称人口			入籍		
	小计	男	女	小计	男	女	小计	男	女
总 计	**2**	**2**		**296**	**165**	**131**	**44**	**15**	**29**
0–4岁				53	27	26	2		2
5–9岁				17	12	5			
10–14岁				10	4	6	2	1	1
15–19岁				22	12	10	3		3
20–24岁				31	18	13	4	2	2
25–29岁				27	15	12	1	1	
30–34岁	1	1		12	10	2	6	2	4
35–39岁	1	1		13	10	3	6	2	4
40–44岁				19	8	11	1		1
45–49岁				23	13	10	2	1	1
50–54岁				13	7	6	5	2	3
55–59岁				12	5	7	2	1	1
60–64岁				12	8	4	2		2
65–69岁				11	4	7	2	2	
70–74岁				8	5	3	1		1
75–79岁				2	1	1	2		2
80–84岁				5	3	2	1		1
85–89岁				3	1	2			
90–94岁				2	1	1	1		1
95–99岁									
100岁及以上				1	1		1	1	

2-2c　全省各民族分年龄、性别的人口(乡村)

单位：人

年龄组	合计			汉族		
	合计	男	女	小计	男	女
总　计	**11865431**	**6070813**	**5794618**	**9208878**	**4674210**	**4534668**
0-4岁	288061	148397	139664	205339	105819	99520
5-9岁	390373	202939	187434	280685	146171	134514
10-14岁	509821	267040	242781	370319	194447	175872
15-19岁	383023	208473	174550	282503	153614	128889
20-24岁	414860	225674	189186	312695	170321	142374
25-29岁	478680	262511	216169	355651	194036	161615
30-34岁	636328	340905	295423	472734	250618	222116
35-39岁	552359	292439	259920	417285	219473	197812
40-44岁	757057	400122	356935	592207	311113	281094
45-49岁	1033187	534080	499107	819630	421951	397679
50-54岁	1347485	687208	660277	1054943	536298	518645
55-59岁	1299918	646445	653473	1011386	500802	510584
60-64岁	1163291	579217	584074	908608	447187	461421
65-69岁	1124986	558668	566318	900422	438754	461668
70-74岁	710286	345494	364792	582133	278651	303482
75-79岁	399956	197282	202674	329135	160645	168490
80-84岁	219539	107526	112013	183108	89174	93934
85-89岁	104923	45741	59182	87240	37906	49334
90-94岁	40301	16252	24049	33526	13492	20034
95-99岁	9363	3738	5625	7872	3145	4727
100岁及以上	1634	662	972	1457	593	864

2-2c　续表 1

单位：人

年龄组	蒙古族			回族			藏族		
	小计	男	女	小计	男	女	小计	男	女
总　计	**275576**	**142185**	**133391**	**18517**	**9636**	**8881**	**516**	**310**	**206**
0-4岁	10550	5583	4967	634	329	305	15	10	5
5-9岁	14718	7546	7172	769	404	365	22	17	5
10-14岁	17874	9404	8470	888	447	441	39	20	19
15-19岁	10214	5589	4625	897	480	417	175	133	42
20-24岁	11601	6179	5422	823	437	386	75	44	31
25-29岁	14638	7975	6663	829	443	386	21	9	12
30-34岁	16876	9249	7627	1104	572	532	20	5	15
35-39岁	15693	8043	7650	984	523	461	25	15	10
40-44岁	17763	9349	8414	1043	567	476	13	4	9
45-49岁	22858	11926	10932	1473	764	709	26	12	14
50-54岁	29881	15390	14491	1783	952	831	17	8	9
55-59岁	27189	13540	13649	1744	932	812	21	9	12
60-64岁	23778	11973	11805	1643	847	796	11	7	4
65-69岁	19300	9741	9559	1656	846	810	18	9	9
70-74岁	11099	5452	5647	1039	527	512	12	4	8
75-79岁	6009	2843	3166	630	309	321	5	3	2
80-84岁	3392	1539	1853	316	158	158	1	1	
85-89岁	1553	633	920	161	59	102			
90-94岁	504	198	306	67	27	40			
95-99岁	79	29	50	27	11	16			
100岁及以上	7	4	3	7	2	5			

2－2c 续表 2

单位：人

年龄组	维吾尔族			苗族			彝族		
	小计	男	女	小计	男	女	小计	男	女
总　计	**780**	**408**	**372**	**3264**	**1544**	**1720**	**613**	**314**	**299**
0－4岁	3	2	1	134	62	72	35	24	11
5－9岁	5	5		154	79	75	33	20	13
10－14岁	12	7	5	156	75	81	36	19	17
15－19岁	375	223	152	151	78	73	42	22	20
20－24岁	275	112	163	287	160	127	92	50	42
25－29岁	36	22	14	231	113	118	68	35	33
30－34岁	22	10	12	294	132	162	52	27	25
35－39岁	13	6	7	255	112	143	54	18	36
40－44岁	13	7	6	291	120	171	57	26	31
45－49岁	7	2	5	336	141	195	45	21	24
50－54岁	7	7		280	116	164	26	12	14
55－59岁	2	1	1	181	86	95	23	13	10
60－64岁	3	1	2	95	48	47	18	6	12
65－69岁	6	2	4	113	55	58	13	8	5
70－74岁	1	1		87	47	40	11	6	5
75－79岁				76	40	36	2	1	1
80－84岁				61	31	30	4	4	
85－89岁				45	30	15	2	2	
90－94岁				22	10	12			
95－99岁				6	3	3			
100岁及以上				9	6	3			

2－2c 续表 3

单位：人

年龄组	壮族			布依族			朝鲜族		
	小计	男	女	小计	男	女	小计	男	女
总　计	**965**	**368**	**597**	**1503**	**722**	**781**	**49051**	**24331**	**24720**
0－4岁	59	32	27	48	24	24	1469	696	773
5－9岁	51	22	29	53	36	17	1426	759	667
10－14岁	58	35	23	61	41	20	1184	613	571
15－19岁	62	32	30	75	39	36	908	468	440
20－24岁	171	80	91	116	63	53	1098	569	529
25－29岁	46	20	26	120	66	54	1976	1042	934
30－34岁	86	21	65	125	56	69	4050	2062	1988
35－39岁	80	11	69	119	54	65	3926	2072	1854
40－44岁	67	25	42	128	60	68	3471	1799	1672
45－49岁	51	20	31	181	65	116	3918	2124	1794
50－54岁	70	19	51	150	54	96	5187	2633	2554
55－59岁	67	20	47	71	31	40	5774	2847	2927
60－64岁	43	8	35	62	32	30	5286	2594	2692
65－69岁	17	6	11	42	15	27	4093	1983	2110
70－74岁	17	7	10	40	26	14	2521	1136	1385
75－79岁	5	3	2	38	25	13	1365	512	853
80－84岁	8	5	3	37	20	17	871	283	588
85－89岁	5	1	4	17	6	11	391	109	282
90－94岁				14	7	7	102	24	78
95－99岁	2	1	1	6	2	4	32	6	26
100岁及以上							3		3

2-2c　续表 4

单位：人

年龄组	满族			侗族			瑶族		
	小计	男	女	小计	男	女	小计	男	女
总　计	**2251567**	**1187397**	**1064170**	**1765**	**896**	**869**	**255**	**106**	**149**
0-4岁	67401	34563	32838	86	43	43	13	7	6
5-9岁	89581	46423	43158	81	40	41	17	10	7
10-14岁	115802	60168	55634	93	50	43	8	3	5
15-19岁	85269	46520	38749	73	48	25	15	7	8
20-24岁	84930	46203	38727	125	63	62	35	15	20
25-29岁	102027	57082	44945	120	56	64	17	6	11
30-34岁	136890	75932	60958	131	67	64	20	11	9
35-39岁	110788	60409	50379	135	75	60	16	3	13
40-44岁	138619	75216	63403	143	72	71	12	3	9
45-49岁	180704	94939	85765	161	70	91	24	8	16
50-54岁	249905	128811	121094	151	68	83	20	8	12
55-59岁	248316	125487	122829	126	63	63	18	8	10
60-64岁	219414	114162	105252	62	37	25	12	4	8
65-69岁	195412	105024	90388	62	29	33	11	5	6
70-74岁	111202	58385	52817	58	32	26	8	3	5
75-79岁	61558	32226	29332	64	38	26	4	3	1
80-84岁	31147	15991	15156	44	20	24	3	2	1
85-89岁	15209	6847	8362	30	16	14			
90-94岁	5955	2436	3519	12	5	7	2		2
95-99岁	1298	521	777	4	2	2			
100岁及以上	140	52	88	4	2	2			

2-2c　续表 5

单位：人

年龄组	白族			土家族			哈尼族		
	小计	男	女	小计	男	女	小计	男	女
总　计	**352**	**166**	**186**	**1479**	**755**	**724**	**104**	**29**	**75**
0-4岁	11	3	8	80	49	31	11	6	5
5-9岁	22	13	9	88	41	47	8	4	4
10-14岁	30	20	10	119	58	61	11	5	6
15-19岁	16	13	3	123	59	64	4	1	3
20-24岁	29	15	14	201	111	90	9	2	7
25-29岁	19	7	12	121	71	50	4		4
30-34岁	30	8	22	108	57	51	19	4	15
35-39岁	33	8	25	95	46	49	22	5	17
40-44岁	32	13	19	93	39	54	8	1	7
45-49岁	27	12	15	113	59	54	5		5
50-54岁	21	12	9	108	57	51	1		1
55-59岁	30	16	14	63	29	34	1		1
60-64岁	15	7	8	42	22	20			
65-69岁	18	11	7	30	16	14			
70-74岁	8	1	7	37	13	24			
75-79岁	7	5	2	25	12	13	1	1	
80-84岁	1		1	17	8	9			
85-89岁	3	2	1	9	5	4			
90-94岁				6	2	4			
95-99岁				1	1				
100岁及以上									

2-2c 续表 6

单位：人

年龄组	哈萨克族			傣族			黎族		
	小计	男	女	小计	男	女	小计	男	女
总 计	**85**	**38**	**47**	**82**	**25**	**57**	**447**	**209**	**238**
0-4岁	1		1	9	5	4	24	11	13
5-9岁				9	3	6	24	10	14
10-14岁	1		1	5	5		18	10	8
15-19岁	55	30	25	3	2	1	10	6	4
20-24岁	18	5	13	4	2	2	39	24	15
25-29岁	2	2		11	3	8	38	16	22
30-34岁	1		1	11		11	32	19	13
35-39岁				14	2	12	37	17	20
40-44岁				9	1	8	24	11	13
45-49岁	4		4	3	1	2	43	14	29
50-54岁				1	1		33	16	17
55-59岁				1		1	35	19	16
60-64岁							27	9	18
65-69岁				2		2	29	16	13
70-74岁	2		2				20	9	11
75-79岁	1	1					7	1	6
80-84岁							4	1	3
85-89岁							2		2
90-94岁									
95-99岁							1		1
100岁及以上									

2-2c 续表 7

单位：人

年龄组	傈僳族			佤族			畲族		
	小计	男	女	小计	男	女	小计	男	女
总 计	**404**	**85**	**319**	**67**	**21**	**46**	**64**	**40**	**24**
0-4岁	19	10	9	2		2	5	3	2
5-9岁	55	20	35	11	6	5	2		2
10-14岁	73	28	45	11	7	4	5	1	4
15-19岁	33	18	15				7	5	2
20-24岁	15	5	10	4		4	3	1	2
25-29岁	28		28	6	1	5	2	2	
30-34岁	64	2	62	7		7	5	3	2
35-39岁	53		53	7	1	6	4	4	
40-44岁	32	1	31	6	1	5	4	4	
45-49岁	19		19	3	1	2	16	11	5
50-54岁	6	1	5	3	1	2	7	4	3
55-59岁	5		5	3	1	2	3	2	1
60-64岁	2		2	1	1		1		1
65-69岁				1		1			
70-74岁				1	1				
75-79岁				1		1			
80-84岁									
85-89岁									
90-94岁									
95-99岁									
100岁及以上									

2-2c　续表 8

单位：人

年龄组	高山族			拉祜族			水族		
	小计	男	女	小计	男	女	小计	男	女
总　计	**48**	**22**	**26**	**21**	**4**	**17**	**364**	**166**	**198**
0-4岁				2	1	1	10	4	6
5-9岁	3	1	2	4	1	3	10	4	6
10-14岁	7	3	4	2	1	1	16	8	8
15-19岁	1	1					10	8	2
20-24岁	2		2				27	12	15
25-29岁	1	1		4		4	16	6	10
30-34岁	4	2	2	4	1	3	29	13	16
35-39岁	2	2		3		3	43	12	31
40-44岁	1	1		1		1	34	14	20
45-49岁	3	1	2	1		1	44	14	30
50-54岁	4	2	2				43	21	22
55-59岁	8	2	6				13	8	5
60-64岁	4	1	3				10	7	3
65-69岁	2	1	1				11	6	5
70-74岁	3	2	1				11	8	3
75-79岁	2	2					14	11	3
80-84岁							16	6	10
85-89岁	1		1				5	3	2
90-94岁							1	1	
95-99岁							1		1
100岁及以上									

2-2c　续表 9

单位：人

年龄组	东乡族			纳西族			景颇族		
	小计	男	女	小计	男	女	小计	男	女
总　计	**56**	**31**	**25**	**9**	**4**	**5**	**32**	**4**	**28**
0-4岁	3	2	1	1		1	2	1	1
5-9岁	6	3	3				1		1
10-14岁	5	2	3				5	2	3
15-19岁	3	2	1	2	1	1	1		1
20-24岁	12	6	6	1	1		1		1
25-29岁	6	5	1	2	2		1		1
30-34岁	8	4	4				9		9
35-39岁	5	4	1	1		1	5		5
40-44岁	1	1					4		4
45-49岁	3	1	2						
50-54岁	2	1	1	1		1	2		2
55-59岁	1		1				1	1	
60-64岁				1		1			
65-69岁	1		1						
70-74岁									
75-79岁									
80-84岁									
85-89岁									
90-94岁									
95-99岁									
100岁及以上									

2-2c 续表 10 单位：人

年龄组	柯尔克孜族			土 族			达斡尔族		
	小计	男	女	小计	男	女	小计	男	女
总 计	**28**	**14**	**14**	**32**	**13**	**19**	**310**	**106**	**204**
0-4岁	3	3		2	2		21	12	9
5-9岁				2		2	35	15	20
10-14岁	3	1	2	3	1	2	27	8	19
15-19岁	10	6	4	4		4	8	4	4
20-24岁	3	1	2	6	3	3	18	9	9
25-29岁	3		3	1		1	16	5	11
30-34岁	1		1	2	2		42	15	27
35-39岁				2	1	1	36	12	24
40-44岁	1		1	4	2	2	16	4	12
45-49岁	1	1		1	1		26	4	22
50-54岁	1	1		1	1		22	8	14
55-59岁				2		2	22	6	16
60-64岁	2	1	1				10	1	9
65-69岁				1		1	7	2	5
70-74岁							3	1	2
75-79岁				1		1			
80-84岁									
85-89岁							1		1
90-94岁									
95-99岁									
100岁及以上									

2-2c 续表 11 单位：人

年龄组	仫 佬 族			羌 族			布 朗 族		
	小计	男	女	小计	男	女	小计	男	女
总 计	**24**	**12**	**12**	**30**	**20**	**10**	**6**	**2**	**4**
0-4岁	1	1		2	2		1	1	
5-9岁	1	1		1		1			
10-14岁	2	1	1	2	2		1	1	
15-19岁	3		3	2	1	1			
20-24岁	6	5	1	4	1	3			
25-29岁				3	2	1	1		1
30-34岁	1		1	2	2		1		1
35-39岁	1		1	1	1				
40-44岁	5	2	3	2	1	1			
45-49岁	1	1		6	4	2	1		1
50-54岁	1		1	2	2		1		1
55-59岁	2	1	1	2	1	1			
60-64岁				1	1				
65-69岁									
70-74岁									
75-79岁									
80-84岁									
85-89岁									
90-94岁									
95-99岁									
100岁及以上									

2-2c　续表 12　　单位：人

年龄组	撒拉族			毛南族			仡佬族		
	小计	男	女	小计	男	女	小计	男	女
总　计	**12**	**5**	**7**	**38**	**20**	**18**	**183**	**107**	**76**
0-4岁	1		1				5	2	3
5-9岁	1		1				7	5	2
10-14岁							6	4	2
15-19岁	2	2		1		1	10	5	5
20-24岁	1		1	4	2	2	19	10	9
25-29岁	1		1	2	2		16	10	6
30-34岁	2	1	1	4	1	3	17	15	2
35-39岁	1		1	1		1	11	8	3
40-44岁	1	1		5	2	3	22	13	9
45-49岁	1	1		7	4	3	17	8	9
50-54岁	1		1	4	1	3	24	13	11
55-59岁				3	1	2	8	6	2
60-64岁				3	3		2	1	1
65-69岁							3	1	2
70-74岁				1	1		5	1	4
75-79岁				1	1		1		1
80-84岁							4	1	3
85-89岁							4	4	
90-94岁									
95-99岁				1	1		2		2
100岁及以上				1	1				

2-2c　续表 13　　单位：人

年龄组	锡伯族			阿昌族			普米族		
	小计	男	女	小计	男	女	小计	男	女
总　计	**46750**	**25907**	**20843**	**4**	**2**	**2**	**6**	**3**	**3**
0-4岁	1953	1026	927						
5-9岁	2436	1253	1183	1	1		1		1
10-14岁	2889	1520	1369	1	1				
15-19岁	1890	1019	871	1		1			
20-24岁	2016	1108	908						
25-29岁	2515	1423	1092						
30-34岁	3434	1957	1477						
35-39岁	2528	1468	1060				1		1
40-44岁	2831	1609	1222				1		1
45-49岁	3316	1851	1465	1		1			
50-54岁	4693	2657	2036				1	1	
55-59岁	4741	2490	2251				1	1	
60-64岁	4088	2229	1859						
65-69岁	3673	2109	1564						
70-74岁	1942	1164	778						
75-79岁	980	579	401						
80-84岁	483	268	215				1	1	
85-89岁	229	112	117						
90-94岁	86	50	36						
95-99岁	27	15	12						
100岁及以上									

2-2c 续表 14

单位：人

年龄组	塔吉克族			怒 族			乌孜别克族		
	小计	男	女	小计	男	女	小计	男	女
总 计	**7**	**4**	**3**	**28**	**6**	**22**	**1**	**1**	
0-4岁				2	2				
5-9岁	1		1	2	1	1			
10-14岁				4	2	2			
15-19岁	4	3	1						
20-24岁							1	1	
25-29岁				3	1	2			
30-34岁				8		8			
35-39岁				3		3			
40-44岁				4		4			
45-49岁				1		1			
50-54岁				1		1			
55-59岁									
60-64岁	1		1						
65-69岁									
70-74岁									
75-79岁									
80-84岁	1	1							
85-89岁									
90-94岁									
95-99岁									
100岁及以上									

2-2c 续表 15

单位：人

年龄组	俄罗斯族			鄂温克族			德 昂 族		
	小计	男	女	小计	男	女	小计	男	女
总 计	**24**	**13**	**11**	**55**	**21**	**34**	**3**		**3**
0-4岁	3	3		6	4	2			
5-9岁	1		1	3	2	1			
10-14岁	1	1		1		1			
15-19岁	3	2	1	4	3	1	1		1
20-24岁	1	1		6	3	3	1		1
25-29岁	1	1		4	2	2			
30-34岁	3	2	1	9	5	4			
35-39岁	1		1	3		3	1		1
40-44岁	2		2	3		3			
45-49岁				6	1	5			
50-54岁	4	1	3	6		6			
55-59岁	1		1	2		2			
60-64岁	1		1	2	1	1			
65-69岁	2	2							
70-74岁									
75-79岁									
80-84岁									
85-89岁									
90-94岁									
95-99岁									
100岁及以上									

2-2c 续表 16

单位：人

年龄组	保安族			裕固族			京族		
	小计	男	女	小计	男	女	小计	男	女
总计	**1**	**1**		**1**	**1**		**6**	**2**	**4**
0—4岁							2	1	1
5—9岁							1		1
10—14岁									
15—19岁							1	1	
20—24岁									
25—29岁									
30—34岁							1		1
35—39岁									
40—44岁							1		1
45—49岁									
50—54岁									
55—59岁									
60—64岁									
65—69岁	1	1							
70—74岁				1	1				
75—79岁									
80—84岁									
85—89岁									
90—94岁									
95—99岁									
100岁及以上									

2-2c 续表 17

单位：人

年龄组	塔塔尔族			独龙族			鄂伦春族		
	小计	男	女	小计	男	女	小计	男	女
总计	**4**	**2**	**2**	**11**	**3**	**8**	**38**	**13**	**25**
0—4岁							3		3
5—9岁				1		1			
10—14岁				3	2	1	6	1	5
15—19岁				1		1	2	1	1
20—24岁							3	2	1
25—29岁	1		1				2	2	
30—34岁				5	1	4	3	2	1
35—39岁				1		1	2	1	1
40—44岁							1	1	
45—49岁							4		4
50—54岁							5		5
55—59岁	3	2	1				4		4
60—64岁							2	2	
65—69岁							1	1	
70—74岁									
75—79岁									
80—84岁									
85—89岁									
90—94岁									
95—99岁									
100岁及以上									

2-2c 续表 18

单位：人

年龄组	赫哲族			门巴族			珞巴族		
	小计	男	女	小计	男	女	小计	男	女
总　计	**11**	**7**	**4**	**1**	**1**		**3**	**2**	**1**
0-4岁	1	1							
5-9岁	1	1							
10-14岁									
15-19岁	3	2	1						
20-24岁	1	1		1	1				
25-29岁							1	1	
30-34岁	1		1				1		1
35-39岁									
40-44岁									
45-49岁	1	1							
50-54岁							1	1	
55-59岁	1		1						
60-64岁									
65-69岁	2	1	1						
70-74岁									
75-79岁									
80-84岁									
85-89岁									
90-94岁									
95-99岁									
100岁及以上									

2-2c 续表 19

单位：人

年龄组	基诺族			未定族称人口			入籍		
	小计	男	女	小计	男	女	小计	男	女
总　计	**3**	**1**	**2**	**802**	**433**	**369**	**145**	**65**	**80**
0-4岁	1		1	79	42	37	9	6	3
5-9岁				33	21	12	7	1	6
10-14岁	1	1		26	12	14	7	3	4
15-19岁				39	22	17	7	3	4
20-24岁				74	42	32	7	4	3
25-29岁				59	38	21	10	3	7
30-34岁				46	25	21	10	2	8
35-39岁	1		1	50	24	26	18	9	9
40-44岁				68	33	35	14	6	8
45-49岁				87	39	48	12	7	5
50-54岁				51	24	27	14	6	8
55-59岁				38	18	20	6	2	4
60-64岁				35	20	15	6	5	1
65-69岁				31	21	10	6	3	3
70-74岁				22	14	8	2	1	1
75-79岁				23	20	3	1	1	
80-84岁				20	12	8			
85-89岁				13	5	8	3	1	2
90-94岁				3		3	1		1
95-99岁				2		2	2	1	1
100岁及以上				3	1	2	3	1	2

2–3　全省各民族分性别、受教育程度的3岁及以上人口

单位：人

民　族	3岁及以上人口			未上过学		
	合计	男	女	小计	男	女
总　计	**41815183**	**20863428**	**20951755**	**637161**	**229275**	**407886**
汉　族	35557366	17691190	17866176	535068	188263	346805
蒙古族	655665	327530	328135	11140	4635	6505
回　族	211956	105347	106609	2876	1153	1723
藏　族	4062	1945	2117	34	25	9
维吾尔族	6568	3364	3204	38	17	21
苗　族	14033	7061	6972	725	253	472
彝　族	4358	2395	1963	256	178	78
壮　族	7327	3420	3907	71	29	42
布依族	6669	3228	3441	313	103	210
朝鲜族	224751	109180	115571	2552	886	1666
满　族	4959595	2525054	2434541	81323	32528	48795
侗　族	7319	3734	3585	219	96	123
瑶　族	1516	742	774	27	9	18
白　族	1988	997	991	29	11	18
土家族	9794	5231	4563	169	78	91
哈尼族	457	180	277	16	2	14
哈萨克族	1038	483	555	3	3	
傣　族	385	147	238	5	3	2
黎　族	2367	1133	1234	45	13	32
傈僳族	687	191	496	31	2	29
佤　族	249	109	140	3	3	
畲　族	410	226	184	4		4
高山族	224	103	121	2	1	1
拉祜族	115	38	77	1		1
水　族	1359	666	693	88	31	57
东乡族	790	436	354	63	19	44
纳西族	155	69	86			
景颇族	108	35	73	3		3
柯尔克孜族	233	103	130	1		1
土　族	287	154	133	4	1	3
达斡尔族	3077	1337	1740	44	18	26
仫佬族	259	138	121	5		5
羌　族	208	120	88	3	1	2
布朗族	32	11	21	3	1	2
撒拉族	239	140	99	17	5	12
毛南族	164	76	88	4	2	2
仡佬族	1144	662	482	11	4	7
锡伯族	123210	63985	59225	1344	627	717
阿昌族	33	16	17			
普米族	26	15	11	1	1	
塔吉克族	31	18	13			
怒　族	43	8	35	5	1	4
乌孜别克族	11	4	7			
俄罗斯族	248	108	140	7	5	2
鄂温克族	646	295	351	13	5	8
德昂族	6	1	5			
保安族	12	4	8			
裕固族	19	7	12	1	1	
京　族	28	14	14	2	1	1
塔塔尔族	19	6	13			
独龙族	28	12	16	1		1
鄂伦春族	283	123	160	3	1	2
赫哲族	184	73	111	3	3	
门巴族	20	8	12			
珞巴族	9	5	4			
基诺族	15	5	10	1		1
未定族称人口	2867	1511	1356	219	88	131
入　籍	491	235	256	365	169	196

2-3 续表 1　　单位：人

民　族	学前教育			小　学		
	小计	男	女	小计	男	女
总　计	**898066**	**463414**	**434652**	**8044767**	**3715818**	**4328949**
汉　族	709828	366778	343050	6598760	3017990	3580770
蒙古族	24661	12860	11801	133112	64026	69086
回　族	5444	2790	2654	29333	13647	15686
藏　族	53	24	29	241	119	122
维吾尔族	105	52	53	417	256	161
苗　族	398	208	190	3018	1436	1582
彝　族	111	66	45	865	494	371
壮　族	203	112	91	737	309	428
布依族	153	84	69	1607	720	887
朝鲜族	5639	2843	2796	32761	13408	19353
满　族	145175	74376	70799	1213357	587895	625462
侗　族	283	146	137	1640	754	886
瑶　族	43	23	20	196	91	105
白　族	47	22	25	286	144	142
土家族	333	176	157	1586	781	805
哈尼族	13	9	4	105	44	61
哈萨克族	2	1	1	7	2	5
傣　族	17	7	10	62	22	40
黎　族	85	46	39	354	170	184
傈僳族	18	3	15	267	46	221
佤　族	11	6	5	77	31	46
畲　族	11	6	5	74	35	39
高山族	8	4	4	41	19	22
拉祜族	3	1	2	32	12	20
水　族	27	13	14	510	243	267
东乡族	61	28	33	336	183	153
纳西族				6	5	1
景颇族	3	2	1	36	10	26
柯尔克孜族	10	4	6	23	13	10
土　族	7	5	2	25	9	16
达斡尔族	172	85	87	504	235	269
仫佬族	11	7	4	21	10	11
羌　族	6	3	3	33	20	13
布朗族				4	1	3
撒拉族	16	11	5	88	48	40
毛南族	1	1		52	22	30
仡佬族	15	8	7	142	82	60
锡伯族	4929	2523	2406	23145	12033	11112
阿昌族				5	3	2
普米族	1	1		4	3	1
塔吉克族				3	2	1
怒　族	2	1	1	20	3	17
乌孜别克族						
俄罗斯族	12	5	7	23	7	16
鄂温克族	25	14	11	99	48	51
德昂族				1		1
保安族				1	1	
裕固族	2		2	1	1	
京　族	3	1	2	5	3	2
塔塔尔族				3	1	2
独龙族				11	3	8
鄂伦春族	17	5	12	44	19	25
赫哲族	14	4	10	22	10	12
门巴族	1	1		2		2
珞巴族	1	1		1	1	
基诺族				4	2	2
未定族称人口	77	42	35	630	331	299
入　籍	9	6	3	28	15	13

2-3 续表 2

单位：人

民 族	初 中			高 中			大学专科		
	小计	男	女	小计	男	女	小计	男	女
总 计	**18228529**	**9332828**	**8895701**	**6248324**	**3216122**	**3032202**	**3769813**	**1922438**	**1847375**
汉 族	15426295	7860618	7565677	5511687	2833907	2677780	3289652	1681356	1608296
蒙古族	267967	138977	128990	85913	43780	42133	63819	31291	32528
回 族	87976	44259	43717	38705	19663	19042	21650	10971	10679
藏 族	559	290	269	1028	413	615	681	352	329
维吾尔族	1771	1006	765	1247	745	502	480	182	298
苗 族	3838	1915	1923	1618	850	768	958	505	453
彝 族	874	452	422	353	181	172	379	189	190
壮 族	1300	561	739	756	366	390	652	288	364
布依族	1741	845	896	717	374	343	389	193	196
朝鲜族	93842	46947	46895	44110	22491	21619	18553	9336	9217
满 族	2279455	1203463	1075992	539977	281941	258036	358044	180531	177513
侗 族	2029	1025	1004	1017	533	484	543	306	237
瑶 族	310	150	160	139	69	70	131	62	69
白 族	478	215	263	195	97	98	146	78	68
土家族	2221	1203	1018	1211	639	572	664	331	333
哈尼族	135	42	93	46	17	29	39	10	29
哈萨克族	34	24	10	170	83	87	65	22	43
傣 族	122	34	88	34	16	18	29	13	16
黎 族	754	360	394	329	149	180	261	117	144
傈僳族	202	61	141	69	39	30	32	13	19
佤 族	98	38	60	22	12	10	14	8	6
畲 族	107	69	38	64	34	30	28	15	13
高山族	71	34	37	34	17	17	28	14	14
拉祜族	33	8	25	13	6	7	10	2	8
水 族	350	175	175	113	59	54	47	21	26
东乡族	205	135	70	60	36	24	18	7	11
纳西族	15	7	8	11	7	4	20	2	18
景颇族	36	8	28	6	3	3	7	4	3
柯尔克孜族	41	18	23	46	30	16	25	7	18
土 族	34	18	16	54	25	29	14	6	8
达斡尔族	904	366	538	462	193	269	346	168	178
仫佬族	29	13	16	17	6	11	24	14	10
羌 族	47	31	16	19	11	8	18	7	11
布朗族	6	2	4	2		2	1		1
撒拉族	56	36	20	14	9	5	4	2	2
毛南族	34	16	18	9	6	3	8	5	3
仡佬族	199	124	75	109	66	43	110	49	61
锡伯族	52919	28547	24372	17337	8946	8391	11573	5793	5780
阿昌族	18	12	6	1		1	4	1	3
普米族	4	1	3	2	2		4	1	3
塔吉克族	2		2	6	5	1	9	4	5
怒 族	9		9	2	1	1	1		1
乌孜别克族				1		1			
俄罗斯族	56	31	25	32	16	16	32	16	16
鄂温克族	208	90	118	110	53	57	75	37	38
德昂族	3	1	2	1		1			
保安族	6	1	5	1	1				
裕固族	3	3		1		1	3		3
京 族	3	1	2	2		2	1	1	
塔塔尔族	3	2	1	2		2	5	2	3
独龙族	9	4	5	2	1	1	1	1	
鄂伦春族	74	37	37	40	18	22	45	19	26
赫哲族	30	10	20	36	14	22	20	10	10
门巴族	2		2	1		1	3	1	2
珞巴族	2	1	1				1	1	
基诺族	5	2	3	1		1	1	1	
未定族称人口	969	523	446	353	183	170	135	66	69
入 籍	36	17	19	17	9	8	11	7	4

2-3　续表 3　　　　　　　　　　　　　　　　　　　　　　　　　　　　　　　单位：人

民　族	大学本科			硕士研究生			博士研究生		
	小计	男	女	小计	男	女	小计	男	女
总　计	**3631684**	**1814004**	**1817680**	**321626**	**149734**	**171892**	**35213**	**19795**	**15418**
汉　族	3168905	1590142	1578763	285422	134146	151276	31749	17990	13759
蒙古族	62916	29460	33456	5580	2233	3347	557	268	289
回　族	23492	11682	11810	2228	1042	1186	252	140	112
藏　族	1430	707	723	32	13	19	4	2	2
维吾尔族	2442	1070	1372	57	28	29	11	8	3
苗　族	3309	1820	1489	154	63	91	15	11	4
彝　族	1465	812	653	47	20	27	8	3	5
壮　族	3411	1657	1754	179	84	95	18	14	4
布依族	1696	890	806	49	16	33	4	3	1
朝鲜族	24964	12251	12713	2028	850	1178	302	168	134
满　族	315768	152621	163147	24369	10608	13761	2127	1091	1036
侗　族	1522	841	681	63	32	31	3	1	2
瑶　族	637	324	313	25	11	14	8	3	5
白　族	766	408	358	37	19	18	4	3	1
土家族	3357	1896	1461	221	109	112	32	18	14
哈尼族	98	53	45	5	3	2			
哈萨克族	749	345	404	6	2	4	2	1	1
傣　族	112	51	61	4	1	3			
黎　族	511	268	243	28	10	18			
傈僳族	67	27	40	1		1			
佤　族	22	10	12	2	1	1			
畲　族	113	63	50	7	4	3	2		2
高山族	39	13	26	1	1				
拉祜族	22	9	13	1		1			
水　族	215	122	93	9	2	7			
东乡族	45	27	18	2	1	1			
纳西族	100	46	54	3	2	1			
景颇族	15	7	8	2	1	1			
柯尔克孜族	81	31	50	6		6			
土　族	142	87	55	6	2	4	1	1	
达斡尔族	561	238	323	75	31	44	9	3	6
仫佬族	143	85	58	8	3	5	1		1
羌　族	74	43	31	7	3	4	1	1	
布朗族	16	7	9						
撒拉族	44	29	15						
毛南族	54	23	31	2	1	1			
仡佬族	551	326	225	7	3	4			
锡伯族	10979	5091	5888	894	367	527	90	58	32
阿昌族	5		5						
普米族	10	6	4						
塔吉克族	11	7	4						
怒　族	4	2	2						
乌孜别克族	9	4	5	1		1			
俄罗斯族	75	22	53	8	4	4	3	2	1
鄂温克族	96	44	52	17	2	15	3	2	1
德昂族	1		1						
保安族	4	1	3						
裕固族	7	2	5	1		1			
京　族	12	7	5						
塔塔尔族	5	1	4				1		1
独龙族	3	2	1				1	1	
鄂伦春族	56	23	33	4	1	3			
赫哲族	49	19	30	9	3	6	1		1
门巴族	11	6	5						
珞巴族	3		3	1	1				
基诺族	3		3						
未定族称人口	465	265	200	15	10	5	4	3	1
入　籍	22	11	11	3	1	2			

2–3a　全省各民族分性别、受教育程度的3岁及以上人口(城市)

单位：人

民　族	3岁及以上人口			未上过学		
	合计	男	女	小计	男	女
总　计	**25050447**	**12357257**	**12693190**	**275313**	**106939**	**168374**
汉　族	22585536	11141932	11443604	247102	94099	153003
蒙古族	256833	125565	131268	3289	1570	1719
回　族	165352	81288	84064	2069	846	1223
藏　族	3358	1536	1822	28	20	8
维吾尔族	5364	2779	2585	34	16	18
苗　族	9892	5060	4832	439	151	288
彝　族	3259	1792	1467	159	109	50
壮　族	5826	2840	2986	37	16	21
布依族	4718	2307	2411	190	67	123
朝鲜族	156573	75251	81322	1483	563	920
满　族	1759573	869853	889720	18994	8809	10185
侗　族	5067	2590	2477	131	55	76
瑶　族	1147	590	557	10	5	5
白　族	1495	765	730	22	9	13
土家族	7683	4162	3521	96	40	56
哈尼族	315	144	171	10	2	8
哈萨克族	906	431	475	2	2	
傣　族	267	105	162	3	1	2
黎　族	1663	797	866	23	8	15
傈僳族	231	97	134	2		2
佤　族	174	84	90	3	3	
畲　族	320	176	144	1		1
高山族	160	76	84	1	1	
拉祜族	82	29	53			
水　族	921	457	464	52	20	32
东乡族	690	379	311	59	19	40
纳西族	140	63	77			
景颇族	63	27	36	1		1
柯尔克孜族	184	76	108	1		1
土　族	243	132	111	3	1	2
达斡尔族	2545	1137	1408	36	16	20
仫佬族	216	119	97	3		3
羌　族	159	93	66	2		2
布朗族	24	9	15	2		2
撒拉族	204	121	83	15	5	10
毛南族	116	50	66	1		1
仡佬族	902	524	378	8	3	5
锡伯族	64744	32117	32627	629	307	322
阿昌族	14	5	9			
普米族	20	12	8			
塔吉克族	20	12	8			
怒　族	14	3	11			
乌孜别克族	10	3	7			
俄罗斯族	211	88	123	7	5	2
鄂温克族	542	251	291	10	4	6
德昂族	3	1	2			
保安族	8	3	5			
裕固族	18	6	12	1	1	
京　族	22	12	10	1		1
塔塔尔族	14	4	10			
独龙族	14	8	6	1		1
鄂伦春族	211	96	115	3	1	2
赫哲族	160	63	97	3	3	
门巴族	18	7	11			
珞巴族	6	3	3			
基诺族	11	2	9	1		1
未定族称人口	1875	966	909	117	49	68
入　籍	311	159	152	229	113	116

2-3a 续表 1

单位：人

民 族	学前教育			小 学		
	小计	男	女	小计	男	女
总 计	**593376**	**306239**	**287137**	**3120335**	**1419160**	**1701175**
汉 族	498876	257959	240917	2777486	1255137	1522349
蒙古族	12103	6266	5837	35382	17542	17840
回 族	4337	2228	2109	18979	8664	10315
藏 族	46	21	25	138	65	73
维吾尔族	98	48	50	373	231	142
苗 族	291	161	130	1847	880	967
彝 族	80	44	36	529	300	229
壮 族	151	81	70	433	210	223
布依族	106	56	50	981	427	554
朝鲜族	4166	2105	2061	19587	7967	11620
满 族	69048	35182	33866	251216	121078	130138
侗 族	193	99	94	988	457	531
瑶 族	30	15	15	106	53	53
白 族	33	16	17	159	76	83
土家族	262	132	130	1051	532	519
哈尼族	7	5	2	57	26	31
哈萨克族	1	1		2	1	1
傣 族	9	4	5	29	10	19
黎 族	67	40	27	190	100	90
傈僳族	5		5	39	9	30
佤 族	6	4	2	40	15	25
畲 族	8	3	5	51	25	26
高山族	8	4	4	18	8	10
拉祜族	2		2	20	9	11
水 族	18	9	9	319	151	168
东乡族	53	23	30	290	156	134
纳西族				6	5	1
景颇族	2	1	1	20	7	13
柯尔克孜族	8	2	6	17	9	8
土 族	5	4	1	15	5	10
达斡尔族	142	73	69	377	183	194
仫佬族	10	6	4	13	5	8
羌 族	6	3	3	19	11	8
布朗族				1		1
撒拉族	14	10	4	75	39	36
毛南族	1	1		29	10	19
仡佬族	11	6	5	83	51	32
锡伯族	3050	1567	1483	8813	4419	4394
阿昌族						
普米族	1	1		1	1	
塔吉克族				1	1	
怒 族				4	1	3
乌孜别克族						
俄罗斯族	10	3	7	21	7	14
鄂温克族	20	11	9	83	43	40
德昂族				1		1
保安族						
裕固族	2		2			
京 族	1	1		4	3	1
塔塔尔族				1		1
独龙族				3	1	2
鄂伦春族	15	5	10	28	15	13
赫哲族	14	4	10	19	8	11
门巴族	1	1		1		1
珞巴族	1	1				
基诺族				2		2
未定族称人口	49	27	22	374	198	176
入 籍	9	6	3	14	9	5

2-3a 续表 2　　　　单位：人

民族	初中			高中			大学专科		
	小计	男	女	小计	男	女	小计	男	女
总　计	**9552557**	**4724369**	**4828188**	**4867158**	**2458127**	**2409031**	**3075020**	**1563710**	**1511310**
汉　族	8680583	4292245	4388338	4437405	2241594	2195811	2768566	1410614	1357952
蒙古族	75549	37266	38283	42916	21189	21727	36659	17859	18800
回　族	63697	31297	32400	33018	16601	16417	19172	9711	9461
藏　族	331	176	155	975	376	599	472	200	272
维吾尔族	1615	918	697	859	492	367	288	124	164
苗　族	2437	1220	1217	1118	588	530	677	353	324
彝　族	513	278	235	260	131	129	291	134	157
壮　族	788	379	409	604	295	309	527	236	291
布依族	1092	537	555	486	244	242	276	139	137
朝鲜族	56304	27271	29033	34530	17378	17152	15765	7922	7843
满　族	641712	318720	322992	299475	151497	147978	221393	110972	110421
侗　族	1298	646	652	673	349	324	382	209	173
瑶　族	180	97	83	109	57	52	100	45	55
白　族	269	125	144	138	65	73	111	64	47
土家族	1506	824	682	935	495	440	523	267	256
哈尼族	78	33	45	40	15	25	28	9	19
哈萨克族	34	24	10	112	50	62	49	19	30
傣　族	63	15	48	27	14	13	26	12	14
黎　族	417	192	225	261	112	149	213	88	125
傈僳族	58	24	34	39	25	14	23	12	11
佤　族	68	32	36	20	11	9	14	8	6
畲　族	70	44	26	53	26	27	24	14	10
高山族	41	21	20	29	15	14	26	14	12
拉祜族	16	4	12	12	5	7	9	2	7
水　族	215	105	110	82	45	37	35	14	21
东乡族	179	118	61	53	31	22	15	6	9
纳西族	14	6	8	11	7	4	14	2	12
景颇族	14	6	8	5	2	3	4	3	1
柯尔克孜族	29	13	16	31	18	13	19	7	12
土　族	23	13	10	49	20	29	10	3	7
达斡尔族	663	286	377	408	171	237	304	149	155
仫佬族	20	12	8	11	3	8	20	12	8
羌　族	29	20	9	17	9	8	13	7	6
布朗族	4	2	2	2		2			
撒拉族	44	30	14	10	6	4	3	2	1
毛南族	21	10	11	6	3	3	6	3	3
仡佬族	127	77	50	70	40	30	79	36	43
锡伯族	21575	10845	10730	11873	5944	5929	8604	4308	4296
阿昌族	4	4		1		1	4	1	3
普米族	3	1	2	2	2		3	1	2
塔吉克族				2	2		6	2	4
怒　族	4		4	2	1	1	1		1
乌孜别克族				1		1			
俄罗斯族	35	18	17	26	14	12	29	13	16
鄂温克族	158	70	88	97	47	50	64	31	33
德昂族	1	1							
保安族	3	1	2	1	1				
裕固族	3	3		1		1	3		3
京　族	2	1	1	2		2	1	1	
塔塔尔族	2	1	1	1		1	5	2	3
独龙族	3	2	1	2	1	1	1	1	
鄂伦春族	47	27	20	31	14	17	37	14	23
赫哲族	22	6	16	29	12	17	19	10	9
门巴族	2		2	1		1	3	1	2
珞巴族							1	1	
基诺族	4	1	3				1	1	
未定族称人口	571	293	278	225	103	122	92	46	46
入　籍	17	9	8	12	7	5	10	6	4

2-3a 续表 3

单位：人

民 族	大学本科			硕士研究生			博士研究生		
	小计	男	女	小计	男	女	小计	男	女
总 计	**3234402**	**1619294**	**1615108**	**299795**	**140886**	**158909**	**32491**	**18533**	**13958**
汉 族	2877787	1446206	1431581	268223	127134	141089	29508	16944	12564
蒙古族	45703	21690	24013	4752	1950	2802	480	233	247
回 族	21733	10824	10909	2104	981	1123	243	136	107
藏 族	1338	663	675	27	13	14	3	2	1
维吾尔族	2037	920	1117	50	23	27	10	7	3
苗 族	2922	1634	1288	147	63	84	14	10	4
彝 族	1378	773	605	42	20	22	7	3	4
壮 族	3107	1533	1574	163	78	85	16	12	4
布依族	1540	820	720	43	14	29	4	3	1
朝鲜族	22541	11081	11460	1917	807	1110	280	157	123
满 族	234964	113430	121534	20992	9228	11764	1779	937	842
侗 族	1342	742	600	58	32	26	2	1	1
瑶 族	582	305	277	23	10	13	7	3	4
白 族	723	388	335	36	19	17	4	3	1
土家族	3080	1752	1328	201	103	98	29	17	12
哈尼族	90	51	39	5	3	2			
哈萨克族	700	331	369	5	2	3	1	1	
傣 族	106	48	58	4	1	3			
黎 族	468	248	220	24	9	15			
傈僳族	64	27	37	1		1			
佤 族	21	10	11	2	1	1			
畲 族	104	60	44	7	4	3	2		2
高山族	36	12	24	1	1				
拉祜族	22	9	13	1		1			
水 族	191	111	80	9	2	7			
东乡族	39	25	14	2	1	1			
纳西族	93	42	51	2	1	1			
景颇族	15	7	8	2	1	1			
柯尔克孜族	73	27	46	6		6			
土 族	131	83	48	6	2	4	1	1	
达斡尔族	535	226	309	72	30	42	8	3	5
仫佬族	130	78	52	8	3	5	1		1
羌 族	66	39	27	6	3	3	1	1	
布朗族	15	7	8						
撒拉族	43	29	14						
毛南族	50	22	28	2	1	1			
仡佬族	518	308	210	6	3	3			
锡伯族	9328	4350	4978	792	325	467	80	52	28
阿昌族	5		5						
普米族	10	6	4						
塔吉克族	11	7	4						
怒 族	3	1	2						
乌孜别克族	8	3	5	1		1			
俄罗斯族	72	22	50	8	4	4	3	2	1
鄂温克族	92	41	51	16	2	14	2	2	
德昂族	1		1						
保安族	4	1	3						
裕固族	7	2	5	1		1			
京 族	11	6	5						
塔塔尔族	4	1	3				1		1
独龙族	3	2	1				1	1	
鄂伦春族	46	19	27	4	1	3			
赫哲族	44	17	27	9	3	6	1		1
门巴族	10	5	5						
珞巴族	3		3	1	1				
基诺族	3		3						
未定族称人口	433	242	191	11	6	5	3	2	1
入 籍	17	8	9	3	1	2			

2−3b　全省各民族分性别、受教育程度的3岁及以上人口(镇)

单位：人

民族	3岁及以上人口			未上过学		
	合计	男	女	小计	男	女
总　计	**5059153**	**2517612**	**2541541**	**70819**	**26941**	**43878**
汉　族	3876394	1933444	1942950	54261	19890	34371
蒙古族	128999	62841	66158	2057	918	1139
回　族	28421	14597	13824	368	152	216
藏　族	196	104	92	2	2	
维吾尔族	426	179	247			
苗　族	961	496	465	43	17	26
彝　族	502	299	203	67	57	10
壮　族	569	227	342	10	3	7
布依族	473	209	264	21	7	14
朝鲜族	19875	9966	9909	283	110	173
满　族	986485	487252	499233	13452	5688	7764
侗　族	536	268	268	11	7	4
瑶　族	120	49	71	4		4
白　族	149	69	80			
土家族	671	335	336	17	7	10
哈尼族	46	12	34	2		2
哈萨克族	47	14	33	1	1	
傣　族	40	19	21			
黎　族	273	134	139	4	1	3
傈僳族	65	17	48	5		5
佤　族	9	4	5			
畲　族	29	11	18	2		2
高山族	16	5	11			
拉祜族	14	6	8	1		1
水　族	80	45	35	8	2	6
东乡族	45	27	18			
纳西族	7	2	5			
景颇族	13	4	9	1		1
柯尔克孜族	22	14	8			
土　族	13	10	3			
达斡尔族	235	102	133	4		4
仫佬族	19	7	12	1		1
羌　族	21	9	12	1	1	
布朗族	2		2			
撒拉族	23	14	9	2		2
毛南族	10	6	4	2	1	1
仡佬族	61	32	29			
锡伯族	12844	6559	6285	119	51	68
阿昌族	15	9	6			
普米族						
塔吉克族	4	2	2			
怒　族	2		2			
乌孜别克族						
俄罗斯族	14	8	6			
鄂温克族	53	26	27	3	1	2
德昂族						
保安族	3		3			
裕固族						
京　族						
塔塔尔族	1		1			
独龙族	3	1	2			
鄂伦春族	36	14	22			
赫哲族	14	4	10			
门巴族	1		1			
珞巴族						
基诺族	2	2				
未定族称人口	252	143	109	34	13	21
入　籍	42	15	27	33	12	21

2-3b 续表 1　　　　单位：人

民　族	学前教育			小　学		
	小计	男	女	小计	男	女
总　计	**117319**	**60763**	**56556**	**962581**	**439654**	**522927**
汉　族	77784	40388	37396	742950	337004	405946
蒙古族	5553	2925	2628	21606	10370	11236
回　族	709	361	348	4783	2302	2481
藏　族	1		1	24	14	10
维吾尔族	6	3	3	18	6	12
苗　族	32	17	15	227	119	108
彝　族	9	5	4	161	105	56
壮　族	21	14	7	83	34	49
布依族	15	9	6	143	68	75
朝鲜族	498	251	247	3370	1355	2015
满　族	31964	16416	15548	186319	86797	99522
侗　族	24	10	14	136	65	71
瑶　族	4	2	2	18	7	11
白　族	5	2	3	21	11	10
土家族	24	15	9	148	82	66
哈尼族				14	5	9
哈萨克族						
傣　族	2	1	1	11	6	5
黎　族	9	3	6	45	19	26
傈僳族				16	4	12
佤　族				2	1	1
畲　族	1	1		7	3	4
高山族				4	2	2
拉祜族	1	1		3	1	2
水　族	4	3	1	31	18	13
东乡族	4	3	1	19	12	7
纳西族						
景颇族				5	1	4
柯尔克孜族				2	2	
土　族	1		1	1	1	
达斡尔族	14	7	7	38	21	17
仫佬族				2	1	1
羌　族				6	3	3
布朗族						
撒拉族	1	1		10	7	3
毛南族				3	1	2
仡佬族	1	1		10	7	3
锡伯族	623	318	305	2261	1162	1099
阿昌族				2	1	1
普米族						
塔吉克族						
怒　族						
乌孜别克族						
俄罗斯族				1		1
鄂温克族	1	1		9	4	5
德昂族						
保安族						
裕固族						
京　族						
塔塔尔族						
独龙族				3	1	2
鄂伦春族	1		1	6	3	3
赫哲族						
门巴族				1		1
珞巴族						
基诺族				2	2	
未定族称人口	7	5	2	58	27	31
入　籍				2		2

2-3b　续表 2　　　　单位：人

民　族	初　中			高　中			大学专科		
	小计	男	女	小计	男	女	小计	男	女
总　计	**2566554**	**1298863**	**1267691**	**721707**	**377579**	**344128**	**364986**	**190440**	**174546**
汉　族	1992478	1012047	980431	555258	292810	262448	271047	142424	128623
蒙古族	49339	24353	24986	22998	11384	11614	15091	7412	7679
回　族	15043	7890	7153	4333	2276	2057	1813	947	866
藏　族	78	42	36	23	18	5	32	13	19
维吾尔族	56	36	20	42	30	12	45	22	23
苗　族	310	165	145	116	60	56	80	48	32
彝　族	134	66	68	43	22	21	40	29	11
壮　族	174	66	108	79	37	42	63	25	38
布依族	153	64	89	44	25	19	33	13	20
朝鲜族	9612	4986	4626	3299	1781	1518	1389	760	629
满　族	492114	245508	246606	133250	67962	65288	73956	38067	35889
侗　族	172	84	88	81	44	37	47	29	18
瑶　族	41	22	19	14	6	8	10	4	6
白　族	49	23	26	28	16	12	19	7	12
土家族	213	115	98	94	43	51	52	25	27
哈尼族	16	5	11	3	1	2	5		5
哈萨克族				2	2		4		4
傣　族	17	8	9	4	1	3	1		1
黎　族	128	67	61	37	22	15	24	12	12
傈僳族	25	7	18	14	6	8	2		2
佤　族	5	2	3	2	1	1			
畲　族	9	5	4	4	1	3	1		1
高山族	7	1	6	3	1	2	1		1
拉祜族	7	3	4	1	1		1		1
水　族	17	11	6	8	6	2	2	2	
东乡族	15	10	5	2	1	1	2	1	1
纳西族							3		3
景颇族	5	1	4	1	1		1	1	
柯尔克孜族	7	4	3	7	5	2			
土　族	3	2	1	5	5		1	1	
达斡尔族	103	38	65	29	15	14	28	16	12
仫佬族	5		5	3	2	1	1	1	
羌　族	5	2	3	1	1		3		3
布朗族							1		1
撒拉族	8	5	3	1	1		1		1
毛南族	3	2	1	1	1		1	1	
仡佬族	12	8	4	8	5	3	10	2	8
锡伯族	6023	3113	2910	1823	962	861	1146	564	582
阿昌族	13	8	5						
普米族									
塔吉克族	1		1				3	2	1
怒　族	2		2						
乌孜别克族									
俄罗斯族	8	6	2	1		1	2	2	
鄂温克族	25	14	11	4	2	2	7	2	5
德昂族									
保安族	3		3						
裕固族									
京　族									
塔塔尔族				1		1			
独龙族									
鄂伦春族	12	5	7	4	1	3	5	3	2
赫哲族	6	3	3	3		3	1		1
门巴族									
珞巴族									
基诺族									
未定族称人口	97	65	32	31	21	10	12	5	7
入　籍	1	1		2		2			

2-3b 续表 3

单位：人

民族	大学本科			硕士研究生			博士研究生		
	小计	男	女	小计	男	女	小计	男	女
总　计	**243254**	**118322**	**124932**	**11010**	**4616**	**6394**	**923**	**434**	**489**
汉　族	173452	84988	88464	8418	3541	4877	746	352	394
蒙古族	11845	5287	6558	476	178	298	34	14	20
回　族	1295	632	663	74	35	39	3	2	1
藏　族	35	15	20	1		1			
维吾尔族	255	79	176	3	2	1	1	1	
苗　族	148	69	79	4		4	1	1	
彝　族	47	15	32	1		1			
壮　族	135	45	90	4	3	1			
布依族	60	22	38	4	1	3			
朝鲜族	1352	693	659	63	25	38	9	5	4
满　族	53400	25946	27454	1904	811	1093	126	57	69
侗　族	62	29	33	3		3			
瑶　族	28	7	21	1	1				
白　族	26	10	16	1		1			
土家族	115	46	69	7	2	5	1		1
哈尼族	6	1	5						
哈萨克族	39	11	28	1		1			
傣　族	5	3	2						
黎　族	25	10	15	1		1			
傈僳族	3		3						
佤　族									
畲　族	5	1	4						
高山族	1	1							
拉祜族									
水　族	10	3	7						
东乡族	3		3						
纳西族	4	2	2						
景颇族									
柯尔克孜族	6	3	3						
土　族	2	1	1						
达斡尔族	17	5	12	2		2			
仫佬族	7	3	4						
羌　族	5	2	3						
布朗族	1		1						
撒拉族									
毛南族									
仡佬族	19	9	10	1		1			
锡伯族	807	370	437	40	17	23	2	2	
阿昌族									
普米族									
塔吉克族									
怒　族									
乌孜别克族									
俄罗斯族	2		2						
鄂温克族	3	2	1	1		1			
德昂族									
保安族									
裕固族									
京　族									
塔塔尔族									
独龙族									
鄂伦春族	8	2	6						
赫哲族	4	1	3						
门巴族									
珞巴族									
基诺族									
未定族称人口	13	7	6						
入　籍	4	2	2						

2-3c　全省各民族分性别、受教育程度的3岁及以上人口(乡村)

单位：人

民　族	3岁及以上人口			未上过学		
	合计	男	女	小计	男	女
总　计	**11705583**	**5988559**	**5717024**	**291029**	**95395**	**195634**
汉　族	9095436	4615814	4479622	233705	74274	159431
蒙古族	269833	139124	130709	5794	2147	3647
回　族	18183	9462	8721	439	155	284
藏　族	508	305	203	4	3	1
维吾尔族	778	406	372	4	1	3
苗　族	3180	1505	1675	243	85	158
彝　族	597	304	293	30	12	18
壮　族	932	353	579	24	10	14
布依族	1478	712	766	102	29	73
朝鲜族	48303	23963	24340	786	213	573
满　族	2213537	1167949	1045588	48877	18031	30846
侗　族	1716	876	840	77	34	43
瑶　族	249	103	146	13	4	9
白　族	344	163	181	7	2	5
土家族	1440	734	706	56	31	25
哈尼族	96	24	72	4		4
哈萨克族	85	38	47			
傣　族	78	23	55	2	2	
黎　族	431	202	229	18	4	14
傈僳族	391	77	314	24	2	22
佤　族	66	21	45			
畲　族	61	39	22	1		1
高山族	48	22	26	1		1
拉祜族	19	3	16			
水　族	358	164	194	28	9	19
东乡族	55	30	25	4		4
纳西族	8	4	4			
景颇族	32	4	28	1		1
柯尔克孜族	27	13	14			
土　族	31	12	19	1		1
达斡尔族	297	98	199	4	2	2
仫佬族	24	12	12	1		1
羌　族	28	18	10			
布朗族	6	2	4	1	1	
撒拉族	12	5	7			
毛南族	38	20	18	1	1	
仡佬族	181	106	75	3	1	2
锡伯族	45622	25309	20313	596	269	327
阿昌族	4	2	2			
普米族	6	3	3	1	1	
塔吉克族	7	4	3			
怒　族	27	5	22	5	1	4
乌孜别克族	1	1				
俄罗斯族	23	12	11			
鄂温克族	51	18	33			
德昂族	3		3			
保安族	1	1				
裕固族	1	1				
京　族	6	2	4	1	1	
塔塔尔族	4	2	2			
独龙族	11	3	8			
鄂伦春族	36	13	23			
赫哲族	10	6	4			
门巴族	1	1				
珞巴族	3	2	1			
基诺族	2	1	1			
未定族称人口	740	402	338	68	26	42
入　籍	138	61	77	103	44	59

2-3c 续表 1 单位：人

民族	学前教育			小学		
	小计	男	女	小计	男	女
总计	**187371**	**96412**	**90959**	**3961851**	**1857004**	**2104847**
汉族	133168	68431	64737	3078324	1425849	1652475
蒙古族	7005	3669	3336	76124	36114	40010
回族	398	201	197	5571	2681	2890
藏族	6	3	3	79	40	39
维吾尔族	1	1		26	19	7
苗族	75	30	45	944	437	507
彝族	22	17	5	175	89	86
壮族	31	17	14	221	65	156
布依族	32	19	13	483	225	258
朝鲜族	975	487	488	9804	4086	5718
满族	44163	22778	21385	775822	380020	395802
侗族	66	37	29	516	232	284
瑶族	9	6	3	72	31	41
白族	9	4	5	106	57	49
土家族	47	29	18	387	167	220
哈尼族	6	4	2	34	13	21
哈萨克族	1		1	5	1	4
傣族	6	2	4	22	6	16
黎族	9	3	6	119	51	68
傈僳族	13	3	10	212	33	179
佤族	5	2	3	35	15	20
畲族	2	2		16	7	9
高山族				19	9	10
拉祜族				9	2	7
水族	5	1	4	160	74	86
东乡族	4	2	2	27	15	12
纳西族						
景颇族	1	1		11	2	9
柯尔克孜族	2	2		4	2	2
土族	1	1		9	3	6
达斡尔族	16	5	11	89	31	58
仫佬族	1	1		6	4	2
羌族				8	6	2
布朗族				3	1	2
撒拉族	1		1	3	2	1
毛南族				20	11	9
仡佬族	3	1	2	49	24	25
锡伯族	1256	638	618	12071	6452	5619
阿昌族				3	2	1
普米族				3	2	1
塔吉克族				2	1	1
怒族	2	1	1	16	2	14
乌孜别克族						
俄罗斯族	2	2		1		1
鄂温克族	4	2	2	7	1	6
德昂族						
保安族				1	1	
裕固族				1	1	
京族	2		2	1		1
塔塔尔族				2	1	1
独龙族				5	1	4
鄂伦春族	1		1	10	1	9
赫哲族				3	2	1
门巴族						
珞巴族				1	1	
基诺族						
未定族称人口	21	10	11	198	106	92
入籍				12	6	6

2-3c 续表 2

单位：人

民族	初中			高中			大学专科		
	小计	男	女	小计	男	女	小计	男	女
总计	**6109418**	**3309596**	**2799822**	**659459**	**380416**	**279043**	**329807**	**168288**	**161519**
汉族	4753234	2556326	2196908	519024	299503	219521	250039	128318	121721
蒙古族	143079	77358	65721	19999	11207	8792	12069	6020	6049
回族	9236	5072	4164	1354	786	568	665	313	352
藏族	150	72	78	30	19	11	177	139	38
维吾尔族	100	52	48	346	223	123	147	36	111
苗族	1091	530	561	384	202	182	201	104	97
彝族	227	108	119	50	28	22	48	26	22
壮族	338	116	222	73	34	39	62	27	35
布依族	496	244	252	187	105	82	80	41	39
朝鲜族	27926	14690	13236	6281	3332	2949	1399	654	745
满族	1145629	639235	506394	107252	62482	44770	62695	31492	31203
侗族	559	295	264	263	140	123	114	68	46
瑶族	89	31	58	16	6	10	21	13	8
白族	160	67	93	29	16	13	16	7	9
土家族	502	264	238	182	101	81	89	39	50
哈尼族	41	4	37	3	1	2	6	1	5
哈萨克族				56	31	25	12	3	9
傣族	42	11	31	3	1	2	2	1	1
黎族	209	101	108	31	15	16	24	17	7
傈僳族	119	30	89	16	8	8	7	1	6
佤族	25	4	21						
畲族	28	20	8	7	7		3	1	2
高山族	23	12	11	2	1	1	1		1
拉祜族	10	1	9						
水族	118	59	59	23	8	15	10	5	5
东乡族	11	7	4	5	4	1	1		1
纳西族	1	1					3		3
景颇族	17	1	16				2		2
柯尔克孜族	5	1	4	8	7	1	6		6
土族	8	3	5				3	2	1
达斡尔族	138	42	96	25	7	18	14	3	11
仫佬族	4	1	3	3	1	2	3	1	2
羌族	13	9	4	1	1		2		2
布朗族	2		2						
撒拉族	4	1	3	3	2	1			
毛南族	10	4	6	2	2		1	1	
仡佬族	60	39	21	31	21	10	21	11	10
锡伯族	25321	14589	10732	3641	2040	1601	1823	921	902
阿昌族	1		1						
普米族	1		1				1		1
塔吉克族	1		1	4	3	1			
怒族	3		3						
乌孜别克族									
俄罗斯族	13	7	6	5	2	3	1	1	
鄂温克族	25	6	19	9	4	5	4	4	
德昂族	2		2	1		1			
保安族									
裕固族									
京族	1		1						
塔塔尔族	1	1							
独龙族	6	2	4						
鄂伦春族	15	5	10	5	3	2	3	2	1
赫哲族	2	1	1	4	2	2			
门巴族									
珞巴族	2	1	1						
基诺族	1	1		1		1			
未定族称人口	301	165	136	97	59	38	31	15	16
入籍	18	7	11	3	2	1	1	1	

2-3c 续表 3 单位：人

民族	大学本科			硕士研究生			博士研究生		
	小计	男	女	小计	男	女	小计	男	女
总　计	**154028**	**76388**	**77640**	**10821**	**4232**	**6589**	**1799**	**828**	**971**
汉　族	117666	58948	58718	8781	3471	5310	1495	694	801
蒙古族	5368	2483	2885	352	105	247	43	21	22
回　族	464	226	238	50	26	24	6	2	4
藏　族	57	29	28	4		4	1		1
维吾尔族	150	71	79	4	3	1			
苗　族	239	117	122	3		3			
彝　族	40	24	16	4		4	1		1
壮　族	169	79	90	12	3	9	2	2	
布依族	96	48	48	2	1	1			
朝鲜族	1071	477	594	48	18	30	13	6	7
满　族	27404	13245	14159	1473	569	904	222	97	125
侗　族	118	70	48	2		2	1		1
瑶　族	27	12	15	1		1	1		1
白　族	17	10	7						
土家族	162	98	64	13	4	9	2	1	1
哈尼族	2	1	1						
哈萨克族	10	3	7				1		1
傣　族	1		1						
黎　族	18	10	8	3	1	2			
傈僳族									
佤　族	1		1						
畲　族	4	2	2						
高山族	2		2						
拉祜族									
水　族	14	8	6						
东乡族	3	2	1						
纳西族	3	2	1	1	1				
景颇族									
柯尔克孜族	2	1	1						
土　族	9	3	6						
达斡尔族	9	7	2	1	1		1		1
仫佬族	6	4	2						
羌　族	3	2	1	1		1			
布朗族									
撒拉族	1		1						
毛南族	4	1	3						
仡佬族	14	9	5						
锡伯族	844	371	473	62	25	37	8	4	4
阿昌族									
普米族									
塔吉克族									
怒　族	1	1							
乌孜别克族	1	1							
俄罗斯族	1		1						
鄂温克族	1	1					1		1
德昂族									
保安族									
裕固族									
京　族	1	1							
塔塔尔族	1		1						
独龙族									
鄂伦春族	2	2							
赫哲族	1	1							
门巴族	1	1							
珞巴族									
基诺族									
未定族称人口	19	16	3	4	4		1	1	
入　籍	1	1							

2–4　全省各民族按户口登记地、性别分的户口登记地在外乡镇街道的人口

单位：人

民　族	户口登记地					
	合　　计			省　　内		
	合计	男	女	小计	男	女
总　计	**15670121**	**7760506**	**7909615**	**12822813**	**6245740**	**6577073**
汉　族	13562522	6734273	6828249	10939333	5332109	5607224
蒙古族	251322	121710	129612	186751	89600	97151
回　族	77399	37934	39465	65281	31548	33733
藏　族	3415	1620	1795	472	233	239
维吾尔族	5862	3013	2849	299	158	141
苗　族	12965	6507	6458	835	407	428
彝　族	3557	1896	1661	272	124	148
壮　族	5474	2545	2929	1076	473	603
布依族	6402	3092	3310	209	96	113
朝鲜族	78601	37785	40816	61352	29450	31902
满　族	1580880	769384	811496	1513586	735234	778352
侗　族	7021	3581	3440	497	239	258
瑶　族	1053	528	525	212	95	117
白　族	1482	752	730	302	150	152
土家族	8280	4443	3837	935	524	411
哈尼族	321	120	201	66	27	39
哈萨克族	933	434	499	33	18	15
傣　族	284	108	176	50	24	26
黎　族	1418	672	746	703	321	382
傈僳族	360	115	245	117	49	68
佤　族	168	79	89	20	9	11
畲　族	342	198	144	39	18	21
高山族	104	45	59	94	39	55
拉祜族	91	30	61	12	6	6
水　族	1355	657	698	32	12	20
东乡族	802	442	360	10	7	3
纳西族	123	52	71	20	8	12
景颇族	75	26	49	17	7	10
柯尔克孜族	173	81	92	29	15	14
土　族	243	136	107	31	16	15
达斡尔族	2100	948	1152	587	255	332
仫佬族	234	127	107	32	18	14
羌　族	166	99	67	28	10	18
布朗族	26	8	18	2	2	
撒拉族	248	142	106	4	3	1
毛南族	153	70	83	3	2	1
仡佬族	1116	642	474	28	18	10
锡伯族	48888	24121	24767	48224	23798	24426
阿昌族	30	14	16	3		3
普米族	17	9	8	5	3	2
塔吉克族	24	13	11	2	1	1
怒　族	27	4	23	4	2	2
乌孜别克族	9	4	5	1	1	
俄罗斯族	125	52	73	54	17	37
鄂温克族	476	222	254	112	45	67
德昂族	5	1	4			
保安族	9	4	5			
裕固族	13	5	8	4	2	2
京　族	19	10	9	1		1
塔塔尔族	14	5	9	7	3	4
独龙族	17	8	9	8	5	3
鄂伦春族	175	81	94	58	30	28
赫哲族	89	35	54	31	11	20
门巴族	14	6	8	2	1	1
珞巴族	5	2	3			
基诺族	13	4	9	3	1	2
未定族称人口	2653	1404	1249	547	317	230
入　籍	429	208	221	378	179	199

2-4 续表

单位：人

民族	户口登记地					
	省内			省外		
	其中市辖区内人户分离					
	小计	男	女	小计	男	女
总　计	**5676890**	**2758248**	**2918642**	**2847308**	**1514766**	**1332542**
汉　族	5215747	2534375	2681372	2623189	1402164	1221025
蒙古族	46226	21981	24245	64571	32110	32461
回　族	38660	18691	19969	12118	6386	5732
藏　族	168	74	94	2943	1387	1556
维吾尔族	200	94	106	5563	2855	2708
苗　族	467	220	247	12130	6100	6030
彝　族	140	67	73	3285	1772	1513
壮　族	579	281	298	4398	2072	2326
布依族	110	45	65	6193	2996	3197
朝鲜族	32069	15440	16629	17249	8335	8914
满　族	319363	155388	163975	67294	34150	33144
侗　族	323	158	165	6524	3342	3182
瑶　族	93	46	47	841	433	408
白　族	162	85	77	1180	602	578
土家族	633	360	273	7345	3919	3426
哈尼族	34	13	21	255	93	162
哈萨克族	30	16	14	900	416	484
傣　族	20	12	8	234	84	150
黎　族	316	146	170	715	351	364
傈僳族	15	8	7	243	66	177
佤　族	5	2	3	148	70	78
畲　族	23	6	17	303	180	123
高山族	44	16	28	10	6	4
拉祜族	6	2	4	79	24	55
水　族	24	10	14	1323	645	678
东乡族	9	6	3	792	435	357
纳西族	16	7	9	103	44	59
景颇族	11	4	7	58	19	39
柯尔克孜族	14	8	6	144	66	78
土　族	11	7	4	212	120	92
达斡尔族	337	142	195	1513	693	820
仫佬族	22	11	11	202	109	93
羌　族	19	8	11	138	89	49
布朗族				24	6	18
撒拉族	4	3	1	244	139	105
毛南族	3	2	1	150	68	82
仡佬族	11	9	2	1088	624	464
锡伯族	20664	10371	10293	664	323	341
阿昌族	1		1	27	14	13
普米族	5	3	2	12	6	6
塔吉克族				22	12	10
怒　族				23	2	21
乌孜别克族				8	3	5
俄罗斯族	38	13	25	71	35	36
鄂温克族	62	25	37	364	177	187
德昂族				5	1	4
保安族				9	4	5
裕固族	3	1	2	9	3	6
京　族				18	10	8
塔塔尔族	6	3	3	7	2	5
独龙族	2	2		9	3	6
鄂伦春族	29	15	14	117	51	66
赫哲族	24	7	17	58	24	34
门巴族				12	5	7
珞巴族				5	2	3
基诺族	2		2	10	3	7
未定族称人口	47	23	24	2106	1087	1019
入　籍	93	42	51	51	29	22

2-4a　全省各民族按户口登记地、性别分的户口登记地在外乡镇街道的人口(城市)

单位：人

民　族	户口登记地					
	合　计			省　内		
	合计	男	女	小计	男	女
总　计	**12651030**	**6296748**	**6354282**	**10271933**	**5025055**	**5246878**
汉　族	11170786	5566255	5604531	8966387	4383586	4582801
蒙古族	176087	86545	89542	126590	61439	65151
回　族	66651	32685	33966	56160	27101	29059
藏　族	2969	1345	1624	373	178	195
维吾尔族	4870	2512	2358	257	132	125
苗　族	9121	4642	4479	651	317	334
彝　族	2773	1474	1299	222	105	117
壮　族	4666	2235	2431	899	413	486
布依族	4520	2193	2327	163	70	93
朝鲜族	66757	32034	34723	51262	24525	26737
满　族	1077457	532535	544922	1026166	505997	520169
侗　族	4851	2476	2375	396	195	201
瑶　族	886	455	431	169	78	91
白　族	1214	635	579	248	129	119
土家族	6480	3514	2966	795	442	353
哈尼族	244	101	143	59	25	34
哈萨克族	812	386	426	33	18	15
傣　族	218	82	136	36	19	17
黎　族	1141	546	595	570	259	311
傈僳族	201	93	108	80	37	43
佤　族	144	74	70	15	7	8
畲　族	266	152	114	35	16	19
高山族	91	41	50	81	35	46
拉祜族	73	26	47	9	5	4
水　族	918	448	470	27	10	17
东乡族	701	385	316	10	7	3
纳西族	109	48	61	15	8	7
景颇族	53	22	31	10	4	6
柯尔克孜族	144	64	80	18	7	11
土　族	216	119	97	29	14	15
达斡尔族	1814	835	979	513	226	287
仫佬族	198	110	88	27	15	12
羌　族	131	80	51	24	10	14
布朗族	21	7	14	1	1	
撒拉族	213	123	90	4	3	1
毛南族	106	45	61	3	2	1
仡佬族	881	507	374	24	14	10
锡伯族	39245	19432	19813	38686	19155	19531
阿昌族	14	5	9	3		3
普米族	15	9	6	5	3	2
塔吉克族	16	8	8	1	1	
怒　族	14	3	11	4	2	2
乌孜别克族	8	3	5			
俄罗斯族	107	44	63	46	15	31
鄂温克族	420	199	221	100	42	58
德昂族	3	1	2			
保安族	8	3	5			
裕固族	12	4	8	3	1	2
京　族	17	9	8	1		1
塔塔尔族	13	5	8	6	3	3
独龙族	12	7	5	6	4	2
鄂伦春族	144	66	78	46	21	25
赫哲族	81	32	49	28	9	19
门巴族	13	5	8	2	1	1
珞巴族	5	2	3			
基诺族	11	3	8	3	1	2
未定族称人口	1812	941	871	381	224	157
入　籍	277	138	139	251	124	127

2-4a 续表

单位：人

民族	户口登记地					
	省内			省外		
	其中市辖区内人户分离					
	小计	男	女	小计	男	女
总计	**5364984**	**2605520**	**2759464**	**2379097**	**1271693**	**1107404**
汉族	4935132	2397053	2538079	2204399	1182669	1021730
蒙古族	43600	20710	22890	49497	25106	24391
回族	36878	17822	19056	10491	5584	4907
藏族	146	63	83	2596	1167	1429
维吾尔族	181	85	96	4613	2380	2233
苗族	420	195	225	8470	4325	4145
彝族	127	63	64	2551	1369	1182
壮族	538	269	269	3767	1822	1945
布依族	101	41	60	4357	2123	2234
朝鲜族	30531	14662	15869	15495	7509	7986
满族	296494	144212	152282	51291	26538	24753
侗族	308	152	156	4455	2281	2174
瑶族	87	42	45	717	377	340
白族	154	82	72	966	506	460
土家族	584	332	252	5685	3072	2613
哈尼族	34	13	21	185	76	109
哈萨克族	30	16	14	779	368	411
傣族	20	12	8	182	63	119
黎族	306	144	162	571	287	284
傈僳族	12	7	5	121	56	65
佤族	4	2	2	129	67	62
畲族	23	6	17	231	136	95
高山族	42	15	27	10	6	4
拉祜族	6	2	4	64	21	43
水族	22	9	13	891	438	453
东乡族	9	6	3	691	378	313
纳西族	11	7	4	94	40	54
景颇族	10	4	6	43	18	25
柯尔克孜族	12	6	6	126	57	69
土族	11	7	4	187	105	82
达斡尔族	319	137	182	1301	609	692
仫佬族	21	10	11	171	95	76
羌族	19	8	11	107	70	37
布朗族				20	6	14
撒拉族	4	3	1	209	120	89
毛南族	3	2	1	103	43	60
仡佬族	10	8	2	857	493	364
锡伯族	18477	9187	9290	559	277	282
阿昌族	1		1	11	5	6
普米族	5	3	2	10	6	4
塔吉克族				15	7	8
怒族				10	1	9
乌孜别克族				8	3	5
俄罗斯族	35	12	23	61	29	32
鄂温克族	62	25	37	320	157	163
德昂族				3	1	2
保安族				8	3	5
裕固族	3	1	2	9	3	6
京族				16	9	7
塔塔尔族	6	3	3	7	2	5
独龙族	2	2		6	3	3
鄂伦春族	25	12	13	98	45	53
赫哲族	23	6	17	53	23	30
门巴族				11	4	7
珞巴族				5	2	3
基诺族	2		2	8	2	6
未定族称人口	45	22	23	1431	717	714
入籍	89	40	49	26	14	12

2-4b　全省各民族按户口登记地、性别分的户口登记地在外乡镇街道的人口(镇)

单位：人

民　族	户口登记地					
	合　计			省　内		
	合计	男	女	小计	男	女
总　计	**1748519**	**851374**	**897145**	**1556557**	**752233**	**804324**
汉　族	1332396	652074	680322	1159725	562145	597580
蒙古族	52904	25181	27723	46447	22128	24319
回　族	6549	3182	3367	5755	2799	2956
藏　族	125	66	59	38	23	15
维吾尔族	304	140	164	19	12	7
苗　族	833	414	419	71	38	33
彝　族	328	163	165	26	13	13
壮　族	339	120	219	115	39	76
布依族	442	194	248	17	7	10
朝鲜族	6144	3058	3086	5372	2682	2690
满　族	340069	162839	177230	332708	159280	173428
侗　族	482	242	240	41	14	27
瑶　族	69	25	44	25	8	17
白　族	93	41	52	34	15	19
土家族	549	262	287	64	31	33
哈尼族	26	4	22	6	1	5
哈萨克族	44	12	32			
傣　族	31	17	14	12	5	7
黎　族	124	55	69	90	41	49
傈僳族	45	13	32	21	8	13
佤　族	6	1	5	2	1	1
畲　族	24	10	14	3	2	1
高山族	8	2	6	8	2	6
拉祜族	9	3	6	3	1	2
水　族	79	44	35			
东乡族	46	27	19			
纳西族	7	1	6	3		3
景颇族	8	3	5	4	2	2
柯尔克孜族	13	9	4	9	7	2
土　族	10	8	2	1	1	
达斡尔族	147	63	84	49	20	29
仫佬族	16	6	10	3	2	1
羌　族	17	7	10	3		3
布朗族	1		1			
撒拉族	24	14	10			
毛南族	10	5	5			
仡佬族	58	31	27	1	1	
锡伯族	5831	2875	2956	5781	2854	2927
阿昌族	15	9	6			
普米族						
塔吉克族	3	2	1			
怒　族	2		2			
乌孜别克族						
俄罗斯族	9	4	5	5	2	3
鄂温克族	31	12	19	8	1	7
德昂族						
保安族	1	1				
裕固族						
京　族						
塔塔尔族	1		1	1		1
独龙族	2	1	1	2	1	1
鄂伦春族	18	10	8	9	7	2
赫哲族	3	1	2			
门巴族						
珞巴族						
基诺族	1	1				
未定族称人口	187	109	78	46	29	17
入　籍	36	13	23	30	11	19

2-4b 续表 单位：人

民　族	户口登记地					
	省　内			省　外		
	其中市辖区内人户分离					
	小计	男	女	小计	男	女
总　计	**152649**	**74259**	**78390**	**191962**	**99141**	**92821**
汉　族	137762	67032	70730	172671	89929	82742
蒙古族	1395	680	715	6457	3053	3404
回　族	1049	507	542	794	383	411
藏　族	3	2	1	87	43	44
维吾尔族	6	2	4	285	128	157
苗　族	18	8	10	762	376	386
彝　族	4	2	2	302	150	152
壮　族	13	4	9	224	81	143
布依族	6	2	4	425	187	238
朝鲜族	615	316	299	772	376	396
满　族	10819	5183	5636	7361	3559	3802
侗　族	8	4	4	441	228	213
瑶　族	5	3	2	44	17	27
白　族	3	1	2	59	26	33
土家族	13	5	8	485	231	254
哈尼族				20	3	17
哈萨克族				44	12	32
傣　族				19	12	7
黎　族	5	1	4	34	14	20
傈僳族				24	5	19
佤　族				4		4
畲　族				21	8	13
高山族	2	1	1			
拉祜族				6	2	4
水　族				79	44	35
东乡族				46	27	19
纳西族	3		3	4	1	3
景颇族				4	1	3
柯尔克孜族	2	2		4	2	2
土　族				9	7	2
达斡尔族	9	3	6	98	43	55
仫佬族	1	1		13	4	9
羌　族				14	7	7
布朗族				1		1
撒拉族				24	14	10
毛南族				10	5	5
仡佬族				57	30	27
锡伯族	901	496	405	50	21	29
阿昌族				15	9	6
普米族						
塔吉克族				3	2	1
怒　族				2		2
乌孜别克族						
俄罗斯族	3	1	2	4	2	2
鄂温克族				23	11	12
德昂族						
保安族				1	1	
裕固族						
京　族						
塔塔尔族						
独龙族						
鄂伦春族	4	3	1	9	3	6
赫哲族				3	1	2
门巴族						
珞巴族						
基诺族				1	1	
未定族称人口				141	80	61
入　籍				6	2	4

2-4c　全省各民族按户口登记地、性别分的户口登记地在外乡镇街道的人口(乡村)

单位：人

民族	户口登记地					
	合计			省内		
	合计	男	女	小计	男	女
总计	**1270572**	**612384**	**658188**	**994323**	**468452**	**525871**
汉族	1059340	515944	543396	813221	386378	426843
蒙古族	22331	9984	12347	13714	6033	7681
回族	4199	2067	2132	3366	1648	1718
藏族	321	209	112	61	32	29
维吾尔族	688	361	327	23	14	9
苗族	3011	1451	1560	113	52	61
彝族	456	259	197	24	6	18
壮族	469	190	279	62	21	41
布依族	1440	705	735	29	19	10
朝鲜族	5700	2693	3007	4718	2243	2475
满族	163354	74010	89344	154712	69957	84755
侗族	1688	863	825	60	30	30
瑶族	98	48	50	18	9	9
白族	175	76	99	20	6	14
土家族	1251	667	584	76	51	25
哈尼族	51	15	36	1	1	
哈萨克族	77	36	41			
傣族	35	9	26	2		2
黎族	153	71	82	43	21	22
傈僳族	114	9	105	16	4	12
佤族	18	4	14	3	1	2
畲族	52	36	16	1		1
高山族	5	2	3	5	2	3
拉祜族	9	1	8			
水族	358	165	193	5	2	3
东乡族	55	30	25			
纳西族	7	3	4	2		2
景颇族	14	1	13	3	1	2
柯尔克孜族	16	8	8	2	1	1
土族	17	9	8	1	1	
达斡尔族	139	50	89	25	9	16
仫佬族	20	11	9	2	1	1
羌族	18	12	6	1		1
布朗族	4	1	3	1	1	
撒拉族	11	5	6			
毛南族	37	20	17			
仡佬族	177	104	73	3	3	
锡伯族	3812	1814	1998	3757	1789	1968
阿昌族	1		1			
普米族	2		2			
塔吉克族	5	3	2	1		1
怒族	11	1	10			
乌孜别克族	1	1		1	1	
俄罗斯族	9	4	5	3		3
鄂温克族	25	11	14	4	2	2
德昂族	2		2			
保安族						
裕固族	1	1		1	1	
京族	2	1	1			
塔塔尔族						
独龙族	3		3			
鄂伦春族	13	5	8	3	2	1
赫哲族	5	2	3	3	2	1
门巴族	1	1				
珞巴族						
基诺族	1		1			
未定族称人口	654	354	300	120	64	56
入籍	116	57	59	97	44	53

2-4c 续表 单位：人

民族	户口登记地					
	省内			省外		
	其中市辖区内人户分离					
	小计	男	女	小计	男	女
总　计	**159257**	**78469**	**80788**	**276249**	**143932**	**132317**
汉　族	142853	70290	72563	246119	129566	116553
蒙古族	1231	591	640	8617	3951	4666
回　族	733	362	371	833	419	414
藏　族	19	9	10	260	177	83
维吾尔族	13	7	6	665	347	318
苗　族	29	17	12	2898	1399	1499
彝　族	9	2	7	432	253	179
壮　族	28	8	20	407	169	238
布依族	3	2	1	1411	686	725
朝鲜族	923	462	461	982	450	532
满　族	12050	5993	6057	8642	4053	4589
侗　族	7	2	5	1628	833	795
瑶　族	1	1		80	39	41
白　族	5	2	3	155	70	85
土家族	36	23	13	1175	616	559
哈尼族				50	14	36
哈萨克族				77	36	41
傣　族				33	9	24
黎　族	5	1	4	110	50	60
傈僳族	3	1	2	98	5	93
佤　族	1		1	15	3	12
畲　族				51	36	15
高山族						
拉祜族				9	1	8
水　族	2	1	1	353	163	190
东乡族				55	30	25
纳西族	2		2	5	3	2
景颇族	1		1	11		11
柯尔克孜族				14	7	7
土　族				16	8	8
达斡尔族	9	2	7	114	41	73
仫佬族				18	10	8
羌　族				17	12	5
布朗族				3		3
撒拉族				11	5	6
毛南族				37	20	17
仡佬族	1	1		174	101	73
锡伯族	1286	688	598	55	25	30
阿昌族				1		1
普米族				2		2
塔吉克族				4	3	1
怒　族				11	1	10
乌孜别克族						
俄罗斯族				6	4	2
鄂温克族				21	9	12
德昂族				2		2
保安族						
裕固族						
京　族				2	1	1
塔塔尔族						
独龙族				3		3
鄂伦春族				10	3	7
赫哲族	1	1		2		2
门巴族				1	1	
珞巴族						
基诺族				1		1
未定族称人口	2	1	1	534	290	244
入　籍	4	2	2	19	13	6

第一部分　全部数据资料

第三卷　年龄

3-1　全省分年龄、性别的人口

单位：人、%

年　龄	人　口　数			占总人口比重			性别比
	合计	男	女	合计	男	女	(女=100)
总　计	**42591407**	**21263529**	**21327878**	**100.00**	**49.92**	**50.08**	**99.70**
0-4岁	**1436643**	**740656**	**695987**	**3.37**	**1.74**	**1.63**	**106.42**
0	220080	113136	106944	0.52	0.27	0.25	105.79
1	278858	143857	135001	0.65	0.34	0.32	106.56
2	277286	143108	134178	0.65	0.34	0.32	106.66
3	323875	167053	156822	0.76	0.39	0.37	106.52
4	336544	173502	163042	0.79	0.41	0.38	106.42
5-9岁	**1660365**	**862850**	**797515**	**3.90**	**2.03**	**1.87**	**108.19**
5	276087	142251	133836	0.65	0.33	0.31	106.29
6	386005	200883	185122	0.91	0.47	0.43	108.51
7	327231	169980	157251	0.77	0.40	0.37	108.09
8	362168	188626	173542	0.85	0.44	0.41	108.69
9	308874	161110	147764	0.73	0.38	0.35	109.03
10-14岁	**1640931**	**858999**	**781932**	**3.85**	**2.02**	**1.84**	**109.86**
10	306279	160382	145897	0.72	0.38	0.34	109.93
11	330510	172681	157829	0.78	0.41	0.37	109.41
12	330006	172803	157203	0.77	0.41	0.37	109.92
13	351655	184134	167521	0.83	0.43	0.39	109.92
14	322481	168999	153482	0.76	0.40	0.36	110.11
15-19岁	**1685551**	**887252**	**798299**	**3.96**	**2.08**	**1.87**	**111.14**
15	343203	180382	162821	0.81	0.42	0.38	110.79
16	331837	174423	157414	0.78	0.41	0.37	110.81
17	284728	149233	135495	0.67	0.35	0.32	110.14
18	363886	191895	171991	0.85	0.45	0.40	111.57
19	361897	191319	170578	0.85	0.45	0.40	112.16
20-24岁	**1848330**	**963247**	**885083**	**4.34**	**2.26**	**2.08**	**108.83**
20	378829	199381	179448	0.89	0.47	0.42	111.11
21	345982	181507	164475	0.81	0.43	0.39	110.36
22	362617	188949	173668	0.85	0.44	0.41	108.80
23	369623	191466	178157	0.87	0.45	0.42	107.47
24	391279	201944	189335	0.92	0.47	0.44	106.66
25-29岁	**2237992**	**1149681**	**1088311**	**5.25**	**2.70**	**2.56**	**105.64**
25	418492	216046	202446	0.98	0.51	0.48	106.72
26	438576	226030	212546	1.03	0.53	0.50	106.34
27	450788	231174	219614	1.06	0.54	0.52	105.26
28	457460	234292	223168	1.07	0.55	0.52	104.98
29	472676	242139	230537	1.11	0.57	0.54	105.03

3-1 续表 1 单位：人、%

年龄	人口数			占总人口比重			性别比
	合计	男	女	合计	男	女	(女=100)
30-34岁	**3432844**	**1736758**	**1696086**	**8.06**	**4.08**	**3.98**	**102.40**
30	629250	321142	308108	1.48	0.75	0.72	104.23
31	658090	333577	324513	1.55	0.78	0.76	102.79
32	689849	348775	341074	1.62	0.82	0.80	102.26
33	795256	400974	394282	1.87	0.94	0.93	101.70
34	660399	332290	328109	1.55	0.78	0.77	101.27
35-39岁	**2965212**	**1499850**	**1465362**	**6.96**	**3.52**	**3.44**	**102.35**
35	517522	260743	256779	1.22	0.61	0.60	101.54
36	492755	248381	244374	1.16	0.58	0.57	101.64
37	575420	291204	284216	1.35	0.68	0.67	102.46
38	756433	383402	373031	1.78	0.90	0.88	102.78
39	623082	316120	306962	1.46	0.74	0.72	102.98
40-44岁	**3122536**	**1581981**	**1540555**	**7.33**	**3.71**	**3.62**	**102.69**
40	609991	309361	300630	1.43	0.73	0.71	102.90
41	721517	365248	356269	1.69	0.86	0.84	102.52
42	671955	340429	331526	1.58	0.80	0.78	102.69
43	549814	278933	270881	1.29	0.65	0.64	102.97
44	569259	288010	281249	1.34	0.68	0.66	102.40
45-49岁	**3579319**	**1797709**	**1781610**	**8.40**	**4.22**	**4.18**	**100.90**
45	590312	297020	293292	1.39	0.70	0.69	101.27
46	662013	331646	330367	1.55	0.78	0.78	100.39
47	752403	377248	375155	1.77	0.89	0.88	100.56
48	763571	384287	379284	1.79	0.90	0.89	101.32
49	811020	407508	403512	1.90	0.96	0.95	100.99
50-54岁	**3984324**	**1986758**	**1997566**	**9.35**	**4.66**	**4.69**	**99.46**
50	850756	425641	425115	2.00	1.00	1.00	100.12
51	798938	399475	399463	1.88	0.94	0.94	100.00
52	859231	429230	430001	2.02	1.01	1.01	99.82
53	675216	334966	340250	1.59	0.79	0.80	98.45
54	800183	397446	402737	1.88	0.93	0.95	98.69
55-59岁	**4042893**	**2001325**	**2041568**	**9.49**	**4.70**	**4.79**	**98.03**
55	890213	442871	447342	2.09	1.04	1.05	99.00
56	908948	450902	458046	2.13	1.06	1.08	98.44
57	1139467	566224	573243	2.68	1.33	1.35	98.78
58	681490	336701	344789	1.60	0.79	0.81	97.65
59	422775	204627	218148	0.99	0.48	0.51	93.80
60-64岁	**3536986**	**1731601**	**1805385**	**8.30**	**4.07**	**4.24**	**95.91**
60	727229	357919	369310	1.71	0.84	0.87	96.92
61	606117	298234	307883	1.42	0.70	0.72	96.87
62	737086	361091	375995	1.73	0.85	0.88	96.04
63	761237	371975	389262	1.79	0.87	0.91	95.56
64	705317	342382	362935	1.66	0.80	0.85	94.34

3-1　续表 2　　　　单位：人、%

年　龄	人　口　数			占总人口比重			性别比
	合计	男	女	合计	男	女	(女=100)
65—69岁	**3123673**	**1505700**	**1617973**	**7.33**	**3.54**	**3.80**	**93.06**
65	737090	360007	377083	1.73	0.85	0.89	95.47
66	703459	340792	362667	1.65	0.80	0.85	93.97
67	590562	284027	306535	1.39	0.67	0.72	92.66
68	577687	275768	301919	1.36	0.65	0.71	91.34
69	514875	245106	269769	1.21	0.58	0.63	90.86
70—74岁	**1852831**	**873679**	**979152**	**4.35**	**2.05**	**2.30**	**89.23**
70	486788	231487	255301	1.14	0.54	0.60	90.67
71	423789	202123	221666	1.00	0.47	0.52	91.18
72	338104	157539	180565	0.79	0.37	0.42	87.25
73	306866	143263	163603	0.72	0.34	0.38	87.57
74	297284	139267	158017	0.70	0.33	0.37	88.13
75—79岁	**1128789**	**519826**	**608963**	**2.65**	**1.22**	**1.43**	**85.36**
75	245456	113534	131922	0.58	0.27	0.31	86.06
76	241594	112242	129352	0.57	0.26	0.30	86.77
77	224701	104341	120360	0.53	0.24	0.28	86.69
78	213099	96877	116222	0.50	0.23	0.27	83.36
79	203939	92832	111107	0.48	0.22	0.26	83.55
80—84岁	**746549**	**327298**	**419251**	**1.75**	**0.77**	**0.98**	**78.07**
80	180373	80178	100195	0.42	0.19	0.24	80.02
81	158947	69728	89219	0.37	0.16	0.21	78.15
82	156179	68246	87933	0.37	0.16	0.21	77.61
83	131558	57655	73903	0.31	0.14	0.17	78.01
84	119492	51491	68001	0.28	0.12	0.16	75.72
85—89岁	**388314**	**164040**	**224274**	**0.91**	**0.39**	**0.53**	**73.14**
85	109394	45913	63481	0.26	0.11	0.15	72.33
86	88504	37319	51185	0.21	0.09	0.12	72.91
87	78478	33235	45243	0.18	0.08	0.11	73.46
88	62788	26469	36319	0.15	0.06	0.09	72.88
89	49150	21104	28046	0.12	0.05	0.07	75.25
90—94岁	**140222**	**59142**	**81080**	**0.33**	**0.14**	**0.19**	**72.94**
90	46597	19782	26815	0.11	0.05	0.06	73.77
91	32741	13680	19061	0.08	0.03	0.04	71.77
92	26633	11329	15304	0.06	0.03	0.04	74.03
93	20068	8484	11584	0.05	0.02	0.03	73.24
94	14183	5867	8316	0.03	0.01	0.02	70.55
95—99岁	**31316**	**12776**	**18540**	**0.07**	**0.03**	**0.04**	**68.91**
95	10914	4477	6437	0.03	0.01	0.02	69.55
96	7585	3085	4500	0.02	0.01	0.01	68.56
97	5607	2283	3324	0.01	0.01	0.01	68.68
98	4122	1662	2460	0.01		0.01	67.56
99	3088	1269	1819	0.01			69.76
100岁及以上	**5787**	**2401**	**3386**	**0.01**	**0.01**	**0.01**	**70.91**

3－1a 全省分年龄、性别的人口(城市)

单位：人、%

年 龄	人口数			占总人口比重			性别比
	合计	男	女	合计	男	女	(女=100)
总 计	**25572477**	**12626419**	**12946058**	**100.00**	**49.38**	**50.62**	**97.53**
0—4岁	**973026**	**501591**	**471435**	**3.80**	**1.96**	**1.84**	**106.40**
0	144518	74257	70261	0.57	0.29	0.27	105.69
1	190533	98382	92151	0.75	0.38	0.36	106.76
2	186979	96523	90456	0.73	0.38	0.35	106.71
3	219716	113217	106499	0.86	0.44	0.42	106.31
4	231280	119212	112068	0.90	0.47	0.44	106.37
5—9岁	**1057931**	**549097**	**508834**	**4.14**	**2.15**	**1.99**	**107.91**
5	179252	92374	86878	0.70	0.36	0.34	106.33
6	258453	134288	124165	1.01	0.53	0.49	108.15
7	207802	108030	99772	0.81	0.42	0.39	108.28
8	227953	118444	109509	0.89	0.46	0.43	108.16
9	184471	95961	88510	0.72	0.38	0.35	108.42
10—14岁	**904619**	**472638**	**431981**	**3.54**	**1.85**	**1.69**	**109.41**
10	174954	91408	83546	0.68	0.36	0.33	109.41
11	184490	96411	88079	0.72	0.38	0.34	109.46
12	181778	94838	86940	0.71	0.37	0.34	109.08
13	196166	102396	93770	0.77	0.40	0.37	109.20
14	167231	87585	79646	0.65	0.34	0.31	109.97
15—19岁	**1056726**	**552336**	**504390**	**4.13**	**2.16**	**1.97**	**109.51**
15	193558	100845	92713	0.76	0.39	0.36	108.77
16	204511	106768	97743	0.80	0.42	0.38	109.23
17	171240	88987	82253	0.67	0.35	0.32	108.19
18	235302	123101	112201	0.92	0.48	0.44	109.71
19	252115	132635	119480	0.99	0.52	0.47	111.01
20—24岁	**1250867**	**645348**	**605519**	**4.89**	**2.52**	**2.37**	**106.58**
20	271270	142235	129035	1.06	0.56	0.50	110.23
21	243369	126948	116421	0.95	0.50	0.46	109.04
22	242871	125089	117782	0.95	0.49	0.46	106.20
23	240757	123124	117633	0.94	0.48	0.46	104.67
24	252600	127952	124648	0.99	0.50	0.49	102.65
25—29岁	**1486272**	**748498**	**737774**	**5.81**	**2.93**	**2.89**	**101.45**
25	269687	136647	133040	1.05	0.53	0.52	102.71
26	288406	145013	143393	1.13	0.57	0.56	101.13
27	300445	151037	149408	1.17	0.59	0.58	101.09
28	310006	155904	154102	1.21	0.61	0.60	101.17
29	317728	159897	157831	1.24	0.63	0.62	101.31

3-1a　续表 1　　　　单位：人、%

年　龄	人　口　数			占总人口比重			性别比
	合计	男	女	合计	男	女	(女=100)
30-34岁	**2381197**	**1186944**	**1194253**	**9.31**	**4.64**	**4.67**	**99.39**
30	428438	215176	213262	1.68	0.84	0.83	100.90
31	455523	227533	227990	1.78	0.89	0.89	99.80
32	484142	241420	242722	1.89	0.94	0.95	99.46
33	552771	274608	278163	2.16	1.07	1.09	98.72
34	460323	228207	232116	1.80	0.89	0.91	98.32
35-39岁	**2068446**	**1032851**	**1035595**	**8.09**	**4.04**	**4.05**	**99.74**
35	367708	183410	184298	1.44	0.72	0.72	99.52
36	352980	176196	176784	1.38	0.69	0.69	99.67
37	411403	205632	205771	1.61	0.80	0.80	99.93
38	525155	262420	262735	2.05	1.03	1.03	99.88
39	411200	205193	206007	1.61	0.80	0.81	99.60
40-44岁	**1957912**	**975059**	**982853**	**7.66**	**3.81**	**3.84**	**99.21**
40	392060	195380	196680	1.53	0.76	0.77	99.34
41	454441	226584	227857	1.78	0.89	0.89	99.44
42	426184	212213	213971	1.67	0.83	0.84	99.18
43	339651	169297	170354	1.33	0.66	0.67	99.38
44	345576	171585	173991	1.35	0.67	0.68	98.62
45-49岁	**2086336**	**1032648**	**1053688**	**8.16**	**4.04**	**4.12**	**98.00**
45	353071	174575	178496	1.38	0.68	0.70	97.80
46	387402	190471	196931	1.51	0.74	0.77	96.72
47	440199	217731	222468	1.72	0.85	0.87	97.87
48	441151	219619	221532	1.73	0.86	0.87	99.14
49	464513	230252	234261	1.82	0.90	0.92	98.29
50-54岁	**2135402**	**1050861**	**1084541**	**8.35**	**4.11**	**4.24**	**96.89**
50	475838	235004	240834	1.86	0.92	0.94	97.58
51	445923	220107	225816	1.74	0.86	0.88	97.47
52	465187	229442	235745	1.82	0.90	0.92	97.33
53	339588	166606	172982	1.33	0.65	0.68	96.31
54	408866	199702	209164	1.60	0.78	0.82	95.48
55-59岁	**2266350**	**1118628**	**1147722**	**8.86**	**4.37**	**4.49**	**97.47**
55	476342	234647	241695	1.86	0.92	0.95	97.08
56	510347	251849	258498	2.00	0.98	1.01	97.43
57	652683	323269	329414	2.55	1.26	1.29	98.13
58	377809	187122	190687	1.48	0.73	0.75	98.13
59	249169	121741	127428	0.97	0.48	0.50	95.54
60-64岁	**1982379**	**961846**	**1020533**	**7.75**	**3.76**	**3.99**	**94.25**
60	413012	203163	209849	1.62	0.79	0.82	96.81
61	339776	166049	173727	1.33	0.65	0.68	95.58
62	417264	202716	214548	1.63	0.79	0.84	94.49
63	421668	202953	218715	1.65	0.79	0.86	92.79
64	390659	186965	203694	1.53	0.73	0.80	91.79

3-1a　续表 2　　　　单位：人、%

年　龄	人　口　数			占总人口比重			性别比
	合计	男	女	合计	男	女	(女=100)
65-69岁	**1645547**	**779090**	**866457**	**6.43**	**3.05**	**3.39**	**89.92**
65	398009	191025	206984	1.56	0.75	0.81	92.29
66	377170	179614	197556	1.47	0.70	0.77	90.92
67	312286	147347	164939	1.22	0.58	0.64	89.33
68	296240	138485	157755	1.16	0.54	0.62	87.78
69	261842	122619	139223	1.02	0.48	0.54	88.07
70-74岁	**923964**	**426864**	**497100**	**3.61**	**1.67**	**1.94**	**85.87**
70	249151	117269	131882	0.97	0.46	0.52	88.92
71	207545	97244	110301	0.81	0.38	0.43	88.16
72	164417	74648	89769	0.64	0.29	0.35	83.16
73	151761	69192	82569	0.59	0.27	0.32	83.80
74	151090	68511	82579	0.59	0.27	0.32	82.96
75-79岁	**595575**	**261374**	**334201**	**2.33**	**1.02**	**1.31**	**78.21**
75	125561	55930	69631	0.49	0.22	0.27	80.32
76	122485	54235	68250	0.48	0.21	0.27	79.47
77	118289	52563	65726	0.46	0.21	0.26	79.97
78	116319	50149	66170	0.45	0.20	0.26	75.79
79	112921	48497	64424	0.44	0.19	0.25	75.28
80-84岁	**447009**	**183053**	**263956**	**1.75**	**0.72**	**1.03**	**69.35**
80	104135	43555	60580	0.41	0.17	0.24	71.90
81	93368	37782	55586	0.37	0.15	0.22	67.97
82	93061	37604	55457	0.36	0.15	0.22	67.81
83	80821	33192	47629	0.32	0.13	0.19	69.69
84	75624	30920	44704	0.30	0.12	0.17	69.17
85-89岁	**245747**	**102077**	**143670**	**0.96**	**0.40**	**0.56**	**71.05**
85	69532	28004	41528	0.27	0.11	0.16	67.43
86	56322	23177	33145	0.22	0.09	0.13	69.93
87	49649	20898	28751	0.19	0.08	0.11	72.69
88	39510	16639	22871	0.15	0.07	0.09	72.75
89	30734	13359	17375	0.12	0.05	0.07	76.89
90-94岁	**85353**	**36690**	**48663**	**0.33**	**0.14**	**0.19**	**75.40**
90	29036	12573	16463	0.11	0.05	0.06	76.37
91	20191	8627	11564	0.08	0.03	0.05	74.60
92	15963	6917	9046	0.06	0.03	0.04	76.46
93	11807	5037	6770	0.05	0.02	0.03	74.40
94	8356	3536	4820	0.03	0.01	0.02	73.36
95-99岁	**18382**	**7528**	**10854**	**0.07**	**0.03**	**0.04**	**69.36**
95	6430	2671	3759	0.03	0.01	0.01	71.06
96	4431	1810	2621	0.02	0.01	0.01	69.06
97	3253	1326	1927	0.01	0.01	0.01	68.81
98	2444	989	1455	0.01		0.01	67.97
99	1824	732	1092	0.01			67.03
100岁及以上	**3437**	**1398**	**2039**	**0.01**	**0.01**	**0.01**	**68.56**

3-1b　全省分年龄、性别的人口(镇)

单位：人、%

年　龄	人　口　数			占总人口比重			性别比
	合计	男	女	合计	男	女	(女=100)
总　计	**5153499**	**2566297**	**2587202**	**100.00**	**49.80**	**50.20**	**99.19**
0–4岁	**175556**	**90668**	**84888**	**3.41**	**1.76**	**1.65**	**106.81**
0	26375	13624	12751	0.51	0.26	0.25	106.85
1	33709	17411	16298	0.65	0.34	0.32	106.83
2	34262	17650	16612	0.66	0.34	0.32	106.25
3	40144	20862	19282	0.78	0.40	0.37	108.19
4	41066	21121	19945	0.80	0.41	0.39	105.90
5–9岁	**212061**	**110814**	**101247**	**4.11**	**2.15**	**1.96**	**109.45**
5	35255	18166	17089	0.68	0.35	0.33	106.30
6	47491	24903	22588	0.92	0.48	0.44	110.25
7	42264	22060	20204	0.82	0.43	0.39	109.19
8	46227	24257	21970	0.90	0.47	0.43	110.41
9	40824	21428	19396	0.79	0.42	0.38	110.48
10–14岁	**226491**	**119321**	**107170**	**4.39**	**2.32**	**2.08**	**111.34**
10	41522	22138	19384	0.81	0.43	0.38	114.21
11	44731	23516	21215	0.87	0.46	0.41	110.85
12	45519	23975	21544	0.88	0.47	0.42	111.28
13	47937	25235	22702	0.93	0.49	0.44	111.16
14	46782	24457	22325	0.91	0.47	0.43	109.55
15–19岁	**245802**	**126443**	**119359**	**4.77**	**2.45**	**2.32**	**105.94**
15	54617	28503	26114	1.06	0.55	0.51	109.15
16	58848	29949	28899	1.14	0.58	0.56	103.63
17	52168	26485	25683	1.01	0.51	0.50	103.12
18	46855	24471	22384	0.91	0.47	0.43	109.32
19	33314	17035	16279	0.65	0.33	0.32	104.64
20–24岁	**182603**	**92225**	**90378**	**3.54**	**1.79**	**1.75**	**102.04**
20	31702	15759	15943	0.62	0.31	0.31	98.85
21	30371	15256	15115	0.59	0.30	0.29	100.93
22	36154	18293	17861	0.70	0.35	0.35	102.42
23	40003	20318	19685	0.78	0.39	0.38	103.22
24	44373	22599	21774	0.86	0.44	0.42	103.79
25–29岁	**273040**	**138672**	**134368**	**5.30**	**2.69**	**2.61**	**103.20**
25	49390	25022	24368	0.96	0.49	0.47	102.68
26	52810	27057	25753	1.02	0.53	0.50	105.06
27	55217	28052	27165	1.07	0.54	0.53	103.27
28	56028	28327	27701	1.09	0.55	0.54	102.26
29	59595	30214	29381	1.16	0.59	0.57	102.84

3-1b 续表 1

单位：人、%

年 龄	人 口 数			占总人口比重			性别比
	合计	男	女	合计	男	女	(女=100)
30-34岁	**415319**	**208909**	**206410**	**8.06**	**4.05**	**4.01**	**101.21**
30	77536	39056	38480	1.50	0.76	0.75	101.50
31	79056	39821	39235	1.53	0.77	0.76	101.49
32	81854	41229	40625	1.59	0.80	0.79	101.49
33	96673	48394	48279	1.88	0.94	0.94	100.24
34	80200	40409	39791	1.56	0.78	0.77	101.55
35-39岁	**344407**	**174560**	**169847**	**6.68**	**3.39**	**3.30**	**102.77**
35	59468	30145	29323	1.15	0.58	0.57	102.80
36	55378	27919	27459	1.07	0.54	0.53	101.68
37	64183	32671	31512	1.25	0.63	0.61	103.68
38	87938	44672	43266	1.71	0.87	0.84	103.25
39	77440	39153	38287	1.50	0.76	0.74	102.26
40-44岁	**407567**	**206800**	**200767**	**7.91**	**4.01**	**3.90**	**103.00**
40	78078	39600	38478	1.52	0.77	0.75	102.92
41	94520	47763	46757	1.83	0.93	0.91	102.15
42	86932	44001	42931	1.69	0.85	0.83	102.49
43	72445	36811	35634	1.41	0.71	0.69	103.30
44	75592	38625	36967	1.47	0.75	0.72	104.49
45-49岁	**459796**	**230981**	**228815**	**8.92**	**4.48**	**4.44**	**100.95**
45	78256	39534	38722	1.52	0.77	0.75	102.10
46	86834	43619	43215	1.68	0.85	0.84	100.93
47	96312	48037	48275	1.87	0.93	0.94	99.51
48	96986	48596	48390	1.88	0.94	0.94	100.43
49	101408	51195	50213	1.97	0.99	0.97	101.96
50-54岁	**501437**	**248689**	**252748**	**9.73**	**4.83**	**4.90**	**98.39**
50	106665	53089	53576	2.07	1.03	1.04	99.09
51	98025	48691	49334	1.90	0.94	0.96	98.70
52	106880	53057	53823	2.07	1.03	1.04	98.58
53	87614	43194	44420	1.70	0.84	0.86	97.24
54	102253	50658	51595	1.98	0.98	1.00	98.18
55-59岁	**476625**	**236252**	**240373**	**9.25**	**4.58**	**4.66**	**98.29**
55	110103	54740	55363	2.14	1.06	1.07	98.87
56	108202	53383	54819	2.10	1.04	1.06	97.38
57	130949	65518	65431	2.54	1.27	1.27	100.13
58	80991	40245	40746	1.57	0.78	0.79	98.77
59	46380	22366	24014	0.90	0.43	0.47	93.14
60-64岁	**391316**	**190538**	**200778**	**7.59**	**3.70**	**3.90**	**94.90**
60	80727	39555	41172	1.57	0.77	0.80	96.07
61	67401	33094	34307	1.31	0.64	0.67	96.46
62	81202	39669	41533	1.58	0.77	0.81	95.51
63	84223	40734	43489	1.63	0.79	0.84	93.67
64	77763	37486	40277	1.51	0.73	0.78	93.07

3-1b 续表 2 单位：人、%

年龄	人口数			占总人口比重			性别比
	合计	男	女	合计	男	女	(女=100)
65-69岁	**353140**	**167942**	**185198**	**6.85**	**3.26**	**3.59**	**90.68**
65	82039	39502	42537	1.59	0.77	0.83	92.87
66	78953	37631	41322	1.53	0.73	0.80	91.07
67	66732	31691	35041	1.29	0.61	0.68	90.44
68	65951	31232	34719	1.28	0.61	0.67	89.96
69	59465	27886	31579	1.15	0.54	0.61	88.31
70-74岁	**218581**	**101321**	**117260**	**4.24**	**1.97**	**2.28**	**86.41**
70	56693	26530	30163	1.10	0.51	0.59	87.96
71	50890	23777	27113	0.99	0.46	0.53	87.70
72	40375	18465	21910	0.78	0.36	0.43	84.28
73	36050	16568	19482	0.70	0.32	0.38	85.04
74	34573	15981	18592	0.67	0.31	0.36	85.96
75-79岁	**133258**	**61170**	**72088**	**2.59**	**1.19**	**1.40**	**84.85**
75	28812	13101	15711	0.56	0.25	0.30	83.39
76	29230	13457	15773	0.57	0.26	0.31	85.32
77	26376	12291	14085	0.51	0.24	0.27	87.26
78	24996	11230	13766	0.49	0.22	0.27	81.58
79	23844	11091	12753	0.46	0.22	0.25	86.97
80-84岁	**80001**	**36719**	**43282**	**1.55**	**0.71**	**0.84**	**84.84**
80	20108	9200	10908	0.39	0.18	0.21	84.34
81	17671	8165	9506	0.34	0.16	0.18	85.89
82	16943	7922	9021	0.33	0.15	0.18	87.82
83	13426	6165	7261	0.26	0.12	0.14	84.91
84	11853	5267	6586	0.23	0.10	0.13	79.97
85-89岁	**37644**	**16222**	**21422**	**0.73**	**0.31**	**0.42**	**75.73**
85	10521	4554	5967	0.20	0.09	0.12	76.32
86	8515	3602	4913	0.17	0.07	0.10	73.32
87	7601	3330	4271	0.15	0.06	0.08	77.97
88	6124	2606	3518	0.12	0.05	0.07	74.08
89	4883	2130	2753	0.09	0.04	0.05	77.37
90-94岁	**14568**	**6200**	**8368**	**0.28**	**0.12**	**0.16**	**74.09**
90	4713	1970	2743	0.09	0.04	0.05	71.82
91	3320	1374	1946	0.06	0.03	0.04	70.61
92	2836	1218	1618	0.06	0.02	0.03	75.28
93	2195	976	1219	0.04	0.02	0.02	80.07
94	1504	662	842	0.03	0.01	0.02	78.62
95-99岁	**3571**	**1510**	**2061**	**0.07**	**0.03**	**0.04**	**73.27**
95	1184	489	695	0.02	0.01	0.01	70.36
96	816	347	469	0.02	0.01	0.01	73.99
97	666	284	382	0.01	0.01	0.01	74.35
98	502	206	296	0.01		0.01	69.59
99	403	184	219	0.01			84.02
100岁及以上	**716**	**341**	**375**	**0.01**	**0.01**	**0.01**	**90.93**

3－1c　全省分年龄、性别的人口(乡村)

单位：人、%

年　龄	人　口　数			占总人口比重			性别比
	合计	男	女	合计	男	女	(女=100)
总　计	**11865431**	**6070813**	**5794618**	**100.00**	**51.16**	**48.84**	**104.77**
0–4岁	**288061**	**148397**	**139664**	**2.43**	**1.25**	**1.18**	**106.25**
0	49187	25255	23932	0.41	0.21	0.20	105.53
1	54616	28064	26552	0.46	0.24	0.22	105.69
2	56045	28935	27110	0.47	0.24	0.23	106.73
3	64015	32974	31041	0.54	0.28	0.26	106.23
4	64198	33169	31029	0.54	0.28	0.26	106.90
5–9岁	**390373**	**202939**	**187434**	**3.29**	**1.71**	**1.58**	**108.27**
5	61580	31711	29869	0.52	0.27	0.25	106.17
6	80061	41692	38369	0.67	0.35	0.32	108.66
7	77165	39890	37275	0.65	0.34	0.31	107.02
8	87988	45925	42063	0.74	0.39	0.35	109.18
9	83579	43721	39858	0.70	0.37	0.34	109.69
10–14岁	**509821**	**267040**	**242781**	**4.30**	**2.25**	**2.05**	**109.99**
10	89803	46836	42967	0.76	0.39	0.36	109.00
11	101289	52754	48535	0.85	0.44	0.41	108.69
12	102709	53990	48719	0.87	0.46	0.41	110.82
13	107552	56503	51049	0.91	0.48	0.43	110.68
14	108468	56957	51511	0.91	0.48	0.43	110.57
15–19岁	**383023**	**208473**	**174550**	**3.23**	**1.76**	**1.47**	**119.43**
15	95028	51034	43994	0.80	0.43	0.37	116.00
16	68478	37706	30772	0.58	0.32	0.26	122.53
17	61320	33761	27559	0.52	0.28	0.23	122.50
18	81729	44323	37406	0.69	0.37	0.32	118.49
19	76468	41649	34819	0.64	0.35	0.29	119.62
20–24岁	**414860**	**225674**	**189186**	**3.50**	**1.90**	**1.59**	**119.29**
20	75857	41387	34470	0.64	0.35	0.29	120.07
21	72242	39303	32939	0.61	0.33	0.28	119.32
22	83592	45567	38025	0.70	0.38	0.32	119.83
23	88863	48024	40839	0.75	0.40	0.34	117.59
24	94306	51393	42913	0.79	0.43	0.36	119.76
25–29岁	**478680**	**262511**	**216169**	**4.03**	**2.21**	**1.82**	**121.44**
25	99415	54377	45038	0.84	0.46	0.38	120.74
26	97360	53960	43400	0.82	0.45	0.37	124.33
27	95126	52085	43041	0.80	0.44	0.36	121.01
28	91426	50061	41365	0.77	0.42	0.35	121.02
29	95353	52028	43325	0.80	0.44	0.37	120.09

3-1c　续表 1　　　　单位：人、%

年　龄	人　口　数			占总人口比重			性别比
	合计	男	女	合计	男	女	(女=100)
30-34岁	**636328**	**340905**	**295423**	**5.36**	**2.87**	**2.49**	**115.40**
30	123276	66910	56366	1.04	0.56	0.48	118.71
31	123511	66223	57288	1.04	0.56	0.48	115.60
32	123853	66126	57727	1.04	0.56	0.49	114.55
33	145812	77972	67840	1.23	0.66	0.57	114.94
34	119876	63674	56202	1.01	0.54	0.47	113.29
35-39岁	**552359**	**292439**	**259920**	**4.66**	**2.46**	**2.19**	**112.51**
35	90346	47188	43158	0.76	0.40	0.36	109.34
36	84397	44266	40131	0.71	0.37	0.34	110.30
37	99834	52901	46933	0.84	0.45	0.40	112.72
38	143340	76310	67030	1.21	0.64	0.56	113.84
39	134442	71774	62668	1.13	0.60	0.53	114.53
40-44岁	**757057**	**400122**	**356935**	**6.38**	**3.37**	**3.01**	**112.10**
40	139853	74381	65472	1.18	0.63	0.55	113.61
41	172556	90901	81655	1.45	0.77	0.69	111.32
42	158839	84215	74624	1.34	0.71	0.63	112.85
43	137718	72825	64893	1.16	0.61	0.55	112.22
44	148091	77800	70291	1.25	0.66	0.59	110.68
45-49岁	**1033187**	**534080**	**499107**	**8.71**	**4.50**	**4.21**	**107.01**
45	158985	82911	76074	1.34	0.70	0.64	108.99
46	187777	97556	90221	1.58	0.82	0.76	108.13
47	215892	111480	104412	1.82	0.94	0.88	106.77
48	225434	116072	109362	1.90	0.98	0.92	106.14
49	245099	126061	119038	2.07	1.06	1.00	105.90
50-54岁	**1347485**	**687208**	**660277**	**11.36**	**5.79**	**5.56**	**104.08**
50	268253	137548	130705	2.26	1.16	1.10	105.24
51	254990	130677	124313	2.15	1.10	1.05	105.12
52	287164	146731	140433	2.42	1.24	1.18	104.48
53	248014	125166	122848	2.09	1.05	1.04	101.89
54	289064	147086	141978	2.44	1.24	1.20	103.60
55-59岁	**1299918**	**646445**	**653473**	**10.96**	**5.45**	**5.51**	**98.92**
55	303768	153484	150284	2.56	1.29	1.27	102.13
56	290399	145670	144729	2.45	1.23	1.22	100.65
57	355835	177437	178398	3.00	1.50	1.50	99.46
58	222690	109334	113356	1.88	0.92	0.96	96.45
59	127226	60520	66706	1.07	0.51	0.56	90.73
60-64岁	**1163291**	**579217**	**584074**	**9.80**	**4.88**	**4.92**	**99.17**
60	233490	115201	118289	1.97	0.97	1.00	97.39
61	198940	99091	99849	1.68	0.84	0.84	99.24
62	238620	118706	119914	2.01	1.00	1.01	98.99
63	255346	128288	127058	2.15	1.08	1.07	100.97
64	236895	117931	118964	2.00	0.99	1.00	99.13

3-1c 续表 2　　单位：人、%

年龄	人口数			占总人口比重			性别比
	合计	男	女	合计	男	女	(女=100)
65—69岁	**1124986**	**558668**	**566318**	**9.48**	**4.71**	**4.77**	**98.65**
65	257042	129480	127562	2.17	1.09	1.08	101.50
66	247336	123547	123789	2.08	1.04	1.04	99.80
67	211544	104989	106555	1.78	0.88	0.90	98.53
68	215496	106051	109445	1.82	0.89	0.92	96.90
69	193568	94601	98967	1.63	0.80	0.83	95.59
70—74岁	**710286**	**345494**	**364792**	**5.99**	**2.91**	**3.07**	**94.71**
70	180944	87688	93256	1.52	0.74	0.79	94.03
71	165354	81102	84252	1.39	0.68	0.71	96.26
72	133312	64426	68886	1.12	0.54	0.58	93.53
73	119055	57503	61552	1.00	0.48	0.52	93.42
74	111621	54775	56846	0.94	0.46	0.48	96.36
75—79岁	**399956**	**197282**	**202674**	**3.37**	**1.66**	**1.71**	**97.34**
75	91083	44503	46580	0.77	0.38	0.39	95.54
76	89879	44550	45329	0.76	0.38	0.38	98.28
77	80036	39487	40549	0.67	0.33	0.34	97.38
78	71784	35498	36286	0.60	0.30	0.31	97.83
79	67174	33244	33930	0.57	0.28	0.29	97.98
80—84岁	**219539**	**107526**	**112013**	**1.85**	**0.91**	**0.94**	**95.99**
80	56130	27423	28707	0.47	0.23	0.24	95.53
81	47908	23781	24127	0.40	0.20	0.20	98.57
82	46175	22720	23455	0.39	0.19	0.20	96.87
83	37311	18298	19013	0.31	0.15	0.16	96.24
84	32015	15304	16711	0.27	0.13	0.14	91.58
85—89岁	**104923**	**45741**	**59182**	**0.88**	**0.39**	**0.50**	**77.29**
85	29341	13355	15986	0.25	0.11	0.13	83.54
86	23667	10540	13127	0.20	0.09	0.11	80.29
87	21228	9007	12221	0.18	0.08	0.10	73.70
88	17154	7224	9930	0.14	0.06	0.08	72.75
89	13533	5615	7918	0.11	0.05	0.07	70.91
90—94岁	**40301**	**16252**	**24049**	**0.34**	**0.14**	**0.20**	**67.58**
90	12848	5239	7609	0.11	0.04	0.06	68.85
91	9230	3679	5551	0.08	0.03	0.05	66.28
92	7834	3194	4640	0.07	0.03	0.04	68.84
93	6066	2471	3595	0.05	0.02	0.03	68.73
94	4323	1669	2654	0.04	0.01	0.02	62.89
95—99岁	**9363**	**3738**	**5625**	**0.08**	**0.03**	**0.05**	**66.45**
95	3300	1317	1983	0.03	0.01	0.02	66.41
96	2338	928	1410	0.02	0.01	0.01	65.82
97	1688	673	1015	0.01	0.01	0.01	66.31
98	1176	467	709	0.01		0.01	65.87
99	861	353	508	0.01			69.49
100岁及以上	**1634**	**662**	**972**	**0.01**	**0.01**	**0.01**	**68.11**

3-2　各地区人口年龄构成(一)

单位：人、%

地　　区	人口数				比重			
	合计	0-14岁	15-64岁	65岁及以上	合计	0-14岁	15-64岁	65岁及以上
辽宁	**42591407**	**4737939**	**30435987**	**7417481**	**100.00**	**11.12**	**71.46**	**17.42**
沈阳市	9027781	1028888	6602237	1396656	100.00	11.40	73.13	15.47
大连市	7450785	867942	5325650	1257193	100.00	11.65	71.48	16.87
鞍山市	3325372	347577	2364934	612861	100.00	10.45	71.12	18.43
抚顺市	1731864	154755	1226071	351038	100.00	8.94	70.79	20.27
本溪市	1326018	119200	953424	253394	100.00	8.99	71.90	19.11
丹东市	2188436	214285	1536575	437576	100.00	9.79	70.21	19.99
锦州市	2703853	262032	1904589	537232	100.00	9.69	70.44	19.87
营口市	2328582	269137	1656656	402789	100.00	11.56	71.14	17.30
阜新市	1647280	171577	1188837	286866	100.00	10.42	72.17	17.41
辽阳市	1604580	157689	1134629	312262	100.00	9.83	70.71	19.46
盘锦市	1389691	166985	1004118	218588	100.00	12.02	72.25	15.73
铁岭市	2388294	239259	1707462	441573	100.00	10.02	71.49	18.49
朝阳市	2872857	406616	2007799	458442	100.00	14.15	69.89	15.96
葫芦岛市	2434194	314043	1694677	425474	100.00	12.90	69.62	17.48
辽宁省沈抚新区管委会	171820	17954	128329	25537	100.00	10.45	74.69	14.86

3-2a　各地区人口年龄构成(一)(城市)

单位：人、%

地　　区	人口数				比重			
	合计	0-14岁	15-64岁	65岁及以上	合计	0-14岁	15-64岁	65岁及以上
辽宁	**25572477**	**2935576**	**18671887**	**3965014**	**100.00**	**11.48**	**73.02**	**15.51**
沈阳市	7182292	849736	5289158	1043398	100.00	11.83	73.64	14.53
大连市	5858459	731661	4267918	858880	100.00	12.49	72.85	14.66
鞍山市	1863746	178436	1353297	332013	100.00	9.57	72.61	17.81
抚顺市	1101461	92150	785218	224093	100.00	8.37	71.29	20.35
本溪市	765932	65323	557452	143157	100.00	8.53	72.78	18.69
丹东市	1090680	115290	778899	196491	100.00	10.57	71.41	18.02
锦州市	1273214	131900	932986	208328	100.00	10.36	73.28	16.36
营口市	1396148	168749	1021231	206168	100.00	12.09	73.15	14.77
阜新市	696563	69175	510356	117032	100.00	9.93	73.27	16.80
辽阳市	855682	88429	621879	145374	100.00	10.33	72.68	16.99
盘锦市	942809	120409	686398	136002	100.00	12.77	72.80	14.43
铁岭市	623723	67097	458212	98414	100.00	10.76	73.46	15.78
朝阳市	955223	142399	695276	117548	100.00	14.91	72.79	12.31
葫芦岛市	835958	100393	615753	119812	100.00	12.01	73.66	14.33
辽宁省沈抚新区管委会	130587	14429	97854	18304	100.00	11.05	74.93	14.02

3-2b 各地区人口年龄构成(一)(镇)

单位：人、%

地区	人口数				比重			
	合计	0-14岁	15-64岁	65岁及以上	合计	0-14岁	15-64岁	65岁及以上
辽宁	**5153499**	**614108**	**3697912**	**841479**	**100.00**	**11.92**	**71.76**	**16.33**
沈阳市	459319	52127	342293	64899	100.00	11.35	74.52	14.13
大连市	277268	30104	199825	47339	100.00	10.86	72.07	17.07
鞍山市	615945	77576	443388	94981	100.00	12.59	71.98	15.42
抚顺市	249305	27432	178550	43323	100.00	11.00	71.62	17.38
本溪市	287494	32127	209015	46352	100.00	11.17	72.70	16.12
丹东市	416791	42540	297384	76867	100.00	10.21	71.35	18.44
锦州市	340041	35430	238620	65991	100.00	10.42	70.17	19.41
营口市	168094	19990	118529	29575	100.00	11.89	70.51	17.59
阜新市	319059	34859	232611	51589	100.00	10.93	72.91	16.17
辽阳市	215944	23501	156455	35988	100.00	10.88	72.45	16.67
盘锦市	132879	16724	95734	20421	100.00	12.59	72.05	15.37
铁岭市	694298	71816	502902	119580	100.00	10.34	72.43	17.22
朝阳市	480045	77515	336974	65556	100.00	16.15	70.20	13.66
葫芦岛市	497017	72367	345632	79018	100.00	14.56	69.54	15.90
辽宁省沈抚新区管委会								

3-2c 各地区人口年龄构成(一)(乡村)

单位：人、%

地区	人口数				比重			
	合计	0-14岁	15-64岁	65岁及以上	合计	0-14岁	15-64岁	65岁及以上
辽宁	**11865431**	**1188255**	**8066188**	**2610988**	**100.00**	**10.01**	**67.98**	**22.00**
沈阳市	1386170	127025	970786	288359	100.00	9.16	70.03	20.80
大连市	1315058	106177	857907	350974	100.00	8.07	65.24	26.69
鞍山市	845681	91565	568249	185867	100.00	10.83	67.19	21.98
抚顺市	381098	35173	262303	83622	100.00	9.23	68.83	21.94
本溪市	272592	21750	186957	63885	100.00	7.98	68.58	23.44
丹东市	680965	56455	460292	164218	100.00	8.29	67.59	24.12
锦州市	1090598	94702	732983	262913	100.00	8.68	67.21	24.11
营口市	764340	80398	516896	167046	100.00	10.52	67.63	21.85
阜新市	631658	67543	445870	118245	100.00	10.69	70.59	18.72
辽阳市	532954	45759	356295	130900	100.00	8.59	66.85	24.56
盘锦市	314003	29852	221986	62165	100.00	9.51	70.70	19.80
铁岭市	1070273	100346	746348	223579	100.00	9.38	69.73	20.89
朝阳市	1437589	186702	975549	275338	100.00	12.99	67.86	19.15
葫芦岛市	1101219	141283	733292	226644	100.00	12.83	66.59	20.58
辽宁省沈抚新区管委会	41233	3525	30475	7233	100.00	8.55	73.91	17.54

3–3 各地区人口年龄构成(二)

单位：人、%

地　　区	人口数				比重			
	合计	0–15岁	16–59岁	60岁及以上	合计	0–15岁	16–59岁	60岁及以上
辽宁	**42591407**	**5081142**	**26555798**	**10954467**	**100.00**	**11.93**	**62.35**	**25.72**
沈阳市	9027781	1095070	5834282	2098429	100.00	12.13	64.63	23.24
大连市	7450785	915823	4693772	1841190	100.00	12.29	63.00	24.71
鞍山市	3325372	374085	2044763	906524	100.00	11.25	61.49	27.26
抚顺市	1731864	166308	1031309	534247	100.00	9.60	59.55	30.85
本溪市	1326018	128126	813181	384711	100.00	9.66	61.33	29.01
丹东市	2188436	231848	1321017	635571	100.00	10.59	60.36	29.04
锦州市	2703853	285818	1645069	772966	100.00	10.57	60.84	28.59
营口市	2328582	286209	1457995	584378	100.00	12.29	62.61	25.10
阜新市	1647280	186499	1027381	433400	100.00	11.32	62.37	26.31
辽阳市	1604580	170230	986566	447784	100.00	10.61	61.48	27.91
盘锦市	1389691	179438	895245	315008	100.00	12.91	64.42	22.67
铁岭市	2388294	262380	1485232	640682	100.00	10.99	62.19	26.83
朝阳市	2872857	440110	1733784	698963	100.00	15.32	60.35	24.33
葫芦岛市	2434194	340145	1472114	621935	100.00	13.97	60.48	25.55
辽宁省沈抚新区管委会	171820	19053	114088	38679	100.00	11.09	66.40	22.51

3–3a 各地区人口年龄构成(二)(城市)

单位：人、%

地　　区	人口数				比重			
	合计	0–15岁	16–59岁	60岁及以上	合计	0–15岁	16–59岁	60岁及以上
辽宁	**25572477**	**3129134**	**16495950**	**5947393**	**100.00**	**12.24**	**64.51**	**23.26**
沈阳市	7182292	900096	4693983	1588213	100.00	12.53	65.35	22.11
大连市	5858459	770716	3814538	1273205	100.00	13.16	65.11	21.73
鞍山市	1863746	190522	1166417	506807	100.00	10.22	62.58	27.19
抚顺市	1101461	98329	656264	346868	100.00	8.93	59.58	31.49
本溪市	765932	70108	474268	221556	100.00	9.15	61.92	28.93
丹东市	1090680	124480	677139	289061	100.00	11.41	62.08	26.50
锦州市	1273214	143792	822942	306480	100.00	11.29	64.64	24.07
营口市	1396148	179974	911242	304932	100.00	12.89	65.27	21.84
阜新市	696563	75139	442688	178736	100.00	10.79	63.55	25.66
辽阳市	855682	95429	547011	213242	100.00	11.15	63.93	24.92
盘锦市	942809	129686	621763	191360	100.00	13.76	65.95	20.30
铁岭市	623723	72935	406958	143830	100.00	11.69	65.25	23.06
朝阳市	955223	154178	621240	179805	100.00	16.14	65.04	18.82
葫芦岛市	835958	108639	552193	175126	100.00	13.00	66.06	20.95
辽宁省沈抚新区管委会	130587	15111	87304	28172	100.00	11.57	66.86	21.57

3-3b 各地区人口年龄构成(二)(镇)

单位：人、%

地　　区	人　口　数				比　　重			
	合计	0-15岁	16-59岁	60岁及以上	合计	0-15岁	16-59岁	60岁及以上
辽宁	**5153499**	**668725**	**3251979**	**1232795**	**100.00**	**12.98**	**63.10**	**23.92**
沈阳市	459319	56135	306932	96252	100.00	12.22	66.82	20.96
大连市	277268	32445	176127	68696	100.00	11.70	63.52	24.78
鞍山市	615945	84066	393781	138098	100.00	13.65	63.93	22.42
抚顺市	249305	30103	155214	63988	100.00	12.07	62.26	25.67
本溪市	287494	34619	183424	69451	100.00	12.04	63.80	24.16
丹东市	416791	46572	257406	112813	100.00	11.17	61.76	27.07
锦州市	340041	39469	207702	92870	100.00	11.61	61.08	27.31
营口市	168094	20931	104505	42658	100.00	12.45	62.17	25.38
阜新市	319059	38887	202650	77522	100.00	12.19	63.51	24.30
辽阳市	215944	25538	138828	51578	100.00	11.83	64.29	23.88
盘锦市	132879	17999	84980	29900	100.00	13.55	63.95	22.50
铁岭市	694298	79818	441254	173226	100.00	11.50	63.55	24.95
朝阳市	480045	83623	296324	100098	100.00	17.42	61.73	20.85
葫芦岛市	497017	78520	302852	115645	100.00	15.80	60.93	23.27
辽宁省沈抚新区管委会								

3-3c 各地区人口年龄构成(二)(乡村)

单位：人、%

地　　区	人　口　数				比　　重			
	合计	0-15岁	16-59岁	60岁及以上	合计	0-15岁	16-59岁	60岁及以上
辽宁	**11865431**	**1283283**	**6807869**	**3774279**	**100.00**	**10.82**	**57.38**	**31.81**
沈阳市	1386170	138839	833367	413964	100.00	10.02	60.12	29.86
大连市	1315058	112662	703107	499289	100.00	8.57	53.47	37.97
鞍山市	845681	99497	484565	261619	100.00	11.77	57.30	30.94
抚顺市	381098	37876	219831	123391	100.00	9.94	57.68	32.38
本溪市	272592	23399	155489	93704	100.00	8.58	57.04	34.38
丹东市	680965	60796	386472	233697	100.00	8.93	56.75	34.32
锦州市	1090598	102557	614425	373616	100.00	9.40	56.34	34.26
营口市	764340	85304	442248	236788	100.00	11.16	57.86	30.98
阜新市	631658	72473	382043	177142	100.00	11.47	60.48	28.04
辽阳市	532954	49263	300727	182964	100.00	9.24	56.43	34.33
盘锦市	314003	31753	188502	93748	100.00	10.11	60.03	29.86
铁岭市	1070273	109627	637020	323626	100.00	10.24	59.52	30.24
朝阳市	1437589	202309	816220	419060	100.00	14.07	56.78	29.15
葫芦岛市	1101219	152986	617069	331164	100.00	13.89	56.04	30.07
辽宁省沈抚新区管委会	41233	3942	26784	10507	100.00	9.56	64.96	25.48

第一部分　全部数据资料

第四卷　教育

4-1　全省分年龄、性别、受教育程度的3岁及以上人口

单位：人

年　龄	3岁及以上人口			未上过学		
	合计	男	女	小计	男	女
总　计	**41815183**	**20863428**	**20951755**	**637161**	**229275**	**407886**
3	323875	167053	156822	107633	55720	51913
4	336544	173502	163042	57372	29813	27559
5-9岁	**1660365**	**862850**	**797515**	**37018**	**19582**	**17436**
5	276087	142251	133836	22152	11622	10530
6	386005	200883	185122	9870	5289	4581
7	327231	169980	157251	2247	1228	1019
8	362168	188626	173542	1598	839	759
9	308874	161110	147764	1151	604	547
10-14岁	**1640931**	**858999**	**781932**	**7041**	**3894**	**3147**
10	306279	160382	145897	1286	685	601
11	330510	172681	157829	1480	803	677
12	330006	172803	157203	1507	837	670
13	351655	184134	167521	1480	819	661
14	322481	168999	153482	1288	750	538
15-19岁	**1685551**	**887252**	**798299**	**4508**	**2723**	**1785**
15	343203	180382	162821	955	548	407
16	331837	174423	157414	875	541	334
17	284728	149233	135495	788	491	297
18	363886	191895	171991	983	590	393
19	361897	191319	170578	907	553	354
20-24岁	**1848330**	**963247**	**885083**	**5125**	**3098**	**2027**
20	378829	199381	179448	1077	644	433
21	345982	181507	164475	968	585	383
22	362617	188949	173668	994	601	393
23	369623	191466	178157	1033	650	383
24	391279	201944	189335	1053	618	435
25-29岁	**2237992**	**1149681**	**1088311**	**5430**	**3203**	**2227**
25	418492	216046	202446	1076	654	422
26	438576	226030	212546	1134	683	451
27	450788	231174	219614	1095	645	450
28	457460	234292	223168	1060	609	451
29	472676	242139	230537	1065	612	453
30-34岁	**3432844**	**1736758**	**1696086**	**7505**	**4301**	**3204**
30	629250	321142	308108	1433	837	596
31	658090	333577	324513	1504	864	640
32	689849	348775	341074	1467	850	617
33	795256	400974	394282	1647	938	709
34	660399	332290	328109	1454	812	642
35-39岁	**2965212**	**1499850**	**1465362**	**6749**	**3666**	**3083**
35	517522	260743	256779	1127	619	508
36	492755	248381	244374	1092	576	516
37	575420	291204	284216	1306	740	566
38	756433	383402	373031	1650	879	771
39	623082	316120	306962	1574	852	722
40-44岁	**3122536**	**1581981**	**1540555**	**8464**	**4444**	**4020**
40	609991	309361	300630	1537	804	733
41	721517	365248	356269	1963	1042	921
42	671955	340429	331526	1786	952	834
43	549814	278933	270881	1535	801	734
44	569259	288010	281249	1643	845	798

4-1 续表 1

单位：人

年 龄	3岁及以上人口			未上过学		
	合计	男	女	小计	男	女
45-49岁	**3579319**	**1797709**	**1781610**	**12170**	**5996**	**6174**
45	590312	297020	293292	1828	925	903
46	662013	331646	330367	2176	1086	1090
47	752403	377248	375155	2510	1286	1224
48	763571	384287	379284	2714	1288	1426
49	811020	407508	403512	2942	1411	1531
50-54岁	**3984324**	**1986758**	**1997566**	**17445**	**7986**	**9459**
50	850756	425641	425115	3249	1543	1706
51	798938	399475	399463	3308	1545	1763
52	859231	429230	430001	3729	1717	2012
53	675216	334966	340250	3371	1508	1863
54	800183	397446	402737	3788	1673	2115
55-59岁	**4042893**	**2001325**	**2041568**	**19118**	**7652**	**11466**
55	890213	442871	447342	4149	1825	2324
56	908948	450902	458046	4158	1712	2446
57	1139467	566224	573243	5054	2131	2923
58	681490	336701	344789	3310	1201	2109
59	422775	204627	218148	2447	783	1664
60-64岁	**3536986**	**1731601**	**1805385**	**31626**	**9644**	**21982**
60	727229	357919	369310	4770	1615	3155
61	606117	298234	307883	4659	1444	3215
62	737086	361091	375995	6539	1956	4583
63	761237	371975	389262	7674	2333	5341
64	705317	342382	362935	7984	2296	5688
65-69岁	**3123673**	**1505700**	**1617973**	**50052**	**13349**	**36703**
65	737090	360007	377083	9266	2640	6626
66	703459	340792	362667	9629	2627	7002
67	590562	284027	306535	9583	2510	7073
68	577687	275768	301919	11331	2968	8363
69	514875	245106	269769	10243	2604	7639
70-74岁	**1852831**	**873679**	**979152**	**47211**	**12250**	**34961**
70	486788	231487	255301	10395	2694	7701
71	423789	202123	221666	10381	2867	7514
72	338104	157539	180565	9072	2362	6710
73	306866	143263	163603	8927	2283	6644
74	297284	139267	158017	8436	2044	6392
75-79岁	**1128789**	**519826**	**608963**	**45421**	**9316**	**36105**
75	245456	113534	131922	7875	1752	6123
76	241594	112242	129352	8878	1871	7007
77	224701	104341	120360	8867	1807	7060
78	213099	96877	116222	9357	1836	7521
79	203939	92832	111107	10444	2050	8394
80-84岁	**746549**	**327298**	**419251**	**63721**	**12482**	**51239**
80	180373	80178	100195	11083	2122	8961
81	158947	69728	89219	12204	2474	9730
82	156179	68246	87933	13723	2750	10973
83	131558	57655	73903	13104	2583	10521
84	119492	51491	68001	13607	2553	11054
85岁及以上	**565639**	**238359**	**327280**	**103552**	**20156**	**83396**

4-1　续表 2　　　　单位：人

年龄	学前教育			小学		
	小计	男	女	小计	男	女
总　计	**898066**	**463414**	**434652**	**8044767**	**3715818**	**4328949**
3	216242	111333	104909			
4	279172	143689	135483			
5-9岁	**372417**	**195089**	**177328**	**1217701**	**630597**	**587104**
5	218331	112559	105772	35604	18070	17534
6	127072	68328	58744	242055	123551	118504
7	16977	9002	7975	300967	156017	144950
8	6459	3390	3069	344688	179321	165367
9	3578	1810	1768	294387	153638	140749
10-14岁	**11584**	**5959**	**5625**	**793869**	**420166**	**373703**
10	2783	1455	1328	288094	150828	137266
11	2245	1115	1130	287907	151441	136466
12	1780	937	843	139559	76009	63550
13	2216	1146	1070	56540	30341	26199
14	2560	1306	1254	21769	11547	10222
15-19岁	**3977**	**1956**	**2021**	**40446**	**22353**	**18093**
15	1818	909	909	10183	5473	4710
16	1031	513	518	7714	4141	3573
17	421	207	214	7052	3921	3131
18	363	175	188	8358	4683	3675
19	344	152	192	7139	4135	3004
20-24岁	**1019**	**514**	**505**	**38675**	**22449**	**16226**
20	289	135	154	7366	4258	3108
21	182	97	85	6453	3742	2711
22	158	82	76	7440	4361	3079
23	192	96	96	8062	4693	3369
24	198	104	94	9354	5395	3959
25-29岁	**616**	**290**	**326**	**67873**	**39215**	**28658**
25	196	93	103	10704	6216	4488
26	140	65	75	11651	6807	4844
27	87	36	51	13430	7789	5641
28	82	50	32	14587	8406	6181
29	111	46	65	17501	9997	7504
30-34岁	**737**	**368**	**369**	**139544**	**77115**	**62429**
30	145	67	78	24354	13761	10593
31	121	55	66	26511	14786	11725
32	164	87	77	27914	15505	12409
33	164	85	79	33032	17961	15071
34	143	74	69	27733	15102	12631
35-39岁	**481**	**251**	**230**	**116079**	**60941**	**55138**
35	93	52	41	20441	11002	9439
36	95	46	49	18418	9703	8715
37	80	44	36	20731	10704	10027
38	132	70	62	28008	14735	13273
39	81	39	42	28481	14797	13684
40-44岁	**388**	**180**	**208**	**192482**	**98400**	**94082**
40	84	41	43	32114	16635	15479
41	93	38	55	41663	21509	20154
42	92	42	50	39875	20459	19416
43	61	27	34	36926	18700	18226
44	58	32	26	41904	21097	20807

4-1 续表 3

单位：人

年 龄	学前教育			小 学		
	小计	男	女	小计	男	女
45-49岁	**493**	**264**	**229**	**346689**	**168629**	**178060**
45	74	40	34	48093	23614	24479
46	89	44	45	59196	28862	30334
47	112	64	48	70981	34688	36293
48	111	63	48	78306	37940	40366
49	107	53	54	90113	43525	46588
50-54岁	**737**	**352**	**385**	**616855**	**293211**	**323644**
50	132	62	70	107169	51496	55673
51	138	61	77	114800	55433	59367
52	158	84	74	132941	63558	69383
53	137	59	78	118830	55617	63213
54	172	86	86	143115	67107	76008
55-59岁	**824**	**347**	**477**	**676850**	**303951**	**372899**
55	173	69	104	151739	70291	81448
56	186	81	105	147745	67649	80096
57	218	100	118	183125	83321	99804
58	155	61	94	118470	51472	66998
59	92	36	56	75771	31218	44553
60-64岁	**1225**	**422**	**803**	**811358**	**345237**	**466121**
60	183	71	112	142140	60678	81462
61	194	62	132	130534	55954	74580
62	262	92	170	167906	71307	96599
63	320	110	210	187242	79870	107372
64	266	87	179	183536	77428	106108
65-69岁	**1720**	**540**	**1180**	**1017151**	**429342**	**587809**
65	344	129	215	208147	87949	120198
66	349	120	229	213327	90060	123267
67	306	82	224	195418	83076	112342
68	390	114	276	207143	87639	119504
69	331	95	236	193116	80618	112498
70-74岁	**1592**	**504**	**1088**	**801031**	**332832**	**468199**
70	344	95	249	189784	78516	111268
71	339	125	214	183066	76461	106605
72	303	100	203	153085	63295	89790
73	307	96	211	141269	58720	82549
74	299	88	211	133827	55840	77987
75-79岁	**1310**	**409**	**901**	**502638**	**204862**	**297776**
75	255	83	172	108342	44525	63817
76	277	105	172	107282	44230	63052
77	246	71	175	98892	40417	58475
78	242	72	170	94267	37980	56287
79	290	78	212	93855	37710	56145
80-84岁	**1518**	**380**	**1138**	**375139**	**147722**	**227417**
80	256	60	196	86293	33980	52313
81	315	84	231	79987	31514	48473
82	330	81	249	80385	31514	48871
83	312	76	236	67467	26726	40741
84	305	79	226	61007	23988	37019
85岁及以上	**2014**	**567**	**1447**	**290387**	**118796**	**171591**

4-1　续表 4　　　　单位：人

年　龄	初　中			高　中			大学专科		
	小计	男	女	小计	男	女	小计	男	女
总　计	**18228529**	**9332828**	**8895701**	**6248324**	**3216122**	**3032202**	**3769813**	**1922438**	**1847375**
3									
4									
5–9岁	**33190**	**17560**	**15630**	**39**	**22**	**17**			
5									
6	7008	3715	3293						
7	7040	3733	3307						
8	9404	5065	4339	19	11	8			
9	9738	5047	4691	20	11	9			
10–14岁	**794972**	**412898**	**382074**	**33324**	**16020**	**17304**	**99**	**37**	**62**
10	14084	7394	6690	22	14	8	5	2	3
11	38819	19287	19532	42	25	17	12	7	5
12	187080	94989	92091	66	23	43	8	5	3
13	283730	147909	135821	7664	3905	3759	14	7	7
14	271259	143319	127940	25530	12053	13477	60	16	44
15–19岁	**372520**	**214328**	**158192**	**800454**	**418548**	**381906**	**212250**	**106788**	**105462**
15	143972	79998	63974	180385	90616	89769	4884	2352	2532
16	70143	39516	30627	242430	124899	117531	7613	3796	3817
17	48829	28256	20573	194764	101101	93663	18815	9246	9569
18	55471	33185	22286	124417	68895	55522	79412	40215	39197
19	54105	33373	20732	58458	33037	25421	101526	51179	50347
20–24岁	**417763**	**242608**	**175155**	**267479**	**150463**	**117016**	**437848**	**218334**	**219514**
20	60823	36621	24202	51315	29009	22306	96496	49183	47313
21	66216	39090	27126	47277	26730	20547	77020	38724	38296
22	82189	47940	34249	53064	29854	23210	83910	41258	42652
23	95261	54778	40483	55992	31484	24508	88693	43809	44884
24	113274	64179	49095	59831	33386	26445	91729	45360	46369
25–29岁	**735455**	**404186**	**331269**	**363412**	**199800**	**163612**	**490642**	**244254**	**246388**
25	129885	73076	56809	66319	36952	29367	95758	47343	48415
26	139039	77634	61405	71546	39554	31992	99727	49599	50128
27	147423	80734	66689	73939	40742	33197	99856	49758	50098
28	151312	82455	68857	75082	41117	33965	98822	49292	49530
29	167796	90287	77509	76526	41435	35091	96479	48262	48217
30–34岁	**1340093**	**697830**	**642263**	**560539**	**294725**	**265814**	**625289**	**309702**	**315587**
30	232577	123381	109196	101291	54465	46826	122974	61517	61457
31	250015	130845	119170	106496	56569	49927	124339	62135	62204
32	263809	137374	126435	114491	60630	53861	127015	62772	64243
33	320805	165959	154846	131951	68329	63622	139350	68737	70613
34	272887	140271	132616	106310	54732	51578	111611	54541	57070
35–39岁	**1298204**	**669014**	**629190**	**499996**	**253283**	**246713**	**453232**	**223169**	**230063**
35	215029	110207	104822	81854	41732	40122	83846	41661	42185
36	204454	104166	100288	78039	39919	38120	78874	39241	39633
37	243974	126513	117461	96025	48895	47130	91379	44841	46538
38	337608	174785	162823	133647	67554	66093	113650	55400	58250
39	297139	153343	143796	110431	55183	55248	85483	42026	43457
40–44岁	**1634889**	**838684**	**796205**	**588164**	**293167**	**294997**	**359166**	**175819**	**183347**
40	301967	155280	146687	110355	55043	55312	78411	38463	39948
41	374927	192380	182547	137613	68534	69079	84862	41372	43490
42	346711	178338	168373	131470	65572	65898	79521	38786	40735
43	295337	151614	143723	104259	52041	52218	59376	29084	30292
44	315947	161072	154875	104467	51977	52490	56996	28114	28882

4－1　续表 5

单位：人

年　龄	初　　中			高　　中			大学专科		
	小计	男	女	小计	男	女	小计	男	女
45—49岁	**2046184**	**1027792**	**1018392**	**612230**	**305563**	**306667**	**309541**	**155344**	**154197**
45	331717	167713	164004	104820	52130	52690	56395	27854	28541
46	379542	190474	189068	113288	56182	57106	59250	29436	29814
47	431593	216394	215199	128599	63977	64622	65356	32734	32622
48	439276	220409	218867	128748	64796	63952	63398	32176	31222
49	464056	232802	231254	136775	68478	68297	65142	33144	31998
50—54岁	**2364997**	**1184120**	**1180877**	**564196**	**279229**	**284967**	**236548**	**120169**	**116379**
50	492823	246906	245917	138159	68849	69310	61816	31112	30704
51	468340	234888	233452	121815	60092	61723	51092	25743	25349
52	509979	255347	254632	122367	60769	61598	50230	25566	24664
53	409893	204457	205436	83277	41239	42038	33327	17171	16156
54	483962	242522	241440	98578	48280	50298	40083	20577	19506
55—59岁	**2332946**	**1166516**	**1166430**	**652551**	**320322**	**332229**	**219533**	**116520**	**103013**
55	536603	268670	267933	119343	59006	60337	45614	23695	21919
56	532073	265747	266326	140691	69110	71581	50711	26590	24121
57	650422	325613	324809	195982	95944	100038	64366	34241	30125
58	382014	191695	190319	118661	58594	60067	37020	20044	16976
59	231834	114791	117043	77874	37668	40206	21822	11950	9872
60—64岁	**1922021**	**965918**	**956103**	**558291**	**283284**	**275007**	**144708**	**82914**	**61794**
60	403234	202228	201006	128354	64170	64184	31522	17943	13579
61	336304	169267	167037	99549	50641	48908	23722	13571	10151
62	406370	204239	202131	114934	58788	56146	28570	16497	12073
63	409700	206518	203182	112994	57352	55642	29984	17240	12744
64	366413	183666	182747	102460	52333	50127	30910	17663	13247
65—69岁	**1506120**	**761417**	**744703**	**359495**	**188757**	**170738**	**133939**	**77658**	**56281**
65	368865	187068	181797	103013	53790	49223	33201	19285	13916
66	341840	172443	169397	91581	48043	43538	32779	18927	13852
67	281638	141774	139864	67412	35256	32156	25469	14594	10875
68	272530	137462	135068	55008	29169	25839	22622	13024	9598
69	241247	122670	118577	42481	22499	19982	19868	11828	8040
70—74岁	**742255**	**378457**	**363798**	**162543**	**87920**	**74623**	**68965**	**42597**	**26368**
70	220944	113094	107850	38768	20554	18214	18929	11702	7227
71	172221	89199	83022	35502	19350	16152	15907	9957	5950
72	127263	64110	63153	31364	17079	14285	12459	7586	4873
73	111458	56251	55207	29004	15824	13180	11292	6971	4321
74	110369	55803	54566	27905	15113	12792	10378	6381	3997
75—79岁	**385556**	**195536**	**190020**	**124797**	**66169**	**58628**	**40677**	**24524**	**16153**
75	90827	45922	44905	23604	12211	11393	8481	5026	3455
76	86377	44389	41988	24885	12895	11990	8113	4873	3240
77	76337	39181	37156	26433	13942	12491	8375	5151	3224
78	69507	34637	34870	26283	14036	12247	8013	4729	3284
79	62508	31407	31101	23592	13085	10507	7695	4745	2950
80—84岁	**189389**	**95184**	**94205**	**67596**	**38220**	**29376**	**25068**	**16139**	**8929**
80	51887	25916	25971	18801	10298	8503	6430	3951	2479
81	41074	20501	20573	14679	8116	6563	5487	3467	2020
82	38096	19215	18881	13330	7618	5712	5179	3371	1808
83	30982	15794	15188	11146	6443	4703	4230	2826	1404
84	27350	13758	13592	9640	5745	3895	3742	2524	1218
85岁及以上	**111975**	**60780**	**51195**	**33218**	**20630**	**12588**	**12308**	**8470**	**3838**

4-1　续表 6

单位：人

年　龄	大学本科			硕士研究生			博士研究生		
	小计	男	女	小计	男	女	小计	男	女
总　计	**3631684**	**1814004**	**1817680**	**321626**	**149734**	**171892**	**35213**	**19795**	**15418**
3									
4									
5–9岁									
5									
6									
7									
8									
9									
10–14岁	**41**	**24**	**17**	**1**	**1**				
10	5	4	1						
11	5	3	2						
12	6	3	3						
13	10	6	4	1	1				
14	15	8	7						
15–19岁	**251093**	**120437**	**130656**	**272**	**99**	**173**	**31**	**20**	**11**
15	1005	486	519	1		1			
16	2031	1017	1014						
17	14028	5998	8030	31	13	18			
18	94789	44126	50663	90	24	66	3	2	1
19	139240	68810	70430	150	62	88	28	18	10
20–24岁	**621925**	**299960**	**321965**	**56976**	**25042**	**31934**	**1520**	**779**	**741**
20	161136	79378	81758	297	136	161	30	17	13
21	145647	71629	74018	2157	876	1281	62	34	28
22	122601	59472	63129	12048	5271	6777	213	110	103
23	99712	46839	52873	20280	8942	11338	398	175	223
24	92829	42642	50187	22194	9817	12377	817	443	374
25–29岁	**502176**	**228572**	**273604**	**63966**	**25647**	**38319**	**8422**	**4514**	**3908**
25	94520	42958	51562	18681	8030	10651	1353	724	629
26	99285	44887	54398	14241	5811	8430	1813	990	823
27	101527	45976	55551	11513	4480	7033	1918	1014	904
28	104532	47551	56981	10147	3828	6319	1836	984	852
29	102312	47200	55112	9384	3498	5886	1502	802	700
30–34岁	**685137**	**321700**	**363437**	**66377**	**26832**	**39545**	**7623**	**4185**	**3438**
30	131777	61205	70572	12959	4921	8038	1740	988	752
31	134103	62204	71899	13324	5194	8130	1677	925	752
32	139792	65211	74581	13681	5553	8128	1516	793	723
33	152622	72239	80383	14246	5926	8320	1439	800	639
34	126843	60841	66002	12167	5238	6929	1251	679	572
35–39岁	**526633**	**259818**	**266815**	**57581**	**26301**	**31280**	**6257**	**3407**	**2850**
35	103406	50235	53171	10620	4639	5981	1106	596	510
36	99688	49252	50436	10871	4795	6076	1224	683	541
37	108568	53250	55318	12115	5579	6536	1242	638	604
38	126383	62720	63663	13887	6435	7452	1468	824	644
39	88588	44361	44227	10088	4853	5235	1217	666	551
40–44岁	**303727**	**152715**	**151012**	**30745**	**16064**	**14681**	**4511**	**2508**	**2003**
40	75868	38222	37646	8530	4271	4259	1125	602	523
41	71623	35884	35739	7662	3878	3784	1111	611	500
42	65116	32340	32776	6433	3403	3030	951	537	414
43	47165	23804	23361	4443	2457	1986	712	405	307
44	43955	22465	21490	3677	2055	1622	612	353	259

4-1 续表 7 单位：人

年 龄	大学本科			硕士研究生			博士研究生		
	小计	男	女	小计	男	女	小计	男	女
45—49岁	**232018**	**122429**	**109589**	**17340**	**10149**	**7191**	**2654**	**1543**	**1111**
45	43468	22492	20976	3415	1965	1450	502	287	215
46	44635	23325	21310	3307	1941	1366	530	296	234
47	48952	25670	23282	3695	2082	1613	605	353	252
48	46962	25164	21798	3526	2143	1383	530	308	222
49	48001	25778	22223	3397	2018	1379	487	299	188
50—54岁	**170258**	**93406**	**76852**	**11617**	**7244**	**4373**	**1671**	**1041**	**630**
50	43979	23633	20346	3004	1771	1233	425	269	156
51	36528	19859	16669	2538	1606	932	379	248	131
52	36932	20426	16506	2540	1546	994	355	217	138
53	24531	13719	10812	1622	1055	567	228	141	87
54	28288	15769	12519	1913	1266	647	284	166	118
55—59岁	**129719**	**77949**	**51770**	**9819**	**7030**	**2789**	**1533**	**1038**	**495**
55	30042	17574	12468	2213	1534	679	337	207	130
56	30537	18041	12496	2444	1693	751	403	279	124
57	36948	22425	14523	2896	2135	761	456	314	142
58	20175	12400	7775	1465	1079	386	220	155	65
59	12017	7509	4508	801	589	212	117	83	34
60—64岁	**63512**	**40909**	**22603**	**3672**	**2826**	**846**	**573**	**447**	**126**
60	15965	10386	5579	934	728	206	127	100	27
61	10404	6713	3691	641	504	137	110	78	32
62	11691	7585	4106	710	544	166	104	83	21
63	12484	7907	4577	704	529	175	135	116	19
64	12968	8318	4650	683	521	162	97	70	27
65—69岁	**52941**	**32921**	**20020**	**2031**	**1546**	**485**	**224**	**170**	**54**
65	13538	8591	4947	641	496	145	75	59	16
66	13331	8103	5228	566	424	142	57	45	12
67	10313	6419	3894	382	289	93	41	27	14
68	8371	5162	3209	264	206	58	28	24	4
69	7388	4646	2742	178	131	47	23	15	8
70—74岁	**28599**	**18634**	**9965**	**561**	**437**	**124**	**74**	**48**	**26**
70	7423	4681	2742	185	140	45	16	11	5
71	6218	4046	2172	137	108	29	18	10	8
72	4472	2941	1531	69	53	16	17	13	4
73	4523	3052	1471	75	58	17	11	8	3
74	5963	3914	2049	95	78	17	12	6	6
75—79岁	**28011**	**18702**	**9309**	**321**	**262**	**59**	**58**	**46**	**12**
75	5967	3922	2045	88	78	10	17	15	2
76	5686	3801	1885	85	69	16	11	9	2
77	5466	3704	1762	70	55	15	15	13	2
78	5379	3548	1831	40	32	8	11	7	4
79	5513	3727	1786	38	28	10	4	2	2
80—84岁	**23907**	**17004**	**6903**	**183**	**145**	**38**	**28**	**22**	**6**
80	5579	3814	1765	39	33	6	5	4	1
81	5158	3538	1620	39	32	7	4	2	2
82	5095	3662	1433	37	31	6	4	4	
83	4279	3179	1100	28	21	7	10	7	3
84	3796	2811	985	40	28	12	5	5	
85岁及以上	**11987**	**8824**	**3163**	**164**	**109**	**55**	**34**	**27**	**7**

4-1a　全省分年龄、性别、受教育程度的3岁及以上人口(城市)

单位：人

年　龄	3岁及以上人口			未上过学		
	合计	男	女	小计	男	女
总　计	**25050447**	**12357257**	**12693190**	**275313**	**106939**	**168374**
3	219716	113217	106499	65770	33964	31806
4	231280	119212	112068	37721	19574	18147
5-9岁	**1057931**	**549097**	**508834**	**23839**	**12585**	**11254**
5	179252	92374	86878	14793	7785	7008
6	258453	134288	124165	6296	3358	2938
7	207802	108030	99772	1201	647	554
8	227953	118444	109509	916	470	446
9	184471	95961	88510	633	325	308
10-14岁	**904619**	**472638**	**431981**	**3689**	**1962**	**1727**
10	174954	91408	83546	717	372	345
11	184490	96411	88079	783	405	378
12	181778	94838	86940	820	443	377
13	196166	102396	93770	737	385	352
14	167231	87585	79646	632	357	275
15-19岁	**1056726**	**552336**	**504390**	**1761**	**1058**	**703**
15	193558	100845	92713	391	210	181
16	204511	106768	97743	316	204	112
17	171240	88987	82253	289	179	110
18	235302	123101	112201	418	250	168
19	252115	132635	119480	347	215	132
20-24岁	**1250867**	**645348**	**605519**	**2206**	**1291**	**915**
20	271270	142235	129035	482	268	214
21	243369	126948	116421	411	235	176
22	242871	125089	117782	415	237	178
23	240757	123124	117633	461	291	170
24	252600	127952	124648	437	260	177
25-29岁	**1486272**	**748498**	**737774**	**2225**	**1304**	**921**
25	269687	136647	133040	460	275	185
26	288406	145013	143393	489	283	206
27	300445	151037	149408	442	263	179
28	310006	155904	154102	438	257	181
29	317728	159897	157831	396	226	170
30-34岁	**2381197**	**1186944**	**1194253**	**3118**	**1799**	**1319**
30	428438	215176	213262	559	335	224
31	455523	227533	227990	643	377	266
32	484142	241420	242722	614	360	254
33	552771	274608	278163	696	391	305
34	460323	228207	232116	606	336	270
35-39岁	**2068446**	**1032851**	**1035595**	**2881**	**1599**	**1282**
35	367708	183410	184298	475	258	217
36	352980	176196	176784	480	259	221
37	411403	205632	205771	603	349	254
38	525155	262420	262735	721	404	317
39	411200	205193	206007	602	329	273
40-44岁	**1957912**	**975059**	**982853**	**3117**	**1603**	**1514**
40	392060	195380	196680	573	310	263
41	454441	226584	227857	704	371	333
42	426184	212213	213971	650	327	323
43	339651	169297	170354	566	288	278
44	345576	171585	173991	624	307	317

4-1a 续表 1

单位：人

年 龄	3岁及以上人口			未上过学		
	合计	男	女	小计	男	女
45-49岁	**2086336**	**1032648**	**1053688**	**4409**	**2082**	**2327**
45	353071	174575	178496	669	334	335
46	387402	190471	196931	727	344	383
47	440199	217731	222468	914	453	461
48	441151	219619	221532	1030	454	576
49	464513	230252	234261	1069	497	572
50-54岁	**2135402**	**1050861**	**1084541**	**6029**	**2727**	**3302**
50	475838	235004	240834	1173	559	614
51	445923	220107	225816	1216	558	658
52	465187	229442	235745	1323	593	730
53	339588	166606	172982	1149	500	649
54	408866	199702	209164	1168	517	651
55-59岁	**2266350**	**1118628**	**1147722**	**6497**	**2716**	**3781**
55	476342	234647	241695	1409	653	756
56	510347	251849	258498	1432	597	835
57	652683	323269	329414	1710	766	944
58	377809	187122	190687	1092	398	694
59	249169	121741	127428	854	302	552
60-64岁	**1982379**	**961846**	**1020533**	**8662**	**2905**	**5757**
60	413012	203163	209849	1418	516	902
61	339776	166049	173727	1310	466	844
62	417264	202716	214548	1913	630	1283
63	421668	202953	218715	2037	669	1368
64	390659	186965	203694	1984	624	1360
65-69岁	**1645547**	**779090**	**866457**	**11241**	**3109**	**8132**
65	398009	191025	206984	2222	649	1573
66	377170	179614	197556	2232	664	1568
67	312286	147347	164939	2211	582	1629
68	296240	138485	157755	2358	639	1719
69	261842	122619	139223	2218	575	1643
70-74岁	**923964**	**426864**	**497100**	**10033**	**2759**	**7274**
70	249151	117269	131882	2183	603	1580
71	207545	97244	110301	2250	622	1628
72	164417	74648	89769	1881	534	1347
73	151761	69192	82569	1837	514	1323
74	151090	68511	82579	1882	486	1396
75-79岁	**595575**	**261374**	**334201**	**11262**	**2304**	**8958**
75	125561	55930	69631	1832	431	1401
76	122485	54235	68250	2052	474	1578
77	118289	52563	65726	2125	445	1680
78	116319	50149	66170	2405	464	1941
79	112921	48497	64424	2848	490	2358
80-84岁	**447009**	**183053**	**263956**	**23749**	**3833**	**19916**
80	104135	43555	60580	3517	602	2915
81	93368	37782	55586	4206	713	3493
82	93061	37604	55457	5124	882	4242
83	80821	33192	47629	5089	796	4293
84	75624	30920	44704	5813	840	4973
85岁及以上	**352919**	**147693**	**205226**	**47104**	**7765**	**39339**

4-1a　续表 2

单位：人

年　龄	学前教育			小　学		
	小计	男	女	小计	男	女
总　计	**593376**	**306239**	**287137**	**3120335**	**1419160**	**1701175**
3	153946	79253	74693			
4	193559	99638	93921			
5-9岁	**229679**	**119936**	**109743**	**783169**	**405302**	**377867**
5	143056	73698	69358	21403	10891	10512
6	72873	39147	33726	174739	89354	85385
7	8044	4164	3880	194114	100847	93267
8	3608	1865	1743	217313	112843	104470
9	2098	1062	1036	175600	91367	84233
10-14岁	**7027**	**3584**	**3443**	**416782**	**219508**	**197274**
10	1621	819	802	163802	85514	78288
11	1321	650	671	158189	83180	75009
12	1052	573	479	63240	34323	28917
13	1449	751	698	23324	12182	11142
14	1584	791	793	8227	4309	3918
15-19岁	**2571**	**1264**	**1307**	**18672**	**10127**	**8545**
15	1170	595	575	4149	2187	1962
16	664	344	320	3886	2057	1829
17	242	114	128	3430	1864	1566
18	247	118	129	4103	2257	1846
19	248	93	155	3104	1762	1342
20-24岁	**706**	**348**	**358**	**14246**	**8154**	**6092**
20	203	88	115	3084	1743	1341
21	130	71	59	2327	1312	1015
22	110	57	53	2752	1552	1200
23	134	65	69	2810	1651	1159
24	129	67	62	3273	1896	1377
25-29岁	**394**	**175**	**219**	**25073**	**14530**	**10543**
25	130	65	65	3679	2104	1575
26	92	37	55	4178	2418	1760
27	56	20	36	4988	2886	2102
28	50	27	23	5482	3248	2234
29	66	26	40	6746	3874	2872
30-34岁	**503**	**236**	**267**	**57295**	**31962**	**25333**
30	93	43	50	9693	5487	4206
31	82	34	48	10842	6155	4687
32	116	58	58	11764	6591	5173
33	112	51	61	13627	7469	6158
34	100	50	50	11369	6260	5109
35-39岁	**344**	**189**	**155**	**45496**	**24162**	**21334**
35	69	38	31	8692	4770	3922
36	65	34	31	7700	4105	3595
37	58	32	26	8388	4362	4026
38	98	58	40	10684	5700	4984
39	54	27	27	10032	5225	4807
40-44岁	**232**	**109**	**123**	**66100**	**33536**	**32564**
40	53	26	27	11125	5699	5426
41	55	23	32	14488	7473	7015
42	57	27	30	13677	6929	6748
43	36	15	21	12551	6303	6248
44	31	18	13	14259	7132	7127

4-1a 续表 3

单位：人

年 龄	学前教育			小 学		
	小计	男	女	小计	男	女
45-49岁	**273**	**153**	**120**	**108327**	**52598**	**55729**
45	51	28	23	16102	7884	8218
46	56	28	28	19441	9375	10066
47	53	31	22	22354	10993	11361
48	54	34	20	23895	11581	12314
49	59	32	27	26535	12765	13770
50-54岁	**330**	**165**	**165**	**168837**	**79998**	**88839**
50	63	31	32	30969	14793	16176
51	67	32	35	33489	16285	17204
52	64	32	32	37064	17594	19470
53	66	35	31	30650	14225	16425
54	70	35	35	36665	17101	19564
55-59岁	**322**	**145**	**177**	**168840**	**76710**	**92130**
55	70	29	41	38411	17772	20639
56	79	38	41	37272	17356	19916
57	80	34	46	44914	20684	24230
58	58	27	31	29062	12801	16261
59	35	17	18	19181	8097	11084
60-64岁	**440**	**174**	**266**	**203565**	**84623**	**118942**
60	79	32	47	34460	14721	19739
61	69	26	43	32730	13873	18857
62	99	43	56	43028	18078	24950
63	108	46	62	47273	19486	27787
64	85	27	58	46074	18465	27609
65-69岁	**469**	**162**	**307**	**260456**	**101196**	**159260**
65	95	43	52	51924	20568	31356
66	98	33	65	54074	21254	32820
67	91	26	65	50599	19808	30791
68	101	36	65	52998	20297	32701
69	84	24	60	50861	19269	31592
70-74岁	**405**	**142**	**263**	**242407**	**91001**	**151406**
70	87	26	61	53364	20115	33249
71	74	32	42	53701	20362	33339
72	79	27	52	46616	17438	29178
73	85	31	54	44832	16845	27987
74	80	26	54	43894	16241	27653
75-79岁	**399**	**126**	**273**	**182911**	**63267**	**119644**
75	73	26	47	35897	12936	22961
76	74	31	43	36288	12885	23403
77	74	24	50	35535	12376	23159
78	81	22	59	36605	12333	24272
79	97	23	74	38586	12737	25849
80-84岁	**697**	**151**	**546**	**188763**	**59725**	**129038**
80	107	20	87	38838	12435	26403
81	133	32	101	39026	12126	26900
82	141	29	112	40670	12522	28148
83	158	31	127	36065	11546	24519
84	158	39	119	34164	11096	23068
85岁及以上	**1080**	**289**	**791**	**169396**	**62761**	**106635**

4-1a　续表 4　　　　　　　　　　　　　　　　　　　　　　　　　　　单位：人

年　龄	初　中			高　中			大学专科		
	小计	男	女	小计	男	女	小计	男	女
总　计	**9552557**	**4724369**	**4828188**	**4867158**	**2458127**	**2409031**	**3075020**	**1563710**	**1511310**
3									
4									
5-9岁	**21220**	**11263**	**9957**	**24**	**11**	**13**			
5									
6	4545	2429	2116						
7	4443	2372	2071						
8	6105	3260	2845	11	6	5			
9	6127	3202	2925	13	5	8			
10-14岁	**454384**	**236543**	**217841**	**22641**	**10993**	**11648**	**59**	**27**	**32**
10	8788	4686	4102	16	11	5	5	2	3
11	24155	12151	12004	26	15	11	11	7	4
12	116606	59471	57135	47	20	27	7	5	2
13	165010	86135	78875	5628	2933	2695	11	6	5
14	139825	74100	65725	16924	8014	8910	25	7	18
15-19岁	**155473**	**88143**	**67330**	**521290**	**273061**	**248229**	**138634**	**72480**	**66154**
15	63932	35372	28560	120378	60834	59544	2693	1237	1456
16	31884	17556	14328	161521	83621	77900	4552	2138	2414
17	19524	11067	8457	124727	65123	59604	11450	5653	5797
18	20569	12134	8435	77644	43000	34644	51298	27139	24159
19	19564	12014	7550	37020	20483	16537	68641	36313	32328
20-24岁	**170268**	**97057**	**73211**	**175713**	**98764**	**76949**	**298802**	**153359**	**145443**
20	22639	13529	9110	32750	18300	14450	67301	35664	31637
21	26009	15119	10890	30724	17330	13394	51897	27060	24837
22	33642	19206	14436	34878	19596	15282	55636	28062	27574
23	39897	22546	17351	37060	20980	16080	60144	30498	29646
24	48081	26657	21424	40301	22558	17743	63824	32075	31749
25-29岁	**333480**	**181519**	**151961**	**264709**	**145731**	**118978**	**371858**	**185727**	**186131**
25	56113	31110	25003	46127	25848	20279	68313	34169	34144
26	62243	34067	28176	51182	28353	22829	73761	36779	36982
27	67128	36555	30573	54040	29839	24201	76008	37921	38087
28	70017	38086	31931	55981	30675	25306	77221	38526	38695
29	77979	41701	36278	57379	31016	26363	76555	38332	38223
30-34岁	**659748**	**340623**	**319125**	**447814**	**235237**	**212577**	**527863**	**260302**	**267561**
30	110552	58234	52318	77654	41903	35751	99771	49840	49931
31	122324	63620	58704	83828	44567	39261	103873	51681	52192
32	131249	68023	63226	92214	48795	43419	107917	53080	54837
33	159505	81627	77878	106966	55243	51723	119370	58677	60693
34	136118	69119	66999	87152	44729	42423	96932	47024	49908
35-39岁	**648342**	**330460**	**317882**	**417626**	**210514**	**207112**	**403608**	**197048**	**206560**
35	109977	56133	53844	67935	34598	33337	73973	36456	37517
36	105360	53359	52001	65118	33135	31983	70205	34582	35623
37	125704	64773	60931	80952	40944	40008	81874	39909	41965
38	166633	85000	81633	112309	56514	55795	101946	49324	52622
39	140668	71195	69473	91312	45323	45989	75610	36777	38833
40-44岁	**776901**	**390410**	**386491**	**486500**	**239695**	**246805**	**312809**	**151779**	**161030**
40	141198	71089	70109	90659	44672	45987	68882	33520	35362
41	176760	89287	87473	113689	56029	57660	74322	36020	38302
42	165931	83754	82177	109401	54014	55387	69577	33623	35954
43	141004	70813	70191	86505	42658	43847	51316	24878	26438
44	152008	75467	76541	86246	42322	43924	48712	23738	24974

4-1a 续表 5 单位：人

年 龄	初 中			高 中			大学专科		
	小计	男	女	小计	男	女	小计	男	女
45-49岁	**974186**	**475505**	**498681**	**506485**	**249819**	**256666**	**265242**	**131570**	**133672**
45	159166	78073	81093	86414	42553	43861	48143	23446	24697
46	180185	87554	92631	93137	45518	47619	50378	24720	25658
47	205581	100375	105206	106795	52562	54233	56334	27973	28361
48	208658	102041	106617	106848	53219	53629	54404	27296	27108
49	220596	107462	113134	113291	55967	57324	55983	28135	27848
50-54岁	**1137722**	**553553**	**584169**	**459829**	**224168**	**235661**	**198495**	**99489**	**99006**
50	234286	114189	120097	113972	56109	57863	52728	26247	26481
51	231796	113147	118649	100552	48976	51576	43389	21636	21753
52	248840	121186	127654	99824	48918	50906	42360	21267	21093
53	190640	92562	98078	66402	32275	34127	27305	13848	13457
54	232160	112469	119691	79079	37890	41189	32713	16491	16222
55-59岁	**1242501**	**608060**	**634441**	**533515**	**256056**	**277459**	**186015**	**96874**	**89141**
55	272332	132765	139567	97197	46967	50230	37761	19262	18499
56	282582	137969	144613	115868	55699	60169	42817	22082	20735
57	352089	172781	179308	161838	77539	84299	55057	28764	26293
58	200746	98855	101891	95238	45888	49350	31483	16689	14794
59	134752	65690	69062	63374	29963	33411	18897	10077	8820
60-64岁	**1146749**	**551181**	**595568**	**434637**	**211799**	**222838**	**125333**	**70354**	**54979**
60	232754	113299	119455	101254	49116	52138	27223	15136	12087
61	198300	96028	102272	76660	37541	39119	20408	11419	8989
62	246498	118355	128143	89200	43884	45316	24840	14097	10743
63	246424	117880	128544	87435	42310	45125	26018	14676	11342
64	222773	105619	117154	80088	38948	41140	26844	15026	11818
65-69岁	**918979**	**433952**	**485027**	**284540**	**141483**	**143057**	**118231**	**67009**	**51222**
65	221103	105121	115982	80366	39653	40713	29014	16510	12504
66	206885	97747	109138	72002	35666	36336	28816	16275	12541
67	172988	81409	91579	53718	26635	27083	22647	12642	10005
68	168439	78960	89479	44139	22236	21903	20072	11302	8770
69	149564	70715	78849	34315	17293	17022	17682	10280	7402
70-74岁	**452602**	**211753**	**240849**	**130719**	**67037**	**63682**	**60379**	**36366**	**24013**
70	138370	66038	72332	31067	15704	15363	16914	10281	6633
71	103408	49276	54132	28258	14585	13673	13908	8511	5397
72	75262	34263	40999	25497	13181	12316	10820	6403	4417
73	67472	30989	36483	23448	12086	11362	9768	5829	3939
74	68090	31187	36903	22449	11481	10968	8969	5342	3627
75-79岁	**241105**	**109385**	**131720**	**98125**	**48160**	**49965**	**34946**	**20348**	**14598**
75	55826	25443	30383	18780	9073	9707	7407	4259	3148
76	52231	23867	28364	19367	9277	10090	7021	4085	2936
77	47359	21764	25595	20754	10140	10614	7183	4270	2913
78	44589	19884	24705	20669	10196	10473	6835	3885	2950
79	41100	18427	22673	18555	9474	9081	6500	3849	2651
80-84岁	**134121**	**60568**	**73553**	**55143**	**29074**	**26069**	**21670**	**13531**	**8139**
80	35776	15978	19798	15014	7584	7430	5544	3292	2252
81	28494	12592	15902	11882	6078	5804	4693	2883	1810
82	26846	12047	14799	10911	5813	5098	4507	2838	1669
83	22544	10417	12127	9207	5013	4194	3667	2373	1294
84	20461	9534	10927	8129	4586	3543	3259	2145	1114
85岁及以上	**84776**	**44394**	**40382**	**27848**	**16525**	**11323**	**11076**	**7447**	**3629**

4-1a　续表 6

单位：人

年　龄	大学本科			硕士研究生			博士研究生		
	小计	男	女	小计	男	女	小计	男	女
总　计	**3234402**	**1619294**	**1615108**	**299795**	**140886**	**158909**	**32491**	**18533**	**13958**
3									
4									
5-9岁									
5									
6									
7									
8									
9									
10-14岁	**37**	**21**	**16**						
10	5	4	1						
11	5	3	2						
12	6	3	3						
13	7	4	3						
14	14	7	7						
15-19岁	**218048**	**106100**	**111948**	**251**	**86**	**165**	**26**	**17**	**9**
15	844	410	434	1		1			
16	1688	848	840						
17	11550	4977	6573	28	10	18			
18	80937	38181	42756	83	20	63	3	2	1
19	123029	61684	61345	139	56	83	23	15	8
20-24岁	**536365**	**262408**	**273957**	**51262**	**23270**	**27992**	**1299**	**697**	**602**
20	144512	72498	72014	274	129	145	25	16	9
21	129907	64989	64918	1911	804	1107	53	28	25
22	104465	51419	53046	10791	4862	5929	182	98	84
23	81615	38612	43003	18306	8335	9971	330	146	184
24	75866	34890	40976	19980	9140	10840	709	409	300
25-29岁	**424250**	**192292**	**231958**	**56860**	**23151**	**33709**	**7423**	**4069**	**3354**
25	77266	35117	42149	16410	7309	9101	1189	650	539
26	82492	37041	45451	12390	5154	7236	1579	881	698
27	85852	38634	47218	10234	3999	6235	1697	920	777
28	89985	40705	49280	9215	3495	5720	1617	885	732
29	88655	40795	47860	8611	3194	5417	1341	733	608
30-34岁	**615318**	**287620**	**327698**	**62581**	**25288**	**37293**	**6957**	**3877**	**3080**
30	116440	53801	62639	12067	4601	7466	1609	932	677
31	119854	55359	64495	12550	4885	7665	1527	855	672
32	125980	58540	67440	12896	5233	7663	1392	740	652
33	137724	64844	72880	13493	5589	7904	1278	717	561
34	115320	55076	60244	11575	4980	6595	1151	633	518
35-39岁	**488780**	**240368**	**248412**	**55444**	**25259**	**30185**	**5925**	**3252**	**2673**
35	95437	46194	49243	10127	4407	5720	1023	556	467
36	92427	45463	46964	10472	4607	5865	1153	652	501
37	101002	49313	51689	11645	5343	6302	1177	607	570
38	117937	58411	59526	13424	6214	7210	1403	795	608
39	81977	40987	40990	9776	4688	5088	1169	642	527
40-44岁	**278123**	**139966**	**138157**	**29775**	**15533**	**14242**	**4355**	**2428**	**1927**
40	70201	35336	34865	8292	4148	4144	1077	580	497
41	65934	33034	32900	7415	3751	3664	1074	596	478
42	59746	29732	30014	6225	3289	2936	920	518	402
43	42688	21582	21106	4297	2366	1931	688	394	294
44	39554	20282	19272	3546	1979	1567	596	340	256

4-1a 续表 7 单位：人

年 龄	大学本科			硕士研究生			博士研究生		
	小计	男	女	小计	男	女	小计	男	女
45-49岁	**208173**	**109699**	**98474**	**16680**	**9727**	**6953**	**2561**	**1495**	**1066**
45	38739	20090	18649	3297	1887	1410	490	280	210
46	39811	20801	19010	3158	1846	1312	509	285	224
47	44014	22998	21016	3575	2008	1567	579	338	241
48	42356	22642	19714	3392	2051	1341	514	301	213
49	43253	23168	20085	3258	1935	1323	469	291	178
50-54岁	**151549**	**82912**	**68637**	**11019**	**6844**	**4175**	**1592**	**1005**	**587**
50	39382	21129	18253	2863	1686	1177	402	261	141
51	32636	17715	14921	2414	1517	897	364	241	123
52	32977	18193	14784	2398	1451	947	337	208	129
53	21623	12035	9588	1536	990	546	217	136	81
54	24931	13840	11091	1808	1200	608	272	159	113
55-59岁	**117893**	**70430**	**47463**	**9312**	**6649**	**2663**	**1455**	**988**	**467**
55	26741	15550	11191	2105	1451	654	316	198	118
56	27591	16237	11354	2314	1600	714	392	271	121
57	33838	20397	13441	2731	2012	719	426	292	134
58	18522	11294	7228	1397	1021	376	211	149	62
59	11201	6952	4249	765	565	200	110	78	32
60-64岁	**58933**	**37678**	**21255**	**3518**	**2703**	**815**	**542**	**429**	**113**
60	14809	9555	5254	899	696	203	116	92	24
61	9586	6142	3444	612	481	131	101	73	28
62	10900	7022	3878	686	526	160	100	81	19
63	11574	7270	4304	666	502	164	133	114	19
64	12064	7689	4375	655	498	157	92	69	23
65-69岁	**49490**	**30547**	**18943**	**1945**	**1481**	**464**	**196**	**151**	**45**
65	12596	7949	4647	619	476	143	70	56	14
66	12468	7526	4942	544	408	136	51	41	10
67	9632	5946	3686	364	275	89	36	24	12
68	7860	4797	3063	250	197	53	23	21	2
69	6934	4329	2605	168	125	43	16	9	7
70-74岁	**26840**	**17354**	**9486**	**525**	**412**	**113**	**54**	**40**	**14**
70	6983	4362	2621	170	131	39	13	9	4
71	5807	3746	2061	128	101	27	11	9	2
72	4185	2742	1443	65	50	15	12	10	2
73	4237	2835	1402	72	56	16	10	7	3
74	5628	3669	1959	90	74	16	8	5	3
75-79岁	**26480**	**17500**	**8980**	**299**	**246**	**53**	**48**	**38**	**10**
75	5648	3675	1973	85	75	10	13	12	1
76	5362	3543	1819	80	65	15	10	8	2
77	5183	3482	1701	63	51	12	13	11	2
78	5089	3330	1759	37	30	7	9	5	4
79	5198	3470	1728	34	25	9	3	2	1
80-84岁	**22671**	**16017**	**6654**	**169**	**134**	**35**	**26**	**20**	**6**
80	5299	3610	1689	35	30	5	5	4	1
81	4894	3327	1567	36	29	7	4	2	2
82	4825	3440	1385	33	29	4	4	4	
83	4056	2991	1065	27	20	7	8	5	3
84	3597	2649	948	38	26	12	5	5	
85岁及以上	**11452**	**8382**	**3070**	**155**	**103**	**52**	**32**	**27**	**5**

4-1b 全省分年龄、性别、受教育程度的3岁及以上人口(镇)

单位：人

年龄	3岁及以上人口			未上过学		
	合计	男	女	小计	男	女
总计	**5059153**	**2517612**	**2541541**	**70819**	**26941**	**43878**
3	40144	20862	19282	14334	7490	6844
4	41066	21121	19945	7227	3725	3502
5-9岁	**212061**	**110814**	**101247**	**4615**	**2467**	**2148**
5	35255	18166	17089	2715	1428	1287
6	47491	24903	22588	1265	705	560
7	42264	22060	20204	317	183	134
8	46227	24257	21970	191	96	95
9	40824	21428	19396	127	55	72
10-14岁	**226491**	**119321**	**107170**	**969**	**552**	**417**
10	41522	22138	19384	158	81	77
11	44731	23516	21215	203	115	88
12	45519	23975	21544	221	130	91
13	47937	25235	22702	231	139	92
14	46782	24457	22325	156	87	69
15-19岁	**245802**	**126443**	**119359**	**589**	**346**	**243**
15	54617	28503	26114	122	72	50
16	58848	29949	28899	118	64	54
17	52168	26485	25683	100	58	42
18	46855	24471	22384	126	75	51
19	33314	17035	16279	123	77	46
20-24岁	**182603**	**92225**	**90378**	**577**	**349**	**228**
20	31702	15759	15943	119	77	42
21	30371	15256	15115	129	77	52
22	36154	18293	17861	115	62	53
23	40003	20318	19685	97	61	36
24	44373	22599	21774	117	72	45
25-29岁	**273040**	**138672**	**134368**	**598**	**330**	**268**
25	49390	25022	24368	95	51	44
26	52810	27057	25753	123	68	55
27	55217	28052	27165	119	65	54
28	56028	28327	27701	118	63	55
29	59595	30214	29381	143	83	60
30-34岁	**415319**	**208909**	**206410**	**811**	**489**	**322**
30	77536	39056	38480	177	104	73
31	79056	39821	39235	162	91	71
32	81854	41229	40625	142	89	53
33	96673	48394	48279	181	116	65
34	80200	40409	39791	149	89	60
35-39岁	**344407**	**174560**	**169847**	**691**	**386**	**305**
35	59468	30145	29323	136	82	54
36	55378	27919	27459	113	53	60
37	64183	32671	31512	122	77	45
38	87938	44672	43266	173	90	83
39	77440	39153	38287	147	84	63
40-44岁	**407567**	**206800**	**200767**	**868**	**505**	**363**
40	78078	39600	38478	163	92	71
41	94520	47763	46757	208	118	90
42	86932	44001	42931	161	103	58
43	72445	36811	35634	168	89	79
44	75592	38625	36967	168	103	65

4-1b 续表 1 单位：人

年 龄	3岁及以上人口			未上过学		
	合计	男	女	小计	男	女
45-49岁	**459796**	**230981**	**228815**	**1128**	**625**	**503**
45	78256	39534	38722	175	90	85
46	86834	43619	43215	196	117	79
47	96312	48037	48275	236	131	105
48	96986	48596	48390	254	143	111
49	101408	51195	50213	267	144	123
50-54岁	**501437**	**248689**	**252748**	**1643**	**832**	**811**
50	106665	53089	53576	319	172	147
51	98025	48691	49334	297	148	149
52	106880	53057	53823	345	160	185
53	87614	43194	44420	302	155	147
54	102253	50658	51595	380	197	183
55-59岁	**476625**	**236252**	**240373**	**1758**	**778**	**980**
55	110103	54740	55363	363	163	200
56	108202	53383	54819	391	198	193
57	130949	65518	65431	479	213	266
58	80991	40245	40746	306	120	186
59	46380	22366	24014	219	84	135
60-64岁	**391316**	**190538**	**200778**	**3053**	**942**	**2111**
60	80727	39555	41172	449	169	280
61	67401	33094	34307	421	136	285
62	81202	39669	41533	648	178	470
63	84223	40734	43489	706	227	479
64	77763	37486	40277	829	232	597
65-69岁	**353140**	**167942**	**185198**	**5110**	**1394**	**3716**
65	82039	39502	42537	914	267	647
66	78953	37631	41322	961	249	712
67	66732	31691	35041	988	263	725
68	65951	31232	34719	1168	327	841
69	59465	27886	31579	1079	288	791
70-74岁	**218581**	**101321**	**117260**	**4819**	**1236**	**3583**
70	56693	26530	30163	1137	287	850
71	50890	23777	27113	1057	281	776
72	40375	18465	21910	886	221	665
73	36050	16568	19482	897	232	665
74	34573	15981	18592	842	215	627
75-79岁	**133258**	**61170**	**72088**	**4821**	**994**	**3827**
75	28812	13101	15711	819	185	634
76	29230	13457	15773	952	200	752
77	26376	12291	14085	956	193	763
78	24996	11230	13766	1014	192	822
79	23844	11091	12753	1080	224	856
80-84岁	**80001**	**36719**	**43282**	**6673**	**1366**	**5307**
80	20108	9200	10908	1231	262	969
81	17671	8165	9506	1318	250	1068
82	16943	7922	9021	1435	303	1132
83	13426	6165	7261	1363	287	1076
84	11853	5267	6586	1326	264	1062
85岁及以上	**56499**	**24273**	**32226**	**10535**	**2135**	**8400**

4-1b　续表 2

单位：人

年　龄	学前教育			小　学		
	小计	男	女	小计	男	女
总　计	**117319**	**60763**	**56556**	**962581**	**439654**	**522927**
3	25810	13372	12438			
4	33839	17396	16443			
5—9岁	**53490**	**28222**	**25268**	**148584**	**77209**	**71375**
5	28215	14542	13673	4325	2196	2129
6	20733	11307	9426	24324	12264	12060
7	2970	1582	1388	37779	19656	18123
8	999	509	490	43547	22819	20728
9	573	282	291	38609	20274	18335
10—14岁	**1862**	**952**	**910**	**111774**	**59916**	**51858**
10	452	254	198	38835	20708	18127
11	370	181	189	39143	20740	18403
12	321	152	169	21786	11973	9813
13	328	167	161	8730	4754	3976
14	391	198	193	3280	1741	1539
15—19岁	**698**	**328**	**370**	**5362**	**3002**	**2360**
15	312	148	164	1423	772	651
16	203	92	111	964	518	446
17	79	38	41	1007	570	437
18	66	29	37	1056	599	457
19	38	21	17	912	543	369
20—24岁	**114**	**61**	**53**	**5050**	**2893**	**2157**
20	35	15	20	901	520	381
21	14	7	7	772	449	323
22	14	8	6	984	582	402
23	19	12	7	1059	594	465
24	32	19	13	1334	748	586
25—29岁	**76**	**30**	**46**	**9983**	**5545**	**4438**
25	23	6	17	1496	836	660
26	21	11	10	1617	886	731
27	7	1	6	2033	1145	888
28	9	8	1	2216	1213	1003
29	16	4	12	2621	1465	1156
30—34岁	**71**	**34**	**37**	**21261**	**11377**	**9884**
30	15	5	10	3641	1990	1651
31	9	4	5	4093	2201	1892
32	17	7	10	4156	2258	1898
33	13	8	5	5102	2683	2419
34	17	10	7	4269	2245	2024
35—39岁	**38**	**14**	**24**	**16093**	**8206**	**7887**
35	9	4	5	2898	1523	1375
36	9	2	7	2557	1310	1247
37	7	3	4	2817	1420	1397
38	8	3	5	3922	1999	1923
39	5	2	3	3899	1954	1945
40—44岁	**30**	**10**	**20**	**25103**	**12546**	**12557**
40	6	3	3	4319	2154	2165
41	9	3	6	5558	2771	2787
42	5	1	4	5341	2686	2655
43	6	2	4	4767	2391	2376
44	4	1	3	5118	2544	2574

4-1b 续表 3

单位：人

年 龄	学前教育			小 学		
	小计	男	女	小计	男	女
45-49岁	**34**	**14**	**20**	**38913**	**18882**	**20031**
45	6	3	3	5850	2853	2997
46				6795	3307	3488
47	12	7	5	7947	3817	4130
48	6	1	5	8669	4209	4460
49	10	3	7	9652	4696	4956
50-54岁	**57**	**25**	**32**	**67117**	**31685**	**35432**
50	7	3	4	11673	5644	6029
51	13	5	8	12463	6040	6423
52	19	9	10	14432	6806	7626
53	7	2	5	12977	6002	6975
54	11	6	5	15572	7193	8379
55-59岁	**69**	**27**	**42**	**73147**	**32590**	**40557**
55	14	4	10	16359	7563	8796
56	15	5	10	15985	7138	8847
57	20	11	9	19899	9132	10767
58	14	5	9	12881	5518	7363
59	6	2	4	8023	3239	4784
60-64岁	**123**	**38**	**85**	**91168**	**37430**	**53738**
60	15	4	11	15592	6473	9119
61	20	7	13	14419	6044	8375
62	31	8	23	18988	7775	11213
63	28	10	18	21222	8613	12609
64	29	9	20	20947	8525	12422
65-69岁	**182**	**46**	**136**	**120900**	**48257**	**72643**
65	40	11	29	24622	9821	14801
66	37	11	26	25158	9960	15198
67	30	6	24	23145	9401	13744
68	38	12	26	24668	9944	14724
69	37	6	31	23307	9131	14176
70-74岁	**209**	**56**	**153**	**96591**	**37726**	**58865**
70	46	12	34	22995	8926	14069
71	45	9	36	22429	8859	13570
72	41	14	27	18495	7193	11302
73	42	14	28	16888	6585	10303
74	35	7	28	15784	6163	9621
75-79岁	**165**	**41**	**124**	**60437**	**23436**	**37001**
75	34	7	27	12926	4951	7975
76	34	15	19	13094	5117	7977
77	41	9	32	11838	4646	7192
78	26	4	22	11366	4329	7037
79	30	6	24	11213	4393	6820
80-84岁	**206**	**42**	**164**	**41306**	**16606**	**24700**
80	32	11	21	9867	3816	6051
81	43	7	36	9079	3640	5439
82	51	7	44	8991	3677	5314
83	39	6	33	7072	2917	4155
84	41	11	30	6297	2556	3741
85岁及以上	**246**	**55**	**191**	**29792**	**12348**	**17444**

4-1b　续表 4　　　　单位：人

年　龄	初　中			高　中			大学专科		
	小计	男	女	小计	男	女	小计	男	女
总　计	**2566554**	**1298863**	**1267691**	**721707**	**377579**	**344128**	**364986**	**190440**	**174546**
3									
4									
5-9岁	**5363**	**2910**	**2453**	**9**	**6**	**3**			
5									
6	1169	627	542						
7	1198	639	559						
8	1485	831	654	5	2	3			
9	1511	813	698	4	4				
10-14岁	**107358**	**55750**	**51608**	**4506**	**2145**	**2361**	**19**	**3**	**16**
10	2075	1095	980	2		2			
11	5007	2472	2535	8	8				
12	23183	11719	11464	8	1	7			
13	37789	19744	18045	854	428	426	3	1	2
14	39304	20720	18584	3634	1708	1926	16	2	14
15-19岁	**55224**	**31293**	**23931**	**146004**	**74583**	**71421**	**24023**	**11380**	**12643**
15	22949	12861	10088	29234	14414	14820	510	202	308
16	10490	5771	4719	46187	23101	23086	750	335	415
17	6939	3858	3081	40825	20475	20350	2296	1097	1199
18	7701	4467	3234	22869	12524	10345	9473	4542	4931
19	7145	4336	2809	6889	4069	2820	10994	5204	5790
20-24岁	**60243**	**33342**	**26901**	**31294**	**17310**	**13984**	**45169**	**21805**	**23364**
20	8271	4780	3491	5669	3255	2414	8832	4227	4605
21	9224	5260	3964	5213	2916	2297	7553	3703	3850
22	11580	6332	5248	6250	3477	2773	9014	4294	4720
23	13995	7675	6320	6713	3626	3087	9731	4697	5034
24	17173	9295	7878	7449	4036	3413	10039	4884	5155
25-29岁	**120754**	**62962**	**57792**	**45184**	**24349**	**20835**	**52543**	**26111**	**26432**
25	20300	10810	9490	8209	4439	3770	10504	5118	5386
26	22364	11847	10517	8785	4800	3985	10846	5423	5423
27	24299	12596	11703	9231	4943	4288	10750	5412	5338
28	25245	13001	12244	9354	5026	4328	10337	5131	5206
29	28546	14708	13838	9605	5141	4464	10106	5027	5079
30-34岁	**225802**	**113516**	**112286**	**61260**	**31862**	**29398**	**56339**	**28223**	**28116**
30	38963	19821	19142	12137	6324	5813	12420	6119	6301
31	41444	20934	20510	12066	6278	5788	11425	5795	5630
32	44276	22192	22084	12233	6456	5777	11152	5641	5511
33	54325	27099	27226	13901	7164	6737	12107	6014	6093
34	46794	23470	23324	10923	5640	5283	9235	4654	4581
35-39岁	**216146**	**108910**	**107236**	**48211**	**24733**	**23478**	**33111**	**17199**	**15912**
35	35839	18033	17806	7997	4065	3932	6366	3339	3027
36	33635	16629	17006	7561	3948	3613	5747	3037	2710
37	39953	20152	19801	8940	4761	4179	6322	3225	3097
38	56470	28744	27726	12649	6376	6273	7957	4086	3871
39	50249	25352	24897	11064	5583	5481	6719	3512	3207
40-44岁	**266910**	**135547**	**131363**	**60494**	**31166**	**29328**	**32721**	**16512**	**16209**
40	50872	25751	25121	11585	6016	5569	6506	3280	3226
41	62586	31659	30927	14125	7247	6878	7318	3648	3670
42	56666	28717	27949	13110	6727	6383	7099	3581	3518
43	47278	24054	23224	10637	5484	5153	5808	2945	2863
44	49508	25366	24142	11037	5692	5345	5990	3058	2932

4-1b 续表 5　　单位：人

年龄	初中			高中			大学专科		
	小计	男	女	小计	男	女	小计	男	女
45-49岁	**303181**	**151471**	**151710**	**63365**	**32275**	**31090**	**32870**	**17003**	**15867**
45	50979	25814	25165	11147	5643	5504	6084	3111	2973
46	57105	28636	28469	12101	6121	5980	6486	3294	3192
47	64098	31754	32344	13098	6667	6431	6745	3432	3313
48	64357	31905	32452	13109	6705	6404	6667	3512	3155
49	66642	33362	33280	13910	7139	6771	6888	3654	3234
50-54岁	**328734**	**162547**	**166187**	**59451**	**29803**	**29648**	**28416**	**14870**	**13546**
50	69918	34540	35378	14058	7109	6949	6775	3489	3286
51	63903	31627	32276	12180	6068	6112	5827	2983	2844
52	70025	34699	35326	12730	6365	6365	5897	3095	2802
53	57879	28435	29444	9429	4752	4677	4528	2422	2106
54	67009	33246	33763	11054	5509	5545	5389	2881	2508
55-59岁	**300065**	**148426**	**151639**	**67862**	**34475**	**33387**	**23913**	**13658**	**10255**
55	71932	35560	36372	12924	6587	6337	5724	3154	2570
56	68990	33882	35108	14694	7491	7203	5665	3144	2521
57	81998	40808	41190	19413	9886	9527	6580	3780	2800
58	49652	24784	24868	12949	6630	6319	3849	2270	1579
59	27493	13392	14101	7882	3881	4001	2095	1310	785
60-64岁	**220171**	**109881**	**110290**	**60211**	**31592**	**28619**	**13072**	**8179**	**4893**
60	47241	23371	23870	13535	6988	6547	2993	1896	1097
61	38736	19230	19506	10926	5795	5131	2241	1430	811
62	45852	23088	22764	12552	6615	5937	2527	1582	945
63	46665	23364	23301	12322	6443	5879	2591	1598	993
64	41677	20828	20849	10876	5751	5125	2720	1673	1047
65-69岁	**177580**	**89441**	**88139**	**36210**	**20175**	**16035**	**10540**	**6846**	**3694**
65	42480	21409	21071	10503	5773	4730	2784	1760	1024
66	40226	20177	20049	9246	5105	4141	2651	1684	967
67	33393	16648	16745	6798	3773	3025	1870	1253	617
68	32419	16401	16018	5512	3124	2388	1754	1138	616
69	29062	14806	14256	4151	2400	1751	1481	1011	470
70-74岁	**94316**	**48224**	**46092**	**15714**	**9224**	**6490**	**5658**	**3928**	**1730**
70	26899	13890	13009	3933	2253	1680	1354	926	428
71	22228	11449	10779	3500	2048	1452	1329	906	423
72	16867	8484	8383	2838	1684	1154	1047	727	320
73	14252	7214	7038	2770	1653	1117	999	718	281
74	14070	7187	6883	2673	1586	1087	929	651	278
75-79岁	**50322**	**25727**	**24595**	**12726**	**7567**	**5159**	**3656**	**2506**	**1150**
75	11787	5951	5836	2302	1344	958	704	475	229
76	11489	5849	5640	2698	1589	1109	713	488	225
77	9958	5208	4750	2617	1527	1090	751	534	217
78	8934	4470	4464	2699	1584	1115	750	493	257
79	8154	4249	3905	2410	1523	887	738	516	222
80-84岁	**22306**	**12072**	**10234**	**6447**	**4319**	**2128**	**2195**	**1614**	**581**
80	6352	3367	2985	1866	1198	668	558	399	159
81	5032	2758	2274	1482	989	493	531	369	162
82	4547	2543	2004	1275	886	389	450	345	105
83	3436	1892	1544	1005	657	348	365	284	81
84	2939	1512	1427	819	589	230	291	217	74
85岁及以上	**12079**	**6844**	**5235**	**2759**	**1995**	**764**	**741**	**603**	**138**

4-1b　续表 6　　　　单位：人

年　龄	大学本科			硕士研究生			博士研究生		
	小计	男	女	小计	男	女	小计	男	女
总　计	**243254**	**118322**	**124932**	**11010**	**4616**	**6394**	**923**	**434**	**489**
3									
4									
5-9岁									
5									
6									
7									
8									
9									
10-14岁	**2**	**2**		**1**	**1**				
10									
11									
12									
13	1	1		1	1				
14	1	1							
15-19岁	**13893**	**5505**	**8388**	**9**	**6**	**3**			
15	67	34	33						
16	136	68	68						
17	921	388	533	1	1				
18	5561	2232	3329	3	3				
19	7208	2783	4425	5	2	3			
20-24岁	**38028**	**15845**	**22183**	**2068**	**597**	**1471**	**60**	**23**	**37**
20	7860	2882	4978	15	3	12			
21	7378	2820	4558	85	22	63	3	2	1
22	7674	3377	4297	514	159	355	9	2	7
23	7665	3436	4229	707	210	497	17	7	10
24	7451	3330	4121	747	203	544	31	12	19
25-29岁	**40793**	**18329**	**22464**	**2803**	**879**	**1924**	**306**	**137**	**169**
25	7936	3524	4412	776	217	559	51	21	30
26	8318	3777	4541	666	211	455	70	34	36
27	8178	3680	4498	546	185	361	54	25	29
28	8236	3706	4530	430	142	288	83	37	46
29	8125	3642	4483	385	124	261	48	20	28
30-34岁	**47207**	**22414**	**24793**	**2358**	**903**	**1455**	**210**	**91**	**119**
30	9649	4519	5130	491	158	333	43	16	27
31	9348	4338	5010	459	158	301	50	22	28
32	9360	4381	4979	481	191	290	37	14	23
33	10481	5069	5412	513	217	296	50	24	26
34	8369	4107	4262	414	179	235	30	15	15
35-39岁	**28435**	**14301**	**14134**	**1550**	**752**	**798**	**132**	**59**	**73**
35	5859	2935	2924	332	149	183	32	15	17
36	5421	2780	2641	300	144	156	35	16	19
37	5644	2843	2801	356	180	176	22	10	12
38	6396	3200	3196	340	165	175	23	9	14
39	5115	2543	2572	222	114	108	20	9	11
40-44岁	**20668**	**10076**	**10592**	**702**	**397**	**305**	**71**	**41**	**30**
40	4438	2206	2232	166	86	80	23	12	11
41	4524	2212	2312	177	97	80	15	8	7
42	4382	2088	2294	151	88	63	17	10	7
43	3663	1773	1890	108	68	40	10	5	5
44	3661	1797	1864	100	58	42	6	6	

4-1b 续表 7 单位：人

年龄	大学本科			硕士研究生			博士研究生		
	小计	男	女	小计	男	女	小计	男	女
45-49岁	**19779**	**10375**	**9404**	**476**	**309**	**167**	**50**	**27**	**23**
45	3919	1957	1962	89	58	31	7	5	2
46	4024	2061	1963	116	77	39	11	6	5
47	4073	2167	1906	87	53	34	16	9	7
48	3832	2059	1773	87	61	26	5	1	4
49	3931	2131	1800	97	60	37	11	6	5
50-54岁	**15514**	**8588**	**6926**	**468**	**322**	**146**	**37**	**17**	**20**
50	3794	2063	1731	110	66	44	11	3	8
51	3243	1749	1494	93	68	25	6	3	3
52	3310	1837	1473	115	82	33	7	4	3
53	2417	1369	1048	70	54	16	5	3	2
54	2750	1570	1180	80	52	28	8	4	4
55-59岁	**9411**	**5988**	**3423**	**367**	**286**	**81**	**33**	**24**	**9**
55	2700	1644	1056	79	61	18	8	4	4
56	2360	1449	911	98	72	26	4	4	
57	2435	1588	847	111	89	22	14	11	3
58	1282	869	413	55	47	8	3	2	1
59	634	438	196	24	17	7	4	3	1
60-64岁	**3399**	**2383**	**1016**	**104**	**84**	**20**	**15**	**9**	**6**
60	871	626	245	25	23	2	6	5	1
61	614	433	181	19	16	3	5	3	2
62	590	413	177	13	10	3	1		1
63	667	464	203	22	15	7			
64	657	447	210	25	20	5	3	1	2
65-69岁	**2553**	**1733**	**820**	**60**	**46**	**14**	**5**	**4**	**1**
65	677	444	233	17	15	2	2	2	
66	655	432	223	17	12	5	2	1	1
67	496	336	160	12	11	1			
68	384	282	102	8	4	4			
69	341	239	102	6	4	2	1	1	
70-74岁	**1253**	**914**	**339**	**19**	**13**	**6**	**2**		**2**
70	319	231	88	10	5	5			
71	299	223	76	2	2		1		1
72	198	139	59	3	3				
73	200	151	49	2	1	1			
74	237	170	67	2	2		1		1
75-79岁	**1120**	**890**	**230**	**9**	**7**	**2**	**2**	**2**	
75	238	186	52	1	1		1	1	
76	248	197	51	2	2				
77	212	172	40	2	1	1	1	1	
78	204	156	48	3	2	1			
79	218	179	39	1	1				
80-84岁	**857**	**690**	**167**	**11**	**10**	**1**			
80	200	145	55	2	2				
81	183	149	34	3	3				
82	191	159	32	3	2	1			
83	145	121	24	1	1				
84	138	116	22	2	2				
85岁及以上	**342**	**289**	**53**	**5**	**4**	**1**			

4-1c 全省分年龄、性别、受教育程度的3岁及以上人口(乡村)

单位：人

年 龄	3岁及以上人口			未上过学		
	合计	男	女	小计	男	女
总 计	**11705583**	**5988559**	**5717024**	**291029**	**95395**	**195634**
3	64015	32974	31041	27529	14266	13263
4	64198	33169	31029	12424	6514	5910
5-9岁	**390373**	**202939**	**187434**	**8564**	**4530**	**4034**
5	61580	31711	29869	4644	2409	2235
6	80061	41692	38369	2309	1226	1083
7	77165	39890	37275	729	398	331
8	87988	45925	42063	491	273	218
9	83579	43721	39858	391	224	167
10-14岁	**509821**	**267040**	**242781**	**2383**	**1380**	**1003**
10	89803	46836	42967	411	232	179
11	101289	52754	48535	494	283	211
12	102709	53990	48719	466	264	202
13	107552	56503	51049	512	295	217
14	108468	56957	51511	500	306	194
15-19岁	**383023**	**208473**	**174550**	**2158**	**1319**	**839**
15	95028	51034	43994	442	266	176
16	68478	37706	30772	441	273	168
17	61320	33761	27559	399	254	145
18	81729	44323	37406	439	265	174
19	76468	41649	34819	437	261	176
20-24岁	**414860**	**225674**	**189186**	**2342**	**1458**	**884**
20	75857	41387	34470	476	299	177
21	72242	39303	32939	428	273	155
22	83592	45567	38025	464	302	162
23	88863	48024	40839	475	298	177
24	94306	51393	42913	499	286	213
25-29岁	**478680**	**262511**	**216169**	**2607**	**1569**	**1038**
25	99415	54377	45038	521	328	193
26	97360	53960	43400	522	332	190
27	95126	52085	43041	534	317	217
28	91426	50061	41365	504	289	215
29	95353	52028	43325	526	303	223
30-34岁	**636328**	**340905**	**295423**	**3576**	**2013**	**1563**
30	123276	66910	56366	697	398	299
31	123511	66223	57288	699	396	303
32	123853	66126	57727	711	401	310
33	145812	77972	67840	770	431	339
34	119876	63674	56202	699	387	312
35-39岁	**552359**	**292439**	**259920**	**3177**	**1681**	**1496**
35	90346	47188	43158	516	279	237
36	84397	44266	40131	499	264	235
37	99834	52901	46933	581	314	267
38	143340	76310	67030	756	385	371
39	134442	71774	62668	825	439	386
40-44岁	**757057**	**400122**	**356935**	**4479**	**2336**	**2143**
40	139853	74381	65472	801	402	399
41	172556	90901	81655	1051	553	498
42	158839	84215	74624	975	522	453
43	137718	72825	64893	801	424	377
44	148091	77800	70291	851	435	416

4-1c 续表 1 单位：人

年龄	3岁及以上人口			未上过学		
	合计	男	女	小计	男	女
45-49岁	**1033187**	**534080**	**499107**	**6633**	**3289**	**3344**
45	158985	82911	76074	984	501	483
46	187777	97556	90221	1253	625	628
47	215892	111480	104412	1360	702	658
48	225434	116072	109362	1430	691	739
49	245099	126061	119038	1606	770	836
50-54岁	**1347485**	**687208**	**660277**	**9773**	**4427**	**5346**
50	268253	137548	130705	1757	812	945
51	254990	130677	124313	1795	839	956
52	287164	146731	140433	2061	964	1097
53	248014	125166	122848	1920	853	1067
54	289064	147086	141978	2240	959	1281
55-59岁	**1299918**	**646445**	**653473**	**10863**	**4158**	**6705**
55	303768	153484	150284	2377	1009	1368
56	290399	145670	144729	2335	917	1418
57	355835	177437	178398	2865	1152	1713
58	222690	109334	113356	1912	683	1229
59	127226	60520	66706	1374	397	977
60-64岁	**1163291**	**579217**	**584074**	**19911**	**5797**	**14114**
60	233490	115201	118289	2903	930	1973
61	198940	99091	99849	2928	842	2086
62	238620	118706	119914	3978	1148	2830
63	255346	128288	127058	4931	1437	3494
64	236895	117931	118964	5171	1440	3731
65-69岁	**1124986**	**558668**	**566318**	**33701**	**8846**	**24855**
65	257042	129480	127562	6130	1724	4406
66	247336	123547	123789	6436	1714	4722
67	211544	104989	106555	6384	1665	4719
68	215496	106051	109445	7805	2002	5803
69	193568	94601	98967	6946	1741	5205
70-74岁	**710286**	**345494**	**364792**	**32359**	**8255**	**24104**
70	180944	87688	93256	7075	1804	5271
71	165354	81102	84252	7074	1964	5110
72	133312	64426	68886	6305	1607	4698
73	119055	57503	61552	6193	1537	4656
74	111621	54775	56846	5712	1343	4369
75-79岁	**399956**	**197282**	**202674**	**29338**	**6018**	**23320**
75	91083	44503	46580	5224	1136	4088
76	89879	44550	45329	5874	1197	4677
77	80036	39487	40549	5786	1169	4617
78	71784	35498	36286	5938	1180	4758
79	67174	33244	33930	6516	1336	5180
80-84岁	**219539**	**107526**	**112013**	**33299**	**7283**	**26016**
80	56130	27423	28707	6335	1258	5077
81	47908	23781	24127	6680	1511	5169
82	46175	22720	23455	7164	1565	5599
83	37311	18298	19013	6652	1500	5152
84	32015	15304	16711	6468	1449	5019
85岁及以上	**156221**	**66393**	**89828**	**45913**	**10256**	**35657**

4-1c　续表 2　　　　单位：人

年　龄	学前教育			小　学		
	小计	男	女	小计	男	女
总　计	**187371**	**96412**	**90959**	**3961851**	**1857004**	**2104847**
3	36486	18708	17778			
4	51774	26655	25119			
5-9岁	**89248**	**46931**	**42317**	**285948**	**148086**	**137862**
5	47060	24319	22741	9876	4983	4893
6	33466	17874	15592	42992	21933	21059
7	5963	3256	2707	69074	35514	33560
8	1852	1016	836	83828	43659	40169
9	907	466	441	80178	41997	38181
10-14岁	**2695**	**1423**	**1272**	**265313**	**140742**	**124571**
10	710	382	328	85457	44606	40851
11	554	284	270	90575	47521	43054
12	407	212	195	54533	29713	24820
13	439	228	211	24486	13405	11081
14	585	317	268	10262	5497	4765
15-19岁	**708**	**364**	**344**	**16412**	**9224**	**7188**
15	336	166	170	4611	2514	2097
16	164	77	87	2864	1566	1298
17	100	55	45	2615	1487	1128
18	50	28	22	3199	1827	1372
19	58	38	20	3123	1830	1293
20-24岁	**199**	**105**	**94**	**19379**	**11402**	**7977**
20	51	32	19	3381	1995	1386
21	38	19	19	3354	1981	1373
22	34	17	17	3704	2227	1477
23	39	19	20	4193	2448	1745
24	37	18	19	4747	2751	1996
25-29岁	**146**	**85**	**61**	**32817**	**19140**	**13677**
25	43	22	21	5529	3276	2253
26	27	17	10	5856	3503	2353
27	24	15	9	6409	3758	2651
28	23	15	8	6889	3945	2944
29	29	16	13	8134	4658	3476
30-34岁	**163**	**98**	**65**	**60988**	**33776**	**27212**
30	37	19	18	11020	6284	4736
31	30	17	13	11576	6430	5146
32	31	22	9	11994	6656	5338
33	39	26	13	14303	7809	6494
34	26	14	12	12095	6597	5498
35-39岁	**99**	**48**	**51**	**54490**	**28573**	**25917**
35	15	10	5	8851	4709	4142
36	21	10	11	8161	4288	3873
37	15	9	6	9526	4922	4604
38	26	9	17	13402	7036	6366
39	22	10	12	14550	7618	6932
40-44岁	**126**	**61**	**65**	**101279**	**52318**	**48961**
40	25	12	13	16670	8782	7888
41	29	12	17	21617	11265	10352
42	30	14	16	20857	10844	10013
43	19	10	9	19608	10006	9602
44	23	13	10	22527	11421	11106

4-1c 续表 3

单位：人

年 龄	学前教育			小 学		
	小计	男	女	小计	男	女
45-49岁	**186**	**97**	**89**	**199449**	**97149**	**102300**
45	17	9	8	26141	12877	13264
46	33	16	17	32960	16180	16780
47	47	26	21	40680	19878	20802
48	51	28	23	45742	22150	23592
49	38	18	20	53926	26064	27862
50-54岁	**350**	**162**	**188**	**380901**	**181528**	**199373**
50	62	28	34	64527	31059	33468
51	58	24	34	68848	33108	35740
52	75	43	32	81445	39158	42287
53	64	22	42	75203	35390	39813
54	91	45	46	90878	42813	48065
55-59岁	**433**	**175**	**258**	**434863**	**194651**	**240212**
55	89	36	53	96969	44956	52013
56	92	38	54	94488	43155	51333
57	118	55	63	118312	53505	64807
58	83	29	54	76527	33153	43374
59	51	17	34	48567	19882	28685
60-64岁	**662**	**210**	**452**	**516625**	**223184**	**293441**
60	89	35	54	92088	39484	52604
61	105	29	76	83385	36037	47348
62	132	41	91	105890	45454	60436
63	184	54	130	118747	51771	66976
64	152	51	101	116515	50438	66077
65-69岁	**1069**	**332**	**737**	**635795**	**279889**	**355906**
65	209	75	134	131601	57560	74041
66	214	76	138	134095	58846	75249
67	185	50	135	121674	53867	67807
68	251	66	185	129477	57398	72079
69	210	65	145	118948	52218	66730
70-74岁	**978**	**306**	**672**	**462033**	**204105**	**257928**
70	211	57	154	113425	49475	63950
71	220	84	136	106936	47240	59696
72	183	59	124	87974	38664	49310
73	180	51	129	79549	35290	44259
74	184	55	129	74149	33436	40713
75-79岁	**746**	**242**	**504**	**259290**	**118159**	**141131**
75	148	50	98	59519	26638	32881
76	169	59	110	57900	26228	31672
77	131	38	93	51519	23395	28124
78	135	46	89	46296	21318	24978
79	163	49	114	44056	20580	23476
80-84岁	**615**	**187**	**428**	**145070**	**71391**	**73679**
80	117	29	88	37588	17729	19859
81	139	45	94	31882	15748	16134
82	138	45	93	30724	15315	15409
83	115	39	76	24330	12263	12067
84	106	29	77	20546	10336	10210
85岁及以上	**688**	**223**	**465**	**91199**	**43687**	**47512**

4—1c　续表 4　　　　单位：人

年龄	初中			高中			大学专科		
	小计	男	女	小计	男	女	小计	男	女
总　计	**6109418**	**3309596**	**2799822**	**659459**	**380416**	**279043**	**329807**	**168288**	**161519**
3									
4									
5—9岁	**6607**	**3387**	**3220**	**6**	**5**	**1**			
5									
6	1294	659	635						
7	1399	722	677						
8	1814	974	840	3	3				
9	2100	1032	1068	3	2	1			
10—14岁	**233230**	**120605**	**112625**	**6177**	**2882**	**3295**	**21**	**7**	**14**
10	3221	1613	1608	4	3	1			
11	9657	4664	4993	8	2	6	1		1
12	47291	23799	23492	11	2	9	1		1
13	80931	42030	38901	1182	544	638			
14	92130	48499	43631	4972	2331	2641	19	7	12
15—19岁	**161823**	**94892**	**66931**	**133160**	**70904**	**62256**	**49593**	**22928**	**26665**
15	57091	31765	25326	30773	15368	15405	1681	913	768
16	27769	16189	11580	34722	18177	16545	2311	1323	988
17	22366	13331	9035	29212	15503	13709	5069	2496	2573
18	27201	16584	10617	23904	13371	10533	18641	8534	10107
19	27396	17023	10373	14549	8485	6064	21891	9662	12229
20—24岁	**187252**	**112209**	**75043**	**60472**	**34389**	**26083**	**93877**	**43170**	**50707**
20	29913	18312	11601	12896	7454	5442	20363	9292	11071
21	30983	18711	12272	11340	6484	4856	17570	7961	9609
22	36967	22402	14565	11936	6781	5155	19260	8902	10358
23	41369	24557	16812	12219	6878	5341	18818	8614	10204
24	48020	28227	19793	12081	6792	5289	17866	8401	9465
25—29岁	**281221**	**159705**	**121516**	**53519**	**29720**	**23799**	**66241**	**32416**	**33825**
25	53472	31156	22316	11983	6665	5318	16941	8056	8885
26	54432	31720	22712	11579	6401	5178	15120	7397	7723
27	55996	31583	24413	10668	5960	4708	13098	6425	6673
28	56050	31368	24682	9747	5416	4331	11264	5635	5629
29	61271	33878	27393	9542	5278	4264	9818	4903	4915
30—34岁	**454543**	**243691**	**210852**	**51465**	**27626**	**23839**	**41087**	**21177**	**19910**
30	83062	45326	37736	11500	6238	5262	10783	5558	5225
31	86247	46291	39956	10602	5724	4878	9041	4659	4382
32	88284	47159	41125	10044	5379	4665	7946	4051	3895
33	106975	57233	49742	11084	5922	5162	7873	4046	3827
34	89975	47682	42293	8235	4363	3872	5444	2863	2581
35—39岁	**433716**	**229644**	**204072**	**34159**	**18036**	**16123**	**16513**	**8922**	**7591**
35	69213	36041	33172	5922	3069	2853	3507	1866	1641
36	65459	34178	31281	5360	2836	2524	2922	1622	1300
37	78317	41588	36729	6133	3190	2943	3183	1707	1476
38	114505	61041	53464	8689	4664	4025	3747	1990	1757
39	106222	56796	49426	8055	4277	3778	3154	1737	1417
40—44岁	**591078**	**312727**	**278351**	**41170**	**22306**	**18864**	**13636**	**7528**	**6108**
40	109897	58440	51457	8111	4355	3756	3023	1663	1360
41	135581	71434	64147	9799	5258	4541	3222	1704	1518
42	124114	65867	58247	8959	4831	4128	2845	1582	1263
43	107055	56747	50308	7117	3899	3218	2252	1261	991
44	114431	60239	54192	7184	3963	3221	2294	1318	976

4-1c 续表 5

单位：人

年 龄	初中			高中			大学专科		
	小计	男	女	小计	男	女	小计	男	女
45-49岁	**768817**	**400816**	**368001**	**42380**	**23469**	**18911**	**11429**	**6771**	**4658**
45	121572	63826	57746	7259	3934	3325	2168	1297	871
46	142252	74284	67968	8050	4543	3507	2386	1422	964
47	161914	84265	77649	8706	4748	3958	2277	1329	948
48	166261	86463	79798	8791	4872	3919	2327	1368	959
49	176818	91978	84840	9574	5372	4202	2271	1355	916
50-54岁	**898541**	**468020**	**430521**	**44916**	**25258**	**19658**	**9637**	**5810**	**3827**
50	188619	98177	90442	10129	5631	4498	2313	1376	937
51	172641	90114	82527	9083	5048	4035	1876	1124	752
52	191114	99462	91652	9813	5486	4327	1973	1204	769
53	161374	83460	77914	7446	4212	3234	1494	901	593
54	184793	96807	87986	8445	4881	3564	1981	1205	776
55-59岁	**790380**	**410030**	**380350**	**51174**	**29791**	**21383**	**9605**	**5988**	**3617**
55	192339	100345	91994	9222	5452	3770	2129	1279	850
56	180501	93896	86605	10129	5920	4209	2229	1364	865
57	216335	112024	104311	14731	8519	6212	2729	1697	1032
58	131616	68056	63560	10474	6076	4398	1688	1085	603
59	69589	35709	33880	6618	3824	2794	830	563	267
60-64岁	**555101**	**304856**	**250245**	**63443**	**39893**	**23550**	**6303**	**4381**	**1922**
60	123239	65558	57681	13565	8066	5499	1306	911	395
61	99268	54009	45259	11963	7305	4658	1073	722	351
62	114020	62796	51224	13182	8289	4893	1203	818	385
63	116611	65274	51337	13237	8599	4638	1375	966	409
64	101963	57219	44744	11496	7634	3862	1346	964	382
65-69岁	**409561**	**238024**	**171537**	**38745**	**27099**	**11646**	**5168**	**3803**	**1365**
65	105282	60538	44744	12144	8364	3780	1403	1015	388
66	94729	54519	40210	10333	7272	3061	1312	968	344
67	75257	43717	31540	6896	4848	2048	952	699	253
68	71672	42101	29571	5357	3809	1548	796	584	212
69	62621	37149	25472	4015	2806	1209	705	537	168
70-74岁	**195337**	**118480**	**76857**	**16110**	**11659**	**4451**	**2928**	**2303**	**625**
70	55675	33166	22509	3768	2597	1171	661	495	166
71	46585	28474	18111	3744	2717	1027	670	540	130
72	35134	21363	13771	3029	2214	815	592	456	136
73	29734	18048	11686	2786	2085	701	525	424	101
74	28209	17429	10780	2783	2046	737	480	388	92
75-79岁	**94129**	**60424**	**33705**	**13946**	**10442**	**3504**	**2075**	**1670**	**405**
75	23214	14528	8686	2522	1794	728	370	292	78
76	22657	14673	7984	2820	2029	791	379	300	79
77	19020	12209	6811	3062	2275	787	441	347	94
78	15984	10283	5701	2915	2256	659	428	351	77
79	13254	8731	4523	2627	2088	539	457	380	77
80-84岁	**32962**	**22544**	**10418**	**6006**	**4827**	**1179**	**1203**	**994**	**209**
80	9759	6571	3188	1921	1516	405	328	260	68
81	7548	5151	2397	1315	1049	266	263	215	48
82	6703	4625	2078	1144	919	225	222	188	34
83	5002	3485	1517	934	773	161	198	169	29
84	3950	2712	1238	692	570	122	192	162	30
85岁及以上	**15120**	**9542**	**5578**	**2611**	**2110**	**501**	**491**	**420**	**71**

4−1c　续表 6　　　　　　　　　　　　　　　　　　　　　　　　　　　　单位：人

年　龄	大学本科			硕士研究生			博士研究生		
	小计	男	女	小计	男	女	小计	男	女
总　计	**154028**	**76388**	**77640**	**10821**	**4232**	**6589**	**1799**	**828**	**971**
3									
4									
5−9岁									
5									
6									
7									
8									
9									
10−14岁	**2**	**1**	**1**						
10									
11									
12									
13	2	1	1						
14									
15−19岁	**19152**	**8832**	**10320**	**12**	**7**	**5**	**5**	**3**	**2**
15	94	42	52						
16	207	101	106						
17	1557	633	924	2	2				
18	8291	3713	4578	4	1	3			
19	9003	4343	4660	6	4	2	5	3	2
20−24岁	**47532**	**21707**	**25825**	**3646**	**1175**	**2471**	**161**	**59**	**102**
20	8764	3998	4766	8	4	4	5	1	4
21	8362	3820	4542	161	50	111	6	4	2
22	10462	4676	5786	743	250	493	22	10	12
23	10432	4791	5641	1267	397	870	51	22	29
24	9512	4422	5090	1467	474	993	77	22	55
25−29岁	**37133**	**17951**	**19182**	**4303**	**1617**	**2686**	**693**	**308**	**385**
25	9318	4317	5001	1495	504	991	113	53	60
26	8475	4069	4406	1185	446	739	164	75	89
27	7497	3662	3835	733	296	437	167	69	98
28	6311	3140	3171	502	191	311	136	62	74
29	5532	2763	2769	388	180	208	113	49	64
30−34岁	**22612**	**11666**	**10946**	**1438**	**641**	**797**	**456**	**217**	**239**
30	5688	2885	2803	401	162	239	88	40	48
31	4901	2507	2394	315	151	164	100	48	52
32	4452	2290	2162	304	129	175	87	39	48
33	4417	2326	2091	240	120	120	111	59	52
34	3154	1658	1496	178	79	99	70	31	39
35−39岁	**9418**	**5149**	**4269**	**587**	**290**	**297**	**200**	**96**	**104**
35	2110	1106	1004	161	83	78	51	25	26
36	1840	1009	831	99	44	55	36	15	21
37	1922	1094	828	114	56	58	43	21	22
38	2050	1109	941	123	56	67	42	20	22
39	1496	831	665	90	51	39	28	15	13
40−44岁	**4936**	**2673**	**2263**	**268**	**134**	**134**	**85**	**39**	**46**
40	1229	680	549	72	37	35	25	10	15
41	1165	638	527	70	30	40	22	7	15
42	988	520	468	57	26	31	14	9	5
43	814	449	365	38	23	15	14	6	8
44	740	386	354	31	18	13	10	7	3

4-1c 续表 7 单位：人

年 龄	大学本科			硕士研究生			博士研究生		
	小计	男	女	小计	男	女	小计	男	女
45—49岁	**4066**	**2355**	**1711**	**184**	**113**	**71**	**43**	**21**	**22**
45	810	445	365	29	20	9	5	2	3
46	800	463	337	33	18	15	10	5	5
47	865	505	360	33	21	12	10	6	4
48	774	463	311	47	31	16	11	6	5
49	817	479	338	42	23	19	7	2	5
50—54岁	**3195**	**1906**	**1289**	**130**	**78**	**52**	**42**	**19**	**23**
50	803	441	362	31	19	12	12	5	7
51	649	395	254	31	21	10	9	4	5
52	645	396	249	27	13	14	11	5	6
53	491	315	176	16	11	5	6	2	4
54	607	359	248	25	14	11	4	3	1
55—59岁	**2415**	**1531**	**884**	**140**	**95**	**45**	**45**	**26**	**19**
55	601	380	221	29	22	7	13	5	8
56	586	355	231	32	21	11	7	4	3
57	675	440	235	54	34	20	16	11	5
58	371	237	134	13	11	2	6	4	2
59	182	119	63	12	7	5	3	2	1
60—64岁	**1180**	**848**	**332**	**50**	**39**	**11**	**16**	**9**	**7**
60	285	205	80	10	9	1	5	3	2
61	204	138	66	10	7	3	4	2	2
62	201	150	51	11	8	3	3	2	1
63	243	173	70	16	12	4	2	2	
64	247	182	65	3	3		2		2
65—69岁	**898**	**641**	**257**	**26**	**19**	**7**	**23**	**15**	**8**
65	265	198	67	5	5		3	1	2
66	208	145	63	5	4	1	4	3	1
67	185	137	48	6	3	3	5	3	2
68	127	83	44	6	5	1	5	3	2
69	113	78	35	4	2	2	6	5	1
70—74岁	**506**	**366**	**140**	**17**	**12**	**5**	**18**	**8**	**10**
70	121	88	33	5	4	1	3	2	1
71	112	77	35	7	5	2	6	1	5
72	89	60	29	1		1	5	3	2
73	86	66	20	1	1		1	1	
74	98	75	23	3	2	1	3	1	2
75—79岁	**411**	**312**	**99**	**13**	**9**	**4**	**8**	**6**	**2**
75	81	61	20	2	2		3	2	1
76	76	61	15	3	2	1	1	1	
77	71	50	21	5	3	2	1	1	
78	86	62	24				2	2	
79	97	78	19	3	2	1	1		1
80—84岁	**379**	**297**	**82**	**3**	**1**	**2**	**2**	**2**	
80	80	59	21	2	1	1			
81	81	62	19						
82	79	63	16	1		1			
83	78	67	11				2	2	
84	61	46	15						
85岁及以上	**193**	**153**	**40**	**4**	**2**	**2**	**2**		**2**

4-2　各地区分性别、受教育程度的15岁及以上人口

单位：人

地　　区	15岁及以上人口			未上过学		
	合计	男	女	小计	男	女
辽宁	**37853468**	**18801024**	**19052444**	**428097**	**120266**	**307831**
沈阳市	7998893	3963928	4034965	49429	14380	35049
大连市	6582843	3260996	3321847	83058	23013	60045
鞍山市	2977795	1486087	1491708	22693	7073	15620
抚顺市	1577109	779187	797922	23631	5931	17700
本溪市	1206818	594678	612140	15648	4550	11098
丹东市	1974151	977846	996305	29668	7711	21957
锦州市	2441821	1206791	1235030	23660	7345	16315
营口市	2059445	1034007	1025438	16324	5182	11142
阜新市	1475703	722884	752819	19736	5141	14595
辽阳市	1446891	718659	728232	8602	3050	5552
盘锦市	1222706	605386	617320	12144	3565	8579
铁岭市	2149035	1070510	1078525	25541	8656	16885
朝阳市	2466241	1237304	1228937	61966	14332	47634
葫芦岛市	2120151	1065976	1054175	34880	10009	24871
辽宁省沈抚新区管委会	153866	76785	77081	1117	328	789

4-2　续表 1

单位：人

地　　区	学前教育			小　　学		
	小计	男	女	小计	男	女
辽宁	**18651**	**7344**	**11307**	**6033197**	**2665055**	**3368142**
沈阳市	2851	1250	1601	764297	327028	437269
大连市	4189	1749	2440	1041393	463122	578271
鞍山市	1739	643	1096	376371	164712	211659
抚顺市	2087	532	1555	207538	90174	117364
本溪市	480	201	279	160184	68419	91765
丹东市	984	362	622	425808	187571	238237
锦州市	1016	408	608	441824	199441	242383
营口市	853	376	477	402827	183583	219244
阜新市	435	190	245	213501	87960	125541
辽阳市	394	142	252	260261	115351	144910
盘锦市	455	210	245	171582	72452	99130
铁岭市	1021	382	639	506285	234225	272060
朝阳市	1170	475	695	608951	267626	341325
葫芦岛市	934	406	528	434107	195196	238911
辽宁省沈抚新区管委会	43	18	25	18268	8195	10073

4-2 续表 2

单位：人

地区	初中			高中			大学专科		
	小计	男	女	小计	男	女	小计	男	女
辽宁	**17400367**	**8902370**	**8497997**	**6214961**	**3200080**	**3014881**	**3769714**	**1922401**	**1847313**
沈阳市	3190316	1602321	1587995	1503517	764162	739355	1120734	570611	550123
大连市	2501974	1290981	1210993	1194409	614027	580382	713287	362027	351260
鞍山市	1642078	836783	805295	495286	254160	241126	222422	112731	109691
抚顺市	783542	395811	387731	300838	153145	147693	135191	68783	66408
本溪市	596270	298728	297542	214552	110118	104434	117798	62174	55624
丹东市	953166	490894	462272	281323	147267	134056	155042	81205	73837
锦州市	1223216	621801	601415	340580	173293	167287	219908	112655	107253
营口市	1087005	559864	527141	250700	131499	119201	179533	91362	88171
阜新市	732988	373032	359956	290609	148064	142545	120196	58155	62041
辽阳市	733371	374004	359367	215502	111305	104197	126807	64346	62461
盘锦市	548910	278595	270315	226852	116872	109980	132860	66634	66226
铁岭市	1130615	577970	552645	256171	133421	122750	141580	71825	69755
朝阳市	1128438	602860	525578	337676	183008	154668	202032	105237	96795
葫芦岛市	1077297	562093	515204	283173	147624	135549	163569	86017	77552
辽宁省沈抚新区管委会	71181	36633	34548	23773	12115	11658	18755	8639	10116

4-2 续表 3

单位：人

地区	大学本科			硕士研究生			博士研究生		
	小计	男	女	小计	男	女	小计	男	女
辽宁	**3631643**	**1813980**	**1817663**	**321625**	**149733**	**171892**	**35213**	**19795**	**15418**
沈阳市	1220185	613309	606876	132137	62264	69873	15427	8603	6824
大连市	932718	452830	479888	98916	45783	53133	12899	7464	5435
鞍山市	204190	103550	100640	12094	5902	6192	922	533	389
抚顺市	116330	60986	55344	7317	3492	3825	635	333	302
本溪市	94547	47262	47285	6745	2917	3828	594	309	285
丹东市	120655	59434	61221	7029	3153	3876	476	249	227
锦州市	177419	85753	91666	13165	5563	7602	1033	532	501
营口市	116039	59252	56787	5744	2686	3058	420	203	217
阜新市	90261	46216	44045	7191	3650	3541	786	476	310
辽阳市	95336	47460	47876	6224	2807	3417	394	194	200
盘锦市	122576	63530	59046	6891	3272	3619	436	256	180
铁岭市	83443	41996	41447	4098	1885	2213	281	150	131
朝阳市	119336	60759	58577	6255	2789	3466	417	218	199
葫芦岛市	118837	61233	57604	6953	3173	3780	401	225	176
辽宁省沈抚新区管委会	19771	10410	9361	866	397	469	92	50	42

4–2a　各地区分性别、受教育程度的15岁及以上人口(城市)

单位：人

地　　区	15岁及以上人口			未上过学		
	合计	男	女	小计	男	女
辽宁	**22636901**	**11103093**	**11533808**	**144294**	**38854**	**105440**
沈阳市	6332556	3123651	3208905	29871	8047	21824
大连市	5126798	2520273	2606525	44127	12541	31586
鞍山市	1685310	827107	858203	7830	2172	5658
抚顺市	1009311	491557	517754	9494	1709	7785
本溪市	700609	340784	359825	5912	1498	4414
丹东市	975390	473118	502272	7066	1721	5345
锦州市	1141314	551376	589938	5693	1632	4061
营口市	1227399	606680	620719	6543	2072	4471
阜新市	627388	299649	327739	5928	1242	4686
辽阳市	767253	373317	393936	3243	1084	2159
盘锦市	822400	404503	417897	4295	1264	3031
铁岭市	556626	272157	284469	2550	830	1720
朝阳市	812824	397988	414836	6883	1769	5114
葫芦岛市	735565	362871	372694	4149	1076	3073
辽宁省沈抚新区管委会	116158	58062	58096	710	197	513

4–2a　续表 1

单位：人

地　　区	学前教育			小　　学		
	小计	男	女	小计	男	女
辽宁	**9165**	**3828**	**5337**	**1920384**	**794350**	**1126034**
沈阳市	1892	832	1060	409989	167392	242597
大连市	2927	1325	1602	549468	236540	312928
鞍山市	1055	352	703	116281	47754	68527
抚顺市	610	159	451	60673	22543	38130
本溪市	176	71	105	47999	17913	30086
丹东市	390	146	244	104721	42291	62430
锦州市	367	154	213	87921	36151	51770
营口市	461	220	241	147658	64145	83513
阜新市	172	66	106	47081	17380	29701
辽阳市	153	48	105	71121	28615	42506
盘锦市	321	149	172	76626	30873	45753
铁岭市	252	115	137	56350	24370	31980
朝阳市	186	92	94	76086	30700	45386
葫芦岛市	179	88	91	56931	22649	34282
辽宁省沈抚新区管委会	24	11	13	11479	5034	6445

4-2a 续表 2 单位：人

地区	初中			高中			大学专科		
	小计	男	女	小计	男	女	小计	男	女
辽宁	**9076953**	**4476563**	**4600390**	**4844493**	**2447123**	**2397370**	**3074961**	**1563683**	**1511278**
沈阳市	2217590	1094001	1123589	1333791	671353	662438	1034243	526763	507480
大连市	1782379	898672	883707	1080517	547663	532854	671220	339141	332079
鞍山市	823166	405063	418103	373814	188026	185788	171922	86725	85197
抚顺市	477292	232754	244538	243450	122261	121189	111016	56175	54841
本溪市	334608	162159	172449	149497	76072	73425	83660	44221	39439
丹东市	450802	218999	231803	199519	101499	98020	115154	60169	54985
锦州市	469311	226879	242432	245102	121948	123154	166168	84986	81182
营口市	611359	304540	306819	206547	106803	99744	147031	74050	72981
阜新市	238622	114920	123702	185920	91864	94056	75278	35138	40140
辽阳市	349659	170803	178856	154594	78051	76543	101413	51436	49977
盘锦市	321580	157756	163824	194625	98764	95861	109588	55925	53663
铁岭市	298130	144420	153710	104565	53747	50818	54815	28567	26248
朝阳市	346085	170772	175313	183430	93473	89957	115728	58569	57159
葫芦岛市	305689	149331	156358	168948	85423	83525	104698	55214	49484
辽宁省沈抚新区管委会	50681	25494	25187	20174	10176	9998	13027	6604	6423

4-2a 续表 3 单位：人

地区	大学本科			硕士研究生			博士研究生		
	小计	男	女	小计	男	女	小计	男	女
辽宁	**3234365**	**1619273**	**1615092**	**299795**	**140886**	**158909**	**32491**	**18533**	**13958**
沈阳市	1164235	586888	577347	126500	60178	66322	14445	8197	6248
大连市	888065	432526	455539	95703	44629	51074	12392	7236	5156
鞍山市	179343	91091	88252	11076	5434	5642	823	490	333
抚顺市	99451	52408	47043	6756	3248	3508	569	300	269
本溪市	72426	36064	36362	5820	2521	3299	511	265	246
丹东市	91252	45339	45913	6099	2749	3350	387	205	182
锦州市	153763	74033	79730	12072	5120	6952	917	473	444
营口市	102400	52319	50081	5061	2368	2693	339	163	176
阜新市	67563	35390	32173	6131	3213	2918	693	436	257
辽阳市	81101	40559	40542	5631	2551	3080	338	170	168
盘锦市	108718	56488	52230	6293	3076	3217	354	208	146
铁岭市	38119	19246	18873	1726	798	928	119	64	55
朝阳市	79748	40515	39233	4450	1984	2466	228	114	114
葫芦岛市	89033	46290	42743	5649	2635	3014	289	165	124
辽宁省沈抚新区管委会	19148	10117	9031	828	382	446	87	47	40

4–2b　各地区分性别、受教育程度的15岁及以上人口(镇)

单位：人

地　区	15岁及以上人口			未上过学		
	合计	男	女	小计	男	女
辽宁	**4539391**	**2245494**	**2293897**	**43674**	**12707**	**30967**
沈阳市	407192	205033	202159	2480	807	1673
大连市	247164	122814	124350	4062	1201	2861
鞍山市	538369	270322	268047	3065	1053	2012
抚顺市	221873	108644	113229	2687	773	1914
本溪市	255367	124701	130666	2072	542	1530
丹东市	374251	183830	190421	5379	1387	3992
锦州市	304611	149619	154992	2221	696	1525
营口市	148104	75333	72771	1168	407	761
阜新市	284200	138976	145224	2723	704	2019
辽阳市	192443	96039	96404	1163	404	759
盘锦市	116155	57808	58347	1148	332	816
铁岭市	622482	304030	318452	4357	1477	2880
朝阳市	402530	199160	203370	7174	1689	5485
葫芦岛市	424650	209185	215465	3975	1235	2740
辽宁省沈抚新区管委会						

4–2b　续表 1

单位：人

地　区	学前教育			小　学		
	小计	男	女	小计	男	女
辽宁	**2318**	**821**	**1497**	**702223**	**302529**	**399694**
沈阳市	162	67	95	50513	22510	28003
大连市	138	45	93	52802	23542	29260
鞍山市	306	123	183	67086	28989	38097
抚顺市	446	97	349	29728	12174	17554
本溪市	114	53	61	28247	11263	16984
丹东市	146	48	98	75934	32255	43679
锦州市	147	49	98	45609	19877	25732
营口市	99	39	60	31613	14519	17094
阜新市	86	42	44	32026	12512	19514
辽阳市	47	17	30	33331	14624	18707
盘锦市	32	14	18	17721	7250	10471
铁岭市	238	92	146	88897	38608	50289
朝阳市	183	69	114	81903	35190	46713
葫芦岛市	174	66	108	66813	29216	37597
辽宁省沈抚新区管委会						

4-2b 续表 2

单位：人

地区	初中			高中			大学专科		
	小计	男	女	小计	男	女	小计	男	女
辽宁	**2453833**	**1240203**	**1213630**	**717192**	**375428**	**341764**	**364967**	**190437**	**174530**
沈阳市	219546	111561	107985	67673	35465	32208	38040	20175	17865
大连市	117833	62477	55356	30781	17341	13440	14313	7695	6618
鞍山市	342739	174659	168080	73872	39244	34628	33059	17094	15965
抚顺市	122203	60997	61206	38473	19772	18701	15536	8284	7252
本溪市	135609	66217	69392	47357	24188	23169	24383	13640	10743
丹东市	196299	100710	95589	51210	26955	24255	24383	12691	11692
锦州市	171613	85243	86370	48742	25065	23677	22700	11929	10771
营口市	86471	44997	41474	11526	6325	5201	11867	6316	5551
阜新市	140410	70317	70093	67154	34390	32764	25656	13301	12355
辽阳市	106005	54172	51833	29383	15564	13819	13477	6902	6575
盘锦市	67220	34742	32478	15211	8114	7097	8991	4527	4464
铁岭市	323420	160067	163353	107192	54710	52482	61663	30603	31060
朝阳市	185285	94208	91077	66972	36449	30523	38371	20347	18024
葫芦岛市	239180	119836	119344	61646	31846	29800	32528	16933	15595
辽宁省沈抚新区管委会									

4-2b 续表 3

单位：人

地区	大学本科			硕士研究生			博士研究生		
	小计	男	女	小计	男	女	小计	男	女
辽宁	**243252**	**118320**	**124932**	**11009**	**4615**	**6394**	**923**	**434**	**489**
沈阳市	27130	13719	13411	1509	658	851	139	71	68
大连市	24813	9736	15077	2155	665	1490	267	112	155
鞍山市	17583	8854	8729	616	288	328	43	18	25
抚顺市	12410	6366	6044	354	165	189	36	16	20
本溪市	16929	8519	8410	615	259	356	41	20	21
丹东市	20331	9525	10806	523	241	282	46	18	28
锦州市	13113	6558	6555	432	180	252	34	22	12
营口市	5057	2587	2470	277	130	147	26	13	13
阜新市	15466	7401	8065	634	287	347	45	22	23
辽阳市	8678	4206	4472	332	142	190	27	8	19
盘锦市	5604	2737	2867	222	89	133	6	3	3
铁岭市	34788	17560	17228	1822	859	963	105	54	51
朝阳市	21799	10822	10977	772	347	425	71	39	32
葫芦岛市	19551	9730	9821	746	305	441	37	18	19
辽宁省沈抚新区管委会									

4-2c　各地区分性别、受教育程度的15岁及以上人口(乡村)

单位：人

地　区	15岁及以上人口			未上过学		
	合计	男	女	小计	男	女
辽宁	**10677176**	**5452437**	**5224739**	**240129**	**68705**	**171424**
沈阳市	1259145	635244	623901	17078	5526	11552
大连市	1208881	617909	590972	34869	9271	25598
鞍山市	754116	388658	365458	11798	3848	7950
抚顺市	345925	178986	166939	11450	3449	8001
本溪市	250842	129193	121649	7664	2510	5154
丹东市	624510	320898	303612	17223	4603	12620
锦州市	995896	505796	490100	15746	5017	10729
营口市	683942	351994	331948	8613	2703	5910
阜新市	564115	284259	279856	11085	3195	7890
辽阳市	487195	249303	237892	4196	1562	2634
盘锦市	284151	143075	141076	6701	1969	4732
铁岭市	969927	494323	475604	18634	6349	12285
朝阳市	1250887	640156	610731	47909	10874	37035
葫芦岛市	959936	493920	466016	26756	7698	19058
辽宁省沈抚新区管委会	37708	18723	18985	407	131	276

4-2c　续表 1

单位：人

地　区	学前教育			小　学		
	小计	男	女	小计	男	女
辽宁	**7168**	**2695**	**4473**	**3410590**	**1568176**	**1842414**
沈阳市	797	351	446	303795	137126	166669
大连市	1124	379	745	439123	203040	236083
鞍山市	378	168	210	193004	87969	105035
抚顺市	1031	276	755	117137	55457	61680
本溪市	190	77	113	83938	39243	44695
丹东市	448	168	280	245153	113025	132128
锦州市	502	205	297	308294	143413	164881
营口市	293	117	176	223556	104919	118637
阜新市	177	82	95	134394	58068	76326
辽阳市	194	77	117	155809	72112	83697
盘锦市	102	47	55	77235	34329	42906
铁岭市	531	175	356	361038	171247	189791
朝阳市	801	314	487	450962	201736	249226
葫芦岛市	581	252	329	310363	143331	167032
辽宁省沈抚新区管委会	19	7	12	6789	3161	3628

4-2c 续表 2

单位：人

地区	初中			高中			大学专科		
	小计	男	女	小计	男	女	小计	男	女
辽宁	**5869581**	**3185604**	**2683977**	**653276**	**377529**	**275747**	**329786**	**168281**	**161505**
沈阳市	753180	396759	356421	102053	57344	44709	48451	23673	24778
大连市	601762	329832	271930	83111	49023	34088	27754	15191	12563
鞍山市	476173	257061	219112	47600	26890	20710	17441	8912	8529
抚顺市	184047	102060	81987	18915	11112	7803	8639	4324	4315
本溪市	126053	70352	55701	17698	9858	7840	9755	4313	5442
丹东市	306065	171185	134880	30594	18813	11781	15505	8345	7160
锦州市	582292	309679	272613	46736	26280	20456	31040	15740	15300
营口市	389175	210327	178848	32627	18371	14256	20635	10996	9639
阜新市	353956	187795	166161	37535	21810	15725	19262	9716	9546
辽阳市	277707	149029	128678	31525	17690	13835	11917	6008	5909
盘锦市	160110	86097	74013	17016	9994	7022	14281	6182	8099
铁岭市	509065	273483	235582	44414	24964	19450	25102	12655	12447
朝阳市	597068	337880	259188	87274	53086	34188	47933	26321	21612
葫芦岛市	532428	292926	239502	52579	30355	22224	26343	13870	12473
辽宁省沈抚新区管委会	20500	11139	9361	3599	1939	1660	5728	2035	3693

4-2c 续表 3

单位：人

地区	大学本科			硕士研究生			博士研究生		
	小计	男	女	小计	男	女	小计	男	女
辽宁	**154026**	**76387**	**77639**	**10821**	**4232**	**6589**	**1799**	**828**	**971**
沈阳市	28820	12702	16118	4128	1428	2700	843	335	508
大连市	19840	10568	9272	1058	489	569	240	116	124
鞍山市	7264	3605	3659	402	180	222	56	25	31
抚顺市	4469	2212	2257	207	79	128	30	17	13
本溪市	5192	2679	2513	310	137	173	42	24	18
丹东市	9072	4570	4502	407	163	244	43	26	17
锦州市	10543	5162	5381	661	263	398	82	37	45
营口市	8582	4346	4236	406	188	218	55	27	28
阜新市	7232	3425	3807	426	150	276	48	18	30
辽阳市	5557	2695	2862	261	114	147	29	16	13
盘锦市	8254	4305	3949	376	107	269	76	45	31
铁岭市	10536	5190	5346	550	228	322	57	32	25
朝阳市	17789	9422	8367	1033	458	575	118	65	53
葫芦岛市	10253	5213	5040	558	233	325	75	42	33
辽宁省沈抚新区管委会	623	293	330	38	15	23	5	3	2

4-3　各地区分性别、受教育程度的16-59岁人口

单位：人

地　　区	16-59岁人口			未上过学		
	合计	男	女	小计	男	女
辽宁	**26555798**	**13424179**	**13131619**	**85559**	**42521**	**43038**
沈阳市	5834282	2948125	2886157	11823	5954	5869
大连市	4693772	2352845	2340927	16130	7273	8857
鞍山市	2044763	1039825	1004938	5322	2776	2546
抚顺市	1031309	524103	507206	3480	1778	1702
本溪市	813181	409233	403948	2718	1417	1301
丹东市	1321017	662816	658201	4693	2368	2325
锦州市	1645069	825817	819252	5071	2779	2292
营口市	1457995	745703	712292	4452	2386	2066
阜新市	1027381	516293	511088	3692	1984	1708
辽阳市	986566	500429	486137	2810	1558	1252
盘锦市	895245	449888	445357	2399	1249	1150
铁岭市	1485232	750120	735112	5696	2913	2783
朝阳市	1733784	888572	845212	10303	4672	5631
葫芦岛市	1472114	752320	719794	6722	3279	3443
辽宁省沈抚新区管委会	114088	58090	55998	248	135	113

4-3　续表 1

单位：人

地　　区	学前教育			小　　学		
	小计	男	女	小计	男	女
辽宁	**7454**	**3613**	**3841**	**2225310**	**1080791**	**1144519**
沈阳市	1468	739	729	268188	133725	134463
大连市	1673	832	841	369085	173548	195537
鞍山市	879	367	512	121621	59299	62322
抚顺市	379	156	223	76972	38481	38491
本溪市	182	106	76	55500	26971	28529
丹东市	298	129	169	163182	75972	87210
锦州市	400	208	192	144290	72939	71351
营口市	420	220	200	154310	77643	76667
阜新市	178	97	81	69899	34015	35884
辽阳市	176	79	97	91237	46815	44422
盘锦市	270	140	130	58431	28083	30348
铁岭市	361	150	211	207566	103086	104480
朝阳市	405	203	202	269451	125547	143904
葫芦岛市	343	175	168	168413	80852	87561
辽宁省沈抚新区管委会	22	12	10	7165	3815	3350

4-3 续表 2 单位：人

地区	初中			高中			大学专科		
	小计	男	女	小计	男	女	小计	男	女
辽宁	**12399079**	**6365080**	**6033999**	**4728636**	**2424484**	**2304152**	**3339165**	**1667747**	**1671418**
沈阳市	2126252	1088591	1037661	1141744	583707	558037	992003	498729	493274
大连市	1791324	926841	864483	901270	463355	437915	623136	309250	313886
鞍山市	1127671	580169	547502	391965	200394	191571	195571	97157	98414
抚顺市	509919	261717	248202	214333	108882	105451	112701	55524	57177
本溪市	392544	197785	194759	163988	83761	80227	101885	52531	49354
丹东市	680330	346996	333334	214659	110341	104318	136736	69140	67596
锦州市	867568	440812	426756	250513	126049	124464	196493	98464	98029
营口市	814157	418667	395490	204235	106720	97515	163857	81864	81993
阜新市	545957	278492	267465	208959	105402	103557	106595	50167	56428
辽阳市	525963	269276	256687	158180	80943	77237	112400	55596	56804
盘锦市	401525	202656	198869	184616	93745	90871	122753	60256	62497
铁岭市	861496	437808	423688	198912	102275	96637	127986	63099	64887
朝阳市	895012	469991	425021	256112	136253	119859	182730	92611	90119
葫芦岛市	807781	418224	389557	221048	113519	107529	147312	75762	71550
辽宁省沈抚新区管委会	51580	27055	24525	18102	9138	8964	17007	7597	9410

4-3 续表 3 单位：人

地区	大学本科			硕士研究生			博士研究生		
	小计	男	女	小计	男	女	小计	男	女
辽宁	**3421681**	**1676500**	**1745181**	**314692**	**144408**	**170284**	**34222**	**19035**	**15187**
沈阳市	1148542	568317	580225	129303	60131	69172	14959	8232	6727
大连市	881698	420287	461411	96920	44256	52664	12536	7203	5333
鞍山市	189177	93595	95582	11665	5561	6104	892	507	385
抚顺市	105797	53915	51882	7107	3325	3782	621	325	296
本溪市	89169	43551	45618	6606	2806	3800	589	305	284
丹东市	113817	54631	59186	6835	2996	3839	467	243	224
锦州市	166786	78660	88126	12935	5391	7544	1013	515	498
营口市	110532	55422	55110	5623	2588	3035	409	193	216
阜新市	84286	42140	42146	7046	3534	3512	769	462	307
辽阳市	89329	43271	46058	6081	2700	3381	390	191	199
盘锦市	118038	60327	57711	6789	3186	3603	424	246	178
铁岭市	78937	38829	40108	4001	1813	2188	277	147	130
朝阳市	113258	56422	56836	6111	2668	3443	402	205	197
葫芦岛市	113282	57222	56060	6828	3075	3753	385	212	173
辽宁省沈抚新区管委会	19033	9911	9122	842	378	464	89	49	40

4–3a　各地区分性别、受教育程度的16–59岁人口(城市)

单位：人

地　区	16–59岁人口			未上过学		
	合计	男	女	小计	男	女
辽宁	**16495950**	**8242328**	**8253622**	**31852**	**15969**	**15883**
沈阳市	4693983	2363516	2330467	7159	3466	3693
大连市	3814538	1899520	1915018	10786	4762	6024
鞍山市	1166417	583811	582606	1624	877	747
抚顺市	656264	330778	325486	1242	682	560
本溪市	474268	236337	237931	1005	564	441
丹东市	677139	333112	344027	1127	619	508
锦州市	822942	403978	418964	1170	667	503
营口市	911242	457960	453282	1952	1050	902
阜新市	442688	217229	225459	913	520	393
辽阳市	547011	271443	275568	1151	626	525
盘锦市	621763	310573	311190	884	481	403
铁岭市	406958	202238	204720	562	310	252
朝阳市	621240	309522	311718	1331	846	485
葫芦岛市	552193	277638	274555	802	422	380
辽宁省沈抚新区管委会	87304	44673	42631	144	77	67

4–3a　续表 1

单位：人

地　区	学前教育			小　学		
	小计	男	女	小计	男	女
辽宁	**4505**	**2189**	**2316**	**668737**	**329590**	**339147**
沈阳市	1014	509	505	146630	73137	73493
大连市	1428	718	710	212035	101927	110108
鞍山市	560	216	344	31682	16113	15569
抚顺市	158	63	95	15064	7780	7284
本溪市	63	39	24	11454	5557	5897
丹东市	143	64	79	33283	15421	17862
锦州市	192	101	91	27444	14071	13373
营口市	273	139	134	58487	29016	29471
阜新市	76	38	38	11420	5850	5570
辽阳市	80	27	53	24189	12217	11972
盘锦市	219	110	109	23821	11675	12146
铁岭市	83	40	43	20651	10603	10048
朝阳市	109	62	47	29137	14754	14383
葫芦岛市	94	55	39	18774	8957	9817
辽宁省沈抚新区管委会	13	8	5	4666	2512	2154

4-3a 续表 2　　单位：人

地区	初中			高中			大学专科		
	小计	男	女	小计	男	女	小计	男	女
辽宁	**6034689**	**3029958**	**3004731**	**3693103**	**1872211**	**1820892**	**2700633**	**1347391**	**1353242**
沈阳市	1384385	704411	679974	1011903	514651	497252	911009	458438	452571
大连市	1246681	637366	609315	815215	414962	400253	584759	289120	295639
鞍山市	513827	257807	256020	292779	147460	145319	149265	73970	75295
抚顺市	276507	139618	136889	175085	88498	86587	91405	44845	46560
本溪市	201400	98883	102517	114625	58529	56096	71461	37002	34459
丹东市	296566	144485	152081	153828	77691	76137	100610	50849	49761
锦州市	307486	151505	155981	183015	90970	92045	146793	73621	73172
营口市	445233	223103	222130	169005	87301	81704	133556	66023	67533
阜新市	162676	79882	82794	132932	65779	67153	65568	29693	35875
辽阳市	237979	117979	120000	113359	57312	56047	88937	43994	44943
盘锦市	225712	111091	114621	159714	80346	79368	100520	50268	50252
铁岭市	216559	105604	110955	82444	42337	40107	48949	24846	24103
朝阳市	267647	132714	134933	140452	71298	69154	103156	50776	52380
葫芦岛市	215637	106814	108823	133375	67361	66014	93255	48326	44929
辽宁省沈抚新区管委会	36394	18696	17698	15372	7716	7656	11390	5620	5770

4-3a 续表 3　　单位：人

地区	大学本科			硕士研究生			博士研究生		
	小计	男	女	小计	男	女	小计	男	女
辽宁	**3037655**	**1491385**	**1546270**	**293183**	**135807**	**157376**	**31593**	**17828**	**13765**
沈阳市	1094172	542982	551190	123717	58084	65633	13994	7838	6156
大连市	837819	400543	437276	93734	43120	50614	12081	7002	5079
鞍山市	165213	81791	83422	10669	5109	5560	798	468	330
抚顺市	89692	45913	43779	6556	3087	3469	555	292	263
本溪市	68054	33076	34978	5700	2426	3274	506	261	245
丹东市	85281	41176	44105	5921	2608	3313	380	199	181
锦州市	144079	67620	76459	11863	4966	6897	900	457	443
营口市	97459	48899	48560	4947	2274	2673	330	155	175
阜新市	62399	31914	30485	6027	3131	2896	677	422	255
辽阳市	75487	36672	38815	5495	2449	3046	334	167	167
盘锦市	104355	53411	50944	6195	2992	3203	343	199	144
铁岭市	35905	17664	18241	1687	771	916	118	63	55
朝阳市	74868	37092	37776	4323	1875	2448	217	105	112
葫芦岛市	84435	42997	41438	5545	2552	2993	276	154	122
辽宁省沈抚新区管委会	18437	9635	8802	804	363	441	84	46	38

4-3b　各地区分性别、受教育程度的16-59岁人口(镇)

单位：人

地　区	16-59岁人口			未上过学		
	合计	男	女	小计	男	女
辽宁	**3251979**	**1635028**	**1616951**	**8541**	**4568**	**3973**
沈阳市	306932	157848	149084	738	413	325
大连市	176127	88169	87958	557	280	277
鞍山市	393781	200683	193098	818	414	404
抚顺市	155214	77414	77800	404	221	183
本溪市	183424	91118	92306	323	167	156
丹东市	257406	127624	129782	926	465	461
锦州市	207702	103812	103890	477	279	198
营口市	104505	54059	50446	322	180	142
阜新市	202650	101692	100958	493	278	215
辽阳市	138828	70776	68052	381	212	169
盘锦市	84980	42930	42050	221	121	100
铁岭市	441254	218429	222825	977	514	463
朝阳市	296324	149408	146916	1108	585	523
葫芦岛市	302852	151066	151786	796	439	357
辽宁省沈抚新区管委会						

4-3b　续表 1

单位：人

地　区	学前教育			小　学		
	小计	男	女	小计	男	女
辽宁	**875**	**395**	**480**	**260606**	**125954**	**134652**
沈阳市	92	44	48	21380	11263	10117
大连市	32	19	13	17746	8212	9534
鞍山市	158	69	89	23099	11125	11974
抚顺市	53	24	29	11155	5365	5790
本溪市	66	33	33	10589	4888	5701
丹东市	45	17	28	27939	12654	15285
锦州市	64	28	36	14587	7353	7234
营口市	38	21	17	11919	6031	5888
阜新市	41	25	16	9466	4565	4901
辽阳市	26	12	14	12651	6371	6280
盘锦市	12	5	7	5859	2747	3112
铁岭市	104	36	68	31873	15650	16223
朝阳市	72	33	39	37162	17546	19616
葫芦岛市	72	29	43	25181	12184	12997
辽宁省沈抚新区管委会						

4-3b 续表 2

单位：人

地　区	初　中			高　中			大学专科		
	小计	男	女	小计	男	女	小计	男	女
辽宁	**1854110**	**935153**	**918957**	**553891**	**286142**	**267749**	**328595**	**166559**	**162036**
沈阳市	168617	86474	82143	53394	27745	25649	34906	18150	16756
大连市	92752	48497	44255	24957	13956	11001	13211	6950	6261
鞍山市	260745	132999	127746	61298	32262	29036	30122	15174	14948
抚顺市	91584	45560	46024	26516	13343	13173	13339	6825	6514
本溪市	97641	47644	49997	36408	18306	18102	21581	11828	9753
丹东市	147517	74386	73131	38904	19917	18987	21830	10887	10943
锦州市	124457	61906	62551	34887	17626	17261	20339	10350	9989
营口市	66663	34323	32340	9268	5068	4200	11178	5882	5296
阜新市	104646	52881	51765	49757	25236	24521	22792	11510	11282
辽阳市	82142	42184	39958	22577	11736	10841	12257	6094	6163
盘锦市	52582	26883	25699	12181	6308	5873	8395	4109	4286
铁岭市	235639	116886	118753	83010	41907	41103	55106	26470	28636
朝阳市	150114	75308	74806	52008	27935	24073	34107	17463	16644
葫芦岛市	179011	89222	89789	48726	24797	23929	29432	14867	14565
辽宁省沈抚新区管委会									

4-3b 续表 3

单位：人

地　区	大学本科			硕士研究生			博士研究生		
	小计	男	女	小计	男	女	小计	男	女
辽宁	**233661**	**111387**	**122274**	**10801**	**4451**	**6350**	**899**	**419**	**480**
沈阳市	26183	13049	13134	1487	642	845	135	68	67
大连市	24471	9493	14978	2139	654	1485	262	108	154
鞍山市	16901	8349	8552	601	276	325	39	15	24
抚顺市	11776	5897	5879	351	163	188	36	16	20
本溪市	16172	7983	8189	603	249	354	41	20	21
丹东市	19688	9049	10639	513	231	282	44	18	26
锦州市	12436	6076	6360	423	173	250	32	21	11
营口市	4817	2413	2404	274	128	146	26	13	13
阜新市	14814	6919	7895	597	256	341	44	22	22
辽阳市	8438	4019	4419	329	140	189	27	8	19
盘锦市	5503	2665	2838	221	89	132	6	3	3
铁岭市	32676	16099	16577	1767	815	952	102	52	50
朝阳市	20920	10160	10760	763	340	423	70	38	32
葫芦岛市	18866	9216	9650	733	295	438	35	17	18
辽宁省沈抚新区管委会									

4–3c 各地区分性别、受教育程度的16–59岁人口(乡村)

单位：人

地 区	16–59岁人口			未上过学		
	合计	男	女	小计	男	女
辽宁	**6807869**	**3546823**	**3261046**	**45166**	**21984**	**23182**
沈阳市	833367	426761	406606	3926	2075	1851
大连市	703107	365156	337951	4787	2231	2556
鞍山市	484565	255331	229234	2880	1485	1395
抚顺市	219831	115911	103920	1834	875	959
本溪市	155489	81778	73711	1390	686	704
丹东市	386472	202080	184392	2640	1284	1356
锦州市	614425	318027	296398	3424	1833	1591
营口市	442248	233684	208564	2178	1156	1022
阜新市	382043	197372	184671	2286	1186	1100
辽阳市	300727	158210	142517	1278	720	558
盘锦市	188502	96385	92117	1294	647	647
铁岭市	637020	329453	307567	4157	2089	2068
朝阳市	816220	429642	386578	7864	3241	4623
葫芦岛市	617069	323616	293453	5124	2418	2706
辽宁省沈抚新区管委会	26784	13417	13367	104	58	46

4–3c 续表 1

单位：人

地 区	学前教育			小 学		
	小计	男	女	小计	男	女
辽宁	**2074**	**1029**	**1045**	**1295967**	**625247**	**670720**
沈阳市	362	186	176	100178	49325	50853
大连市	213	95	118	139304	63409	75895
鞍山市	161	82	79	66840	32061	34779
抚顺市	168	69	99	50753	25336	25417
本溪市	53	34	19	33457	16526	16931
丹东市	110	48	62	101960	47897	54063
锦州市	144	79	65	102259	51515	50744
营口市	109	60	49	83904	42596	41308
阜新市	61	34	27	49013	23600	25413
辽阳市	70	40	30	54397	28227	26170
盘锦市	39	25	14	28751	13661	15090
铁岭市	174	74	100	155042	76833	78209
朝阳市	224	108	116	203152	93247	109905
葫芦岛市	177	91	86	124458	59711	64747
辽宁省沈抚新区管委会	9	4	5	2499	1303	1196

4-3c 续表 2

单位：人

地区	初中			高中			大学专科		
	小计	男	女	小计	男	女	小计	男	女
辽宁	**4510280**	**2399969**	**2110311**	**481642**	**266131**	**215511**	**309937**	**153797**	**156140**
沈阳市	573250	297706	275544	76447	41311	35136	46088	22141	23947
大连市	451891	240978	210913	61098	34437	26661	25166	13180	11986
鞍山市	353099	189363	163736	37888	20672	17216	16184	8013	8171
抚顺市	141828	76539	65289	12732	7041	5691	7957	3854	4103
本溪市	93503	51258	42245	12955	6926	6029	8843	3701	5142
丹东市	236247	128125	108122	21927	12733	9194	14296	7404	6892
锦州市	435625	227401	208224	32611	17453	15158	29361	14493	14868
营口市	302261	161241	141020	25962	14351	11611	19123	9959	9164
阜新市	278635	145729	132906	26270	14387	11883	18235	8964	9271
辽阳市	205842	109113	96729	22244	11895	10349	11206	5508	5698
盘锦市	123231	64682	58549	12721	7091	5630	13838	5879	7959
铁岭市	409298	215318	193980	33458	18031	15427	23931	11783	12148
朝阳市	477251	261969	215282	63652	37020	26632	45467	24372	21095
葫芦岛市	413133	222188	190945	38947	21361	17586	24625	12569	12056
辽宁省沈抚新区管委会	15186	8359	6827	2730	1422	1308	5617	1977	3640

4-3c 续表 3

单位：人

地区	大学本科			硕士研究生			博士研究生		
	小计	男	女	小计	男	女	小计	男	女
辽宁	**150365**	**73728**	**76637**	**10708**	**4150**	**6558**	**1730**	**788**	**942**
沈阳市	28187	12286	15901	4099	1405	2694	830	326	504
大连市	19408	10251	9157	1047	482	565	193	93	100
鞍山市	7063	3455	3608	395	176	219	55	24	31
抚顺市	4329	2105	2224	200	75	125	30	17	13
本溪市	4943	2492	2451	303	131	172	42	24	18
丹东市	8848	4406	4442	401	157	244	43	26	17
锦州市	10271	4964	5307	649	252	397	81	37	44
营口市	8256	4110	4146	402	186	216	53	25	28
阜新市	7073	3307	3766	422	147	275	48	18	30
辽阳市	5404	2580	2824	257	111	146	29	16	13
盘锦市	8180	4251	3929	373	105	268	75	44	31
铁岭市	10356	5066	5290	547	227	320	57	32	25
朝阳市	17470	9170	8300	1025	453	572	115	62	53
葫芦岛市	9981	5009	4972	550	228	322	74	41	33
辽宁省沈抚新区管委会	596	276	320	38	15	23	5	3	2

4-4　各地区分性别、受教育程度的25岁及以上人口

单位：人

地　区	25岁及以上人口			未上过学		
	合计	男	女	小计	男	女
辽宁	**34319587**	**16950525**	**17369062**	**418464**	**114445**	**304019**
沈阳市	7128897	3506391	3622506	48035	13540	34495
大连市	5942537	2932070	3010467	81645	22181	59464
鞍山市	2721301	1349996	1371305	22029	6670	15359
抚顺市	1476035	724993	751042	23299	5735	17564
本溪市	1115453	547680	567773	15386	4387	10999
丹东市	1823652	900533	923119	29105	7345	21760
锦州市	2191688	1080164	1111524	23013	6942	16071
营口市	1899213	949121	950092	15794	4831	10963
阜新市	1351635	658156	693479	19266	4848	14418
辽阳市	1324656	654326	670330	8177	2809	5368
盘锦市	1110522	547223	563299	11848	3378	8470
铁岭市	1966755	976250	990505	24814	8221	16593
朝阳市	2234481	1113550	1120931	60964	13758	47206
葫芦岛市	1903735	945781	957954	34005	9492	24513
辽宁省沈抚新区管委会	129027	64291	64736	1084	308	776

4-4　续表 1

单位：人

地　区	学前教育			小　学		
	小计	男	女	小计	男	女
辽宁	**13655**	**4874**	**8781**	**5954076**	**2620253**	**3333823**
沈阳市	1834	727	1107	753165	320705	432460
大连市	3412	1356	2056	1031719	457707	574012
鞍山市	991	334	657	369809	161000	208809
抚顺市	1875	417	1458	204537	88474	116063
本溪市	328	114	214	158347	67355	90992
丹东市	778	264	514	421872	185410	236462
锦州市	730	261	469	436282	196320	239962
营口市	520	204	316	396954	180257	216697
阜新市	297	107	190	211305	86737	124568
辽阳市	269	90	179	257147	113543	143604
盘锦市	271	115	156	169017	71006	98011
铁岭市	746	268	478	499167	230133	269034
朝阳市	903	338	565	601120	263286	337834
葫芦岛市	677	273	404	425631	190268	235363
辽宁省沈抚新区管委会	24	6	18	18004	8052	9952

4-4 续表 2

单位：人

地区	初中			高中			大学专科		
	小计	男	女	小计	男	女	小计	男	女
辽宁	**16610084**	**8445434**	**8164650**	**5147028**	**2631069**	**2515959**	**3119616**	**1597279**	**1522337**
沈阳市	3058503	1525805	1532698	1273025	639548	633477	941455	477669	463786
大连市	2405753	1234086	1171667	1022086	519237	502849	611501	308897	302604
鞍山市	1552511	785310	767201	414531	213100	201431	193104	98234	94870
抚顺市	759943	382426	377517	263126	133368	129758	122552	62628	59924
本溪市	577280	288008	289272	185668	94919	90749	102619	54249	48370
丹东市	916290	469915	446375	222777	116978	105799	128441	67723	60718
锦州市	1170973	591749	579224	274065	138831	135234	164998	84704	80294
营口市	1039033	531946	507087	201498	105035	96463	145184	75445	69739
阜新市	702639	355709	346930	245725	124490	121235	95989	48350	47639
辽阳市	700856	355104	345752	175844	90288	85556	99173	50538	48635
盘锦市	523334	263954	259380	187650	95886	91764	111243	56791	54452
铁岭市	1065241	540853	524388	198701	103719	94982	106043	56223	49820
朝阳市	1064466	565870	498596	243997	132089	111908	158060	84523	73537
葫芦岛市	1005071	519851	485220	218304	113474	104830	127548	65435	62113
辽宁省沈抚新区管委会	68191	34848	33343	20031	10107	9924	11706	5870	5836

4-4 续表 3

单位：人

地区	大学本科			硕士研究生			博士研究生		
	小计	男	女	小计	男	女	小计	男	女
辽宁	**2758625**	**1393583**	**1365042**	**264377**	**124592**	**139785**	**33662**	**18996**	**14666**
沈阳市	930918	468729	462189	107135	51364	55771	14827	8304	6523
大连市	691723	343322	348401	82317	38114	44203	12381	7170	5211
鞍山市	157539	79957	77582	9939	4904	5035	848	487	361
抚顺市	94014	48682	45332	6088	2952	3136	601	311	290
本溪市	70554	36132	34422	4725	2230	2495	546	286	260
丹东市	97636	49785	47851	6301	2873	3428	452	240	212
锦州市	109928	56274	53654	10712	4573	6139	987	510	477
营口市	94706	48757	45949	5126	2452	2674	398	194	204
阜新市	70202	34823	35379	5462	2629	2833	750	463	287
辽阳市	77284	39229	38055	5535	2542	2993	371	183	188
盘锦市	100524	52772	47752	6215	3071	3144	420	250	170
铁岭市	68313	35019	33294	3479	1673	1806	251	141	110
朝阳市	99285	51079	48206	5315	2411	2904	371	196	175
葫芦岛市	86908	44348	42560	5222	2429	2793	369	211	158
辽宁省沈抚新区管委会	9091	4675	4416	806	375	431	90	50	40

4—4a　各地区分性别、受教育程度的25岁及以上人口(城市)

单位：人

地　区	25岁及以上人口			未上过学		
	合计	男	女	小计	男	女
辽宁	**20329308**	**9905409**	**10423899**	**140327**	**36505**	**103822**
沈阳市	5613332	2744355	2868977	29020	7550	21470
大连市	4579933	2239777	2340156	43135	11973	31162
鞍山市	1542235	753104	789131	7582	2022	5560
抚顺市	946143	457285	488858	9370	1634	7736
本溪市	646579	313095	333484	5807	1423	4384
丹东市	897314	432932	464382	6893	1605	5288
锦州市	983469	474237	509232	5481	1512	3969
营口市	1125531	554527	571004	6296	1913	4383
阜新市	571236	270736	300500	5797	1162	4635
辽阳市	694995	336144	358851	3007	967	2040
盘锦市	748250	365772	382478	4152	1177	2975
铁岭市	509009	247597	261412	2443	764	1679
朝阳市	725216	353813	371403	6660	1641	5019
葫芦岛市	647316	313471	333845	3992	974	3018
辽宁省沈抚新区管委会	98750	48564	50186	692	188	504

4—4a　续表 1

单位：人

地　区	学前教育			小　学		
	小计	男	女	小计	男	女
辽宁	**5888**	**2216**	**3672**	**1887466**	**776069**	**1111397**
沈阳市	1117	426	691	402234	163024	239210
大连市	2243	975	1268	542175	232426	309749
鞍山市	556	161	395	113729	46362	67367
抚顺市	479	90	389	59484	21881	37603
本溪市	114	34	80	47339	17536	29803
丹东市	266	85	181	103547	41664	61883
锦州市	175	57	118	86058	35130	50928
营口市	226	103	123	144771	62567	82204
阜新市	108	31	77	46391	17011	29380
辽阳市	86	30	56	69961	27965	41996
盘锦市	173	75	98	74971	29960	45011
铁岭市	176	82	94	55339	23805	31534
朝阳市	69	25	44	74614	29885	44729
葫芦岛市	89	39	50	55545	21908	33637
辽宁省沈抚新区管委会	11	3	8	11308	4945	6363

4-4a 续表 2

单位：人

地 区	初 中			高 中			大学专科		
	小计	男	女	小计	男	女	小计	男	女
辽宁	**8751212**	**4291363**	**4459849**	**4147490**	**2075298**	**2072192**	**2637525**	**1337844**	**1299681**
沈阳市	2136200	1046861	1089339	1146934	570333	576601	886166	448398	437768
大连市	1715733	859442	856291	934344	467820	466524	580037	291298	288739
鞍山市	791492	387470	404022	325108	163644	161464	155337	78262	77075
抚顺市	468111	227580	240531	218924	109219	109705	103024	52145	50879
本溪市	327252	158009	169243	132577	66796	65781	76759	40351	36408
丹东市	438204	212157	226047	164018	82951	81067	99375	51509	47866
锦州市	452746	217826	234920	206059	101707	104352	129271	65798	63473
营口市	589226	292172	297054	170986	87873	83113	124589	64100	60489
阜新市	232347	111530	120817	165873	81178	84695	63080	30992	32088
辽阳市	337823	164082	173741	130587	65390	65197	81045	41068	39977
盘锦市	306810	149537	157273	164240	82595	81645	98487	50183	48304
铁岭市	285187	137326	147861	86776	44439	42337	45702	24070	21632
朝阳市	329281	161258	168023	141429	71474	69955	98548	51453	47095
葫芦岛市	292273	141919	150354	141901	71012	70889	85167	42747	42420
辽宁省沈抚新区管委会	48527	24194	24333	17734	8867	8867	10938	5470	5468

4-4a 续表 3

单位：人

地 区	大学本科			硕士研究生			博士研究生		
	小计	男	女	小计	男	女	小计	男	女
辽宁	**2479952**	**1250765**	**1229187**	**248282**	**117530**	**130752**	**31166**	**17819**	**13347**
沈阳市	894389	450054	444335	103359	49794	53565	13913	7915	5998
大连市	670109	331671	338438	80259	37218	43041	11898	6954	4944
鞍山市	138530	70210	68320	9134	4522	4612	767	451	316
抚顺市	80564	41702	38862	5644	2750	2894	543	284	259
本溪市	52320	26826	25494	3942	1874	2068	469	246	223
丹东市	79063	40219	38844	5574	2543	3031	374	199	175
锦州市	92888	47507	45381	9905	4240	5665	886	460	426
营口市	84548	43457	41091	4562	2185	2377	327	157	170
阜新市	52364	26149	26215	4612	2259	2353	664	424	240
辽阳市	67091	34142	32949	5074	2339	2735	321	161	160
盘锦市	93263	49119	44144	5813	2922	2891	341	204	137
铁岭市	31805	16340	15465	1476	711	765	105	60	45
朝阳市	70439	36163	34276	3974	1813	2161	202	101	101
葫芦岛市	63898	32718	31180	4180	1998	2182	271	156	115
辽宁省沈抚新区管委会	8681	4488	4193	774	362	412	85	47	38

4–4b　各地区分性别、受教育程度的25岁及以上人口(镇)

单位：人

地　　区	25岁及以上人口			未上过学		
	合计	男	女	小计	男	女
辽宁	**4110986**	**2026826**	**2084160**	**42508**	**12012**	**30496**
沈阳市	373766	187641	186125	2419	771	1648
大连市	215619	109034	106585	4012	1166	2846
鞍山市	487266	243264	244002	2952	986	1966
抚顺市	204326	99765	104561	2644	744	1900
本溪市	234483	113255	121228	2021	515	1506
丹东市	338468	166864	171604	5268	1317	3951
锦州市	278324	136369	141955	2149	652	1497
营口市	135077	68290	66787	1120	379	741
阜新市	256283	124773	131510	2640	657	1983
辽阳市	175091	86849	88242	1131	382	749
盘锦市	106159	52640	53519	1120	316	804
铁岭市	561939	274554	287385	4189	1386	2803
朝阳市	362800	177403	185397	7027	1604	5423
葫芦岛市	381385	186125	195260	3816	1137	2679
辽宁省沈抚新区管委会						

4–4b　续表 1

单位：人

地　　区	学前教育			小　　学		
	小计	男	女	小计	男	女
辽宁	**1506**	**432**	**1074**	**691811**	**296634**	**395177**
沈阳市	68	22	46	49620	21984	27636
大连市	112	29	83	52476	23356	29120
鞍山市	171	64	107	65725	28219	37506
抚顺市	405	76	329	29212	11895	17317
本溪市	47	18	29	27737	10973	16764
丹东市	109	30	79	75306	31910	43396
锦州市	95	24	71	44939	19536	25403
营口市	62	19	43	31174	14272	16902
阜新市	45	15	30	31699	12326	19373
辽阳市	30	9	21	32920	14376	18544
盘锦市	17	7	10	17553	7156	10397
铁岭市	122	44	78	87474	37791	49683
朝阳市	122	42	80	80814	34580	46234
葫芦岛市	101	33	68	65162	28260	36902
辽宁省沈抚新区管委会						

4-4b 续表 2

单位：人

地区	初中			高中			大学专科		
	小计	男	女	小计	男	女	小计	男	女
辽宁	**2338366**	**1175568**	**1162798**	**539894**	**283535**	**256359**	**295775**	**157252**	**138523**
沈阳市	208991	105689	103302	54694	28833	25861	32703	17458	15245
大连市	113628	59938	53690	22279	12408	9871	11631	6304	5327
鞍山市	321441	162651	158790	55191	29617	25574	26921	14154	12767
抚顺市	117532	58459	59073	29568	15391	14177	13949	7500	6449
本溪市	130021	63187	66834	39615	20303	19312	20150	10754	9396
丹东市	189222	96777	92445	35831	19477	16354	19200	10533	8667
锦州市	165078	81698	83380	35612	18477	17135	19205	10241	8964
营口市	82597	42744	39853	8944	4898	4046	6722	3693	3029
阜新市	134779	67177	67602	51084	26248	24836	22002	11581	10421
辽阳市	101072	51292	49780	21900	11642	10258	10869	5613	5256
盘锦市	64570	33249	31321	10824	5829	4995	7339	3758	3581
铁岭市	308563	152047	156516	84071	42905	41166	45687	24161	21526
朝阳市	175906	88933	86973	47447	25372	22075	32308	17281	15027
葫芦岛市	224966	111727	113239	42834	22135	20699	27089	14221	12868
辽宁省沈抚新区管委会									

4-4b 续表 3

单位：人

地区	大学本科			硕士研究生			博士研究生		
	小计	男	女	小计	男	女	小计	男	女
辽宁	**191331**	**96970**	**94361**	**8932**	**4012**	**4920**	**863**	**411**	**452**
沈阳市	23727	12180	11547	1410	634	776	134	70	64
大连市	9966	5229	4737	1254	494	760	261	110	151
鞍山市	14329	7320	7009	501	237	264	35	16	19
抚顺市	10685	5543	5142	298	144	154	33	13	20
本溪市	14333	7253	7080	521	234	287	38	18	20
丹东市	13064	6601	6463	429	203	226	39	16	23
锦州市	10876	5577	5299	342	146	196	28	18	10
营口市	4179	2154	2025	254	119	135	25	12	13
阜新市	13447	6489	6958	544	258	286	43	22	21
辽阳市	6868	3405	3463	277	122	155	24	8	16
盘锦市	4537	2244	2293	193	78	115	6	3	3
铁岭市	30092	15370	14722	1643	798	845	98	52	46
朝阳市	18496	9276	9220	617	280	337	63	35	28
葫芦岛市	16732	8329	8403	649	265	384	36	18	18
辽宁省沈抚新区管委会									

4–4c　各地区分性别、受教育程度的25岁及以上人口(乡村)

单位：人

地　　区	25岁及以上人口			未上过学		
	合计	男	女	小计	男	女
辽宁	**9879293**	**5018290**	**4861003**	**235629**	**65928**	**169701**
沈阳市	1141799	574395	567404	16596	5219	11377
大连市	1146985	583259	563726	34498	9042	25456
鞍山市	691800	353628	338172	11495	3662	7833
抚顺市	325566	167943	157623	11285	3357	7928
本溪市	234391	121330	113061	7558	2449	5109
丹东市	587870	300737	287133	16944	4423	12521
锦州市	929895	469558	460337	15383	4778	10605
营口市	638605	326304	312301	8378	2539	5839
阜新市	524116	262647	261469	10829	3029	7800
辽阳市	454570	231333	223237	4039	1460	2579
盘锦市	256113	128811	127302	6576	1885	4691
铁岭市	895807	454099	441708	18182	6071	12111
朝阳市	1146465	582334	564131	47277	10513	36764
葫芦岛市	875034	446185	428849	26197	7381	18816
辽宁省沈抚新区管委会	30277	15727	14550	392	120	272

4–4c　续表 1

单位：人

地　　区	学前教育			小　　学		
	小计	男	女	小计	男	女
辽宁	**6261**	**2226**	**4035**	**3374799**	**1547550**	**1827249**
沈阳市	649	279	370	301311	135697	165614
大连市	1057	352	705	437068	201925	235143
鞍山市	264	109	155	190355	86419	103936
抚顺市	991	251	740	115841	54698	61143
本溪市	167	62	105	83271	38846	44425
丹东市	403	149	254	243019	111836	131183
锦州市	460	180	280	305285	141654	163631
营口市	232	82	150	221009	103418	117591
阜新市	144	61	83	133215	57400	75815
辽阳市	153	51	102	154266	71202	83064
盘锦市	81	33	48	76493	33890	42603
铁岭市	448	142	306	356354	168537	187817
朝阳市	712	271	441	445692	198821	246871
葫芦岛市	487	201	286	304924	140100	164824
辽宁省沈抚新区管委会	13	3	10	6696	3107	3589

4−4c 续表 2

单位：人

地区	初中			高中			大学专科		
	小计	男	女	小计	男	女	小计	男	女
辽宁	**5520506**	**2978503**	**2542003**	**459644**	**272236**	**187408**	**186316**	**102183**	**84133**
沈阳市	713312	373255	340057	71397	40382	31015	22586	11813	10773
大连市	576392	314706	261686	65463	39009	26454	19833	11295	8538
鞍山市	439578	235189	204389	34232	19839	14393	10846	5818	5028
抚顺市	174300	96387	77913	14634	8758	5876	5579	2983	2596
本溪市	120007	66812	53195	13476	7820	5656	5710	3144	2566
丹东市	288864	160981	127883	22928	14550	8378	9866	5681	4185
锦州市	553149	292225	260924	32394	18647	13747	16522	8665	7857
营口市	367210	197030	170180	21568	12264	9304	13873	7652	6221
阜新市	335513	177002	158511	28768	17064	11704	10907	5777	5130
辽阳市	261961	139730	122231	23357	13256	10101	7259	3857	3402
盘锦市	151954	81168	70786	12586	7462	5124	5417	2850	2567
铁岭市	471491	251480	220011	27854	16375	11479	14654	7992	6662
朝阳市	559279	315679	243600	55121	35243	19878	27204	15789	11415
葫芦岛市	487832	266205	221627	33569	20327	13242	15292	8467	6825
辽宁省沈抚新区管委会	19664	10654	9010	2297	1240	1057	768	400	368

4−4c 续表 3

单位：人

地区	大学本科			硕士研究生			博士研究生		
	小计	男	女	小计	男	女	小计	男	女
辽宁	**87342**	**45848**	**41494**	**7163**	**3050**	**4113**	**1633**	**766**	**867**
沈阳市	12802	6495	6307	2366	936	1430	780	319	461
大连市	11648	6422	5226	804	402	402	222	106	116
鞍山市	4680	2427	2253	304	145	159	46	20	26
抚顺市	2765	1437	1328	146	58	88	25	14	11
本溪市	3901	2053	1848	262	122	140	39	22	17
丹东市	5509	2965	2544	298	127	171	39	25	14
锦州市	6164	3190	2974	465	187	278	73	32	41
营口市	5979	3146	2833	310	148	162	46	25	21
阜新市	4391	2185	2206	306	112	194	43	17	26
辽阳市	3325	1682	1643	184	81	103	26	14	12
盘锦市	2724	1409	1315	209	71	138	73	43	30
铁岭市	6416	3309	3107	360	164	196	48	29	19
朝阳市	10350	5640	4710	724	318	406	106	60	46
葫芦岛市	6278	3301	2977	393	166	227	62	37	25
辽宁省沈抚新区管委会	410	187	223	32	13	19	5	3	2

4–5　全省分年龄、性别的15岁及以上文盲人口

单位：人、%

年　龄	15岁及以上人口			文盲人口			文盲人口占15岁及以上人口比重		
	合计	男	女	合计	男	女	合计	男	女
总　计	**37853468**	**18801024**	**19052444**	**381928**	**105570**	**276358**	**1.01**	**0.56**	**1.45**
15–19岁	**1685551**	**887252**	**798299**	**3909**	**2345**	**1564**	**0.23**	**0.26**	**0.20**
15	343203	180382	162821	946	542	404	0.28	0.30	0.25
16	331837	174423	157414	792	481	311	0.24	0.28	0.20
17	284728	149233	135495	690	424	266	0.24	0.28	0.20
18	363886	191895	171991	762	466	296	0.21	0.24	0.17
19	361897	191319	170578	719	432	287	0.20	0.23	0.17
20–24岁	**1848330**	**963247**	**885083**	**3936**	**2408**	**1528**	**0.21**	**0.25**	**0.17**
20	378829	199381	179448	859	531	328	0.23	0.27	0.18
21	345982	181507	164475	731	452	279	0.21	0.25	0.17
22	362617	188949	173668	739	442	297	0.20	0.23	0.17
23	369623	191466	178157	790	500	290	0.21	0.26	0.16
24	391279	201944	189335	817	483	334	0.21	0.24	0.18
25–29岁	**2237992**	**1149681**	**1088311**	**4222**	**2551**	**1671**	**0.19**	**0.22**	**0.15**
25	418492	216046	202446	842	525	317	0.20	0.24	0.16
26	438576	226030	212546	885	552	333	0.20	0.24	0.16
27	450788	231174	219614	848	516	332	0.19	0.22	0.15
28	457460	234292	223168	823	474	349	0.18	0.20	0.16
29	472676	242139	230537	824	484	340	0.17	0.20	0.15
30–34岁	**3432844**	**1736758**	**1696086**	**5949**	**3452**	**2497**	**0.17**	**0.20**	**0.15**
30	629250	321142	308108	1128	667	461	0.18	0.21	0.15
31	658090	333577	324513	1177	674	503	0.18	0.20	0.16
32	689849	348775	341074	1199	716	483	0.17	0.21	0.14
33	795256	400974	394282	1288	737	551	0.16	0.18	0.14
34	660399	332290	328109	1157	658	499	0.18	0.20	0.15
35–39岁	**2965212**	**1499850**	**1465362**	**5362**	**2919**	**2443**	**0.18**	**0.19**	**0.17**
35	517522	260743	256779	924	501	423	0.18	0.19	0.16
36	492755	248381	244374	866	454	412	0.18	0.18	0.17
37	575420	291204	284216	1024	573	451	0.18	0.20	0.16
38	756433	383402	373031	1274	683	591	0.17	0.18	0.16
39	623082	316120	306962	1274	708	566	0.20	0.22	0.18
40–44岁	**3122536**	**1581981**	**1540555**	**7138**	**3785**	**3353**	**0.23**	**0.24**	**0.22**
40	609991	309361	300630	1276	665	611	0.21	0.21	0.20
41	721517	365248	356269	1647	896	751	0.23	0.25	0.21
42	671955	340429	331526	1517	818	699	0.23	0.24	0.21
43	549814	278933	270881	1317	691	626	0.24	0.25	0.23
44	569259	288010	281249	1381	715	666	0.24	0.25	0.24

4–5　续表　　单位：人、%

年　龄	15岁及以上人口			文盲人口			文盲人口占15岁及以上人口比重		
	合计	男	女	合计	男	女	合计	男	女
45–49岁	**3579319**	**1797709**	**1781610**	**10519**	**5181**	**5338**	**0.29**	**0.29**	**0.30**
45	590312	297020	293292	1584	793	791	0.27	0.27	0.27
46	662013	331646	330367	1872	946	926	0.28	0.29	0.28
47	752403	377248	375155	2139	1082	1057	0.28	0.29	0.28
48	763571	384287	379284	2344	1119	1225	0.31	0.29	0.32
49	811020	407508	403512	2580	1241	1339	0.32	0.30	0.33
50–54岁	**3984324**	**1986758**	**1997566**	**15711**	**7163**	**8548**	**0.39**	**0.36**	**0.43**
50	850756	425641	425115	2853	1347	1506	0.34	0.32	0.35
51	798938	399475	399463	2951	1365	1586	0.37	0.34	0.40
52	859231	429230	430001	3381	1561	1820	0.39	0.36	0.42
53	675216	334966	340250	3086	1389	1697	0.46	0.41	0.50
54	800183	397446	402737	3440	1501	1939	0.43	0.38	0.48
55–59岁	**4042893**	**2001325**	**2041568**	**17280**	**6734**	**10546**	**0.43**	**0.34**	**0.52**
55	890213	442871	447342	3793	1610	2183	0.43	0.36	0.49
56	908948	450902	458046	3720	1470	2250	0.41	0.33	0.49
57	1139467	566224	573243	4521	1865	2656	0.40	0.33	0.46
58	681490	336701	344789	3011	1086	1925	0.44	0.32	0.56
59	422775	204627	218148	2235	703	1532	0.53	0.34	0.70
60–64岁	**3536986**	**1731601**	**1805385**	**29480**	**8839**	**20641**	**0.83**	**0.51**	**1.14**
60	727229	357919	369310	4452	1483	2969	0.61	0.41	0.80
61	606117	298234	307883	4341	1312	3029	0.72	0.44	0.98
62	737086	361091	375995	6114	1787	4327	0.83	0.49	1.15
63	761237	371975	389262	7164	2135	5029	0.94	0.57	1.29
64	705317	342382	362935	7409	2122	5287	1.05	0.62	1.46
65–69岁	**3123673**	**1505700**	**1617973**	**46815**	**12352**	**34463**	**1.50**	**0.82**	**2.13**
65	737090	360007	377083	8715	2425	6290	1.18	0.67	1.67
66	703459	340792	362667	9009	2426	6583	1.28	0.71	1.82
67	590562	284027	306535	8906	2291	6615	1.51	0.81	2.16
68	577687	275768	301919	10568	2749	7819	1.83	1.00	2.59
69	514875	245106	269769	9617	2461	7156	1.87	1.00	2.65
70–74岁	**1852831**	**873679**	**979152**	**44148**	**11226**	**32922**	**2.38**	**1.28**	**3.36**
70	486788	231487	255301	9755	2454	7301	2.00	1.06	2.86
71	423789	202123	221666	9744	2649	7095	2.30	1.31	3.20
72	338104	157539	180565	8467	2174	6293	2.50	1.38	3.49
73	306866	143263	163603	8354	2104	6250	2.72	1.47	3.82
74	297284	139267	158017	7828	1845	5983	2.63	1.32	3.79
75–79岁	**1128789**	**519826**	**608963**	**41592**	**8430**	**33162**	**3.68**	**1.62**	**5.45**
75	245456	113534	131922	7270	1582	5688	2.96	1.39	4.31
76	241594	112242	129352	8174	1711	6463	3.38	1.52	5.00
77	224701	104341	120360	8149	1621	6528	3.63	1.55	5.42
78	213099	96877	116222	8455	1642	6813	3.97	1.69	5.86
79	203939	92832	111107	9544	1874	7670	4.68	2.02	6.90
80–84岁	**746549**	**327298**	**419251**	**56248**	**10914**	**45334**	**7.53**	**3.33**	**10.81**
80	180373	80178	100195	9931	1883	8048	5.51	2.35	8.03
81	158947	69728	89219	10775	2153	8622	6.78	3.09	9.66
82	156179	68246	87933	12204	2422	9782	7.81	3.55	11.12
83	131558	57655	73903	11507	2204	9303	8.75	3.82	12.59
84	119492	51491	68001	11831	2252	9579	9.90	4.37	14.09
85岁及以上	**565639**	**238359**	**327280**	**89619**	**17271**	**72348**	**15.84**	**7.25**	**22.11**

4-5a　全省分年龄、性别的15岁及以上文盲人口(城市)

单位：人、%

年　龄	15岁及以上人口			文盲人口			文盲人口占15岁及以上人口比重		
	合计	男	女	合计	男	女	合计	男	女
总　计	**22636901**	**11103093**	**11533808**	**117135**	**30035**	**87100**	**0.52**	**0.27**	**0.76**
15-19岁	**1056726**	**552336**	**504390**	**1391**	**836**	**555**	**0.13**	**0.15**	**0.11**
15	193558	100845	92713	366	200	166	0.19	0.20	0.18
16	204511	106768	97743	278	174	104	0.14	0.16	0.11
17	171240	88987	82253	233	146	87	0.14	0.16	0.11
18	235302	123101	112201	285	180	105	0.12	0.15	0.09
19	252115	132635	119480	229	136	93	0.09	0.10	0.08
20-24岁	**1250867**	**645348**	**605519**	**1419**	**835**	**584**	**0.11**	**0.13**	**0.10**
20	271270	142235	129035	333	190	143	0.12	0.13	0.11
21	243369	126948	116421	259	149	110	0.11	0.12	0.09
22	242871	125089	117782	247	143	104	0.10	0.11	0.09
23	240757	123124	117633	302	185	117	0.13	0.15	0.10
24	252600	127952	124648	278	168	110	0.11	0.13	0.09
25-29岁	**1486272**	**748498**	**737774**	**1407**	**869**	**538**	**0.09**	**0.12**	**0.07**
25	269687	136647	133040	304	187	117	0.11	0.14	0.09
26	288406	145013	143393	313	195	118	0.11	0.13	0.08
27	300445	151037	149408	273	173	100	0.09	0.11	0.07
28	310006	155904	154102	281	173	108	0.09	0.11	0.07
29	317728	159897	157831	236	141	95	0.07	0.09	0.06
30-34岁	**2381197**	**1186944**	**1194253**	**1923**	**1178**	**745**	**0.08**	**0.10**	**0.06**
30	428438	215176	213262	338	209	129	0.08	0.10	0.06
31	455523	227533	227990	391	237	154	0.09	0.10	0.07
32	484142	241420	242722	410	265	145	0.08	0.11	0.06
33	552771	274608	278163	418	250	168	0.08	0.09	0.06
34	460323	228207	232116	366	217	149	0.08	0.10	0.06
35-39岁	**2068446**	**1032851**	**1035595**	**1799**	**1040**	**759**	**0.09**	**0.10**	**0.07**
35	367708	183410	184298	323	178	145	0.09	0.10	0.08
36	352980	176196	176784	309	171	138	0.09	0.10	0.08
37	411403	205632	205771	379	232	147	0.09	0.11	0.07
38	525155	262420	262735	421	250	171	0.08	0.10	0.07
39	411200	205193	206007	367	209	158	0.09	0.10	0.08
40-44岁	**1957912**	**975059**	**982853**	**2188**	**1141**	**1047**	**0.11**	**0.12**	**0.11**
40	392060	195380	196680	377	207	170	0.10	0.11	0.09
41	454441	226584	227857	480	262	218	0.11	0.12	0.10
42	426184	212213	213971	459	232	227	0.11	0.11	0.11
43	339651	169297	170354	414	208	206	0.12	0.12	0.12
44	345576	171585	173991	458	232	226	0.13	0.14	0.13

4-5a 续表 单位：人、%

年 龄	15岁及以上人口			文盲人口			文盲人口占15岁及以上人口比重		
	合计	男	女	合计	男	女	合计	男	女
45-49岁	**2086336**	**1032648**	**1053688**	**3277**	**1552**	**1725**	**0.16**	**0.15**	**0.16**
45	353071	174575	178496	491	250	241	0.14	0.14	0.14
46	387402	190471	196931	552	272	280	0.14	0.14	0.14
47	440199	217731	222468	659	322	337	0.15	0.15	0.15
48	441151	219619	221532	772	345	427	0.17	0.16	0.19
49	464513	230252	234261	803	363	440	0.17	0.16	0.19
50-54岁	**2135402**	**1050861**	**1084541**	**4662**	**2093**	**2569**	**0.22**	**0.20**	**0.24**
50	475838	235004	240834	864	411	453	0.18	0.17	0.19
51	445923	220107	225816	925	413	512	0.21	0.19	0.23
52	465187	229442	235745	1036	457	579	0.22	0.20	0.25
53	339588	166606	172982	908	398	510	0.27	0.24	0.29
54	408866	199702	209164	929	414	515	0.23	0.21	0.25
55-59岁	**2266350**	**1118628**	**1147722**	**4981**	**1970**	**3011**	**0.22**	**0.18**	**0.26**
55	476342	234647	241695	1111	493	618	0.23	0.21	0.26
56	510347	251849	258498	1065	401	664	0.21	0.16	0.26
57	652683	323269	329414	1278	540	738	0.20	0.17	0.22
58	377809	187122	190687	844	299	545	0.22	0.16	0.29
59	249169	121741	127428	683	237	446	0.27	0.19	0.35
60-64岁	**1982379**	**961846**	**1020533**	**7084**	**2225**	**4859**	**0.36**	**0.23**	**0.48**
60	413012	203163	209849	1150	397	753	0.28	0.20	0.36
61	339776	166049	173727	1084	378	706	0.32	0.23	0.41
62	417264	202716	214548	1526	445	1081	0.37	0.22	0.50
63	421668	202953	218715	1694	532	1162	0.40	0.26	0.53
64	390659	186965	203694	1630	473	1157	0.42	0.25	0.57
65-69岁	**1645547**	**779090**	**866457**	**9481**	**2561**	**6920**	**0.58**	**0.33**	**0.80**
65	398009	191025	206984	1860	537	1323	0.47	0.28	0.64
66	377170	179614	197556	1859	523	1336	0.49	0.29	0.68
67	312286	147347	164939	1826	480	1346	0.58	0.33	0.82
68	296240	138485	157755	2023	533	1490	0.68	0.38	0.94
69	261842	122619	139223	1913	488	1425	0.73	0.40	1.02
70-74岁	**923964**	**426864**	**497100**	**8814**	**2320**	**6494**	**0.95**	**0.54**	**1.31**
70	249151	117269	131882	1893	470	1423	0.76	0.40	1.08
71	207545	97244	110301	1974	540	1434	0.95	0.56	1.30
72	164417	74648	89769	1653	451	1202	1.01	0.60	1.34
73	151761	69192	82569	1649	454	1195	1.09	0.66	1.45
74	151090	68511	82579	1645	405	1240	1.09	0.59	1.50
75-79岁	**595575**	**261374**	**334201**	**9787**	**1941**	**7846**	**1.64**	**0.74**	**2.35**
75	125561	55930	69631	1600	356	1244	1.27	0.64	1.79
76	122485	54235	68250	1779	408	1371	1.45	0.75	2.01
77	118289	52563	65726	1855	355	1500	1.57	0.68	2.28
78	116319	50149	66170	2022	396	1626	1.74	0.79	2.46
79	112921	48497	64424	2531	426	2105	2.24	0.88	3.27
80-84岁	**447009**	**183053**	**263956**	**19972**	**3130**	**16842**	**4.47**	**1.71**	**6.38**
80	104135	43555	60580	3033	500	2533	2.91	1.15	4.18
81	93368	37782	55586	3507	571	2936	3.76	1.51	5.28
82	93061	37604	55457	4331	731	3600	4.65	1.94	6.49
83	80821	33192	47629	4298	636	3662	5.32	1.92	7.69
84	75624	30920	44704	4803	692	4111	6.35	2.24	9.20
85岁及以上	**352919**	**147693**	**205226**	**38950**	**6344**	**32606**	**11.04**	**4.30**	**15.89**

4–5b 全省分年龄、性别的15岁及以上文盲人口(镇)

单位：人、%

年龄	15岁及以上人口			文盲人口			文盲人口占15岁及以上人口比重		
	合计	男	女	合计	男	女	合计	男	女
总 计	**4539391**	**2245494**	**2293897**	**39658**	**11380**	**28278**	**0.87**	**0.51**	**1.23**
15–19岁	**245802**	**126443**	**119359**	**509**	**290**	**219**	**0.21**	**0.23**	**0.18**
15	54617	28503	26114	121	71	50	0.22	0.25	0.19
16	58848	29949	28899	104	55	49	0.18	0.18	0.17
17	52168	26485	25683	81	45	36	0.16	0.17	0.14
18	46855	24471	22384	97	56	41	0.21	0.23	0.18
19	33314	17035	16279	106	63	43	0.32	0.37	0.26
20–24岁	**182603**	**92225**	**90378**	**473**	**291**	**182**	**0.26**	**0.32**	**0.20**
20	31702	15759	15943	101	69	32	0.32	0.44	0.20
21	30371	15256	15115	99	62	37	0.33	0.41	0.24
22	36154	18293	17861	99	48	51	0.27	0.26	0.29
23	40003	20318	19685	84	55	29	0.21	0.27	0.15
24	44373	22599	21774	90	57	33	0.20	0.25	0.15
25–29岁	**273040**	**138672**	**134368**	**452**	**251**	**201**	**0.17**	**0.18**	**0.15**
25	49390	25022	24368	77	45	32	0.16	0.18	0.13
26	52810	27057	25753	93	51	42	0.18	0.19	0.16
27	55217	28052	27165	88	49	39	0.16	0.17	0.14
28	56028	28327	27701	88	48	40	0.16	0.17	0.14
29	59595	30214	29381	106	58	48	0.18	0.19	0.16
30–34岁	**415319**	**208909**	**206410**	**658**	**393**	**265**	**0.16**	**0.19**	**0.13**
30	77536	39056	38480	136	79	57	0.18	0.20	0.15
31	79056	39821	39235	127	71	56	0.16	0.18	0.14
32	81854	41229	40625	124	77	47	0.15	0.19	0.12
33	96673	48394	48279	145	91	54	0.15	0.19	0.11
34	80200	40409	39791	126	75	51	0.16	0.19	0.13
35–39岁	**344407**	**174560**	**169847**	**597**	**321**	**276**	**0.17**	**0.18**	**0.16**
35	59468	30145	29323	116	65	51	0.20	0.22	0.17
36	55378	27919	27459	91	36	55	0.16	0.13	0.20
37	64183	32671	31512	107	65	42	0.17	0.20	0.13
38	87938	44672	43266	146	76	70	0.17	0.17	0.16
39	77440	39153	38287	137	79	58	0.18	0.20	0.15
40–44岁	**407567**	**206800**	**200767**	**748**	**436**	**312**	**0.18**	**0.21**	**0.16**
40	78078	39600	38478	129	77	52	0.17	0.19	0.14
41	94520	47763	46757	179	103	76	0.19	0.22	0.16
42	86932	44001	42931	144	90	54	0.17	0.20	0.13
43	72445	36811	35634	159	80	79	0.22	0.22	0.22
44	75592	38625	36967	137	86	51	0.18	0.22	0.14

4-5b 续表

单位：人、%

年 龄	15岁及以上人口			文盲人口			文盲人口占15岁及以上人口比重		
	合计	男	女	合计	男	女	合计	男	女
45-49岁	**459796**	**230981**	**228815**	**979**	**530**	**449**	**0.21**	**0.23**	**0.20**
45	78256	39534	38722	141	71	70	0.18	0.18	0.18
46	86834	43619	43215	166	96	70	0.19	0.22	0.16
47	96312	48037	48275	206	111	95	0.21	0.23	0.20
48	96986	48596	48390	220	121	99	0.23	0.25	0.20
49	101408	51195	50213	246	131	115	0.24	0.26	0.23
50-54岁	**501437**	**248689**	**252748**	**1507**	**760**	**747**	**0.30**	**0.31**	**0.30**
50	106665	53089	53576	296	156	140	0.28	0.29	0.26
51	98025	48691	49334	287	143	144	0.29	0.29	0.29
52	106880	53057	53823	316	152	164	0.30	0.29	0.30
53	87614	43194	44420	268	134	134	0.31	0.31	0.30
54	102253	50658	51595	340	175	165	0.33	0.35	0.32
55-59岁	**476625**	**236252**	**240373**	**1634**	**710**	**924**	**0.34**	**0.30**	**0.38**
55	110103	54740	55363	351	155	196	0.32	0.28	0.35
56	108202	53383	54819	363	170	193	0.34	0.32	0.35
57	130949	65518	65431	448	208	240	0.34	0.32	0.37
58	80991	40245	40746	282	107	175	0.35	0.27	0.43
59	46380	22366	24014	190	70	120	0.41	0.31	0.50
60-64岁	**391316**	**190538**	**200778**	**2954**	**918**	**2036**	**0.75**	**0.48**	**1.01**
60	80727	39555	41172	424	155	269	0.53	0.39	0.65
61	67401	33094	34307	413	132	281	0.61	0.40	0.82
62	81202	39669	41533	647	178	469	0.80	0.45	1.13
63	84223	40734	43489	673	214	459	0.80	0.53	1.06
64	77763	37486	40277	797	239	558	1.02	0.64	1.39
65-69岁	**353140**	**167942**	**185198**	**4852**	**1322**	**3530**	**1.37**	**0.79**	**1.91**
65	82039	39502	42537	865	248	617	1.05	0.63	1.45
66	78953	37631	41322	920	241	679	1.17	0.64	1.64
67	66732	31691	35041	917	233	684	1.37	0.74	1.95
68	65951	31232	34719	1104	315	789	1.67	1.01	2.27
69	59465	27886	31579	1046	285	761	1.76	1.02	2.41
70-74岁	**218581**	**101321**	**117260**	**4518**	**1146**	**3372**	**2.07**	**1.13**	**2.88**
70	56693	26530	30163	1098	274	824	1.94	1.03	2.73
71	50890	23777	27113	1001	265	736	1.97	1.11	2.71
72	40375	18465	21910	839	202	637	2.08	1.09	2.91
73	36050	16568	19482	814	210	604	2.26	1.27	3.10
74	34573	15981	18592	766	195	571	2.22	1.22	3.07
75-79岁	**133258**	**61170**	**72088**	**4474**	**915**	**3559**	**3.36**	**1.50**	**4.94**
75	28812	13101	15711	762	165	597	2.64	1.26	3.80
76	29230	13457	15773	889	192	697	3.04	1.43	4.42
77	26376	12291	14085	880	173	707	3.34	1.41	5.02
78	24996	11230	13766	933	176	757	3.73	1.57	5.50
79	23844	11091	12753	1010	209	801	4.24	1.88	6.28
80-84岁	**80001**	**36719**	**43282**	**6036**	**1235**	**4801**	**7.54**	**3.36**	**11.09**
80	20108	9200	10908	1116	233	883	5.55	2.53	8.09
81	17671	8165	9506	1191	225	966	6.74	2.76	10.16
82	16943	7922	9021	1298	270	1028	7.66	3.41	11.40
83	13426	6165	7261	1227	256	971	9.14	4.15	13.37
84	11853	5267	6586	1204	251	953	10.16	4.77	14.47
85岁及以上	**56499**	**24273**	**32226**	**9267**	**1862**	**7405**	**16.40**	**7.67**	**22.98**

4–5c 全省分年龄、性别的15岁及以上文盲人口(乡村)

单位：人、%

年龄	15岁及以上人口			文盲人口			文盲人口占15岁及以上人口比重		
	合计	男	女	合计	男	女	合计	男	女
总 计	**10677176**	**5452437**	**5224739**	**225135**	**64155**	**160980**	**2.11**	**1.18**	**3.08**
15–19岁	**383023**	**208473**	**174550**	**2009**	**1219**	**790**	**0.52**	**0.58**	**0.45**
15	95028	51034	43994	459	271	188	0.48	0.53	0.43
16	68478	37706	30772	410	252	158	0.60	0.67	0.51
17	61320	33761	27559	376	233	143	0.61	0.69	0.52
18	81729	44323	37406	380	230	150	0.46	0.52	0.40
19	76468	41649	34819	384	233	151	0.50	0.56	0.43
20–24岁	**414860**	**225674**	**189186**	**2044**	**1282**	**762**	**0.49**	**0.57**	**0.40**
20	75857	41387	34470	425	272	153	0.56	0.66	0.44
21	72242	39303	32939	373	241	132	0.52	0.61	0.40
22	83592	45567	38025	393	251	142	0.47	0.55	0.37
23	88863	48024	40839	404	260	144	0.45	0.54	0.35
24	94306	51393	42913	449	258	191	0.48	0.50	0.45
25–29岁	**478680**	**262511**	**216169**	**2363**	**1431**	**932**	**0.49**	**0.55**	**0.43**
25	99415	54377	45038	461	293	168	0.46	0.54	0.37
26	97360	53960	43400	479	306	173	0.49	0.57	0.40
27	95126	52085	43041	487	294	193	0.51	0.56	0.45
28	91426	50061	41365	454	253	201	0.50	0.51	0.49
29	95353	52028	43325	482	285	197	0.51	0.55	0.45
30–34岁	**636328**	**340905**	**295423**	**3368**	**1881**	**1487**	**0.53**	**0.55**	**0.50**
30	123276	66910	56366	654	379	275	0.53	0.57	0.49
31	123511	66223	57288	659	366	293	0.53	0.55	0.51
32	123853	66126	57727	665	374	291	0.54	0.57	0.50
33	145812	77972	67840	725	396	329	0.50	0.51	0.48
34	119876	63674	56202	665	366	299	0.55	0.57	0.53
35–39岁	**552359**	**292439**	**259920**	**2966**	**1558**	**1408**	**0.54**	**0.53**	**0.54**
35	90346	47188	43158	485	258	227	0.54	0.55	0.53
36	84397	44266	40131	466	247	219	0.55	0.56	0.55
37	99834	52901	46933	538	276	262	0.54	0.52	0.56
38	143340	76310	67030	707	357	350	0.49	0.47	0.52
39	134442	71774	62668	770	420	350	0.57	0.59	0.56
40–44岁	**757057**	**400122**	**356935**	**4202**	**2208**	**1994**	**0.56**	**0.55**	**0.56**
40	139853	74381	65472	770	381	389	0.55	0.51	0.59
41	172556	90901	81655	988	531	457	0.57	0.58	0.56
42	158839	84215	74624	914	496	418	0.58	0.59	0.56
43	137718	72825	64893	744	403	341	0.54	0.55	0.53
44	148091	77800	70291	786	397	389	0.53	0.51	0.55

4–5c 续表

单位：人、%

年 龄	15岁及以上人口			文盲人口			文盲人口占15岁及以上人口比重		
	合计	男	女	合计	男	女	合计	男	女
45–49岁	**1033187**	**534080**	**499107**	**6263**	**3099**	**3164**	**0.61**	**0.58**	**0.63**
45	158985	82911	76074	952	472	480	0.60	0.57	0.63
46	187777	97556	90221	1154	578	576	0.61	0.59	0.64
47	215892	111480	104412	1274	649	625	0.59	0.58	0.60
48	225434	116072	109362	1352	653	699	0.60	0.56	0.64
49	245099	126061	119038	1531	747	784	0.62	0.59	0.66
50–54岁	**1347485**	**687208**	**660277**	**9542**	**4310**	**5232**	**0.71**	**0.63**	**0.79**
50	268253	137548	130705	1693	780	913	0.63	0.57	0.70
51	254990	130677	124313	1739	809	930	0.68	0.62	0.75
52	287164	146731	140433	2029	952	1077	0.71	0.65	0.77
53	248014	125166	122848	1910	857	1053	0.77	0.68	0.86
54	289064	147086	141978	2171	912	1259	0.75	0.62	0.89
55–59岁	**1299918**	**646445**	**653473**	**10665**	**4054**	**6611**	**0.82**	**0.63**	**1.01**
55	303768	153484	150284	2331	962	1369	0.77	0.63	0.91
56	290399	145670	144729	2292	899	1393	0.79	0.62	0.96
57	355835	177437	178398	2795	1117	1678	0.79	0.63	0.94
58	222690	109334	113356	1885	680	1205	0.85	0.62	1.06
59	127226	60520	66706	1362	396	966	1.07	0.65	1.45
60–64岁	**1163291**	**579217**	**584074**	**19442**	**5696**	**13746**	**1.67**	**0.98**	**2.35**
60	233490	115201	118289	2878	931	1947	1.23	0.81	1.65
61	198940	99091	99849	2844	802	2042	1.43	0.81	2.05
62	238620	118706	119914	3941	1164	2777	1.65	0.98	2.32
63	255346	128288	127058	4797	1389	3408	1.88	1.08	2.68
64	236895	117931	118964	4982	1410	3572	2.10	1.20	3.00
65–69岁	**1124986**	**558668**	**566318**	**32482**	**8469**	**24013**	**2.89**	**1.52**	**4.24**
65	257042	129480	127562	5990	1640	4350	2.33	1.27	3.41
66	247336	123547	123789	6230	1662	4568	2.52	1.35	3.69
67	211544	104989	106555	6163	1578	4585	2.91	1.50	4.30
68	215496	106051	109445	7441	1901	5540	3.45	1.79	5.06
69	193568	94601	98967	6658	1688	4970	3.44	1.78	5.02
70–74岁	**710286**	**345494**	**364792**	**30816**	**7760**	**23056**	**4.34**	**2.25**	**6.32**
70	180944	87688	93256	6764	1710	5054	3.74	1.95	5.42
71	165354	81102	84252	6769	1844	4925	4.09	2.27	5.85
72	133312	64426	68886	5975	1521	4454	4.48	2.36	6.47
73	119055	57503	61552	5891	1440	4451	4.95	2.50	7.23
74	111621	54775	56846	5417	1245	4172	4.85	2.27	7.34
75–79岁	**399956**	**197282**	**202674**	**27331**	**5574**	**21757**	**6.83**	**2.83**	**10.73**
75	91083	44503	46580	4908	1061	3847	5.39	2.38	8.26
76	89879	44550	45329	5506	1111	4395	6.13	2.49	9.70
77	80036	39487	40549	5414	1093	4321	6.76	2.77	10.66
78	71784	35498	36286	5500	1070	4430	7.66	3.01	12.21
79	67174	33244	33930	6003	1239	4764	8.94	3.73	14.04
80–84岁	**219539**	**107526**	**112013**	**30240**	**6549**	**23691**	**13.77**	**6.09**	**21.15**
80	56130	27423	28707	5782	1150	4632	10.30	4.19	16.14
81	47908	23781	24127	6077	1357	4720	12.68	5.71	19.56
82	46175	22720	23455	6575	1421	5154	14.24	6.25	21.97
83	37311	18298	19013	5982	1312	4670	16.03	7.17	24.56
84	32015	15304	16711	5824	1309	4515	18.19	8.55	27.02
85岁及以上	**156221**	**66393**	**89828**	**41402**	**9065**	**32337**	**26.50**	**13.65**	**36.00**

第一部分　全部数据资料

第五卷　家庭

5−1　全省不同规模的家庭户类别

单位：户

家庭户规模	家庭户户数	一代户	二代户	三代户	四代户	五代及以上户
总　计	**17467111**	**9986900**	**6033090**	**1418474**	**28641**	**6**
一人户	4647274	4647274				
二人户	6444633	5077825	1366808			
三人户	4180433	166592	3843404	170437		
四人户	1438393	63477	752361	620476	2079	
五人户	535394	18019	58195	449233	9947	
六人户	175193	5827	9329	149644	10392	1
七人户	32067	2624	2013	22552	4877	1
八人户	7723	1542	546	4551	1081	3
九人户	2508	963	181	1142	221	1
十人及以上户	3493	2757	253	439	44	

5−1a　全省不同规模的家庭户类别(城市)

单位：户

家庭户规模	家庭户户数	一代户	二代户	三代户	四代户	五代及以上户
总　计	**10672010**	**6221770**	**3791421**	**651421**	**7397**	**1**
一人户	3145194	3145194				
二人户	3835491	2933553	901938			
三人户	2640844	87572	2454738	98534		
四人户	743437	30848	398451	313236	902	
五人户	233379	13520	29129	187709	3021	
六人户	57280	4719	5334	44700	2527	
七人户	9647	2110	1196	5560	780	1
八人户	2882	1249	326	1184	123	
九人户	1295	792	125	346	32	
十人及以上户	2561	2213	184	152	12	

5-1b 全省不同规模的家庭户类别(镇)

单位：户

家庭户规模	家庭户户　数	一代户	二代户	三代户	四代户	五代及以上户
总　计	**2136933**	**1223967**	**747324**	**162421**	**3219**	**2**
一人户	558102	558102				
二人户	808698	646545	162153			
三人户	499754	11976	468721	19057		
四人户	182212	4146	108017	69826	223	
五人户	61790	1882	7092	51697	1119	
六人户	21047	575	987	18322	1162	1
七人户	3779	258	225	2744	552	
八人户	925	150	71	576	127	1
九人户	274	82	21	141	30	
十人及以上户	352	251	37	58	6	

5-1c 全省不同规模的家庭户类别(乡村)

单位：户

家庭户规模	家庭户户　数	一代户	二代户	三代户	四代户	五代及以上户
总　计	**4658168**	**2541163**	**1494345**	**604632**	**18025**	**3**
一人户	943978	943978				
二人户	1800444	1497727	302717			
三人户	1039835	67044	919945	52846		
四人户	512744	28483	245893	237414	954	
五人户	240225	2617	21974	209827	5807	
六人户	96866	533	3008	86622	6703	
七人户	18641	256	592	14248	3545	
八人户	3916	143	149	2791	831	2
九人户	939	89	35	655	159	1
十人及以上户	580	293	32	229	26	

5-2　各地区分年龄、性别的一人户

单位：户

地　　区	合　计			14岁及以下		
	合计	男	女	小计	男	女
辽宁	**4647274**	**2309818**	**2337456**	**118250**	**62581**	**55669**
沈阳市	1158734	589657	569077	34160	18103	16057
大连市	750639	369553	381086	15719	8138	7581
鞍山市	429173	215151	214022	13900	7291	6609
抚顺市	236285	114130	122155	3752	1977	1775
本溪市	161463	76509	84954	3480	1904	1576
丹东市	226602	110709	115893	4758	2505	2253
锦州市	276555	136251	140304	5963	3077	2886
营口市	247954	126811	121143	7674	4040	3634
阜新市	165417	77174	88243	3328	1841	1487
辽阳市	182486	90187	92299	3615	1991	1624
盘锦市	123522	60020	63502	3043	1592	1451
铁岭市	235483	117703	117780	6469	3413	3056
朝阳市	223334	112450	110884	5692	3081	2611
葫芦岛市	212623	105025	107598	6275	3403	2872
辽宁省沈抚新区管委会	17004	8488	8516	422	225	197

5-2　续表 1

单位：户

地　　区	15-19岁			20-24岁		
	小计	男	女	小计	男	女
辽宁	**70463**	**39025**	**31438**	**193495**	**109734**	**83761**
沈阳市	15344	8653	6691	64331	36728	27603
大连市	9569	5179	4390	36827	18933	17894
鞍山市	6457	3631	2826	13411	8048	5363
抚顺市	2256	1242	1014	4986	2772	2214
本溪市	2109	1098	1011	4097	2286	1811
丹东市	3009	1600	1409	7565	4111	3454
锦州市	4366	2485	1881	10032	5986	4046
营口市	4387	2249	2138	9352	5444	3908
阜新市	2286	1315	971	4957	2861	2096
辽阳市	4860	2652	2208	6658	4093	2565
盘锦市	2288	1236	1052	5266	3092	2174
铁岭市	4355	2413	1942	8119	4686	3433
朝阳市	4139	2413	1726	8814	5272	3542
葫芦岛市	4812	2728	2084	8433	5055	3378
辽宁省沈抚新区管委会	226	131	95	647	367	280

5-2 续表 2

单位：户

地 区	25-29岁			30-34岁			35-39岁		
	小计	男	女	小计	男	女	小计	男	女
辽宁	**337917**	**203283**	**134634**	**405595**	**245352**	**160243**	**297407**	**171674**	**125733**
沈阳市	118566	71946	46620	134160	82014	52146	94965	55496	39469
大连市	65766	36107	29659	79734	46508	33226	54886	31033	23853
鞍山市	24118	14993	9125	33743	20332	13411	28316	16336	11980
抚顺市	8950	5383	3567	13099	8203	4896	11480	7052	4428
本溪市	7399	4409	2990	10555	6516	4039	8133	4926	3207
丹东市	12863	7487	5376	16531	9895	6636	12631	7142	5489
锦州市	16023	10097	5926	17640	10687	6953	14410	8255	6155
营口市	16066	10298	5768	25347	15540	9807	16593	9373	7220
阜新市	8568	5063	3505	9394	5482	3912	7743	4508	3235
辽阳市	9991	6611	3380	11972	7661	4311	9176	5374	3802
盘锦市	9851	6469	3382	10887	6916	3971	7540	4235	3305
铁岭市	13115	8024	5091	14681	8591	6090	12252	6746	5506
朝阳市	12780	7830	4950	12278	7626	4652	8335	5001	3334
葫芦岛市	12792	7891	4901	14050	8395	5655	9833	5519	4314
辽宁省沈抚新区管委会	1069	675	394	1524	986	538	1114	678	436

5-2 续表 3

单位：户

地 区	40-44岁			45-49岁			50-54岁		
	小计	男	女	小计	男	女	小计	男	女
辽宁	**303610**	**164081**	**139529**	**368854**	**191705**	**177149**	**432989**	**223895**	**209094**
沈阳市	81698	44860	36838	82864	43289	39575	92500	47462	45038
大连市	48101	25917	22184	61309	31873	29436	61561	32441	29120
鞍山市	28955	15467	13488	33999	17605	16394	41958	21491	20467
抚顺市	12690	7209	5481	18325	9862	8463	25398	13473	11925
本溪市	9068	4928	4140	12997	6597	6400	17678	8817	8861
丹东市	14830	7703	7127	19206	9723	9483	23459	12082	11377
锦州市	17473	9319	8154	21695	10907	10788	26560	13479	13081
营口市	17789	9381	8408	21111	11066	10045	24533	12825	11708
阜新市	10338	5588	4750	14631	7530	7101	18538	9397	9141
辽阳市	11850	6648	5202	15984	8626	7358	17696	9210	8486
盘锦市	9455	4878	4577	11310	5656	5654	12351	6113	6238
铁岭市	16329	8499	7830	21182	11073	10109	26704	13982	12722
朝阳市	11742	6616	5126	16837	9099	7738	21636	11683	9953
葫芦岛市	12092	6413	5679	15996	8048	7948	20699	10567	10132
辽宁省沈抚新区管委会	1200	655	545	1408	751	657	1718	873	845

5-2　续表 4

单位：户

地　区	55-59岁			60-64岁			65岁及以上		
	小计	男	女	小计	男	女	小计	男	女
辽宁	**479895**	**241459**	**238436**	**420971**	**198715**	**222256**	**1217828**	**458314**	**759514**
沈阳市	108039	53118	54921	96400	43945	52455	235707	84043	151664
大连市	64328	32999	31329	60025	28767	31258	192814	71658	121156
鞍山市	48846	24801	24045	41841	20083	21758	113629	45073	68556
抚顺市	34291	17667	16624	29968	13956	16012	71090	25334	45756
本溪市	21931	10540	11391	18305	8337	9968	45711	16151	29560
丹东市	25803	13042	12761	22513	10798	11715	63434	24621	38813
锦州市	29790	14822	14968	26455	12680	13775	86148	34457	51691
营口市	25050	12973	12077	19931	9753	10178	60121	23869	36252
阜新市	19627	9506	10121	16324	7104	9220	49683	16979	32704
辽阳市	19426	9889	9537	16610	7857	8753	54648	19575	35073
盘锦市	11285	5322	5963	9080	3883	5197	31166	10628	20538
铁岭市	26366	13623	12743	20966	10249	10717	64945	26404	38541
朝阳市	22158	11812	10346	21814	11198	10616	77109	30819	46290
葫芦岛市	20939	10415	10524	19153	9370	9783	67549	27221	40328
辽宁省沈抚新区管委会	2016	930	1086	1586	735	851	4074	1482	2592

5-2a　各地区分年龄、性别的一人户(城市)

单位：户

地　区	合　计			14岁及以下		
	合计	男	女	小计	男	女
辽宁	**3145194**	**1534199**	**1610995**	**76628**	**40330**	**36298**
沈阳市	981092	497345	483747	28847	15233	13614
大连市	608839	295339	313500	13119	6830	6289
鞍山市	294695	144820	149875	9072	4751	4321
抚顺市	166810	78760	88050	2172	1146	1026
本溪市	100169	46499	53670	1750	944	806
丹东市	140064	66272	73792	3062	1619	1443
锦州市	149299	70197	79102	2875	1500	1375
营口市	173100	87239	85861	5216	2745	2471
阜新市	85961	37699	48262	1215	658	557
辽阳市	105722	50833	54889	1744	977	767
盘锦市	91376	43513	47863	2139	1115	1024
铁岭市	69945	33225	36720	1361	701	660
朝阳市	78547	36334	42213	1637	838	799
葫芦岛市	86918	39868	47050	2214	1161	1053
辽宁省沈抚新区管委会	12657	6256	6401	205	112	93

5-2a 续表 1

单位：户

地区	15-19岁			20-24岁		
	小计	男	女	小计	男	女
辽宁	**41960**	**23000**	**18960**	**145420**	**81368**	**64052**
沈阳市	12565	7049	5516	57962	32832	25130
大连市	7880	4266	3614	33138	16769	16369
鞍山市	3862	2176	1686	8536	5028	3508
抚顺市	1231	681	550	3076	1751	1325
本溪市	1178	632	546	2518	1433	1085
丹东市	1746	914	832	5128	2695	2433
锦州市	2250	1273	977	6246	3791	2455
营口市	3237	1604	1633	7179	4180	2999
阜新市	924	497	427	2285	1298	987
辽阳市	1377	792	585	4154	2570	1584
盘锦市	1620	858	762	4180	2449	1731
铁岭市	1016	548	468	2436	1504	932
朝阳市	1284	723	561	4056	2389	1667
葫芦岛市	1681	920	761	4036	2392	1644
辽宁省沈抚新区管委会	109	67	42	490	287	203

5-2a 续表 2

单位：户

地区	25-29岁			30-34岁			35-39岁		
	小计	男	女	小计	男	女	小计	男	女
辽宁	**269556**	**161761**	**107795**	**326342**	**197776**	**128566**	**235108**	**135173**	**99935**
沈阳市	108277	65508	42769	122685	74990	47695	85712	49904	35808
大连市	60742	32933	27809	73393	42295	31098	50485	28212	22273
鞍山市	17000	10573	6427	25051	15239	9812	21412	12390	9022
抚顺市	6026	3717	2309	9543	6139	3404	8457	5331	3126
本溪市	4459	2776	1683	6448	4111	2337	5407	3394	2013
丹东市	9465	5468	3997	12678	7507	5171	9291	5199	4092
锦州市	11100	7122	3978	12117	7429	4688	9716	5528	4188
营口市	12986	8351	4635	20172	12474	7698	13223	7473	5750
阜新市	4545	2770	1775	5286	3250	2036	4224	2531	1693
辽阳市	6879	4637	2242	8090	5237	2853	6199	3581	2618
盘锦市	8373	5540	2833	9251	5867	3384	6224	3436	2788
铁岭市	4800	3147	1653	5592	3417	2175	4318	2405	1913
朝阳市	7062	4371	2691	6992	4308	2684	4206	2361	1845
葫芦岛市	6971	4277	2694	7750	4655	3095	5327	2866	2461
辽宁省沈抚新区管委会	871	571	300	1294	858	436	907	562	345

5-2a　续表 3

单位：户

地　区	40-44岁			45-49岁			50-54岁		
	小计	男	女	小计	男	女	小计	男	女
辽宁	**216713**	**113895**	**102818**	**252440**	**124767**	**127673**	**279574**	**136808**	**142766**
沈阳市	70283	38007	32276	69281	35329	33952	74623	37401	37222
大连市	41931	22162	19769	50525	25415	25110	47766	24480	23286
鞍山市	20059	10549	9510	23862	11754	12108	29072	14215	14857
抚顺市	8507	4858	3649	12262	6384	5878	17482	8886	8596
本溪市	5362	2985	2377	7877	3925	3952	10883	5164	5719
丹东市	9660	4868	4792	12137	5764	6373	13691	6552	7139
锦州市	10416	5149	5267	12568	5751	6817	13705	6195	7510
营口市	13402	6850	6552	15444	7680	7764	17180	8463	8717
阜新市	5134	2562	2572	7917	3677	4240	10310	4757	5553
辽阳市	7170	3792	3378	9674	4807	4867	10706	5097	5609
盘锦市	7617	3763	3854	8751	4145	4606	8903	4112	4791
铁岭市	5167	2516	2651	6583	3103	3480	7843	3665	4178
朝阳市	5041	2430	2611	6737	2996	3741	7416	3345	4071
葫芦岛市	6053	2915	3138	7746	3476	4270	8743	3869	4874
辽宁省沈抚新区管委会	911	489	422	1076	561	515	1251	607	644

5-2a　续表 4

单位：户

地　区	55-59岁			60-64岁			65岁及以上		
	小计	男	女	小计	男	女	小计	男	女
辽宁	**321869**	**154810**	**167059**	**276484**	**123561**	**152923**	**703100**	**240950**	**462150**
沈阳市	89604	43336	46268	80132	35873	44259	181121	61883	119238
大连市	49750	24818	24932	45852	21120	24732	134258	46039	88219
鞍山市	35833	17602	18231	30467	14158	16309	70469	26385	44084
抚顺市	26077	13034	13043	22862	10293	12569	49115	16540	32575
本溪市	14579	6770	7809	11928	5178	6750	27780	9187	18593
丹东市	15559	7409	8150	13534	6084	7450	34113	12193	21920
锦州市	15886	7223	8663	13758	5939	7819	38662	13297	25365
营口市	17462	8685	8777	13234	6117	7117	34365	12617	21748
阜新市	11546	5183	6363	8886	3478	5408	23689	7038	16651
辽阳市	12126	5789	6337	9971	4474	5497	27632	9080	18552
盘锦市	7948	3511	4437	5978	2367	3611	20392	6350	14042
铁岭市	7715	3541	4174	5880	2611	3269	17234	6067	11167
朝阳市	7625	3474	4151	6234	2614	3620	20257	6485	13772
葫芦岛市	8605	3776	4829	6575	2747	3828	21217	6814	14403
辽宁省沈抚新区管委会	1554	659	895	1193	508	685	2796	975	1821

5-2b 各地区分年龄、性别的一人户(镇)

单位：户

地区	合计			14岁及以下		
	合计	男	女	小计	男	女
辽宁	**558102**	**272478**	**285624**	**13684**	**7291**	**6393**
沈阳市	60444	31141	29303	1245	682	563
大连市	25055	12681	12374	433	229	204
鞍山市	68699	35330	33369	2390	1229	1161
抚顺市	33689	15831	17858	709	377	332
本溪市	35042	16005	19037	1046	590	456
丹东市	38927	18597	20330	630	327	303
锦州市	42447	20501	21946	937	488	449
营口市	16423	8567	7856	539	298	241
阜新市	37408	17296	20112	778	429	349
辽阳市	28059	14051	14008	582	317	265
盘锦市	10144	5123	5021	194	98	96
铁岭市	80215	38806	41409	2058	1086	972
朝阳市	35874	16913	18961	846	465	381
葫芦岛市	45676	21636	24040	1297	676	621
辽宁省沈抚新区管委会						

5-2b 续表 1

单位：户

地区	15-19岁			20-24岁		
	小计	男	女	小计	男	女
辽宁	**12323**	**6698**	**5625**	**22015**	**12857**	**9158**
沈阳市	897	492	405	3115	1915	1200
大连市	630	304	326	1095	615	480
鞍山市	1423	780	643	3066	1935	1131
抚顺市	502	259	243	1060	552	508
本溪市	569	287	282	1018	544	474
丹东市	568	314	254	1253	742	511
锦州市	816	443	373	1563	899	664
营口市	295	164	131	592	355	237
阜新市	625	377	248	1455	789	666
辽阳市	2187	1165	1022	1234	774	460
盘锦市	259	136	123	431	256	175
铁岭市	1477	818	659	2813	1541	1272
朝阳市	753	410	343	1433	812	621
葫芦岛市	1322	749	573	1887	1128	759
辽宁省沈抚新区管委会						

5–2b　续表 2

单位：户

地　　区	25–29岁			30–34岁			35–39岁		
	小计	男	女	小计	男	女	小计	男	女
辽宁	**37208**	**22494**	**14714**	**43334**	**25224**	**18110**	**31777**	**17547**	**14230**
沈阳市	6133	3879	2254	6442	3954	2488	4368	2609	1759
大连市	1669	1053	616	2221	1449	772	1381	880	501
鞍山市	5042	3161	1881	6270	3669	2601	4645	2576	2069
抚顺市	1868	1065	803	2204	1256	948	1757	956	801
本溪市	2004	1106	898	2871	1641	1230	1922	1074	848
丹东市	2072	1212	860	2377	1435	942	1872	1019	853
锦州市	2378	1467	911	2672	1516	1156	2136	1112	1024
营口市	892	555	337	1565	873	692	931	512	419
阜新市	2631	1413	1218	2838	1401	1437	2182	1082	1100
辽阳市	1730	1110	620	2108	1300	808	1486	833	653
盘锦市	728	489	239	830	574	256	599	366	233
铁岭市	4868	2916	1952	5530	3189	2341	4683	2523	2160
朝阳市	2215	1309	906	2222	1235	987	1546	844	702
葫芦岛市	2978	1759	1219	3184	1732	1452	2269	1161	1108
辽宁省沈抚新区管委会									

5–2b　续表 3

单位：户

地　　区	40–44岁			45–49岁			50–54岁		
	小计	男	女	小计	男	女	小计	男	女
辽宁	**40780**	**20863**	**19917**	**48975**	**24630**	**24345**	**56779**	**28358**	**28421**
沈阳市	4636	2573	2063	4880	2586	2294	5676	2901	2775
大连市	1590	907	683	2315	1237	1078	2493	1293	1200
鞍山市	5689	2958	2731	6003	3185	2818	6701	3453	3248
抚顺市	2314	1134	1180	3201	1590	1611	3855	1947	1908
本溪市	2436	1173	1263	3119	1420	1699	3747	1748	1999
丹东市	2824	1335	1489	3683	1752	1931	4520	2257	2263
锦州市	3033	1551	1482	3549	1709	1840	4331	2145	2186
营口市	1105	588	517	1284	709	575	1629	874	755
阜新市	2823	1423	1400	3336	1718	1618	3705	1889	1816
辽阳市	2130	1166	964	2699	1476	1223	2557	1327	1230
盘锦市	713	391	322	843	444	399	1007	504	503
铁岭市	6150	3083	3067	7637	3794	3843	8722	4281	4441
朝阳市	2415	1188	1227	3008	1395	1613	3588	1717	1871
葫芦岛市	2922	1393	1529	3418	1615	1803	4248	2022	2226
辽宁省沈抚新区管委会									

5-2b 续表 4

单位：户

地区	55-59岁			60-64岁			65岁及以上		
	小计	男	女	小计	男	女	小计	男	女
辽宁	**57527**	**28800**	**28727**	**46884**	**21902**	**24982**	**146816**	**55814**	**91002**
沈阳市	5963	2806	3157	4991	2181	2810	12098	4563	7535
大连市	2263	1166	1097	1940	913	1027	7025	2635	4390
鞍山市	6276	3253	3023	4926	2433	2493	16268	6698	9570
抚顺市	4073	2087	1986	3141	1422	1719	9005	3186	5819
本溪市	4130	1912	2218	3379	1497	1882	8801	3013	5788
丹东市	4532	2265	2267	3663	1778	1885	10933	4161	6772
锦州市	4615	2310	2305	3587	1721	1866	12830	5140	7690
营口市	1671	887	784	1392	743	649	4528	2009	2519
阜新市	3722	1881	1841	3098	1376	1722	10215	3518	6697
辽阳市	2496	1269	1227	1985	927	1058	6865	2387	4478
盘锦市	995	512	483	792	386	406	2753	967	1786
铁岭市	8967	4567	4400	6846	3176	3670	20464	7832	12632
朝阳市	3402	1723	1679	3216	1544	1672	11230	4271	6959
葫芦岛市	4422	2162	2260	3928	1805	2123	13801	5434	8367
辽宁省沈抚新区管委会									

5-2c 各地区分年龄、性别的一人户(乡村)

单位：户

地区	合计			14岁及以下		
	合计	男	女	小计	男	女
辽宁	**943978**	**503141**	**440837**	**27938**	**14960**	**12978**
沈阳市	117198	61171	56027	4068	2188	1880
大连市	116745	61533	55212	2167	1079	1088
鞍山市	65779	35001	30778	2438	1311	1127
抚顺市	35786	19539	16247	871	454	417
本溪市	26252	14005	12247	684	370	314
丹东市	47611	25840	21771	1066	559	507
锦州市	84809	45553	39256	2151	1089	1062
营口市	58431	31005	27426	1919	997	922
阜新市	42048	22179	19869	1335	754	581
辽阳市	48705	25303	23402	1289	697	592
盘锦市	22002	11384	10618	710	379	331
铁岭市	85323	45672	39651	3050	1626	1424
朝阳市	108913	59203	49710	3209	1778	1431
葫芦岛市	80029	43521	36508	2764	1566	1198
辽宁省沈抚新区管委会	4347	2232	2115	217	113	104

5-2c　续表 1　　　　单位：户

地　区	15-19岁			20-24岁		
	小计	男	女	小计	男	女
辽宁	**16180**	**9327**	**6853**	**26060**	**15509**	**10551**
沈阳市	1882	1112	770	3254	1981	1273
大连市	1059	609	450	2594	1549	1045
鞍山市	1172	675	497	1809	1085	724
抚顺市	523	302	221	850	469	381
本溪市	362	179	183	561	309	252
丹东市	695	372	323	1184	674	510
锦州市	1300	769	531	2223	1296	927
营口市	855	481	374	1581	909	672
阜新市	737	441	296	1217	774	443
辽阳市	1296	695	601	1270	749	521
盘锦市	409	242	167	655	387	268
铁岭市	1862	1047	815	2870	1641	1229
朝阳市	2102	1280	822	3325	2071	1254
葫芦岛市	1809	1059	750	2510	1535	975
辽宁省沈抚新区管委会	117	64	53	157	80	77

5-2c　续表 2　　　　单位：户

地　区	25-29岁			30-34岁			35-39岁		
	小计	男	女	小计	男	女	小计	男	女
辽宁	**31153**	**19028**	**12125**	**35919**	**22352**	**13567**	**30522**	**18954**	**11568**
沈阳市	4156	2559	1597	5033	3070	1963	4885	2983	1902
大连市	3355	2121	1234	4120	2764	1356	3020	1941	1079
鞍山市	2076	1259	817	2422	1424	998	2259	1370	889
抚顺市	1056	601	455	1352	808	544	1266	765	501
本溪市	936	527	409	1236	764	472	804	458	346
丹东市	1326	807	519	1476	953	523	1468	924	544
锦州市	2545	1508	1037	2851	1742	1109	2558	1615	943
营口市	2188	1392	796	3610	2193	1417	2439	1388	1051
阜新市	1392	880	512	1270	831	439	1337	895	442
辽阳市	1382	864	518	1774	1124	650	1491	960	531
盘锦市	750	440	310	806	475	331	717	433	284
铁岭市	3447	1961	1486	3559	1985	1574	3251	1818	1433
朝阳市	3503	2150	1353	3064	2083	981	2583	1796	787
葫芦岛市	2843	1855	988	3116	2008	1108	2237	1492	745
辽宁省沈抚新区管委会	198	104	94	230	128	102	207	116	91

5-2c 续表 3 单位：户

地区	40-44岁			45-49岁			50-54岁		
	小计	男	女	小计	男	女	小计	男	女
辽宁	**46117**	**29323**	**16794**	**67439**	**42308**	**25131**	**96636**	**58729**	**37907**
沈阳市	6779	4280	2499	8703	5374	3329	12201	7160	5041
大连市	4580	2848	1732	8469	5221	3248	11302	6668	4634
鞍山市	3207	1960	1247	4134	2666	1468	6185	3823	2362
抚顺市	1869	1217	652	2862	1888	974	4061	2640	1421
本溪市	1270	770	500	2001	1252	749	3048	1905	1143
丹东市	2346	1500	846	3386	2207	1179	5248	3273	1975
锦州市	4024	2619	1405	5578	3447	2131	8524	5139	3385
营口市	3282	1943	1339	4383	2677	1706	5724	3488	2236
阜新市	2381	1603	778	3378	2135	1243	4523	2751	1772
辽阳市	2550	1690	860	3611	2343	1268	4433	2786	1647
盘锦市	1125	724	401	1716	1067	649	2441	1497	944
铁岭市	5012	2900	2112	6962	4176	2786	10139	6036	4103
朝阳市	4286	2998	1288	7092	4708	2384	10632	6621	4011
葫芦岛市	3117	2105	1012	4832	2957	1875	7708	4676	3032
辽宁省沈抚新区管委会	289	166	123	332	190	142	467	266	201

5-2c 续表 4 单位：户

地区	55-59岁			60-64岁			65岁及以上		
	小计	男	女	小计	男	女	小计	男	女
辽宁	**100499**	**57849**	**42650**	**97603**	**53252**	**44351**	**367912**	**161550**	**206362**
沈阳市	12472	6976	5496	11277	5891	5386	42488	17597	24891
大连市	12315	7015	5300	12233	6734	5499	51531	22984	28547
鞍山市	6737	3946	2791	6448	3492	2956	26892	11990	14902
抚顺市	4141	2546	1595	3965	2241	1724	12970	5608	7362
本溪市	3222	1858	1364	2998	1662	1336	9130	3951	5179
丹东市	5712	3368	2344	5316	2936	2380	18388	8267	10121
锦州市	9289	5289	4000	9110	5020	4090	34656	16020	18636
营口市	5917	3401	2516	5305	2893	2412	21228	9243	11985
阜新市	4359	2442	1917	4340	2250	2090	15779	6423	9356
辽阳市	4804	2831	1973	4654	2456	2198	20151	8108	12043
盘锦市	2342	1299	1043	2310	1130	1180	8021	3311	4710
铁岭市	9684	5515	4169	8240	4462	3778	27247	12505	14742
朝阳市	11131	6615	4516	12364	7040	5324	45622	20063	25559
葫芦岛市	7912	4477	3435	8650	4818	3832	32531	14973	17558
辽宁省沈抚新区管委会	462	271	191	393	227	166	1278	507	771

5-3　各地区家庭户中民族混合户户数

单位：户、%

地　　区	家庭户户　数	单一民族户		二个民族户		三个民族户		四个及以上民族户	
		户数	占家庭户比重	户数	占家庭户比重	户数	占家庭户比重	户数	占家庭户比重
辽宁	**17467111**	**15983981**	**91.51**	**1470005**	**8.42**	**12958**	**0.07**	**167**	
沈阳市	3732544	3444114	92.27	285430	7.65	2950	0.08	50	
大连市	2959972	2795945	94.46	162653	5.50	1348	0.05	26	
鞍山市	1411251	1367960	96.93	42913	3.04	368	0.03	10	
抚顺市	778600	691655	88.83	86558	11.12	386	0.05	1	
本溪市	578371	485014	83.86	92878	16.06	478	0.08	1	
丹东市	904495	767109	84.81	135773	15.01	1603	0.18	10	
锦州市	1114291	937812	84.16	174836	15.69	1629	0.15	14	
营口市	951889	904205	94.99	47093	4.95	568	0.06	23	
阜新市	681641	615323	90.27	65599	9.62	715	0.10	4	
辽阳市	694463	650558	93.68	43583	6.28	320	0.05	2	
盘锦市	560915	536003	95.56	24707	4.40	204	0.04	1	
铁岭市	977260	873456	89.38	102722	10.51	1063	0.11	19	
朝阳市	1102207	1034986	93.90	66786	6.06	431	0.04	4	
葫芦岛市	953948	825644	86.55	127463	13.36	839	0.09	2	
辽宁省沈抚新区管委会	65264	54197	83.04	11011	16.87	56	0.09		

5-3a　各地区家庭户中民族混合户户数(城市)

单位：户、%

地　　区	家庭户户　数	单一民族户		二个民族户		三个民族户		四个及以上民族户	
		户数	占家庭户比重	户数	占家庭户比重	户数	占家庭户比重	户数	占家庭户比重
辽宁	**10672010**	**9915515**	**92.91**	**752172**	**7.05**	**4280**	**0.04**	**43**	
沈阳市	2990801	2774695	92.77	214440	7.17	1635	0.05	31	
大连市	2303383	2180721	94.67	122077	5.30	584	0.03	1	
鞍山市	834475	814664	97.63	19731	2.36	77	0.01	3	
抚顺市	508479	470609	92.55	37724	7.42	146	0.03		
本溪市	341104	301258	88.32	39717	11.64	128	0.04	1	
丹东市	474238	416533	87.83	57249	12.07	454	0.10	2	
锦州市	528101	464409	87.94	63413	12.01	277	0.05	2	
营口市	593014	569072	95.96	23845	4.02	97	0.02		
阜新市	303921	282917	93.09	20896	6.88	108	0.04		
辽阳市	375344	351383	93.62	23884	6.36	77	0.02		
盘锦市	387178	369282	95.38	17812	4.60	84	0.02		
铁岭市	266291	228622	85.85	37365	14.03	301	0.11	3	
朝阳市	371994	349959	94.08	21943	5.90	92	0.02		
葫芦岛市	343590	299297	87.11	44106	12.84	187	0.05		
辽宁省沈抚新区管委会	50097	42094	84.02	7970	15.91	33	0.07		

5-3b 各地区家庭户中民族混合户户数(镇)

单位：户、%

地　　区	家庭户户　数	单一民族户		二个民族户		三个民族户		四个及以上民族户	
		户数	占家庭户比重	户数	占家庭户比重	户数	占家庭户比重	户数	占家庭户比重
辽宁	**2136933**	**1898299**	**88.83**	**237249**	**11.10**	**1377**	**0.06**	**8**	
沈阳市	196247	180579	92.02	15561	7.93	107	0.05		
大连市	106197	100520	94.65	5638	5.31	39	0.04		
鞍山市	254648	242619	95.28	11956	4.70	73	0.03		
抚顺市	112530	91289	81.12	21190	18.83	51	0.05		
本溪市	125577	98135	78.15	27279	21.72	163	0.13		
丹东市	166426	136090	81.77	30144	18.11	192	0.12		
锦州市	149853	123348	82.31	26309	17.56	194	0.13	2	
营口市	65672	60119	91.54	5532	8.42	21	0.03		
阜新市	136789	120907	88.39	15757	11.52	124	0.09	1	
辽阳市	96212	90400	93.96	5798	6.03	13	0.01	1	
盘锦市	53598	50850	94.87	2735	5.10	13	0.02		
铁岭市	294831	271834	92.20	22815	7.74	178	0.06	4	
朝阳市	182016	164743	90.51	17217	9.46	56	0.03		
葫芦岛市	196337	166866	84.99	29318	14.93	153	0.08		
辽宁省沈抚新区管委会									

5-3c 各地区家庭户中民族混合户户数(乡村)

单位：户、%

地　　区	家庭户户　数	单一民族户		二个民族户		三个民族户		四个及以上民族户	
		户数	占家庭户比重	户数	占家庭户比重	户数	占家庭户比重	户数	占家庭户比重
辽宁	**4658168**	**4170167**	**89.52**	**480584**	**10.32**	**7301**	**0.16**	**116**	
沈阳市	545496	488840	89.61	55429	10.16	1208	0.22	19	
大连市	550392	514704	93.52	34938	6.35	725	0.13	25	
鞍山市	322128	310677	96.45	11226	3.48	218	0.07	7	
抚顺市	157591	129757	82.34	27644	17.54	189	0.12	1	
本溪市	111690	85621	76.66	25882	23.17	187	0.17		
丹东市	263831	214486	81.30	48380	18.34	957	0.36	8	
锦州市	436337	350055	80.23	85114	19.51	1158	0.27	10	
营口市	293203	275014	93.80	17716	6.04	450	0.15	23	0.01
阜新市	240931	211499	87.78	28946	12.01	483	0.20	3	
辽阳市	222907	208775	93.66	13901	6.24	230	0.10	1	
盘锦市	120139	115871	96.45	4160	3.46	107	0.09	1	
铁岭市	416138	373000	89.63	42542	10.22	584	0.14	12	
朝阳市	548197	520284	94.91	27626	5.04	283	0.05	4	
葫芦岛市	414021	359481	86.83	54039	13.05	499	0.12	2	
辽宁省沈抚新区管委会	15167	12103	79.80	3041	20.05	23	0.15		

5-4　各地区有60岁及以上人口的家庭户户数

单位：户

地　区	合　计	有一个60岁及以上人口的户				有二个60岁及以上人口的户				有三个60岁及以上人口的户
		小计	独自居住	只与未成年人口共同居住	其他	小计	只有一对60岁及以上夫妇居住	只有一对60岁及以上夫妇与未成年人口共同居住	其他	
辽宁	**7014317**	**3511415**	**1638799**	**32951**	**1839665**	**3425883**	**2192812**	**65886**	**1167185**	**77019**
沈阳市	1324319	684111	332107	6964	345040	624601	401996	12165	210440	15607
大连市	1152422	550179	252839	4621	292719	589542	380676	10499	198367	12701
鞍山市	591496	313825	155470	3438	154917	270587	164852	5567	100168	7084
抚顺市	354712	192271	101058	1505	89708	158339	104910	2498	50931	4102
本溪市	250693	130497	64016	1079	65402	117488	79601	1991	35896	2708
丹东市	407619	199876	85947	1516	112413	202866	123633	3378	75855	4877
锦州市	497694	241628	112603	2347	126678	250128	161168	4940	84020	5938
营口市	370705	180355	80052	1589	98714	186496	113863	3645	68988	3854
阜新市	282449	143886	66007	1140	76739	135974	88727	2309	44938	2589
辽阳市	289696	142409	71258	1298	69853	144892	98888	2751	43253	2395
盘锦市	197314	90373	40246	830	49297	105264	74581	1938	28745	1677
铁岭市	414533	208123	85911	2278	119934	201358	119197	4464	77697	5052
朝阳市	455395	226573	98923	2167	125483	224961	144755	5096	75110	3861
葫芦岛市	400730	195055	86702	2037	106316	201310	127733	4419	69158	4365
辽宁省沈抚新区管委会	24540	12254	5660	142	6452	12077	8232	226	3619	209

5-4a　各地区有60岁及以上人口的家庭户户数(城市)

单位：户

地　区	合　计	有一个60岁及以上人口的户				有二个60岁及以上人口的户				有三个60岁及以上人口的户
		小计	独自居住	只与未成年人口共同居住	其他	小计	只有一对60岁及以上夫妇居住	只有一对60岁及以上夫妇与未成年人口共同居住	其他	
辽宁	**3778474**	**1950685**	**979584**	**18514**	**952587**	**1783847**	**1191613**	**31250**	**560984**	**43942**
沈阳市	994937	522266	261253	5551	255462	459850	297487	8687	153676	12821
大连市	793843	390839	180110	3375	207354	394600	250790	6628	137182	8404
鞍山市	332051	186515	100936	2140	83439	140679	90321	2621	47737	4857
抚顺市	231048	129205	71977	958	56270	98736	66760	1372	30604	3107
本溪市	143789	76271	39708	526	36037	65878	47144	978	17756	1640
丹东市	186120	95814	47647	819	47348	88170	57924	1422	28824	2136
锦州市	197016	99738	52420	963	46355	94912	67055	1767	26090	2366
营口市	191814	96874	47599	886	48389	93074	62866	1676	28532	1866
阜新市	115245	60353	32575	440	27338	53574	39507	741	13326	1318
辽阳市	138239	70794	37603	680	32511	66269	47670	1224	17375	1176
盘锦市	118956	55103	26370	504	28229	62962	46579	1052	15331	891
铁岭市	91820	47635	23114	520	24001	42936	28979	770	13187	1249
朝阳市	114365	55975	26491	514	28970	57400	41123	1171	15106	990
葫芦岛市	111503	54494	27792	527	26175	56037	41363	981	13693	972
辽宁省沈抚新区管委会	17728	8809	3989	111	4709	8770	6045	160	2565	149

5-4b 各地区有60岁及以上人口的家庭户户数(镇)

单位：户

地区	合计	有一个60岁及以上人口的户				有二个60岁及以上人口的户				有三个60岁及以上人口的户
		小计	独自居住	只与未成年人口共同居住	其他	小计	只有一对60岁及以上夫妇居住	只有一对60岁及以上夫妇与未成年人口共同居住	其他	
辽宁	**791652**	**395622**	**193700**	**4132**	**197790**	**388311**	**260773**	**7539**	**119999**	**7719**
沈阳市	61529	32642	17089	289	15264	28424	20318	499	7607	463
大连市	42168	18657	8965	156	9536	23089	16319	435	6335	422
鞍山市	89114	45342	21194	473	23675	43077	26497	837	15743	695
抚顺市	42465	22385	12146	248	9991	19773	14059	365	5349	307
本溪市	45936	24238	12180	266	11792	21248	14503	394	6351	450
丹东市	71259	33933	14596	259	19078	36531	22903	631	12997	795
锦州市	60546	30484	16417	342	13725	29439	20548	556	8335	623
营口市	26690	13006	5920	115	6971	13418	8066	301	5051	266
阜新市	50506	25715	13313	225	12177	24406	17173	403	6830	385
辽阳市	33317	16453	8850	160	7443	16678	11841	310	4527	186
盘锦市	18596	8143	3545	95	4503	10294	7472	187	2635	159
铁岭市	111409	56711	27310	715	28686	52962	34989	1117	16856	1736
朝阳市	64414	31719	14446	396	16877	32159	21465	764	9930	536
葫芦岛市	73703	36194	17729	393	18072	36813	24620	740	11453	696
辽宁省沈抚新区管委会										

5-4c 各地区有60岁及以上人口的家庭户户数(乡村)

单位：户

地区	合计	有一个60岁及以上人口的户				有二个60岁及以上人口的户				有三个60岁及以上人口的户
		小计	独自居住	只与未成年人口共同居住	其他	小计	只有一对60岁及以上夫妇居住	只有一对60岁及以上夫妇与未成年人口共同居住	其他	
辽宁	**2444191**	**1165108**	**465515**	**10305**	**689288**	**1253725**	**740426**	**27097**	**486202**	**25358**
沈阳市	267853	129203	53765	1124	74314	136327	84191	2979	49157	2323
大连市	316411	140683	63764	1090	75829	171853	113567	3436	54850	3875
鞍山市	170331	81968	33340	825	47803	86831	48034	2109	36688	1532
抚顺市	81199	40681	16935	299	23447	39830	24091	761	14978	688
本溪市	60968	29988	12128	287	17573	30362	17954	619	11789	618
丹东市	150240	70129	23704	438	45987	78165	42806	1325	34034	1946
锦州市	240132	111406	43766	1042	66598	125777	73565	2617	49595	2949
营口市	152201	70475	26533	588	43354	80004	42931	1668	35405	1722
阜新市	116698	57818	20119	475	37224	57994	32047	1165	24782	886
辽阳市	118140	55162	24805	458	29899	61945	39377	1217	21351	1033
盘锦市	59762	27127	10331	231	16565	32008	20530	699	10779	627
铁岭市	211304	103777	35487	1043	67247	105460	55229	2577	47654	2067
朝阳市	276616	138879	57986	1257	79636	135402	82167	3161	50074	2335
葫芦岛市	215524	104367	41181	1117	62069	108460	61750	2698	44012	2697
辽宁省沈抚新区管委会	6812	3445	1671	31	1743	3307	2187	66	1054	60

5-5　各地区有65岁及以上人口的家庭户户数

单位：户

地　区	合　计	有一个65岁及以上人口的户				有二个65岁及以上人口的户				有三个65岁及以上人口的户
		小计	独自居住	只与未成年人口共同居住	其他	小计	只有一对65岁及以上夫妇居住	只有一对65岁及以上夫妇与未成年人口共同居住	其他	
辽宁	**5033822**	**2922269**	**1217828**	**18559**	**1685882**	**2086342**	**1365638**	**27070**	**693634**	**25211**
沈阳市	928258	545794	235707	4011	306076	377666	249771	5442	122453	4798
大连市	832138	461895	192814	2714	266367	366168	244540	4635	116993	4075
鞍山市	422464	254600	113629	1964	139007	165280	102811	2365	60104	2584
抚顺市	246335	152018	71090	792	80136	93071	62510	1047	29514	1246
本溪市	174609	104453	45711	589	58153	69355	47213	788	21354	801
丹东市	298204	170845	63434	833	106578	125691	76659	1425	47607	1668
锦州市	368377	210485	86148	1320	123017	155812	101407	1974	52431	2080
营口市	270195	152728	60121	869	91738	116144	72592	1464	42088	1323
阜新市	200494	121556	49683	601	71272	78251	51499	785	25967	687
辽阳市	212654	119610	54648	698	64264	92250	64419	1126	26705	794
盘锦市	144845	78099	31166	483	46450	66153	48098	777	17278	593
铁岭市	303350	177074	64945	1288	110841	124315	74275	1737	48303	1961
朝阳市	321672	193290	77109	1163	115018	127306	84544	1712	41050	1076
葫芦岛市	293075	169911	67549	1152	101210	121702	80230	1708	39764	1462
辽宁省沈抚新区管委会	17152	9911	4074	82	5755	7178	5070	85	2023	63

5-5a　各地区有65岁及以上人口的家庭户户数(城市)

单位：户

地　区	合　计	有一个65岁及以上人口的户				有二个65岁及以上人口的户				有三个65岁及以上人口的户
		小计	独自居住	只与未成年人口共同居住	其他	小计	只有一对65岁及以上夫妇居住	只有一对65岁及以上夫妇与未成年人口共同居住	其他	
辽宁	**2648072**	**1549478**	**703100**	**10417**	**835961**	**1084751**	**743162**	**13917**	**327672**	**13843**
沈阳市	685522	405705	181121	3222	221362	275979	183462	4135	88382	3838
大连市	563084	316858	134258	1964	180636	243591	161322	3070	79199	2635
鞍山市	228368	142611	70469	1214	70928	83972	54636	1152	28184	1785
抚顺市	157311	99082	49115	522	49445	57333	39103	624	17606	896
本溪市	98155	59686	27780	282	31624	38027	27304	393	10330	442
丹东市	133333	78004	34113	462	43429	54626	36242	650	17734	703
锦州市	141344	81541	38662	519	42360	59036	42395	769	15872	767
营口市	135883	77749	34365	460	42924	57542	39649	682	17211	592
阜新市	80123	48689	23689	224	24776	31078	23304	265	7509	356
辽阳市	98556	56487	27632	349	28506	41715	30578	525	10612	354
盘锦市	88392	46561	20392	301	25868	41496	31607	459	9430	335
铁岭市	65906	38631	17234	308	21089	26778	18377	335	8066	497
朝阳市	79631	45968	20257	254	25457	33375	24766	403	8206	288
葫芦岛市	80324	44963	21217	276	23470	35053	26750	391	7912	308
辽宁省沈抚新区管委会	12140	6943	2796	60	4087	5150	3667	64	1419	47

5-5b 各地区有65岁及以上人口的家庭户户数(镇)

单位：户

地区	合计	有一个65岁及以上人口的户				有二个65岁及以上人口的户				有三个65岁及以上人口的户
		小计	独自居住	只与未成年人口共同居住	其他	小计	只有一对65岁及以上夫妇居住	只有一对65岁及以上夫妇与未成年人口共同居住	其他	
辽宁	**573344**	**332591**	**146816**	**2233**	**183542**	**238079**	**162900**	**2931**	**72248**	**2674**
沈阳市	43673	25886	12098	141	13647	17644	12839	196	4609	143
大连市	30917	16357	7025	90	9242	14415	10440	160	3815	145
鞍山市	64972	38090	16268	263	21559	26634	16835	349	9450	248
抚顺市	30362	18238	9005	123	9110	12026	8631	144	3251	98
本溪市	32280	19282	8801	140	10341	12872	8962	168	3742	126
丹东市	51806	29246	10933	140	18173	22308	13894	248	8166	252
锦州市	45597	26609	12830	205	13574	18737	13206	214	5317	251
营口市	19584	11122	4528	73	6521	8377	5133	120	3124	85
阜新市	36047	21750	10215	120	11415	14210	10166	122	3922	87
辽阳市	24383	13652	6865	79	6708	10670	7800	122	2748	61
盘锦市	13579	7268	2753	48	4467	6259	4607	77	1575	52
铁岭市	81372	47288	20464	400	26424	33331	22302	451	10578	753
朝阳市	45137	26626	11230	202	15194	18367	12725	279	5363	144
葫芦岛市	53635	31177	13801	209	17167	22229	15360	281	6588	229
辽宁省沈抚新区管委会										

5-5c 各地区有65岁及以上人口的家庭户户数(乡村)

单位：户

地区	合计	有一个65岁及以上人口的户				有二个65岁及以上人口的户				有三个65岁及以上人口的户
		小计	独自居住	只与未成年人口共同居住	其他	小计	只有一对65岁及以上夫妇居住	只有一对65岁及以上夫妇与未成年人口共同居住	其他	
辽宁	**1812406**	**1040200**	**367912**	**5909**	**666379**	**763512**	**459576**	**10222**	**293714**	**8694**
沈阳市	199063	114203	42488	648	71067	84043	53470	1111	29462	817
大连市	238137	128680	51531	660	76489	108162	72778	1405	33979	1295
鞍山市	129124	73899	26892	487	46520	54674	31340	864	22470	551
抚顺市	58662	34698	12970	147	21581	23712	14776	279	8657	252
本溪市	44174	25485	9130	167	16188	18456	10947	227	7282	233
丹东市	113065	63595	18388	231	44976	48757	26523	527	21707	713
锦州市	181436	102335	34656	596	67083	78039	45806	991	31242	1062
营口市	114728	63857	21228	336	42293	50225	27810	662	21753	646
阜新市	84324	51117	15779	257	35081	32963	18029	398	14536	244
辽阳市	89715	49471	20151	270	29050	39865	26041	479	13345	379
盘锦市	42874	24270	8021	134	16115	18398	11884	241	6273	206
铁岭市	156072	91155	27247	580	63328	64206	33596	951	29659	711
朝阳市	196904	120696	45622	707	74367	75564	47053	1030	27481	644
葫芦岛市	159116	93771	32531	667	60573	64420	38120	1036	25264	925
辽宁省沈抚新区管委会	5012	2968	1278	22	1668	2028	1403	21	604	16

5-6　各地区有80岁及以上人口的家庭户户数

单位：户

地　区	合　计	有一个80岁及以上人口的户				有二个80岁及以上人口的户				有三个80岁及以上人口的户
		小计	独自居住	只与未成年人口共同居住	其他	小计	只有一对80岁及以上夫妇居住	只有一对80岁及以上夫妇与未成年人口共同居住	其他	
辽宁	**1083325**	**931645**	**339979**	**2117**	**589549**	**150929**	**97473**	**399**	**53057**	**751**
沈阳市	204671	174551	63831	431	110289	30017	18985	78	10954	103
大连市	195879	163342	62707	336	100299	32441	21610	75	10756	96
鞍山市	95255	81893	32843	295	48755	13196	8087	53	5056	166
抚顺市	57380	50196	20472	97	29627	7145	4662	17	2466	39
本溪市	38468	33604	12269	70	21265	4838	3124	11	1703	26
丹东市	62377	54323	16721	79	37523	8034	4784	15	3235	20
锦州市	75089	65130	23118	136	41876	9880	6322	24	3534	79
营口市	57582	49429	16697	112	32620	8120	5046	24	3050	33
阜新市	42909	37660	13679	54	23927	5239	3434	4	1801	10
辽阳市	41433	35666	14102	67	21497	5754	4052	18	1684	13
盘锦市	26534	22771	7240	56	15475	3753	2669	9	1075	10
铁岭市	54217	47929	14613	121	33195	6173	3593	17	2563	115
朝阳市	67630	59426	22211	118	37097	8189	5602	27	2560	15
葫芦岛市	61175	53339	18809	141	34389	7811	5287	26	2498	25
辽宁省沈抚新区管委会	2726	2386	667	4	1715	339	216	1	122	1

5-6a　各地区有80岁及以上人口的家庭户户数(城市)

单位：户

地　区	合　计	有一个80岁及以上人口的户				有二个80岁及以上人口的户				有三个80岁及以上人口的户
		小计	独自居住	只与未成年人口共同居住	其他	小计	只有一对80岁及以上夫妇居住	只有一对80岁及以上夫妇与未成年人口共同居住	其他	
辽宁	**635216**	**535341**	**214484**	**1292**	**319565**	**99373**	**66191**	**275**	**32907**	**502**
沈阳市	163827	137750	52497	363	84890	25987	16433	71	9483	90
大连市	134916	111532	44972	246	66314	23309	15665	53	7591	75
鞍山市	59054	50084	21955	199	27930	8823	5472	42	3309	147
抚顺市	42958	37162	15875	76	21211	5759	3757	14	1988	37
本溪市	25169	21730	8366	42	13322	3419	2236	8	1175	20
丹东市	30833	26301	9817	55	16429	4515	2896	9	1610	17
锦州市	33952	28574	12106	48	16420	5349	3744	14	1591	29
营口市	29944	25318	9731	70	15517	4608	3117	14	1477	18
阜新市	21971	18771	7846	31	10894	3196	2253	3	940	4
辽阳市	22687	19084	8060	36	10988	3592	2597	13	982	11
盘锦市	15793	13208	4643	37	8528	2577	1932	8	637	8
铁岭市	13635	11704	4479	28	7197	1898	1294	6	598	33
朝阳市	19384	16386	6871	25	9490	2993	2236	13	744	5
葫芦岛市	19129	16046	6814	33	9199	3076	2381	6	689	7
辽宁省沈抚新区管委会	1964	1691	452	3	1236	272	178	1	93	1

5-6b 各地区有80岁及以上人口的家庭户户数(镇)

单位：户

地区	合计	有一个80岁及以上人口的户				有二个80岁及以上人口的户				有三个80岁及以上人口的户
		小计	独自居住	只与未成年人口共同居住	其他	小计	只有一对80岁及以上夫妇居住	只有一对80岁及以上夫妇与未成年人口共同居住	其他	
辽宁	**114059**	**99288**	**38961**	**212**	**60115**	**14608**	**10063**	**18**	**4527**	**163**
沈阳市	8010	7025	2770	11	4244	980	682	1	297	5
大连市	6765	5622	2168	10	3444	1142	836		306	1
鞍山市	12484	10859	4339	26	6494	1611	1058	1	552	14
抚顺市	5825	5159	2293	11	2855	664	497	1	166	2
本溪市	6607	5756	2306	12	3438	848	592	2	254	3
丹东市	10458	9184	2764	9	6411	1273	789	1	483	1
锦州市	9562	8363	3647	23	4693	1159	806		353	40
营口市	4171	3586	1358	6	2222	577	353	2	222	8
阜新市	7182	6286	2655	4	3627	893	634		259	3
辽阳市	4289	3758	1683	10	2065	530	410	1	119	1
盘锦市	2517	2215	666	8	1541	302	211		91	
铁岭市	16000	13840	5091	44	8705	2088	1345	6	737	72
朝阳市	9286	8139	3181	13	4945	1143	831	1	311	4
葫芦岛市	10903	9496	4040	25	5431	1398	1019	2	377	9
辽宁省沈抚新区管委会										

5-6c 各地区有80岁及以上人口的家庭户户数(乡村)

单位：户

地区	合计	有一个80岁及以上人口的户				有二个80岁及以上人口的户				有三个80岁及以上人口的户
		小计	独自居住	只与未成年人口共同居住	其他	小计	只有一对80岁及以上夫妇居住	只有一对80岁及以上夫妇与未成年人口共同居住	其他	
辽宁	**334050**	**297016**	**86534**	**613**	**209869**	**36948**	**21219**	**106**	**15623**	**86**
沈阳市	32834	29776	8564	57	21155	3050	1870	6	1174	8
大连市	54198	46188	15567	80	30541	7990	5109	22	2859	20
鞍山市	23717	20950	6549	70	14331	2762	1557	10	1195	5
抚顺市	8597	7875	2304	10	5561	722	408	2	312	
本溪市	6692	6118	1597	16	4505	571	296	1	274	3
丹东市	21086	18838	4140	15	14683	2246	1099	5	1142	2
锦州市	31575	28193	7365	65	20763	3372	1772	10	1590	10
营口市	23467	20525	5608	36	14881	2935	1576	8	1351	7
阜新市	13756	12603	3178	19	9406	1150	547	1	602	3
辽阳市	14457	12824	4359	21	8444	1632	1045	4	583	1
盘锦市	8224	7348	1931	11	5406	874	526	1	347	2
铁岭市	24582	22385	5043	49	17293	2187	954	5	1228	10
朝阳市	38960	34901	12159	80	22662	4053	2535	13	1505	6
葫芦岛市	31143	27797	7955	83	19759	3337	1887	18	1432	9
辽宁省沈抚新区管委会	762	695	215	1	479	67	38		29	

第一部分　全部数据资料

第六卷　死亡

6-1　各地区分年龄、性别的死亡人口
(2019.11.1-2020.10.31)

单位：人

地　区	死亡人口			0岁		
	合计	男	女	小计	男	女
辽宁	**326235**	**191238**	**134997**	**280**	**158**	**122**
沈阳市	64610	37699	26911	59	26	33
大连市	52144	30038	22106	56	36	20
鞍山市	19946	11701	8245	6	2	4
抚顺市	16394	9604	6790	9	2	7
本溪市	14113	8354	5759	13	9	4
丹东市	18330	10802	7528	17	11	6
锦州市	24406	14329	10077	17	11	6
营口市	17169	10034	7135	24	15	9
阜新市	14595	8645	5950	10	6	4
辽阳市	11970	7197	4773	10	3	7
盘锦市	9697	5788	3909	5	3	2
铁岭市	18593	11152	7441	6	3	3
朝阳市	23417	13575	9842	27	19	8
葫芦岛市	19851	11711	8140	21	12	9
辽宁省沈抚新区管委会	1000	609	391			

6-1　续表 1

单位：人

地　区	1-4岁			5-9岁			10-14岁		
	小计	男	女	小计	男	女	小计	男	女
辽宁	**168**	**101**	**67**	**161**	**93**	**68**	**237**	**147**	**90**
沈阳市	40	25	15	27	14	13	45	27	18
大连市	29	14	15	30	18	12	26	17	9
鞍山市	8	4	4	10	6	4	10	8	2
抚顺市	10	9	1	7	4	3	6	4	2
本溪市	4		4	2	2		11	6	5
丹东市	12	7	5	6	4	2	14	9	5
锦州市	11	5	6	12	6	6	9	5	4
营口市	8	7	1	17	12	5	17	12	5
阜新市	7	4	3	3	1	2	13	9	4
辽阳市	10	6	4	3	1	2	10	1	9
盘锦市	1	1		4	1	3	11	7	4
铁岭市	5	1	4	10	6	4	14	9	5
朝阳市	13	11	2	17	11	6	24	13	11
葫芦岛市	9	6	3	13	7	6	25	18	7
辽宁省沈抚新区管委会	1	1					2	2	

6-1 续表 2

单位：人

地　区	15-19岁			20-24岁			25-29岁		
	小计	男	女	小计	男	女	小计	男	女
辽宁	**438**	**300**	**138**	**581**	**395**	**186**	**935**	**653**	**282**
沈阳市	73	48	25	99	66	33	176	118	58
大连市	40	25	15	96	61	35	129	96	33
鞍山市	38	22	16	26	19	7	65	50	15
抚顺市	16	11	5	17	12	5	39	22	17
本溪市	11	9	2	19	13	6	27	20	7
丹东市	25	15	10	34	18	16	48	31	17
锦州市	39	29	10	46	32	14	70	50	20
营口市	32	24	8	38	28	10	47	30	17
阜新市	15	10	5	26	18	8	44	34	10
辽阳市	22	18	4	27	18	9	31	21	10
盘锦市	16	12	4	13	10	3	55	30	25
铁岭市	23	16	7	37	27	10	61	45	16
朝阳市	45	36	9	54	41	13	72	60	12
葫芦岛市	39	23	16	47	32	15	66	42	24
辽宁省沈抚新区管委会	4	2	2	2		2	5	4	1

6-1 续表 3

单位：人

地　区	30-34岁			35-39岁			40-44岁		
	小计	男	女	小计	男	女	小计	男	女
辽宁	**1822**	**1305**	**517**	**2446**	**1793**	**653**	**4186**	**3064**	**1122**
沈阳市	360	246	114	521	383	138	820	599	221
大连市	256	168	88	364	258	106	557	374	183
鞍山市	123	85	38	152	118	34	241	187	54
抚顺市	103	78	25	140	91	49	218	169	49
本溪市	77	53	24	85	62	23	175	129	46
丹东市	90	65	25	151	124	27	208	154	54
锦州市	132	89	43	153	113	40	258	185	73
营口市	98	80	18	119	94	25	241	178	63
阜新市	95	79	16	121	86	35	238	184	54
辽阳市	55	40	15	73	50	23	182	117	65
盘锦市	66	57	9	85	58	27	156	112	44
铁岭市	92	56	36	143	103	40	245	188	57
朝阳市	159	120	39	188	148	40	364	281	83
葫芦岛市	110	85	25	140	95	45	265	195	70
辽宁省沈抚新区管委会	6	4	2	11	10	1	18	12	6

6-1　续表 4　　单位：人

地　区	45-49岁			50-54岁			55-59岁		
	小计	男	女	小计	男	女	小计	男	女
辽宁	**8141**	**5860**	**2281**	**14307**	**10318**	**3989**	**21639**	**15601**	**6038**
沈阳市	1403	996	407	2533	1820	713	4400	3220	1180
大连市	1148	829	319	1832	1234	598	2785	1965	820
鞍山市	481	336	145	915	655	260	1361	977	384
抚顺市	423	330	93	793	598	195	1300	959	341
本溪市	316	254	62	662	510	152	1106	848	258
丹东市	450	341	109	793	579	214	1265	912	353
锦州市	549	385	164	1011	734	277	1541	1107	434
营口市	454	308	146	749	544	205	1103	810	293
阜新市	452	323	129	857	644	213	1173	865	308
辽阳市	351	253	98	517	386	131	785	583	202
盘锦市	285	195	90	465	318	147	646	461	185
铁岭市	556	418	138	996	730	266	1333	920	413
朝阳市	732	521	211	1189	840	349	1559	1075	484
葫芦岛市	507	349	158	938	684	254	1221	859	362
辽宁省沈抚新区管委会	34	22	12	57	42	15	61	40	21

6-1　续表 5　　单位：人

地　区	60-64岁			65-69岁			70-74岁		
	小计	男	女	小计	男	女	小计	男	女
辽宁	**30329**	**21179**	**9150**	**39730**	**25905**	**13825**	**38770**	**23323**	**15447**
沈阳市	6266	4495	1771	7900	5256	2644	7140	4398	2742
大连市	4236	2931	1305	5418	3580	1838	5721	3498	2223
鞍山市	1957	1394	563	2461	1617	844	2291	1343	948
抚顺市	1701	1212	489	1983	1323	660	1782	1084	698
本溪市	1432	1011	421	1694	1160	534	1518	884	634
丹东市	1544	1047	497	2254	1421	833	2242	1323	919
锦州市	2205	1552	653	3223	2117	1106	3096	1873	1223
营口市	1409	1004	405	2010	1299	711	2096	1215	881
阜新市	1480	1030	450	1795	1135	660	1836	1110	726
辽阳市	1103	753	350	1645	1101	544	1640	1012	628
盘锦市	836	573	263	1296	823	473	1264	789	475
铁岭市	1812	1239	573	2669	1690	979	2790	1589	1201
朝阳市	2337	1579	758	2797	1743	1054	2771	1617	1154
葫芦岛市	1882	1266	616	2427	1538	889	2447	1508	939
辽宁省沈抚新区管委会	129	93	36	158	102	56	136	80	56

6-1　续表 6　　　　单位：人

地　　区	75-79岁			80-84岁			85-89岁		
	小计	男	女	小计	男	女	小计	男	女
辽宁	**43295**	**24318**	**18977**	**48838**	**24940**	**23898**	**41306**	**19211**	**22095**
沈阳市	7606	4258	3348	9650	4682	4968	9222	4309	4913
大连市	6606	3919	2687	8428	4454	3974	8176	3885	4291
鞍山市	2769	1540	1229	2948	1504	1444	2394	1058	1336
抚顺市	2166	1166	1000	2360	1077	1283	1978	872	1106
本溪市	1890	986	904	2160	1027	1133	1765	836	929
丹东市	2555	1449	1106	2525	1370	1155	2287	1093	1194
锦州市	3483	1993	1490	3547	1851	1696	2903	1308	1595
营口市	2417	1337	1080	2794	1457	1337	2008	928	1080
阜新市	1894	1020	874	2231	1102	1129	1480	641	839
辽阳市	1766	1008	758	1676	894	782	1157	536	621
盘锦市	1326	709	617	1380	740	640	1103	549	554
铁岭市	2444	1375	1069	2412	1314	1098	1787	859	928
朝阳市	3471	1884	1587	3674	1832	1842	2484	1158	1326
葫芦岛市	2775	1591	1184	2940	1573	1367	2486	1148	1338
辽宁省沈抚新区管委会	127	83	44	113	63	50	76	31	45

6-1　续表 7　　　　单位：人

地　　区	90-94岁			95-99岁			100岁及以上		
	小计	男	女	小计	男	女	小计	男	女
辽宁	**22023**	**9823**	**12200**	**5728**	**2420**	**3308**	**875**	**331**	**544**
沈阳市	4830	2082	2748	1232	544	688	208	87	121
大连市	4612	2038	2574	1382	561	821	217	77	140
鞍山市	1291	618	673	344	136	208	55	22	33
抚顺市	1067	451	616	242	120	122	34	10	24
本溪市	928	449	479	191	77	114	27	9	18
丹东市	1368	630	738	392	179	213	50	20	30
锦州市	1639	703	936	405	159	246	57	22	35
营口市	1097	500	597	323	136	187	68	16	52
阜新市	683	286	397	124	49	75	18	9	9
辽阳市	671	300	371	197	81	116	39	15	24
盘锦市	528	263	265	139	69	70	17	8	9
铁岭市	873	440	433	258	117	141	27	7	20
朝阳市	1204	504	700	212	72	140	24	10	14
葫芦岛市	1187	544	643	275	118	157	31	18	13
辽宁省沈抚新区管委会	45	15	30	12	2	10	3	1	2

6–1a　各地区分年龄、性别的死亡人口
(2019.11.1–2020.10.31)(城市)

单位：人

地　　区	死亡人口			0岁		
	合计	男	女	小计	男	女
辽宁	**158596**	**92643**	**65953**	**160**	**90**	**70**
沈阳市	46839	27182	19657	49	23	26
大连市	32373	18597	13776	37	22	15
鞍山市	9392	5598	3794	2	1	1
抚顺市	10108	5835	4273	9	2	7
本溪市	8551	5056	3495	7	6	1
丹东市	6189	3619	2570	7	4	3
锦州市	8567	4976	3591	9	7	2
营口市	9067	5355	3712	14	9	5
阜新市	5144	2981	2163	6	5	1
辽阳市	4218	2562	1656	4	1	3
盘锦市	5091	3079	2012	3	3	
铁岭市	3364	2029	1335	1		1
朝阳市	4535	2677	1858	7	4	3
葫芦岛市	4529	2713	1816	5	3	2
辽宁省沈抚新区管委会	629	384	245			

6–1a　续表 1

单位：人

地　　区	1–4岁			5–9岁			10–14岁		
	小计	男	女	小计	男	女	小计	男	女
辽宁	**72**	**46**	**26**	**69**	**30**	**39**	**80**	**48**	**32**
沈阳市	27	17	10	25	13	12	26	13	13
大连市	18	9	9	15	6	9	12	9	3
鞍山市	4	2	2	3	1	2	3	3	
抚顺市	3	3		3	1	2	2	2	
本溪市	1		1	1	1		7	5	2
丹东市	3	2	1	3	1	2	4	2	2
锦州市	3	2	1	4	1	3	1	1	
营口市	4	4		8	5	3	7	4	3
阜新市	1	1		1		1	3	2	1
辽阳市	5	3	2	2		2	4		4
盘锦市				2		2	5	3	2
铁岭市							1	1	
朝阳市	2	2		2	1	1	3	2	1
葫芦岛市							2	1	1
辽宁省沈抚新区管委会	1	1							

6-1a 续表 2

单位：人

地　　区	15-19岁			20-24岁			25-29岁		
	小计	男	女	小计	男	女	小计	男	女
辽宁	**147**	**100**	**47**	**217**	**144**	**73**	**380**	**252**	**128**
沈阳市	48	32	16	61	41	20	110	67	43
大连市	20	12	8	53	34	19	69	50	19
鞍山市	10	5	5	7	4	3	30	24	6
抚顺市	8	6	2	7	5	2	18	11	7
本溪市	5	3	2	7	7		14	9	5
丹东市	6	3	3	9	2	7	12	8	4
锦州市	7	6	1	13	9	4	15	9	6
营口市	16	12	4	14	11	3	22	13	9
阜新市				6	3	3	12	8	4
辽阳市	6	6		10	6	4	13	8	5
盘锦市	8	7	1	7	6	1	28	16	12
铁岭市	4	3	1	4	4		8	7	1
朝阳市	5	4	1	12	8	4	15	11	4
葫芦岛市	4	1	3	7	4	3	10	8	2
辽宁省沈抚新区管委会							4	3	1

6-1a 续表 3

单位：人

地　　区	30-34岁			35-39岁			40-44岁		
	小计	男	女	小计	男	女	小计	男	女
辽宁	**790**	**546**	**244**	**1175**	**843**	**332**	**1879**	**1373**	**506**
沈阳市	249	166	83	369	271	98	574	417	157
大连市	150	94	56	253	178	75	334	223	111
鞍山市	50	36	14	64	50	14	87	72	15
抚顺市	55	40	15	89	56	33	115	93	22
本溪市	41	30	11	46	35	11	86	60	26
丹东市	24	14	10	53	41	12	42	30	12
锦州市	36	23	13	49	31	18	90	70	20
营口市	41	32	9	61	45	16	148	110	38
阜新市	33	26	7	39	31	8	60	49	11
辽阳市	18	14	4	26	14	12	64	39	25
盘锦市	33	31	2	35	23	12	91	66	25
铁岭市	14	10	4	17	14	3	41	32	9
朝阳市	23	15	8	34	29	5	76	58	18
葫芦岛市	19	13	6	33	19	14	57	44	13
辽宁省沈抚新区管委会	4	2	2	7	6	1	14	10	4

6-1a　续表 4　　　　单位：人

地　区	45-49岁			50-54岁			55-59岁		
	小计	男	女	小计	男	女	小计	男	女
辽宁	**3563**	**2571**	**992**	**6177**	**4428**	**1749**	**10686**	**7851**	**2835**
沈阳市	924	656	268	1574	1130	444	3141	2337	804
大连市	689	487	202	1061	715	346	1731	1225	506
鞍山市	208	148	60	424	309	115	693	516	177
抚顺市	220	174	46	427	318	109	826	612	214
本溪市	175	150	25	390	297	93	700	541	159
丹东市	142	102	40	227	169	58	411	292	119
锦州市	169	121	48	307	220	87	564	415	149
营口市	258	175	83	423	307	116	636	467	169
阜新市	133	101	32	288	220	68	450	342	108
辽阳市	108	78	30	165	125	40	277	212	65
盘锦市	157	105	52	223	154	69	364	266	98
铁岭市	100	83	17	175	120	55	211	144	67
朝阳市	146	103	43	253	171	82	342	242	100
葫芦岛市	116	76	40	209	148	61	299	216	83
辽宁省沈抚新区管委会	18	12	6	31	25	6	41	24	17

6-1a　续表 5　　　　单位：人

地　区	60-64岁			65-69岁			70-74岁		
	小计	男	女	小计	男	女	小计	男	女
辽宁	**14734**	**10693**	**4041**	**17702**	**12037**	**5665**	**16181**	**10125**	**6056**
沈阳市	4523	3320	1203	5318	3648	1670	4610	2946	1664
大连市	2661	1924	737	3323	2254	1069	3261	2057	1204
鞍山市	1001	748	253	1085	765	320	885	546	339
抚顺市	1060	764	296	1043	737	306	947	586	361
本溪市	894	627	267	999	689	310	757	469	288
丹东市	520	382	138	726	491	235	655	401	254
锦州市	804	587	217	983	671	312	817	546	271
营口市	779	571	208	1042	684	358	1026	599	427
阜新市	501	337	164	483	321	162	468	295	173
辽阳市	391	273	118	543	392	151	483	298	185
盘锦市	401	285	116	683	427	256	712	442	270
铁岭市	278	214	64	439	295	144	487	282	205
朝阳市	459	327	132	463	295	168	462	276	186
葫芦岛市	374	270	104	471	304	167	518	329	189
辽宁省沈抚新区管委会	88	64	24	101	64	37	93	53	40

6-1a 续表 6

单位：人

地区	75-79岁			80-84岁			85-89岁		
	小计	男	女	小计	男	女	小计	男	女
辽宁	**19287**	**10820**	**8467**	**25827**	**12535**	**13292**	**23577**	**10965**	**12612**
沈阳市	5068	2821	2247	7500	3496	4004	7566	3542	4024
大连市	3889	2331	1558	5233	2688	2545	5515	2542	2973
鞍山市	1123	616	507	1536	748	788	1312	583	729
抚顺市	1225	636	589	1701	739	962	1435	631	804
本溪市	1033	534	499	1483	690	793	1200	569	631
丹东市	839	467	372	971	500	471	879	411	468
锦州市	1111	608	503	1367	636	731	1310	602	708
营口市	1255	710	545	1514	749	765	1082	525	557
阜新市	679	353	326	978	441	537	654	284	370
辽阳市	530	311	219	684	340	344	508	251	257
盘锦市	726	396	330	767	417	350	545	274	271
铁岭市	474	277	197	494	252	242	379	178	201
朝阳市	665	366	299	706	361	345	529	252	277
葫芦岛市	603	348	255	812	432	380	623	304	319
辽宁省沈抚新区管委会	67	46	21	81	46	35	40	17	23

6-1a 续表 7

单位：人

地区	90-94岁			95-99岁			100岁及以上		
	小计	男	女	小计	男	女	小计	男	女
辽宁	**12305**	**5645**	**6660**	**3083**	**1317**	**1766**	**505**	**184**	**321**
沈阳市	3904	1705	2199	1002	449	553	171	72	99
大连市	3067	1363	1704	851	332	519	131	42	89
鞍山市	675	345	330	164	69	95	26	7	19
抚顺市	738	335	403	154	77	77	23	7	16
本溪市	586	287	299	99	42	57	20	5	15
丹东市	506	233	273	132	56	76	18	8	10
锦州市	707	327	380	174	75	99	27	9	18
营口市	534	258	276	148	58	90	35	7	28
阜新市	297	137	160	43	21	22	9	4	5
辽阳市	290	155	135	71	30	41	16	6	10
盘锦市	229	125	104	64	28	36	8	5	3
铁岭市	190	93	97	45	20	25	2		2
朝阳市	273	126	147	53	22	31	5	2	3
葫芦岛市	282	148	134	73	36	37	12	9	3
辽宁省沈抚新区管委会	27	8	19	10	2	8	2	1	1

6-1b　各地区分年龄、性别的死亡人口
(2019.11.1-2020.10.31)(镇)

单位：人

地　区	死亡人口			0岁		
	合计	男	女	小计	男	女
辽宁	**36605**	**21898**	**14707**	**29**	**18**	**11**
沈阳市	3156	1855	1301	1	1	
大连市	2294	1354	940	1	1	
鞍山市	2560	1495	1065	3	1	2
抚顺市	1873	1100	773			
本溪市	2079	1226	853	3	1	2
丹东市	3593	2166	1427	5	3	2
锦州市	2950	1753	1197	2	1	1
营口市	1212	737	475	1	1	
阜新市	2553	1563	990			
辽阳市	1334	812	522			
盘锦市	1014	605	409	1		1
铁岭市	4154	2540	1614			
朝阳市	3582	2130	1452	7	6	1
葫芦岛市	4251	2562	1689	5	3	2
辽宁省沈抚新区管委会						

6-1b　续表 1

单位：人

地　区	1-4岁			5-9岁			10-14岁		
	小计	男	女	小计	男	女	小计	男	女
辽宁	**17**	**11**	**6**	**13**	**11**	**2**	**29**	**17**	**12**
沈阳市	3	2	1				2		2
大连市	1		1	1	1		1		1
鞍山市				2	1	1	3	2	1
抚顺市	2	1	1						
本溪市							1		1
丹东市	2	2					3	3	
锦州市	1		1	1	1		3		3
营口市	2	2		3	2	1	1	1	
阜新市	1	1					4	3	1
辽阳市	1		1	1	1		1	1	
盘锦市							1	1	
铁岭市	1	1		1	1		3	1	2
朝阳市	2	1	1	2	2		4	3	1
葫芦岛市	1	1		2	2		2	2	
辽宁省沈抚新区管委会									

6-1b 续表 2

单位：人

地区	15-19岁			20-24岁			25-29岁		
	小计	男	女	小计	男	女	小计	男	女
辽宁	**54**	**39**	**15**	**73**	**50**	**23**	**107**	**72**	**35**
沈阳市	7	3	4	10	7	3	9	7	2
大连市	2	2		7	4	3	3	3	
鞍山市	7	5	2	7	4	3	12	7	5
抚顺市				3	2	1	4	2	2
本溪市	3	3		3	2	1	1	1	
丹东市	3	2	1	6	5	1	15	8	7
锦州市	4	4		2	1	1	11	8	3
营口市	5	4	1	6	5	1	1	1	
阜新市	2	1	1	6	4	2	7	6	1
辽阳市	1		1	2		2	2	1	1
盘锦市	1		1				4	1	3
铁岭市	7	6	1	6	5	1	12	9	3
朝阳市	6	4	2	6	5	1	13	11	2
葫芦岛市	6	5	1	9	6	3	13	7	6
辽宁省沈抚新区管委会									

6-1b 续表 3

单位：人

地区	30-34岁			35-39岁			40-44岁		
	小计	男	女	小计	男	女	小计	男	女
辽宁	**222**	**166**	**56**	**290**	**219**	**71**	**528**	**385**	**143**
沈阳市	20	16	4	24	15	9	57	40	17
大连市	19	15	4	20	16	4	27	21	6
鞍山市	24	16	8	22	16	6	34	26	8
抚顺市	12	10	2	14	7	7	19	15	4
本溪市	8	6	2	15	11	4	27	20	7
丹东市	23	15	8	29	26	3	55	41	14
锦州市	14	10	4	20	14	6	32	25	7
营口市	8	6	2	10	9	1	17	11	6
阜新市	15	15		21	18	3	55	36	19
辽阳市	4	3	1	8	6	2	26	16	10
盘锦市	5	5		14	7	7	13	6	7
铁岭市	17	10	7	35	24	11	56	44	12
朝阳市	29	22	7	34	29	5	56	44	12
葫芦岛市	24	17	7	24	21	3	54	40	14
辽宁省沈抚新区管委会									

6-1b　续表 4

单位：人

地　　区	45-49岁			50-54岁			55-59岁		
	小计	男	女	小计	男	女	小计	男	女
辽宁	**960**	**707**	**253**	**1764**	**1296**	**468**	**2462**	**1787**	**675**
沈阳市	104	71	33	179	124	55	239	182	57
大连市	40	34	6	86	61	25	135	90	45
鞍山市	67	48	19	115	78	37	173	122	51
抚顺市	50	45	5	103	79	24	119	84	35
本溪市	45	29	16	88	69	19	154	118	36
丹东市	76	60	16	161	110	51	232	169	63
锦州市	62	42	20	139	109	30	209	155	54
营口市	24	14	10	57	43	14	73	54	19
阜新市	82	59	23	137	105	32	206	153	53
辽阳市	41	34	7	47	38	9	103	81	22
盘锦市	28	24	4	61	37	24	68	48	20
铁岭市	128	97	31	197	151	46	290	206	84
朝阳市	108	74	34	175	131	44	226	159	67
葫芦岛市	105	76	29	219	161	58	235	166	69
辽宁省沈抚新区管委会									

6-1b　续表 5

单位：人

地　　区	60-64岁			65-69岁			70-74岁		
	小计	男	女	小计	男	女	小计	男	女
辽宁	**3441**	**2343**	**1098**	**4656**	**3004**	**1652**	**4697**	**2802**	**1895**
沈阳市	285	193	92	451	277	174	431	240	191
大连市	197	125	72	252	162	90	240	152	88
鞍山市	230	159	71	306	196	110	319	182	137
抚顺市	188	127	61	271	169	102	216	130	86
本溪市	193	139	54	241	176	65	241	140	101
丹东市	319	205	114	435	275	160	455	266	189
锦州市	256	178	78	382	250	132	417	248	169
营口市	98	75	23	134	89	45	129	85	44
阜新市	277	198	79	317	205	112	339	206	133
辽阳市	134	94	40	192	125	67	182	116	66
盘锦市	87	61	26	135	84	51	126	81	45
铁岭市	414	269	145	568	375	193	601	347	254
朝阳市	344	239	105	409	258	151	450	273	177
葫芦岛市	419	281	138	563	363	200	551	336	215
辽宁省沈抚新区管委会									

6-1b 续表 6 单位：人

地区	75-79岁			80-84岁			85-89岁		
	小计	男	女	小计	男	女	小计	男	女
辽宁	**5238**	**3027**	**2211**	**5157**	**2768**	**2389**	**4054**	**1919**	**2135**
沈阳市	417	222	195	417	227	190	301	137	164
大连市	319	189	130	368	215	153	315	157	158
鞍山市	414	238	176	341	180	161	278	121	157
抚顺市	288	164	124	248	126	122	191	81	110
本溪市	321	163	158	307	144	163	265	132	133
丹东市	510	300	210	490	283	207	450	230	220
锦州市	416	246	170	425	239	186	304	127	177
营口市	158	100	58	239	139	100	147	62	85
阜新市	325	180	145	356	180	176	240	121	119
辽阳市	217	124	93	167	83	84	115	54	61
盘锦市	134	79	55	141	74	67	104	56	48
铁岭市	549	332	217	549	298	251	451	228	223
朝阳市	542	314	228	556	284	272	375	168	207
葫芦岛市	628	376	252	553	296	257	518	245	273
辽宁省沈抚新区管委会									

6-1b 续表 7 单位：人

地区	90-94岁			95-99岁			100岁及以上		
	小计	男	女	小计	男	女	小计	男	女
辽宁	**2153**	**971**	**1182**	**573**	**249**	**324**	**88**	**37**	**51**
沈阳市	147	71	76	47	19	28	5	1	4
大连市	199	83	116	50	19	31	11	4	7
鞍山市	145	68	77	48	21	27	10	4	6
抚顺市	109	40	69	29	16	13	7	2	5
本溪市	117	57	60	42	12	30	4	3	1
丹东市	252	125	127	66	34	32	6	4	2
锦州市	191	73	118	46	16	30	13	6	7
营口市	67	24	43	28	9	19	4	1	3
阜新市	132	60	72	28	10	18	3	2	1
辽阳市	69	26	43	18	8	10	3	1	2
盘锦市	67	27	40	21	12	9	3	2	1
铁岭市	207	107	100	53	26	27	9	3	6
朝阳市	198	86	112	34	14	20	6	3	3
葫芦岛市	253	124	129	63	33	30	4	1	3
辽宁省沈抚新区管委会									

6－1c　各地区分年龄、性别的死亡人口
(2019.11.1－2020.10.31)(乡村)

单位：人

地　　区	死亡人口			0岁		
	合计	男	女	小计	男	女
辽宁	**131034**	**76697**	**54337**	**91**	**50**	**41**
沈阳市	14615	8662	5953	9	2	7
大连市	17477	10087	7390	18	13	5
鞍山市	7994	4608	3386	1		1
抚顺市	4413	2669	1744			
本溪市	3483	2072	1411	3	2	1
丹东市	8548	5017	3531	5	4	1
锦州市	12889	7600	5289	6	3	3
营口市	6890	3942	2948	9	5	4
阜新市	6898	4101	2797	4	1	3
辽阳市	6418	3823	2595	6	2	4
盘锦市	3592	2104	1488	1		1
铁岭市	11075	6583	4492	5	3	2
朝阳市	15300	8768	6532	13	9	4
葫芦岛市	11071	6436	4635	11	6	5
辽宁省沈抚新区管委会	371	225	146			

6－1c　续表 1

单位：人

地　　区	1－4岁			5－9岁			10－14岁		
	小计	男	女	小计	男	女	小计	男	女
辽宁	**79**	**44**	**35**	**79**	**52**	**27**	**128**	**82**	**46**
沈阳市	10	6	4	2	1	1	17	14	3
大连市	10	5	5	14	11	3	13	8	5
鞍山市	4	2	2	5	4	1	4	3	1
抚顺市	5	5		4	3	1	4	2	2
本溪市	3		3	1	1		3	1	2
丹东市	7	3	4	3	3		7	4	3
锦州市	7	3	4	7	4	3	5	4	1
营口市	2	1	1	6	5	1	9	7	2
阜新市	5	2	3	2	1	1	6	4	2
辽阳市	4	3	1				5		5
盘锦市	1	1		2	1	1	5	3	2
铁岭市	4		4	9	5	4	10	7	3
朝阳市	9	8	1	13	8	5	17	8	9
葫芦岛市	8	5	3	11	5	6	21	15	6
辽宁省沈抚新区管委会							2	2	

6-1c 续表 2

单位：人

地　　区	15-19岁			20-24岁			25-29岁		
	小计	男	女	小计	男	女	小计	男	女
辽宁	**237**	**161**	**76**	**291**	**201**	**90**	**448**	**329**	**119**
沈阳市	18	13	5	28	18	10	57	44	13
大连市	18	11	7	36	23	13	57	43	14
鞍山市	21	12	9	12	11	1	23	19	4
抚顺市	8	5	3	7	5	2	17	9	8
本溪市	3	3		9	4	5	12	10	2
丹东市	16	10	6	19	11	8	21	15	6
锦州市	28	19	9	31	22	9	44	33	11
营口市	11	8	3	18	12	6	24	16	8
阜新市	13	9	4	14	11	3	25	20	5
辽阳市	15	12	3	15	12	3	16	12	4
盘锦市	7	5	2	6	4	2	23	13	10
铁岭市	12	7	5	27	18	9	41	29	12
朝阳市	34	28	6	36	28	8	44	38	6
葫芦岛市	29	17	12	31	22	9	43	27	16
辽宁省沈抚新区管委会	4	2	2	2		2	1	1	

6-1c 续表 3

单位：人

地　　区	30-34岁			35-39岁			40-44岁		
	小计	男	女	小计	男	女	小计	男	女
辽宁	**810**	**593**	**217**	**981**	**731**	**250**	**1779**	**1306**	**473**
沈阳市	91	64	27	128	97	31	189	142	47
大连市	87	59	28	91	64	27	196	130	66
鞍山市	49	33	16	66	52	14	120	89	31
抚顺市	36	28	8	37	28	9	84	61	23
本溪市	28	17	11	24	16	8	62	49	13
丹东市	43	36	7	69	57	12	111	83	28
锦州市	82	56	26	84	68	16	136	90	46
营口市	49	42	7	48	40	8	76	57	19
阜新市	47	38	9	61	37	24	123	99	24
辽阳市	33	23	10	39	30	9	92	62	30
盘锦市	28	21	7	36	28	8	52	40	12
铁岭市	61	36	25	91	65	26	148	112	36
朝阳市	107	83	24	120	90	30	232	179	53
葫芦岛市	67	55	12	83	55	28	154	111	43
辽宁省沈抚新区管委会	2	2		4	4		4	2	2

6–1c　续表 4

单位：人

地　区	45–49岁			50–54岁			55–59岁		
	小计	男	女	小计	男	女	小计	男	女
辽宁	**3618**	**2582**	**1036**	**6366**	**4594**	**1772**	**8491**	**5963**	**2528**
沈阳市	375	269	106	780	566	214	1020	701	319
大连市	419	308	111	685	458	227	919	650	269
鞍山市	206	140	66	376	268	108	495	339	156
抚顺市	153	111	42	263	201	62	355	263	92
本溪市	96	75	21	184	144	40	252	189	63
丹东市	232	179	53	405	300	105	622	451	171
锦州市	318	222	96	565	405	160	768	537	231
营口市	172	119	53	269	194	75	394	289	105
阜新市	237	163	74	432	319	113	517	370	147
辽阳市	202	141	61	305	223	82	405	290	115
盘锦市	100	66	34	181	127	54	214	147	67
铁岭市	328	238	90	624	459	165	832	570	262
朝阳市	478	344	134	761	538	223	991	674	317
葫芦岛市	286	197	89	510	375	135	687	477	210
辽宁省沈抚新区管委会	16	10	6	26	17	9	20	16	4

6–1c　续表 5

单位：人

地　区	60–64岁			65–69岁			70–74岁		
	小计	男	女	小计	男	女	小计	男	女
辽宁	**12154**	**8143**	**4011**	**17372**	**10864**	**6508**	**17892**	**10396**	**7496**
沈阳市	1458	982	476	2131	1331	800	2099	1212	887
大连市	1378	882	496	1843	1164	679	2220	1289	931
鞍山市	726	487	239	1070	656	414	1087	615	472
抚顺市	453	321	132	669	417	252	619	368	251
本溪市	345	245	100	454	295	159	520	275	245
丹东市	705	460	245	1093	655	438	1132	656	476
锦州市	1145	787	358	1858	1196	662	1862	1079	783
营口市	532	358	174	834	526	308	941	531	410
阜新市	702	495	207	995	609	386	1029	609	420
辽阳市	578	386	192	910	584	326	975	598	377
盘锦市	348	227	121	478	312	166	426	266	160
铁岭市	1120	756	364	1662	1020	642	1702	960	742
朝阳市	1534	1013	521	1925	1190	735	1859	1068	791
葫芦岛市	1089	715	374	1393	871	522	1378	843	535
辽宁省沈抚新区管委会	41	29	12	57	38	19	43	27	16

6-1c 续表 6 单位：人

地 区	75-79岁			80-84岁			85-89岁		
	小计	男	女	小计	男	女	小计	男	女
辽宁	**18770**	**10471**	**8299**	**17854**	**9637**	**8217**	**13675**	**6327**	**7348**
沈阳市	2121	1215	906	1733	959	774	1355	630	725
大连市	2398	1399	999	2827	1551	1276	2346	1186	1160
鞍山市	1232	686	546	1071	576	495	804	354	450
抚顺市	653	366	287	411	212	199	352	160	192
本溪市	536	289	247	370	193	177	300	135	165
丹东市	1206	682	524	1064	587	477	958	452	506
锦州市	1956	1139	817	1755	976	779	1289	579	710
营口市	1004	527	477	1041	569	472	779	341	438
阜新市	890	487	403	897	481	416	586	236	350
辽阳市	1019	573	446	825	471	354	534	231	303
盘锦市	466	234	232	472	249	223	454	219	235
铁岭市	1421	766	655	1369	764	605	957	453	504
朝阳市	2264	1204	1060	2412	1187	1225	1580	738	842
葫芦岛市	1544	867	677	1575	845	730	1345	599	746
辽宁省沈抚新区管委会	60	37	23	32	17	15	36	14	22

6-1c 续表 7 单位：人

地 区	90-94岁			95-99岁			100岁及以上		
	小计	男	女	小计	男	女	小计	男	女
辽宁	**7565**	**3207**	**4358**	**2072**	**854**	**1218**	**282**	**110**	**172**
沈阳市	779	306	473	183	76	107	32	14	18
大连市	1346	592	754	481	210	271	75	31	44
鞍山市	471	205	266	132	46	86	19	11	8
抚顺市	220	76	144	59	27	32	4	1	3
本溪市	225	105	120	50	23	27	3	1	2
丹东市	610	272	338	194	89	105	26	8	18
锦州市	741	303	438	185	68	117	17	7	10
营口市	496	218	278	147	69	78	29	8	21
阜新市	254	89	165	53	18	35	6	3	3
辽阳市	312	119	193	108	43	65	20	8	12
盘锦市	232	111	121	54	29	25	6	1	5
铁岭市	476	240	236	160	71	89	16	4	12
朝阳市	733	292	441	125	36	89	13	5	8
葫芦岛市	652	272	380	139	49	90	15	8	7
辽宁省沈抚新区管委会	18	7	11	2		2	1		1

6-2 各地区分性别、受教育程度的3岁及以上死亡人口
(2019.11.1-2020.10.31)

单位：人

地 区	3岁及以上死亡人口			未上过学		
	合计	男	女	小计	男	女
辽宁	**325858**	**191024**	**134834**	**27826**	**8299**	**19527**
沈阳市	64530	37661	26869	3131	823	2308
大连市	52069	29995	22074	5422	1679	3743
鞍山市	19936	11697	8239	1107	334	773
抚顺市	16381	9598	6783	1496	379	1117
本溪市	14097	8345	5752	1249	413	836
丹东市	18305	10787	7518	2256	674	1582
锦州市	24382	14313	10069	1819	509	1310
营口市	17140	10014	7126	1047	318	729
阜新市	14582	8638	5944	1348	358	990
辽阳市	11952	7189	4763	437	118	319
盘锦市	9692	5785	3907	754	248	506
铁岭市	18586	11149	7437	1533	566	967
朝阳市	23382	13549	9833	3900	1142	2758
葫芦岛市	19825	11696	8129	2268	725	1543
辽宁省沈抚新区管委会	999	608	391	59	13	46

6-2 续表 1

单位：人

地 区	学前教育			小 学		
	小计	男	女	小计	男	女
辽宁	**634**	**270**	**364**	**150238**	**79433**	**70805**
沈阳市	82	39	43	23479	11229	12250
大连市	107	44	63	25535	13666	11869
鞍山市	33	10	23	8428	4202	4226
抚顺市	80	18	62	5645	2802	2843
本溪市	115	60	55	5424	2717	2707
丹东市	31	15	16	9445	5311	4134
锦州市	37	15	22	12218	6537	5681
营口市	30	13	17	9639	5196	4443
阜新市	14	6	8	6062	3162	2900
辽阳市	9	2	7	6017	3133	2884
盘锦市	13	6	7	4665	2512	2153
铁岭市	30	16	14	10577	5927	4650
朝阳市	33	14	19	12394	7036	5358
葫芦岛市	19	11	8	10342	5794	4548
辽宁省沈抚新区管委会	1	1		368	209	159

6–2 续表 2

单位：人

地 区	初 中			高 中			大学专科		
	小计	男	女	小计	男	女	小计	男	女
辽宁	**115765**	**79998**	**35767**	**21581**	**15583**	**5998**	**6046**	**4541**	**1505**
沈阳市	27991	18509	9482	6297	4441	1856	2086	1515	571
大连市	15053	10363	4690	4087	2854	1233	1082	795	287
鞍山市	8710	5920	2790	1125	820	305	302	225	77
抚顺市	6962	4801	2161	1538	1102	436	402	301	101
本溪市	6028	4209	1819	974	705	269	213	164	49
丹东市	5554	4002	1552	739	562	177	197	157	40
锦州市	8550	5970	2580	1252	895	357	320	248	72
营口市	5603	3878	1725	571	415	156	189	144	45
阜新市	5612	3942	1670	1193	893	300	235	177	58
辽阳市	4412	3142	1270	769	551	218	200	154	46
盘锦市	3347	2329	1018	661	492	169	154	123	31
铁岭市	5672	4030	1642	586	458	128	122	97	25
朝阳市	5666	4224	1442	988	805	183	298	247	51
葫芦岛市	6127	4355	1772	737	548	189	229	183	46
辽宁省沈抚新区管委会	478	324	154	64	42	22	17	11	6

6–2 续表 3

单位：人

地 区	大学本科			硕士研究生			博士研究生		
	小计	男	女	小计	男	女	小计	男	女
辽宁	**3652**	**2821**	**831**	**107**	**72**	**35**	**9**	**7**	**2**
沈阳市	1414	1071	343	48	32	16	2	2	
大连市	743	567	176	36	23	13	4	4	
鞍山市	228	184	44	3	2	1			
抚顺市	254	192	62	4	3	1			
本溪市	93	77	16				1		1
丹东市	83	66	17						
锦州市	185	138	47	1	1				
营口市	59	49	10	1		1	1	1	
阜新市	111	94	17	6	6		1		1
辽阳市	106	88	18	2	1	1			
盘锦市	97	74	23	1	1				
铁岭市	64	54	10	2	1	1			
朝阳市	102	81	21	1		1			
葫芦岛市	102	79	23	1	1				
辽宁省沈抚新区管委会	11	7	4	1	1				

6–2a　各地区分性别、受教育程度的3岁及以上死亡人口 (2019.11.1–2020.10.31)(城市)

单位：人

地　区	3岁及以上死亡人口			未上过学		
	合计	男	女	小计	男	女
辽宁	**158392**	**92525**	**65867**	**7849**	**1957**	**5892**
沈阳市	46775	27150	19625	1738	389	1349
大连市	32323	18569	13754	2099	558	1541
鞍山市	9389	5596	3793	304	74	230
抚顺市	10097	5831	4266	679	125	554
本溪市	8543	5050	3493	587	191	396
丹东市	6181	3615	2566	391	104	287
锦州市	8556	4967	3589	368	84	284
营口市	9050	5343	3707	316	89	227
阜新市	5137	2975	2162	341	62	279
辽阳市	4211	2559	1652	100	17	83
盘锦市	5088	3076	2012	203	59	144
铁岭市	3363	2029	1334	143	63	80
朝阳市	4527	2672	1855	320	77	243
葫芦岛市	4524	2710	1814	226	58	168
辽宁省沈抚新区管委会	628	383	245	34	7	27

6–2a　续表 1

单位：人

地　区	学前教育			小　学		
	小计	男	女	小计	男	女
辽宁	**316**	**137**	**179**	**55193**	**25933**	**29260**
沈阳市	57	27	30	14004	6157	7847
大连市	62	27	35	13367	6575	6792
鞍山市	11	2	9	2693	1191	1502
抚顺市	28	4	24	2518	1011	1507
本溪市	107	57	50	2728	1241	1487
丹东市	9	3	6	2444	1192	1252
锦州市	2	1	1	3045	1397	1648
营口市	16	7	9	4388	2316	2072
阜新市	5		5	1634	725	909
辽阳市	5	1	4	1355	610	745
盘锦市	3	1	2	2003	1020	983
铁岭市	5	4	1	1351	684	667
朝阳市	3	1	2	1761	844	917
葫芦岛市	2	1	1	1689	848	841
辽宁省沈抚新区管委会	1	1		213	122	91

6-2a 续表 2 单位：人

地区	初中			高中			大学专科		
	小计	男	女	小计	男	女	小计	男	女
辽宁	**69172**	**45883**	**23289**	**17285**	**12168**	**5117**	**5111**	**3779**	**1332**
沈阳市	21806	14061	7745	5736	3991	1745	2006	1450	556
大连市	11281	7513	3768	3757	2592	1165	996	728	268
鞍山市	5038	3341	1697	874	628	246	253	184	69
抚顺市	4979	3322	1657	1293	919	374	358	265	93
本溪市	4150	2866	1284	743	518	225	152	113	39
丹东市	2723	1855	868	424	303	121	128	105	23
锦州市	3813	2537	1276	908	628	280	258	200	58
营口市	3631	2424	1207	480	341	139	163	121	42
阜新市	2204	1481	723	732	534	198	130	95	35
辽阳市	1946	1348	598	538	373	165	176	134	42
盘锦市	2079	1397	682	573	420	153	133	107	26
铁岭市	1561	1044	517	231	180	51	42	29	13
朝阳市	1728	1185	543	483	377	106	168	137	31
葫芦岛市	1927	1308	619	460	328	132	137	103	34
辽宁省沈抚新区管委会	306	201	105	53	36	17	11	8	3

6-2a 续表 3 单位：人

地区	大学本科			硕士研究生			博士研究生		
	小计	男	女	小计	男	女	小计	男	女
辽宁	**3356**	**2591**	**765**	**103**	**71**	**32**	**7**	**6**	**1**
沈阳市	1379	1042	337	48	32	16	1	1	
大连市	722	549	173	35	23	12	4	4	
鞍山市	213	174	39	3	2	1			
抚顺市	238	182	56	4	3	1			
本溪市	75	64	11				1		1
丹东市	62	53	9						
锦州市	161	119	42	1	1				
营口市	54	44	10	1		1	1	1	
阜新市	85	72	13	6	6				
辽阳市	89	75	14	2	1	1			
盘锦市	93	71	22	1	1				
铁岭市	30	25	5						
朝阳市	64	51	13						
葫芦岛市	82	63	19	1	1				
辽宁省沈抚新区管委会	9	7	2	1	1				

6−2b　各地区分性别、受教育程度的3岁及以上死亡人口 (2019.11.1−2020.10.31)(镇)

单位：人

地　区	3岁及以上死亡人口			未上过学		
	合计	男	女	小计	男	女
辽宁	**36566**	**21874**	**14692**	**3020**	**959**	**2061**
沈阳市	3153	1853	1300	174	62	112
大连市	2292	1353	939	376	129	247
鞍山市	2557	1494	1063	152	56	96
抚顺市	1873	1100	773	164	45	119
本溪市	2076	1225	851	154	45	109
丹东市	3586	2161	1425	345	96	249
锦州市	2948	1752	1196	185	46	139
营口市	1209	734	475	116	42	74
阜新市	2553	1563	990	155	49	106
辽阳市	1333	812	521	42	12	30
盘锦市	1013	605	408	97	32	65
铁岭市	4154	2540	1614	214	83	131
朝阳市	3574	2124	1450	470	131	339
葫芦岛市	4245	2558	1687	376	131	245
辽宁省沈抚新区管委会						

6−2b　续表 1

单位：人

地　区	学前教育			小　学		
	小计	男	女	小计	男	女
辽宁	**73**	**34**	**39**	**17397**	**9278**	**8119**
沈阳市	2	1	1	1399	689	710
大连市	3	2	1	1301	754	547
鞍山市	8	3	5	1246	642	604
抚顺市	20	4	16	729	363	366
本溪市	4	2	2	741	351	390
丹东市	6	4	2	1882	1067	815
锦州市	1	1		1377	719	658
营口市	6	5	1	691	397	294
阜新市	2	1	1	935	460	475
辽阳市	2	1	1	679	357	322
盘锦市	1	1		507	273	234
铁岭市	10	5	5	1992	1051	941
朝阳市	6	3	3	1843	1013	830
葫芦岛市	2	1	1	2075	1142	933
辽宁省沈抚新区管委会						

6-2b 续表 2 单位：人

地区	初中			高中			大学专科		
	小计	男	女	小计	男	女	小计	男	女
辽宁	**13593**	**9671**	**3922**	**1843**	**1404**	**439**	**473**	**396**	**77**
沈阳市	1341	910	431	176	139	37	41	34	7
大连市	523	393	130	61	52	9	21	17	4
鞍山市	1028	707	321	96	66	30	19	16	3
抚顺市	767	543	224	150	110	40	31	27	4
本溪市	971	668	303	153	118	35	40	32	8
丹东市	1144	832	312	154	122	32	43	33	10
锦州市	1225	865	360	129	93	36	20	17	3
营口市	368	265	103	19	16	3	8	8	
阜新市	1125	794	331	262	200	62	55	44	11
辽阳市	527	384	143	66	46	20	12	9	3
盘锦市	360	260	100	37	29	8	10	9	1
铁岭市	1635	1162	473	221	167	54	56	49	7
朝阳市	975	750	225	188	152	36	68	57	11
葫芦岛市	1604	1138	466	131	94	37	49	44	5
辽宁省沈抚新区管委会									

6-2b 续表 3 单位：人

地区	大学本科			硕士研究生			博士研究生		
	小计	男	女	小计	男	女	小计	男	女
辽宁	**165**	**131**	**34**	**2**	**1**	**1**			
沈阳市	20	18	2						
大连市	6	6		1		1			
鞍山市	8	4	4						
抚顺市	12	8	4						
本溪市	13	9	4						
丹东市	12	7	5						
锦州市	11	11							
营口市	1	1							
阜新市	19	15	4						
辽阳市	5	3	2						
盘锦市	1	1							
铁岭市	25	22	3	1	1				
朝阳市	24	18	6						
葫芦岛市	8	8							
辽宁省沈抚新区管委会									

6-2c　各地区分性别、受教育程度的3岁及以上死亡人口 (2019.11.1-2020.10.31)(乡村)

单位：人

地　　区	3岁及以上死亡人口			未上过学		
	合计	男	女	小计	男	女
辽宁	**130900**	**76625**	**54275**	**16957**	**5383**	**11574**
沈阳市	14602	8658	5944	1219	372	847
大连市	17454	10073	7381	2947	992	1955
鞍山市	7990	4607	3383	651	204	447
抚顺市	4411	2667	1744	653	209	444
本溪市	3478	2070	1408	508	177	331
丹东市	8538	5011	3527	1520	474	1046
锦州市	12878	7594	5284	1266	379	887
营口市	6881	3937	2944	615	187	428
阜新市	6892	4100	2792	852	247	605
辽阳市	6408	3818	2590	295	89	206
盘锦市	3591	2104	1487	454	157	297
铁岭市	11069	6580	4489	1176	420	756
朝阳市	15281	8753	6528	3110	934	2176
葫芦岛市	11056	6428	4628	1666	536	1130
辽宁省沈抚新区管委会	371	225	146	25	6	19

6-2c　续表 1

单位：人

地　　区	学前教育			小　　学		
	小计	男	女	小计	男	女
辽宁	**245**	**99**	**146**	**77648**	**44222**	**33426**
沈阳市	23	11	12	8076	4383	3693
大连市	42	15	27	10867	6337	4530
鞍山市	14	5	9	4489	2369	2120
抚顺市	32	10	22	2398	1428	970
本溪市	4	1	3	1955	1125	830
丹东市	16	8	8	5119	3052	2067
锦州市	34	13	21	7796	4421	3375
营口市	8	1	7	4560	2483	2077
阜新市	7	5	2	3493	1977	1516
辽阳市	2		2	3983	2166	1817
盘锦市	9	4	5	2155	1219	936
铁岭市	15	7	8	7234	4192	3042
朝阳市	24	10	14	8790	5179	3611
葫芦岛市	15	9	6	6578	3804	2774
辽宁省沈抚新区管委会				155	87	68

6-2c 续表 2

单位：人

地区	初中			高中			大学专科		
	小计	男	女	小计	男	女	小计	男	女
辽宁	**33000**	**24444**	**8556**	**2453**	**2011**	**442**	**462**	**366**	**96**
沈阳市	4844	3538	1306	385	311	74	39	31	8
大连市	3249	2457	792	269	210	59	65	50	15
鞍山市	2644	1872	772	155	126	29	30	25	5
抚顺市	1216	936	280	95	73	22	13	9	4
本溪市	907	675	232	78	69	9	21	19	2
丹东市	1687	1315	372	161	137	24	26	19	7
锦州市	3512	2568	944	215	174	41	42	31	11
营口市	1604	1189	415	72	58	14	18	15	3
阜新市	2283	1667	616	199	159	40	50	38	12
辽阳市	1939	1410	529	165	132	33	12	11	1
盘锦市	908	672	236	51	43	8	11	7	4
铁岭市	2476	1824	652	134	111	23	24	19	5
朝阳市	2963	2289	674	317	276	41	62	53	9
葫芦岛市	2596	1909	687	146	126	20	43	36	7
辽宁省沈抚新区管委会	172	123	49	11	6	5	6	3	3

6-2c 续表 3

单位：人

地区	大学本科			硕士研究生			博士研究生		
	小计	男	女	小计	男	女	小计	男	女
辽宁	**131**	**99**	**32**	**2**		**2**	**2**	**1**	**1**
沈阳市	15	11	4				1	1	
大连市	15	12	3						
鞍山市	7	6	1						
抚顺市	4	2	2						
本溪市	5	4	1						
丹东市	9	6	3						
锦州市	13	8	5						
营口市	4	4							
阜新市	7	7					1		1
辽阳市	12	10	2						
盘锦市	3	2	1						
铁岭市	9	7	2	1		1			
朝阳市	14	12	2	1		1			
葫芦岛市	12	8	4						
辽宁省沈抚新区管委会	2		2						

6-3　各地区分性别、婚姻状况的15岁及以上死亡人口
(2019.11.1-2020.10.31)

单位：人

地　区	15岁及以上死亡人口			未　婚		
	合计	男	女	小计	男	女
辽宁	**325389**	**190739**	**134650**	**11399**	**9881**	**1518**
沈阳市	64439	37607	26832	1934	1567	367
大连市	52003	29953	22050	1696	1400	296
鞍山市	19912	11681	8231	707	615	92
抚顺市	16362	9585	6777	635	551	84
本溪市	14083	8337	5746	450	376	74
丹东市	18281	10771	7510	726	636	90
锦州市	24357	14302	10055	934	833	101
营口市	17103	9988	7115	432	370	62
阜新市	14562	8625	5937	529	475	54
辽阳市	11937	7186	4751	427	376	51
盘锦市	9676	5776	3900	252	207	45
铁岭市	18558	11133	7425	698	627	71
朝阳市	23336	13521	9815	1035	987	48
葫芦岛市	19783	11668	8115	896	822	74
辽宁省沈抚新区管委会	997	606	391	48	39	9

6-3　续表

单位：人

地　区	有配偶			离　婚			丧　偶		
	小计	男	女	小计	男	女	小计	男	女
辽宁	**179603**	**121760**	**57843**	**11905**	**9210**	**2695**	**122482**	**49888**	**72594**
沈阳市	34835	24205	10630	3086	2326	760	24584	9509	15075
大连市	28906	19180	9726	1312	997	315	20089	8376	11713
鞍山市	10821	7310	3511	921	724	197	7463	3032	4431
抚顺市	8591	5956	2635	1013	783	230	6123	2295	3828
本溪市	7501	5171	2330	697	505	192	5435	2285	3150
丹东市	10160	6824	3336	594	493	101	6801	2818	3983
锦州市	13563	9189	4374	679	559	120	9181	3721	5460
营口市	9469	6376	3093	551	394	157	6651	2848	3803
阜新市	8027	5597	2430	617	481	136	5389	2072	3317
辽阳市	6996	4818	2178	505	402	103	4009	1590	2419
盘锦市	5790	3970	1820	267	205	62	3367	1394	1973
铁岭市	10316	6964	3352	741	580	161	6803	2962	3841
朝阳市	13077	8492	4585	396	331	65	8828	3711	5117
葫芦岛市	10994	7314	3680	461	379	82	7432	3153	4279
辽宁省沈抚新区管委会	557	394	163	65	51	14	327	122	205

6-3a 各地区分性别、婚姻状况的15岁及以上死亡人口 (2019.11.1-2020.10.31)(城市)

单位：人

地区	15岁及以上死亡人口			未婚		
	合计	男	女	小计	男	女
辽宁	**158215**	**92429**	**65786**	**3892**	**2995**	**897**
沈阳市	46712	27116	19596	1241	942	299
大连市	32291	18551	13740	807	615	192
鞍山市	9380	5591	3789	261	211	50
抚顺市	10091	5827	4264	307	243	64
本溪市	8535	5044	3491	205	150	55
丹东市	6172	3610	2562	130	94	36
锦州市	8550	4965	3585	167	129	38
营口市	9034	5333	3701	161	123	38
阜新市	5133	2973	2160	119	96	23
辽阳市	4203	2558	1645	104	83	21
盘锦市	5081	3073	2008	103	73	30
铁岭市	3362	2028	1334	93	79	14
朝阳市	4521	2668	1853	85	68	17
葫芦岛市	4522	2709	1813	82	66	16
辽宁省沈抚新区管委会	628	383	245	27	23	4

6-3a 续表

单位：人

地区	有配偶			离婚			丧偶		
	小计	男	女	小计	男	女	小计	男	女
辽宁	**87661**	**60924**	**26737**	**7277**	**5366**	**1911**	**59385**	**23144**	**36241**
沈阳市	24933	17545	7388	2457	1814	643	18081	6815	11266
大连市	18394	12464	5930	904	662	242	12186	4810	7376
鞍山市	4989	3531	1458	636	493	143	3494	1356	2138
抚顺市	5208	3678	1530	694	522	172	3882	1384	2498
本溪市	4527	3141	1386	487	339	148	3316	1414	1902
丹东市	3562	2427	1135	222	180	42	2258	909	1349
锦州市	4789	3330	1459	297	226	71	3297	1280	2017
营口市	5127	3525	1602	359	241	118	3387	1444	1943
阜新市	2798	1989	809	321	232	89	1895	656	1239
辽阳市	2561	1828	733	222	154	68	1316	493	823
盘锦市	3172	2217	955	144	108	36	1662	675	987
铁岭市	1788	1262	526	230	166	64	1251	521	730
朝阳市	2752	1876	876	122	93	29	1562	631	931
葫芦岛市	2694	1848	846	143	106	37	1603	689	914
辽宁省沈抚新区管委会	367	263	104	39	30	9	195	67	128

6–3b　各地区分性别、婚姻状况的15岁及以上死亡人口(2019.11.1–2020.10.31)(镇)

单位：人

地　区	15岁及以上死亡人口			未　婚		
	合计	男	女	小计	男	女
辽宁	**36517**	**21841**	**14676**	**1189**	**1051**	**138**
沈阳市	3150	1852	1298	107	90	17
大连市	2290	1352	938	83	76	7
鞍山市	2552	1491	1061	105	93	12
抚顺市	1871	1099	772	60	52	8
本溪市	2075	1225	850	40	36	4
丹东市	3583	2158	1425	130	114	16
锦州市	2943	1751	1192	96	87	9
营口市	1205	731	474	40	35	5
阜新市	2548	1559	989	79	69	10
辽阳市	1331	810	521	40	32	8
盘锦市	1012	604	408	24	20	4
铁岭市	4149	2537	1612	109	92	17
朝阳市	3567	2118	1449	113	106	7
葫芦岛市	4241	2554	1687	163	149	14
辽宁省沈抚新区管委会						

6–3b　续表

单位：人

地　区	有配偶			离　婚			丧　偶		
	小计	男	女	小计	男	女	小计	男	女
辽宁	**20414**	**13972**	**6442**	**1208**	**959**	**249**	**13706**	**5859**	**7847**
沈阳市	1773	1201	572	132	96	36	1138	465	673
大连市	1240	825	415	62	55	7	905	396	509
鞍山市	1441	959	482	71	56	15	935	383	552
抚顺市	1006	678	328	107	89	18	698	280	418
本溪市	1147	806	341	84	59	25	804	324	480
丹东市	1971	1340	631	130	105	25	1352	599	753
锦州市	1651	1142	509	71	62	9	1125	460	665
营口市	607	428	179	18	13	5	540	255	285
阜新市	1428	1014	414	109	86	23	932	390	542
辽阳市	782	549	233	68	55	13	441	174	267
盘锦市	577	392	185	38	30	8	373	162	211
铁岭市	2358	1640	718	160	122	38	1522	683	839
朝阳市	2080	1390	690	63	54	9	1311	568	743
葫芦岛市	2353	1608	745	95	77	18	1630	720	910
辽宁省沈抚新区管委会									

6-3c 各地区分性别、婚姻状况的15岁及以上死亡人口(2019.11.1-2020.10.31)(乡村)

单位：人

地区	15岁及以上死亡人口			未婚		
	合计	男	女	小计	男	女
辽宁	**130657**	**76469**	**54188**	**6318**	**5835**	**483**
沈阳市	14577	8639	5938	586	535	51
大连市	17422	10050	7372	806	709	97
鞍山市	7980	4599	3381	341	311	30
抚顺市	4400	2659	1741	268	256	12
本溪市	3473	2068	1405	205	190	15
丹东市	8526	5003	3523	466	428	38
锦州市	12864	7586	5278	671	617	54
营口市	6864	3924	2940	231	212	19
阜新市	6881	4093	2788	331	310	21
辽阳市	6403	3818	2585	283	261	22
盘锦市	3583	2099	1484	125	114	11
铁岭市	11047	6568	4479	496	456	40
朝阳市	15248	8735	6513	837	813	24
葫芦岛市	11020	6405	4615	651	607	44
辽宁省沈抚新区管委会	369	223	146	21	16	5

6-3c 续表

单位：人

地区	有配偶			离婚			丧偶		
	小计	男	女	小计	男	女	小计	男	女
辽宁	**71528**	**46864**	**24664**	**3420**	**2885**	**535**	**49391**	**20885**	**28506**
沈阳市	8129	5459	2670	497	416	81	5365	2229	3136
大连市	9272	5891	3381	346	280	66	6998	3170	3828
鞍山市	4391	2820	1571	214	175	39	3034	1293	1741
抚顺市	2377	1600	777	212	172	40	1543	631	912
本溪市	1827	1224	603	126	107	19	1315	547	768
丹东市	4627	3057	1570	242	208	34	3191	1310	1881
锦州市	7123	4717	2406	311	271	40	4759	1981	2778
营口市	3735	2423	1312	174	140	34	2724	1149	1575
阜新市	3801	2594	1207	187	163	24	2562	1026	1536
辽阳市	3653	2441	1212	215	193	22	2252	923	1329
盘锦市	2041	1361	680	85	67	18	1332	557	775
铁岭市	6170	4062	2108	351	292	59	4030	1758	2272
朝阳市	8245	5226	3019	211	184	27	5955	2512	3443
葫芦岛市	5947	3858	2089	223	196	27	4199	1744	2455
辽宁省沈抚新区管委会	190	131	59	26	21	5	132	55	77

6-4 全省分年龄、性别的死亡人口状况
(2019.11.1-2020.10.31)

单位：人、‰

年 龄	平均人口			死亡人口			死亡率		
	合计	男	女	合计	男	女	合计	男	女
总 计	**42658525**	**21310398**	**21348127**	**326235**	**191238**	**134997**	**7.65**	**8.97**	**6.32**
0-4岁	**1451802**	**748400**	**703402**	**448**	**259**	**189**	**0.31**	**0.35**	**0.27**
0	262716	135509	127207	280	158	122	1.07	1.17	0.96
1	271366	139933	131433	66	36	30	0.24	0.26	0.23
2	296609	152959	143650	31	20	11	0.10	0.13	0.08
3	359726	185189	174537	41	23	18	0.11	0.12	0.10
4	261385	134810	126575	30	22	8	0.11	0.16	0.06
5-9岁	**1690774**	**879886**	**810888**	**161**	**93**	**68**	**0.10**	**0.11**	**0.08**
5	374044	194310	179734	32	18	14	0.09	0.09	0.08
6	333287	173347	159940	27	18	9	0.08	0.10	0.06
7	359314	186491	172823	33	20	13	0.09	0.11	0.08
8	331662	172871	158791	38	20	18	0.11	0.12	0.11
9	292467	152867	139600	31	17	14	0.11	0.11	0.10
10-14岁	**1662804**	**870977**	**791827**	**237**	**147**	**90**	**0.14**	**0.17**	**0.11**
10	330224	172738	157486	29	19	10	0.09	0.11	0.06
11	317751	166455	151296	41	21	20	0.13	0.13	0.13
12	359202	187636	171566	57	33	24	0.16	0.18	0.14
13	326002	171042	154960	56	35	21	0.17	0.20	0.14
14	329625	173106	156519	54	39	15	0.16	0.23	0.10
15-19岁	**1709978**	**900158**	**809820**	**438**	**300**	**138**	**0.26**	**0.33**	**0.17**
15	360369	189606	170763	88	59	29	0.24	0.31	0.17
16	265272	138939	126333	64	45	19	0.24	0.32	0.15
17	360155	189123	171032	101	71	30	0.28	0.38	0.18
18	347194	183774	163420	94	62	32	0.27	0.34	0.20
19	376988	198716	178272	91	63	28	0.24	0.32	0.16
20-24岁	**1865279**	**970448**	**894831**	**581**	**395**	**186**	**0.31**	**0.41**	**0.21**
20	361400	190204	171196	121	81	40	0.33	0.43	0.23
21	355476	185721	169755	90	61	29	0.25	0.33	0.17
22	360058	186930	173128	116	69	47	0.32	0.37	0.27
23	376620	195221	181399	126	93	33	0.33	0.48	0.18
24	411725	212372	199353	128	91	37	0.31	0.43	0.19
25-29岁	**2327302**	**1194660**	**1132642**	**935**	**653**	**282**	**0.40**	**0.55**	**0.25**
25	430632	222068	208564	166	125	41	0.39	0.56	0.20
26	436485	224136	212349	177	124	53	0.41	0.55	0.25
27	461434	236412	225022	174	116	58	0.38	0.49	0.26
28	447041	229262	217779	205	146	59	0.46	0.64	0.27
29	551710	282782	268928	213	142	71	0.39	0.50	0.26

6-4 续表 1

单位：人、‰

年 龄	平均人口			死亡人口			死亡率		
	合计	男	女	合计	男	女	合计	男	女
30-34岁	**3406105**	**1721217**	**1684888**	**1822**	**1305**	**517**	**0.53**	**0.76**	**0.31**
30	655184	333148	322036	282	205	77	0.43	0.62	0.24
31	666017	337179	328838	323	229	94	0.48	0.68	0.29
32	760251	383424	376827	371	260	111	0.49	0.68	0.29
33	734920	370638	364282	446	313	133	0.61	0.84	0.37
34	589733	296828	292905	400	298	102	0.68	1.00	0.35
35-39岁	**2969405**	**1502890**	**1466515**	**2446**	**1793**	**653**	**0.82**	**1.19**	**0.45**
35	484730	244193	240537	277	186	91	0.57	0.76	0.38
36	525798	265452	260346	382	292	90	0.73	1.10	0.35
37	651033	330369	320664	527	391	136	0.81	1.18	0.42
38	747941	379040	368901	668	497	171	0.89	1.31	0.46
39	559903	283836	276067	592	427	165	1.06	1.50	0.60
40-44岁	**3133179**	**1586686**	**1546493**	**4186**	**3064**	**1122**	**1.34**	**1.93**	**0.73**
40	680931	345091	335840	735	559	176	1.08	1.62	0.52
41	723674	366818	356856	847	611	236	1.17	1.67	0.66
42	598532	303339	295193	803	593	210	1.34	1.95	0.71
43	549789	278817	270972	826	593	233	1.50	2.13	0.86
44	580253	292621	287632	975	708	267	1.68	2.42	0.93
45-49岁	**3722800**	**1869923**	**1852877**	**8141**	**5860**	**2281**	**2.19**	**3.13**	**1.23**
45	616328	309687	306641	1081	776	305	1.75	2.51	0.99
46	709574	355891	353683	1322	943	379	1.86	2.65	1.07
47	771229	388000	383229	1629	1195	434	2.11	3.08	1.13
48	782213	392879	389334	1853	1327	526	2.37	3.38	1.35
49	843456	423466	419990	2256	1619	637	2.67	3.82	1.52
50-54岁	**3979975**	**1984637**	**1995338**	**14307**	**10318**	**3989**	**3.59**	**5.20**	**2.00**
50	798527	399501	399026	2397	1712	685	3.00	4.29	1.72
51	879998	440069	439929	2848	2031	817	3.24	4.62	1.86
52	740823	369688	371135	2740	2002	738	3.70	5.42	1.99
53	712092	352965	359127	2766	1983	783	3.88	5.62	2.18
54	848535	422414	426121	3556	2590	966	4.19	6.13	2.27
55-59岁	**3995872**	**1977985**	**2017887**	**21639**	**15601**	**6038**	**5.42**	**7.89**	**2.99**
55	900267	448423	451844	4157	3005	1152	4.62	6.70	2.55
56	1022898	507991	514907	5251	3809	1442	5.13	7.50	2.80
57	1064435	530011	534424	5672	4112	1560	5.33	7.76	2.92
58	405802	197074	208728	2765	1969	796	6.81	9.99	3.81
59	602470	294486	307984	3794	2706	1088	6.30	9.19	3.53
60-64岁	**3545799**	**1739046**	**1806753**	**30329**	**21179**	**9150**	**8.55**	**12.18**	**5.06**
60	663479	327926	335553	4878	3491	1387	7.35	10.65	4.13
61	674180	331786	342394	5275	3760	1515	7.82	11.33	4.42
62	770801	378462	392339	6398	4463	1935	8.30	11.79	4.93
63	736898	358559	378339	6672	4588	2084	9.05	12.80	5.51
64	700441	342313	358128	7106	4877	2229	10.15	14.25	6.22

6-4　续表 2　　　　单位：人、‰

年　龄	平均人口			死亡人口			死亡率		
	合计	男	女	合计	男	女	合计	男	女
65-69岁	**3037207**	**1463172**	**1574035**	**39730**	**25905**	**13825**	**13.08**	**17.70**	**8.78**
65	740501	360616	379885	7860	5298	2562	10.61	14.69	6.74
66	657907	318452	339455	7878	5197	2681	11.97	16.32	7.90
67	597112	287208	309904	7797	5064	2733	13.06	17.63	8.82
68	546645	260916	285729	8054	5223	2831	14.73	20.02	9.91
69	495042	235980	259062	8141	5123	3018	16.45	21.71	11.65
70-74岁	**1764017**	**832897**	**931120**	**38770**	**23323**	**15447**	**21.98**	**28.00**	**16.59**
70	494756	237411	257345	8661	5424	3237	17.51	22.85	12.58
71	357897	168545	189352	7581	4597	2984	21.18	27.27	15.76
72	322802	150904	171898	7200	4303	2897	22.30	28.51	16.85
73	312849	147125	165724	7676	4582	3094	24.54	31.14	18.67
74	275713	128912	146801	7652	4417	3235	27.75	34.26	22.04
75-79岁	**1113007**	**513226**	**599781**	**43295**	**24318**	**18977**	**38.90**	**47.38**	**31.64**
75	243254	112593	130661	7800	4555	3245	32.07	40.46	24.84
76	234660	109865	124795	8110	4578	3532	34.56	41.67	28.30
77	225810	104623	121187	8621	4890	3731	38.18	46.74	30.79
78	217469	99409	118060	9217	5168	4049	42.38	51.99	34.30
79	191814	86736	105078	9547	5127	4420	49.77	59.11	42.06
80-84岁	**736102**	**322475**	**413627**	**48838**	**24940**	**23898**	**66.35**	**77.34**	**57.78**
80	176637	78158	98479	9496	5101	4395	53.76	65.27	44.63
81	164507	72531	91976	9664	5080	4584	58.75	70.04	49.84
82	146557	64776	81781	10144	5145	4999	69.22	79.43	61.13
83	129026	56162	72864	9768	4903	4865	75.71	87.30	66.77
84	119375	50848	68527	9766	4711	5055	81.81	92.65	73.77
85-89岁	**379506**	**161340**	**218166**	**41306**	**19211**	**22095**	**108.84**	**119.07**	**101.28**
85	106066	44772	61294	9873	4582	5291	93.08	102.34	86.32
86	88062	37504	50558	9051	4355	4696	102.78	116.12	92.88
87	73630	31047	42583	8250	3801	4449	112.05	122.43	104.48
88	59755	25717	34038	7186	3305	3881	120.26	128.51	114.02
89	51993	22300	29693	6946	3168	3778	133.59	142.06	127.24
90-94岁	**132987**	**56143**	**76844**	**22023**	**9823**	**12200**	**165.60**	**174.96**	**158.76**
90	43058	18075	24983	6377	2855	3522	148.10	157.95	140.98
91	31747	13494	18253	5108	2306	2802	160.90	170.89	153.51
92	25913	11019	14894	4412	1967	2445	170.26	178.51	164.16
93	18462	7791	10671	3395	1498	1897	183.89	192.27	177.77
94	13807	5764	8043	2731	1197	1534	197.80	207.67	190.72
95-99岁	**29289**	**12022**	**17267**	**5728**	**2420**	**3308**	**195.57**	**201.30**	**191.58**
95	9904	4115	5789	1986	868	1118	200.53	210.94	193.12
96	7592	3089	4503	1452	611	841	191.25	197.80	186.76
97	5193	2130	3063	1009	434	575	194.30	203.76	187.72
98	3983	1626	2357	730	282	448	183.28	173.43	190.07
99	2617	1062	1555	551	225	326	210.55	211.86	209.65
100岁及以上	**5336**	**2210**	**3126**	**875**	**331**	**544**	**163.98**	**149.77**	**174.02**

6-4a 全省分年龄、性别的死亡人口状况
(2019.11.1-2020.10.31)(城市)

单位：人、‰

年 龄	平均人口			死亡人口			死亡率		
	合计	男	女	合计	男	女	合计	男	女
总 计	**25590274**	**12641462**	**12948812**	**158596**	**92643**	**65953**	**6.20**	**7.33**	**5.09**
0-4岁	**983519**	**507065**	**476454**	**232**	**136**	**96**	**0.24**	**0.27**	**0.20**
0	178129	91839	86290	160	90	70	0.90	0.98	0.81
1	183409	94703	88706	29	17	12	0.16	0.18	0.14
2	200415	103357	97058	15	11	4	0.07	0.11	0.04
3	247548	127285	120263	21	13	8	0.08	0.10	0.07
4	174018	89881	84137	7	5	2	0.04	0.06	0.02
5-9岁	**1067096**	**554420**	**512676**	**69**	**30**	**39**	**0.06**	**0.05**	**0.08**
5	248366	128780	119586	14	6	8	0.06	0.05	0.07
6	217499	113247	104252	9	4	5	0.04	0.04	0.05
7	227439	117796	109643	14	7	7	0.06	0.06	0.06
8	203034	105677	97357	21	8	13	0.10	0.08	0.13
9	170758	88920	81838	11	5	6	0.06	0.06	0.07
10-14岁	**912946**	**476977**	**435969**	**80**	**48**	**32**	**0.09**	**0.10**	**0.07**
10	186238	97405	88833	12	9	3	0.06	0.09	0.03
11	176780	92413	84367	10	6	4	0.06	0.06	0.05
12	200662	104482	96180	23	11	12	0.11	0.11	0.12
13	173315	90781	82534	21	10	11	0.12	0.11	0.13
14	175951	91896	84055	14	12	2	0.08	0.13	0.02
15-19岁	**1102187**	**576354**	**525833**	**147**	**100**	**47**	**0.13**	**0.17**	**0.09**
15	215265	112395	102870	30	21	9	0.14	0.19	0.09
16	161433	83894	77539	23	15	8	0.14	0.18	0.10
17	224238	116763	107475	32	22	10	0.14	0.19	0.09
18	232577	122303	110274	30	19	11	0.13	0.16	0.10
19	268674	140999	127675	32	23	9	0.12	0.16	0.07
20-24岁	**1247190**	**641451**	**605739**	**217**	**144**	**73**	**0.17**	**0.22**	**0.12**
20	257865	135099	122766	43	30	13	0.17	0.22	0.11
21	243843	126460	117383	41	23	18	0.17	0.18	0.15
22	237519	121880	115639	43	25	18	0.18	0.21	0.16
23	243775	124163	119612	47	35	12	0.19	0.28	0.10
24	264188	133849	130339	43	31	12	0.16	0.23	0.09
25-29岁	**1556085**	**783261**	**772824**	**380**	**252**	**128**	**0.24**	**0.32**	**0.17**
25	280738	141555	139183	51	35	16	0.18	0.25	0.11
26	290077	145686	144391	67	43	24	0.23	0.30	0.17
27	310471	156024	154447	83	54	29	0.27	0.35	0.19
28	299642	151131	148511	82	57	25	0.27	0.38	0.17
29	375157	188865	186292	97	63	34	0.26	0.33	0.18

6-4a　续表 1

单位：人、‰

年　龄	平均人口			死亡人口			死亡率		
	合计	男	女	合计	男	女	合计	男	女
30-34岁	**2368748**	**1179757**	**1188991**	**790**	**546**	**244**	**0.33**	**0.46**	**0.21**
30	448194	224486	223708	115	83	32	0.26	0.37	0.14
31	465009	232098	232911	132	84	48	0.28	0.36	0.21
32	530060	263508	266552	161	111	50	0.30	0.42	0.19
33	511200	253678	257522	187	126	61	0.37	0.50	0.24
34	414285	205987	208298	195	142	53	0.47	0.69	0.25
35-39岁	**2054630**	**1025893**	**1028737**	**1175**	**843**	**332**	**0.57**	**0.82**	**0.32**
35	346608	173015	173593	124	75	49	0.36	0.43	0.28
36	376547	187853	188694	186	140	46	0.49	0.75	0.24
37	461729	231422	230307	275	191	84	0.60	0.83	0.36
38	508232	253506	254726	317	240	77	0.62	0.95	0.30
39	361514	180097	181417	273	197	76	0.76	1.09	0.42
40-44岁	**1952815**	**971990**	**980825**	**1879**	**1373**	**506**	**0.96**	**1.41**	**0.52**
40	430741	214784	215957	321	245	76	0.75	1.14	0.35
41	461159	230130	231029	390	282	108	0.85	1.23	0.47
42	374029	186157	187872	383	285	98	1.02	1.53	0.52
43	335536	166978	168558	375	266	109	1.12	1.59	0.65
44	351350	173941	177409	410	295	115	1.17	1.70	0.65
45-49岁	**2154929**	**1066903**	**1088026**	**3563**	**2571**	**992**	**1.65**	**2.41**	**0.91**
45	364134	179726	184408	469	328	141	1.29	1.83	0.76
46	415106	204754	210352	565	386	179	1.36	1.89	0.85
47	447335	222326	225009	733	541	192	1.64	2.43	0.85
48	449473	222912	226561	797	570	227	1.77	2.56	1.00
49	478881	237185	241696	999	746	253	2.09	3.15	1.05
50-54岁	**2120491**	**1043938**	**1076553**	**6177**	**4428**	**1749**	**2.91**	**4.24**	**1.62**
50	443087	219219	223868	1086	758	328	2.45	3.46	1.47
51	487963	240613	247350	1266	903	363	2.59	3.75	1.47
52	387335	191229	196106	1158	825	333	2.99	4.31	1.70
53	359519	175698	183821	1119	805	314	3.11	4.58	1.71
54	442587	217179	225408	1548	1137	411	3.50	5.24	1.82
55-59岁	**2252346**	**1112973**	**1139373**	**10686**	**7851**	**2835**	**4.74**	**7.05**	**2.49**
55	485730	240195	245535	1909	1431	478	3.93	5.96	1.95
56	585754	289595	296159	2631	1963	668	4.49	6.78	2.26
57	592995	294432	298563	2786	2053	733	4.70	6.97	2.46
58	233212	114605	118607	1347	970	377	5.78	8.46	3.18
59	354655	174146	180509	2013	1434	579	5.68	8.23	3.21
60-64岁	**1978536**	**960137**	**1018399**	**14734**	**10693**	**4041**	**7.45**	**11.14**	**3.97**
60	371955	182830	189125	2416	1797	619	6.50	9.83	3.27
61	383469	187737	195732	2671	1972	699	6.97	10.50	3.57
62	429619	208129	221490	3141	2273	868	7.31	10.92	3.92
63	406895	195052	211843	3186	2272	914	7.83	11.65	4.31
64	386598	186389	200209	3320	2379	941	8.59	12.76	4.70

6-4a 续表 2 单位：人、‰

年龄	平均人口			死亡人口			死亡率		
	合计	男	女	合计	男	女	合计	男	女
65-69岁	**1587162**	**751092**	**836070**	**17702**	**12037**	**5665**	**11.15**	**16.03**	**6.78**
65	396715	189419	207296	3576	2498	1078	9.01	13.19	5.20
66	349687	166319	183368	3605	2458	1147	10.31	14.78	6.26
67	309987	146048	163939	3477	2349	1128	11.22	16.08	6.88
68	278044	130357	147687	3518	2371	1147	12.65	18.19	7.77
69	252729	118949	133780	3526	2361	1165	13.95	19.85	8.71
70-74岁	**876799**	**404615**	**472184**	**16181**	**10125**	**6056**	**18.45**	**25.02**	**12.83**
70	248749	117858	130891	3748	2477	1271	15.07	21.02	9.71
71	173382	79887	93495	3129	1948	1181	18.05	24.38	12.63
72	158166	71998	86168	2885	1769	1116	18.24	24.57	12.95
73	156737	71763	84974	3155	1963	1192	20.13	27.35	14.03
74	139765	63109	76656	3264	1968	1296	23.35	31.18	16.91
75-79岁	**592055**	**259813**	**332242**	**19287**	**10820**	**8467**	**32.58**	**41.65**	**25.48**
75	124180	55001	69179	3290	1948	1342	26.49	35.42	19.40
76	120002	53785	66217	3330	1931	1399	27.75	35.90	21.13
77	121447	53626	67821	3865	2207	1658	31.82	41.16	24.45
78	118162	51035	67127	4259	2340	1919	36.04	45.85	28.59
79	108264	46366	61898	4543	2394	2149	41.96	51.63	34.72
80-84岁	**443809**	**181664**	**262145**	**25827**	**12535**	**13292**	**58.19**	**69.00**	**50.70**
80	102769	42256	60513	4650	2405	2245	45.25	56.91	37.10
81	96565	39290	57275	4953	2489	2464	51.29	63.35	43.02
82	88462	36407	52055	5316	2524	2792	60.09	69.33	53.64
83	80250	33007	47243	5363	2562	2801	66.83	77.62	59.29
84	75763	30704	45059	5545	2555	2990	73.19	83.21	66.36
85-89岁	**238639**	**100415**	**138224**	**23577**	**10965**	**12612**	**98.80**	**109.20**	**91.24**
85	66980	27372	39608	5601	2529	3072	83.62	92.39	77.56
86	55612	23320	32292	5211	2498	2713	93.70	107.12	84.01
87	46541	19496	27045	4689	2147	2542	100.75	110.13	93.99
88	37154	16129	21025	4142	1953	2189	111.48	121.09	104.11
89	32352	14098	18254	3934	1838	2096	121.60	130.37	114.82
90-94岁	**80029**	**34449**	**45580**	**12305**	**5645**	**6660**	**153.76**	**163.87**	**146.12**
90	26597	11402	15195	3643	1647	1996	136.97	144.45	131.36
91	19275	8382	10893	2843	1329	1514	147.50	158.55	138.99
92	15190	6569	8621	2437	1125	1312	160.43	171.26	152.19
93	10927	4667	6260	1896	873	1023	173.52	187.06	163.42
94	8040	3429	4611	1486	671	815	184.83	195.68	176.75
95-99岁	**17071**	**7003**	**10068**	**3083**	**1317**	**1766**	**180.60**	**188.06**	**175.41**
95	5831	2445	3386	1101	474	627	188.82	193.87	185.17
96	4373	1777	2596	775	330	445	177.22	185.71	171.42
97	3032	1244	1788	528	237	291	174.14	190.51	162.75
98	2322	948	1374	380	157	223	163.65	165.61	162.30
99	1513	589	924	299	119	180	197.62	202.04	194.81
100岁及以上	**3192**	**1292**	**1900**	**505**	**184**	**321**	**158.21**	**142.41**	**168.95**

6-4b　全省分年龄、性别的死亡人口状况
(2019.11.1-2020.10.31)(镇)

单位：人、‰

年　龄	平均人口			死亡人口			死亡率		
	合计	男	女	合计	男	女	合计	男	女
总　计	**5160525**	**2571461**	**2589064**	**36605**	**21898**	**14707**	**7.09**	**8.52**	**5.68**
0-4岁	**178192**	**91965**	**86227**	**46**	**29**	**17**	**0.26**	**0.32**	**0.20**
0	31885	16559	15326	29	18	11	0.91	1.09	0.72
1	33060	16984	16076	8	4	4	0.24	0.24	0.25
2	36823	19061	17762	2	2		0.05	0.10	
3	44027	22729	21298	2	2		0.05	0.09	
4	32397	16632	15765	5	3	2	0.15	0.18	0.13
5-9岁	**217187**	**113709**	**103478**	**13**	**11**	**2**	**0.06**	**0.10**	**0.02**
5	46862	24469	22393	1	1		0.02	0.04	
6	41962	21886	20076	3	3		0.07	0.14	
7	46268	24225	22043	3	2	1	0.06	0.08	0.05
8	42980	22556	20424	4	3	1	0.09	0.13	0.05
9	39115	20573	18542	2	2		0.05	0.10	
10-14岁	**232539**	**122489**	**110050**	**29**	**17**	**12**	**0.12**	**0.14**	**0.11**
10	44969	24027	20942	4	2	2	0.09	0.08	0.10
11	43053	22601	20452	4	1	3	0.09	0.04	0.15
12	49092	25785	23307	3	1	2	0.06	0.04	0.09
13	46147	24247	21900	10	7	3	0.22	0.29	0.14
14	49278	25829	23449	8	6	2	0.16	0.23	0.09
15-19岁	**236209**	**121043**	**115166**	**54**	**39**	**15**	**0.23**	**0.32**	**0.13**
15	60767	31220	29547	8	6	2	0.13	0.19	0.07
16	49221	25004	24217	6	5	1	0.12	0.20	0.04
17	57181	29393	27788	19	13	6	0.33	0.44	0.22
18	36813	19142	17671	12	9	3	0.33	0.47	0.17
19	32227	16284	15943	9	6	3	0.28	0.37	0.19
20-24岁	**191146**	**96606**	**94540**	**73**	**50**	**23**	**0.38**	**0.52**	**0.24**
20	30568	15253	15315	11	5	6	0.36	0.33	0.39
21	33465	16855	16610	14	12	2	0.42	0.71	0.12
22	37552	18943	18609	15	11	4	0.40	0.58	0.21
23	41783	21416	20367	17	13	4	0.41	0.61	0.20
24	47778	24139	23639	16	9	7	0.33	0.37	0.30
25-29岁	**284800**	**144745**	**140055**	**107**	**72**	**35**	**0.38**	**0.50**	**0.25**
25	51195	26109	25086	19	15	4	0.37	0.57	0.16
26	52971	27077	25894	18	11	7	0.34	0.41	0.27
27	56337	28625	27712	18	14	4	0.32	0.49	0.14
28	56130	28251	27879	24	18	6	0.43	0.64	0.22
29	68167	34683	33484	28	14	14	0.41	0.40	0.42

6-4b 续表 1

单位：人、‰

年 龄	平均人口			死亡人口			死亡率		
	合计	男	女	合计	男	女	合计	男	女
30-34岁	**410612**	**206577**	**204035**	**222**	**166**	**56**	**0.54**	**0.80**	**0.27**
30	80257	40351	39906	39	29	10	0.49	0.72	0.25
31	79106	39870	39236	35	23	12	0.44	0.58	0.31
32	91681	45924	45757	40	30	10	0.44	0.65	0.22
33	89626	45192	44434	66	49	17	0.74	1.08	0.38
34	69942	35240	34702	42	35	7	0.60	0.99	0.20
35-39岁	**347690**	**176217**	**171473**	**290**	**219**	**71**	**0.83**	**1.24**	**0.41**
35	54580	27576	27004	35	24	11	0.64	0.87	0.41
36	58919	29891	29028	52	43	9	0.88	1.44	0.31
37	73403	37399	36004	62	49	13	0.84	1.31	0.36
38	89527	45485	44042	78	60	18	0.87	1.32	0.41
39	71261	35866	35395	63	43	20	0.88	1.20	0.57
40-44岁	**410658**	**208433**	**202225**	**528**	**385**	**143**	**1.29**	**1.85**	**0.71**
40	89050	45112	43938	96	72	24	1.08	1.60	0.55
41	93657	47419	46238	104	68	36	1.11	1.43	0.78
42	77938	39455	38483	90	68	22	1.15	1.72	0.57
43	73515	37496	36019	104	80	24	1.41	2.13	0.67
44	76498	38951	37547	134	97	37	1.75	2.49	0.99
45-49岁	**475710**	**238749**	**236961**	**960**	**707**	**253**	**2.02**	**2.96**	**1.07**
45	81484	41053	40431	119	92	27	1.46	2.24	0.67
46	91859	45918	45941	169	135	34	1.84	2.94	0.74
47	98597	49513	49084	193	140	53	1.96	2.83	1.08
48	98283	49182	49101	230	168	62	2.34	3.42	1.26
49	105487	53083	52404	249	172	77	2.36	3.24	1.47
50-54岁	**500611**	**248356**	**252255**	**1764**	**1296**	**468**	**3.52**	**5.22**	**1.86**
50	99936	49592	50344	286	212	74	2.86	4.27	1.47
51	107628	53564	54064	353	254	99	3.28	4.74	1.83
52	93709	46453	47256	360	263	97	3.84	5.66	2.05
53	92793	45779	47014	345	245	100	3.72	5.35	2.13
54	106545	52968	53577	420	322	98	3.94	6.08	1.83
55-59岁	**466191**	**231010**	**235181**	**2462**	**1787**	**675**	**5.28**	**7.74**	**2.87**
55	110719	55021	55698	475	341	134	4.29	6.20	2.41
56	118471	58797	59674	596	433	163	5.03	7.36	2.73
57	124630	62491	62139	675	497	178	5.42	7.95	2.86
58	46819	22790	24029	325	241	84	6.94	10.57	3.50
59	65552	31911	33641	391	275	116	5.96	8.62	3.45
60-64岁	**391784**	**190748**	**201036**	**3441**	**2343**	**1098**	**8.78**	**12.28**	**5.46**
60	73836	36373	37463	496	345	151	6.72	9.49	4.03
61	73959	36378	37581	582	415	167	7.87	11.41	4.44
62	85594	41610	43984	712	481	231	8.32	11.56	5.25
63	81387	39419	41968	798	535	263	9.81	13.57	6.27
64	77008	36968	40040	853	567	286	11.08	15.34	7.14

6-4b　续表 2

单位：人、‰

年　龄	平均人口			死亡人口			死亡率		
	合计	男	女	合计	男	女	合计	男	女
65－69岁	**345414**	**164236**	**181178**	**4656**	**3004**	**1652**	**13.48**	**18.29**	**9.12**
65	82853	39914	42939	924	625	299	11.15	15.66	6.96
66	74204	35339	38865	869	550	319	11.71	15.56	8.21
67	68006	32388	35618	902	595	307	13.26	18.37	8.62
68	62729	29581	33148	973	612	361	15.51	20.69	10.89
69	57622	27014	30608	988	622	366	17.15	23.03	11.96
70－74岁	**208386**	**96813**	**111573**	**4697**	**2802**	**1895**	**22.54**	**28.94**	**16.98**
70	58244	27619	30625	1052	643	409	18.06	23.28	13.36
71	43103	19770	23333	932	575	357	21.62	29.08	15.30
72	38253	17660	20593	851	512	339	22.25	28.99	16.46
73	36415	16841	19574	916	544	372	25.15	32.30	19.00
74	32371	14923	17448	946	528	418	29.22	35.38	23.96
75－79岁	**130841**	**60444**	**70397**	**5238**	**3027**	**2211**	**40.03**	**50.08**	**31.41**
75	28793	13219	15574	923	554	369	32.06	41.91	23.69
76	28001	13072	14929	1066	612	454	38.07	46.82	30.41
77	26416	12147	14269	1006	582	424	38.08	47.91	29.71
78	25910	11969	13941	1107	662	445	42.72	55.31	31.92
79	21721	10037	11684	1136	617	519	52.30	61.47	44.42
80－84岁	**77746**	**35697**	**42049**	**5157**	**2768**	**2389**	**66.33**	**77.54**	**56.81**
80	19611	8986	10625	1046	591	455	53.34	65.77	42.82
81	18346	8616	9730	1064	595	469	58.00	69.06	48.20
82	15183	7134	8049	1099	588	511	72.38	82.42	63.49
83	13045	5900	7145	963	505	458	73.82	85.59	64.10
84	11561	5061	6500	985	489	496	85.20	96.62	76.31
85－89岁	**37001**	**15981**	**21020**	**4054**	**1919**	**2135**	**109.56**	**120.08**	**101.57**
85	10299	4418	5881	1003	475	528	97.39	107.51	89.78
86	8465	3688	4777	869	439	430	102.66	119.03	90.01
87	7161	3077	4084	837	412	425	116.88	133.90	104.06
88	5875	2562	3313	678	296	382	115.40	115.53	115.30
89	5201	2236	2965	667	297	370	128.24	132.83	124.79
90－94岁	**13796**	**5884**	**7912**	**2153**	**971**	**1182**	**156.06**	**165.02**	**149.39**
90	4308	1781	2527	625	297	328	145.08	166.76	129.80
91	3265	1405	1860	510	224	286	156.20	159.43	153.76
92	2790	1191	1599	440	210	230	157.71	176.32	143.84
93	1993	898	1095	334	134	200	167.59	149.22	182.65
94	1440	609	831	244	106	138	169.44	174.06	166.06
95－99岁	**3359**	**1446**	**1913**	**573**	**249**	**324**	**170.59**	**172.20**	**169.37**
95	1029	440	589	173	78	95	168.12	177.27	161.29
96	887	378	509	161	65	96	181.51	171.96	188.61
97	611	258	353	108	53	55	176.76	205.43	155.81
98	492	213	279	80	28	52	162.60	131.46	186.38
99	340	157	183	51	25	26	150.00	159.24	142.08
100岁及以上	**653**	**313**	**340**	**88**	**37**	**51**	**134.76**	**118.21**	**150.00**

6-4c 全省分年龄、性别的死亡人口状况 (2019.11.1-2020.10.31)(乡村)

单位：人、‰

年龄	平均人口			死亡人口			死亡率		
	合计	男	女	合计	男	女	合计	男	女
总　计	**11907726**	**6097475**	**5810251**	**131034**	**76697**	**54337**	**11.00**	**12.58**	**9.35**
0-4岁	**290091**	**149370**	**140721**	**170**	**94**	**76**	**0.59**	**0.63**	**0.54**
0	52702	27111	25591	91	50	41	1.73	1.84	1.60
1	54897	28246	26651	29	15	14	0.53	0.53	0.53
2	59371	30541	28830	14	7	7	0.24	0.23	0.24
3	68151	35175	32976	18	8	10	0.26	0.23	0.30
4	54970	28297	26673	18	14	4	0.33	0.49	0.15
5-9岁	**406491**	**211757**	**194734**	**79**	**52**	**27**	**0.19**	**0.25**	**0.14**
5	78816	41061	37755	17	11	6	0.22	0.27	0.16
6	73826	38214	35612	15	11	4	0.20	0.29	0.11
7	85607	44470	41137	16	11	5	0.19	0.25	0.12
8	85648	44638	41010	13	9	4	0.15	0.20	0.10
9	82594	43374	39220	18	10	8	0.22	0.23	0.20
10-14岁	**517319**	**271511**	**245808**	**128**	**82**	**46**	**0.25**	**0.30**	**0.19**
10	99017	51306	47711	13	8	5	0.13	0.16	0.10
11	97918	51441	46477	27	14	13	0.28	0.27	0.28
12	109448	57369	52079	31	21	10	0.28	0.37	0.19
13	106540	56014	50526	25	18	7	0.23	0.32	0.14
14	104396	55381	49015	32	21	11	0.31	0.38	0.22
15-19岁	**371582**	**202761**	**168821**	**237**	**161**	**76**	**0.64**	**0.79**	**0.45**
15	84337	45991	38346	50	32	18	0.59	0.70	0.47
16	54618	30041	24577	35	25	10	0.64	0.83	0.41
17	78736	42967	35769	50	36	14	0.64	0.84	0.39
18	77804	42329	35475	52	34	18	0.67	0.80	0.51
19	76087	41433	34654	50	34	16	0.66	0.82	0.46
20-24岁	**426943**	**232391**	**194552**	**291**	**201**	**90**	**0.68**	**0.86**	**0.46**
20	72967	39852	33115	67	46	21	0.92	1.15	0.63
21	78168	42406	35762	35	26	9	0.45	0.61	0.25
22	84987	46107	38880	58	33	25	0.68	0.72	0.64
23	91062	49642	41420	62	45	17	0.68	0.91	0.41
24	99759	54384	45375	69	51	18	0.69	0.94	0.40
25-29岁	**486417**	**266654**	**219763**	**448**	**329**	**119**	**0.92**	**1.23**	**0.54**
25	98699	54404	44295	96	75	21	0.97	1.38	0.47
26	93437	51373	42064	92	70	22	0.98	1.36	0.52
27	94626	51763	42863	73	48	25	0.77	0.93	0.58
28	91269	49880	41389	99	71	28	1.08	1.42	0.68
29	108386	59234	49152	88	65	23	0.81	1.10	0.47

6-4c　续表 1　　　　单位：人、‰

年　龄	平均人口			死亡人口			死亡率		
	合计	男	女	合计	男	女	合计	男	女
30-34岁	**626745**	**334883**	**291862**	**810**	**593**	**217**	**1.29**	**1.77**	**0.74**
30	126733	68311	58422	128	93	35	1.01	1.36	0.60
31	121902	65211	56691	156	122	34	1.28	1.87	0.60
32	138510	73992	64518	170	119	51	1.23	1.61	0.79
33	134094	71768	62326	193	138	55	1.44	1.92	0.88
34	105506	55601	49905	163	121	42	1.54	2.18	0.84
35-39岁	**567085**	**300780**	**266305**	**981**	**731**	**250**	**1.73**	**2.43**	**0.94**
35	83542	43602	39940	118	87	31	1.41	2.00	0.78
36	90332	47708	42624	144	109	35	1.59	2.28	0.82
37	115901	61548	54353	190	151	39	1.64	2.45	0.72
38	150182	80049	70133	273	197	76	1.82	2.46	1.08
39	127128	67873	59255	256	187	69	2.01	2.76	1.16
40-44岁	**769706**	**406263**	**363443**	**1779**	**1306**	**473**	**2.31**	**3.21**	**1.30**
40	161140	85195	75945	318	242	76	1.97	2.84	1.00
41	168858	89269	79589	353	261	92	2.09	2.92	1.16
42	146565	77727	68838	330	240	90	2.25	3.09	1.31
43	140738	74343	66395	347	247	100	2.47	3.32	1.51
44	152405	79729	72676	431	316	115	2.83	3.96	1.58
45-49岁	**1092161**	**564271**	**527890**	**3618**	**2582**	**1036**	**3.31**	**4.58**	**1.96**
45	170710	88908	81802	493	356	137	2.89	4.00	1.67
46	202609	105219	97390	588	422	166	2.90	4.01	1.70
47	225297	116161	109136	703	514	189	3.12	4.42	1.73
48	234457	120785	113672	826	589	237	3.52	4.88	2.08
49	259088	133198	125890	1008	701	307	3.89	5.26	2.44
50-54岁	**1358873**	**692343**	**666530**	**6366**	**4594**	**1772**	**4.68**	**6.64**	**2.66**
50	255504	130690	124814	1025	742	283	4.01	5.68	2.27
51	284407	145892	138515	1229	874	355	4.32	5.99	2.56
52	259779	132006	127773	1222	914	308	4.70	6.92	2.41
53	259780	131488	128292	1302	933	369	5.01	7.10	2.88
54	299403	152267	147136	1588	1131	457	5.30	7.43	3.11
55-59岁	**1277335**	**634002**	**643333**	**8491**	**5963**	**2528**	**6.65**	**9.41**	**3.93**
55	303818	153207	150611	1773	1233	540	5.84	8.05	3.59
56	318673	159599	159074	2024	1413	611	6.35	8.85	3.84
57	346810	173088	173722	2211	1562	649	6.38	9.02	3.74
58	125771	59679	66092	1093	758	335	8.69	12.70	5.07
59	182263	88429	93834	1390	997	393	7.63	11.27	4.19
60-64岁	**1175479**	**588161**	**587318**	**12154**	**8143**	**4011**	**10.34**	**13.84**	**6.83**
60	217688	108723	108965	1966	1349	617	9.03	12.41	5.66
61	216752	107671	109081	2022	1373	649	9.33	12.75	5.95
62	255588	128723	126865	2545	1709	836	9.96	13.28	6.59
63	248616	124088	124528	2688	1781	907	10.81	14.35	7.28
64	236835	118956	117879	2933	1931	1002	12.38	16.23	8.50

6-4c 续表 2

单位：人、‰

年 龄	平均人口			死亡人口			死亡率		
	合计	男	女	合计	男	女	合计	男	女
65-69岁	**1104631**	**547844**	**556787**	**17372**	**10864**	**6508**	**15.73**	**19.83**	**11.69**
65	260933	131283	129650	3360	2175	1185	12.88	16.57	9.14
66	234016	116794	117222	3404	2189	1215	14.55	18.74	10.36
67	219119	108772	110347	3418	2120	1298	15.60	19.49	11.76
68	205872	100978	104894	3563	2240	1323	17.31	22.18	12.61
69	184691	90017	94674	3627	2140	1487	19.64	23.77	15.71
70-74岁	**678832**	**331469**	**347363**	**17892**	**10396**	**7496**	**26.36**	**31.36**	**21.58**
70	187763	91934	95829	3861	2304	1557	20.56	25.06	16.25
71	141412	68888	72524	3520	2074	1446	24.89	30.11	19.94
72	126383	61246	65137	3464	2022	1442	27.41	33.01	22.14
73	119697	58521	61176	3605	2075	1530	30.12	35.46	25.01
74	103577	50880	52697	3442	1921	1521	33.23	37.76	28.86
75-79岁	**390111**	**192969**	**197142**	**18770**	**10471**	**8299**	**48.11**	**54.26**	**42.10**
75	90281	44373	45908	3587	2053	1534	39.73	46.27	33.41
76	86657	43008	43649	3714	2035	1679	42.86	47.32	38.47
77	77947	38850	39097	3750	2101	1649	48.11	54.08	42.18
78	73397	36405	36992	3851	2166	1685	52.47	59.50	45.55
79	61829	30333	31496	3868	2116	1752	62.56	69.76	55.63
80-84岁	**214547**	**105114**	**109433**	**17854**	**9637**	**8217**	**83.22**	**91.68**	**75.09**
80	54257	26916	27341	3800	2105	1695	70.04	78.21	61.99
81	49596	24625	24971	3647	1996	1651	73.53	81.06	66.12
82	42912	21235	21677	3729	2033	1696	86.90	95.74	78.24
83	35731	17255	18476	3442	1836	1606	96.33	106.40	86.92
84	32051	15083	16968	3236	1667	1569	100.96	110.52	92.47
85-89岁	**103866**	**44944**	**58922**	**13675**	**6327**	**7348**	**131.66**	**140.78**	**124.71**
85	28787	12982	15805	3269	1578	1691	113.56	121.55	106.99
86	23985	10496	13489	2971	1418	1553	123.87	135.10	115.13
87	19928	8474	11454	2724	1242	1482	136.69	146.57	129.39
88	16726	7026	9700	2366	1056	1310	141.46	150.30	135.05
89	14440	5966	8474	2345	1033	1312	162.40	173.15	154.83
90-94岁	**39162**	**15810**	**23352**	**7565**	**3207**	**4358**	**193.17**	**202.85**	**186.62**
90	12153	4892	7261	2109	911	1198	173.54	186.22	164.99
91	9207	3707	5500	1755	753	1002	190.62	203.13	182.18
92	7933	3259	4674	1535	632	903	193.50	193.92	193.20
93	5542	2226	3316	1165	491	674	210.21	220.58	203.26
94	4327	1726	2601	1001	420	581	231.34	243.34	223.38
95-99岁	**8859**	**3573**	**5286**	**2072**	**854**	**1218**	**233.89**	**239.01**	**230.42**
95	3044	1230	1814	712	316	396	233.90	256.91	218.30
96	2332	934	1398	516	216	300	221.27	231.26	214.59
97	1550	628	922	373	144	229	240.65	229.30	248.37
98	1169	465	704	270	97	173	230.97	208.60	245.74
99	764	316	448	201	81	120	263.09	256.33	267.86
100岁及以上	**1491**	**605**	**886**	**282**	**110**	**172**	**189.13**	**181.82**	**194.13**

第一部分　全部数据资料

第七卷　户口登记状况

7-1 全省按现住地、户口登记地、

现住地	户口					
	合计			省内		
	合计	男	女	小计	男	女
辽宁	**15670121**	**7760506**	**7909615**	**12822813**	**6245740**	**6577073**
沈阳市	4322703	2177163	2145540	3500501	1727333	1773168
大连市	3522197	1764442	1757755	2316676	1128409	1188267
鞍山市	1012461	502073	510388	889186	436555	452631
抚顺市	412975	199610	213365	370588	176542	194046
本溪市	430609	208271	222338	395880	190196	205684
丹东市	655898	319684	336214	592944	285515	307429
锦州市	785836	375575	410261	712722	338532	374190
营口市	874347	432264	442083	728195	357217	370978
阜新市	388334	185623	202711	357369	168678	188691
辽阳市	569903	276911	292992	513135	247664	265471
盘锦市	571297	283087	288210	492825	241344	251481
铁岭市	616175	295450	320725	571955	274853	297102
朝阳市	724573	354518	370055	675849	329890	345959
葫芦岛市	701550	344961	356589	637639	309956	327683
辽宁省沈抚新区管委会	81263	40874	40389	67349	33056	34293

7-1a 全省按现住地、户口登记地、

现住地	户口					
	合计			省内		
	合计	男	女	小计	男	女
辽宁	**12651030**	**6296748**	**6354282**	**10271933**	**5025055**	**5246878**
沈阳市	3903275	1969891	1933384	3165606	1564886	1600720
大连市	3224063	1611282	1612781	2129772	1035264	1094508
鞍山市	738866	367314	371552	662638	326162	336476
抚顺市	318065	154602	163463	287816	137729	150087
本溪市	287691	139307	148384	262906	126295	136611
丹东市	466267	228386	237881	428317	207684	220633
锦州市	577015	278554	298461	518859	249031	269828
营口市	709110	352262	356848	593381	292712	300669
阜新市	255587	123425	132162	236462	112515	123947
辽阳市	415787	202570	213217	381695	185142	196553
盘锦市	479516	238233	241283	419118	206091	213027
铁岭市	280339	137493	142846	266093	130418	135675
朝阳市	475995	232232	243763	454053	221151	232902
葫芦岛市	452474	227219	225255	409280	202201	207079
辽宁省沈抚新区管委会	66980	33978	33002	55937	27774	28163

性别分的户口登记地在外乡镇街道的人口

单位：人

登记地								
市辖区内人户分离			省内流动人口			省外		
小计	男	女	小计	男	女	小计	男	女
5676890	**2758248**	**2918642**	**7145923**	**3487492**	**3658431**	**2847308**	**1514766**	**1332542**
1947298	951207	996091	1553203	776126	777077	822202	449830	372372
1101573	534908	566665	1215103	593501	621602	1205521	636033	569488
355223	176026	179197	533963	260529	273434	123275	65518	57757
221387	105454	115933	149201	71088	78113	42387	23068	19319
215918	103645	112273	179962	86551	93411	34729	18075	16654
179152	85435	93717	413792	200080	213712	62954	34169	28785
227086	109864	117222	485636	228668	256968	73114	37043	36071
244991	119603	125388	483204	237614	245590	146152	75047	71105
156120	74103	82017	201249	94575	106674	30965	16945	14020
210577	101811	108766	302558	145853	156705	56768	29247	27521
270725	131360	139365	222100	109984	112116	78472	41743	36729
92970	45299	47671	478985	229554	249431	44220	20597	23623
163444	79533	83911	512405	250357	262048	48724	24628	24096
255042	122787	132255	382597	187169	195428	63911	35005	28906
35384	17213	18171	31965	15843	16122	13914	7818	6096

性别分的户口登记地在外乡镇街道的人口(城市)

单位：人

登记地								
市辖区内人户分离			省内流动人口			省外		
小计	男	女	小计	男	女	小计	男	女
5364984	**2605520**	**2759464**	**4906949**	**2419535**	**2487414**	**2379097**	**1271693**	**1107404**
1861556	908931	952625	1304050	655955	648095	737669	405005	332664
1069937	519131	550806	1059835	516133	543702	1094291	576018	518273
346813	171784	175029	315825	154378	161447	76228	41152	35076
213500	101469	112031	74316	36260	38056	30249	16873	13376
196182	94075	102107	66724	32220	34504	24785	13012	11773
163305	77787	85518	265012	129897	135115	37950	20702	17248
220078	106563	113515	298781	142468	156313	58156	29523	28633
220816	107654	113162	372565	185058	187507	115729	59550	56179
145644	68872	76772	90818	43643	47175	19125	10910	8215
198293	95894	102399	183402	89248	94154	34092	17428	16664
254456	123543	130913	164662	82548	82114	60398	32142	28256
56131	27474	28657	209962	102944	107018	14246	7075	7171
156770	76141	80629	297283	145010	152273	21942	11081	10861
229381	110570	118811	179899	91631	88268	43194	25018	18176
32122	15632	16490	23815	12142	11673	11043	6204	4839

7-1b 全省按现住地、户口登记地、

现住地	户口					
	合计			省内		
	合计	男	女	小计	男	女
辽宁	**1748519**	**851374**	**897145**	**1556557**	**752233**	**804324**
沈阳市	200541	100326	100215	168563	83109	85454
大连市	104278	52187	52091	64591	31472	33119
鞍山市	194962	97077	97885	166411	82289	84122
抚顺市	59859	28426	31433	54963	25963	29000
本溪市	101916	49795	52121	97146	47358	49788
丹东市	121659	57926	63733	108895	51082	57813
锦州市	116516	55098	61418	111689	52739	58950
营口市	46999	23249	23750	38835	19044	19791
阜新市	94318	45132	49186	88032	41828	46204
辽阳市	87048	42398	44650	78440	37988	40452
盘锦市	45036	22135	22901	38751	18800	19951
铁岭市	256260	121846	134414	239213	113965	125248
朝阳市	156156	77287	78869	146955	72603	74352
葫芦岛市	162971	78492	84479	154073	73993	80080
辽宁省沈抚新区管委会						

7-1c 全省按现住地、户口登记地、

现住地	户口					
	合计			省内		
	合计	男	女	小计	男	女
辽宁	**1270572**	**612384**	**658188**	**994323**	**468452**	**525871**
沈阳市	218887	106946	111941	166332	79338	86994
大连市	193856	100973	92883	122313	61673	60640
鞍山市	78633	37682	40951	60137	28104	32033
抚顺市	35051	16582	18469	27809	12850	14959
本溪市	41002	19169	21833	35828	16543	19285
丹东市	67972	33372	34600	55732	26749	28983
锦州市	92305	41923	50382	82174	36762	45412
营口市	118238	56753	61485	95979	45461	50518
阜新市	38429	17066	21363	32875	14335	18540
辽阳市	67068	31943	35125	53000	24534	28466
盘锦市	46745	22719	24026	34956	16453	18503
铁岭市	79576	36111	43465	66649	30470	36179
朝阳市	92422	44999	47423	74841	36136	38705
葫芦岛市	86105	39250	46855	74286	33762	40524
辽宁省沈抚新区管委会	14283	6896	7387	11412	5282	6130

性别分的户口登记地在外乡镇街道的人口(镇)

单位：人

市辖区内人户分离			省内流动人口			省外		
小计	男	女	小计	男	女	小计	男	女
152649	**74259**	**78390**	**1403908**	**677974**	**725934**	**191962**	**99141**	**92821**
36909	18095	18814	131654	65014	66640	31978	17217	14761
12008	5940	6068	52583	25532	27051	39687	20715	18972
3788	1955	1833	162623	80334	82289	28551	14788	13763
1367	723	644	53596	25240	28356	4896	2463	2433
11210	5410	5800	85936	41948	43988	4770	2437	2333
11999	5770	6229	96896	45312	51584	12764	6844	5920
822	418	404	110867	52321	58546	4827	2359	2468
10017	4895	5122	28818	14149	14669	8164	4205	3959
8440	4112	4328	79592	37716	41876	6286	3304	2982
2643	1242	1401	75797	36746	39051	8608	4410	4198
5336	2505	2831	33415	16295	17120	6285	3335	2950
34423	16589	17834	204790	97376	107414	17047	7881	9166
1562	805	757	145393	71798	73595	9201	4684	4517
12125	5800	6325	141948	68193	73755	8898	4499	4399

性别分的户口登记地在外乡镇街道的人口(乡村)

单位：人

市辖区内人户分离			省内流动人口			省外		
小计	男	女	小计	男	女	小计	男	女
159257	**78469**	**80788**	**835066**	**389983**	**445083**	**276249**	**143932**	**132317**
48833	24181	24652	117499	55157	62342	52555	27608	24947
19628	9837	9791	102685	51836	50849	71543	39300	32243
4622	2287	2335	55515	25817	29698	18496	9578	8918
6520	3262	3258	21289	9588	11701	7242	3732	3510
8526	4160	4366	27302	12383	14919	5174	2626	2548
3848	1878	1970	51884	24871	27013	12240	6623	5617
6186	2883	3303	75988	33879	42109	10131	5161	4970
14158	7054	7104	81821	38407	43414	22259	11292	10967
2036	1119	917	30839	13216	17623	5554	2731	2823
9641	4675	4966	43359	19859	23500	14068	7409	6659
10933	5312	5621	24023	11141	12882	11789	6266	5523
2416	1236	1180	64233	29234	34999	12927	5641	7286
5112	2587	2525	69729	33549	36180	17581	8863	8718
13536	6417	7119	60750	27345	33405	11819	5488	6331
3262	1581	1681	8150	3701	4449	2871	1614	1257

7-2 全省按户口登记地、年龄、性别分的

年龄	户口					
	合计			省内		
	合计	男	女	小计	男	女
总计	**15670121**	**7760506**	**7909615**	**12822813**	**6245740**	**6577073**
0-4岁	**561471**	**289846**	**271625**	**486820**	**250784**	**236036**
0	69093	35573	33520	62073	31894	30179
1	110827	57215	53612	96789	49805	46984
2	112468	58143	54325	96952	49986	46966
3	132231	68191	64040	113429	58485	54944
4	136852	70724	66128	117577	60614	56963
5-9岁	**627514**	**327811**	**299703**	**521340**	**271471**	**249869**
5	107835	55936	51899	90346	46707	43639
6	146045	76403	69642	124122	64782	59340
7	122790	64295	58495	101564	53013	48551
8	136058	71050	65008	112220	58386	53834
9	114786	60127	54659	93088	48583	44505
10-14岁	**567543**	**298178**	**269365**	**456352**	**238507**	**217845**
10	110846	58287	52559	88766	46421	42345
11	116900	61471	55429	93793	49017	44776
12	113016	59240	53776	90325	47215	43110
13	117542	61874	55668	95567	50027	45540
14	109239	57306	51933	87901	45827	42074
15-19岁	**968550**	**498158**	**470392**	**791184**	**400613**	**390571**
15	158599	82899	75700	138199	71720	66479
16	191766	99895	91871	169214	87448	81766
17	164595	84928	79667	141721	72377	69344
18	207504	106016	101488	166754	83618	83136
19	246086	124420	121666	175296	85450	89846
20-24岁	**1042871**	**525345**	**517526**	**726884**	**352505**	**374379**
20	256756	129925	126831	173657	84511	89146
21	213805	108588	105217	140315	68103	72212
22	191486	97772	93714	131223	64096	67127
23	184479	92329	92150	133860	64961	68899
24	196345	96731	99614	147829	70834	76995
25-29岁	**1159273**	**564379**	**594894**	**923898**	**441306**	**482592**
25	211512	103648	107864	164269	78575	85694
26	222067	107605	114462	179263	85272	93991
27	233885	113448	120437	187722	89448	98274
28	240648	116959	123689	192872	92032	100840
29	251161	122719	128442	199772	95979	103793

户口登记地在外乡镇街道的人口

单位：人

登记地					
其中市辖区内人户分离			省外		
小计	男	女	小计	男	女
5676890	**2758248**	**2918642**	**2847308**	**1514766**	**1332542**
223997	**115721**	**108276**	**74651**	**39062**	**35589**
27720	14288	13432	7020	3679	3341
43696	22483	21213	14038	7410	6628
44002	22754	21248	15516	8157	7359
52853	27380	25473	18802	9706	9096
55726	28816	26910	19275	10110	9165
228434	**118906**	**109528**	**106174**	**56340**	**49834**
39965	20712	19253	17489	9229	8260
55355	28889	26466	21923	11621	10302
43203	22556	20647	21226	11282	9944
49227	25535	23692	23838	12664	11174
40684	21214	19470	21698	11544	10154
188282	**97860**	**90422**	**111191**	**59671**	**51520**
37865	19738	18127	22080	11866	10214
39950	20777	19173	23107	12454	10653
37123	19343	17780	22691	12025	10666
40107	20790	19317	21975	11847	10128
33237	17212	16025	21338	11479	9859
218985	**114252**	**104733**	**177366**	**97545**	**79821**
49646	25744	23902	20400	11179	9221
58404	30332	28072	22552	12447	10105
41666	21574	20092	22874	12551	10323
37366	19907	17459	40750	22398	18352
31903	16695	15208	70790	38970	31820
189155	**94228**	**94927**	**315987**	**172840**	**143147**
33696	17478	16218	83099	45414	37685
31886	15911	15975	73490	40485	33005
36715	18203	18512	60263	33676	26587
40903	20164	20739	50619	27368	23251
45955	22472	23483	48516	25897	22619
318751	**153534**	**165217**	**235375**	**123073**	**112302**
52605	25618	26987	47243	25073	22170
61285	29601	31684	42804	22333	20471
65147	31448	33699	46163	24000	22163
69196	33151	36045	47776	24927	22849
70518	33716	36802	51389	26740	24649

7-2 续表 1

年 龄	户口					
	合 计			省 内		
	合计	男	女	小计	男	女
30-34岁	**1764053**	**858128**	**905925**	**1434064**	**684587**	**749477**
30	335479	163893	171586	266736	127720	139016
31	345600	168347	177253	276907	132448	144459
32	355447	172804	182643	291323	139184	152139
33	401284	194594	206690	332305	158327	173978
34	326243	158490	167753	266793	126908	139885
35-39岁	**1347909**	**666888**	**681021**	**1095260**	**529509**	**565751**
35	249937	123050	126887	198390	95283	103107
36	233164	115187	117977	183578	88537	95041
37	261127	129281	131846	212681	102964	109717
38	332677	164989	167688	277143	134435	142708
39	271004	134381	136623	223468	108290	115178
40-44岁	**1268659**	**633750**	**634909**	**1038475**	**507012**	**531463**
40	260534	129723	130811	213662	104001	109661
41	297603	148106	149497	247245	120355	126890
42	270150	134668	135482	224451	109441	115010
43	218042	109309	108733	176512	86508	90004
44	222330	111944	110386	176605	86707	89898
45-49岁	**1270131**	**639247**	**630884**	**1008419**	**495764**	**512655**
45	224173	112847	111326	177229	87120	90109
46	243694	121897	121797	192207	94014	98193
47	266441	133956	132485	212525	104455	108070
48	263953	133601	130352	209079	103352	105727
49	271870	136946	134924	217379	106823	110556
50-54岁	**1229536**	**614286**	**615250**	**984687**	**480825**	**503862**
50	279067	140483	138584	222880	109507	113373
51	253334	127142	126192	203362	99659	103703
52	265138	132364	132774	212681	103842	108839
53	200822	99871	100951	158699	77166	81533
54	231175	114426	116749	187065	90651	96414
55-59岁	**1146584**	**565013**	**581571**	**966567**	**472166**	**494401**
55	253145	125394	127751	211043	103064	107979
56	259109	127660	131449	219240	106920	112320
57	319077	157704	161373	275712	135148	140564
58	193047	94952	98095	160290	78399	81891
59	122206	59303	62903	100282	48635	51647
60-64岁	**933235**	**452680**	**480555**	**806987**	**389959**	**417028**
60	196224	96273	99951	168894	82477	86417
61	161827	79261	82566	139480	68091	71389
62	194299	94684	99615	168445	81775	86670
63	198391	95133	103258	171721	82063	89658
64	182494	87329	95165	158447	75553	82894

单位：人

登记地					
其中市辖区内人户分离			省　　外		
小计	男	女	小计	男	女
584021	**278355**	**305666**	**329989**	**173541**	**156448**
98913	47282	51631	68743	36173	32570
109220	52281	56939	68693	35899	32794
121612	58085	63527	64124	33620	30504
139759	66430	73329	68979	36267	32712
114517	54277	60240	59450	31582	27868
521437	**251613**	**269824**	**252649**	**137379**	**115270**
90612	43559	47053	51547	27767	23780
87212	41939	45273	49586	26650	22936
105084	50756	54328	48446	26317	22129
135942	65811	70131	55534	30554	24980
102587	49548	53039	47536	26091	21445
467914	**225927**	**241987**	**230184**	**126738**	**103446**
96455	46773	49682	46872	25722	21150
110975	53733	57242	50358	27751	22607
103040	49724	53316	45699	25227	20472
78827	37866	40961	41530	22801	18729
78617	37831	40786	45725	25237	20488
470772	**227470**	**243302**	**261712**	**143483**	**118229**
79688	38276	41412	46944	25727	21217
86471	41588	44883	51487	27883	23604
99810	48193	51617	53916	29501	24415
99194	48277	50917	54874	30249	24625
105609	51136	54473	54491	30123	24368
472316	**228684**	**243632**	**244849**	**133461**	**111388**
107485	52262	55223	56187	30976	25211
101177	49055	52122	49972	27483	22489
103411	50111	53300	52457	28522	23935
72173	34713	37460	42123	22705	19418
88070	42543	45527	44110	23775	20335
514230	**251409**	**262821**	**180017**	**92847**	**87170**
105242	51159	54083	42102	22330	19772
115949	56629	59320	39869	20740	19129
151680	74027	77653	43365	22556	20809
85228	41998	43230	32757	16553	16204
56131	27596	28535	21924	10668	11256
444131	**216755**	**227376**	**126248**	**62721**	**63527**
93063	45877	47186	27330	13796	13534
76607	37698	38909	22347	11170	11177
93414	45578	47836	25854	12909	12945
94169	45617	48552	26670	13070	13600
86878	41985	44893	24047	11776	12271

7-2 续表 2

年龄	户口					
	合计			省内		
	合计	男	女	小计	男	女
65-69岁	**770775**	**367101**	**403674**	**671482**	**318927**	**352555**
65	186807	89849	96958	162313	77824	84489
66	177037	84931	92106	154002	73606	80396
67	146194	69322	76872	127052	60138	66914
68	138332	65269	73063	120554	56792	63762
69	122405	57730	64675	107561	50567	56994
70-74岁	**427891**	**200641**	**227250**	**377974**	**176607**	**201367**
70	115447	54398	61049	102169	48045	54124
71	97909	46458	51451	86030	40664	45366
72	76844	35538	41306	67725	31136	36589
73	69969	32761	37208	61565	28763	32802
74	67722	31486	36236	60485	27999	32486
75-79岁	**260821**	**119837**	**140984**	**235267**	**107892**	**127375**
75	56077	25768	30309	50156	22983	27173
76	54939	25450	29489	49334	22826	26508
77	51977	24157	27820	46948	21770	25178
78	50204	22724	27480	45619	20625	24994
79	47624	21738	25886	43210	19688	23522
80-84岁	**176803**	**77455**	**99348**	**161359**	**70209**	**91150**
80	42586	19095	23491	38592	17201	21391
81	37326	16356	20970	34014	14813	19201
82	37026	16165	20861	33777	14633	19144
83	31306	13672	17634	28684	12439	16245
84	28559	12167	16392	26292	11123	15169
85-89岁	**95724**	**40448**	**55276**	**88634**	**37374**	**51260**
85	26472	11070	15402	24525	10237	14288
86	21835	9276	12559	20154	8534	11620
87	19368	8210	11158	17921	7587	10334
88	15681	6582	9099	14609	6118	8491
89	12368	5310	7058	11425	4898	6527
90-94岁	**37549**	**15865**	**21684**	**34978**	**14711**	**20267**
90	11913	5066	6847	11063	4669	6394
91	8625	3575	5050	8059	3322	4737
92	7230	3126	4104	6756	2915	3841
93	5718	2412	3306	5320	2231	3089
94	4063	1686	2377	3780	1574	2206
95-99岁	**10256**	**4181**	**6075**	**9528**	**3874**	**5654**
95	3237	1353	1884	3041	1275	1766
96	2466	997	1469	2285	910	1375
97	1862	752	1110	1727	701	1026
98	1465	597	868	1347	549	798
99	1226	482	744	1128	439	689
100岁及以上	**2973**	**1269**	**1704**	**2654**	**1138**	**1516**

单位：人

登记地					
其中市辖区内人户分离			省　　外		
小计	男	女	小计	男	女
359592	**172277**	**187315**	**99293**	**48174**	**51119**
88316	42783	45533	24494	12025	12469
83125	40181	42944	23035	11325	11710
68149	32601	35548	19142	9184	9958
63692	30222	33470	17778	8477	9301
56310	26490	29820	14844	7163	7681
195660	**91427**	**104233**	**49917**	**24034**	**25883**
53782	25633	28149	13278	6353	6925
44038	20859	23179	11879	5794	6085
34434	15763	18671	9119	4402	4717
31763	14750	17013	8404	3998	4406
31643	14422	17221	7237	3487	3750
122933	**54928**	**68005**	**25554**	**11945**	**13609**
26155	11704	14451	5921	2785	3136
25383	11467	13916	5605	2624	2981
24485	11143	13342	5029	2387	2642
24128	10594	13534	4585	2099	2486
22782	10020	12762	4414	2050	2364
88639	**36581**	**52058**	**15444**	**7246**	**8198**
20728	8830	11898	3994	1894	2100
18598	7556	11042	3312	1543	1769
18619	7645	10974	3249	1532	1717
15840	6475	9365	2622	1233	1389
14854	6075	8779	2267	1044	1223
48397	**20218**	**28179**	**7090**	**3074**	**4016**
13907	5679	8228	1947	833	1114
11214	4675	6539	1681	742	939
9680	4116	5564	1447	623	824
7800	3268	4532	1072	464	608
5796	2480	3316	943	412	531
15835	**6742**	**9093**	**2571**	**1154**	**1417**
5457	2349	3108	850	397	453
3762	1567	2195	566	253	313
2913	1296	1617	474	211	263
2156	892	1264	398	181	217
1547	638	909	283	112	171
3019	**1217**	**1802**	**728**	**307**	**421**
1136	477	659	196	78	118
754	292	462	181	87	94
539	216	323	135	51	84
335	140	195	118	48	70
255	92	163	98	43	55
390	**144**	**246**	**319**	**131**	**188**

7-2a 全省按户口登记地、年龄、性别分的

年龄	户口					
	合计			省内		
	合计	男	女	小计	男	女
总计	**12651030**	**6296748**	**6354282**	**10271933**	**5025055**	**5246878**
0-4岁	**461576**	**238282**	**223294**	**398763**	**205371**	**193392**
0	57438	29530	27908	51441	26388	25053
1	91135	47050	44085	79360	40825	38535
2	92088	47619	44469	79088	40774	38314
3	108447	55946	52501	92695	47802	44893
4	112468	58137	54331	96179	49582	46597
5-9岁	**503149**	**263064**	**240085**	**414340**	**215770**	**198570**
5	86846	45088	41758	72257	37375	34882
6	118165	61850	56315	99889	52102	47787
7	98099	51379	46720	80310	41920	38390
8	108974	57015	51959	88958	46352	42606
9	91065	47732	43333	72926	38021	34905
10-14岁	**440869**	**232281**	**208588**	**348313**	**182257**	**166056**
10	87082	45971	41111	68650	35978	32672
11	91800	48354	43446	72498	37883	34615
12	87855	46048	41807	68937	35971	32966
13	91428	48206	43222	73251	38305	34946
14	82704	43702	39002	64977	34120	30857
15-19岁	**741902**	**385974**	**355928**	**586735**	**299920**	**286815**
15	116081	60813	55268	99015	51487	47528
16	135992	71331	64661	117043	60985	56058
17	116707	60799	55908	97038	49975	47063
18	165140	85326	79814	128970	65241	63729
19	207982	107705	100277	144669	72232	72437
20-24岁	**898820**	**459704**	**439116**	**615663**	**302961**	**312702**
20	222018	114722	107296	147425	73248	74177
21	188066	96805	91261	121526	59658	61868
22	166285	85891	80394	112054	55367	56687
23	157380	79743	77637	112322	55188	57134
24	165071	82543	82528	122336	59500	62836
25-29岁	**959191**	**474780**	**484411**	**756854**	**367997**	**388857**
25	175744	87524	88220	134865	65591	69274
26	183945	90389	93556	147148	71055	76093
27	193783	95531	98252	153989	74673	79316
28	199342	98591	100751	158345	76959	81386
29	206377	102745	103632	162507	79719	82788

户口登记地在外乡镇街道的人口(城市)

单位：人

其中市辖区内人户分离			省外		
小计	男	女	小计	男	女
5364984	**2605520**	**2759464**	**2379097**	**1271693**	**1107404**
214813	**110966**	**103847**	**62813**	**32911**	**29902**
26618	13699	12919	5997	3142	2855
41871	21533	20338	11775	6225	5550
42207	21836	20371	13000	6845	6155
50652	26276	24376	15752	8144	7608
53465	27622	25843	16289	8555	7734
218552	**113789**	**104763**	**88809**	**47294**	**41515**
38282	19840	18442	14589	7713	6876
53014	27679	25335	18276	9748	8528
41250	21520	19730	17789	9459	8330
47123	24467	22656	20016	10663	9353
38883	20283	18600	18139	9711	8428
178639	**92926**	**85713**	**92556**	**50024**	**42532**
36167	18852	17315	18432	9993	8439
38050	19813	18237	19302	10471	8831
35230	18355	16875	18918	10077	8841
37967	19711	18256	18177	9901	8276
31225	16195	15030	17727	9582	8145
201072	**104835**	**96237**	**155167**	**86054**	**69113**
45903	23731	22172	17066	9326	7740
53492	27674	25818	18949	10346	8603
38682	19955	18727	19669	10824	8845
34293	18344	15949	36170	20085	16085
28702	15131	13571	63313	35473	27840
178426	**88974**	**89452**	**283157**	**156743**	**126414**
30899	16068	14831	74593	41474	33119
30043	15008	15035	66540	37147	29393
34849	17283	17566	54231	30524	23707
38909	19187	19722	45058	24555	20503
43726	21428	22298	42735	23043	19692
304218	**146768**	**157450**	**202337**	**106783**	**95554**
50126	24471	25655	40879	21933	18946
58422	28217	30205	36797	19334	17463
62175	30045	32130	39794	20858	18936
66197	31749	34448	40997	21632	19365
67298	32286	35012	43870	23026	20844

7-2a 续表 1

年 龄	户口					
	合 计			省 内		
	合计	男	女	小计	男	女
30-34岁	**1459733**	**722513**	**737220**	**1180530**	**574106**	**606424**
30	277153	138000	139153	218749	106905	111844
31	286242	141990	144252	228059	111243	116816
32	295710	146337	149373	241528	117552	123976
33	332069	163791	168278	273774	132884	140890
34	268559	132395	136164	218420	105522	112898
35-39岁	**1112680**	**557261**	**555419**	**900819**	**441330**	**459489**
35	206673	103242	103431	163224	79666	83558
36	193897	96822	97075	152161	74274	77887
37	217846	108988	108858	177108	86701	90407
38	274532	137908	136624	228041	112189	115852
39	219732	110301	109431	180285	88500	91785
40-44岁	**1017188**	**512682**	**504506**	**826955**	**407347**	**419608**
40	210110	105772	104338	171039	84246	86793
41	238223	119994	118229	196549	96852	99697
42	217564	109412	108152	179637	88372	91265
43	174135	87898	86237	140111	69066	71045
44	177156	89606	87550	139619	68811	70808
45-49岁	**1006929**	**508001**	**498928**	**795455**	**391630**	**403825**
45	178184	90003	88181	140013	69001	71012
46	192966	96854	96112	151217	74139	77078
47	211097	106398	104699	167468	82448	85020
48	208952	106067	102885	164827	81644	83183
49	215730	108679	107051	171930	84398	87532
50-54岁	**967122**	**482514**	**484608**	**771981**	**376148**	**395833**
50	220617	111019	109598	175557	86158	89399
51	200676	100729	99947	160817	78780	82037
52	209037	104291	104746	167308	81601	85707
53	155984	77452	78532	122650	59495	63155
54	180808	89023	91785	145649	70114	75535
55-59岁	**920055**	**450746**	**469309**	**776195**	**377284**	**398911**
55	200546	98797	101749	166965	81161	85804
56	207254	101581	105673	175572	85205	90367
57	257696	126425	131271	222980	108555	114425
58	155055	75828	79227	128877	62796	66081
59	99504	48115	51389	81801	39567	42234
60-64岁	**758789**	**366312**	**392477**	**656114**	**315937**	**340177**
60	159101	77690	81411	137128	66749	70379
61	131008	63707	67301	112980	54833	58147
62	158362	76729	81633	137166	66292	70874
63	161633	77258	84375	139827	66722	73105
64	148685	70928	77757	129013	61341	67672

单位：人

登记地					
其中市辖区内人户分离			省外		
小计	男	女	小计	男	女
559400	**267305**	**292095**	**279203**	**148407**	**130796**
94526	45327	49199	58404	31095	27309
104563	50202	54361	58183	30747	27436
116707	55910	60797	54182	28785	25397
134052	63878	70174	58295	30907	27388
109552	51988	57564	50139	26873	23266
500786	**242047**	**258739**	**211861**	**115931**	**95930**
87000	41953	45047	43449	23576	19873
83914	40438	43476	41736	22548	19188
101202	48908	52294	40738	22287	18451
130458	63264	67194	46491	25719	20772
98212	47484	50728	39447	21801	17646
445438	**215285**	**230153**	**190233**	**105335**	**84898**
92075	44713	47362	39071	21526	17545
105669	51220	54449	41674	23142	18532
98243	47479	50764	37927	21040	16887
74940	35992	38948	34024	18832	15192
74511	35881	38630	37537	20795	16742
444444	**214675**	**229769**	**211474**	**116371**	**95103**
75519	36267	39252	38171	21002	17169
81686	39280	42406	41749	22715	19034
94056	45420	48636	43629	23950	19679
93651	45540	48111	44125	24423	19702
99532	48168	51364	43800	24281	19519
442556	**214177**	**228379**	**195141**	**106366**	**88775**
101049	49107	51942	45060	24861	20199
95044	46090	48954	39859	21949	17910
96907	46968	49939	41729	22690	19039
67272	32340	34932	33334	17957	15377
82284	39672	42612	35159	18909	16250
482845	**235751**	**247094**	**143860**	**73462**	**70398**
98702	47961	50741	33581	17636	15945
108852	53129	55723	31682	16376	15306
142531	69454	73077	34716	17870	16846
79935	39290	40645	26178	13032	13146
52825	25917	26908	17703	8548	9155
416497	**203022**	**213475**	**102675**	**50375**	**52300**
87421	43035	44386	21973	10941	11032
71667	35213	36454	18028	8874	9154
87618	42726	44892	21196	10437	10759
88283	42740	45543	21806	10536	11270
81508	39308	42200	19672	9587	10085

7-2a 续表 2

年龄	户口					
	合计			省内		
	合计	男	女	小计	男	女
65－69岁	**617396**	**292304**	**325092**	**536607**	**253443**	**283164**
65	150979	72204	78775	130938	62517	68421
66	142389	67979	74410	123639	58801	64838
67	117321	55401	61920	101713	47970	53743
68	110000	51448	58552	95574	44619	50955
69	96707	45272	51435	84743	39536	45207
70－74岁	**331619**	**153546**	**178073**	**292162**	**134725**	**157437**
70	90717	42459	48258	80076	37417	42659
71	75761	35624	40137	66319	31040	35279
72	58937	26870	32067	51853	23478	28375
73	53865	24760	29105	47294	21682	25612
74	52339	23833	28506	46620	21108	25512
75－79岁	**201779**	**90386**	**111393**	**181926**	**81304**	**100622**
75	43162	19343	23819	38474	17181	21293
76	42146	19049	23097	37840	17083	20757
77	40357	18312	22045	36455	16470	19985
78	38965	17223	21742	35404	15622	19782
79	37149	16459	20690	33753	14948	18805
80－84岁	**139833**	**59408**	**80425**	**127853**	**53869**	**73984**
80	33551	14580	18971	30385	13087	17298
81	29422	12477	16945	26860	11303	15557
82	29199	12365	16834	26726	11222	15504
83	24888	10503	14385	22864	9573	13291
84	22773	9483	13290	21018	8684	12334
85－89岁	**75649**	**31608**	**44041**	**70365**	**29349**	**41016**
85	21221	8759	12462	19753	8134	11619
86	17354	7264	10090	16063	6707	9356
87	15271	6391	8880	14181	5929	8252
88	12274	5142	7132	11517	4809	6708
89	9529	4052	5477	8851	3770	5081
90－94岁	**27917**	**11812**	**16105**	**26116**	**10994**	**15122**
90	9079	3879	5200	8461	3580	4881
91	6491	2706	3785	6092	2526	3566
92	5306	2298	3008	4988	2153	2835
93	4111	1705	2406	3839	1591	2248
94	2930	1224	1706	2736	1144	1592
95－99岁	**7025**	**2818**	**4207**	**6554**	**2631**	**3923**
95	2307	965	1342	2168	912	1256
96	1687	674	1013	1574	624	950
97	1247	496	751	1154	463	691
98	979	386	593	913	360	553
99	805	297	508	745	272	473
100岁及以上	**1809**	**752**	**1057**	**1633**	**682**	**951**

单位：人

登记地					
其中市辖区内人户分离			省外		
小计	男	女	小计	男	女
335307	**159878**	**175429**	**80789**	**38861**	**41928**
82577	39795	42782	20041	9687	10354
77625	37405	40220	18750	9178	9572
63599	30263	33336	15608	7431	8177
59298	28031	31267	14426	6829	7597
52208	24384	27824	11964	5736	6228
180574	**83879**	**96695**	**39457**	**18821**	**20636**
49630	23583	26047	10641	5042	5599
40633	19172	21461	9442	4584	4858
31701	14396	17305	7084	3392	3692
29331	13505	15826	6571	3078	3493
29279	13223	16056	5719	2725	2994
114273	**50594**	**63679**	**19853**	**9082**	**10771**
24241	10725	13516	4688	2162	2526
23477	10521	12956	4306	1966	2340
22782	10279	12503	3902	1842	2060
22464	9780	12684	3561	1601	1960
21309	9289	12020	3396	1511	1885
83309	**34016**	**49293**	**11980**	**5539**	**6441**
19421	8175	11246	3166	1493	1673
17463	7030	10433	2562	1174	1388
17495	7097	10398	2473	1143	1330
14916	6014	8902	2024	930	1094
14014	5700	8314	1755	799	956
45805	**19068**	**26737**	**5284**	**2259**	**3025**
13145	5342	7803	1468	625	843
10613	4406	6207	1291	557	734
9147	3876	5271	1090	462	628
7416	3100	4316	757	333	424
5484	2344	3140	678	282	396
14879	**6317**	**8562**	**1801**	**818**	**983**
5135	2199	2936	618	299	319
3540	1475	2065	399	180	219
2736	1218	1518	318	145	173
2010	824	1186	272	114	158
1458	601	857	194	80	114
2796	**1125**	**1671**	**471**	**187**	**284**
1052	441	611	139	53	86
700	271	429	113	50	63
496	199	297	93	33	60
308	130	178	66	26	40
240	84	156	60	25	35
355	**123**	**232**	**176**	**70**	**106**

7-2b 全省按户口登记地、年龄、性别分的

年龄	户口					
	合计			省内		
	合计	男	女	小计	男	女
总计	**1748519**	**851374**	**897145**	**1556557**	**752233**	**804324**
0-4岁	**71981**	**37328**	**34653**	**66371**	**34374**	**31997**
0	8870	4622	4248	8360	4349	4011
1	14030	7268	6762	12967	6711	6256
2	14437	7467	6970	13263	6859	6404
3	17003	8844	8159	15595	8115	7480
4	17641	9127	8514	16186	8340	7846
5-9岁	**86835**	**45477**	**41358**	**78761**	**41299**	**37462**
5	14791	7686	7105	13454	6974	6480
6	19786	10431	9355	18038	9519	8519
7	17353	9108	8245	15754	8283	7471
8	18763	9734	9029	17025	8845	8180
9	16142	8518	7624	14490	7678	6812
10-14岁	**84478**	**44340**	**40138**	**76218**	**40024**	**36194**
10	16144	8437	7707	14457	7544	6913
11	16735	8840	7895	15026	7959	7067
12	16878	8965	7913	15198	8082	7116
13	17214	9121	8093	15587	8285	7302
14	17507	8977	8530	15950	8154	7796
15-19岁	**146820**	**72370**	**74450**	**137897**	**68260**	**69637**
15	28697	14577	14120	27326	13835	13491
16	38910	19331	19579	37661	18658	19003
17	34731	17178	17553	33413	16519	16894
18	26316	13155	13161	24312	12258	12054
19	18166	8129	10037	15185	6990	8195
20-24岁	**77478**	**35255**	**42223**	**63907**	**29144**	**34763**
20	16296	6966	9330	12894	5626	7268
21	13348	5903	7445	10437	4702	5735
22	13958	6504	7454	11444	5265	6179
23	15682	7385	8297	13370	6230	7140
24	18194	8497	9697	15762	7321	8441
25-29岁	**125961**	**58913**	**67048**	**111036**	**51606**	**59430**
25	21292	9846	11446	18605	8566	10039
26	23238	10859	12379	20668	9597	11071
27	25479	11999	13480	22532	10546	11986
28	26658	12422	14236	23513	10921	12592
29	29294	13787	15507	25718	11976	13742

户口登记地在外乡镇街道的人口(镇)

单位：人

登记地					
其中市辖区内人户分离			省外		
小计	男	女	小计	男	女
152649	**74259**	**78390**	**191962**	**99141**	**92821**
5815	**3033**	**2782**	**5610**	**2954**	**2656**
747	399	348	510	273	237
1116	609	507	1063	557	506
1092	559	533	1174	608	566
1371	686	685	1408	729	679
1489	780	709	1455	787	668
5730	**2981**	**2749**	**8074**	**4178**	**3896**
1025	533	492	1337	712	625
1373	721	652	1748	912	836
1146	618	528	1599	825	774
1194	605	589	1738	889	849
992	504	488	1652	840	812
5017	**2601**	**2416**	**8260**	**4316**	**3944**
898	465	433	1687	893	794
986	513	473	1709	881	828
1017	551	466	1680	883	797
1132	574	558	1627	836	791
984	498	486	1557	823	734
5476	**2946**	**2530**	**8923**	**4110**	**4813**
1089	600	489	1371	742	629
1196	693	503	1249	673	576
980	555	425	1318	659	659
1099	560	539	2004	897	1107
1112	538	574	2981	1139	1842
5034	**2384**	**2650**	**13571**	**6111**	**7460**
1044	495	549	3402	1340	2062
863	397	466	2911	1201	1710
920	437	483	2514	1239	1275
1076	529	547	2312	1155	1157
1131	526	605	2432	1176	1256
8334	**3984**	**4350**	**14925**	**7307**	**7618**
1286	599	687	2687	1280	1407
1600	793	807	2570	1262	1308
1747	852	895	2947	1453	1494
1767	853	914	3145	1501	1644
1934	887	1047	3576	1811	1765

7-2b 续表 1

年 龄	户口					
	合 计			省 内		
	合计	男	女	小计	男	女
30-34岁	**199452**	**94037**	**105415**	**175118**	**81766**	**93352**
30	38225	17980	20245	33236	15515	17721
31	38446	18117	20329	33405	15591	17814
32	38966	18313	20653	34288	15981	18307
33	45897	21542	24355	40748	18929	21819
34	37918	18085	19833	33441	15750	17691
35-39岁	**150425**	**72688**	**77737**	**131917**	**62795**	**69122**
35	27685	13293	14392	23917	11300	12617
36	25156	12203	12953	21532	10275	11257
37	27846	13577	14269	24324	11694	12630
38	37331	17959	19372	33202	15728	17474
39	32407	15656	16751	28942	13798	15144
40-44岁	**154251**	**75671**	**78580**	**137361**	**66419**	**70942**
40	31697	15383	16314	28347	13566	14781
41	36835	17827	19008	33173	15858	17315
42	32659	15980	16679	29319	14151	15168
43	26425	13122	13303	23241	11354	11887
44	26635	13359	13276	23281	11490	11791
45-49岁	**144341**	**72155**	**72186**	**125121**	**61507**	**63614**
45	26389	13298	13091	22904	11342	11562
46	28204	14000	14204	24500	11988	12512
47	30299	14998	15301	26378	12855	13523
48	29770	14875	14895	25656	12591	13065
49	29679	14984	14695	25683	12731	12952
50-54岁	**132224**	**65533**	**66691**	**114359**	**55635**	**58724**
50	29896	15072	14824	25851	12785	13066
51	26676	13194	13482	23083	11176	11907
52	28061	13876	14185	24231	11760	12471
53	22479	11039	11440	19311	9287	10024
54	25112	12352	12760	21883	10627	11256
55-59岁	**112697**	**55313**	**57384**	**99699**	**48433**	**51266**
55	26295	12980	13315	23223	11297	11926
56	25411	12372	13039	22424	10819	11605
57	30278	15045	15233	27249	13451	13798
58	19227	9448	9779	16836	8151	8685
59	11486	5468	6018	9967	4715	5252
60-64岁	**87210**	**41595**	**45615**	**78394**	**37061**	**41333**
60	18968	9182	9786	16927	8136	8791
61	15194	7366	7828	13636	6538	7098
62	17831	8625	9206	16104	7716	8388
63	18247	8476	9771	16480	7575	8905
64	16970	7946	9024	15247	7096	8151

单位：人

登记地					
其中市辖区内人户分离			省外		
小计	男	女	小计	男	女
14634	**6978**	**7656**	**24334**	**12271**	**12063**
2544	1182	1362	4989	2465	2524
2779	1318	1461	5041	2526	2515
2945	1383	1562	4678	2332	2346
3353	1604	1749	5149	2613	2536
3013	1491	1522	4477	2335	2142
12084	**5929**	**6155**	**18508**	**9893**	**8615**
2140	998	1142	3768	1993	1775
1924	931	993	3624	1928	1696
2349	1183	1166	3522	1883	1639
3224	1589	1635	4129	2231	1898
2447	1228	1219	3465	1858	1607
11971	**5836**	**6135**	**16890**	**9252**	**7638**
2360	1146	1214	3350	1817	1533
2829	1388	1441	3662	1969	1693
2618	1288	1330	3340	1829	1511
2035	1007	1028	3184	1768	1416
2129	1007	1122	3354	1869	1485
12980	**6366**	**6614**	**19220**	**10648**	**8572**
2088	1041	1047	3485	1956	1529
2337	1149	1188	3704	2012	1692
2818	1346	1472	3921	2143	1778
2756	1374	1382	4114	2284	1830
2981	1456	1525	3996	2253	1743
14045	**6704**	**7341**	**17865**	**9898**	**7967**
3125	1551	1574	4045	2287	1758
2926	1370	1556	3593	2018	1575
3045	1434	1611	3830	2116	1714
2268	1079	1189	3168	1752	1416
2681	1270	1411	3229	1725	1504
14964	**7185**	**7779**	**12998**	**6880**	**6118**
3050	1419	1631	3072	1683	1389
3344	1583	1761	2987	1553	1434
4367	2095	2272	3029	1594	1435
2576	1294	1282	2391	1297	1094
1627	794	833	1519	753	766
12929	**6124**	**6805**	**8816**	**4534**	**4282**
2783	1344	1439	2041	1046	995
2293	1102	1191	1558	828	730
2739	1298	1441	1727	909	818
2675	1207	1468	1767	901	866
2439	1173	1266	1723	850	873

7-2b 续表 2

年龄	户口					
	合计			省内		
	合计	男	女	小计	男	女
65-69岁	**74297**	**34746**	**39551**	**67497**	**31364**	**36133**
65	17594	8339	9255	15929	7479	8450
66	16788	7903	8885	15208	7120	8088
67	14046	6432	7614	12745	5799	6946
68	13656	6400	7256	12401	5779	6622
69	12213	5672	6541	11214	5187	6027
70-74岁	**44923**	**20571**	**24352**	**41404**	**18902**	**22502**
70	11659	5260	6399	10745	4808	5937
71	10470	4824	5646	9636	4430	5206
72	8399	3768	4631	7711	3448	4263
73	7389	3454	3935	6813	3187	3626
74	7006	3265	3741	6499	3029	3470
75-79岁	**27557**	**12711**	**14846**	**25699**	**11822**	**13877**
75	5963	2702	3261	5561	2516	3045
76	5991	2734	3257	5562	2523	3039
77	5395	2562	2833	5008	2387	2621
78	5249	2370	2879	4920	2214	2706
79	4959	2343	2616	4648	2182	2466
80-84岁	**16241**	**7720**	**8521**	**15201**	**7204**	**7997**
80	4146	1975	2171	3874	1848	2026
81	3522	1675	1847	3300	1563	1737
82	3448	1651	1797	3212	1527	1685
83	2736	1331	1405	2569	1244	1325
84	2389	1088	1301	2246	1022	1224
85-89岁	**7508**	**3298**	**4210**	**7002**	**3080**	**3922**
85	2032	875	1157	1896	817	1079
86	1718	785	933	1616	733	883
87	1546	703	843	1448	668	780
88	1245	514	731	1148	476	672
89	967	421	546	894	386	508
90-94岁	**2955**	**1246**	**1709**	**2787**	**1164**	**1623**
90	946	401	545	890	370	520
91	668	264	404	631	252	379
92	596	243	353	567	228	339
93	455	210	245	426	192	234
94	290	128	162	273	122	151
95-99岁	**713**	**321**	**392**	**659**	**296**	**363**
95	247	104	143	227	95	132
96	169	74	95	153	63	90
97	135	64	71	127	61	66
98	88	42	46	81	40	41
99	74	37	37	71	37	34
100岁及以上	**172**	**86**	**86**	**149**	**78**	**71**

单位：人

登记地					
其中市辖区内人户分离			省　　外		
小计	男	女	小计	男	女
10236	**5058**	**5178**	**6800**	**3382**	**3418**
2500	1268	1232	1665	860	805
2360	1187	1173	1580	783	797
1892	924	968	1301	633	668
1854	871	983	1255	621	634
1630	808	822	999	485	514
5871	**2820**	**3051**	**3519**	**1669**	**1850**
1616	772	844	914	452	462
1353	644	709	834	394	440
1092	510	582	688	320	368
911	453	458	576	267	309
899	441	458	507	236	271
3589	**1619**	**1970**	**1858**	**889**	**969**
738	341	397	402	186	216
774	339	435	429	211	218
705	330	375	387	175	212
704	314	390	329	156	173
668	295	373	311	161	150
2364	**1035**	**1329**	**1040**	**516**	**524**
570	250	320	272	127	145
504	217	287	222	112	110
495	226	269	236	124	112
396	186	210	167	87	80
399	156	243	143	66	77
1142	**479**	**663**	**506**	**218**	**288**
331	132	199	136	58	78
266	113	153	102	52	50
242	112	130	98	35	63
173	67	106	97	38	59
130	55	75	73	35	38
373	**167**	**206**	**168**	**82**	**86**
125	56	69	56	31	25
78	29	49	37	12	25
83	36	47	29	15	14
51	28	23	29	18	11
36	18	18	17	6	11
58	**29**	**29**	**54**	**25**	**29**
26	13	13	20	9	11
15	8	7	16	11	5
11	5	6	8	3	5
3	2	1	7	2	5
3	1	2	3		3
3	**1**	**2**	**23**	**8**	**15**

7-2c 全省按户口登记地、年龄、性别分的

年龄	户口					
	合计			省内		
	合计	男	女	小计	男	女
总计	**1270572**	**612384**	**658188**	**994323**	**468452**	**525871**
0-4岁	**27914**	**14236**	**13678**	**21686**	**11039**	**10647**
0	2785	1421	1364	2272	1157	1115
1	5662	2897	2765	4462	2269	2193
2	5943	3057	2886	4601	2353	2248
3	6781	3401	3380	5139	2568	2571
4	6743	3460	3283	5212	2692	2520
5-9岁	**37530**	**19270**	**18260**	**28239**	**14402**	**13837**
5	6198	3162	3036	4635	2358	2277
6	8094	4122	3972	6195	3161	3034
7	7338	3808	3530	5500	2810	2690
8	8321	4301	4020	6237	3189	3048
9	7579	3877	3702	5672	2884	2788
10-14岁	**42196**	**21557**	**20639**	**31821**	**16226**	**15595**
10	7620	3879	3741	5659	2899	2760
11	8365	4277	4088	6269	3175	3094
12	8283	4227	4056	6190	3162	3028
13	8900	4547	4353	6729	3437	3292
14	9028	4627	4401	6974	3553	3421
15-19岁	**79828**	**39814**	**40014**	**66552**	**32433**	**34119**
15	13821	7509	6312	11858	6398	5460
16	16864	9233	7631	14510	7805	6705
17	13157	6951	6206	11270	5883	5387
18	16048	7535	8513	13472	6119	7353
19	19938	8586	11352	15442	6228	9214
20-24岁	**66573**	**30386**	**36187**	**47314**	**20400**	**26914**
20	18442	8237	10205	13338	5637	7701
21	12391	5880	6511	8352	3743	4609
22	11243	5377	5866	7725	3464	4261
23	11417	5201	6216	8168	3543	4625
24	13080	5691	7389	9731	4013	5718
25-29岁	**74121**	**30686**	**43435**	**56008**	**21703**	**34305**
25	14476	6278	8198	10799	4418	6381
26	14884	6357	8527	11447	4620	6827
27	14623	5918	8705	11201	4229	6972
28	14648	5946	8702	11014	4152	6862
29	15490	6187	9303	11547	4284	7263

户口登记地在外乡镇街道的人口(乡村)

单位：人

登记地					
其中市辖区内人户分离			省外		
小计	男	女	小计	男	女
159257	**78469**	**80788**	**276249**	**143932**	**132317**
3369	**1722**	**1647**	**6228**	**3197**	**3031**
355	190	165	513	264	249
709	341	368	1200	628	572
703	359	344	1342	704	638
830	418	412	1642	833	809
772	414	358	1531	768	763
4152	**2136**	**2016**	**9291**	**4868**	**4423**
658	339	319	1563	804	759
968	489	479	1899	961	938
807	418	389	1838	998	840
910	463	447	2084	1112	972
809	427	382	1907	993	914
4626	**2333**	**2293**	**10375**	**5331**	**5044**
800	421	379	1961	980	981
914	451	463	2096	1102	994
876	437	439	2093	1065	1028
1008	505	503	2171	1110	1061
1028	519	509	2054	1074	980
12437	**6471**	**5966**	**13276**	**7381**	**5895**
2654	1413	1241	1963	1111	852
3716	1965	1751	2354	1428	926
2004	1064	940	1887	1068	819
1974	1003	971	2576	1416	1160
2089	1026	1063	4496	2358	2138
5695	**2870**	**2825**	**19259**	**9986**	**9273**
1753	915	838	5104	2600	2504
980	506	474	4039	2137	1902
946	483	463	3518	1913	1605
918	448	470	3249	1658	1591
1098	518	580	3349	1678	1671
6199	**2782**	**3417**	**18113**	**8983**	**9130**
1193	548	645	3677	1860	1817
1263	591	672	3437	1737	1700
1225	551	674	3422	1689	1733
1232	549	683	3634	1794	1840
1286	543	743	3943	1903	2040

7-2c 续表 1

年龄	户口					
	合计			省内		
	合计	男	女	小计	男	女
30-34岁	**104868**	**41578**	**63290**	**78416**	**28715**	**49701**
30	20101	7913	12188	14751	5300	9451
31	20912	8240	12672	15443	5614	9829
32	20771	8154	12617	15507	5651	9856
33	23318	9261	14057	17783	6514	11269
34	19766	8010	11756	14932	5636	9296
35-39岁	**84804**	**36939**	**47865**	**62524**	**25384**	**37140**
35	15579	6515	9064	11249	4317	6932
36	14111	6162	7949	9885	3988	5897
37	15435	6716	8719	11249	4569	6680
38	20814	9122	11692	15900	6518	9382
39	18865	8424	10441	14241	5992	8249
40-44岁	**97220**	**45397**	**51823**	**74159**	**33246**	**40913**
40	18727	8568	10159	14276	6189	8087
41	22545	10285	12260	17523	7645	9878
42	19927	9276	10651	15495	6918	8577
43	17482	8289	9193	13160	6088	7072
44	18539	8979	9560	13705	6406	7299
45-49岁	**118861**	**59091**	**59770**	**87843**	**42627**	**45216**
45	19600	9546	10054	14312	6777	7535
46	22524	11043	11481	16490	7887	8603
47	25045	12560	12485	18679	9152	9527
48	25231	12659	12572	18596	9117	9479
49	26461	13283	13178	19766	9694	10072
50-54岁	**130190**	**66239**	**63951**	**98347**	**49042**	**49305**
50	28554	14392	14162	21472	10564	10908
51	25982	13219	12763	19462	9703	9759
52	28040	14197	13843	21142	10481	10661
53	22359	11380	10979	16738	8384	8354
54	25255	13051	12204	19533	9910	9623
55-59岁	**113832**	**58954**	**54878**	**90673**	**46449**	**44224**
55	26304	13617	12687	20855	10606	10249
56	26444	13707	12737	21244	10896	10348
57	31103	16234	14869	25483	13142	12341
58	18765	9676	9089	14577	7452	7125
59	11216	5720	5496	8514	4353	4161
60-64岁	**87236**	**44773**	**42463**	**72479**	**36961**	**35518**
60	18155	9401	8754	14839	7592	7247
61	15625	8188	7437	12864	6720	6144
62	18106	9330	8776	15175	7767	7408
63	18511	9399	9112	15414	7766	7648
64	16839	8455	8384	14187	7116	7071

单位：人

登记地					
其中市辖区内人户分离			省外		
小计	男	女	小计	男	女
9987	**4072**	**5915**	**26452**	**12863**	**13589**
1843	773	1070	5350	2613	2737
1878	761	1117	5469	2626	2843
1960	792	1168	5264	2503	2761
2354	948	1406	5535	2747	2788
1952	798	1154	4834	2374	2460
8567	**3637**	**4930**	**22280**	**11555**	**10725**
1472	608	864	4330	2198	2132
1374	570	804	4226	2174	2052
1533	665	868	4186	2147	2039
2260	958	1302	4914	2604	2310
1928	836	1092	4624	2432	2192
10505	**4806**	**5699**	**23061**	**12151**	**10910**
2020	914	1106	4451	2379	2072
2477	1125	1352	5022	2640	2382
2179	957	1222	4432	2358	2074
1852	867	985	4322	2201	2121
1977	943	1034	4834	2573	2261
13348	**6429**	**6919**	**31018**	**16464**	**14554**
2081	968	1113	5288	2769	2519
2448	1159	1289	6034	3156	2878
2936	1427	1509	6366	3408	2958
2787	1363	1424	6635	3542	3093
3096	1512	1584	6695	3589	3106
15715	**7803**	**7912**	**31843**	**17197**	**14646**
3311	1604	1707	7082	3828	3254
3207	1595	1612	6520	3516	3004
3459	1709	1750	6898	3716	3182
2633	1294	1339	5621	2996	2625
3105	1601	1504	5722	3141	2581
16421	**8473**	**7948**	**23159**	**12505**	**10654**
3490	1779	1711	5449	3011	2438
3753	1917	1836	5200	2811	2389
4782	2478	2304	5620	3092	2528
2717	1414	1303	4188	2224	1964
1679	885	794	2702	1367	1335
14705	**7609**	**7096**	**14757**	**7812**	**6945**
2859	1498	1361	3316	1809	1507
2647	1383	1264	2761	1468	1293
3057	1554	1503	2931	1563	1368
3211	1670	1541	3097	1633	1464
2931	1504	1427	2652	1339	1313

7-2c 续表 2

年龄	户口 合计			省内		
	合计	男	女	小计	男	女
65-69岁	**79082**	**40051**	**39031**	**67378**	**34120**	**33258**
65	18234	9306	8928	15446	7828	7618
66	17860	9049	8811	15155	7685	7470
67	14827	7489	7338	12594	6369	6225
68	14676	7421	7255	12579	6394	6185
69	13485	6786	6699	11604	5844	5760
70-74岁	**51349**	**26524**	**24825**	**44408**	**22980**	**21428**
70	13071	6679	6392	11348	5820	5528
71	11678	6010	5668	10075	5194	4881
72	9508	4900	4608	8161	4210	3951
73	8715	4547	4168	7458	3894	3564
74	8377	4388	3989	7366	3862	3504
75-79岁	**31485**	**16740**	**14745**	**27642**	**14766**	**12876**
75	6952	3723	3229	6121	3286	2835
76	6802	3667	3135	5932	3220	2712
77	6225	3283	2942	5485	2913	2572
78	5990	3131	2859	5295	2789	2506
79	5516	2936	2580	4809	2558	2251
80-84岁	**20729**	**10327**	**10402**	**18305**	**9136**	**9169**
80	4889	2540	2349	4333	2266	2067
81	4382	2204	2178	3854	1947	1907
82	4379	2149	2230	3839	1884	1955
83	3682	1838	1844	3251	1622	1629
84	3397	1596	1801	3028	1417	1611
85-89岁	**12567**	**5542**	**7025**	**11267**	**4945**	**6322**
85	3219	1436	1783	2876	1286	1590
86	2763	1227	1536	2475	1094	1381
87	2551	1116	1435	2292	990	1302
88	2162	926	1236	1944	833	1111
89	1872	837	1035	1680	742	938
90-94岁	**6677**	**2807**	**3870**	**6075**	**2553**	**3522**
90	1888	786	1102	1712	719	993
91	1466	605	861	1336	544	792
92	1328	585	743	1201	534	667
93	1152	497	655	1055	448	607
94	843	334	509	771	308	463
95-99岁	**2518**	**1042**	**1476**	**2315**	**947**	**1368**
95	683	284	399	646	268	378
96	610	249	361	558	223	335
97	480	192	288	446	177	269
98	398	169	229	353	149	204
99	347	148	199	312	130	182
100岁及以上	**992**	**431**	**561**	**872**	**378**	**494**

单位：人

登记地					
其中市辖区内人户分离			省外		
小计	男	女	小计	男	女
14049	**7341**	**6708**	**11704**	**5931**	**5773**
3239	1720	1519	2788	1478	1310
3140	1589	1551	2705	1364	1341
2658	1414	1244	2233	1120	1113
2540	1320	1220	2097	1027	1070
2472	1298	1174	1881	942	939
9215	**4728**	**4487**	**6941**	**3544**	**3397**
2536	1278	1258	1723	859	864
2052	1043	1009	1603	816	787
1641	857	784	1347	690	657
1521	792	729	1257	653	604
1465	758	707	1011	526	485
5071	**2715**	**2356**	**3843**	**1974**	**1869**
1176	638	538	831	437	394
1132	607	525	870	447	423
998	534	464	740	370	370
960	500	460	695	342	353
805	436	369	707	378	329
2966	**1530**	**1436**	**2424**	**1191**	**1233**
737	405	332	556	274	282
631	309	322	528	257	271
629	322	307	540	265	275
528	275	253	431	216	215
441	219	222	369	179	190
1450	**671**	**779**	**1300**	**597**	**703**
431	205	226	343	150	193
335	156	179	288	133	155
291	128	163	259	126	133
211	101	110	218	93	125
182	81	101	192	95	97
583	**258**	**325**	**602**	**254**	**348**
197	94	103	176	67	109
144	63	81	130	61	69
94	42	52	127	51	76
95	40	55	97	49	48
53	19	34	72	26	46
165	**63**	**102**	**203**	**95**	**108**
58	23	35	37	16	21
39	13	26	52	26	26
32	12	20	34	15	19
24	8	16	45	20	25
12	7	5	35	18	17
32	**20**	**12**	**120**	**53**	**67**

7-3 全省按现住地、性别分的户口登记地在外省的人口

单位：人

现住地	户口登记地					
	合计			北京		
	合计	男	女	小计	男	女
辽宁	**2847308**	**1514766**	**1332542**	**17387**	**9266**	**8121**
沈阳市	822202	449830	372372	4802	2606	2196
大连市	1205521	636033	569488	3987	2167	1820
鞍山市	123275	65518	57757	1085	557	528
抚顺市	42387	23068	19319	628	347	281
本溪市	34729	18075	16654	529	286	243
丹东市	62954	34169	28785	780	400	380
锦州市	73114	37043	36071	1185	596	589
营口市	146152	75047	71105	646	339	307
阜新市	30965	16945	14020	430	228	202
辽阳市	56768	29247	27521	387	202	185
盘锦市	78472	41743	36729	720	377	343
铁岭市	44220	20597	23623	367	198	169
朝阳市	48724	24628	24096	552	294	258
葫芦岛市	63911	35005	28906	1205	616	589
辽宁省沈抚新区管委会	13914	7818	6096	84	53	31

7-3 续表 1

单位：人

现住地	户口登记地								
	天津			河北			山西		
	小计	男	女	小计	男	女	小计	男	女
辽宁	**18057**	**10034**	**8023**	**138160**	**74456**	**63704**	**34679**	**18243**	**16436**
沈阳市	4998	2848	2150	47963	26466	21497	13784	7429	6355
大连市	5105	2733	2372	38645	20295	18350	11831	5927	5904
鞍山市	661	364	297	5628	3006	2622	1403	761	642
抚顺市	503	282	221	3023	1656	1367	521	311	210
本溪市	280	148	132	2413	1334	1079	670	307	363
丹东市	299	171	128	2742	1477	1265	418	213	205
锦州市	960	515	445	6643	3414	3229	1664	813	851
营口市	576	326	250	4412	2403	2009	793	445	348
阜新市	388	228	160	2482	1518	964	499	324	175
辽阳市	292	148	144	2060	1134	926	322	163	159
盘锦市	1241	722	519	5386	2954	2432	623	327	296
铁岭市	308	160	148	2256	1181	1075	338	141	197
朝阳市	624	421	203	6538	3480	3058	554	330	224
葫芦岛市	1403	743	660	7134	3662	3472	1057	626	431
辽宁省沈抚新区管委会	419	225	194	835	476	359	202	126	76

7−3　续表 2　　单位：人

现住地	户口登记地					
	内蒙古			吉林		
	小计	男	女	小计	男	女
辽宁	**305502**	**157304**	**148198**	**532562**	**273681**	**258881**
沈阳市	94759	49964	44795	158191	81652	76539
大连市	105199	55297	49902	238107	123933	114174
鞍山市	17955	9292	8663	23608	12061	11547
抚顺市	2492	1277	1215	9293	4534	4759
本溪市	2578	1382	1196	5354	2599	2755
丹东市	5019	2745	2274	11951	6548	5403
锦州市	7231	3283	3948	8865	4296	4569
营口市	17487	9016	8471	24142	12051	12091
阜新市	7326	3401	3925	2876	1451	1425
辽阳市	8261	4088	4173	10519	5247	5272
盘锦市	9085	4612	4473	9619	4918	4701
铁岭市	5875	2546	3329	13718	5807	7911
朝阳市	15390	7190	8200	3944	1835	2109
葫芦岛市	5474	2510	2964	9748	5397	4351
辽宁省沈抚新区管委会	1371	701	670	2627	1352	1275

7−3　续表 3　　单位：人

现住地	户口登记地								
	黑龙江			上海			江苏		
	小计	男	女	小计	男	女	小计	男	女
辽宁	**790383**	**398160**	**392223**	**4644**	**2701**	**1943**	**60212**	**37557**	**22655**
沈阳市	170193	86629	83564	1431	863	568	23930	15312	8618
大连市	407457	206353	201104	1772	1023	749	18522	11321	7201
鞍山市	32508	16311	16197	231	140	91	4003	2399	1604
抚顺市	4664	2171	2493	116	72	44	1708	996	712
本溪市	4736	2239	2497	70	35	35	1351	795	556
丹东市	18201	9568	8633	124	69	55	1753	1018	735
锦州市	13347	6213	7134	160	78	82	1532	942	590
营口市	62180	30815	31365	135	78	57	1174	718	456
阜新市	3093	1491	1602	126	71	55	674	473	201
辽阳市	15805	7732	8073	100	56	44	978	605	373
盘锦市	26390	13420	12970	125	67	58	1670	1062	608
铁岭市	8360	3886	4474	68	36	32	541	327	214
朝阳市	6572	3038	3534	56	35	21	567	350	217
葫芦岛市	14163	6862	7301	116	70	46	1258	844	414
辽宁省沈抚新区管委会	2714	1432	1282	14	8	6	551	395	156

7-3 续表 4

单位：人

现住地	户口登记地								
	浙江			安徽			福建		
	小计	男	女	小计	男	女	小计	男	女
辽宁	**34620**	**20066**	**14554**	**94708**	**54778**	**39930**	**33685**	**20216**	**13469**
沈阳市	13995	8185	5810	39700	23489	16211	15073	9031	6042
大连市	9847	5529	4318	31184	17476	13708	9355	5425	3930
鞍山市	2113	1209	904	4541	2554	1987	1189	773	416
抚顺市	650	390	260	1338	833	505	519	319	200
本溪市	647	381	266	1272	737	535	423	254	169
丹东市	955	573	382	1038	602	436	622	373	249
锦州市	1184	693	491	2438	1453	985	1125	718	407
营口市	741	425	316	2967	1656	1311	1793	1092	701
阜新市	502	298	204	1076	715	361	476	284	192
辽阳市	754	462	292	2204	1229	975	446	277	169
盘锦市	666	405	261	2827	1630	1197	923	559	364
铁岭市	450	247	203	1040	558	482	315	199	116
朝阳市	749	457	292	1051	566	485	710	440	270
葫芦岛市	1147	664	483	1665	1051	614	685	453	232
辽宁省沈抚新区管委会	220	148	72	367	229	138	31	19	12

7-3 续表 5

单位：人

现住地	户口登记地								
	江西			山东			河南		
	小计	男	女	小计	男	女	小计	男	女
辽宁	**15999**	**9536**	**6463**	**173685**	**97595**	**76090**	**207110**	**121805**	**85305**
沈阳市	6280	3910	2370	56490	32310	24180	56190	33684	22506
大连市	5644	3226	2418	79863	43751	36112	106343	61316	45027
鞍山市	660	428	232	5193	2965	2228	6415	3730	2685
抚顺市	196	120	76	4293	2517	1776	3421	2127	1294
本溪市	254	145	109	2323	1235	1088	4039	2305	1734
丹东市	310	182	128	2331	1389	942	4076	2401	1675
锦州市	470	247	223	4151	2195	1956	5861	3388	2473
营口市	619	338	281	4417	2497	1920	3999	2339	1660
阜新市	207	129	78	1547	949	598	2053	1324	729
辽阳市	206	110	96	1897	1080	817	2772	1641	1131
盘锦市	292	186	106	3737	2201	1536	3685	2313	1372
铁岭市	152	77	75	1499	785	714	1404	795	609
朝阳市	291	175	116	1599	909	690	1679	938	741
葫芦岛市	369	236	133	3463	2340	1123	4256	2932	1324
辽宁省沈抚新区管委会	49	27	22	882	472	410	917	572	345

7-3　续表 6

单位：人

现住地	户口登记地								
	湖北			湖南			广东		
	小计	男	女	小计	男	女	小计	男	女
辽宁	**26794**	**15649**	**11145**	**15609**	**8713**	**6896**	**20193**	**11457**	**8736**
沈阳市	9416	5744	3672	6196	3582	2614	7538	4622	2916
大连市	10600	5972	4628	5272	2821	2451	5524	3125	2399
鞍山市	835	482	353	576	323	253	1052	558	494
抚顺市	287	174	113	279	182	97	824	418	406
本溪市	332	187	145	193	93	100	654	317	337
丹东市	499	309	190	308	170	138	856	427	429
锦州市	846	444	402	513	264	249	804	420	384
营口市	581	318	263	479	298	181	718	383	335
阜新市	279	164	115	264	154	110	266	149	117
辽阳市	459	283	176	256	124	132	428	207	221
盘锦市	1141	665	476	423	229	194	390	216	174
铁岭市	230	103	127	166	76	90	333	163	170
朝阳市	589	370	219	289	168	121	334	182	152
葫芦岛市	610	375	235	331	196	135	385	227	158
辽宁省沈抚新区管委会	90	59	31	64	33	31	87	43	44

7-3　续表 7

单位：人

现住地	户口登记地								
	广西			海南			重庆		
	小计	男	女	小计	男	女	小计	男	女
辽宁	**13939**	**7010**	**6929**	**4713**	**2386**	**2327**	**20030**	**11537**	**8493**
沈阳市	4457	2527	1930	1234	673	561	7010	4269	2741
大连市	4938	2334	2604	1525	710	815	8182	4547	3635
鞍山市	673	312	361	210	128	82	886	524	362
抚顺市	312	167	145	170	96	74	335	202	133
本溪市	506	225	281	102	40	62	291	155	136
丹东市	365	169	196	87	41	46	328	183	145
锦州市	1123	546	577	202	84	118	486	246	240
营口市	319	152	167	77	36	41	368	208	160
阜新市	276	160	116	61	26	35	325	216	109
辽阳市	161	65	96	54	20	34	407	234	173
盘锦市	179	71	108	94	41	53	424	228	196
铁岭市	119	44	75	91	35	56	206	101	105
朝阳市	156	54	102	107	44	63	302	173	129
葫芦岛市	280	147	133	686	409	277	368	194	174
辽宁省沈抚新区管委会	75	37	38	13	3	10	112	57	55

7-3 续表 8

单位：人

现住地	户口登记地								
	四川			贵州			云南		
	小计	男	女	小计	男	女	小计	男	女
辽宁	**70566**	**39450**	**31116**	**125092**	**64410**	**60682**	**11653**	**5924**	**5729**
沈阳市	23287	13443	9844	27425	14552	12873	3094	1663	1431
大连市	28566	15846	12720	37590	18897	18693	4164	2104	2060
鞍山市	3139	1766	1373	4581	2423	2158	615	356	259
抚顺市	1051	611	440	3811	2033	1778	216	124	92
本溪市	1229	601	628	2335	1221	1114	290	128	162
丹东市	1171	647	524	6950	3501	3449	250	151	99
锦州市	1917	1062	855	5215	2674	2541	639	312	327
营口市	2887	1567	1320	12524	6450	6074	371	174	197
阜新市	664	381	283	3401	1805	1596	270	137	133
辽阳市	867	461	406	5074	2595	2479	213	95	118
盘锦市	2786	1465	1321	3502	1783	1719	237	95	142
铁岭市	585	288	297	4789	2407	2382	261	81	180
朝阳市	654	323	331	3648	1816	1832	230	63	167
葫芦岛市	1371	767	604	3683	1945	1738	607	319	288
辽宁省沈抚新区管委会	392	222	170	564	308	256	196	122	74

7-3 续表 9

单位：人

现住地	户口登记地								
	西藏			陕西			甘肃		
	小计	男	女	小计	男	女	小计	男	女
辽宁	**2284**	**1087**	**1197**	**22052**	**13038**	**9014**	**26160**	**15130**	**11030**
沈阳市	906	460	446	7227	4353	2874	8025	4865	3160
大连市	302	127	175	7438	4242	3196	9119	5197	3922
鞍山市	63	28	35	941	575	366	1452	810	642
抚顺市	59	27	32	322	209	113	568	403	165
本溪市	34	17	17	570	352	218	602	289	313
丹东市	20	13	7	440	271	169	627	338	289
锦州市	221	119	102	766	378	388	1730	871	859
营口市	100	45	55	537	294	243	547	307	240
阜新市	70	30	40	408	282	126	492	322	170
辽阳市	388	166	222	566	310	256	533	325	208
盘锦市	19	9	10	662	361	301	1077	601	476
铁岭市	18	8	10	188	84	104	228	104	124
朝阳市	26	12	14	856	626	230	359	199	160
葫芦岛市	55	25	30	864	514	350	694	429	265
辽宁省沈抚新区管委会	3	1	2	267	187	80	107	70	37

7-3 续表 10

单位：人

现住地	户口登记地								
	青海			宁夏			新疆		
	小计	男	女	小计	男	女	小计	男	女
辽宁	**6711**	**3457**	**3254**	**3852**	**2167**	**1685**	**16267**	**7953**	**8314**
沈阳市	2535	1362	1173	1210	724	486	4863	2613	2250
大连市	1709	848	861	1489	769	720	6242	2722	3520
鞍山市	324	197	127	257	177	80	478	309	169
抚顺市	156	92	64	77	47	30	555	331	224
本溪市	130	59	71	103	40	63	419	169	250
丹东市	197	104	93	58	29	29	179	87	92
锦州市	475	190	285	159	77	82	1202	512	690
营口市	233	119	114	89	41	48	241	117	124
阜新市	95	47	48	98	75	23	241	113	128
辽阳市	141	70	71	41	27	14	177	91	86
盘锦市	94	40	54	73	42	31	382	144	238
铁岭市	141	69	72	28	15	13	146	76	70
朝阳市	155	85	70	47	22	25	96	33	63
葫芦岛市	288	154	134	120	80	40	426	218	208
辽宁省沈抚新区管委会	38	21	17	3	2	1	620	418	202

7-3a 全省按现住地、性别分的户口登记地在外省的人口(城市)

单位：人

现住地	户口登记地					
	合计			北京		
	合计	男	女	小计	男	女
辽宁	**2379097**	**1271693**	**1107404**	**14855**	**7931**	**6924**
沈阳市	737669	405005	332664	4402	2436	1966
大连市	1094291	576018	518273	3820	2075	1745
鞍山市	76228	41152	35076	940	484	456
抚顺市	30249	16873	13376	483	258	225
本溪市	24785	13012	11773	380	197	183
丹东市	37950	20702	17248	645	321	324
锦州市	58156	29523	28633	1023	512	511
营口市	115729	59550	56179	562	300	262
阜新市	19125	10910	8215	351	183	168
辽阳市	34092	17428	16664	325	163	162
盘锦市	60398	32142	28256	640	328	312
铁岭市	14246	7075	7171	166	87	79
朝阳市	21942	11081	10861	371	196	175
葫芦岛市	43194	25018	18176	668	342	326
辽宁省沈抚新区管委会	11043	6204	4839	79	49	30

7-3a 续表 1

单位：人

现住地	户口登记地								
	天津			河北			山西		
	小计	男	女	小计	男	女	小计	男	女
辽宁	**15815**	**8832**	**6983**	**112129**	**60295**	**51834**	**30941**	**16381**	**14560**
沈阳市	4547	2656	1891	43792	24212	19580	13026	7082	5944
大连市	4832	2571	2261	34906	18214	16692	11056	5597	5459
鞍山市	543	300	243	4253	2285	1968	1217	667	550
抚顺市	396	230	166	2215	1220	995	423	261	162
本溪市	196	100	96	1694	917	777	600	281	319
丹东市	235	129	106	1544	835	709	218	112	106
锦州市	827	435	392	5443	2704	2739	1466	703	763
营口市	479	274	205	3336	1808	1528	677	393	284
阜新市	301	176	125	1618	961	657	348	223	125
辽阳市	232	121	111	1135	566	569	225	108	117
盘锦市	1107	638	469	3936	2182	1754	402	213	189
铁岭市	137	70	67	907	463	444	114	53	61
朝阳市	417	311	106	3348	1651	1697	215	107	108
葫芦岛市	1156	603	553	3303	1886	1417	768	461	307
辽宁省沈抚新区管委会	410	218	192	699	391	308	186	120	66

7-3a 续表 2

单位：人

现住地	户口登记地					
	内蒙古			吉林		
	小计	男	女	小计	男	女
辽宁	**233269**	**121597**	**111672**	**440148**	**227284**	**212864**
沈阳市	81549	43327	38222	141972	73179	68793
大连市	92203	48206	43997	211882	109655	102227
鞍山市	9264	4857	4407	14361	7350	7011
抚顺市	1758	923	835	5392	2724	2668
本溪市	1882	1024	858	3129	1593	1536
丹东市	2838	1553	1285	7667	4265	3402
锦州市	4883	2236	2647	6711	3265	3446
营口市	13193	6857	6336	18403	9241	9162
阜新市	3120	1587	1533	1785	919	866
辽阳市	4384	2176	2208	6390	3196	3194
盘锦市	6326	3228	3098	7686	3951	3735
铁岭市	1643	756	887	3617	1720	1897
朝阳市	5591	2678	2913	2061	997	1064
葫芦岛市	3564	1669	1895	6928	4147	2781
辽宁省沈抚新区管委会	1071	520	551	2164	1082	1082

7–3a　续表 3　　单位：人

现住地	户口登记地								
	黑龙江			上海			江苏		
	小计	男	女	小计	男	女	小计	男	女
辽宁	**669321**	**337607**	**331714**	**4300**	**2508**	**1792**	**52135**	**32684**	**19451**
沈阳市	150064	76371	73693	1361	825	536	22165	14233	7932
大连市	369910	186676	183234	1705	986	719	17432	10631	6801
鞍山市	15925	8003	7922	210	128	82	3245	1966	1279
抚顺市	3514	1690	1824	101	62	39	1199	737	462
本溪市	3212	1531	1681	58	31	27	845	519	326
丹东市	12047	6357	5690	108	60	48	916	554	362
锦州市	10356	4902	5454	154	77	77	1195	748	447
营口市	52353	26035	26318	113	66	47	916	544	372
阜新市	1894	959	935	109	59	50	362	243	119
辽阳市	8831	4302	4529	86	46	40	559	334	225
盘锦市	21817	11082	10735	112	60	52	1340	858	482
铁岭市	3521	1706	1815	34	20	14	216	136	80
朝阳市	3595	1781	1814	40	22	18	338	216	122
葫芦岛市	10203	5134	5069	95	58	37	985	674	311
辽宁省沈抚新区管委会	2079	1078	1001	14	8	6	422	291	131

7–3a　续表 4　　单位：人

现住地	户口登记地								
	浙江			安徽			福建		
	小计	男	女	小计	男	女	小计	男	女
辽宁	**29352**	**16919**	**12433**	**85414**	**49597**	**35817**	**28383**	**16758**	**11625**
沈阳市	13054	7626	5428	37144	22003	15141	13078	7818	5260
大连市	9103	5090	4013	29710	16698	13012	8495	4818	3677
鞍山市	1111	653	458	3219	1835	1384	810	512	298
抚顺市	440	261	179	1215	766	449	388	232	156
本溪市	440	260	180	1142	665	477	312	183	129
丹东市	654	392	262	655	391	264	470	274	196
锦州市	884	510	374	2253	1349	904	889	556	333
营口市	613	343	270	2194	1226	968	1644	972	672
阜新市	347	203	144	888	606	282	332	203	129
辽阳市	417	229	188	1760	974	786	319	191	128
盘锦市	514	299	215	2267	1298	969	623	371	252
铁岭市	207	120	87	593	318	275	120	70	50
朝阳市	474	292	182	637	340	297	367	220	147
葫芦岛市	888	499	389	1431	926	505	506	320	186
辽宁省沈抚新区管委会	206	142	64	306	202	104	30	18	12

7-3a 续表 5

单位：人

现住地	户口登记地								
	江西			山东			河南		
	小计	男	女	小计	男	女	小计	男	女
辽宁	**14057**	**8424**	**5633**	**154219**	**86443**	**67776**	**186040**	**109464**	**76576**
沈阳市	5775	3596	2179	51625	29497	22128	51545	31061	20484
大连市	5290	3058	2232	74891	40975	33916	100391	57852	42539
鞍山市	509	344	165	4164	2367	1797	4944	2876	2068
抚顺市	160	99	61	3270	1911	1359	2677	1671	1006
本溪市	209	123	86	1767	934	833	3408	1940	1468
丹东市	190	111	79	1525	919	606	2609	1521	1088
锦州市	419	218	201	3539	1829	1710	5170	2975	2195
营口市	529	292	237	3634	2030	1604	3414	1989	1425
阜新市	146	92	54	1042	630	412	1584	1017	567
辽阳市	137	69	68	1239	689	550	1929	1124	805
盘锦市	143	79	64	2773	1620	1153	2731	1708	1023
铁岭市	68	38	30	529	295	234	573	326	247
朝阳市	152	83	69	873	485	388	895	472	423
葫芦岛市	297	203	94	2728	1927	801	3434	2470	964
辽宁省沈抚新区管委会	33	19	14	620	335	285	736	462	274

7-3a 续表 6

单位：人

现住地	户口登记地								
	湖北			湖南			广东		
	小计	男	女	小计	男	女	小计	男	女
辽宁	**23134**	**13469**	**9665**	**13647**	**7654**	**5993**	**17160**	**9716**	**7444**
沈阳市	8560	5241	3319	5736	3340	2396	7081	4352	2729
大连市	9876	5540	4336	4996	2681	2315	4869	2666	2203
鞍山市	563	343	220	429	247	182	795	433	362
抚顺市	200	113	87	189	123	66	623	312	311
本溪市	228	123	105	154	73	81	403	191	212
丹东市	303	192	111	194	108	86	550	272	278
锦州市	755	407	348	442	232	210	674	345	329
营口市	457	245	212	401	251	150	642	345	297
阜新市	202	121	81	190	116	74	209	112	97
辽阳市	246	126	120	130	58	72	322	147	175
盘锦市	942	542	400	272	137	135	304	163	141
铁岭市	106	54	52	65	27	38	143	72	71
朝阳市	197	101	96	129	69	60	200	113	87
葫芦岛市	420	270	150	262	162	100	274	161	113
辽宁省沈抚新区管委会	79	51	28	58	30	28	71	32	39

7–3a　续表 7　　　　单位：人

现住地	户口登记地								
	广西			海南			重庆		
	小计	男	女	小计	男	女	小计	男	女
辽宁	**12209**	**6279**	**5930**	**4269**	**2201**	**2068**	**17281**	**9941**	**7340**
沈阳市	4103	2363	1740	1176	655	521	6319	3843	2476
大连市	4514	2144	2370	1394	658	736	7613	4206	3407
鞍山市	583	271	312	185	119	66	652	390	262
抚顺市	263	147	116	155	89	66	239	145	94
本溪市	453	201	252	93	37	56	214	116	98
丹东市	137	67	70	71	30	41	203	109	94
锦州市	1078	530	548	184	75	109	406	207	199
营口市	281	139	142	57	27	30	282	148	134
阜新市	242	147	95	43	18	25	242	167	75
辽阳市	102	41	61	43	17	26	254	139	115
盘锦市	79	31	48	72	30	42	322	174	148
铁岭市	48	21	27	50	16	34	62	33	29
朝阳市	78	26	52	85	38	47	134	69	65
葫芦岛市	209	126	83	651	390	261	261	152	109
辽宁省沈抚新区管委会	39	25	14	10	2	8	78	43	35

7–3a　续表 8　　　　单位：人

现住地	户口登记地								
	四川			贵州			云南		
	小计	男	女	小计	男	女	小计	男	女
辽宁	**60810**	**34080**	**26730**	**84441**	**43900**	**40541**	**9635**	**5091**	**4544**
沈阳市	20393	11862	8531	23763	12702	11061	2868	1579	1289
大连市	27111	14954	12157	31038	15705	15333	3833	1936	1897
鞍山市	2139	1198	941	2757	1484	1273	475	281	194
抚顺市	682	399	283	2653	1457	1196	136	87	49
本溪市	949	462	487	1357	729	628	242	118	124
丹东市	564	319	245	2651	1290	1361	111	63	48
锦州市	1665	940	725	3039	1575	1464	584	298	286
营口市	2589	1399	1190	7176	3689	3487	310	151	159
阜新市	478	287	191	1955	1085	870	234	128	106
辽阳市	580	295	285	2881	1494	1387	142	70	72
盘锦市	2165	1147	1018	2096	1068	1028	71	27	44
铁岭市	226	125	101	728	368	360	65	23	42
朝阳市	305	130	175	782	361	421	69	23	46
葫芦岛市	666	390	276	1260	702	558	399	245	154
辽宁省沈抚新区管委会	298	173	125	305	191	114	96	62	34

7-3a 续表 9

单位：人

现住地	户口登记地								
	西藏			陕西			甘肃		
	小计	男	女	小计	男	女	小计	男	女
辽宁	**2004**	**917**	**1087**	**18273**	**10657**	**7616**	**22378**	**13126**	**9252**
沈阳市	852	422	430	6593	4005	2588	7532	4593	2939
大连市	282	118	164	6773	3843	2930	7681	4455	3226
鞍山市	51	22	29	689	418	271	1262	707	555
抚顺市	56	25	31	204	132	72	475	347	128
本溪市	13	9	4	337	181	156	510	243	267
丹东市	19	13	6	265	153	112	261	142	119
锦州市	141	50	91	622	300	322	1596	797	799
营口市	99	44	55	440	246	194	459	265	194
阜新市	65	28	37	255	163	92	412	278	134
辽阳市	330	143	187	404	214	190	447	274	173
盘锦市	12	5	7	540	300	240	851	476	375
铁岭市	9	3	6	94	40	54	77	37	40
朝阳市	23	11	12	213	124	89	205	112	93
葫芦岛市	49	23	26	590	361	229	524	342	182
辽宁省沈抚新区管委会	3	1	2	254	177	77	86	58	28

7-3a 续表 10

单位：人

现住地	户口登记地								
	青海			宁夏			新疆		
	小计	男	女	小计	男	女	小计	男	女
辽宁	**5963**	**3062**	**2901**	**3396**	**1935**	**1461**	**14119**	**6941**	**7178**
沈阳市	2406	1283	1123	1120	677	443	4068	2166	1902
大连市	1591	795	796	1374	713	661	5720	2502	3218
鞍山市	291	180	111	228	165	63	414	267	147
抚顺市	151	90	61	65	43	22	527	319	208
本溪市	109	48	61	94	35	59	355	148	207
丹东市	156	78	78	44	25	19	100	47	53
锦州市	452	180	272	139	72	67	1167	496	671
营口市	198	99	99	64	28	36	214	104	110
阜新市	69	31	38	79	64	15	223	104	119
辽阳市	111	53	58	21	12	9	111	57	54
盘锦市	65	30	35	42	22	20	148	75	73
铁岭市	60	33	27	13	7	6	55	38	17
朝阳市	67	30	37	16	4	12	65	19	46
葫芦岛市	210	117	93	94	66	28	371	192	179
辽宁省沈抚新区管委会	27	15	12	3	2	1	581	407	174

7-3b　全省按现住地、性别分的户口登记地在外省的人口(镇)

单位：人

现住地	户口登记地					
	合计			北京		
	合计	男	女	小计	男	女
辽宁	**191962**	**99141**	**92821**	**1140**	**620**	**520**
沈阳市	31978	17217	14761	91	47	44
大连市	39687	20715	18972	87	44	43
鞍山市	28551	14788	13763	93	50	43
抚顺市	4896	2463	2433	67	37	30
本溪市	4770	2437	2333	66	37	29
丹东市	12764	6844	5920	74	40	34
锦州市	4827	2359	2468	95	52	43
营口市	8164	4205	3959	22	7	15
阜新市	6286	3304	2982	52	31	21
辽阳市	8608	4410	4198	31	22	9
盘锦市	6285	3335	2950	25	18	7
铁岭市	17047	7881	9166	157	86	71
朝阳市	9201	4684	4517	110	57	53
葫芦岛市	8898	4499	4399	170	92	78
辽宁省沈抚新区管委会						

7-3b　续表 1

单位：人

现住地	户口登记地								
	天津			河北			山西		
	小计	男	女	小计	男	女	小计	男	女
辽宁	**907**	**501**	**406**	**10415**	**5529**	**4886**	**1754**	**843**	**911**
沈阳市	91	53	38	1272	706	566	194	99	95
大连市	99	51	48	1205	627	578	512	171	341
鞍山市	74	44	30	798	402	396	96	42	54
抚顺市	55	24	31	334	166	168	41	22	19
本溪市	59	34	25	332	179	153	27	13	14
丹东市	33	21	12	669	334	335	137	65	72
锦州市	60	35	25	387	194	193	71	34	37
营口市	30	11	19	244	133	111	41	19	22
阜新市	54	33	21	573	389	184	120	88	32
辽阳市	24	11	13	387	214	173	37	18	19
盘锦市	37	21	16	437	225	212	30	17	13
铁岭市	116	66	50	801	429	372	158	67	91
朝阳市	68	38	30	1222	669	553	137	91	46
葫芦岛市	107	59	48	1754	862	892	153	97	56
辽宁省沈抚新区管委会									

7−3b 续表 2 单位：人

现住地	户口登记地					
	内蒙古			吉林		
	小计	男	女	小计	男	女
辽宁	**29896**	**14773**	**15123**	**38152**	**19246**	**18906**
沈阳市	5509	2723	2786	6725	3522	3203
大连市	4101	2171	1930	8091	4454	3637
鞍山市	5438	2786	2652	5430	2774	2656
抚顺市	286	127	159	1807	845	962
本溪市	316	164	152	1135	543	592
丹东市	1051	566	485	2154	1137	1017
锦州市	772	347	425	745	346	399
营口市	1192	613	579	1626	835	791
阜新市	2154	984	1170	630	325	305
辽阳市	1606	812	794	1702	831	871
盘锦市	1115	594	521	829	417	412
铁岭市	2590	1145	1445	5431	2356	3075
朝阳市	2935	1348	1587	716	337	379
葫芦岛市	831	393	438	1131	524	607
辽宁省沈抚新区管委会						

7−3b 续表 3 单位：人

现住地	户口登记地								
	黑龙江			上海			江苏		
	小计	男	女	小计	男	女	小计	男	女
辽宁	**54990**	**27868**	**27122**	**161**	**83**	**78**	**3150**	**1904**	**1246**
沈阳市	9170	4798	4372	12	3	9	502	335	167
大连市	13476	7093	6383	31	14	17	568	334	234
鞍山市	11230	5712	5518	16	10	6	339	198	141
抚顺市	566	239	327	8	4	4	165	84	81
本溪市	947	477	470	9	3	6	215	117	98
丹东市	3310	1774	1536	11	7	4	339	200	139
锦州市	1087	485	602	3	1	2	118	66	52
营口市	2990	1458	1532	10	4	6	91	59	32
阜新市	742	345	397	12	8	4	87	53	34
辽阳市	2692	1301	1391	6	5	1	201	135	66
盘锦市	2241	1145	1096	3	2	1	106	66	40
铁岭市	3350	1570	1780	26	12	14	193	113	80
朝阳市	1349	639	710	7	7		113	70	43
葫芦岛市	1840	832	1008	7	3	4	113	74	39
辽宁省沈抚新区管委会									

7–3b　续表 4　　　　　　单位：人

现 住 地	户口登记地								
	浙　江			安　徽			福　建		
	小计	男	女	小计	男	女	小计	男	女
辽宁	**2832**	**1603**	**1229**	**4538**	**2458**	**2080**	**2575**	**1570**	**1005**
沈阳市	310	194	116	946	540	406	1230	769	461
大连市	346	162	184	735	336	399	252	119	133
鞍山市	774	435	339	860	466	394	214	143	71
抚顺市	117	66	51	65	35	30	62	42	20
本溪市	129	68	61	72	39	33	63	37	26
丹东市	174	97	77	328	186	142	50	29	21
锦州市	166	101	65	84	50	34	58	36	22
营口市	62	43	19	234	131	103	34	25	9
阜新市	135	82	53	98	56	42	112	59	53
辽阳市	91	52	39	225	127	98	30	20	10
盘锦市	24	17	7	126	68	58	62	40	22
铁岭市	168	85	83	356	192	164	112	71	41
朝阳市	181	104	77	268	149	119	210	126	84
葫芦岛市	155	97	58	141	83	58	86	54	32
辽宁省沈抚新区管委会									

7–3b　续表 5　　　　　　单位：人

现 住 地	户口登记地								
	江　西			山　东			河　南		
	小计	男	女	小计	男	女	小计	男	女
辽宁	**996**	**532**	**464**	**7991**	**4391**	**3600**	**8392**	**4717**	**3675**
沈阳市	151	93	58	1872	1061	811	1231	712	519
大连市	261	111	150	1874	958	916	2592	1411	1181
鞍山市	86	45	41	590	336	254	784	433	351
抚顺市	26	15	11	274	155	119	235	139	96
本溪市	36	21	15	319	174	145	312	173	139
丹东市	107	65	42	430	234	196	883	519	364
锦州市	31	18	13	243	130	113	249	142	107
营口市	29	13	16	222	126	96	145	82	63
阜新市	44	25	19	357	231	126	286	169	117
辽阳市	35	23	12	301	171	130	262	143	119
盘锦市	10	7	3	239	147	92	227	146	81
铁岭市	66	31	35	647	316	331	505	264	241
朝阳市	78	49	29	307	170	137	296	164	132
葫芦岛市	36	16	20	316	182	134	385	220	165
辽宁省沈抚新区管委会									

7-3b 续表 6 单位：人

现住地	户口登记地								
	湖北			湖南			广东		
	小计	男	女	小计	男	女	小计	男	女
辽宁	**1649**	**947**	**702**	**1002**	**536**	**466**	**1509**	**879**	**630**
沈阳市	301	185	116	192	107	85	165	105	60
大连市	442	258	184	194	98	96	476	332	144
鞍山市	176	100	76	91	53	38	121	54	67
抚顺市	46	32	14	81	54	27	65	36	29
本溪市	55	26	29	21	11	10	107	59	48
丹东市	103	55	48	71	38	33	125	57	68
锦州市	36	13	23	27	11	16	68	39	29
营口市	42	27	15	28	21	7	23	7	16
阜新市	39	20	19	37	19	18	27	16	11
辽阳市	46	22	24	72	38	34	59	35	24
盘锦市	42	29	13	16	8	8	12	6	6
铁岭市	83	36	47	65	21	44	141	64	77
朝阳市	114	76	38	64	34	30	67	39	28
葫芦岛市	124	68	56	43	23	20	53	30	23
辽宁省沈抚新区管委会									

7-3b 续表 7 单位：人

现住地	户口登记地								
	广西			海南			重庆		
	小计	男	女	小计	男	女	小计	男	女
辽宁	**730**	**283**	**447**	**274**	**124**	**150**	**1193**	**680**	**513**
沈阳市	60	33	27	18	6	12	287	188	99
大连市	224	66	158	122	50	72	182	101	81
鞍山市	41	20	21	17	7	10	109	60	49
抚顺市	18	9	9	7	4	3	55	36	19
本溪市	18	8	10	4	2	2	41	15	26
丹东市	192	81	111	10	9	1	85	49	36
锦州市	12	4	8	8	4	4	28	12	16
营口市	10	3	7	8	3	5	23	17	6
阜新市	16	5	11	10	4	6	41	20	21
辽阳市	20	7	13	5	3	2	91	55	36
盘锦市	11	2	9	3		3	41	25	16
铁岭市	49	17	32	34	18	16	109	50	59
朝阳市	26	14	12	13	5	8	50	29	21
葫芦岛市	33	14	19	15	9	6	51	23	28
辽宁省沈抚新区管委会									

7–3b　续表 8

单位：人

现住地	户口登记地								
	四川			贵州			云南		
	小计	男	女	小计	男	女	小计	男	女
辽宁	**3741**	**2113**	**1628**	**8432**	**4130**	**4302**	**777**	**334**	**443**
沈阳市	553	346	207	603	311	292	52	20	32
大连市	769	462	307	1279	507	772	152	63	89
鞍山市	358	191	167	414	200	214	73	40	33
抚顺市	132	83	49	231	118	113	38	19	19
本溪市	123	60	63	214	105	109	17	3	14
丹东市	323	173	150	1531	773	758	97	62	35
锦州市	80	31	49	239	127	112	19	7	12
营口市	102	65	37	842	442	400	18	7	11
阜新市	110	62	48	404	201	203	12	4	8
辽阳市	121	69	52	400	216	184	14	6	8
盘锦市	221	114	107	249	120	129	7	3	4
铁岭市	264	120	144	1135	563	572	160	46	114
朝阳市	113	55	58	404	193	211	30	13	17
葫芦岛市	472	282	190	487	254	233	88	41	47
辽宁省沈抚新区管委会									

7–3b　续表 9

单位：人

现住地	户口登记地								
	西藏			陕西			甘肃		
	小计	男	女	小计	男	女	小计	男	女
辽宁	**76**	**35**	**41**	**1599**	**936**	**663**	**1761**	**888**	**873**
沈阳市	7	3	4	194	114	80	140	88	52
大连市	18	7	11	415	220	195	692	316	376
鞍山市	8	5	3	135	79	56	111	61	50
抚顺市	1		1	60	41	19	38	25	13
本溪市	6	4	2	53	27	26	38	16	22
丹东市				99	71	28	265	141	124
锦州市	3	2	1	57	34	23	41	19	22
营口市	1	1		39	25	14	16	5	11
阜新市	4	2	2	48	28	20	44	24	20
辽阳市	12	3	9	65	36	29	28	13	15
盘锦市	5	3	2	37	22	15	109	63	46
铁岭市	7	3	4	68	31	37	100	39	61
朝阳市	2	1	1	177	120	57	59	37	22
葫芦岛市	2	1	1	152	88	64	80	41	39
辽宁省沈抚新区管委会									

7–3b　续表 10

单位：人

现住地	户口登记地								
	青海			宁夏			新疆		
	小计	男	女	小计	男	女	小计	男	女
辽宁	**397**	**198**	**199**	**211**	**106**	**105**	**722**	**314**	**408**
沈阳市	19	9	10	28	18	10	53	29	24
大连市	66	24	42	86	36	50	340	119	221
鞍山市	24	12	12	13	6	7	38	24	14
抚顺市	1		1	6	1	5	9	5	4
本溪市	15	7	8	5	4	1	16	11	5
丹东市	32	21	11	10	3	7	71	37	34
锦州市	13	7	6	6	3	3	21	9	12
营口市	9	5	4	13	9	4	18	9	9
阜新市	16	9	7	10	6	4	12	6	6
辽阳市	18	9	9	2	1	1	25	12	13
盘锦市	9	4	5	1	1		11	5	6
铁岭市	68	31	37	10	6	4	78	33	45
朝阳市	65	40	25	9	4	5	11	6	5
葫芦岛市	42	20	22	12	8	4	19	9	10
辽宁省沈抚新区管委会									

7–3c　全省按现住地、性别分的户口登记地在外省的人口(乡村)

单位：人

现住地	户口登记地					
	合计			北京		
	合计	男	女	小计	男	女
辽宁	**276249**	**143932**	**132317**	**1392**	**715**	**677**
沈阳市	52555	27608	24947	309	123	186
大连市	71543	39300	32243	80	48	32
鞍山市	18496	9578	8918	52	23	29
抚顺市	7242	3732	3510	78	52	26
本溪市	5174	2626	2548	83	52	31
丹东市	12240	6623	5617	61	39	22
锦州市	10131	5161	4970	67	32	35
营口市	22259	11292	10967	62	32	30
阜新市	5554	2731	2823	27	14	13
辽阳市	14068	7409	6659	31	17	14
盘锦市	11789	6266	5523	55	31	24
铁岭市	12927	5641	7286	44	25	19
朝阳市	17581	8863	8718	71	41	30
葫芦岛市	11819	5488	6331	367	182	185
辽宁省沈抚新区管委会	2871	1614	1257	5	4	1

7–3c　续表 1

单位：人

现住地	户口登记地								
	天　津			河　北			山　西		
	小计	男	女	小计	男	女	小计	男	女
辽宁	**1335**	**701**	**634**	**15616**	**8632**	**6984**	**1984**	**1019**	**965**
沈阳市	360	139	221	2899	1548	1351	564	248	316
大连市	174	111	63	2534	1454	1080	263	159	104
鞍山市	44	20	24	577	319	258	90	52	38
抚顺市	52	28	24	474	270	204	57	28	29
本溪市	25	14	11	387	238	149	43	13	30
丹东市	31	21	10	529	308	221	63	36	27
锦州市	73	45	28	813	516	297	127	76	51
营口市	67	41	26	832	462	370	75	33	42
阜新市	33	19	14	291	168	123	31	13	18
辽阳市	36	16	20	538	354	184	60	37	23
盘锦市	97	63	34	1013	547	466	191	97	94
铁岭市	55	24	31	548	289	259	66	21	45
朝阳市	139	72	67	1968	1160	808	202	132	70
葫芦岛市	140	81	59	2077	914	1163	136	68	68
辽宁省沈抚新区管委会	9	7	2	136	85	51	16	6	10

7–3c　续表 2

单位：人

现住地	户口登记地					
	内蒙古			吉　林		
	小计	男	女	小计	男	女
辽宁	**42337**	**20934**	**21403**	**54262**	**27151**	**27111**
沈阳市	7701	3914	3787	9494	4951	4543
大连市	8895	4920	3975	18134	9824	8310
鞍山市	3253	1649	1604	3817	1937	1880
抚顺市	448	227	221	2094	965	1129
本溪市	380	194	186	1090	463	627
丹东市	1130	626	504	2130	1146	984
锦州市	1576	700	876	1409	685	724
营口市	3102	1546	1556	4113	1975	2138
阜新市	2052	830	1222	461	207	254
辽阳市	2271	1100	1171	2427	1220	1207
盘锦市	1644	790	854	1104	550	554
铁岭市	1642	645	997	4670	1731	2939
朝阳市	6864	3164	3700	1167	501	666
葫芦岛市	1079	448	631	1689	726	963
辽宁省沈抚新区管委会	300	181	119	463	270	193

7-3c 续表 3

单位：人

现住地	户口登记地								
	黑龙江			上海			江苏		
	小计	男	女	小计	男	女	小计	男	女
辽宁	**66072**	**32685**	**33387**	**183**	**110**	**73**	**4927**	**2969**	**1958**
沈阳市	10959	5460	5499	58	35	23	1263	744	519
大连市	24071	12584	11487	36	23	13	522	356	166
鞍山市	5353	2596	2757	5	2	3	419	235	184
抚顺市	584	242	342	7	6	1	344	175	169
本溪市	577	231	346	3	1	2	291	159	132
丹东市	2844	1437	1407	5	2	3	498	264	234
锦州市	1904	826	1078	3		3	219	128	91
营口市	6837	3322	3515	12	8	4	167	115	52
阜新市	457	187	270	5	4	1	225	177	48
辽阳市	4282	2129	2153	8	5	3	218	136	82
盘锦市	2332	1193	1139	10	5	5	224	138	86
铁岭市	1489	610	879	8	4	4	132	78	54
朝阳市	1628	618	1010	9	6	3	116	64	52
葫芦岛市	2120	896	1224	14	9	5	160	96	64
辽宁省沈抚新区管委会	635	354	281				129	104	25

7-3c 续表 4

单位：人

现住地	户口登记地								
	浙江			安徽			福建		
	小计	男	女	小计	男	女	小计	男	女
辽宁	**2436**	**1544**	**892**	**4756**	**2723**	**2033**	**2727**	**1888**	**839**
沈阳市	631	365	266	1610	946	664	765	444	321
大连市	398	277	121	739	442	297	608	488	120
鞍山市	228	121	107	462	253	209	165	118	47
抚顺市	93	63	30	58	32	26	69	45	24
本溪市	78	53	25	58	33	25	48	34	14
丹东市	127	84	43	55	25	30	102	70	32
锦州市	134	82	52	101	54	47	178	126	52
营口市	66	39	27	539	299	240	115	95	20
阜新市	20	13	7	90	53	37	32	22	10
辽阳市	246	181	65	219	128	91	97	66	31
盘锦市	128	89	39	434	264	170	238	148	90
铁岭市	75	42	33	91	48	43	83	58	25
朝阳市	94	61	33	146	77	69	133	94	39
葫芦岛市	104	68	36	93	42	51	93	79	14
辽宁省沈抚新区管委会	14	6	8	61	27	34	1	1	

7–3c　续表 5　　单位：人

现住地	户口登记地								
	江西			山东			河南		
	小计	男	女	小计	男	女	小计	男	女
辽宁	**946**	**580**	**366**	**11475**	**6761**	**4714**	**12678**	**7624**	**5054**
沈阳市	354	221	133	2993	1752	1241	3414	1911	1503
大连市	93	57	36	3098	1818	1280	3360	2053	1307
鞍山市	65	39	26	439	262	177	687	421	266
抚顺市	10	6	4	749	451	298	509	317	192
本溪市	9	1	8	237	127	110	319	192	127
丹东市	13	6	7	376	236	140	584	361	223
锦州市	20	11	9	369	236	133	442	271	171
营口市	61	33	28	561	341	220	440	268	172
阜新市	17	12	5	148	88	60	183	138	45
辽阳市	34	18	16	357	220	137	581	374	207
盘锦市	139	100	39	725	434	291	727	459	268
铁岭市	18	8	10	323	174	149	326	205	121
朝阳市	61	43	18	419	254	165	488	302	186
葫芦岛市	36	17	19	419	231	188	437	242	195
辽宁省沈抚新区管委会	16	8	8	262	137	125	181	110	71

7–3c　续表 6　　单位：人

现住地	户口登记地								
	湖北			湖南			广东		
	小计	男	女	小计	男	女	小计	男	女
辽宁	**2011**	**1233**	**778**	**960**	**523**	**437**	**1524**	**862**	**662**
沈阳市	555	318	237	268	135	133	292	165	127
大连市	282	174	108	82	42	40	179	127	52
鞍山市	96	39	57	56	23	33	136	71	65
抚顺市	41	29	12	9	5	4	136	70	66
本溪市	49	38	11	18	9	9	144	67	77
丹东市	93	62	31	43	24	19	181	98	83
锦州市	55	24	31	44	21	23	62	36	26
营口市	82	46	36	50	26	24	53	31	22
阜新市	38	23	15	37	19	18	30	21	9
辽阳市	167	135	32	54	28	26	47	25	22
盘锦市	157	94	63	135	84	51	74	47	27
铁岭市	41	13	28	36	28	8	49	27	22
朝阳市	278	193	85	96	65	31	67	30	37
葫芦岛市	66	37	29	26	11	15	58	36	22
辽宁省沈抚新区管委会	11	8	3	6	3	3	16	11	5

7-3c 续表 7

单位：人

现住地	户口登记地								
	广西			海南			重庆		
	小计	男	女	小计	男	女	小计	男	女
辽宁	**1000**	**448**	**552**	**170**	**61**	**109**	**1556**	**916**	**640**
沈阳市	294	131	163	40	12	28	404	238	166
大连市	200	124	76	9	2	7	387	240	147
鞍山市	49	21	28	8	2	6	125	74	51
抚顺市	31	11	20	8	3	5	41	21	20
本溪市	35	16	19	5	1	4	36	24	12
丹东市	36	21	15	6	2	4	40	25	15
锦州市	33	12	21	10	5	5	52	27	25
营口市	28	10	18	12	6	6	63	43	20
阜新市	18	8	10	8	4	4	42	29	13
辽阳市	39	17	22	6		6	62	40	22
盘锦市	89	38	51	19	11	8	61	29	32
铁岭市	22	6	16	7	1	6	35	18	17
朝阳市	52	14	38	9	1	8	118	75	43
葫芦岛市	38	7	31	20	10	10	56	19	37
辽宁省沈抚新区管委会	36	12	24	3	1	2	34	14	20

7-3c 续表 8

单位：人

现住地	户口登记地								
	四川			贵州			云南		
	小计	男	女	小计	男	女	小计	男	女
辽宁	**6015**	**3257**	**2758**	**32219**	**16380**	**15839**	**1241**	**499**	**742**
沈阳市	2341	1235	1106	3059	1539	1520	174	64	110
大连市	686	430	256	5273	2685	2588	179	105	74
鞍山市	642	377	265	1410	739	671	67	35	32
抚顺市	237	129	108	927	458	469	42	18	24
本溪市	157	79	78	764	387	377	31	7	24
丹东市	284	155	129	2768	1438	1330	42	26	16
锦州市	172	91	81	1937	972	965	36	7	29
营口市	196	103	93	4506	2319	2187	43	16	27
阜新市	76	32	44	1042	519	523	24	5	19
辽阳市	166	97	69	1793	885	908	57	19	38
盘锦市	400	204	196	1157	595	562	159	65	94
铁岭市	95	43	52	2926	1476	1450	36	12	24
朝阳市	236	138	98	2462	1262	1200	131	27	104
葫芦岛市	233	95	138	1936	989	947	120	33	87
辽宁省沈抚新区管委会	94	49	45	259	117	142	100	60	40

7–3c　续表 9

单位：人

现住地	户口登记地								
	西藏			陕西			甘肃		
	小计	男	女	小计	男	女	小计	男	女
辽宁	**204**	**135**	**69**	**2180**	**1445**	**735**	**2021**	**1116**	**905**
沈阳市	47	35	12	440	234	206	353	184	169
大连市	2	2		250	179	71	746	426	320
鞍山市	4	1	3	117	78	39	79	42	37
抚顺市	2	2		58	36	22	55	31	24
本溪市	15	4	11	180	144	36	54	30	24
丹东市	1		1	76	47	29	101	55	46
锦州市	77	67	10	87	44	43	93	55	38
营口市				58	23	35	72	37	35
阜新市	1		1	105	91	14	36	20	16
辽阳市	46	20	26	97	60	37	58	38	20
盘锦市	2	1	1	85	39	46	117	62	55
铁岭市	2	2		26	13	13	51	28	23
朝阳市	1		1	466	382	84	95	50	45
葫芦岛市	4	1	3	122	65	57	90	46	44
辽宁省沈抚新区管委会				13	10	3	21	12	9

7–3c　续表 10

单位：人

现住地	户口登记地								
	青海			宁夏			新疆		
	小计	男	女	小计	男	女	小计	男	女
辽宁	**351**	**197**	**154**	**245**	**126**	**119**	**1426**	**698**	**728**
沈阳市	110	70	40	62	29	33	742	418	324
大连市	52	29	23	29	20	9	182	101	81
鞍山市	9	5	4	16	6	10	26	18	8
抚顺市	4	2	2	6	3	3	19	7	12
本溪市	6	4	2	4	1	3	48	10	38
丹东市	9	5	4	4	1	3	8	3	5
锦州市	10	3	7	14	2	12	14	7	7
营口市	26	15	11	12	4	8	9	4	5
阜新市	10	7	3	9	5	4	6	3	3
辽阳市	12	8	4	18	14	4	41	22	19
盘锦市	20	6	14	30	19	11	223	64	159
铁岭市	13	5	8	5	2	3	13	5	8
朝阳市	23	15	8	22	14	8	20	8	12
葫芦岛市	36	17	19	14	6	8	36	17	19
辽宁省沈抚新区管委会	11	6	5				39	11	28

7-4 全省按现住地、离开户口登记地时间分的户口登记地在外乡镇街道的人口

单位：人

现住地	离开户口登记地时间							
	合计							
	合计	半年以上，不满一年	一年以上，不满二年	二年以上，不满三年	三年以上，不满四年	四年以上，不满五年	五年以上，不满十年	十年以上
辽宁	**15670121**	**1831762**	**1717450**	**1896583**	**1721940**	**1268722**	**3485375**	**3748289**
沈阳市	4322703	513548	513239	569289	490853	357268	907957	970549
大连市	3522197	379472	364693	376654	356158	266531	778124	1000565
鞍山市	1012461	131557	105909	112775	113994	81119	230238	236869
抚顺市	412975	43881	52112	58863	50562	33802	88069	85686
本溪市	430609	55076	47949	50201	49228	34901	97832	95422
丹东市	655898	76301	67451	79232	69644	52968	142877	167425
锦州市	785836	119425	91162	102883	90177	61220	169436	151533
营口市	874347	86321	78480	92393	88984	71986	205709	250474
阜新市	388334	52275	48381	50674	47130	32618	84773	72483
辽阳市	569903	57715	53596	55218	63871	45507	138364	155632
盘锦市	571297	54849	66410	72991	64717	49720	144361	118249
铁岭市	616175	62373	62537	88154	70124	56520	154170	122297
朝阳市	724573	84960	76991	88290	82013	61856	177529	152934
葫芦岛市	701550	102095	75582	87182	75651	56657	150255	154128
辽宁省沈抚新区管委会	81263	11914	12958	11784	8834	6049	15681	14043

7-4 续表 1

单位：人

现住地	离开户口登记地时间							
	省内							
	小计	半年以上，不满一年	一年以上，不满二年	二年以上，不满三年	三年以上，不满四年	四年以上，不满五年	五年以上，不满十年	十年以上
辽宁	**12822813**	**1484553**	**1380168**	**1561899**	**1415085**	**1060436**	**2914710**	**3005962**
沈阳市	3500501	401830	405618	460550	393685	293684	748359	796775
大连市	2316676	255135	233812	249523	233731	179969	527266	637240
鞍山市	889186	115805	91750	98507	100286	72145	206377	204316
抚顺市	370588	37954	45989	53122	45397	31121	80956	76049
本溪市	395880	50726	42971	45767	45345	32345	91284	87442
丹东市	592944	67040	59491	72126	63592	48718	131256	150721
锦州市	712722	104421	79832	92019	81418	56511	158915	139606
营口市	728195	72954	65213	77708	74857	61258	172324	203881
阜新市	357369	46968	43999	46679	43613	30788	78978	66344
辽阳市	513135	51200	47733	49573	58554	41491	127092	137492
盘锦市	492825	47453	57096	63449	55776	43327	125804	99920
铁岭市	571955	57487	57612	81919	65674	53207	145007	111049
朝阳市	675849	76972	70974	83089	77100	58218	167516	141980
葫芦岛市	637639	88941	68056	78657	68493	52330	139676	141486
辽宁省沈抚新区管委会	67349	9667	10022	9211	7564	5324	13900	11661

7-4 续表 2

单位：人

现住地	离开户口登记地时间							
	省外							
	小计	半年以上，不满一年	一年以上，不满二年	二年以上，不满三年	三年以上，不满四年	四年以上，不满五年	五年以上，不满十年	十年以上
辽宁	**2847308**	**347209**	**337282**	**334684**	**306855**	**208286**	**570665**	**742327**
沈阳市	822202	111718	107621	108739	97168	63584	159598	173774
大连市	1205521	124337	130881	127131	122427	86562	250858	363325
鞍山市	123275	15752	14159	14268	13708	8974	23861	32553
抚顺市	42387	5927	6123	5741	5165	2681	7113	9637
本溪市	34729	4350	4978	4434	3883	2556	6548	7980
丹东市	62954	9261	7960	7106	6052	4250	11621	16704
锦州市	73114	15004	11330	10864	8759	4709	10521	11927
营口市	146152	13367	13267	14685	14127	10728	33385	46593
阜新市	30965	5307	4382	3995	3517	1830	5795	6139
辽阳市	56768	6515	5863	5645	5317	4016	11272	18140
盘锦市	78472	7396	9314	9542	8941	6393	18557	18329
铁岭市	44220	4886	4925	6235	4450	3313	9163	11248
朝阳市	48724	7988	6017	5201	4913	3638	10013	10954
葫芦岛市	63911	13154	7526	8525	7158	4327	10579	12642
辽宁省沈抚新区管委会	13914	2247	2936	2573	1270	725	1781	2382

7-4a 全省按现住地、离开户口登记地时间分的户口登记地在外乡镇街道的人口(城市)

单位：人

现住地	离开户口登记地时间							
	合计							
	合计	半年以上，不满一年	一年以上，不满二年	二年以上，不满三年	三年以上，不满四年	四年以上，不满五年	五年以上，不满十年	十年以上
辽宁	**12651030**	**1458412**	**1412451**	**1558436**	**1429029**	**1041310**	**2835314**	**2916078**
沈阳市	3903275	457214	465050	511352	444711	324070	825392	875486
大连市	3224063	339038	334321	348412	329656	247142	719133	906361
鞍山市	738866	101853	82744	87023	88444	58118	165749	154935
抚顺市	318065	32289	43111	48128	42270	27485	67116	57666
本溪市	287691	32546	32571	34832	33721	23688	66802	63531
丹东市	466267	52570	47084	58295	51808	40409	103024	113077
锦州市	577015	97195	72967	80943	72169	47268	120068	86405
营口市	709110	67991	64416	79173	76355	61867	172587	186721
阜新市	255587	35072	33810	34537	32779	22192	57407	39790
辽阳市	415787	45038	41531	43505	51121	34949	103468	96175
盘锦市	479516	45301	55559	61700	56509	43900	122452	94095
铁岭市	280339	22064	25623	39085	31562	24559	81499	55947
朝阳市	475995	51138	50532	59213	58367	43388	121522	91835
葫芦岛市	452474	70722	53552	62223	51240	36595	94752	83390
辽宁省沈抚新区管委会	66980	8381	9580	10015	8317	5680	14343	10664

7−4a　续表 1

单位：人

现住地	离开户口登记地时间							
	省内							
	小计	半年以上，不满一年	一年以上，不满二年	二年以上，不满三年	三年以上，不满四年	四年以上，不满五年	五年以上，不满十年	十年以上
辽宁	**10271933**	**1178726**	**1130132**	**1275352**	**1166354**	**864674**	**2354942**	**2301753**
沈阳市	3165606	358527	368811	414038	356363	266537	680888	720442
大连市	2129772	231316	216066	232570	217768	167895	490611	573546
鞍山市	662638	91132	72679	77182	79084	52802	152131	137628
抚顺市	287816	28382	38372	43633	38079	25524	62151	51675
本溪市	262906	29815	28904	31364	30741	21884	62088	58110
丹东市	428317	47337	42753	54113	48112	37574	95486	102942
锦州市	518859	84603	63283	71523	64609	43489	112349	79003
营口市	593381	58146	54337	67437	65000	53143	145721	149597
阜新市	236462	31974	30661	31660	30299	21086	53804	36978
辽阳市	381695	40904	37736	39670	47582	32512	96491	86800
盘锦市	419118	39519	48897	54713	49591	38455	107585	80358
铁岭市	266093	20802	24156	37015	30051	23463	78026	52580
朝阳市	454053	48378	48048	56679	55805	41595	116494	87054
葫芦岛市	409280	61021	48355	55980	46088	33681	88204	75951
辽宁省沈抚新区管委会	55937	6870	7074	7775	7182	5034	12913	9089

7−4a　续表 2

单位：人

现住地	离开户口登记地时间							
	省外							
	小计	半年以上，不满一年	一年以上，不满二年	二年以上，不满三年	三年以上，不满四年	四年以上，不满五年	五年以上，不满十年	十年以上
辽宁	**2379097**	**279686**	**282319**	**283084**	**262675**	**176636**	**480372**	**614325**
沈阳市	737669	98687	96239	97314	88348	57533	144504	155044
大连市	1094291	107722	118255	115842	111888	79247	228522	332815
鞍山市	76228	10721	10065	9841	9360	5316	13618	17307
抚顺市	30249	3907	4739	4495	4191	1961	4965	5991
本溪市	24785	2731	3667	3468	2980	1804	4714	5421
丹东市	37950	5233	4331	4182	3696	2835	7538	10135
锦州市	58156	12592	9684	9420	7560	3779	7719	7402
营口市	115729	9845	10079	11736	11355	8724	26866	37124
阜新市	19125	3098	3149	2877	2480	1106	3603	2812
辽阳市	34092	4134	3795	3835	3539	2437	6977	9375
盘锦市	60398	5782	6662	6987	6918	5445	14867	13737
铁岭市	14246	1262	1467	2070	1511	1096	3473	3367
朝阳市	21942	2760	2484	2534	2562	1793	5028	4781
葫芦岛市	43194	9701	5197	6243	5152	2914	6548	7439
辽宁省沈抚新区管委会	11043	1511	2506	2240	1135	646	1430	1575

7-4b 全省按现住地、离开户口登记地时间分的户口登记地在外乡镇街道的人口(镇)

单位：人

现住地	离开户口登记地时间							
	合计							
	合计	半年以上，不满一年	一年以上，不满二年	二年以上，不满三年	三年以上，不满四年	四年以上，不满五年	五年以上，不满十年	十年以上
辽宁	**1748519**	**202185**	**185412**	**218920**	**197673**	**150892**	**412883**	**380554**
沈阳市	200541	19823	18271	30652	28072	19327	46753	37643
大连市	104278	14905	14442	13139	12098	7295	20345	22054
鞍山市	194962	19952	17462	19468	19569	18086	49992	50433
抚顺市	59859	7881	6209	8049	5904	4295	14151	13370
本溪市	101916	14320	11492	11107	11977	8319	24003	20698
丹东市	121659	15192	14581	15325	12904	8368	27236	28053
锦州市	116516	11671	12194	12676	11855	8952	30696	28472
营口市	46999	7112	4846	4215	4106	3144	10049	13527
阜新市	94318	11989	11754	13282	11616	8144	20162	17371
辽阳市	87048	7074	7217	7364	8095	6438	19618	31242
盘锦市	45036	4523	3969	4602	4222	3660	14425	9635
铁岭市	256260	30913	29918	41327	31867	26652	55579	40004
朝阳市	156156	16535	16716	19639	17678	13366	41317	30905
葫芦岛市	162971	20295	16341	18075	17710	14846	38557	37147
辽宁省沈抚新区管委会								

7-4b 续表 1

单位：人

现住地	离开户口登记地时间							
	省内							
	小计	半年以上，不满一年	一年以上，不满二年	二年以上，不满三年	三年以上，不满四年	四年以上，不满五年	五年以上，不满十年	十年以上
辽宁	**1556557**	**177714**	**164611**	**197136**	**177276**	**136593**	**371800**	**331427**
沈阳市	168563	15415	15422	26932	24220	16710	39852	30012
大连市	64591	9579	9057	8208	7441	4572	12351	13383
鞍山市	166411	17678	15198	16749	16773	15654	42934	41425
抚顺市	54963	7082	5742	7489	5437	3996	13176	12041
本溪市	97146	13756	10935	10662	11506	7887	22933	19467
丹东市	108895	13151	12714	13678	11516	7633	25106	25097
锦州市	111689	11116	11698	12196	11405	8599	29659	27016
营口市	38835	5981	3985	3442	3352	2599	8238	11238
阜新市	88032	10812	11142	12673	10994	7714	18962	15735
辽阳市	78440	6140	6478	6662	7325	5823	17914	28098
盘锦市	38751	3966	3496	4040	3736	3230	12272	8011
铁岭市	239213	28911	27791	38768	29964	25250	52274	36255
朝阳市	146955	15442	15542	18673	16802	12694	39297	28505
葫芦岛市	154073	18685	15411	16964	16805	14232	36832	35144
辽宁省沈抚新区管委会								

7-4b 续表 2

单位：人

现住地	离开户口登记地时间							
	省外							
	小计	半年以上，不满一年	一年以上，不满二年	二年以上，不满三年	三年以上，不满四年	四年以上，不满五年	五年以上，不满十年	十年以上
辽宁	**191962**	**24471**	**20801**	**21784**	**20397**	**14299**	**41083**	**49127**
沈阳市	31978	4408	2849	3720	3852	2617	6901	7631
大连市	39687	5326	5385	4931	4657	2723	7994	8671
鞍山市	28551	2274	2264	2719	2796	2432	7058	9008
抚顺市	4896	799	467	560	467	299	975	1329
本溪市	4770	564	557	445	471	432	1070	1231
丹东市	12764	2041	1867	1647	1388	735	2130	2956
锦州市	4827	555	496	480	450	353	1037	1456
营口市	8164	1131	861	773	754	545	1811	2289
阜新市	6286	1177	612	609	622	430	1200	1636
辽阳市	8608	934	739	702	770	615	1704	3144
盘锦市	6285	557	473	562	486	430	2153	1624
铁岭市	17047	2002	2127	2559	1903	1402	3305	3749
朝阳市	9201	1093	1174	966	876	672	2020	2400
葫芦岛市	8898	1610	930	1111	905	614	1725	2003
辽宁省沈抚新区管委会								

7-4c 全省按现住地、离开户口登记地时间分的户口登记地在外乡镇街道的人口(乡村)

单位：人

现住地	离开户口登记地时间							
	合计							
	合计	半年以上，不满一年	一年以上，不满二年	二年以上，不满三年	三年以上，不满四年	四年以上，不满五年	五年以上，不满十年	十年以上
辽宁	**1270572**	**171165**	**119587**	**119227**	**95238**	**76520**	**237178**	**451657**
沈阳市	218887	36511	29918	27285	18070	13871	35812	57420
大连市	193856	25529	15930	15103	14404	12094	38646	72150
鞍山市	78633	9752	5703	6284	5981	4915	14497	31501
抚顺市	35051	3711	2792	2686	2388	2022	6802	14650
本溪市	41002	8210	3886	4262	3530	2894	7027	11193
丹东市	67972	8539	5786	5612	4932	4191	12617	26295
锦州市	92305	10559	6001	9264	6153	5000	18672	36656
营口市	118238	11218	9218	9005	8523	6975	23073	50226
阜新市	38429	5214	2817	2855	2735	2282	7204	15322
辽阳市	67068	5603	4848	4349	4655	4120	15278	28215
盘锦市	46745	5025	6882	6689	3986	2160	7484	14519
铁岭市	79576	9396	6996	7742	6695	5309	17092	26346
朝阳市	92422	17287	9743	9438	5968	5102	14690	30194
葫芦岛市	86105	11078	5689	6884	6701	5216	16946	33591
辽宁省沈抚新区管委会	14283	3533	3378	1769	517	369	1338	3379

7-4c 续表 1

单位：人

现住地	离开户口登记地时间							
	省内							
	小计	半年以上，不满一年	一年以上，不满二年	二年以上，不满三年	三年以上，不满四年	四年以上，不满五年	五年以上，不满十年	十年以上
辽宁	**994323**	**128113**	**85425**	**89411**	**71455**	**59169**	**187968**	**372782**
沈阳市	166332	27888	21385	19580	13102	10437	27619	46321
大连市	122313	14240	8689	8745	8522	7502	24304	50311
鞍山市	60137	6995	3873	4576	4429	3689	11312	25263
抚顺市	27809	2490	1875	2000	1881	1601	5629	12333
本溪市	35828	7155	3132	3741	3098	2574	6263	9865
丹东市	55732	6552	4024	4335	3964	3511	10664	22682
锦州市	82174	8702	4851	8300	5404	4423	16907	33587
营口市	95979	8827	6891	6829	6505	5516	18365	43046
阜新市	32875	4182	2196	2346	2320	1988	6212	13631
辽阳市	53000	4156	3519	3241	3647	3156	12687	22594
盘锦市	34956	3968	4703	4696	2449	1642	5947	11551
铁岭市	66649	7774	5665	6136	5659	4494	14707	22214
朝阳市	74841	13152	7384	7737	4493	3929	11725	26421
葫芦岛市	74286	9235	4290	5713	5600	4417	14640	30391
辽宁省沈抚新区管委会	11412	2797	2948	1436	382	290	987	2572

7-4c 续表 2

单位：人

现住地	离开户口登记地时间							
	省外							
	小计	半年以上，不满一年	一年以上，不满二年	二年以上，不满三年	三年以上，不满四年	四年以上，不满五年	五年以上，不满十年	十年以上
辽宁	**276249**	**43052**	**34162**	**29816**	**23783**	**17351**	**49210**	**78875**
沈阳市	52555	8623	8533	7705	4968	3434	8193	11099
大连市	71543	11289	7241	6358	5882	4592	14342	21839
鞍山市	18496	2757	1830	1708	1552	1226	3185	6238
抚顺市	7242	1221	917	686	507	421	1173	2317
本溪市	5174	1055	754	521	432	320	764	1328
丹东市	12240	1987	1762	1277	968	680	1953	3613
锦州市	10131	1857	1150	964	749	577	1765	3069
营口市	22259	2391	2327	2176	2018	1459	4708	7180
阜新市	5554	1032	621	509	415	294	992	1691
辽阳市	14068	1447	1329	1108	1008	964	2591	5621
盘锦市	11789	1057	2179	1993	1537	518	1537	2968
铁岭市	12927	1622	1331	1606	1036	815	2385	4132
朝阳市	17581	4135	2359	1701	1475	1173	2965	3773
葫芦岛市	11819	1843	1399	1171	1101	799	2306	3200
辽宁省沈抚新区管委会	2871	736	430	333	135	79	351	807

7-5 全省按户口登记地、性别、受教育程度分的户口登记地在外乡镇街道的人口

单位：人

受教育程度	合计			省内		
	合计	男	女	小计	男	女
总　计	**15377733**	**7609575**	**7768158**	**12566999**	**6114055**	**6452944**
未上过学	167094	67414	99680	128835	53571	75264
学前教育	355723	184578	171145	303773	157444	146329
小　学	2053784	958689	1095095	1563226	716980	846246
初　中	6124798	3046963	3077835	4976651	2416425	2560226
高　中	2761342	1402415	1358927	2347702	1177380	1170322
大学专科	1823671	919185	904486	1598231	800144	798087
大学本科	1899968	939426	960542	1511142	728936	782206
硕士研究生	173766	80952	92814	125373	56681	68692
博士研究生	17587	9953	7634	12066	6494	5572

7-5 续表

单位：人

受教育程度	省内			省外		
	其中市辖区内人户分离					
	小计	男	女	小计	男	女
总　计	**5561472**	**2698723**	**2862749**	**2810734**	**1495520**	**1315214**
未上过学	52782	21830	30952	38259	13843	24416
学前教育	137262	71324	65938	51950	27134	24816
小　学	559353	253483	305870	490558	241709	248849
初　中	1905282	913370	991912	1148147	630538	517609
高　中	1183482	583131	600351	413640	225035	188605
大学专科	809015	406081	402934	225440	119041	106399
大学本科	824728	406563	418165	388826	210490	178336
硕士研究生	80981	38258	42723	48393	24271	24122
博士研究生	8587	4683	3904	5521	3459	2062

7−5a　全省按户口登记地、性别、受教育程度分的户口登记地在外乡镇街道的人口(城市)

单位：人

受教育程度	合计			省内		
	合计	男	女	小计	男	女
总　计	**12410369**	**6172549**	**6237820**	**10062044**	**4917068**	**5144976**
未上过学	125157	50382	74775	95445	39653	55792
学前教育	287205	149126	138079	243928	126451	117477
小　学	1513051	707618	805433	1130452	518831	611621
初　中	4645357	2333271	2312086	3728153	1826283	1901870
高　中	2321871	1175503	1146368	1956213	977171	979042
大学专科	1594933	805891	789042	1394390	699814	694576
大学本科	1742995	864380	878615	1383776	668937	714839
硕士研究生	163610	77030	86580	118627	53861	64766
博士研究生	16190	9348	6842	11060	6067	4993

7−5a　续表

单位：人

受教育程度	省内			省外		
	其中市辖区内人户分离					
	小计	男	女	小计	男	女
总　计	**5254288**	**2548452**	**2705836**	**2348325**	**1255481**	**1092844**
未上过学	49027	20212	28815	29712	10729	18983
学前教育	131325	68260	63065	43277	22675	20602
小　学	511367	231308	280059	382599	188787	193812
初　中	1756991	841432	915559	917204	506988	410216
高　中	1132485	556805	575680	365658	198332	167326
大学专科	781887	391881	390006	200543	106077	94466
大学本科	804013	396616	407397	359219	195443	163776
硕士研究生	79055	37434	41621	44983	23169	21814
博士研究生	8138	4504	3634	5130	3281	1849

7-5b 全省按户口登记地、性别、受教育程度分的户口登记地在外乡镇街道的人口(镇)

单位：人

受教育程度	合计			省内		
	合计	男	女	小计	男	女
总　计	**1711182**	**832017**	**879165**	**1521967**	**734314**	**787653**
未上过学	20199	8655	11544	17646	7698	9948
学前教育	49451	25808	23643	45300	23626	21674
小　学	265576	123019	142557	228873	105032	123841
初　中	812826	394827	417999	719298	344580	374718
高　中	302501	153586	148915	279141	141002	138139
大学专科	148270	74642	73628	135349	68040	67309
大学本科	106504	49170	57334	92044	42516	49528
硕士研究生	5401	2103	3298	3985	1668	2317
博士研究生	454	207	247	331	152	179

7-5b 续表

单位：人

受教育程度	省内			省外		
	其中市辖区内人户分离					
	小计	男	女	小计	男	女
总　计	**149694**	**72692**	**77002**	**189215**	**97703**	**91512**
未上过学	1697	730	967	2553	957	1596
学前教育	3779	1960	1819	4151	2182	1969
小　学	18353	8336	10017	36703	17987	18716
初　中	68267	32726	35541	93528	50247	43281
高　中	27315	13876	13439	23360	12584	10776
大学专科	15853	8262	7591	12921	6602	6319
大学本科	13148	6249	6899	14460	6654	7806
硕士研究生	1125	486	639	1416	435	981
博士研究生	157	67	90	123	55	68

7-5c　全省按户口登记地、性别、受教育程度分的户口登记地在外乡镇街道的人口(乡村)

单位：人

受教育程度	合计			省内		
	合计	男	女	小计	男	女
总　计	**1256182**	**605009**	**651173**	**982988**	**462673**	**520315**
未上过学	21738	8377	13361	15744	6220	9524
学前教育	19067	9644	9423	14545	7367	7178
小　学	275157	128052	147105	203901	93117	110784
初　中	666615	318865	347750	529200	245562	283638
高　中	136970	73326	63644	112348	59207	53141
大学专科	80468	38652	41816	68492	32290	36202
大学本科	50469	25876	24593	35322	17483	17839
硕士研究生	4755	1819	2936	2761	1152	1609
博士研究生	943	398	545	675	275	400

7-5c　续表

单位：人

受教育程度	省内			省外		
	其中市辖区内人户分离					
	小计	男	女	小计	男	女
总　计	**157490**	**77579**	**79911**	**273194**	**142336**	**130858**
未上过学	2058	888	1170	5994	2157	3837
学前教育	2158	1104	1054	4522	2277	2245
小　学	29633	13839	15794	71256	34935	36321
初　中	80024	39212	40812	137415	73303	64112
高　中	23682	12450	11232	24622	14119	10503
大学专科	11275	5938	5337	11976	6362	5614
大学本科	7567	3698	3869	15147	8393	6754
硕士研究生	801	338	463	1994	667	1327
博士研究生	292	112	180	268	123	145

7-6 全省按现住地、受教育程度、性别分的户口登记地在本省其他乡镇街道的人口

单位：人

现住地	合计			未上过学		
	合计	男	女	小计	男	女
辽宁	**12566999**	**6114055**	**6452944**	**128835**	**53571**	**75264**
沈阳市	3437891	1695072	1742819	25562	10556	15006
大连市	2263750	1101234	1162516	28015	11824	16191
鞍山市	875268	429459	445809	6181	2575	3606
抚顺市	364699	173374	191325	4092	1382	2710
本溪市	389342	186803	202539	4999	2079	2920
丹东市	580376	279052	301324	7648	3019	4629
锦州市	699254	331673	367581	5130	2027	3103
营口市	714060	350057	364003	7245	3201	4044
阜新市	349878	164751	185127	4243	1648	2595
辽阳市	503037	242463	260574	4990	2273	2717
盘锦市	480735	235127	245608	5255	2314	2941
铁岭市	562213	269787	292426	5935	2588	3347
朝阳市	656921	320155	336766	12230	5090	7140
葫芦岛市	623662	302741	320921	6738	2769	3969
辽宁省沈抚新区管委会	65913	32307	33606	572	226	346

7-6 续表 1

单位：人

现住地	学前教育			小学		
	小计	男	女	小计	男	女
辽宁	**303773**	**157444**	**146329**	**1563226**	**716980**	**846246**
沈阳市	72240	37420	34820	342249	158914	183335
大连市	60172	30925	29247	279462	128177	151285
鞍山市	19643	10206	9437	94106	43606	50500
抚顺市	8105	4091	4014	43789	19190	24599
本溪市	8785	4575	4210	46494	20812	25682
丹东市	13817	7180	6637	86796	38574	48222
锦州市	16163	8355	7808	85842	38843	46999
营口市	16709	8679	8030	110897	51570	59327
阜新市	9084	4767	4317	41685	18390	23295
辽阳市	11272	5839	5433	74013	33715	40298
盘锦市	13105	6839	6266	61664	28358	33306
铁岭市	13565	6934	6631	89038	41389	47649
朝阳市	22290	11904	10386	108324	49633	58691
葫芦岛市	17128	8858	8270	91502	42322	49180
辽宁省沈抚新区管委会	1695	872	823	7365	3487	3878

7-6 续表 2

单位：人

现住地	初中			高中			大学专科		
	小计	男	女	小计	男	女	小计	男	女
辽宁	**4976651**	**2416425**	**2560226**	**2347702**	**1177380**	**1170322**	**1598231**	**800144**	**798087**
沈阳市	1177693	579481	598212	652662	328899	323763	552169	280566	271603
大连市	747517	369543	377974	445363	223875	221488	301170	150310	150860
鞍山市	426570	209017	217553	166941	83331	83610	77912	39098	38814
抚顺市	161050	76063	84987	71963	34720	37243	36349	17774	18575
本溪市	170656	81165	89491	72187	35080	37107	45057	23233	21824
丹东市	253726	122080	131646	106776	53428	53348	59668	30439	29229
锦州市	293408	138024	155384	122668	60332	62336	91804	46729	45075
营口市	339810	165589	174221	105231	54648	50583	79747	39358	40389
阜新市	136975	63753	73222	82794	40439	42355	39429	17673	21756
辽阳市	232013	112007	120006	82224	41117	41107	54650	26747	27903
盘锦市	189120	93122	95998	95227	47512	47715	61500	29781	31719
铁岭市	276488	131119	145369	92872	46983	45889	52160	25060	27100
朝阳市	270295	130869	139426	129720	66776	62944	69304	34084	35220
葫芦岛市	277491	132439	145052	111034	55215	55819	66458	34721	31737
辽宁省沈抚新区管委会	23839	12154	11685	10040	5025	5015	10854	4571	6283

7-6 续表 3

单位：人

现住地	大学本科			硕士研究生			博士研究生		
	小计	男	女	小计	男	女	小计	男	女
辽宁	**1511142**	**728936**	**782206**	**125373**	**56681**	**68692**	**12066**	**6494**	**5572**
沈阳市	551933	269716	282217	57176	26207	30969	6207	3313	2894
大连市	364886	169762	195124	33465	14792	18673	3700	2026	1674
鞍山市	79184	39354	39830	4439	2098	2341	292	174	118
抚顺市	36760	18909	17851	2461	1175	1286	130	70	60
本溪市	38523	18660	19863	2435	1094	1341	206	105	101
丹东市	48933	22963	25970	2861	1284	1577	151	85	66
锦州市	78600	35139	43461	5326	2075	3251	313	149	164
营口市	51756	25747	26009	2500	1195	1305	165	70	95
阜新市	32677	16551	16126	2708	1360	1348	283	170	113
辽阳市	41285	19613	21672	2467	1096	1371	123	56	67
盘锦市	51996	25863	26133	2727	1256	1471	141	82	59
铁岭市	30552	14969	15583	1522	704	818	81	41	40
朝阳市	42644	20855	21789	2031	900	1131	83	44	39
葫芦岛市	50437	25130	25307	2732	1208	1524	142	79	63
辽宁省沈抚新区管委会	10976	5705	5271	523	237	286	49	30	19

7-6a 全省按现住地、受教育程度、性别分的户口登记地在本省其他乡镇街道的人口(城市)

单位：人

现住地	合计			未上过学		
	合计	男	女	小计	男	女
辽宁	**10062044**	**4917068**	**5144976**	**95445**	**39653**	**55792**
沈阳市	3108677	1535572	1573105	22290	9127	13163
大连市	2079747	1009628	1070119	25303	10779	14524
鞍山市	653077	321319	331758	4347	1818	2529
抚顺市	283317	135314	148003	2782	897	1885
本溪市	258930	124217	134713	2897	1088	1809
丹东市	418518	202615	215903	4813	1922	2891
锦州市	508314	243680	264634	3422	1412	2010
营口市	581294	286579	294715	5659	2536	3123
阜新市	231283	109795	121488	2671	969	1702
辽阳市	373716	181023	192693	3637	1656	1981
盘锦市	408527	200615	207912	4259	1932	2327
铁岭市	261219	127891	133328	2406	1050	1356
朝阳市	440412	214167	226245	7181	2958	4223
葫芦岛市	400426	197585	202841	3296	1315	1981
辽宁省沈抚新区管委会	54587	27068	27519	482	194	288

7-6a 续表 1

单位：人

现住地	学前教育			小学		
	小计	男	女	小计	男	女
辽宁	**243928**	**126451**	**117477**	**1130452**	**518831**	**611621**
沈阳市	65387	33911	31476	296025	137481	158544
大连市	56379	28990	27389	242312	110469	131843
鞍山市	13310	6918	6392	61307	28549	32758
抚顺市	5977	3056	2921	28678	12574	16104
本溪市	5196	2726	2470	25567	11358	14209
丹东市	10465	5451	5014	54451	24068	30383
锦州市	12215	6303	5912	53552	24790	28762
营口市	14240	7438	6802	84374	39196	45178
阜新市	5968	3104	2864	25720	11305	14415
辽阳市	8509	4433	4076	49006	22372	26634
盘锦市	11381	5939	5442	50057	23049	27008
铁岭市	6778	3406	3372	39867	18958	20909
朝阳市	15824	8396	7428	65314	29716	35598
葫芦岛市	10683	5551	5132	47933	21966	25967
辽宁省沈抚新区管委会	1616	829	787	6289	2980	3309

7-6a　续表 2　　　　单位：人

现住地	初中			高中			大学专科		
	小计	男	女	小计	男	女	小计	男	女
辽宁	**3728153**	**1826283**	**1901870**	**1956213**	**977171**	**979042**	**1394390**	**699814**	**694576**
沈阳市	1019255	503284	515971	601945	302250	299695	513933	261583	252350
大连市	660401	325441	334960	420679	210312	210367	291593	145170	146423
鞍山市	297146	146294	150852	134867	66827	68040	65175	32670	32505
抚顺市	118608	56312	62296	59313	28495	30818	32009	15545	16464
本溪市	107981	51214	56767	51083	24911	26172	32005	16528	15477
丹东市	175242	84437	90805	81246	40713	40533	49672	25681	23991
锦州市	190193	91942	98251	94770	46504	48266	77216	38965	38251
营口市	266380	131694	134686	92406	47670	44736	68901	33614	35287
阜新市	82249	39405	42844	55069	26888	28181	30241	13004	17237
辽阳市	162629	79303	83326	63689	31695	31994	47236	23076	24160
盘锦市	155885	76698	79187	85591	42570	43021	51296	25621	25675
铁岭市	134762	65566	69196	40885	20841	20044	21969	11077	10892
朝阳市	175949	85960	89989	86604	43686	42918	53886	26105	27781
葫芦岛市	161746	78999	82747	79364	39489	39875	52824	28043	24781
辽宁省沈抚新区管委会	19727	9734	9993	8702	4320	4382	6434	3132	3302

7-6a　续表 3　　　　单位：人

现住地	大学本科			硕士研究生			博士研究生		
	小计	男	女	小计	男	女	小计	男	女
辽宁	**1383776**	**668937**	**714839**	**118627**	**53861**	**64766**	**11060**	**6067**	**4993**
沈阳市	529287	259467	269820	54929	25371	29558	5626	3098	2528
大连市	347090	162123	184967	32447	14388	18059	3543	1956	1587
鞍山市	72439	36071	36368	4211	2006	2205	275	166	109
抚顺市	33471	17243	16228	2359	1126	1233	120	66	54
本溪市	31882	15347	16535	2138	953	1185	181	92	89
丹东市	39849	19091	20758	2647	1177	1470	133	75	58
锦州市	71631	31681	39950	5025	1945	3080	290	138	152
营口市	46915	23291	23624	2275	1078	1197	144	62	82
阜新市	26611	13696	12915	2484	1263	1221	270	161	109
辽阳市	36611	17414	19197	2294	1026	1268	105	48	57
盘锦市	47448	23579	23869	2505	1167	1338	105	60	45
铁岭市	13907	6691	7216	603	280	323	42	22	20
朝阳市	33840	16554	17286	1757	764	993	57	28	29
葫芦岛市	42017	21072	20945	2442	1084	1358	121	66	55
辽宁省沈抚新区管委会	10778	5617	5161	511	233	278	48	29	19

7-6b 全省按现住地、受教育程度、性别分的户口登记地在本省其他乡镇街道的人口(镇)

单位：人

现住地	合计			未上过学		
	合计	男	女	小计	男	女
辽宁	**1521967**	**734314**	**787653**	**17646**	**7698**	**9948**
沈阳市	164607	81043	83564	1170	503	667
大连市	63140	30672	32468	584	263	321
鞍山市	162707	80364	82343	1133	495	638
抚顺市	53862	25365	28497	708	263	445
本溪市	95088	46303	48785	1327	626	701
丹东市	106846	50052	56794	1679	702	977
锦州市	109540	51619	57921	766	302	464
营口市	38083	18653	19430	397	183	214
阜新市	86092	40816	45276	924	399	525
辽阳市	76871	37183	39688	742	341	401
盘锦市	37592	18218	19374	388	158	230
铁岭市	235095	111813	123282	2392	1030	1362
朝阳市	142515	70316	72199	3301	1468	1833
葫芦岛市	149929	71897	78032	2135	965	1170
辽宁省沈抚新区管委会						

7-6b 续表 1

单位：人

现住地	学前教育			小学		
	小计	男	女	小计	男	女
辽宁	**45300**	**23626**	**21674**	**228873**	**105032**	**123841**
沈阳市	5070	2594	2476	20295	9401	10894
大连市	1844	957	887	8791	4192	4599
鞍山市	5350	2802	2548	21720	10105	11615
抚顺市	1670	831	839	8468	3758	4710
本溪市	2944	1514	1430	14680	6710	7970
丹东市	2555	1319	1236	17699	7832	9867
锦州市	2940	1536	1404	16185	7109	9076
营口市	883	450	433	5898	2753	3145
阜新市	2596	1381	1215	10147	4557	5590
辽阳市	1934	989	945	13014	5916	7098
盘锦市	1287	674	613	5124	2300	2824
铁岭市	5684	2978	2706	33043	15123	17920
朝阳市	5403	2953	2450	27075	12576	14499
葫芦岛市	5140	2648	2492	26734	12700	14034
辽宁省沈抚新区管委会						

7-6b　续表 2

单位：人

现住地	初中			高中			大学专科		
	小计	男	女	小计	男	女	小计	男	女
辽宁	**719298**	**344580**	**374718**	**279141**	**141002**	**138139**	**135349**	**68040**	**67309**
沈阳市	79599	38657	40942	28447	14492	13955	17358	9159	8199
大连市	23018	11916	11102	10825	6014	4811	4813	2503	2310
鞍山市	91997	45390	46607	26295	13509	12786	10611	5351	5260
抚顺市	26863	12534	14329	10198	4951	5247	3200	1660	1540
本溪市	47020	22305	24715	15372	7463	7909	8726	5223	3503
丹东市	48070	23059	25011	20985	10254	10731	7930	3635	4295
锦州市	55008	25583	29425	20798	10195	10603	8750	4478	4272
营口市	18550	8687	9863	3836	2095	1741	6316	3370	2946
阜新市	35000	16331	18669	24345	11839	12506	7689	3870	3819
辽阳市	38843	18770	20073	13175	6748	6427	5471	2730	2741
盘锦市	16567	8118	8449	7118	3554	3564	4048	1945	2103
铁岭市	106320	50168	56152	44597	22307	22290	27482	12550	14932
朝阳市	59690	28630	31060	27875	15093	12782	12047	6216	5831
葫芦岛市	72753	34432	38321	25275	12488	12787	10908	5350	5558
辽宁省沈抚新区管委会									

7-6b　续表 3

单位：人

现住地	大学本科			硕士研究生			博士研究生		
	小计	男	女	小计	男	女	小计	男	女
辽宁	**92044**	**42516**	**49528**	**3985**	**1668**	**2317**	**331**	**152**	**179**
沈阳市	11891	5912	5979	714	296	418	63	29	34
大连市	12362	4503	7859	771	269	502	132	55	77
鞍山市	5427	2649	2778	164	59	105	10	4	6
抚顺市	2678	1332	1346	71	34	37	6	2	4
本溪市	4841	2379	2462	167	78	89	11	5	6
丹东市	7764	3171	4593	152	75	77	12	5	7
锦州市	4922	2347	2575	163	64	99	8	5	3
营口市	2086	1059	1027	110	54	56	7	2	5
阜新市	5193	2351	2842	188	80	108	10	8	2
辽阳市	3548	1636	1912	133	49	84	11	4	7
盘锦市	2931	1415	1516	126	52	74	3	2	1
铁岭市	14697	7248	7449	848	393	455	32	16	16
朝阳市	6925	3287	3638	182	83	99	17	10	7
葫芦岛市	6779	3227	3552	196	82	114	9	5	4
辽宁省沈抚新区管委会									

7-6c 全省按现住地、受教育程度、性别分的户口登记地在本省其他乡镇街道的人口(乡村)

单位：人

现住地	合计			未上过学		
	合计	男	女	小计	男	女
辽宁	**982988**	**462673**	**520315**	**15744**	**6220**	**9524**
沈阳市	164607	78457	86150	2102	926	1176
大连市	120863	60934	59929	2128	782	1346
鞍山市	59484	27776	31708	701	262	439
抚顺市	27520	12695	14825	602	222	380
本溪市	35324	16283	19041	775	365	410
丹东市	55012	26385	28627	1156	395	761
锦州市	81400	36374	45026	942	313	629
营口市	94683	44825	49858	1189	482	707
阜新市	32503	14140	18363	648	280	368
辽阳市	52450	24257	28193	611	276	335
盘锦市	34616	16294	18322	608	224	384
铁岭市	65899	30083	35816	1137	508	629
朝阳市	73994	35672	38322	1748	664	1084
葫芦岛市	73307	33259	40048	1307	489	818
辽宁省沈抚新区管委会	11326	5239	6087	90	32	58

7-6c 续表 1

单位：人

现住地	学前教育			小学		
	小计	男	女	小计	男	女
辽宁	**14545**	**7367**	**7178**	**203901**	**93117**	**110784**
沈阳市	1783	915	868	25929	12032	13897
大连市	1949	978	971	28359	13516	14843
鞍山市	983	486	497	11079	4952	6127
抚顺市	458	204	254	6643	2858	3785
本溪市	645	335	310	6247	2744	3503
丹东市	797	410	387	14646	6674	7972
锦州市	1008	516	492	16105	6944	9161
营口市	1586	791	795	20625	9621	11004
阜新市	520	282	238	5818	2528	3290
辽阳市	829	417	412	11993	5427	6566
盘锦市	437	226	211	6483	3009	3474
铁岭市	1103	550	553	16128	7308	8820
朝阳市	1063	555	508	15935	7341	8594
葫芦岛市	1305	659	646	16835	7656	9179
辽宁省沈抚新区管委会	79	43	36	1076	507	569

7–6c　续表 2

单位：人

现住地	初中			高中			大学专科		
	小计	男	女	小计	男	女	小计	男	女
辽宁	**529200**	**245562**	**283638**	**112348**	**59207**	**53141**	**68492**	**32290**	**36202**
沈阳市	78839	37540	41299	22270	12157	10113	20878	9824	11054
大连市	64098	32186	31912	13859	7549	6310	4764	2637	2127
鞍山市	37427	17333	20094	5779	2995	2784	2126	1077	1049
抚顺市	15579	7217	8362	2452	1274	1178	1140	569	571
本溪市	15655	7646	8009	5732	2706	3026	4326	1482	2844
丹东市	30414	14584	15830	4545	2461	2084	2066	1123	943
锦州市	48207	20499	27708	7100	3633	3467	5838	3286	2552
营口市	54880	25208	29672	8989	4883	4106	4530	2374	2156
阜新市	19726	8017	11709	3380	1712	1668	1499	799	700
辽阳市	30541	13934	16607	5360	2674	2686	1943	941	1002
盘锦市	16668	8306	8362	2518	1388	1130	6156	2215	3941
铁岭市	35406	15385	20021	7390	3835	3555	2709	1433	1276
朝阳市	34656	16279	18377	15241	7997	7244	3371	1763	1608
葫芦岛市	42992	19008	23984	6395	3238	3157	2726	1328	1398
辽宁省沈抚新区管委会	4112	2420	1692	1338	705	633	4420	1439	2981

7–6c　续表 3

单位：人

现住地	大学本科			硕士研究生			博士研究生		
	小计	男	女	小计	男	女	小计	男	女
辽宁	**35322**	**17483**	**17839**	**2761**	**1152**	**1609**	**675**	**275**	**400**
沈阳市	10755	4337	6418	1533	540	993	518	186	332
大连市	5434	3136	2298	247	135	112	25	15	10
鞍山市	1318	634	684	64	33	31	7	4	3
抚顺市	611	334	277	31	15	16	4	2	2
本溪市	1800	934	866	130	63	67	14	8	6
丹东市	1320	701	619	62	32	30	6	5	1
锦州市	2047	1111	936	138	66	72	15	6	9
营口市	2755	1397	1358	115	63	52	14	6	8
阜新市	873	504	369	36	17	19	3	1	2
辽阳市	1126	563	563	40	21	19	7	4	3
盘锦市	1617	869	748	96	37	59	33	20	13
铁岭市	1948	1030	918	71	31	40	7	3	4
朝阳市	1879	1014	865	92	53	39	9	6	3
葫芦岛市	1641	831	810	94	42	52	12	8	4
辽宁省沈抚新区管委会	198	88	110	12	4	8	1	1	

7-7 全省按现住地、受教育程度、性别分的户口登记地在外省的人口

单位：人

现住地	合计			未上过学		
	合计	男	女	小计	男	女
辽宁	**2810734**	**1495520**	**1315214**	**38259**	**13843**	**24416**
沈阳市	811612	444174	367438	8487	3069	5418
大连市	1189900	627898	562002	17416	6296	11120
鞍山市	121946	64844	57102	1389	536	853
抚顺市	41814	22759	19055	742	237	505
本溪市	34342	17871	16471	585	223	362
丹东市	62089	33728	28361	1170	422	748
锦州市	72372	36656	35716	695	244	451
营口市	144359	74113	70246	2287	835	1452
阜新市	30500	16701	13799	529	193	336
辽阳市	56062	28882	27180	942	362	580
盘锦市	77501	41212	36289	1255	434	821
铁岭市	43586	20246	23340	773	298	475
朝阳市	47757	24130	23627	1088	398	690
葫芦岛市	63127	34572	28555	743	247	496
辽宁省沈抚新区管委会	13767	7734	6033	158	49	109

7-7 续表 1

单位：人

现住地	学前教育			小学		
	小计	男	女	小计	男	女
辽宁	**51950**	**27134**	**24816**	**490558**	**241709**	**248849**
沈阳市	15335	8097	7238	118446	59359	59087
大连市	21549	11252	10297	226038	112224	113814
鞍山市	2205	1148	1057	21555	10634	10921
抚顺市	865	444	421	7352	3656	3696
本溪市	571	294	277	5427	2735	2692
丹东市	1139	583	556	12344	6126	6218
锦州市	1029	518	511	8315	3865	4450
营口市	2536	1314	1222	31582	15076	16506
阜新市	674	340	334	4267	2049	2218
辽阳市	1053	527	526	12505	6006	6499
盘锦市	1511	822	689	14456	6944	7512
铁岭市	866	449	417	8344	3726	4618
朝阳市	1354	690	664	9629	4603	5026
葫芦岛市	1045	553	492	8552	3868	4684
辽宁省沈抚新区管委会	218	103	115	1746	838	908

7-7　续表 2　　单位：人

现 住 地	初　中			高　中			大学专科		
	小计	男	女	小计	男	女	小计	男	女
辽宁	**1148147**	**630538**	**517609**	**413640**	**225035**	**188605**	**225440**	**119041**	**106399**
沈阳市	306188	171759	134429	127228	70781	56447	76380	41359	35021
大连市	483421	268595	214826	176044	94984	81060	89535	46932	42603
鞍山市	61864	33268	28596	15506	8169	7337	4968	2560	2408
抚顺市	16975	8939	8036	6778	3771	3007	2413	1233	1180
本溪市	12698	6998	5700	4021	2195	1826	2492	1298	1194
丹东市	27874	16037	11837	9225	5062	4163	5032	2736	2296
锦州市	21677	11017	10660	9092	4799	4293	6899	3630	3269
营口市	71828	37534	34294	19260	10159	9101	9328	4746	4582
阜新市	10733	5581	5152	4252	2337	1915	2818	1262	1556
辽阳市	27154	14289	12865	6759	3505	3254	3890	2009	1881
盘锦市	34357	18883	15474	11511	6298	5213	6147	3208	2939
铁岭市	21701	9970	11731	5736	2870	2866	4040	1789	2251
朝阳市	21109	10723	10386	7238	4006	3232	4450	2124	2326
葫芦岛市	25499	13887	11612	9713	5445	4268	5896	3636	2260
辽宁省沈抚新区管委会	5069	3058	2011	1277	654	623	1152	519	633

7-7　续表 3　　单位：人

现 住 地	大学本科			硕士研究生			博士研究生		
	小计	男	女	小计	男	女	小计	男	女
辽宁	**388826**	**210490**	**178336**	**48393**	**24271**	**24122**	**5521**	**3459**	**2062**
沈阳市	136444	77974	58470	20811	10300	10511	2293	1476	817
大连市	155264	76953	78311	18013	9050	8963	2620	1612	1008
鞍山市	13148	7734	5414	1251	756	495	60	39	21
抚顺市	6001	4107	1894	653	349	304	35	23	12
本溪市	6912	3497	3415	1480	544	936	156	87	69
丹东市	5029	2625	2404	254	121	133	22	16	6
锦州市	22299	11407	10892	2301	1143	1158	65	33	32
营口市	7221	4290	2931	278	138	140	39	21	18
阜新市	6042	4105	1937	1079	761	318	106	73	33
辽阳市	3488	2046	1442	257	128	129	14	10	4
盘锦市	7719	4409	3310	498	188	310	47	26	21
铁岭市	2001	1079	922	116	60	56	9	5	4
朝阳市	2684	1478	1206	194	101	93	11	7	4
葫芦岛市	10492	6310	4182	1152	599	553	35	27	8
辽宁省沈抚新区管委会	4082	2476	1606	56	33	23	9	4	5

7-7a 全省按现住地、受教育程度、性别分的户口登记地在外省的人口(城市)

单位：人

现住地	合计			未上过学		
	合计	男	女	小计	男	女
辽宁	**2348325**	**1255481**	**1092844**	**29712**	**10729**	**18983**
沈阳市	728094	399877	328217	7289	2645	4644
大连市	1079776	568448	511328	15528	5594	9934
鞍山市	75457	40758	34699	811	305	506
抚顺市	29845	16663	13182	432	139	293
本溪市	24543	12881	11662	366	137	229
丹东市	37464	20466	16998	605	213	392
锦州市	57605	29234	28371	382	124	258
营口市	114290	58798	55492	1615	578	1037
阜新市	18849	10763	8086	260	95	165
辽阳市	33613	17186	16427	558	219	339
盘锦市	59588	31707	27881	814	303	511
铁岭市	14025	6946	7079	198	71	127
朝阳市	21510	10854	10656	388	153	235
葫芦岛市	42747	24768	17979	354	114	240
辽宁省沈抚新区管委会	10919	6132	4787	112	39	73

7-7a 续表 1

单位：人

现住地	学前教育			小学		
	小计	男	女	小计	男	女
辽宁	**43277**	**22675**	**20602**	**382599**	**188787**	**193812**
沈阳市	13719	7266	6453	101923	51040	50883
大连市	19800	10345	9455	195364	96525	98839
鞍山市	1205	634	571	11545	5779	5766
抚顺市	621	320	301	4470	2235	2235
本溪市	351	189	162	3383	1734	1649
丹东市	669	341	328	6569	3278	3291
锦州市	748	380	368	5141	2422	2719
营口市	2085	1085	1000	23795	11290	12505
阜新市	395	190	205	2083	1013	1070
辽阳市	667	335	332	6301	2999	3302
盘锦市	1241	659	582	10687	5119	5568
铁岭市	319	178	141	2282	1150	1132
朝阳市	634	332	302	3432	1600	1832
葫芦岛市	656	342	314	4326	1993	2333
辽宁省沈抚新区管委会	167	79	88	1298	610	688

7–7a　续表 2

单位：人

现住地	初中			高中			大学专科		
	小计	男	女	小计	男	女	小计	男	女
辽宁	**917204**	**506988**	**410216**	**365658**	**198332**	**167326**	**200543**	**106077**	**94466**
沈阳市	265528	149237	116291	117996	65542	52454	71325	38592	32733
大连市	430668	238553	192115	166870	89449	77421	86309	44969	41340
鞍山市	33377	18242	15135	11204	5829	5375	3612	1852	1760
抚顺市	11046	5921	5125	5377	3008	2369	1821	921	900
本溪市	8232	4629	3603	2737	1514	1223	1500	874	626
丹东市	16525	9502	7023	6607	3601	3006	3521	1993	1528
锦州市	14276	7403	6873	7289	3795	3494	5808	2956	2852
营口市	56182	29481	26701	16073	8446	7627	7789	3931	3858
阜新市	4860	2633	2227	2584	1412	1172	2005	800	1205
辽阳市	14915	7676	7239	4744	2414	2330	3178	1637	1541
盘锦市	27084	14791	12293	10155	5517	4638	4665	2564	2101
铁岭市	7077	3447	3630	2098	1050	1048	1200	593	607
朝阳市	8550	4346	4204	3851	2153	1698	2754	1221	1533
葫芦岛市	15229	8986	6243	7057	4102	2955	4473	2891	1582
辽宁省沈抚新区管委会	3655	2141	1514	1016	500	516	583	283	300

7–7a　续表 3

单位：人

现住地	大学本科			硕士研究生			博士研究生		
	小计	男	女	小计	男	女	小计	男	女
辽宁	**359219**	**195443**	**163776**	**44983**	**23169**	**21814**	**5130**	**3281**	**1849**
沈阳市	129110	74403	54707	19126	9770	9356	2078	1382	696
大连市	145810	72702	73108	16901	8738	8163	2526	1573	953
鞍山市	12450	7347	5103	1197	732	465	56	38	18
抚顺市	5433	3769	1664	618	332	286	27	18	9
本溪市	6378	3197	3181	1452	527	925	144	80	64
丹东市	2730	1423	1307	221	102	119	17	13	4
锦州市	21636	10996	10640	2264	1127	1137	61	31	30
营口市	6488	3855	2633	234	116	118	29	16	13
阜新市	5507	3803	1704	1051	744	307	104	73	31
辽阳市	3007	1784	1223	231	113	118	12	9	3
盘锦市	4575	2569	2006	337	167	170	30	18	12
铁岭市	812	439	373	37	17	20	2	1	1
朝阳市	1734	964	770	157	79	78	10	6	4
葫芦岛市	9522	5747	3775	1104	574	530	26	19	7
辽宁省沈抚新区管委会	4027	2445	1582	53	31	22	8	4	4

7－7b 全省按现住地、受教育程度、性别分的户口登记地在外省的人口(镇)

单位：人

现住地	合计			未上过学		
	合计	男	女	小计	男	女
辽宁	**189215**	**97703**	**91512**	**2553**	**957**	**1596**
沈阳市	31455	16950	14505	353	134	219
大连市	39210	20463	18747	412	163	249
鞍山市	28185	14599	13586	271	109	162
抚顺市	4825	2415	2410	103	30	73
本溪市	4706	2405	2301	90	37	53
丹东市	12549	6726	5823	208	75	133
锦州市	4752	2320	2432	60	23	37
营口市	8077	4162	3915	128	53	75
阜新市	6161	3246	2915	104	42	62
辽阳市	8526	4363	4163	118	40	78
盘锦市	6196	3283	2913	140	41	99
铁岭市	16793	7747	9046	224	85	139
朝阳市	9029	4606	4423	216	85	131
葫芦岛市	8751	4418	4333	126	40	86
辽宁省沈抚新区管委会						

7－7b 续表 1

单位：人

现住地	学前教育			小学		
	小计	男	女	小计	男	女
辽宁	**4151**	**2182**	**1969**	**36703**	**17987**	**18716**
沈阳市	846	435	411	5921	2998	2923
大连市	753	398	355	8043	4161	3882
鞍山市	673	356	317	5585	2639	2946
抚顺市	106	53	53	907	456	451
本溪市	105	53	52	895	425	470
丹东市	261	133	128	2288	1104	1184
锦州市	109	50	59	759	328	431
营口市	102	52	50	1745	836	909
阜新市	166	90	76	1007	488	519
辽阳市	167	86	81	2085	1029	1056
盘锦市	142	85	57	1402	673	729
铁岭市	319	168	151	2553	1167	1386
朝阳市	246	135	111	1845	898	947
葫芦岛市	156	88	68	1668	785	883
辽宁省沈抚新区管委会						

7－7b　续表 2

单位：人

现 住 地	初　　中			高　　中			大学专科		
	小计	男	女	小计	男	女	小计	男	女
辽宁	**93528**	**50247**	**43281**	**23360**	**12584**	**10776**	**12921**	**6602**	**6319**
沈阳市	15359	8505	6854	4503	2460	2043	2548	1391	1157
大连市	16711	9614	7097	3766	2279	1487	1861	1142	719
鞍山市	17328	9178	8150	2952	1592	1360	928	483	445
抚顺市	2457	1216	1241	620	317	303	284	135	149
本溪市	2205	1117	1088	694	354	340	387	230	157
丹东市	5521	3258	2263	1318	728	590	982	434	548
锦州市	2391	1172	1219	739	383	356	408	201	207
营口市	4257	2242	2015	972	500	472	596	303	293
阜新市	2954	1591	1363	1082	576	506	490	273	217
辽阳市	4651	2448	2203	961	510	451	309	142	167
盘锦市	3158	1746	1412	705	386	319	387	204	183
铁岭市	7930	3721	4209	2460	1179	1281	2379	951	1428
朝阳市	4250	2205	2045	1326	689	637	688	358	330
葫芦岛市	4356	2234	2122	1262	631	631	674	355	319
辽宁省沈抚新区管委会									

7－7b　续表 3

单位：人

现 住 地	大学本科			硕士研究生			博士研究生		
	小计	男	女	小计	男	女	小计	男	女
辽宁	**14460**	**6654**	**7806**	**1416**	**435**	**981**	**123**	**55**	**68**
沈阳市	1810	978	832	103	42	61	12	7	5
大连市	6542	2421	4121	1036	249	787	86	36	50
鞍山市	418	227	191	29	15	14	1		1
抚顺市	325	196	129	19	10	9	4	2	2
本溪市	313	180	133	16	9	7	1		1
丹东市	1951	985	966	18	9	9	2		2
锦州市	271	154	117	13	8	5	2	1	1
营口市	254	163	91	18	10	8	5	3	2
阜新市	336	174	162	21	12	9	1		1
辽阳市	222	100	122	13	8	5			
盘锦市	245	141	104	17	7	10			
铁岭市	857	441	416	66	33	33	5	2	3
朝阳市	438	227	211	20	9	11			
葫芦岛市	478	267	211	27	14	13	4	4	
辽宁省沈抚新区管委会									

7-7c 全省按现住地、受教育程度、性别分的户口登记地在外省的人口(乡村)

单位：人

现住地	合计			未上过学		
	合计	男	女	小计	男	女
辽宁	**273194**	**142336**	**130858**	**5994**	**2157**	**3837**
沈阳市	52063	27347	24716	845	290	555
大连市	70914	38987	31927	1476	539	937
鞍山市	18304	9487	8817	307	122	185
抚顺市	7144	3681	3463	207	68	139
本溪市	5093	2585	2508	129	49	80
丹东市	12076	6536	5540	357	134	223
锦州市	10015	5102	4913	253	97	156
营口市	21992	11153	10839	544	204	340
阜新市	5490	2692	2798	165	56	109
辽阳市	13923	7333	6590	266	103	163
盘锦市	11717	6222	5495	301	90	211
铁岭市	12768	5553	7215	351	142	209
朝阳市	17218	8670	8548	484	160	324
葫芦岛市	11629	5386	6243	263	93	170
辽宁省沈抚新区管委会	2848	1602	1246	46	10	36

7-7c 续表 1

单位：人

现住地	学前教育			小学		
	小计	男	女	小计	男	女
辽宁	**4522**	**2277**	**2245**	**71256**	**34935**	**36321**
沈阳市	770	396	374	10602	5321	5281
大连市	996	509	487	22631	11538	11093
鞍山市	327	158	169	4425	2216	2209
抚顺市	138	71	67	1975	965	1010
本溪市	115	52	63	1149	576	573
丹东市	209	109	100	3487	1744	1743
锦州市	172	88	84	2415	1115	1300
营口市	349	177	172	6042	2950	3092
阜新市	113	60	53	1177	548	629
辽阳市	219	106	113	4119	1978	2141
盘锦市	128	78	50	2367	1152	1215
铁岭市	228	103	125	3509	1409	2100
朝阳市	474	223	251	4352	2105	2247
葫芦岛市	233	123	110	2558	1090	1468
辽宁省沈抚新区管委会	51	24	27	448	228	220

7–7c　续表 2　　　　单位：人

现住地	初中			高中			大学专科		
	小计	男	女	小计	男	女	小计	男	女
辽宁	**137415**	**73303**	**64112**	**24622**	**14119**	**10503**	**11976**	**6362**	**5614**
沈阳市	25301	14017	11284	4729	2779	1950	2507	1376	1131
大连市	36042	20428	15614	5408	3256	2152	1365	821	544
鞍山市	11159	5848	5311	1350	748	602	428	225	203
抚顺市	3472	1802	1670	781	446	335	308	177	131
本溪市	2261	1252	1009	590	327	263	605	194	411
丹东市	5828	3277	2551	1300	733	567	529	309	220
锦州市	5010	2442	2568	1064	621	443	683	473	210
营口市	11389	5811	5578	2215	1213	1002	943	512	431
阜新市	2919	1357	1562	586	349	237	323	189	134
辽阳市	7588	4165	3423	1054	581	473	403	230	173
盘锦市	4115	2346	1769	651	395	256	1095	440	655
铁岭市	6694	2802	3892	1178	641	537	461	245	216
朝阳市	8309	4172	4137	2061	1164	897	1008	545	463
葫芦岛市	5914	2667	3247	1394	712	682	749	390	359
辽宁省沈抚新区管委会	1414	917	497	261	154	107	569	236	333

7–7c　续表 3　　　　单位：人

现住地	大学本科			硕士研究生			博士研究生		
	小计	男	女	小计	男	女	小计	男	女
辽宁	**15147**	**8393**	**6754**	**1994**	**667**	**1327**	**268**	**123**	**145**
沈阳市	5524	2593	2931	1582	488	1094	203	87	116
大连市	2912	1830	1082	76	63	13	8	3	5
鞍山市	280	160	120	25	9	16	3	1	2
抚顺市	243	142	101	16	7	9	4	3	1
本溪市	221	120	101	12	8	4	11	7	4
丹东市	348	217	131	15	10	5	3	3	
锦州市	392	257	135	24	8	16	2	1	1
营口市	479	272	207	26	12	14	5	2	3
阜新市	199	128	71	7	5	2	1		1
辽阳市	259	162	97	13	7	6	2	1	1
盘锦市	2899	1699	1200	144	14	130	17	8	9
铁岭市	332	199	133	13	10	3	2	2	
朝阳市	512	287	225	17	13	4	1	1	
葫芦岛市	492	296	196	21	11	10	5	4	1
辽宁省沈抚新区管委会	55	31	24	3	2	1	1		1

7-8 全省分年龄、性别、迁移原因的户口登记地在外乡镇街道的人口

单位：人

年 龄	合 计			工作就业		
	合计	男	女	小计	男	女
总 计	**15670121**	**7760506**	**7909615**	**3355849**	**1955950**	**1399899**
0-4岁	**561471**	**289846**	**271625**			
0	69093	35573	33520			
1	110827	57215	53612			
2	112468	58143	54325			
3	132231	68191	64040			
4	136852	70724	66128			
5-9岁	**627514**	**327811**	**299703**			
5	107835	55936	51899			
6	146045	76403	69642			
7	122790	64295	58495			
8	136058	71050	65008			
9	114786	60127	54659			
10-14岁	**567543**	**298178**	**269365**	**178**	**105**	**73**
10	110846	58287	52559	23	10	13
11	116900	61471	55429	32	20	12
12	113016	59240	53776	32	15	17
13	117542	61874	55668	31	19	12
14	109239	57306	51933	60	41	19
15-19岁	**968550**	**498158**	**470392**	**48069**	**27838**	**20231**
15	158599	82899	75700	2446	1441	1005
16	191766	99895	91871	3726	2269	1457
17	164595	84928	79667	7226	4275	2951
18	207504	106016	101488	14547	8278	6269
19	246086	124420	121666	20124	11575	8549
20-24岁	**1042871**	**525345**	**517526**	**251151**	**136173**	**114978**
20	256756	129925	126831	27314	15101	12213
21	213805	108588	105217	36179	19943	16236
22	191486	97772	93714	51737	27965	23772
23	184479	92329	92150	63811	34179	29632
24	196345	96731	99614	72110	38985	33125
25-29岁	**1159273**	**564379**	**594894**	**427105**	**238123**	**188982**
25	211512	103648	107864	79741	43330	36411
26	222067	107605	114462	82341	45031	37310
27	233885	113448	120437	86734	48207	38527
28	240648	116959	123689	87591	49493	38098
29	251161	122719	128442	90698	52062	38636

7-8　续表 1　　　　单位：人

年　龄	合　计			工作就业		
	合计	男	女	小计	男	女
30–34岁	**1764053**	**858128**	**905925**	**600987**	**346914**	**254073**
30	335479	163893	171586	120048	69431	50617
31	345600	168347	177253	121199	69984	51215
32	355447	172804	182643	120450	69637	50813
33	401284	194594	206690	132820	76625	56195
34	326243	158490	167753	106470	61237	45233
35–39岁	**1347909**	**666888**	**681021**	**427415**	**249138**	**178277**
35	249937	123050	126887	81118	47248	33870
36	233164	115187	117977	76696	44555	32141
37	261127	129281	131846	82290	47830	34460
38	332677	164989	167688	102436	59768	42668
39	271004	134381	136623	84875	49737	35138
40–44岁	**1268659**	**633750**	**634909**	**393393**	**229816**	**163577**
40	260534	129723	130811	82109	47903	34206
41	297603	148106	149497	90717	53045	37672
42	270150	134668	135482	81347	47368	33979
43	218042	109309	108733	68070	39784	28286
44	222330	111944	110386	71150	41716	29434
45–49岁	**1270131**	**639247**	**630884**	**397352**	**232998**	**164354**
45	224173	112847	111326	71468	42037	29431
46	243694	121897	121797	78415	45572	32843
47	266441	133956	132485	82933	48479	34454
48	263953	133601	130352	81946	48242	33704
49	271870	136946	134924	82590	48668	33922
50–54岁	**1229536**	**614286**	**615250**	**337961**	**204215**	**133746**
50	279067	140483	138584	82816	49459	33357
51	253334	127142	126192	70397	42449	27948
52	265138	132364	132774	71855	43350	28505
53	200822	99871	100951	54703	33298	21405
54	231175	114426	116749	58190	35659	22531
55–59岁	**1146584**	**565013**	**581571**	**228630**	**140623**	**88007**
55	253145	125394	127751	57024	35021	22003
56	259109	127660	131449	53528	32757	20771
57	319077	157704	161373	59792	37051	22741
58	193047	94952	98095	36838	22708	14130
59	122206	59303	62903	21448	13086	8362
60–64岁	**933235**	**452680**	**480555**	**120303**	**74182**	**46121**
60	196224	96273	99951	29656	18328	11328
61	161827	79261	82566	22266	13822	8444
62	194299	94684	99615	24470	15179	9291
63	198391	95133	103258	23644	14450	9194
64	182494	87329	95165	20267	12403	7864
65岁及以上	**1782792**	**826797**	**955995**	**123305**	**75825**	**47480**

7-8 续表 2

单位：人

年 龄	学习培训			随同离开/投亲靠友			拆迁/搬家		
	小计	男	女	小计	男	女	小计	男	女
总 计	**1195943**	**601695**	**594248**	**2201587**	**958736**	**1242851**	**5789201**	**2938139**	**2851062**
0—4岁	**468**	**254**	**214**	**343477**	**177454**	**166023**	**120928**	**62137**	**58791**
0	16	7	9	42199	21774	20425	13505	6869	6636
1	49	28	21	68096	35029	33067	22570	11750	10820
2	67	33	34	69091	35689	33402	23876	12305	11571
3	136	84	52	80717	41843	38874	29397	14947	14450
4	200	102	98	83374	43119	40255	31580	16266	15314
5—9岁	**33977**	**17981**	**15996**	**353685**	**184786**	**168899**	**155907**	**81369**	**74538**
5	217	96	121	65258	33819	31439	25786	13460	12326
6	7257	3790	3467	83058	43443	39615	36224	18946	17278
7	8123	4351	3772	68278	35791	32487	30588	15891	14697
8	9797	5153	4644	74657	39034	35623	34287	17962	16325
9	8583	4591	3992	62434	32699	29735	29022	15110	13912
10—14岁	**60714**	**31976**	**28738**	**285132**	**149518**	**135614**	**151662**	**79938**	**71724**
10	8879	4748	4131	59512	31256	28256	28635	15060	13575
11	9903	5326	4577	61517	32359	29158	31057	16244	14813
12	11124	5920	5204	57295	29722	27573	30610	16207	14403
13	13010	6909	6101	57237	29965	27272	32654	17295	15359
14	17798	9073	8725	49571	26216	23355	28706	15132	13574
15—19岁	**600845**	**300900**	**299945**	**147135**	**77853**	**69282**	**114540**	**61336**	**53204**
15	76264	39171	37093	40516	21405	19111	26934	14317	12617
16	115049	59505	55544	34872	18299	16573	25874	13530	12344
17	97277	49243	48034	27736	14510	13226	21263	11188	10075
18	134426	66053	68373	25122	13593	11529	22066	12113	9953
19	177829	86928	90901	18889	10046	8843	18403	10188	8215
20—24岁	**420517**	**211320**	**209197**	**101384**	**49962**	**51422**	**166173**	**84962**	**81211**
20	175419	86721	88698	19210	10095	9115	21600	11591	10009
21	119861	59857	60004	17775	9039	8736	24734	12802	11932
22	64555	33909	30646	21410	10427	10983	33259	16746	16513
23	35329	18182	17147	21497	10328	11169	39262	19851	19411
24	25353	12651	12702	21492	10073	11419	47318	23972	23346
25—29岁	**44664**	**22021**	**22643**	**100570**	**42861**	**57709**	**355377**	**183935**	**171442**
25	17292	8493	8799	21627	9882	11745	56387	28988	27399
26	10368	5118	5250	21137	9351	11786	65750	33661	32089
27	7268	3567	3701	19888	8572	11316	72486	37554	34932
28	5378	2635	2743	19287	7832	11455	77612	40308	37304
29	4358	2208	2150	18631	7224	11407	83142	43424	39718

7-8 续表 3

单位：人

年 龄	学习培训			随同离开/投亲靠友			拆迁/搬家		
	小计	男	女	小计	男	女	小计	男	女
30-34岁	**17141**	**8609**	**8532**	**116699**	**39659**	**77040**	**644958**	**335006**	**309952**
30	4762	2441	2321	23948	8771	15177	113893	59505	54388
31	3799	1865	1934	23266	8194	15072	122877	63910	58967
32	3368	1672	1696	23303	7893	15410	130677	67811	62866
33	3032	1540	1492	25678	8237	17441	151604	78552	73052
34	2180	1091	1089	20504	6564	13940	125907	65228	60679
35-39岁	**6921**	**3437**	**3484**	**82975**	**26524**	**56451**	**541027**	**280727**	**260300**
35	1518	767	751	15903	5171	10732	97025	50502	46523
36	1289	650	639	14396	4597	9799	91305	47333	43972
37	1303	677	626	15944	5153	10791	105755	54910	50845
38	1597	763	834	20296	6533	13763	136799	71083	65716
39	1214	580	634	16436	5070	11366	110143	56899	53244
40-44岁	**4242**	**2054**	**2188**	**77390**	**23095**	**54295**	**529393**	**272728**	**256665**
40	1068	536	532	16016	4841	11175	105701	54800	50901
41	1032	474	558	17948	5365	12583	124955	64466	60489
42	888	457	431	16575	5028	11547	114668	59074	55594
43	658	307	351	13223	3886	9337	91480	47039	44441
44	596	280	316	13628	3975	9653	92589	47349	45240
45-49岁	**2653**	**1347**	**1306**	**81549**	**22819**	**58730**	**549794**	**278424**	**271370**
45	557	281	276	13895	3927	9968	94362	48006	46356
46	544	278	266	15431	4293	11138	102666	51913	50753
47	579	293	286	17133	4818	12315	115965	58628	57337
48	489	256	233	17145	4686	12459	115821	58954	56867
49	484	239	245	17945	5095	12850	120980	60923	60057
50-54岁	**1510**	**734**	**776**	**90782**	**25371**	**65411**	**555795**	**278475**	**277320**
50	434	208	226	19036	5374	13662	124131	62516	61615
51	310	149	161	18075	5061	13014	115542	58050	57492
52	295	142	153	19678	5523	14155	120751	60327	60424
53	213	102	111	15462	4313	11149	89524	44725	44799
54	258	133	125	18531	5100	13431	105847	52857	52990
55-59岁	**848**	**394**	**454**	**98198**	**29153**	**69045**	**562285**	**283061**	**279224**
55	207	93	114	20702	5983	14719	120723	60645	60078
56	215	111	104	21628	6315	15313	127089	63764	63325
57	197	81	116	27011	8216	18795	160847	81238	79609
58	141	66	75	17198	5150	12048	94046	47538	46508
59	88	43	45	11659	3489	8170	59580	29876	29704
60-64岁	**564**	**272**	**292**	**96101**	**31576**	**64525**	**469142**	**235789**	**233353**
60	124	66	58	18680	6013	12667	99068	50186	48882
61	101	50	51	16318	5337	10981	80721	41042	39679
62	107	42	65	20026	6617	13409	97998	49445	48553
63	122	62	60	21217	6942	14275	99428	49508	49920
64	110	52	58	19860	6667	13193	91927	45608	46319
65岁及以上	**879**	**396**	**483**	**226510**	**78105**	**148405**	**872220**	**420252**	**451968**

7-8 续表 4　　单位：人

年　龄	寄挂户口			婚姻嫁娶			照料孙子女		
	小计	男	女	小计	男	女	小计	男	女
总　计	**362112**	**187621**	**174491**	**799817**	**181821**	**617996**	**184198**	**64944**	**119254**
0–4岁	**12490**	**6399**	**6091**						
0	1407	713	694						
1	2686	1387	1299						
2	2616	1358	1258						
3	2871	1462	1409						
4	2910	1479	1431						
5–9岁	**12658**	**6504**	**6154**						
5	2349	1199	1150						
6	2867	1534	1333						
7	2389	1210	1179						
8	2707	1377	1330						
9	2346	1184	1162						
10–14岁	**11883**	**6121**	**5762**	**15**	**7**	**8**			
10	2256	1172	1084	3	1	2			
11	2330	1205	1125	3	2	1			
12	2403	1277	1126	6	4	2			
13	2548	1277	1271	2		2			
14	2346	1190	1156	1		1			
15–19岁	**9685**	**5234**	**4451**	**1676**	**187**	**1489**	**2**	**1**	**1**
15	1959	1056	903	81	40	41			
16	1909	1010	899	118	28	90	1		1
17	1899	968	931	214	28	186			
18	2009	1105	904	443	37	406	1	1	
19	1909	1095	814	820	54	766			
20–24岁	**17201**	**9402**	**7799**	**28053**	**2805**	**25248**	**2**	**1**	**1**
20	2307	1333	974	1769	82	1687			
21	2778	1504	1274	2740	208	2532			
22	3648	1969	1679	4853	399	4454			
23	3946	2128	1818	7426	791	6635	1		1
24	4522	2468	2054	11265	1325	9940	1	1	
25–29岁	**24074**	**13013**	**11061**	**120294**	**20657**	**99637**	**4**	**1**	**3**
25	4842	2694	2148	15892	2249	13643			
26	4961	2672	2289	20512	3193	17319	1		1
27	4959	2609	2350	25055	4268	20787	1	1	
28	4795	2553	2242	27969	5063	22906			
29	4517	2485	2032	30866	5884	24982	2		2

7–8　续表 5　　　　单位：人

年　龄	寄挂户口			婚姻嫁娶			照料孙子女		
	小计	男	女	小计	男	女	小计	男	女
30–34岁	**29666**	**15610**	**14056**	**212979**	**43532**	**169447**	**475**	**163**	**312**
30	5640	2997	2643	41919	8333	33586	65	18	47
31	5738	3039	2699	42128	8384	33744	94	25	69
32	6021	3137	2884	43494	8969	34525	85	34	51
33	6510	3406	3104	48392	10033	38359	127	45	82
34	5757	3031	2726	37046	7813	29233	104	41	63
35–39岁	**26049**	**13874**	**12175**	**129649**	**29122**	**100527**	**533**	**181**	**352**
35	4786	2547	2239	26768	5814	20954	84	27	57
36	4462	2376	2086	23355	5193	18162	84	27	57
37	5075	2721	2354	25162	5700	19462	98	39	59
38	6434	3396	3038	30537	6953	23584	145	50	95
39	5292	2834	2458	23827	5462	18365	122	38	84
40–44岁	**27368**	**14389**	**12979**	**91752**	**21311**	**70441**	**789**	**287**	**502**
40	4949	2615	2334	21600	4985	16615	130	50	80
41	6127	3261	2866	22587	5084	17503	166	65	101
42	5875	3044	2831	19472	4547	14925	159	62	97
43	4987	2583	2404	14385	3444	10941	167	60	107
44	5430	2886	2544	13708	3251	10457	167	50	117
45–49岁	**33190**	**16877**	**16313**	**64984**	**17175**	**47809**	**3063**	**700**	**2363**
45	5646	2877	2769	13076	3335	9741	216	69	147
46	6247	3137	3110	13273	3366	9907	335	79	256
47	7110	3590	3520	13587	3577	10010	491	103	388
48	6924	3560	3364	12693	3527	9166	819	172	647
49	7263	3713	3550	12355	3370	8985	1202	277	925
50–54岁	**34340**	**17775**	**16565**	**49477**	**14028**	**35449**	**17592**	**4275**	**13317**
50	7690	3972	3718	12177	3364	8813	1938	417	1521
51	7015	3581	3434	10308	2956	7352	2653	641	2012
52	7540	4001	3539	10457	2939	7518	3640	888	2752
53	5597	2874	2723	7992	2272	5720	3821	918	2903
54	6498	3347	3151	8543	2497	6046	5540	1411	4129
55–59岁	**34287**	**18107**	**16180**	**35998**	**10757**	**25241**	**40855**	**12014**	**28841**
55	7484	3862	3622	8868	2586	6282	7061	1965	5096
56	7718	4088	3630	8251	2490	5761	8330	2320	6010
57	9718	5146	4572	9681	2946	6735	11439	3326	8113
58	5835	3145	2690	5868	1729	4139	8100	2498	5602
59	3532	1866	1666	3330	1006	2324	5925	1905	4020
60–64岁	**26509**	**13871**	**12638**	**24743**	**7869**	**16874**	**54289**	**19851**	**34438**
60	5634	3031	2603	5474	1663	3811	9918	3391	6527
61	4724	2482	2242	4304	1421	2883	9204	3254	5950
62	5587	2945	2642	5153	1714	3439	11616	4380	7236
63	5564	2843	2721	5095	1582	3513	12282	4543	7739
64	5000	2570	2430	4717	1489	3228	11269	4283	6986
65岁及以上	**62712**	**30445**	**32267**	**40197**	**14371**	**25826**	**66594**	**27470**	**39124**

7−8 续表 6

单位：人

年龄	为子女就学			养老/康养			其他		
	小计	男	女	小计	男	女	小计	男	女
总计	**151262**	**65745**	**85517**	**284468**	**130069**	**154399**	**1345684**	**675786**	**669898**
0−4岁							**84108**	**43602**	**40506**
0							11966	6210	5756
1							17426	9021	8405
2							16818	8758	8060
3							19110	9855	9255
4							18788	9758	9030
5−9岁							**71287**	**37171**	**34116**
5							14225	7362	6863
6							16639	8690	7949
7							13412	7052	6360
8							14610	7524	7086
9							12401	6543	5858
10−14岁				**12**	**10**	**2**	**57947**	**30503**	**27444**
10				2	2		11536	6038	5498
11				2	2		12056	6313	5743
12				4	4		11542	6091	5451
13				2		2	12058	6409	5649
14				2	2		10755	5652	5103
15−19岁	**239**	**133**	**106**	**31**	**21**	**10**	**46328**	**24655**	**21673**
15	94	45	49	4	3	1	10301	5421	4880
16	84	44	40	2	2		10131	5208	4923
17	34	25	9	11	8	3	8935	4683	4252
18	18	12	6	5	3	2	8867	4821	4046
19	9	7	2	9	5	4	8094	4522	3572
20−24岁	**556**	**183**	**373**	**34**	**26**	**8**	**57800**	**30511**	**27289**
20	49	18	31	3	3		9085	4981	4104
21	58	23	35	8	6	2	9672	5206	4466
22	87	29	58	7	5	2	11930	6323	5607
23	131	38	93	7	6	1	13069	6826	6243
24	231	75	156	9	6	3	14044	7175	6869
25−29岁	**4590**	**1578**	**3012**	**87**	**54**	**33**	**82508**	**42136**	**40372**
25	367	113	254	16	8	8	15348	7891	7457
26	559	159	400	18	13	5	16420	8407	8013
27	899	306	593	10	6	4	16585	8358	8227
28	1165	418	747	14	10	4	16837	8647	8190
29	1600	582	1018	29	17	12	17318	8833	8485

7-8 续表 7

单位：人

年 龄	为子女就学			养老/康养			其 他		
	小计	男	女	小计	男	女	小计	男	女
30–34岁	**22261**	**8820**	**13441**	**148**	**102**	**46**	**118739**	**59713**	**59026**
30	2779	996	1783	18	11	7	22407	11390	11017
31	3537	1325	2212	30	21	9	22932	11600	11332
32	4387	1771	2616	37	26	11	23625	11854	11771
33	5999	2477	3522	33	20	13	27089	13659	13430
34	5559	2251	3308	30	24	6	22686	11210	11476
35–39岁	**34466**	**14154**	**20312**	**194**	**131**	**63**	**98680**	**49600**	**49080**
35	4816	1979	2837	32	19	13	17887	8976	8911
36	4998	2075	2923	39	28	11	16540	8353	8187
37	6532	2752	3780	31	24	7	18937	9475	9462
38	9447	3823	5624	43	30	13	24943	12590	12353
39	8673	3525	5148	49	30	19	20373	10206	10167
40–44岁	**41464**	**18236**	**23228**	**359**	**242**	**117**	**102509**	**51592**	**50917**
40	8662	3662	5000	58	42	16	20241	10289	9952
41	10302	4455	5847	73	52	21	23696	11839	11857
42	9286	4084	5202	81	51	30	21799	10953	10846
43	6948	3090	3858	60	36	24	18064	9080	8984
44	6266	2945	3321	87	61	26	18709	9431	9278
45–49岁	**24304**	**11812**	**12492**	**724**	**427**	**297**	**112518**	**56668**	**55850**
45	5791	2735	3056	98	55	43	19064	9525	9539
46	5515	2661	2854	96	59	37	21172	10539	10633
47	4963	2434	2529	145	94	51	23535	11940	11595
48	4237	2111	2126	175	105	70	23704	11988	11716
49	3798	1871	1927	210	114	96	25043	12676	12367
50–54岁	**10481**	**4973**	**5508**	**12655**	**5495**	**7160**	**118943**	**58945**	**59998**
50	3167	1501	1666	1422	647	775	26256	13025	13231
51	2375	1156	1219	2258	998	1260	24401	12101	12300
52	2109	999	1110	2843	1222	1621	25970	12973	12997
53	1459	689	770	2554	1121	1433	19497	9559	9938
54	1371	628	743	3578	1507	2071	22819	11287	11532
55–59岁	**5024**	**2358**	**2666**	**26783**	**12016**	**14767**	**113676**	**56530**	**57146**
55	1354	659	695	4597	2045	2552	25125	12535	12590
56	1171	558	613	5481	2494	2987	25698	12763	12935
57	1315	610	705	7442	3367	4075	31635	15723	15912
58	748	337	411	5116	2281	2835	19157	9500	9657
59	436	194	242	4147	1829	2318	12061	6009	6052
60–64岁	**3347**	**1465**	**1882**	**45240**	**22051**	**23189**	**92997**	**45754**	**47243**
60	684	310	374	7477	3579	3898	19509	9706	9803
61	587	278	309	7379	3554	3825	16223	8021	8202
62	658	278	380	9339	4596	4743	19345	9488	9857
63	735	308	427	10497	5176	5321	19807	9719	10088
64	683	291	392	10548	5146	5402	18113	8820	9293
65岁及以上	**4530**	**2033**	**2497**	**198201**	**89494**	**108707**	**187644**	**88406**	**99238**

7-8a 全省分年龄、性别、迁移原因的户口登记地在外乡镇街道的人口(城市)

单位：人

年 龄	合 计			工作就业		
	合计	男	女	小计	男	女
总 计	**12651030**	**6296748**	**6354282**	**2793624**	**1605625**	**1187999**
0-4岁	**461576**	**238282**	**223294**			
0	57438	29530	27908			
1	91135	47050	44085			
2	92088	47619	44469			
3	108447	55946	52501			
4	112468	58137	54331			
5-9岁	**503149**	**263064**	**240085**			
5	86846	45088	41758			
6	118165	61850	56315			
7	98099	51379	46720			
8	108974	57015	51959			
9	91065	47732	43333			
10-14岁	**440869**	**232281**	**208588**	**145**	**86**	**59**
10	87082	45971	41111	17	9	8
11	91800	48354	43446	25	14	11
12	87855	46048	41807	27	13	14
13	91428	48206	43222	23	14	9
14	82704	43702	39002	53	36	17
15-19岁	**741902**	**385974**	**355928**	**41837**	**24010**	**17827**
15	116081	60813	55268	2012	1187	825
16	135992	71331	64661	3127	1898	1229
17	116707	60799	55908	6171	3661	2510
18	165140	85326	79814	12791	7244	5547
19	207982	107705	100277	17736	10020	7716
20-24岁	**898820**	**459704**	**439116**	**223233**	**119123**	**104110**
20	222018	114722	107296	24099	13098	11001
21	188066	96805	91261	32246	17511	14735
22	166285	85891	80394	46313	24621	21692
23	157380	79743	77637	56694	29895	26799
24	165071	82543	82528	63881	33998	29883
25-29岁	**959191**	**474780**	**484411**	**374330**	**206078**	**168252**
25	175744	87524	88220	70345	37703	32642
26	183945	90389	93556	72420	39013	33407
27	193783	95531	98252	76041	41715	34326
28	199342	98591	100751	76706	42891	33815
29	206377	102745	103632	78818	44756	34062

7-8a　续表 1

单位：人

年　龄	合　计			工作就业		
	合计	男	女	小计	男	女
30-34岁	**1459733**	**722513**	**737220**	**519893**	**297537**	**222356**
30	277153	138000	139153	104265	59783	44482
31	286242	141990	144252	105284	60269	45015
32	295710	146337	149373	104548	59930	44618
33	332069	163791	168278	114525	65510	49015
34	268559	132395	136164	91271	52045	39226
35-39岁	**1112680**	**557261**	**555419**	**364878**	**210417**	**154461**
35	206673	103242	103431	69514	40111	29403
36	193897	96822	97075	65793	37812	27981
37	217846	108988	108858	70804	40681	30123
38	274532	137908	136624	87247	50360	36887
39	219732	110301	109431	71520	41453	30067
40-44岁	**1017188**	**512682**	**504506**	**325334**	**188154**	**137180**
40	210110	105772	104338	68959	39824	29135
41	238223	119994	118229	75369	43698	31671
42	217564	109412	108152	67224	38715	28509
43	174135	87898	86237	55595	32157	23438
44	177156	89606	87550	58187	33760	24427
45-49岁	**1006929**	**508001**	**498928**	**319740**	**185360**	**134380**
45	178184	90003	88181	57981	33703	24278
46	192966	96854	96112	63391	36461	26930
47	211097	106398	104699	66616	38507	28109
48	208952	106067	102885	65742	38264	27478
49	215730	108679	107051	66010	38425	27585
50-54岁	**967122**	**482514**	**484608**	**265150**	**158281**	**106869**
50	220617	111019	109598	65864	38882	26982
51	200676	100729	99947	55661	33197	22464
52	209037	104291	104746	56291	33517	22774
53	155984	77452	78532	42410	25523	16887
54	180808	89023	91785	44924	27162	17762
55-59岁	**920055**	**450746**	**469309**	**176749**	**107269**	**69480**
55	200546	98797	101749	44039	26664	17375
56	207254	101581	105673	41357	24979	16378
57	257696	126425	131271	46176	28229	17947
58	155055	75828	79227	28454	17302	11152
59	99504	48115	51389	16723	10095	6628
60-64岁	**758789**	**366312**	**392477**	**91614**	**55461**	**36153**
60	159101	77690	81411	22761	13870	8891
61	131008	63707	67301	16857	10265	6592
62	158362	76729	81633	18728	11385	7343
63	161633	77258	84375	17933	10719	7214
64	148685	70928	77757	15335	9222	6113
65岁及以上	**1403027**	**642634**	**760393**	**90721**	**53849**	**36872**

7-8a 续表 2

单位：人

年龄	学习培训			随同离开/投亲靠友			拆迁/搬家		
	小计	男	女	小计	男	女	小计	男	女
总计	**963694**	**493178**	**470516**	**1754955**	**761601**	**993354**	**4844612**	**2450831**	**2393781**
0-4岁	**404**	**217**	**187**	**281196**	**145389**	**135807**	**101686**	**52272**	**49414**
0	15	7	8	34963	18027	16936	11359	5777	5582
1	45	26	19	55886	28735	27151	18910	9865	9045
2	61	29	32	56381	29163	27218	20073	10356	9717
3	121	74	47	65889	34213	31676	24687	12519	12168
4	162	81	81	68077	35251	32826	26657	13755	12902
5-9岁	**24325**	**12808**	**11517**	**282998**	**148116**	**134882**	**129128**	**67432**	**61696**
5	180	79	101	52047	27011	25036	21501	11195	10306
6	5311	2741	2570	66981	35052	31929	30212	15857	14355
7	5775	3062	2713	54537	28646	25891	25231	13111	12120
8	6990	3656	3334	59802	31379	28423	28414	14925	13489
9	6069	3270	2799	49631	26028	23603	23770	12344	11426
10-14岁	**41533**	**21964**	**19569**	**222289**	**117094**	**105195**	**123236**	**65063**	**58173**
10	6183	3303	2880	46815	24743	22072	23372	12311	11061
11	6951	3750	3201	48229	25491	22738	25434	13303	12131
12	7791	4150	3641	44460	23105	21355	24867	13172	11695
13	8821	4681	4140	44765	23486	21279	26651	14112	12539
14	11787	6080	5707	38020	20269	17751	22912	12165	10747
15-19岁	**445843**	**226831**	**219012**	**117753**	**62401**	**55352**	**93208**	**49877**	**43331**
15	51216	26335	24881	31733	16749	14984	21651	11485	10166
16	74417	38726	35691	28141	14880	13261	21020	10994	10026
17	63194	32274	30920	22126	11629	10497	17003	8970	8033
18	105761	52836	52925	20146	10916	9230	18134	9915	8219
19	151255	76660	74595	15607	8227	7380	15400	8513	6887
20-24岁	**380323**	**195697**	**184626**	**83940**	**41276**	**42664**	**137595**	**70333**	**67262**
20	154500	78732	75768	15906	8339	7567	18000	9664	8336
21	109586	55876	53710	14705	7438	7267	20522	10618	9904
22	59871	31942	27929	17858	8697	9161	27612	13862	13750
23	32872	17163	15709	17780	8540	9240	32563	16474	16089
24	23494	11984	11510	17691	8262	9429	38898	19715	19183
25-29岁	**40741**	**20411**	**20330**	**82510**	**34972**	**47538**	**295084**	**152433**	**142651**
25	15776	7938	7838	17822	8146	9676	46398	23812	22586
26	9358	4685	4673	17320	7565	9755	54478	27868	26610
27	6667	3321	3346	16345	7013	9332	60309	31100	29209
28	4926	2434	2492	15890	6429	9461	64766	33577	31189
29	4014	2033	1981	15133	5819	9314	69133	36076	33057

7-8a　续表 3

单位：人

年　龄	学习培训			随同离开/投亲靠友			拆迁/搬家		
	小计	男	女	小计	男	女	小计	男	女
30-34岁	**15667**	**7914**	**7753**	**94656**	**31645**	**63011**	**544823**	**282674**	**262149**
30	4412	2273	2139	19463	7035	12428	95657	49916	45741
31	3498	1735	1763	18942	6554	12388	103626	53818	49808
32	3092	1533	1559	18982	6360	12622	110885	57589	53296
33	2717	1390	1327	20823	6576	14247	128357	66490	61867
34	1948	983	965	16446	5120	11326	106298	54861	51437
35-39岁	**6151**	**3080**	**3071**	**66942**	**21006**	**45936**	**460281**	**238297**	**221984**
35	1361	697	664	12919	4112	8807	82541	42916	39625
36	1160	595	565	11766	3703	8063	77988	40340	37648
37	1167	613	554	13082	4176	8906	90741	46927	43814
38	1410	677	733	16303	5161	11142	116587	60490	56097
39	1053	498	555	12872	3854	9018	92424	47624	44800
40-44岁	**3612**	**1757**	**1855**	**59658**	**16939**	**42719**	**440925**	**226230**	**214695**
40	930	460	470	12549	3604	8945	87871	45377	42494
41	865	397	468	13919	3977	9942	103661	53477	50184
42	762	400	362	12796	3724	9072	96038	49302	46736
43	555	264	291	10091	2832	7259	76302	38979	37323
44	500	236	264	10303	2802	7501	77053	39095	37958
45-49岁	**2129**	**1087**	**1042**	**61894**	**16255**	**45639**	**458467**	**230579**	**227888**
45	470	229	241	10519	2778	7741	78606	39741	38865
46	430	224	206	11632	3012	8620	85307	42846	42461
47	464	243	221	13097	3468	9629	96722	48552	48170
48	386	205	181	12999	3353	9646	96456	48797	47659
49	379	186	193	13647	3644	10003	101376	50643	50733
50-54岁	**1113**	**554**	**559**	**69204**	**18603**	**50601**	**462926**	**230454**	**232472**
50	330	163	167	14574	3924	10650	103728	51890	51838
51	222	102	120	13865	3723	10142	96886	48398	48488
52	204	99	105	15041	4062	10979	101073	50268	50805
53	158	80	78	11694	3149	8545	73622	36521	37101
54	199	110	89	14030	3745	10285	87617	43377	44240
55-59岁	**663**	**310**	**353**	**77887**	**22593**	**55294**	**475551**	**238341**	**237210**
55	158	68	90	16076	4513	11563	101193	50505	50688
56	162	82	80	17099	4829	12270	107277	53698	53579
57	157	68	89	21602	6436	15166	136908	68746	68162
58	113	55	58	13665	4012	9653	79501	40022	39479
59	73	37	36	9445	2803	6642	50672	25370	25302
60-64岁	**462**	**223**	**239**	**77781**	**25551**	**52230**	**399335**	**200328**	**199007**
60	99	55	44	15019	4786	10233	84162	42518	41644
61	76	38	38	13248	4314	8934	68453	34737	33716
62	92	36	56	16175	5363	10812	83555	41997	41558
63	107	54	53	17181	5636	11545	84810	42245	42565
64	88	40	48	16158	5452	10706	78355	38831	39524
65岁及以上	**728**	**325**	**403**	**176247**	**59761**	**116486**	**722367**	**346518**	**375849**

7-8a 续表 4

单位：人

年 龄	寄挂户口			婚姻嫁娶			照料孙子女		
	小计	男	女	小计	男	女	小计	男	女
总 计	**254696**	**131143**	**123553**	**496659**	**127804**	**368855**	**167904**	**59597**	**108307**
0-4岁	**9660**	**4917**	**4743**						
0	1120	562	558						
1	2073	1054	1019						
2	1988	1031	957						
3	2180	1114	1066						
4	2299	1156	1143						
5-9岁	**9571**	**4913**	**4658**						
5	1792	922	870						
6	2213	1187	1026						
7	1780	895	885						
8	2042	1017	1025						
9	1744	892	852						
10-14岁	**8572**	**4391**	**4181**	**11**	**4**	**7**			
10	1635	857	778	2	1	1			
11	1705	878	827	1		1			
12	1731	913	818	5	3	2			
13	1822	918	904	2		2			
14	1679	825	854	1		1			
15-19岁	**6728**	**3654**	**3074**	**609**	**133**	**476**	**2**	**1**	**1**
15	1344	727	617	46	25	21			
16	1342	722	620	65	21	44	1		1
17	1338	682	656	92	20	72			
18	1380	762	618	146	29	117	1	1	
19	1324	761	563	260	38	222			
20-24岁	**12268**	**6672**	**5596**	**14878**	**2191**	**12687**	**2**	**1**	**1**
20	1601	918	683	679	64	615			
21	1964	1045	919	1256	159	1097			
22	2642	1415	1227	2432	302	2130			
23	2860	1543	1317	4028	607	3421	1		1
24	3201	1751	1450	6483	1059	5424	1	1	
25-29岁	**17197**	**9257**	**7940**	**80859**	**17147**	**63712**	**3**	**1**	**2**
25	3361	1880	1481	9789	1799	7990			
26	3459	1844	1615	13460	2598	10862	1		1
27	3637	1917	1720	17006	3588	13418	1	1	
28	3496	1859	1637	19321	4229	15092			
29	3244	1757	1487	21283	4933	16350	1		1

7–8a　续表 5　　单位：人

年　龄	寄挂户口			婚姻嫁娶			照料孙子女		
	小计	男	女	小计	男	女	小计	男	女
30–34岁	**21774**	**11431**	**10343**	**151353**	**36906**	**114447**	**354**	**127**	**227**
30	4078	2165	1913	29421	7033	22388	49	12	37
31	4179	2222	1957	29782	7106	22676	70	20	50
32	4451	2311	2140	31316	7660	23656	66	29	37
33	4824	2521	2303	34618	8468	26150	95	34	61
34	4242	2212	2030	26216	6639	19577	74	32	42
35–39岁	**18911**	**10042**	**8869**	**90585**	**24106**	**66479**	**427**	**146**	**281**
35	3456	1852	1604	18937	4864	14073	64	21	43
36	3333	1753	1580	16758	4346	12412	65	19	46
37	3787	2033	1754	17900	4769	13131	77	31	46
38	4589	2435	2154	21167	5738	15429	121	42	79
39	3746	1969	1777	15823	4389	11434	100	33	67
40–44岁	**19437**	**10147**	**9290**	**56508**	**15524**	**40984**	**610**	**226**	**384**
40	3476	1840	1636	14024	3859	10165	98	37	61
41	4234	2220	2014	13979	3756	10223	120	46	74
42	4309	2239	2070	12051	3300	8751	129	49	80
43	3551	1821	1730	8497	2412	6085	134	51	83
44	3867	2027	1840	7957	2197	5760	129	43	86
45–49岁	**23302**	**11814**	**11488**	**35088**	**10432**	**24656**	**2620**	**601**	**2019**
45	3993	2033	1960	7491	2182	5309	179	59	120
46	4344	2159	2185	7301	2064	5237	282	65	217
47	4989	2517	2472	7246	2128	5118	417	89	328
48	4838	2504	2334	6679	2096	4583	723	151	572
49	5138	2601	2537	6371	1962	4409	1019	237	782
50–54岁	**23935**	**12355**	**11580**	**22722**	**6985**	**15737**	**15662**	**3829**	**11833**
50	5312	2714	2598	5927	1805	4122	1678	360	1318
51	4930	2505	2425	4885	1537	3348	2352	560	1792
52	5219	2768	2451	4736	1466	3270	3233	790	2443
53	3912	2028	1884	3441	1059	2382	3411	831	2580
54	4562	2340	2222	3733	1118	2615	4988	1288	3700
55–59岁	**23892**	**12553**	**11339**	**16418**	**5079**	**11339**	**37365**	**10982**	**26383**
55	5186	2647	2539	3977	1206	2771	6388	1768	4620
56	5263	2793	2470	3778	1207	2571	7607	2106	5501
57	6789	3589	3200	4499	1385	3114	10505	3055	7450
58	4115	2205	1910	2624	794	1830	7394	2284	5110
59	2539	1319	1220	1540	487	1053	5471	1769	3702
60–64岁	**18445**	**9596**	**8849**	**10932**	**3636**	**7296**	**50132**	**18436**	**31696**
60	3968	2117	1851	2435	755	1680	9130	3147	5983
61	3179	1641	1538	1922	658	1264	8489	2998	5491
62	3816	2000	1816	2288	797	1491	10741	4088	6653
63	3910	2003	1907	2235	726	1509	11396	4241	7155
64	3572	1835	1737	2052	700	1352	10376	3962	6414
65岁及以上	**41004**	**19401**	**21603**	**16696**	**5661**	**11035**	**60727**	**25247**	**35480**

7-8a 续表 6 单位：人

年 龄	为子女就学			养老/康养			其 他		
	小计	男	女	小计	男	女	小计	男	女
总 计	**109245**	**48297**	**60948**	**222055**	**98020**	**124035**	**1043586**	**520652**	**522934**
0-4岁							**68630**	**35487**	**33143**
0							9981	5157	4824
1							14221	7370	6851
2							13585	7040	6545
3							15570	8026	7544
4							15273	7894	7379
5-9岁							**57127**	**29795**	**27332**
5							11326	5881	5445
6							13448	7013	6435
7							10776	5665	5111
8							11726	6038	5688
9							9851	5198	4653
10-14岁				**4**	**2**	**2**	**45079**	**23677**	**21402**
10							9058	4747	4311
11				1	1		9454	4917	4537
12				1	1		8973	4691	4282
13				2		2	9342	4995	4347
14							8252	4327	3925
15-19岁	**223**	**125**	**98**	**13**	**7**	**6**	**35686**	**18935**	**16751**
15	89	42	47	1	1		7989	4262	3727
16	81	43	38				7798	4047	3751
17	31	24	7	4	2	2	6748	3537	3211
18	15	10	5	2	1	1	6764	3612	3152
19	7	6	1	6	3	3	6387	3477	2910
20-24岁	**361**	**122**	**239**	**21**	**18**	**3**	**46199**	**24271**	**21928**
20	42	17	25	2	2		7189	3888	3301
21	43	18	25	5	4	1	7739	4136	3603
22	57	20	37	3	2	1	9497	5030	4467
23	85	25	60	5	5		10492	5491	5001
24	134	42	92	6	5	1	11282	5726	5556
25-29岁	**2516**	**864**	**1652**	**46**	**23**	**23**	**65905**	**33594**	**32311**
25	207	67	140	8	3	5	12038	6176	5862
26	294	85	209	9	6	3	13146	6725	6421
27	467	167	300	7	5	2	13303	6704	6599
28	639	226	413	5	2	3	13593	6944	6649
29	909	319	590	17	7	10	13825	7045	6780

7-8a　续表 7　　单位：人

年　龄	为子女就学			养老/康养			其　他		
	小计	男	女	小计	男	女	小计	男	女
30-34岁	**14660**	**5777**	**8883**	**102**	**69**	**33**	**96451**	**48433**	**48018**
30	1706	589	1117	12	8	4	18090	9186	8904
31	2221	818	1403	19	11	8	18621	9437	9184
32	2951	1184	1767	30	21	9	19389	9720	9669
33	3999	1657	2342	20	11	9	22091	11134	10957
34	3783	1529	2254	21	18	3	18260	8956	9304
35-39岁	**24828**	**10277**	**14551**	**133**	**87**	**46**	**79544**	**39803**	**39741**
35	3405	1415	1990	24	14	10	14452	7240	7212
36	3594	1493	2101	32	22	10	13408	6739	6669
37	4781	2026	2755	17	14	3	15490	7718	7772
38	6904	2840	4064	30	20	10	20174	10145	10029
39	6144	2503	3641	30	17	13	16020	7961	8059
40-44岁	**31097**	**13775**	**17322**	**242**	**163**	**79**	**79765**	**39767**	**39998**
40	6282	2704	3578	39	27	12	15882	8040	7842
41	7666	3331	4335	51	36	15	18359	9056	9303
42	7016	3086	3930	52	35	17	17187	8562	8625
43	5362	2390	2972	43	24	19	14005	6968	7037
44	4771	2264	2507	57	41	16	14332	7141	7191
45-49岁	**18309**	**9184**	**9125**	**518**	**286**	**232**	**84862**	**42403**	**42459**
45	4448	2121	2327	75	37	38	14422	7120	7302
46	4212	2075	2137	70	41	29	15997	7907	8090
47	3750	1923	1827	98	62	36	17698	8909	8789
48	3103	1631	1472	125	67	58	17901	8999	8902
49	2796	1434	1362	150	79	71	18844	9468	9376
50-54岁	**7470**	**3690**	**3780**	**9611**	**3905**	**5706**	**89329**	**43858**	**45471**
50	2260	1116	1144	1038	435	603	19906	9730	10176
51	1711	870	841	1724	698	1026	18440	9139	9301
52	1538	751	787	2174	882	1292	19528	9688	9840
53	986	483	503	1925	795	1130	14425	6983	7442
54	975	470	505	2750	1095	1655	17030	8318	8712
55-59岁	**3730**	**1770**	**1960**	**21417**	**9334**	**12083**	**86383**	**42515**	**43868**
55	961	484	477	3595	1561	2034	18973	9381	9592
56	894	421	473	4397	1931	2466	19420	9535	9885
57	984	466	518	5957	2606	3351	24119	11845	12274
58	559	256	303	4087	1756	2331	14543	7142	7401
59	332	143	189	3381	1480	1901	9328	4612	4716
60-64岁	**2591**	**1147**	**1444**	**36173**	**17222**	**18951**	**71324**	**34712**	**36612**
60	541	252	289	6043	2841	3202	14943	7349	7594
61	452	214	238	5942	2781	3161	12390	6061	6329
62	504	208	296	7534	3613	3921	14929	7242	7687
63	563	242	321	8342	4019	4323	15156	7373	7783
64	531	231	300	8312	3968	4344	13906	6687	7219
65岁及以上	**3460**	**1566**	**1894**	**153775**	**66904**	**86871**	**137302**	**63402**	**73900**

7-8b 全省分年龄、性别、迁移原因的户口登记地在外乡镇街道的人口(镇)

单位：人

年龄	合计			工作就业		
	合计	男	女	小计	男	女
总计	**1748519**	**851374**	**897145**	**320165**	**190305**	**129860**
0-4岁	**71981**	**37328**	**34653**			
0	8870	4622	4248			
1	14030	7268	6762			
2	14437	7467	6970			
3	17003	8844	8159			
4	17641	9127	8514			
5-9岁	**86835**	**45477**	**41358**			
5	14791	7686	7105			
6	19786	10431	9355			
7	17353	9108	8245			
8	18763	9734	9029			
9	16142	8518	7624			
10-14岁	**84478**	**44340**	**40138**	**20**	**11**	**9**
10	16144	8437	7707	5	1	4
11	16735	8840	7895	3	3	
12	16878	8965	7913	3	1	2
13	17214	9121	8093	5	3	2
14	17507	8977	8530	4	3	1
15-19岁	**146820**	**72370**	**74450**	**3814**	**2123**	**1691**
15	28697	14577	14120	295	162	133
16	38910	19331	19579	385	234	151
17	34731	17178	17553	641	329	312
18	26316	13155	13161	1084	553	531
19	18166	8129	10037	1409	845	564
20-24岁	**77478**	**35255**	**42223**	**16908**	**9672**	**7236**
20	16296	6966	9330	1848	1068	780
21	13348	5903	7445	2209	1278	931
22	13958	6504	7454	3170	1814	1356
23	15682	7385	8297	4409	2520	1889
24	18194	8497	9697	5272	2992	2280
25-29岁	**125961**	**58913**	**67048**	**36253**	**20919**	**15334**
25	21292	9846	11446	6190	3481	2709
26	23238	10859	12379	6690	3830	2860
27	25479	11999	13480	7490	4301	3189
28	26658	12422	14236	7518	4348	3170
29	29294	13787	15507	8365	4959	3406

7-8b　续表 1

单位：人

年　龄	合　计			工作就业		
	合计	男	女	小计	男	女
30-34岁	**199452**	**94037**	**105415**	**55534**	**32375**	**23159**
30	38225	17980	20245	10847	6365	4482
31	38446	18117	20329	10779	6270	4509
32	38966	18313	20653	10849	6343	4506
33	45897	21542	24355	12656	7387	5269
34	37918	18085	19833	10403	6010	4393
35-39岁	**150425**	**72688**	**77737**	**40699**	**24220**	**16479**
35	27685	13293	14392	7715	4554	3161
36	25156	12203	12953	7066	4154	2912
37	27846	13577	14269	7531	4502	3029
38	37331	17959	19372	9953	5969	3984
39	32407	15656	16751	8434	5041	3393
40-44岁	**154251**	**75671**	**78580**	**41152**	**24253**	**16899**
40	31697	15383	16314	8257	4855	3402
41	36835	17827	19008	9491	5563	3928
42	32659	15980	16679	8614	5100	3514
43	26425	13122	13303	7387	4340	3047
44	26635	13359	13276	7403	4395	3008
45-49岁	**144341**	**72155**	**72186**	**40981**	**24349**	**16632**
45	26389	13298	13091	7500	4508	2992
46	28204	14000	14204	8087	4755	3332
47	30299	14998	15301	8561	5003	3558
48	29770	14875	14895	8406	5007	3399
49	29679	14984	14695	8427	5076	3351
50-54岁	**132224**	**65533**	**66691**	**34485**	**21062**	**13423**
50	29896	15072	14824	8349	5078	3271
51	26676	13194	13482	6998	4247	2751
52	28061	13876	14185	7353	4514	2839
53	22479	11039	11440	5693	3481	2212
54	25112	12352	12760	6092	3742	2350
55-59岁	**112697**	**55313**	**57384**	**23313**	**14430**	**8883**
55	26295	12980	13315	5964	3689	2275
56	25411	12372	13039	5493	3365	2128
57	30278	15045	15233	6074	3773	2301
58	19227	9448	9779	3686	2352	1334
59	11486	5468	6018	2096	1251	845
60-64岁	**87210**	**41595**	**45615**	**12639**	**7879**	**4760**
60	18968	9182	9786	3126	1935	1191
61	15194	7366	7828	2317	1438	879
62	17831	8625	9206	2515	1597	918
63	18247	8476	9771	2488	1545	943
64	16970	7946	9024	2193	1364	829
65岁及以上	**174366**	**80699**	**93667**	**14367**	**9012**	**5355**

7-8b 续表 2 单位：人

年 龄	学习培训			随同离开/投亲靠友			拆迁/搬家		
	小计	男	女	小计	男	女	小计	男	女
总 计	**142609**	**67067**	**75542**	**277229**	**119179**	**158050**	**645558**	**329471**	**316087**
0-4岁	**38**	**20**	**18**	**45626**	**23652**	**21974**	**13906**	**7125**	**6781**
0				5584	2906	2678	1530	765	765
1	2		2	8908	4629	4279	2525	1302	1223
2	4	3	1	9216	4771	4445	2659	1350	1309
3	10	7	3	10773	5607	5166	3451	1800	1651
4	22	10	12	11145	5739	5406	3741	1908	1833
5-9岁	**7582**	**4093**	**3489**	**48820**	**25508**	**23312**	**20163**	**10518**	**9645**
5	25	11	14	9356	4865	4491	3201	1704	1497
6	1557	851	706	11351	5973	5378	4552	2366	2186
7	1873	1019	854	9451	4904	4547	4125	2164	1961
8	2167	1173	994	10126	5239	4887	4402	2248	2154
9	1960	1039	921	8536	4527	4009	3883	2036	1847
10-14岁	**13596**	**7208**	**6388**	**41371**	**21560**	**19811**	**20910**	**10978**	**9932**
10	2100	1144	956	8426	4366	4060	3901	2029	1872
11	2271	1224	1047	8653	4545	4108	4132	2171	1961
12	2470	1350	1120	8469	4431	4038	4217	2235	1982
13	2793	1542	1251	8193	4269	3924	4417	2345	2072
14	3962	1948	2014	7630	3949	3681	4243	2198	2045
15-19岁	**99794**	**47698**	**52096**	**20993**	**10955**	**10038**	**15233**	**8093**	**7140**
15	16734	8321	8413	6226	3260	2966	3909	2089	1820
16	28269	13886	14383	5058	2537	2521	3615	1883	1732
17	25446	12428	13018	4171	2154	2017	3038	1538	1500
18	17687	8520	9167	3428	1833	1595	2740	1530	1210
19	11658	4543	7115	2110	1171	939	1931	1053	878
20-24岁	**17538**	**6245**	**11293**	**11377**	**5391**	**5986**	**19525**	**9681**	**9844**
20	8710	3057	5653	2049	1051	998	2286	1188	1098
21	4788	1643	3145	1926	965	961	2774	1406	1368
22	2181	840	1341	2363	1117	1246	3821	1870	1951
23	1100	438	662	2484	1100	1384	4727	2321	2406
24	759	267	492	2555	1158	1397	5917	2896	3021
25-29岁	**1772**	**720**	**1052**	**12143**	**4676**	**7467**	**45673**	**23577**	**22096**
25	595	215	380	2505	1039	1466	7112	3616	3496
26	420	172	248	2505	1058	1447	8265	4177	4088
27	292	118	174	2414	944	1470	9252	4887	4365
28	271	120	151	2310	807	1503	9983	5182	4801
29	194	95	99	2409	828	1581	11061	5715	5346

7–8b　续表 3

单位：人

年　龄	学习培训			随同离开/投亲靠友			拆迁/搬家		
	小计	男	女	小计	男	女	小计	男	女
30–34岁	**894**	**434**	**460**	**14827**	**4556**	**10271**	**79869**	**41440**	**38429**
30	223	110	113	3014	977	2037	14666	7647	7019
31	179	84	95	2901	937	1964	15324	7994	7330
32	160	81	79	2895	885	2010	15707	8031	7676
33	196	89	107	3298	943	2355	18575	9583	8992
34	136	70	66	2719	814	1905	15597	8185	7412
35–39岁	**459**	**211**	**248**	**10457**	**2958**	**7499**	**62705**	**32569**	**30136**
35	102	49	53	1980	589	1391	11253	5839	5414
36	82	37	45	1728	500	1228	10405	5409	4996
37	77	34	43	1894	543	1351	11731	6160	5571
38	109	48	61	2590	703	1887	15642	8069	7573
39	89	43	46	2265	623	1642	13674	7092	6582
40–44岁	**324**	**156**	**168**	**10611**	**2967**	**7644**	**66833**	**34744**	**32089**
40	71	44	27	2203	637	1566	13586	7054	6532
41	96	52	44	2441	678	1763	16208	8266	7942
42	65	24	41	2255	605	1650	14212	7375	6837
43	47	14	33	1832	503	1329	11325	6003	5322
44	45	22	23	1880	544	1336	11502	6046	5456
45–49岁	**213**	**105**	**108**	**10332**	**2746**	**7586**	**63267**	**32674**	**30593**
45	41	22	19	1834	510	1324	11371	5907	5464
46	40	16	24	2025	524	1501	12212	6289	5923
47	53	24	29	2108	533	1575	13367	6875	6492
48	39	20	19	2134	559	1575	13228	6825	6403
49	40	23	17	2231	620	1611	13089	6778	6311
50–54岁	**135**	**55**	**80**	**10513**	**2623**	**7890**	**59338**	**30142**	**29196**
50	29	9	20	2224	570	1654	13195	6812	6383
51	31	19	12	2052	502	1550	12011	6108	5903
52	35	14	21	2230	566	1664	12548	6303	6245
53	17	6	11	1852	464	1388	10110	5082	5028
54	23	7	16	2155	521	1634	11474	5837	5637
55–59岁	**85**	**41**	**44**	**9700**	**2552**	**7148**	**53455**	**26941**	**26514**
55	19	8	11	2257	590	1667	12176	6173	6003
56	24	18	6	2154	568	1586	12007	5935	6072
57	18	6	12	2562	688	1874	14595	7446	7149
58	16	6	10	1725	462	1263	9114	4597	4517
59	8	3	5	1002	244	758	5563	2790	2773
60–64岁	**72**	**31**	**41**	**8571**	**2348**	**6223**	**42406**	**20966**	**21440**
60	15	8	7	1710	494	1216	9319	4642	4677
61	21	9	12	1437	404	1033	7315	3657	3658
62	9	2	7	1801	486	1315	8671	4361	4310
63	10	5	5	1885	492	1393	8870	4260	4610
64	17	7	10	1738	472	1266	8231	4046	4185
65岁及以上	**107**	**50**	**57**	**21888**	**6687**	**15201**	**82275**	**40023**	**42252**

7-8b 续表 4 单位：人

年 龄	寄挂户口			婚姻嫁娶			照料孙子女		
	小计	男	女	小计	男	女	小计	男	女
总 计	**28711**	**14985**	**13726**	**103070**	**21145**	**81925**	**12474**	**4066**	**8408**
0—4岁	**1164**	**609**	**555**						
0	153	84	69						
1	266	147	119						
2	250	115	135						
3	263	134	129						
4	232	129	103						
5—9岁	**1038**	**510**	**528**						
5	216	101	115						
6	233	121	112						
7	186	100	86						
8	210	107	103						
9	193	81	112						
10—14岁	**955**	**525**	**430**	**2**	**2**				
10	203	105	98						
11	181	108	73	1	1				
12	182	106	76	1	1				
13	192	102	90						
14	197	104	93						
15—19岁	**805**	**420**	**385**	**281**	**30**	**251**			
15	160	76	84	19	10	9			
16	137	73	64	13	5	8			
17	163	73	90	30	4	26			
18	184	108	76	78	4	74			
19	161	90	71	141	7	134			
20—24岁	**1424**	**796**	**628**	**4755**	**482**	**4273**			
20	183	119	64	320	11	309			
21	229	123	106	489	35	454			
22	309	168	141	894	77	817			
23	331	175	156	1241	147	1094			
24	372	211	161	1811	212	1599			
25—29岁	**1908**	**1034**	**874**	**17203**	**2817**	**14386**	**1**		**1**
25	420	231	189	2614	385	2229			
26	385	204	181	3029	482	2547			
27	352	185	167	3479	561	2918			
28	373	196	177	3873	660	3213			
29	378	218	160	4208	729	3479	1		1

7-8b　续表 5　　单位：人

年　龄	寄挂户口			婚姻嫁娶			照料孙子女		
	小计	男	女	小计	男	女	小计	男	女
30—34岁	**2472**	**1300**	**1172**	**25497**	**4566**	**20931**	**94**	**31**	**63**
30	506	279	227	5402	966	4436	13	5	8
31	501	262	239	5062	887	4175	17	5	12
32	478	244	234	4985	928	4057	15	3	12
33	516	266	250	5769	1035	4734	25	9	16
34	471	249	222	4279	750	3529	24	9	15
35—39岁	**1886**	**1012**	**874**	**14538**	**2719**	**11819**	**87**	**28**	**59**
35	367	188	179	2963	560	2403	17	5	12
36	309	176	133	2489	475	2014	18	7	11
37	351	177	174	2722	523	2199	15	4	11
38	475	257	218	3513	655	2858	19	7	12
39	384	214	170	2851	506	2345	18	5	13
40—44岁	**2161**	**1140**	**1021**	**11739**	**2351**	**9388**	**139**	**46**	**93**
40	394	218	176	2619	511	2108	25	11	14
41	459	251	208	2865	542	2323	37	14	23
42	443	218	225	2525	514	2011	22	9	13
43	421	217	204	1906	393	1513	23	7	16
44	444	236	208	1824	391	1433	32	5	27
45—49岁	**2742**	**1368**	**1374**	**8559**	**2161**	**6398**	**368**	**84**	**284**
45	449	226	223	1745	429	1316	30	9	21
46	518	273	245	1750	439	1311	47	12	35
47	631	296	335	1817	463	1354	64	11	53
48	570	270	300	1700	439	1261	79	19	60
49	574	303	271	1547	391	1156	148	33	115
50—54岁	**2750**	**1426**	**1324**	**6796**	**1922**	**4874**	**1548**	**360**	**1188**
50	605	324	281	1649	433	1216	201	47	154
51	552	289	263	1390	377	1013	240	64	176
52	608	320	288	1430	396	1034	323	80	243
53	459	232	227	1110	320	790	338	77	261
54	526	261	265	1217	396	821	446	92	354
55—59岁	**2942**	**1567**	**1375**	**4796**	**1436**	**3360**	**2843**	**843**	**2000**
55	626	323	303	1234	370	864	550	160	390
56	653	320	333	1098	317	781	579	175	404
57	804	457	347	1254	401	853	771	231	540
58	528	289	239	807	235	572	576	175	401
59	331	178	153	403	113	290	367	102	265
60—64岁	**2392**	**1247**	**1145**	**3212**	**937**	**2275**	**3253**	**1100**	**2153**
60	577	311	266	704	208	496	617	191	426
61	436	238	198	595	181	414	545	196	349
62	525	281	244	656	213	443	681	224	457
63	461	229	232	618	164	454	696	237	459
64	393	188	205	639	171	468	714	252	462
65岁及以上	**4072**	**2031**	**2041**	**5692**	**1722**	**3970**	**4141**	**1574**	**2567**

7-8b 续表 6 单位：人

年 龄	为子女就学			养老/康养			其 他		
	小计	男	女	小计	男	女	小计	男	女
总 计	**38844**	**16136**	**22708**	**32949**	**15543**	**17406**	**146910**	**73477**	**73433**
0-4岁							**11247**	**5922**	**5325**
0							1603	867	736
1							2329	1190	1139
2							2308	1228	1080
3							2506	1296	1210
4							2501	1341	1160
5-9岁							**9232**	**4848**	**4384**
5							1993	1005	988
6							2093	1120	973
7							1718	921	797
8							1858	967	891
9							1570	835	735
10-14岁				**3**	**3**		**7621**	**4053**	**3568**
10				2	2		1507	790	717
11							1494	788	706
12				1	1		1535	840	695
13							1614	860	754
14							1471	775	696
15-19岁	**13**	**6**	**7**	**4**	**2**	**2**	**5883**	**3043**	**2840**
15	5	3	2	1		1	1348	656	692
16	3	1	2				1430	712	718
17	3	1	2	2	2		1237	649	588
18	2	1	1	1		1	1112	606	506
19							756	420	336
20-24岁	**177**	**52**	**125**	**2**	**2**		**5772**	**2934**	**2838**
20	6	1	5				894	471	423
21	14	5	9	1	1		918	447	471
22	25	6	19				1195	612	583
23	42	11	31	1	1		1347	672	675
24	90	29	61				1418	732	686
25-29岁	**1959**	**683**	**1276**	**7**	**5**	**2**	**9042**	**4482**	**4560**
25	151	45	106	2	1	1	1703	833	870
26	244	68	176	1	1		1699	867	832
27	405	136	269	1		1	1794	867	927
28	497	180	317	1	1		1832	928	904
29	662	254	408	2	2		2014	987	1027

7-8b　续表 7　　　　单位：人

年　龄	为子女就学			养老/康养			其　他		
	小计	男	女	小计	男	女	小计	男	女
30-34岁	**7129**	**2868**	**4261**	**7**	**5**	**2**	**13129**	**6462**	**6667**
30	1014	388	626	1		1	2539	1243	1296
31	1213	464	749	3	3		2467	1211	1256
32	1344	552	792				2533	1246	1287
33	1888	779	1109	1		1	2973	1451	1522
34	1670	685	985	2	2		2617	1311	1306
35-39岁	**8974**	**3628**	**5346**	**9**	**6**	**3**	**10611**	**5337**	**5274**
35	1319	533	786	3	2	1	1966	974	992
36	1302	542	760	2	2		1755	901	854
37	1648	689	959	3	1	2	1874	944	930
38	2370	917	1453				2660	1334	1326
39	2335	947	1388	1	1		2356	1184	1172
40-44岁	**9637**	**4142**	**5495**	**23**	**17**	**6**	**11632**	**5855**	**5777**
40	2212	882	1330	3	3		2327	1168	1159
41	2479	1047	1432	3	3		2756	1411	1345
42	2113	934	1179	5	2	3	2405	1199	1206
43	1448	637	811	5	4	1	2031	1004	1027
44	1385	642	743	7	5	2	2113	1073	1040
45-49岁	**5499**	**2419**	**3080**	**58**	**37**	**21**	**12322**	**6212**	**6110**
45	1235	563	672	4	1	3	2180	1123	1057
46	1205	540	665	1	1		2319	1151	1168
47	1114	465	649	16	13	3	2568	1315	1253
48	1023	440	583	15	9	6	2576	1287	1289
49	922	411	511	22	13	9	2679	1336	1343
50-54岁	**2710**	**1154**	**1556**	**1658**	**751**	**907**	**12291**	**6038**	**6253**
50	817	346	471	183	87	96	2644	1366	1278
51	598	254	344	279	139	140	2525	1195	1330
52	512	222	290	368	148	220	2654	1313	1341
53	429	189	240	346	169	177	2125	1019	1106
54	354	143	211	482	208	274	2343	1145	1198
55-59岁	**1154**	**513**	**641**	**3001**	**1356**	**1645**	**11408**	**5634**	**5774**
55	340	147	193	575	254	321	2554	1266	1288
56	249	122	127	594	276	318	2560	1276	1284
57	298	127	171	806	377	429	3096	1539	1557
58	171	71	100	602	281	321	2002	980	1022
59	96	46	50	424	168	256	1196	573	623
60-64岁	**674**	**281**	**393**	**4938**	**2424**	**2514**	**9053**	**4382**	**4671**
60	129	52	77	788	370	418	1983	971	1012
61	121	58	63	798	399	399	1609	786	823
62	137	63	74	982	505	477	1854	893	961
63	149	55	94	1192	587	605	1878	902	976
64	138	53	85	1178	563	615	1729	830	899
65岁及以上	**918**	**390**	**528**	**23239**	**10935**	**12304**	**17667**	**8275**	**9392**

7–8c 全省分年龄、性别、迁移原因的户口登记地在外乡镇街道的人口(乡村)

单位：人

年 龄	合 计			工作就业		
	合计	男	女	小计	男	女
总 计	**1270572**	**612384**	**658188**	**242060**	**160020**	**82040**
0–4岁	**27914**	**14236**	**13678**			
0	2785	1421	1364			
1	5662	2897	2765			
2	5943	3057	2886			
3	6781	3401	3380			
4	6743	3460	3283			
5–9岁	**37530**	**19270**	**18260**			
5	6198	3162	3036			
6	8094	4122	3972			
7	7338	3808	3530			
8	8321	4301	4020			
9	7579	3877	3702			
10–14岁	**42196**	**21557**	**20639**	**13**	**8**	**5**
10	7620	3879	3741	1		1
11	8365	4277	4088	4	3	1
12	8283	4227	4056	2	1	1
13	8900	4547	4353	3	2	1
14	9028	4627	4401	3	2	1
15–19岁	**79828**	**39814**	**40014**	**2418**	**1705**	**713**
15	13821	7509	6312	139	92	47
16	16864	9233	7631	214	137	77
17	13157	6951	6206	414	285	129
18	16048	7535	8513	672	481	191
19	19938	8586	11352	979	710	269
20–24岁	**66573**	**30386**	**36187**	**11010**	**7378**	**3632**
20	18442	8237	10205	1367	935	432
21	12391	5880	6511	1724	1154	570
22	11243	5377	5866	2254	1530	724
23	11417	5201	6216	2708	1764	944
24	13080	5691	7389	2957	1995	962
25–29岁	**74121**	**30686**	**43435**	**16522**	**11126**	**5396**
25	14476	6278	8198	3206	2146	1060
26	14884	6357	8527	3231	2188	1043
27	14623	5918	8705	3203	2191	1012
28	14648	5946	8702	3367	2254	1113
29	15490	6187	9303	3515	2347	1168

7–8c　续表 1　　　　单位：人

年　龄	合　计			工作就业		
	合计	男	女	小计	男	女
30–34岁	**104868**	**41578**	**63290**	**25560**	**17002**	**8558**
30	20101	7913	12188	4936	3283	1653
31	20912	8240	12672	5136	3445	1691
32	20771	8154	12617	5053	3364	1689
33	23318	9261	14057	5639	3728	1911
34	19766	8010	11756	4796	3182	1614
35–39岁	**84804**	**36939**	**47865**	**21838**	**14501**	**7337**
35	15579	6515	9064	3889	2583	1306
36	14111	6162	7949	3837	2589	1248
37	15435	6716	8719	3955	2647	1308
38	20814	9122	11692	5236	3439	1797
39	18865	8424	10441	4921	3243	1678
40–44岁	**97220**	**45397**	**51823**	**26907**	**17409**	**9498**
40	18727	8568	10159	4893	3224	1669
41	22545	10285	12260	5857	3784	2073
42	19927	9276	10651	5509	3553	1956
43	17482	8289	9193	5088	3287	1801
44	18539	8979	9560	5560	3561	1999
45–49岁	**118861**	**59091**	**59770**	**36631**	**23289**	**13342**
45	19600	9546	10054	5987	3826	2161
46	22524	11043	11481	6937	4356	2581
47	25045	12560	12485	7756	4969	2787
48	25231	12659	12572	7798	4971	2827
49	26461	13283	13178	8153	5167	2986
50–54岁	**130190**	**66239**	**63951**	**38326**	**24872**	**13454**
50	28554	14392	14162	8603	5499	3104
51	25982	13219	12763	7738	5005	2733
52	28040	14197	13843	8211	5319	2892
53	22359	11380	10979	6600	4294	2306
54	25255	13051	12204	7174	4755	2419
55–59岁	**113832**	**58954**	**54878**	**28568**	**18924**	**9644**
55	26304	13617	12687	7021	4668	2353
56	26444	13707	12737	6678	4413	2265
57	31103	16234	14869	7542	5049	2493
58	18765	9676	9089	4698	3054	1644
59	11216	5720	5496	2629	1740	889
60–64岁	**87236**	**44773**	**42463**	**16050**	**10842**	**5208**
60	18155	9401	8754	3769	2523	1246
61	15625	8188	7437	3092	2119	973
62	18106	9330	8776	3227	2197	1030
63	18511	9399	9112	3223	2186	1037
64	16839	8455	8384	2739	1817	922
65岁及以上	**205399**	**103464**	**101935**	**18217**	**12964**	**5253**

7-8c 续表 2 单位：人

年 龄	学习培训			随同离开/投亲靠友			拆迁/搬家		
	小计	男	女	小计	男	女	小计	男	女
总 计	**89640**	**41450**	**48190**	**169403**	**77956**	**91447**	**299031**	**157837**	**141194**
0-4岁	**26**	**17**	**9**	**16655**	**8413**	**8242**	**5336**	**2740**	**2596**
0	1		1	1652	841	811	616	327	289
1	2	2		3302	1665	1637	1135	583	552
2	2	1	1	3494	1755	1739	1144	599	545
3	5	3	2	4055	2023	2032	1259	628	631
4	16	11	5	4152	2129	2023	1182	603	579
5-9岁	**2070**	**1080**	**990**	**21867**	**11162**	**10705**	**6616**	**3419**	**3197**
5	12	6	6	3855	1943	1912	1084	561	523
6	389	198	191	4726	2418	2308	1460	723	737
7	475	270	205	4290	2241	2049	1232	616	616
8	640	324	316	4729	2416	2313	1471	789	682
9	554	282	272	4267	2144	2123	1369	730	639
10-14岁	**5585**	**2804**	**2781**	**21472**	**10864**	**10608**	**7516**	**3897**	**3619**
10	596	301	295	4271	2147	2124	1362	720	642
11	681	352	329	4635	2323	2312	1491	770	721
12	863	420	443	4366	2186	2180	1526	800	726
13	1396	686	710	4279	2210	2069	1586	838	748
14	2049	1045	1004	3921	1998	1923	1551	769	782
15-19岁	**55208**	**26371**	**28837**	**8389**	**4497**	**3892**	**6099**	**3366**	**2733**
15	8314	4515	3799	2557	1396	1161	1374	743	631
16	12363	6893	5470	1673	882	791	1239	653	586
17	8637	4541	4096	1439	727	712	1222	680	542
18	10978	4697	6281	1548	844	704	1192	668	524
19	14916	5725	9191	1172	648	524	1072	622	450
20-24岁	**22656**	**9378**	**13278**	**6067**	**3295**	**2772**	**9053**	**4948**	**4105**
20	12209	4932	7277	1255	705	550	1314	739	575
21	5487	2338	3149	1144	636	508	1438	778	660
22	2503	1127	1376	1189	613	576	1826	1014	812
23	1357	581	776	1233	688	545	1972	1056	916
24	1100	400	700	1246	653	593	2503	1361	1142
25-29岁	**2151**	**890**	**1261**	**5917**	**3213**	**2704**	**14620**	**7925**	**6695**
25	921	340	581	1300	697	603	2877	1560	1317
26	590	261	329	1312	728	584	3007	1616	1391
27	309	128	181	1129	615	514	2925	1567	1358
28	181	81	100	1087	596	491	2863	1549	1314
29	150	80	70	1089	577	512	2948	1633	1315

7-8c 续表 3

单位：人

年 龄	学习培训			随同离开/投亲靠友			拆迁/搬家		
	小计	男	女	小计	男	女	小计	男	女
30-34岁	**580**	**261**	**319**	**7216**	**3458**	**3758**	**20266**	**10892**	**9374**
30	127	58	69	1471	759	712	3570	1942	1628
31	122	46	76	1423	703	720	3927	2098	1829
32	116	58	58	1426	648	778	4085	2191	1894
33	119	61	58	1557	718	839	4672	2479	2193
34	96	38	58	1339	630	709	4012	2182	1830
35-39岁	**311**	**146**	**165**	**5576**	**2560**	**3016**	**18041**	**9861**	**8180**
35	55	21	34	1004	470	534	3231	1747	1484
36	47	18	29	902	394	508	2912	1584	1328
37	59	30	29	968	434	534	3283	1823	1460
38	78	38	40	1403	669	734	4570	2524	2046
39	72	39	33	1299	593	706	4045	2183	1862
40-44岁	**306**	**141**	**165**	**7121**	**3189**	**3932**	**21635**	**11754**	**9881**
40	67	32	35	1264	600	664	4244	2369	1875
41	71	25	46	1588	710	878	5086	2723	2363
42	61	33	28	1524	699	825	4418	2397	2021
43	56	29	27	1300	551	749	3853	2057	1796
44	51	22	29	1445	629	816	4034	2208	1826
45-49岁	**311**	**155**	**156**	**9323**	**3818**	**5505**	**28060**	**15171**	**12889**
45	46	30	16	1542	639	903	4385	2358	2027
46	74	38	36	1774	757	1017	5147	2778	2369
47	62	26	36	1928	817	1111	5876	3201	2675
48	64	31	33	2012	774	1238	6137	3332	2805
49	65	30	35	2067	831	1236	6515	3502	3013
50-54岁	**262**	**125**	**137**	**11065**	**4145**	**6920**	**33531**	**17879**	**15652**
50	75	36	39	2238	880	1358	7208	3814	3394
51	57	28	29	2158	836	1322	6645	3544	3101
52	56	29	27	2407	895	1512	7130	3756	3374
53	38	16	22	1916	700	1216	5792	3122	2670
54	36	16	20	2346	834	1512	6756	3643	3113
55-59岁	**100**	**43**	**57**	**10611**	**4008**	**6603**	**33279**	**17779**	**15500**
55	30	17	13	2369	880	1489	7354	3967	3387
56	29	11	18	2375	918	1457	7805	4131	3674
57	22	7	15	2847	1092	1755	9344	5046	4298
58	12	5	7	1808	676	1132	5431	2919	2512
59	7	3	4	1212	442	770	3345	1716	1629
60-64岁	**30**	**18**	**12**	**9749**	**3677**	**6072**	**27401**	**14495**	**12906**
60	10	3	7	1951	733	1218	5587	3026	2561
61	4	3	1	1633	619	1014	4953	2648	2305
62	6	4	2	2050	768	1282	5772	3087	2685
63	5	3	2	2151	814	1337	5748	3003	2745
64	5	5		1964	743	1221	5341	2731	2610
65岁及以上	**44**	**21**	**23**	**28375**	**11657**	**16718**	**67578**	**33711**	**33867**

7-8c 续表 4 单位：人

年 龄	寄挂户口			婚姻嫁娶			照料孙子女		
	小计	男	女	小计	男	女	小计	男	女
总 计	**78705**	**41493**	**37212**	**200088**	**32872**	**167216**	**3820**	**1281**	**2539**
0-4岁	**1666**	**873**	**793**						
0	134	67	67						
1	347	186	161						
2	378	212	166						
3	428	214	214						
4	379	194	185						
5-9岁	**2049**	**1081**	**968**						
5	341	176	165						
6	421	226	195						
7	423	215	208						
8	455	253	202						
9	409	211	198						
10-14岁	**2356**	**1205**	**1151**	**2**	**1**	**1**			
10	418	210	208	1		1			
11	444	219	225	1	1				
12	490	258	232						
13	534	257	277						
14	470	261	209						
15-19岁	**2152**	**1160**	**992**	**786**	**24**	**762**			
15	455	253	202	16	5	11			
16	430	215	215	40	2	38			
17	398	213	185	92	4	88			
18	445	235	210	219	4	215			
19	424	244	180	419	9	410			
20-24岁	**3509**	**1934**	**1575**	**8420**	**132**	**8288**			
20	523	296	227	770	7	763			
21	585	336	249	995	14	981			
22	697	386	311	1527	20	1507			
23	755	410	345	2157	37	2120			
24	949	506	443	2971	54	2917			
25-29岁	**4969**	**2722**	**2247**	**22232**	**693**	**21539**			
25	1061	583	478	3489	65	3424			
26	1117	624	493	4023	113	3910			
27	970	507	463	4570	119	4451			
28	926	498	428	4775	174	4601			
29	895	510	385	5375	222	5153			

7-8c 续表 5

单位：人

年 龄	寄挂户口			婚姻嫁娶			照料孙子女		
	小计	男	女	小计	男	女	小计	男	女
30-34岁	**5420**	**2879**	**2541**	**36129**	**2060**	**34069**	**27**	**5**	**22**
30	1056	553	503	7096	334	6762	3	1	2
31	1058	555	503	7284	391	6893	7		7
32	1092	582	510	7193	381	6812	4	2	2
33	1170	619	551	8005	530	7475	7	2	5
34	1044	570	474	6551	424	6127	6		6
35-39岁	**5252**	**2820**	**2432**	**24526**	**2297**	**22229**	**19**	**7**	**12**
35	963	507	456	4868	390	4478	3	1	2
36	820	447	373	4108	372	3736	1	1	
37	937	511	426	4540	408	4132	6	4	2
38	1370	704	666	5857	560	5297	5	1	4
39	1162	651	511	5153	567	4586	4		4
40-44岁	**5770**	**3102**	**2668**	**23505**	**3436**	**20069**	**40**	**15**	**25**
40	1079	557	522	4957	615	4342	7	2	5
41	1434	790	644	5743	786	4957	9	5	4
42	1123	587	536	4896	733	4163	8	4	4
43	1015	545	470	3982	639	3343	10	2	8
44	1119	623	496	3927	663	3264	6	2	4
45-49岁	**7146**	**3695**	**3451**	**21337**	**4582**	**16755**	**75**	**15**	**60**
45	1204	618	586	3840	724	3116	7	1	6
46	1385	705	680	4222	863	3359	6	2	4
47	1490	777	713	4524	986	3538	10	3	7
48	1516	786	730	4314	992	3322	17	2	15
49	1551	809	742	4437	1017	3420	35	7	28
50-54岁	**7655**	**3994**	**3661**	**19959**	**5121**	**14838**	**382**	**86**	**296**
50	1773	934	839	4601	1126	3475	59	10	49
51	1533	787	746	4033	1042	2991	61	17	44
52	1713	913	800	4291	1077	3214	84	18	66
53	1226	614	612	3441	893	2548	72	10	62
54	1410	746	664	3593	983	2610	106	31	75
55-59岁	**7453**	**3987**	**3466**	**14784**	**4242**	**10542**	**647**	**189**	**458**
55	1672	892	780	3657	1010	2647	123	37	86
56	1802	975	827	3375	966	2409	144	39	105
57	2125	1100	1025	3928	1160	2768	163	40	123
58	1192	651	541	2437	700	1737	130	39	91
59	662	369	293	1387	406	981	87	34	53
60-64岁	**5672**	**3028**	**2644**	**10599**	**3296**	**7303**	**904**	**315**	**589**
60	1089	603	486	2335	700	1635	171	53	118
61	1109	603	506	1787	582	1205	170	60	110
62	1246	664	582	2209	704	1505	194	68	126
63	1193	611	582	2242	692	1550	190	65	125
64	1035	547	488	2026	618	1408	179	69	110
65岁及以上	**17636**	**9013**	**8623**	**17809**	**6988**	**10821**	**1726**	**649**	**1077**

7-8c 续表 6 单位：人

年 龄	为子女就学			养老/康养			其 他		
	小计	男	女	小计	男	女	小计	男	女
总 计	**3173**	**1312**	**1861**	**29464**	**16506**	**12958**	**155188**	**81657**	**73531**
0-4岁							**4231**	**2193**	**2038**
0							382	186	196
1							876	461	415
2							925	490	435
3							1034	533	501
4							1014	523	491
5-9岁							**4928**	**2528**	**2400**
5							906	476	430
6							1098	557	541
7							918	466	452
8							1026	519	507
9							980	510	470
10-14岁				**5**	**5**		**5247**	**2773**	**2474**
10							971	501	470
11				1	1		1108	608	500
12				2	2		1034	560	474
13							1102	554	548
14				2	2		1032	550	482
15-19岁	**3**	**2**	**1**	**14**	**12**	**2**	**4759**	**2677**	**2082**
15				2	2		964	503	461
16				2	2		903	449	454
17				5	4	1	950	497	453
18	1	1		2	2		991	603	388
19	2	1	1	3	2	1	951	625	326
20-24岁	**18**	**9**	**9**	**11**	**6**	**5**	**5829**	**3306**	**2523**
20	1		1	1	1		1002	622	380
21	1		1	2	1	1	1015	623	392
22	5	3	2	4	3	1	1238	681	557
23	4	2	2	1		1	1230	663	567
24	7	4	3	3	1	2	1344	717	627
25-29岁	**115**	**31**	**84**	**34**	**26**	**8**	**7561**	**4060**	**3501**
25	9	1	8	6	4	2	1607	882	725
26	21	6	15	8	6	2	1575	815	760
27	27	3	24	2	1	1	1488	787	701
28	29	12	17	8	7	1	1412	775	637
29	29	9	20	10	8	2	1479	801	678

7-8c　续表 7　　单位：人

年　龄	为子女就学			养老/康养			其　他		
	小计	男	女	小计	男	女	小计	男	女
30—34岁	**472**	**175**	**297**	**39**	**28**	**11**	**9159**	**4818**	**4341**
30	59	19	40	5	3	2	1778	961	817
31	103	43	60	8	7	1	1844	952	892
32	92	35	57	7	5	2	1703	888	815
33	112	41	71	12	9	3	2025	1074	951
34	106	37	69	7	4	3	1809	943	866
35—39岁	**664**	**249**	**415**	**52**	**38**	**14**	**8525**	**4460**	**4065**
35	92	31	61	5	3	2	1469	762	707
36	102	40	62	5	4	1	1377	713	664
37	103	37	66	11	9	2	1573	813	760
38	173	66	107	13	10	3	2109	1111	998
39	194	75	119	18	12	6	1997	1061	936
40—44岁	**730**	**319**	**411**	**94**	**62**	**32**	**11112**	**5970**	**5142**
40	168	76	92	16	12	4	2032	1081	951
41	157	77	80	19	13	6	2581	1372	1209
42	157	64	93	24	14	10	2207	1192	1015
43	138	63	75	12	8	4	2028	1108	920
44	110	39	71	23	15	8	2264	1217	1047
45—49岁	**496**	**209**	**287**	**148**	**104**	**44**	**15334**	**8053**	**7281**
45	108	51	57	19	17	2	2462	1282	1180
46	98	46	52	25	17	8	2856	1481	1375
47	99	46	53	31	19	12	3269	1716	1553
48	111	40	71	35	29	6	3227	1702	1525
49	80	26	54	38	22	16	3520	1872	1648
50—54岁	**301**	**129**	**172**	**1386**	**839**	**547**	**17323**	**9049**	**8274**
50	90	39	51	201	125	76	3706	1929	1777
51	66	32	34	255	161	94	3436	1767	1669
52	59	26	33	301	192	109	3788	1972	1816
53	44	17	27	283	157	126	2947	1557	1390
54	42	15	27	346	204	142	3446	1824	1622
55—59岁	**140**	**75**	**65**	**2365**	**1326**	**1039**	**15885**	**8381**	**7504**
55	53	28	25	427	230	197	3598	1888	1710
56	28	15	13	490	287	203	3718	1952	1766
57	33	17	16	679	384	295	4420	2339	2081
58	18	10	8	427	244	183	2612	1378	1234
59	8	5	3	342	181	161	1537	824	713
60—64岁	**82**	**37**	**45**	**4129**	**2405**	**1724**	**12620**	**6660**	**5960**
60	14	6	8	646	368	278	2583	1386	1197
61	14	6	8	639	374	265	2224	1174	1050
62	17	7	10	823	478	345	2562	1353	1209
63	23	11	12	963	570	393	2773	1444	1329
64	14	7	7	1058	615	443	2478	1303	1175
65岁及以上	**152**	**77**	**75**	**21187**	**11655**	**9532**	**32675**	**16729**	**15946**

7-9 全省按现住地、性别、迁移原因分的户口登记地在本省其他乡镇街道的人口

单位：人

现住地	合计			工作就业		
	合计	男	女	小计	男	女
辽宁	**12822813**	**6245740**	**6577073**	**2204969**	**1250038**	**954931**
沈阳市	3500501	1727333	1773168	766794	427057	339737
大连市	2316676	1128409	1188267	604347	335028	269319
鞍山市	889186	436555	452631	113675	65175	48500
抚顺市	370588	176542	194046	30231	17611	12620
本溪市	395880	190196	205684	32072	19185	12887
丹东市	592944	285515	307429	80881	47380	33501
锦州市	712722	338532	374190	70407	40254	30153
营口市	728195	357217	370978	105841	65111	40730
阜新市	357369	168678	188691	36654	20438	16216
辽阳市	513135	247664	265471	49848	29874	19974
盘锦市	492825	241344	251481	85896	49698	36198
铁岭市	571955	274853	297102	52531	30287	22244
朝阳市	675849	329890	345959	86842	50088	36754
葫芦岛市	637639	309956	327683	80887	47580	33307
辽宁省沈抚新区管委会	67349	33056	34293	8063	5272	2791

7-9 续表 1

单位：人

现住地	学习培训			随同离开/投亲靠友			拆迁/搬家		
	小计	男	女	小计	男	女	小计	男	女
辽宁	**854861**	**416899**	**437962**	**1739000**	**755265**	**983735**	**5364415**	**2715390**	**2649025**
沈阳市	256610	128399	128211	430660	186809	243851	1417927	713977	703950
大连市	160445	74563	85882	369755	162080	207675	734007	369318	364689
鞍山市	32696	14892	17804	94228	41746	52482	425026	216431	208595
抚顺市	18051	9389	8662	42392	17913	24479	179622	89888	89734
本溪市	23642	11207	12435	39955	17313	22642	207285	103926	103359
丹东市	38663	18777	19886	80059	33763	46296	270389	135999	134390
锦州市	86208	40344	45864	84819	36491	48328	311714	157934	153780
营口市	25898	12135	13763	125756	53407	72349	347712	180715	166997
阜新市	31620	15386	16234	40662	17573	23089	157217	78356	78861
辽阳市	21415	10323	11092	65048	28257	36791	295307	149431	145876
盘锦市	25488	12380	13108	75956	32527	43429	204440	104131	100309
铁岭市	30542	14425	16117	77685	32036	45649	271526	139338	132188
朝阳市	53950	27583	26367	120265	54379	65886	238641	123304	115337
葫芦岛市	38557	22016	16541	83870	37618	46252	274230	137810	136420
辽宁省沈抚新区管委会	11076	5080	5996	7890	3353	4537	29372	14832	14540

7-9　续表 2

单位：人

现住地	寄挂户口			婚姻嫁娶			照料孙子女		
	小计	男	女	小计	男	女	小计	男	女
辽宁	**318458**	**164717**	**153741**	**687844**	**159230**	**528614**	**131325**	**45800**	**85525**
沈阳市	94957	48478	46479	114727	24941	89786	42718	15206	27512
大连市	64523	33589	30934	109230	26804	82426	39627	14060	25567
鞍山市	20017	10415	9602	44582	10026	34556	3432	1140	2292
抚顺市	10970	5671	5299	22489	4961	17528	3705	1228	2477
本溪市	8672	4396	4276	23461	5420	18041	2919	986	1933
丹东市	14372	7454	6918	43450	11279	32171	4438	1479	2959
锦州市	14850	7594	7256	52097	12316	39781	5567	1919	3648
营口市	26451	14051	12400	53909	11182	42727	4195	1491	2704
阜新市	9991	5123	4868	31135	8427	22708	3452	1185	2267
辽阳市	9256	4752	4504	36943	8332	28611	3219	1024	2195
盘锦市	7753	4024	3729	28637	7584	21053	3753	1277	2476
铁岭市	11161	5693	5468	30957	5858	25099	3227	1136	2091
朝阳市	11608	6236	5372	48956	12368	36588	5911	1971	3940
葫芦岛市	12517	6552	5965	44306	9013	35293	4614	1514	3100
辽宁省沈抚新区管委会	1360	689	671	2965	719	2246	548	184	364

7-9　续表 3

单位：人

现住地	为子女就学			养老/康养			其　他		
	小计	男	女	小计	男	女	小计	男	女
辽宁	**142566**	**62284**	**80282**	**243279**	**111806**	**131473**	**1136096**	**564311**	**571785**
沈阳市	26175	11708	14467	60495	27046	33449	289438	143712	145726
大连市	18345	8140	10205	50531	22601	27930	165866	82226	83640
鞍山市	4511	2077	2434	12643	5983	6660	138376	68670	69706
抚顺市	6819	2970	3849	9945	4363	5582	46364	22548	23816
本溪市	8485	3785	4700	8790	3995	4795	40599	19983	20616
丹东市	3708	1516	2192	12548	5732	6816	44436	22136	22300
锦州市	11197	4904	6293	13129	6107	7022	62734	30669	32065
营口市	3206	1445	1761	11780	5639	6141	23447	12041	11406
阜新市	7978	3340	4638	7590	3467	4123	31070	15383	15687
辽阳市	4349	2064	2285	7699	3528	4171	20051	10079	9972
盘锦市	7293	3095	4198	8186	3707	4479	45423	22921	22502
铁岭市	10321	4495	5826	14481	7437	7044	69524	34148	35376
朝阳市	20867	9008	11859	13345	6511	6834	75464	38442	37022
葫芦岛市	8916	3573	5343	10966	5218	5748	78776	39062	39714
辽宁省沈抚新区管委会	396	164	232	1151	472	679	4528	2291	2237

7-9a 全省按现住地、性别、迁移原因分的户口登记地在本省其他乡镇街道的人口(城市)

单位：人

现住地	合计			工作就业		
	合计	男	女	小计	男	女
辽宁	**10271933**	**5025055**	**5246878**	**1808664**	**1008793**	**799871**
沈阳市	3165606	1564886	1600720	698877	385585	313292
大连市	2129772	1035264	1094508	558165	304997	253168
鞍山市	662638	326162	336476	70505	40253	30252
抚顺市	287816	137729	150087	18494	10397	8097
本溪市	262906	126295	136611	19101	11424	7677
丹东市	428317	207684	220633	57097	32441	24656
锦州市	518859	249031	269828	51532	28858	22674
营口市	593381	292712	300669	87108	52657	34451
阜新市	236462	112515	123947	19657	10675	8982
辽阳市	381695	185142	196553	31507	18486	13021
盘锦市	419118	206091	213027	75040	42992	32048
铁岭市	266093	130418	135675	18036	10306	7730
朝阳市	454053	221151	232902	47740	26514	21226
葫芦岛市	409280	202201	207079	49760	29456	20304
辽宁省沈抚新区管委会	55937	27774	28163	6045	3752	2293

7-9a 续表 1

单位：人

现住地	学习培训			随同离开/投亲靠友			拆迁/搬家		
	小计	男	女	小计	男	女	小计	男	女
辽宁	**655077**	**322998**	**332079**	**1365720**	**590008**	**775712**	**4496497**	**2268879**	**2227618**
沈阳市	220777	112389	108388	387768	168446	219322	1312443	660023	652420
大连市	143916	67637	76279	341944	149705	192239	690490	346869	343621
鞍山市	25795	11543	14252	60388	26450	33938	342527	173236	169291
抚顺市	12649	6775	5874	27060	11533	15527	152489	75662	76827
本溪市	13895	6624	7271	23729	10045	13684	149369	74866	74503
丹东市	23192	12358	10834	60043	24920	35123	211478	106151	105327
锦州市	71193	32663	38530	56478	23686	32792	236435	119866	116569
营口市	20070	8866	11204	104942	43515	61427	303085	156858	146227
阜新市	19266	9250	10016	26107	11201	14906	118301	58614	59687
辽阳市	17086	8170	8916	44365	19154	25211	238754	120215	118539
盘锦市	16230	8574	7656	65458	28061	37397	179781	91198	88583
铁岭市	8728	4566	4162	35898	14592	21306	147993	76473	71520
朝阳市	28676	13706	14970	78191	35486	42705	188280	96909	91371
葫芦岛市	27346	16447	10899	46233	20217	26016	197540	98058	99482
辽宁省沈抚新区管委会	6258	3430	2828	7116	2997	4119	27532	13881	13651

7–9a　续表 2　　单位：人

现住地	寄挂户口			婚姻嫁娶			照料孙子女		
	小计	男	女	小计	男	女	小计	男	女
辽宁	**225498**	**115878**	**109620**	**427928**	**112634**	**315294**	**118345**	**41575**	**76770**
沈阳市	82237	41895	40342	88808	21069	67739	40854	14607	26247
大连市	53298	27678	25620	89902	22775	67127	38730	13762	24968
鞍山市	13363	6911	6452	23756	6222	17534	2834	950	1884
抚顺市	8686	4504	4182	13391	3341	10050	3150	1056	2094
本溪市	6085	3078	3007	14739	3545	11194	2175	743	1432
丹东市	7648	3970	3678	24898	7460	17438	3824	1299	2525
锦州市	8307	4184	4123	26488	7888	18600	4592	1609	2983
营口市	15416	8036	7380	31099	7923	23176	3848	1371	2477
阜新市	5944	2996	2948	14892	5050	9842	2708	940	1768
辽阳市	5471	2778	2693	20968	5600	15368	2676	844	1832
盘锦市	5181	2681	2500	21622	5998	15624	3460	1178	2282
铁岭市	3043	1541	1502	9545	2322	7223	1570	562	1008
朝阳市	5004	2609	2395	27083	8077	19006	4043	1362	2681
葫芦岛市	4849	2512	2337	18357	4762	13595	3356	1116	2240
辽宁省沈抚新区管委会	966	505	461	2380	602	1778	525	176	349

7–9a　续表 3　　单位：人

现住地	为子女就学			养老/康养			其　他		
	小计	男	女	小计	男	女	小计	男	女
辽宁	**101907**	**45361**	**56546**	**187571**	**82870**	**104701**	**884726**	**436059**	**448667**
沈阳市	24230	10996	13234	53360	23415	29945	256252	126461	129791
大连市	17985	8013	9972	47205	20857	26348	148137	72971	75166
鞍山市	3820	1778	2042	9628	4461	5167	110022	54358	55664
抚顺市	4466	1956	2510	7636	3264	4372	39795	19241	20554
本溪市	5026	2242	2784	5884	2579	3305	22903	11149	11754
丹东市	2881	1212	1669	8635	3706	4929	28621	14167	14454
锦州市	7148	3188	3960	8083	3522	4561	48603	23567	25036
营口市	2928	1315	1613	9221	4186	5035	15664	7985	7679
阜新市	4329	1811	2518	4877	2123	2754	20381	9855	10526
辽阳市	2927	1342	1585	5349	2315	3034	12592	6238	6354
盘锦市	6689	2853	3836	6975	3087	3888	38682	19469	19213
铁岭市	4332	1983	2349	6002	2968	3034	30946	15105	15841
朝阳市	11056	4992	6064	8066	3517	4549	55914	27979	27935
葫芦岛市	3706	1525	2181	5661	2474	3187	52472	25634	26838
辽宁省沈抚新区管委会	384	155	229	989	396	593	3742	1880	1862

7-9b 全省按现住地、性别、迁移原因分的户口登记地在本省其他乡镇街道的人口(镇)

单位：人

现住地	合计			工作就业		
	合计	男	女	小计	男	女
辽宁	**1556557**	**752233**	**804324**	**248966**	**144370**	**104596**
沈阳市	168563	83109	85454	38265	22528	15737
大连市	64591	31472	33119	19166	12102	7064
鞍山市	166411	82289	84122	32674	18663	14011
抚顺市	54963	25963	29000	8124	4805	3319
本溪市	97146	47358	49788	8982	5122	3860
丹东市	108895	51082	57813	15171	9031	6140
锦州市	111689	52739	58950	10959	6078	4881
营口市	38835	19044	19791	6398	4141	2257
阜新市	88032	41828	46204	13565	7463	6102
辽阳市	78440	37988	40452	10581	6181	4400
盘锦市	38751	18800	19951	5671	3396	2275
铁岭市	239213	113965	125248	27051	15058	11993
朝阳市	146955	72603	74352	28611	16487	12124
葫芦岛市	154073	73993	80080	23748	13315	10433
辽宁省沈抚新区管委会						

7-9b 续表 1

单位：人

现住地	学习培训			随同离开/投亲靠友			拆迁/搬家		
	小计	男	女	小计	男	女	小计	男	女
辽宁	**129557**	**62047**	**67510**	**244686**	**105375**	**139311**	**607957**	**309735**	**298222**
沈阳市	5960	3028	2932	26252	11141	15111	66521	33851	32670
大连市	12589	4805	7784	10611	4446	6165	12656	6356	6300
鞍山市	6293	3011	3282	25490	11315	14175	67576	35204	32372
抚顺市	5227	2512	2715	11366	4580	6786	19175	9937	9238
本溪市	6019	3633	2386	12503	5520	6983	44952	22431	22521
丹东市	15088	6216	8872	12714	5470	7244	43076	21527	21549
锦州市	11022	5372	5650	16726	7222	9504	53448	26641	26807
营口市	3461	1706	1755	5747	2564	3183	15135	7849	7286
阜新市	12192	6046	6146	11008	4728	6280	31148	15610	15538
辽阳市	3419	1699	1720	12112	5050	7062	40884	20846	20038
盘锦市	2345	1137	1208	6109	2493	3616	16637	8558	8079
铁岭市	19752	8748	11004	33985	13990	19995	103824	52664	51160
朝阳市	15508	8825	6683	33310	14685	18625	36687	19313	17374
葫芦岛市	10682	5309	5373	26753	12171	14582	56238	28948	27290
辽宁省沈抚新区管委会									

7–9b 续表 2

单位：人

现住地	寄挂户口			婚姻嫁娶			照料孙子女		
	小计	男	女	小计	男	女	小计	男	女
辽宁	**25691**	**13371**	**12320**	**89510**	**18463**	**71047**	**10481**	**3377**	**7104**
沈阳市	3497	1790	1707	7724	1362	6362	1485	478	1007
大连市	1641	882	759	3191	655	2536	598	190	408
鞍山市	2481	1274	1207	9964	2014	7950	454	131	323
抚顺市	778	385	393	3700	794	2906	471	152	319
本溪市	1109	537	572	4816	1189	3627	661	216	445
丹东市	2471	1272	1199	8040	1723	6317	478	134	344
锦州市	1387	703	684	6675	1445	5230	732	234	498
营口市	1894	1019	875	3739	506	3233	134	45	89
阜新市	1502	782	720	6473	1662	4811	688	227	461
辽阳市	965	507	458	4468	805	3663	384	118	266
盘锦市	746	385	361	2796	704	2092	233	79	154
铁岭市	3446	1793	1653	9211	1815	7396	1473	514	959
朝阳市	1363	771	592	7812	1577	6235	1656	540	1116
葫芦岛市	2411	1271	1140	10901	2212	8689	1034	319	715
辽宁省沈抚新区管委会									

7–9b 续表 3

单位：人

现住地	为子女就学			养老/康养			其他		
	小计	男	女	小计	男	女	小计	男	女
辽宁	**37984**	**15807**	**22177**	**30117**	**14260**	**15857**	**131608**	**65428**	**66180**
沈阳市	1655	601	1054	2909	1295	1614	14295	7035	7260
大连市	244	82	162	645	302	343	3250	1652	1598
鞍山市	634	273	361	1890	929	961	18955	9475	9480
抚顺市	2297	989	1308	1200	539	661	2625	1270	1355
本溪市	3307	1479	1828	1618	708	910	13179	6523	6656
丹东市	750	273	477	2164	1028	1136	8943	4408	4535
锦州市	3839	1616	2223	2788	1370	1418	4113	2058	2055
营口市	217	101	116	679	354	325	1431	759	672
阜新市	3628	1520	2108	1924	905	1019	5904	2885	3019
辽阳市	1331	682	649	1107	477	630	3189	1623	1566
盘锦市	578	231	347	559	268	291	3077	1549	1528
铁岭市	5423	2261	3162	5875	2853	3022	29173	14269	14904
朝阳市	9116	3745	5371	3212	1597	1615	9680	5063	4617
葫芦岛市	4965	1954	3011	3547	1635	1912	13794	6859	6935
辽宁省沈抚新区管委会									

7-9c 全省按现住地、性别、迁移原因分的户口登记地在本省其他乡镇街道的人口(乡村)

单位：人

现住地	合计			工作就业		
	合计	男	女	小计	男	女
辽宁	**994323**	**468452**	**525871**	**147339**	**96875**	**50464**
沈阳市	166332	79338	86994	29652	18944	10708
大连市	122313	61673	60640	27016	17929	9087
鞍山市	60137	28104	32033	10496	6259	4237
抚顺市	27809	12850	14959	3613	2409	1204
本溪市	35828	16543	19285	3989	2639	1350
丹东市	55732	26749	28983	8613	5908	2705
锦州市	82174	36762	45412	7916	5318	2598
营口市	95979	45461	50518	12335	8313	4022
阜新市	32875	14335	18540	3432	2300	1132
辽阳市	53000	24534	28466	7760	5207	2553
盘锦市	34956	16453	18503	5185	3310	1875
铁岭市	66649	30470	36179	7444	4923	2521
朝阳市	74841	36136	38705	10491	7087	3404
葫芦岛市	74286	33762	40524	7379	4809	2570
辽宁省沈抚新区管委会	11412	5282	6130	2018	1520	498

7-9c 续表 1

单位：人

现住地	学习培训			随同离开/投亲靠友			拆迁/搬家		
	小计	男	女	小计	男	女	小计	男	女
辽宁	**70227**	**31854**	**38373**	**128594**	**59882**	**68712**	**259961**	**136776**	**123185**
沈阳市	29873	12982	16891	16640	7222	9418	38963	20103	18860
大连市	3940	2121	1819	17200	7929	9271	30861	16093	14768
鞍山市	608	338	270	8350	3981	4369	14923	7991	6932
抚顺市	175	102	73	3966	1800	2166	7958	4289	3669
本溪市	3728	950	2778	3723	1748	1975	12964	6629	6335
丹东市	383	203	180	7302	3373	3929	15835	8321	7514
锦州市	3993	2309	1684	11615	5583	6032	21831	11427	10404
营口市	2367	1563	804	15067	7328	7739	29492	16008	13484
阜新市	162	90	72	3547	1644	1903	7768	4132	3636
辽阳市	910	454	456	8571	4053	4518	15669	8370	7299
盘锦市	6913	2669	4244	4389	1973	2416	8022	4375	3647
铁岭市	2062	1111	951	7802	3454	4348	19709	10201	9508
朝阳市	9766	5052	4714	8764	4208	4556	13674	7082	6592
葫芦岛市	529	260	269	10884	5230	5654	20452	10804	9648
辽宁省沈抚新区管委会	4818	1650	3168	774	356	418	1840	951	889

7-9c　续表 2

单位：人

现住地	寄挂户口			婚姻嫁娶			照料孙子女		
	小计	男	女	小计	男	女	小计	男	女
辽宁	**67269**	**35468**	**31801**	**170406**	**28133**	**142273**	**2499**	**848**	**1651**
沈阳市	9223	4793	4430	18195	2510	15685	379	121	258
大连市	9584	5029	4555	16137	3374	12763	299	108	191
鞍山市	4173	2230	1943	10862	1790	9072	144	59	85
抚顺市	1506	782	724	5398	826	4572	84	20	64
本溪市	1478	781	697	3906	686	3220	83	27	56
丹东市	4253	2212	2041	10512	2096	8416	136	46	90
锦州市	5156	2707	2449	18934	2983	15951	243	76	167
营口市	9141	4996	4145	19071	2753	16318	213	75	138
阜新市	2545	1345	1200	9770	1715	8055	56	18	38
辽阳市	2820	1467	1353	11507	1927	9580	159	62	97
盘锦市	1826	958	868	4219	882	3337	60	20	40
铁岭市	4672	2359	2313	12201	1721	10480	184	60	124
朝阳市	5241	2856	2385	14061	2714	11347	212	69	143
葫芦岛市	5257	2769	2488	15048	2039	13009	224	79	145
辽宁省沈抚新区管委会	394	184	210	585	117	468	23	8	15

7-9c　续表 3

单位：人

现住地	为子女就学			养老/康养			其　他		
	小计	男	女	小计	男	女	小计	男	女
辽宁	**2675**	**1116**	**1559**	**25591**	**14676**	**10915**	**119762**	**62824**	**56938**
沈阳市	290	111	179	4226	2336	1890	18891	10216	8675
大连市	116	45	71	2681	1442	1239	14479	7603	6876
鞍山市	57	26	31	1125	593	532	9399	4837	4562
抚顺市	56	25	31	1109	560	549	3944	2037	1907
本溪市	152	64	88	1288	708	580	4517	2311	2206
丹东市	77	31	46	1749	998	751	6872	3561	3311
锦州市	210	100	110	2258	1215	1043	10018	5044	4974
营口市	61	29	32	1880	1099	781	6352	3297	3055
阜新市	21	9	12	789	439	350	4785	2643	2142
辽阳市	91	40	51	1243	736	507	4270	2218	2052
盘锦市	26	11	15	652	352	300	3664	1903	1761
铁岭市	566	251	315	2604	1616	988	9405	4774	4631
朝阳市	695	271	424	2067	1397	670	9870	5400	4470
葫芦岛市	245	94	151	1758	1109	649	12510	6569	5941
辽宁省沈抚新区管委会	12	9	3	162	76	86	786	411	375

7-10 全省按现住地、性别、迁移原因分的户口登记地在外省的人口

单位：人

现住地	合计			工作就业		
	合计	男	女	小计	男	女
辽宁	**2847308**	**1514766**	**1332542**	**1150880**	**705912**	**444968**
沈阳市	822202	449830	372372	346583	212763	133820
大连市	1205521	636033	569488	572297	342220	230077
鞍山市	123275	65518	57757	40521	24932	15589
抚顺市	42387	23068	19319	10630	7005	3625
本溪市	34729	18075	16654	8043	5464	2579
丹东市	62954	34169	28785	18603	12842	5761
锦州市	73114	37043	36071	14164	9355	4809
营口市	146152	75047	71105	48431	29876	18555
阜新市	30965	16945	14020	7176	4949	2227
辽阳市	56768	29247	27521	17735	11504	6231
盘锦市	78472	41743	36729	23286	15091	8195
铁岭市	44220	20597	23623	8574	5515	3059
朝阳市	48724	24628	24096	13622	9404	4218
葫芦岛市	63911	35005	28906	17746	12612	5134
辽宁省沈抚新区管委会	13914	7818	6096	3469	2380	1089

7-10 续表 1

单位：人

现住地	学习培训			随同离开/投亲靠友			拆迁/搬家		
	小计	男	女	小计	男	女	小计	男	女
辽宁	**341082**	**184796**	**156286**	**462587**	**203471**	**259116**	**424786**	**222749**	**202037**
沈阳市	122441	69919	52522	119742	54200	65542	118466	62788	55678
大连市	127615	64087	63528	222032	96875	125157	122137	63806	58331
鞍山市	12763	7525	5238	17706	7839	9867	27004	14218	12786
抚顺市	5940	4159	1781	5146	2354	2792	8347	4457	3890
本溪市	7762	3593	4169	3683	1721	1962	6977	3754	3223
丹东市	3475	1707	1768	8267	3612	4655	15358	8242	7116
锦州市	23924	11996	11928	7119	3108	4011	12964	6529	6435
营口市	4333	2567	1766	30465	12635	17830	36338	19062	17276
阜新市	6485	4269	2216	3366	1530	1836	5124	2676	2448
辽阳市	2737	1598	1139	9554	4070	5484	14748	7549	7199
盘锦市	5217	2716	2501	13199	5800	7399	21012	11094	9918
铁岭市	2130	798	1332	6095	2599	3496	11704	5960	5744
朝阳市	2202	1143	1059	7562	3392	4170	9221	4810	4411
葫芦岛市	9529	5976	3553	7063	3082	3981	12909	6522	6387
辽宁省沈抚新区管委会	4529	2743	1786	1588	654	934	2477	1282	1195

7-10　续表 2

单位：人

现住地	寄挂户口			婚姻嫁娶			照料孙子女		
	小计	男	女	小计	男	女	小计	男	女
辽宁	**43654**	**22904**	**20750**	**111973**	**22591**	**89382**	**52873**	**19144**	**33729**
沈阳市	10217	5294	4923	22823	4390	18433	15058	5332	9726
大连市	13190	7047	6143	28449	5694	22755	28871	10573	18298
鞍山市	2053	1088	965	6764	1399	5365	833	308	525
抚顺市	1779	957	822	3689	779	2910	533	180	353
本溪市	1121	589	532	2543	593	1950	324	128	196
丹东市	2488	1301	1187	4745	1294	3451	809	303	506
锦州市	1396	732	664	5042	1050	3992	821	294	527
营口市	3883	2015	1868	7096	1353	5743	1620	609	1011
阜新市	935	480	455	3817	957	2860	334	119	215
辽阳市	1564	783	781	4628	934	3694	609	207	402
盘锦市	1121	595	526	3489	911	2578	1033	375	658
铁岭市	1476	772	704	6173	921	5252	342	129	213
朝阳市	1188	615	573	6982	1354	5628	654	229	425
葫芦岛市	1102	567	535	5151	823	4328	875	306	569
辽宁省沈抚新区管委会	141	69	72	582	139	443	157	52	105

7-10　续表 3

单位：人

现住地	为子女就学			养老/康养			其　他		
	小计	男	女	小计	男	女	小计	男	女
辽宁	**8696**	**3461**	**5235**	**41189**	**18263**	**22926**	**209588**	**111475**	**98113**
沈阳市	2042	811	1231	7273	3162	4111	57557	31171	26386
大连市	3324	1345	1979	18595	8133	10462	69011	36253	32758
鞍山市	267	104	163	1070	476	594	14294	7629	6665
抚顺市	188	65	123	472	214	258	5663	2898	2765
本溪市	160	61	99	422	185	237	3694	1987	1707
丹东市	159	62	97	1419	669	750	7631	4137	3494
锦州市	248	92	156	1002	451	551	6434	3436	2998
营口市	451	182	269	5261	2435	2826	8274	4313	3961
阜新市	154	56	98	304	133	171	3270	1776	1494
辽阳市	188	82	106	629	272	357	4376	2248	2128
盘锦市	403	171	232	1450	614	836	8262	4376	3886
铁岭市	196	75	121	612	272	340	6918	3556	3362
朝阳市	619	240	379	708	315	393	5966	3126	2840
葫芦岛市	278	108	170	1852	878	974	7406	4131	3275
辽宁省沈抚新区管委会	19	7	12	120	54	66	832	438	394

7-10a 全省按现住地、性别、迁移原因分的户口登记地在外省的人口(城市)

单位：人

现住地	合计			工作就业		
	合计	男	女	小计	男	女
辽宁	**2379097**	**1271693**	**1107404**	**984960**	**596832**	**388128**
沈阳市	737669	405005	332664	311320	190066	121254
大连市	1094291	576018	518273	520392	308644	211748
鞍山市	76228	41152	35076	21916	13647	8269
抚顺市	30249	16873	13376	7124	4558	2566
本溪市	24785	13012	11773	5738	3850	1888
丹东市	37950	20702	17248	12006	8131	3875
锦州市	58156	29523	28633	10351	6582	3769
营口市	115729	59550	56179	40527	24639	15888
阜新市	19125	10910	8215	3656	2407	1249
辽阳市	34092	17428	16664	9680	6066	3614
盘锦市	60398	32142	28256	19273	12345	6928
铁岭市	14246	7075	7171	2642	1705	937
朝阳市	21942	11081	10861	5952	3771	2181
葫芦岛市	43194	25018	18176	12042	8866	3176
辽宁省沈抚新区管委会	11043	6204	4839	2341	1555	786

7-10a 续表 1

单位：人

现住地	学习培训			随同离开/投亲靠友			拆迁/搬家		
	小计	男	女	小计	男	女	小计	男	女
辽宁	**308617**	**170180**	**138437**	**389235**	**171593**	**217642**	**348115**	**181952**	**166163**
沈阳市	112470	65511	46959	106059	48222	57837	108173	57232	50941
大连市	117008	59571	57437	203304	89127	114177	110116	57306	52810
鞍山市	12140	7193	4947	9666	4309	5357	17806	9244	8562
抚顺市	5737	4044	1693	3324	1537	1787	6117	3252	2865
本溪市	7184	3378	3806	2526	1174	1352	4687	2564	2123
丹东市	1358	705	653	5240	2207	3033	10399	5526	4873
锦州市	23568	11768	11800	5094	2183	2911	10142	5114	5028
营口市	3935	2355	1580	25104	10309	14795	28536	14931	13605
阜新市	6282	4142	2140	1926	860	1066	3324	1760	1564
辽阳市	2420	1442	978	5111	2200	2911	10437	5249	5188
盘锦市	1396	778	618	10733	4699	6034	16863	8860	8003
铁岭市	478	231	247	2116	878	1238	5214	2665	2549
朝阳市	1538	787	751	3540	1545	1995	4577	2399	2178
葫芦岛市	9123	5763	3360	4286	1835	2451	9582	4769	4813
辽宁省沈抚新区管委会	3980	2512	1468	1206	508	698	2142	1081	1061

7−10a　续表 2

单位：人

现住地	寄挂户口			婚姻嫁娶			照料孙子女		
	小计	男	女	小计	男	女	小计	男	女
辽宁	**29198**	**15265**	**13933**	**68731**	**15170**	**53561**	**49559**	**18022**	**31537**
沈阳市	8836	4566	4270	18112	3664	14448	14284	5084	9200
大连市	10720	5734	4986	23512	4683	18829	28021	10280	17741
鞍山市	1198	634	564	3114	757	2357	604	228	376
抚顺市	1134	601	533	1900	490	1410	444	155	289
本溪市	555	286	269	1348	354	994	262	106	156
丹东市	985	499	486	2336	719	1617	652	249	403
锦州市	595	306	289	2464	643	1821	727	258	469
营口市	2265	1167	1098	4348	931	3417	1487	565	922
阜新市	442	227	215	1318	444	874	281	102	179
辽阳市	822	408	414	2323	526	1797	476	163	313
盘锦市	675	348	327	2485	645	1840	915	337	578
铁岭市	250	131	119	1091	233	858	149	54	95
朝阳市	276	140	136	2198	571	1627	443	157	286
葫芦岛市	362	178	184	1721	403	1318	669	234	435
辽宁省沈抚新区管委会	83	40	43	461	107	354	145	50	95

7−10a　续表 3

单位：人

现住地	为子女就学			养老/康养			其　他		
	小计	男	女	小计	男	女	小计	男	女
辽宁	**7338**	**2936**	**4402**	**34484**	**15150**	**19334**	**158860**	**84593**	**74267**
沈阳市	1879	757	1122	6516	2822	3694	50020	27081	22939
大连市	3244	1312	1932	17439	7588	9851	60535	31773	28762
鞍山市	219	84	135	703	304	399	8862	4752	4110
抚顺市	139	50	89	318	143	175	4012	2043	1969
本溪市	102	40	62	291	126	165	2092	1134	958
丹东市	123	43	80	909	435	474	3942	2188	1754
锦州市	198	75	123	732	322	410	4285	2272	2013
营口市	393	155	238	4130	1898	2232	5004	2600	2404
阜新市	99	38	61	183	76	107	1614	854	760
辽阳市	128	53	75	414	181	233	2281	1140	1141
盘锦市	373	161	212	1211	512	699	6474	3457	3017
铁岭市	74	26	48	230	107	123	2002	1045	957
朝阳市	228	86	142	412	180	232	2778	1445	1333
葫芦岛市	121	50	71	895	410	485	4393	2510	1883
辽宁省沈抚新区管委会	18	6	12	101	46	55	566	299	267

7-10b 全省按现住地、性别、迁移原因分的户口登记地在外省的人口(镇)

单位：人

现住地	合计			工作就业		
	合计	男	女	小计	男	女
辽宁	**191962**	**99141**	**92821**	**71199**	**45935**	**25264**
沈阳市	31978	17217	14761	14719	9376	5343
大连市	39687	20715	18972	18710	12373	6337
鞍山市	28551	14788	13763	11655	6953	4702
抚顺市	4896	2463	2433	1447	991	456
本溪市	4770	2437	2333	1084	704	380
丹东市	12764	6844	5920	3241	2320	921
锦州市	4827	2359	2468	1334	857	477
营口市	8164	4205	3959	2393	1571	822
阜新市	6286	3304	2982	2216	1513	703
辽阳市	8608	4410	4198	3000	1910	1090
盘锦市	6285	3335	2950	1455	992	463
铁岭市	17047	7881	9166	3514	2152	1362
朝阳市	9201	4684	4517	3242	2198	1044
葫芦岛市	8898	4499	4399	3189	2025	1164
辽宁省沈抚新区管委会						

7-10b 续表 1

单位：人

现住地	学习培训			随同离开/投亲靠友			拆迁/搬家		
	小计	男	女	小计	男	女	小计	男	女
辽宁	**13052**	**5020**	**8032**	**32543**	**13804**	**18739**	**37601**	**19736**	**17865**
沈阳市	811	422	389	6410	2770	3640	5254	2801	2453
大连市	6828	2165	4663	6833	2746	4087	3618	1920	1698
鞍山市	406	210	196	5154	2206	2948	6792	3632	3160
抚顺市	112	61	51	876	383	493	1018	554	464
本溪市	156	117	39	633	275	358	1390	708	682
丹东市	2009	937	1072	1483	656	827	2664	1458	1206
锦州市	120	59	61	684	315	369	1326	636	690
营口市	203	102	101	1586	663	923	2264	1161	1103
阜新市	150	89	61	858	387	471	1153	597	556
辽阳市	152	72	80	1704	682	1022	2224	1138	1086
盘锦市	81	41	40	946	421	525	2598	1366	1232
铁岭市	1508	489	1019	2460	1026	1434	4416	2259	2157
朝阳市	324	165	159	1692	745	947	1236	659	577
葫芦岛市	192	91	101	1224	529	695	1648	847	801
辽宁省沈抚新区管委会									

7-10b　续表 2　　单位：人

现 住 地	寄挂户口			婚姻嫁娶			照料孙子女		
	小计	男	女	小计	男	女	小计	男	女
辽宁	**3020**	**1614**	**1406**	**13560**	**2682**	**10878**	**1993**	**689**	**1304**
沈阳市	254	136	118	1437	226	1211	511	171	340
大连市	310	161	149	1097	230	867	477	167	310
鞍山市	227	123	104	1607	296	1311	134	46	88
抚顺市	139	70	69	695	122	573	60	18	42
本溪市	175	93	82	511	121	390	44	15	29
丹东市	461	241	220	981	264	717	102	33	69
锦州市	133	75	58	673	139	534	41	18	23
营口市	262	151	111	467	66	401	61	24	37
阜新市	147	82	65	973	236	737	36	12	24
辽阳市	130	74	56	606	123	483	65	21	44
盘锦市	105	60	45	336	90	246	56	17	39
铁岭市	373	190	183	1856	321	1535	147	55	92
朝阳市	143	72	71	1272	247	1025	146	54	92
葫芦岛市	161	86	75	1049	201	848	113	38	75
辽宁省沈抚新区管委会									

7-10b　续表 3　　单位：人

现 住 地	为子女就学			养老/康养			其　他		
	小计	男	女	小计	男	女	小计	男	女
辽宁	**860**	**329**	**531**	**2832**	**1283**	**1549**	**15302**	**8049**	**7253**
沈阳市	84	31	53	380	174	206	2118	1110	1008
大连市	37	15	22	325	148	177	1452	790	662
鞍山市	39	17	22	212	89	123	2325	1216	1109
抚顺市	42	14	28	74	34	40	433	216	217
本溪市	51	20	31	87	39	48	639	345	294
丹东市	25	14	11	359	161	198	1439	760	679
锦州市	41	14	27	117	57	60	358	189	169
营口市	34	16	18	323	154	169	571	297	274
阜新市	51	16	35	81	38	43	621	334	287
辽阳市	54	26	28	90	39	51	583	325	258
盘锦市	21	6	15	85	35	50	602	307	295
铁岭市	105	44	61	252	108	144	2416	1237	1179
朝阳市	166	60	106	144	64	80	836	420	416
葫芦岛市	110	36	74	303	143	160	909	503	406
辽宁省沈抚新区管委会									

7－10c　全省按现住地、性别、迁移原因分的户口登记地在外省的人口(乡村)

单位：人

现住地	合计			工作就业		
	合计	男	女	小计	男	女
辽宁	**276249**	**143932**	**132317**	**94721**	**63145**	**31576**
沈阳市	52555	27608	24947	20544	13321	7223
大连市	71543	39300	32243	33195	21203	11992
鞍山市	18496	9578	8918	6950	4332	2618
抚顺市	7242	3732	3510	2059	1456	603
本溪市	5174	2626	2548	1221	910	311
丹东市	12240	6623	5617	3356	2391	965
锦州市	10131	5161	4970	2479	1916	563
营口市	22259	11292	10967	5511	3666	1845
阜新市	5554	2731	2823	1304	1029	275
辽阳市	14068	7409	6659	5055	3528	1527
盘锦市	11789	6266	5523	2558	1754	804
铁岭市	12927	5641	7286	2418	1658	760
朝阳市	17581	8863	8718	4428	3435	993
葫芦岛市	11819	5488	6331	2515	1721	794
辽宁省沈抚新区管委会	2871	1614	1257	1128	825	303

7－10c　续表 1

单位：人

现住地	学习培训			随同离开/投亲靠友			拆迁/搬家		
	小计	男	女	小计	男	女	小计	男	女
辽宁	**19413**	**9596**	**9817**	**40809**	**18074**	**22735**	**39070**	**21061**	**18009**
沈阳市	9160	3986	5174	7273	3208	4065	5039	2755	2284
大连市	3779	2351	1428	11895	5002	6893	8403	4580	3823
鞍山市	217	122	95	2886	1324	1562	2406	1342	1064
抚顺市	91	54	37	946	434	512	1212	651	561
本溪市	422	98	324	524	272	252	900	482	418
丹东市	108	65	43	1544	749	795	2295	1258	1037
锦州市	236	169	67	1341	610	731	1496	779	717
营口市	195	110	85	3775	1663	2112	5538	2970	2568
阜新市	53	38	15	582	283	299	647	319	328
辽阳市	165	84	81	2739	1188	1551	2087	1162	925
盘锦市	3740	1897	1843	1520	680	840	1551	868	683
铁岭市	144	78	66	1519	695	824	2074	1036	1038
朝阳市	340	191	149	2330	1102	1228	3408	1752	1656
葫芦岛市	214	122	92	1553	718	835	1679	906	773
辽宁省沈抚新区管委会	549	231	318	382	146	236	335	201	134

7-10c　续表 2　　　　单位：人

现住地	寄挂户口			婚姻嫁娶			照料孙子女		
	小计	男	女	小计	男	女	小计	男	女
辽宁	**11436**	**6025**	**5411**	**29682**	**4739**	**24943**	**1321**	**433**	**888**
沈阳市	1127	592	535	3274	500	2774	263	77	186
大连市	2160	1152	1008	3840	781	3059	373	126	247
鞍山市	628	331	297	2043	346	1697	95	34	61
抚顺市	506	286	220	1094	167	927	29	7	22
本溪市	391	210	181	684	118	566	18	7	11
丹东市	1042	561	481	1428	311	1117	55	21	34
锦州市	668	351	317	1905	268	1637	53	18	35
营口市	1356	697	659	2281	356	1925	72	20	52
阜新市	346	171	175	1526	277	1249	17	5	12
辽阳市	612	301	311	1699	285	1414	68	23	45
盘锦市	341	187	154	668	176	492	62	21	41
铁岭市	853	451	402	3226	367	2859	46	20	26
朝阳市	769	403	366	3512	536	2976	65	18	47
葫芦岛市	579	303	276	2381	219	2162	93	34	59
辽宁省沈抚新区管委会	58	29	29	121	32	89	12	2	10

7-10c　续表 3　　　　单位：人

现住地	为子女就学			养老/康养			其他		
	小计	男	女	小计	男	女	小计	男	女
辽宁	**498**	**196**	**302**	**3873**	**1830**	**2043**	**35426**	**18833**	**16593**
沈阳市	79	23	56	377	166	211	5419	2980	2439
大连市	43	18	25	831	397	434	7024	3690	3334
鞍山市	9	3	6	155	83	72	3107	1661	1446
抚顺市	7	1	6	80	37	43	1218	639	579
本溪市	7	1	6	44	20	24	963	508	455
丹东市	11	5	6	151	73	78	2250	1189	1061
锦州市	9	3	6	153	72	81	1791	975	816
营口市	24	11	13	808	383	425	2699	1416	1283
阜新市	4	2	2	40	19	21	1035	588	447
辽阳市	6	3	3	125	52	73	1512	783	729
盘锦市	9	4	5	154	67	87	1186	612	574
铁岭市	17	5	12	130	57	73	2500	1274	1226
朝阳市	225	94	131	152	71	81	2352	1261	1091
葫芦岛市	47	22	25	654	325	329	2104	1118	986
辽宁省沈抚新区管委会	1	1		19	8	11	266	139	127

第一部分　全部数据资料

第八卷　住房

8-1　各地区按住房间数分的家庭户户数

单位：户

地　　区	家庭户户　数	住房间数				
		一间	二间	三间	四间	五间
辽宁	**16571689**	**2122357**	**9449517**	**3631083**	**996505**	**255621**
沈阳市	3557604	586142	2094456	760369	92312	14581
大连市	2818657	355926	1512958	585924	239591	84709
鞍山市	1301821	226197	638975	302843	93102	29895
抚顺市	739900	151375	445400	126500	12933	1919
本溪市	550965	101308	330448	96780	16566	3540
丹东市	860945	93121	573021	165405	19669	6751
锦州市	1064282	92392	642334	239553	68178	14309
营口市	885527	57551	536544	182946	80489	18054
阜新市	656101	59474	386049	145008	54558	8191
辽阳市	659658	84343	448768	107694	15718	1535
盘锦市	538770	29984	277093	184545	31459	9088
铁岭市	917630	132185	538679	217268	22734	4210
朝阳市	1054830	86251	573546	231906	130154	25750
葫芦岛市	906449	58460	411710	274033	118293	32915
辽宁省沈抚新区管委会	58550	7648	39536	10309	749	174

注：本表数据为居住在普通住宅的家庭户。

8-1　续表

单位：户

地　　区	住房间数				
	六间	七间	八间	九间	十间及以上
辽宁	**73778**	**13706**	**15704**	**3010**	**10408**
沈阳市	6193	855	1212	258	1226
大连市	25018	5471	5291	938	2831
鞍山市	6433	1003	1958	294	1121
抚顺市	1165	144	162	46	256
本溪市	1532	185	277	50	279
丹东市	1908	317	348	61	344
锦州市	5031	916	764	199	606
营口市	6062	1187	1591	266	837
阜新市	1623	431	388	85	294
辽阳市	1005	118	231	27	219
盘锦市	3821	990	943	258	589
铁岭市	1528	299	259	89	379
朝阳市	4683	662	987	184	707
葫芦岛市	7704	1115	1279	251	689
辽宁省沈抚新区管委会	72	13	14	4	31

8−1a 各地区按住房间数分的家庭户户数(城市)

单位：户

地 区	家庭户户 数	住房间数				
		一间	二间	三间	四间	五间
辽宁	**10246924**	**1536054**	**6636133**	**1799729**	**202404**	**42276**
沈阳市	2879310	505297	1792680	513962	53792	8700
大连市	2212497	331677	1360125	427824	67147	15063
鞍山市	774092	190783	434161	127089	15341	3804
抚顺市	495165	117529	323420	50753	2888	324
本溪市	329045	80635	204496	39370	3128	713
丹东市	458504	57224	319285	71508	6691	2639
锦州市	510439	48592	382764	71023	5811	1203
营口市	557640	36760	405728	96695	13771	2358
阜新市	297009	28028	214039	50364	3410	541
辽阳市	365332	32087	271003	57107	4092	549
盘锦市	377992	19775	203305	133823	13620	4279
铁岭市	258160	26615	188588	39652	2351	510
朝阳市	356657	27750	271487	51620	4524	552
葫芦岛市	328715	27770	231757	61971	5405	939
辽宁省沈抚新区管委会	46367	5532	33295	6968	433	102

注：本表数据为居住在普通住宅的家庭户。

8−1a 续表

单位：户

地 区	住房间数				
	六间	七间	八间	九间	十间及以上
辽宁	**18643**	**2852**	**4371**	**881**	**3581**
沈阳市	3074	372	605	116	712
大连市	6962	998	1470	247	984
鞍山市	1626	220	569	117	382
抚顺市	129	26	28	9	59
本溪市	422	53	100	19	109
丹东市	688	132	163	33	141
锦州市	734	60	92	30	130
营口市	1460	209	336	75	248
阜新市	311	94	105	23	94
辽阳市	298	40	54	13	89
盘锦市	1713	481	545	140	311
铁岭市	266	41	55	16	66
朝阳市	314	68	154	29	159
葫芦岛市	631	55	91	12	84
辽宁省沈抚新区管委会	15	3	4	2	13

8-1b　各地区按住房间数分的家庭户户数(镇)

单位：户

地　　区	家庭户户　数	住房间数				
		一间	二间	三间	四间	五间
辽宁	**1973283**	**197889**	**1227152**	**407329**	**103984**	**23036**
沈阳市	181423	25485	113716	37094	3963	632
大连市	98655	6474	54986	21170	11274	3146
鞍山市	228468	17250	133072	53750	17419	4664
抚顺市	99730	17374	66143	14006	1598	264
本溪市	117406	14290	83012	17125	2138	430
丹东市	154954	15743	107133	27078	3503	946
锦州市	136116	12649	85163	28678	6936	1532
营口市	59181	3461	33357	13032	7014	1475
阜新市	129108	9128	78493	28480	10620	1513
辽阳市	85077	12160	62308	8931	1376	121
盘锦市	50361	2762	32548	11636	2473	582
铁岭市	276756	34747	184797	51194	4384	935
朝阳市	173495	14002	101562	36741	16989	2786
葫芦岛市	182553	12364	90862	58414	14297	4010
辽宁省沈抚新区管委会						

注：本表数据为居住在普通住宅的家庭户。

8-1b　续表

单位：户

地　　区	住房间数				
	六间	七间	八间	九间	十间及以上
辽宁	**8615**	**1346**	**2074**	**360**	**1498**
沈阳市	319	38	93	17	66
大连市	1023	169	263	47	103
鞍山市	1455	179	406	44	229
抚顺市	224	26	28	8	59
本溪市	266	22	50	7	66
丹东市	345	60	56	9	81
锦州市	699	127	163	24	145
营口市	500	93	145	18	86
阜新市	495	111	137	31	100
辽阳市	88	12	49		32
盘锦市	228	52	41	8	31
铁岭市	420	59	82	27	111
朝阳市	899	99	225	35	157
葫芦岛市	1654	299	336	85	232
辽宁省沈抚新区管委会					

8-1c 各地区按住房间数分的家庭户户数(乡村)

单位：户

地　　区	家庭户户　数	住房间数				
		一间	二间	三间	四间	五间
辽宁	**4351482**	**388414**	**1586232**	**1424025**	**690117**	**190309**
沈阳市	496871	55360	188060	209313	34557	5249
大连市	507505	17775	97847	136930	161170	66500
鞍山市	299261	18164	71742	122004	60342	21427
抚顺市	145005	16472	55837	61741	8447	1331
本溪市	104514	6383	42940	40285	11300	2397
丹东市	247487	20154	146603	66819	9475	3166
锦州市	417727	31151	174407	139852	55431	11574
营口市	268706	17330	97459	73219	59704	14221
阜新市	229984	22318	93517	66164	40528	6137
辽阳市	209249	40096	115457	41656	10250	865
盘锦市	110417	7447	41240	39086	15366	4227
铁岭市	382714	70823	165294	126422	15999	2765
朝阳市	524678	44499	200497	143545	108641	22412
葫芦岛市	395181	18326	89091	153648	98591	27966
辽宁省沈抚新区管委会	12183	2116	6241	3341	316	72

注：本表数据为居住在普通住宅的家庭户。

8-1c 续表

单位：户

地　　区	住房间数				
	六间	七间	八间	九间	十间及以上
辽宁	**46520**	**9508**	**9259**	**1769**	**5329**
沈阳市	2800	445	514	125	448
大连市	17033	4304	3558	644	1744
鞍山市	3352	604	983	133	510
抚顺市	812	92	106	29	138
本溪市	844	110	127	24	104
丹东市	875	125	129	19	122
锦州市	3598	729	509	145	331
营口市	4102	885	1110	173	503
阜新市	817	226	146	31	100
辽阳市	619	66	128	14	98
盘锦市	1880	457	357	110	247
铁岭市	842	199	122	46	202
朝阳市	3470	495	608	120	391
葫芦岛市	5419	761	852	154	373
辽宁省沈抚新区管委会	57	10	10	2	18

8-2　各地区按人均住房建筑面积分的家庭户户数

单位：户

地　区	家庭户户　数	人均住房建筑面积(平方米)			
		8及以下	9-12	13-16	17-19
辽宁	**16571689**	**67065**	**315471**	**820395**	**803786**
沈阳市	3557604	13154	71343	163798	192256
大连市	2818657	24126	70494	151838	145975
鞍山市	1301821	4997	28358	70059	64928
抚顺市	739900	2142	17004	46285	46658
本溪市	550965	1870	15549	41622	34619
丹东市	860945	2473	16690	46280	46628
锦州市	1064282	1930	12694	40786	42100
营口市	885527	1156	10168	38668	33060
阜新市	656101	1437	8496	28818	31630
辽阳市	659658	1307	8102	26504	26759
盘锦市	538770	441	2494	10400	16316
铁岭市	917630	2578	16367	51400	45865
朝阳市	1054830	6633	23176	59908	42387
葫芦岛市	906449	2741	13994	41984	32307
辽宁省沈抚新区管委会	58550	80	542	2045	2298

注：本表数据为居住在普通住宅的家庭户。

8-2　续表

单位：户

地　区	人均住房建筑面积(平方米)					
	20-29	30-39	40-49	50-59	60-69	70及以上
辽宁	**4002885**	**3418920**	**2523624**	**1337354**	**1053466**	**2228723**
沈阳市	799650	701307	525457	308417	221362	560860
大连市	711254	552527	418584	213451	165834	364574
鞍山市	307099	263152	187468	106599	92584	176577
抚顺市	195471	145621	116479	64025	41705	64510
本溪市	141841	118438	74382	41756	30889	49999
丹东市	216943	193819	122328	62631	49078	104075
锦州市	245738	230819	179699	91636	70888	147992
营口市	219456	181494	137699	68661	63275	131890
阜新市	164258	128483	110846	63070	41141	77922
辽阳市	158653	151704	100452	52570	50167	83440
盘锦市	109587	116575	96664	51212	37724	97357
铁岭市	243709	204222	133164	58502	52980	108843
朝阳市	260285	225572	160655	80827	71963	123424
葫芦岛市	214426	192519	149696	69587	60735	128460
辽宁省沈抚新区管委会	14515	12668	10051	4410	3141	8800

8-2a 各地区按人均住房建筑面积分的家庭户户数(城市)

单位：户

地区	家庭户户数	人均住房建筑面积(平方米)			
		8及以下	9-12	13-16	17-19
辽宁	**10246924**	**44618**	**207543**	**499207**	**570934**
沈阳市	2879310	11174	61402	133000	167097
大连市	2212497	22122	61677	127685	127101
鞍山市	774092	2731	17086	39104	44991
抚顺市	495165	1578	12230	30878	34475
本溪市	329045	1321	11596	28619	22613
丹东市	458504	1421	9149	22087	24867
锦州市	510439	813	6869	20774	25880
营口市	557640	525	5040	20443	23474
阜新市	297009	276	3603	12309	21803
辽阳市	365332	536	4047	13939	16259
盘锦市	377992	242	1626	6965	12455
铁岭市	258160	607	3543	11321	13511
朝阳市	356657	710	5440	18273	19320
葫芦岛市	328715	532	3911	12414	15356
辽宁省沈抚新区管委会	46367	30	324	1396	1732

注：本表数据为居住在普通住宅的家庭户。

8-2a 续表

单位：户

地区	人均住房建筑面积(平方米)					
	20-29	30-39	40-49	50-59	60-69	70及以上
辽宁	**2479509**	**2008366**	**1491155**	**908655**	**631697**	**1405240**
沈阳市	637986	542315	411416	266548	182346	466026
大连市	583484	424046	312025	160088	121474	272795
鞍山市	173058	144125	111969	75858	52914	112256
抚顺市	127679	90624	79265	50318	28004	40114
本溪市	83563	69051	42009	27115	18233	24925
丹东市	110072	93818	61912	42825	30195	62158
锦州市	121952	102441	77562	53345	30226	70577
营口市	136999	113433	85383	45641	37600	89102
阜新市	77211	56629	41697	36962	16893	29626
辽阳市	88972	77305	56463	33736	29043	45032
盘锦市	79571	83019	65716	36777	24442	67179
铁岭市	69885	52966	36470	21211	16587	32059
朝阳市	99233	78622	48972	26788	21372	37927
葫芦岛市	78328	70087	52160	27795	19879	48253
辽宁省沈抚新区管委会	11516	9885	8136	3648	2489	7211

8-2b　各地区按人均住房建筑面积分的家庭户户数(镇)

单位：户

地　区	家庭户户　数	人均住房建筑面积(平方米)			
		8及以下	9-12	13-16	17-19
辽宁	**1973283**	**5548**	**28715**	**85556**	**76925**
沈阳市	181423	192	1342	5644	6107
大连市	98655	496	1672	4096	3999
鞍山市	228468	663	3556	10614	9045
抚顺市	99730	199	1641	5359	5264
本溪市	117406	294	2382	7080	7260
丹东市	154954	485	2846	8328	7758
锦州市	136116	129	926	3580	3617
营口市	59181	107	790	2791	1797
阜新市	129108	145	1167	4054	3954
辽阳市	85077	141	914	3377	2944
盘锦市	50361	35	215	987	1370
铁岭市	276756	825	4375	12600	12339
朝阳市	173495	1214	3977	8912	6189
葫芦岛市	182553	623	2912	8134	5282
辽宁省沈抚新区管委会					

注：本表数据为居住在普通住宅的家庭户。

8-2b　续表

单位：户

地　区	人均住房建筑面积(平方米)					
	20-29	30-39	40-49	50-59	60-69	70及以上
辽宁	**495933**	**425869**	**317842**	**140004**	**122824**	**274067**
沈阳市	43671	36488	34521	13044	10090	30324
大连市	24827	22674	15228	6366	5881	13416
鞍山市	60073	47870	35120	12885	14376	34266
抚顺市	28010	21722	14008	7576	6078	9873
本溪市	32984	25033	14357	9709	6754	11553
丹东市	41226	36405	23491	8926	8024	17465
锦州市	31124	29677	26125	9317	9309	22312
营口市	14810	11858	9687	4023	4350	8968
阜新市	30328	24699	24468	10595	7724	21974
辽阳市	22160	19986	12896	5782	5257	11620
盘锦市	12428	10391	10040	3529	2887	8479
铁岭市	69695	60637	40943	20388	17513	37441
朝阳市	41588	36929	28163	13958	11144	21421
葫芦岛市	43009	41500	28795	13906	13437	24955
辽宁省沈抚新区管委会						

8-2c 各地区按人均住房建筑面积分的家庭户户数(乡村)

单位：户

地　　区	家庭户户　数	人均住房建筑面积(平方米)			
		8及以下	9-12	13-16	17-19
辽宁	**4351482**	**16899**	**79213**	**235632**	**155927**
沈阳市	496871	1788	8599	25154	19052
大连市	507505	1508	7145	20057	14875
鞍山市	299261	1603	7716	20341	10892
抚顺市	145005	365	3133	10048	6919
本溪市	104514	255	1571	5923	4746
丹东市	247487	567	4695	15865	14003
锦州市	417727	988	4899	16432	12603
营口市	268706	524	4338	15434	7789
阜新市	229984	1016	3726	12455	5873
辽阳市	209249	630	3141	9188	7556
盘锦市	110417	164	653	2448	2491
铁岭市	382714	1146	8449	27479	20015
朝阳市	524678	4709	13759	32723	16878
葫芦岛市	395181	1586	7171	21436	11669
辽宁省沈抚新区管委会	12183	50	218	649	566

注：本表数据为居住在普通住宅的家庭户。

8-2c 续表

单位：户

地　　区	人均住房建筑面积(平方米)					
	20-29	30-39	40-49	50-59	60-69	70及以上
辽宁	**1027443**	**984685**	**714627**	**288695**	**298945**	**549416**
沈阳市	117993	122504	79520	28825	28926	64510
大连市	102943	105807	91331	46997	38479	78363
鞍山市	73968	71157	40379	17856	25294	30055
抚顺市	39782	33275	23206	6131	7623	14523
本溪市	25294	24354	18016	4932	5902	13521
丹东市	65645	63596	36925	10880	10859	24452
锦州市	92662	98701	76012	28974	31353	55103
营口市	67647	56203	42629	18997	21325	33820
阜新市	56719	47155	44681	15513	16524	26322
辽阳市	47521	54413	31093	13052	15867	26788
盘锦市	17588	23165	20908	10906	10395	21699
铁岭市	104129	90619	55751	16903	18880	39343
朝阳市	119464	110021	83520	40081	39447	64076
葫芦岛市	93089	80932	68741	27886	27419	55252
辽宁省沈抚新区管委会	2999	2783	1915	762	652	1589

8–3　各地区按家庭户类别和住房间数分的家庭户户数

单位：户

地　　区	家庭户户　数	一代户				
		一间	二间	三间	四间	五间及以上
辽宁	**16571689**	**1580480**	**5224659**	**1818743**	**471282**	**166835**
沈阳市	3557604	445742	1185579	388686	44055	11766
大连市	2818657	266207	801857	296526	131969	65134
鞍山市	1301821	166107	367931	156338	37539	14899
抚顺市	739900	113040	262664	63482	5465	1757
本溪市	550965	75639	190082	50239	8292	2995
丹东市	860945	72022	318860	75905	7892	3816
锦州市	1064282	69352	365092	125472	31978	9215
营口市	885527	43886	293060	89103	34253	10766
阜新市	656101	43330	215423	73102	25219	4499
辽阳市	659658	64176	250369	55617	7299	1511
盘锦市	538770	23303	156419	93316	14650	7100
铁岭市	917630	89252	288629	105461	9397	2853
朝阳市	1054830	60374	285612	111105	60116	13575
葫芦岛市	906449	42390	221774	129194	52789	16787
辽宁省沈抚新区管委会	58550	5660	21308	5197	369	162

注：本表数据为居住在普通住宅的家庭户。

8–3　续表 1

单位：户

地　　区	二代户				
	一间	二间	三间	四间	五间及以上
辽宁	**485930**	**3536568**	**1382392**	**351199**	**124480**
沈阳市	125949	768349	292918	34860	8706
大连市	82157	605999	229991	78272	39106
鞍山市	53454	228740	111366	34753	14305
抚顺市	34537	155500	47392	4781	1211
本溪市	23689	119451	34944	5496	1809
丹东市	19290	206369	62186	7038	3167
锦州市	20528	231010	83837	22944	7095
营口市	12293	204601	70154	29688	9774
阜新市	14704	139318	52733	18887	3678
辽阳市	17938	166011	40193	5501	1037
盘锦市	6162	105298	74645	12122	5657
铁岭市	35830	198949	78460	8155	2326
朝阳市	23219	231372	89093	45606	11413
葫芦岛市	14439	160164	110567	42826	15109
辽宁省沈抚新区管委会	1741	15437	3913	270	87

8-3 续表 2

单位：户

地区	三代户				
	一间	二间	三间	四间	五间及以上
辽宁	**55463**	**678507**	**420176**	**168849**	**77700**
沈阳市	14331	138833	77155	12989	3698
大连市	7515	104174	58510	28690	19444
鞍山市	6601	41781	34553	20283	11115
抚顺市	3772	26916	15324	2593	694
本溪市	1969	20688	11380	2709	1031
丹东市	1790	47057	26507	4549	2628
锦州市	2487	45429	29445	12813	5291
营口市	1359	38274	23070	15992	7098
阜新市	1430	30754	18644	10119	2650
辽阳市	2204	31882	11629	2833	567
盘锦市	515	15175	16297	4564	2831
铁岭市	7001	49995	32247	4962	1495
朝阳市	2631	55559	30857	23717	7658
葫芦岛市	1613	29240	33381	21930	11444
辽宁省沈抚新区管委会	245	2750	1177	106	56

8-3 续表 3

单位：户

地区	四代户				
	一间	二间	三间	四间	五间及以上
辽宁	**484**	**9780**	**9771**	**5175**	**3210**
沈阳市	120	1695	1610	408	154
大连市	47	928	897	660	574
鞍山市	35	523	586	527	384
抚顺市	26	320	302	94	30
本溪市	11	227	217	69	28
丹东市	19	735	807	190	118
锦州市	25	803	799	443	224
营口市	13	609	618	556	359
阜新市	10	554	529	333	185
辽阳市	25	506	255	85	20
盘锦市	4	201	287	123	101
铁岭市	102	1104	1100	220	90
朝阳市	27	1002	851	715	327
葫芦岛市	18	532	891	748	613
辽宁省沈抚新区管委会	2	41	22	4	3

8-3　续表 4

单位：户

地　区	五代及以上户				
	一间	二间	三间	四间	五间及以上
辽宁		**3**	**1**		**2**
沈阳市					1
大连市					
鞍山市					1
抚顺市					
本溪市					
丹东市					
锦州市					
营口市			1		
阜新市					
辽阳市					
盘锦市					
铁岭市		2			
朝阳市		1			
葫芦岛市					
辽宁省沈抚新区管委会					

8-3a　各地区按家庭户类别和住房间数分的家庭户户数(城市)

单位：户

地　区	家庭户户　数	一代户				
		一间	二间	三间	四间	五间及以上
辽宁	**10246924**	**1153709**	**3703263**	**895586**	**98784**	**36492**
沈阳市	2879310	385026	1018196	258728	26824	6819
大连市	2212497	246747	706760	199582	33188	13313
鞍山市	774092	140409	259874	67053	7308	3672
抚顺市	495165	87829	193400	26601	1432	304
本溪市	329045	59701	119202	20932	1652	837
丹东市	458504	44193	181826	35284	3027	1539
锦州市	510439	36686	220360	37882	2957	1120
营口市	557640	28448	224475	48059	6140	2003
阜新市	297009	20767	125489	26972	1908	680
辽阳市	365332	25404	156153	29160	1983	534
盘锦市	377992	15257	115606	66832	6409	3668
铁岭市	258160	19397	103782	20925	1147	512
朝阳市	356657	19113	132361	23876	1938	562
葫芦岛市	328715	20608	128102	30297	2665	851
辽宁省沈抚新区管委会	46367	4124	17677	3403	206	78

注：本表数据为居住在普通住宅的家庭户。

8-3a 续表 1

单位：户

地 区	二代户				
	一间	二间	三间	四间	五间及以上
辽宁	**346519**	**2528304**	**732174**	**77268**	**24604**
沈阳市	108569	663367	208767	21311	5190
大连市	77793	557916	182630	25228	8306
鞍山市	44976	150062	48408	5622	1967
抚顺市	26670	111771	19579	1122	199
本溪市	19358	73468	14679	1056	407
丹东市	11858	117723	27846	2477	1249
锦州市	10828	142234	26777	1994	688
营口市	7616	156607	38863	5332	1627
阜新市	6650	76972	18963	1113	330
辽阳市	6091	100320	22643	1452	350
盘锦市	4205	78711	57028	5865	2905
铁岭市	6438	73579	14999	872	322
朝阳市	7640	120477	21992	1636	417
葫芦岛市	6570	91726	26190	2019	605
辽宁省沈抚新区管委会	1257	13371	2810	169	42

8-3a 续表 2

单位：户

地 区	三代户				
	一间	二间	三间	四间	五间及以上
辽宁	**35587**	**400740**	**169529**	**25825**	**11212**
沈阳市	11617	110084	45795	5559	1534
大连市	7091	94655	45011	8577	4022
鞍山市	5376	24029	11505	2360	1053
抚顺市	3010	18054	4522	324	71
本溪市	1567	11712	3699	415	168
丹东市	1161	19534	8227	1160	974
锦州市	1071	19986	6273	840	421
营口市	690	24361	9598	2232	1011
阜新市	607	11431	4366	379	157
辽阳市	587	14383	5218	646	154
盘锦市	311	8917	9858	1318	878
铁岭市	774	11114	3678	324	117
朝阳市	987	18443	5641	930	288
葫芦岛市	589	11819	5395	705	346
辽宁省沈抚新区管委会	149	2218	743	56	18

8-3a　续表 3　　　　单位：户

地　　区	四代户				
	一间	二间	三间	四间	五间及以上
辽宁	**239**	**3826**	**2440**	**527**	**295**
沈阳市	85	1033	672	98	35
大连市	46	794	601	154	83
鞍山市	22	196	123	51	26
抚顺市	20	195	51	10	1
本溪市	9	114	60	5	4
丹东市	12	202	151	27	34
锦州市	7	184	91	20	20
营口市	6	285	175	67	45
阜新市	4	147	63	10	1
辽阳市	5	147	86	11	5
盘锦市	2	71	105	28	18
铁岭市	6	113	50	8	3
朝阳市	10	206	111	20	9
葫芦岛市	3	110	89	16	10
辽宁省沈抚新区管委会	2	29	12	2	1

8-3a　续表 4　　　　单位：户

地　　区	五代及以上户				
	一间	二间	三间	四间	五间及以上
辽宁					**1**
沈阳市					1
大连市					
鞍山市					
抚顺市					
本溪市					
丹东市					
锦州市					
营口市					
阜新市					
辽阳市					
盘锦市					
铁岭市					
朝阳市					
葫芦岛市					
辽宁省沈抚新区管委会					

8-3b 各地区按家庭户类别和住房间数分的家庭户户数(镇)

单位：户

地区	家庭户户数	一代户				
		一间	二间	三间	四间	五间及以上
辽宁	**1973283**	**147910**	**677002**	**204132**	**47886**	**15918**
沈阳市	181423	20660	64130	19971	1952	615
大连市	98655	5095	32108	11580	6023	2349
鞍山市	228468	12720	70861	26152	6918	2479
抚顺市	99730	12756	37614	7013	680	286
本溪市	117406	10866	45424	8425	1006	398
丹东市	154954	12298	59151	12273	1400	601
锦州市	136116	9406	49340	16102	3508	1320
营口市	59181	2627	17912	5916	3004	954
阜新市	129108	6617	45327	15633	5560	1175
辽阳市	85077	9297	33433	4374	644	154
盘锦市	50361	2189	17449	5864	1192	410
铁岭市	276756	25041	106770	27149	2114	819
朝阳市	173495	9480	49731	16857	7578	1722
葫芦岛市	182553	8858	47752	26823	6307	2636
辽宁省沈抚新区管委会						

注：本表数据为居住在普通住宅的家庭户。

8-3b 续表 1

单位：户

地区	二代户				
	一间	二间	三间	四间	五间及以上
辽宁	**45181**	**469150**	**154743**	**36786**	**12502**
沈阳市	4395	42569	13422	1407	368
大连市	1260	19956	7511	3699	1506
鞍山市	4006	53615	20488	6483	2468
抚顺市	4257	24824	5386	620	229
本溪市	3138	32438	6708	762	275
丹东市	3177	39060	10126	1257	482
锦州市	2921	30697	9639	2213	835
营口市	751	12916	5090	2529	819
阜新市	2343	28517	9853	3490	781
辽阳市	2564	24842	3509	470	89
盘锦市	521	13230	4558	881	333
铁岭市	8458	66278	18629	1580	543
朝阳市	4214	43196	15105	6230	1485
葫芦岛市	3176	37012	24719	5165	2289
辽宁省沈抚新区管委会					

8-3b　续表 2　　单位：户

地　区	三代户				
	一间	二间	三间	四间	五间及以上
辽宁	**4751**	**79873**	**47362**	**18725**	**8196**
沈阳市	427	6918	3618	584	171
大连市	119	2882	2031	1508	872
鞍山市	517	8500	6982	3921	1983
抚顺市	357	3664	1573	285	88
本溪市	284	5103	1958	360	166
丹东市	267	8790	4551	807	394
锦州市	319	5048	2864	1179	517
营口市	83	2474	1969	1424	514
阜新市	168	4589	2923	1524	404
辽阳市	297	3980	1025	254	59
盘锦市	50	1843	1189	390	195
铁岭市	1231	11549	5282	665	266
朝阳市	307	8505	4663	3087	954
葫芦岛市	325	6028	6734	2737	1613
辽宁省沈抚新区管委会					

8-3b　续表 3　　单位：户

地　区	四代户				
	一间	二间	三间	四间	五间及以上
辽宁	**47**	**1126**	**1092**	**587**	**312**
沈阳市	3	99	83	20	11
大连市		40	48	44	24
鞍山市	7	96	128	97	46
抚顺市	4	41	34	13	6
本溪市	2	47	34	10	2
丹东市	1	132	128	39	20
锦州市	3	78	73	36	18
营口市		55	57	57	30
阜新市		60	71	46	27
辽阳市	2	53	23	8	
盘锦市	2	26	25	10	4
铁岭市	17	199	134	25	6
朝阳市	1	130	116	94	40
葫芦岛市	5	70	138	88	78
辽宁省沈抚新区管委会					

8−3b 续表 4

单位：户

地　区	五代及以上户				
	一间	二间	三间	四间	五间及以上
辽宁		**1**			**1**
沈阳市					
大连市					
鞍山市					1
抚顺市					
本溪市					
丹东市					
锦州市					
营口市					
阜新市					
辽阳市					
盘锦市					
铁岭市		1			
朝阳市					
葫芦岛市					
辽宁省沈抚新区管委会					

8−3c 各地区按家庭户类别和住房间数分的家庭户户数(乡村)

单位：户

地　区	家庭户户　数	一代户				
		一间	二间	三间	四间	五间及以上
辽宁	**4351482**	**278861**	**844394**	**719025**	**324612**	**114425**
沈阳市	496871	40056	103253	109987	15279	4332
大连市	507505	14365	62989	85364	92758	49472
鞍山市	299261	12978	37196	63133	23313	8748
抚顺市	145005	12455	31650	29868	3353	1167
本溪市	104514	5072	25456	20882	5634	1760
丹东市	247487	15531	77883	28348	3465	1676
锦州市	417727	23260	95392	71488	25513	6775
营口市	268706	12811	50673	35128	25109	7809
阜新市	229984	15946	44607	30497	17751	2644
辽阳市	209249	29475	60783	22083	4672	823
盘锦市	110417	5857	23364	20620	7049	3022
铁岭市	382714	44814	78077	57387	6136	1522
朝阳市	524678	31781	103520	70372	50600	11291
葫芦岛市	395181	12924	45920	72074	43817	13300
辽宁省沈抚新区管委会	12183	1536	3631	1794	163	84

注：本表数据为居住在普通住宅的家庭户。

8-3c　续表 1

单位：户

地　区	二代户				
	一间	二间	三间	四间	五间及以上
辽宁	**94230**	**539114**	**495475**	**237145**	**87374**
沈阳市	12985	62413	70729	12142	3148
大连市	3104	28127	39850	49345	29294
鞍山市	4472	25063	42470	22648	9870
抚顺市	3610	18905	22427	3039	783
本溪市	1193	13545	13557	3678	1127
丹东市	4255	49586	24214	3304	1436
锦州市	6779	58079	47421	18737	5572
营口市	3926	35078	26201	21827	7328
阜新市	5711	33829	23917	14284	2567
辽阳市	9283	40849	14041	3579	598
盘锦市	1436	13357	13059	5376	2419
铁岭市	20934	59092	44832	5703	1461
朝阳市	11365	67699	51996	37740	9511
葫芦岛市	4693	31426	59658	35642	12215
辽宁省沈抚新区管委会	484	2066	1103	101	45

8-3c　续表 2

单位：户

地　区	三代户				
	一间	二间	三间	四间	五间及以上
辽宁	**15125**	**197894**	**203285**	**124299**	**58292**
沈阳市	2287	21831	27742	6846	1993
大连市	305	6637	11468	18605	14550
鞍山市	708	9252	16066	14002	8079
抚顺市	405	5198	9229	1984	535
本溪市	118	3873	5723	1934	697
丹东市	362	18733	13729	2582	1260
锦州市	1097	20395	20308	10794	4353
营口市	586	11439	11503	12336	5573
阜新市	655	14734	11355	8216	2089
辽阳市	1320	13519	5386	1933	354
盘锦市	154	4415	5250	2856	1758
铁岭市	4996	27332	23287	3973	1112
朝阳市	1337	28611	20553	19700	6416
葫芦岛市	699	11393	21252	18488	9485
辽宁省沈抚新区管委会	96	532	434	50	38

8-3c 续表 3 单位：户

地区	四代户				
	一间	二间	三间	四间	五间及以上
辽宁	**198**	**4828**	**6239**	**4061**	**2603**
沈阳市	32	563	855	290	108
大连市	1	94	248	462	467
鞍山市	6	231	335	379	312
抚顺市	2	84	217	71	23
本溪市		66	123	54	22
丹东市	6	401	528	124	64
锦州市	15	541	635	387	186
营口市	7	269	386	432	284
阜新市	6	347	395	277	157
辽阳市	18	306	146	66	15
盘锦市		104	157	85	79
铁岭市	79	792	916	187	81
朝阳市	16	666	624	601	278
葫芦岛市	10	352	664	644	525
辽宁省沈抚新区管委会		12	10	2	2

8-3c 续表 4 单位：户

地区	五代及以上户				
	一间	二间	三间	四间	五间及以上
辽宁		**2**	**1**		
沈阳市					
大连市					
鞍山市					
抚顺市					
本溪市					
丹东市					
锦州市					
营口市			1		
阜新市					
辽阳市					
盘锦市					
铁岭市		1			
朝阳市		1			
葫芦岛市					
辽宁省沈抚新区管委会					

8-4　全省按户主的受教育程度分的家庭户住房状况

受教育程度	户　数 (户)	人　数 (人)	平均每户住房间数 (间/户)	人均住房建筑面积 (平方米/人)	人均住房间　数 (间/人)
总　计	**15521851**	**36611030**	**2.29**	**34.05**	**0.97**
未上过学	146070	273567	2.29	36.22	1.22
学前教育	7651	14448	2.27	39.56	1.20
小　学	2685706	6414873	2.50	32.47	1.05
初　中	7346048	17711966	2.29	31.90	0.95
高　中	2416360	5476664	2.14	34.97	0.94
大学专科	1489992	3375551	2.19	38.92	0.97
大学本科	1305564	3041301	2.29	41.54	0.98
硕士研究生	112315	272244	2.44	44.40	1.01
博士研究生	12145	30416	2.62	45.97	1.05

注：本表数据为居住在普通住宅的家庭户。

8-4a　全省按户主的受教育程度分的家庭户住房状况(城市)

受教育程度	户　数 (户)	人　数 (人)	平均每户住房间数 (间/户)	人均住房建筑面积 (平方米/人)	人均住房间　数 (间/人)
总　计	**9565104**	**21531443**	**2.09**	**34.62**	**0.93**
未上过学	57911	106476	2.00	34.56	1.09
学前教育	4281	7463	2.10	42.78	1.20
小　学	843790	1812119	2.11	32.22	0.98
初　中	4044519	9113043	2.01	31.22	0.89
高　中	1976890	4431453	2.07	34.74	0.92
大学专科	1309877	2957132	2.17	38.84	0.96
大学本科	1207624	2810848	2.29	41.54	0.98
硕士研究生	108484	263441	2.44	44.28	1.01
博士研究生	11728	29468	2.58	45.53	1.03

注：本表数据为居住在普通住宅的家庭户。

8-4b　全省按户主的受教育程度分的家庭户住房状况(镇)

受教育程度	户　数 (户)	人　数 (人)	平均每户住房间数 (间/户)	人均住房建筑面积 (平方米/人)	人均住房间　数 (间/人)
总　计	**1875173**	**4462151**	**2.28**	**34.25**	**0.96**
未上过学	14464	26303	2.20	37.71	1.21
学前教育	888	1581	2.18	40.76	1.23
小　学	311604	736688	2.37	32.92	1.00
初　中	1053981	2554931	2.28	32.96	0.94
高　中	262235	600724	2.20	36.07	0.96
大学专科	141964	328296	2.24	39.28	0.97
大学本科	86531	205443	2.29	40.85	0.97
硕士研究生	3252	7614	2.44	45.83	1.04
博士研究生	254	571	2.61	50.78	1.16

注：本表数据为居住在普通住宅的家庭户。

8-4c　全省按户主的受教育程度分的家庭户住房状况(乡村)

受教育程度	户　数 (户)	人　数 (人)	平均每户住房间数 (间/户)	人均住房建筑面积 (平方米/人)	人均住房间　数 (间/人)
总　计	**4081574**	**10617436**	**2.77**	**32.79**	**1.06**
未上过学	73695	140788	2.53	37.20	1.32
学前教育	2482	5404	2.61	34.76	1.20
小　学	1530312	3866066	2.74	32.50	1.08
初　中	2247548	6043992	2.80	32.48	1.04
高　中	177235	444487	2.81	35.79	1.12
大学专科	38151	90123	2.79	40.09	1.18
大学本科	11409	25010	2.68	46.24	1.22
硕士研究生	579	1189	2.89	61.69	1.41
博士研究生	163	377	5.28	73.55	2.28

注：本表数据为居住在普通住宅的家庭户。

8-5　全省按户主受教育程度、人均住房建筑面积分的家庭户户数

单位：户

受教育程度	户　数	人均住房建筑面积(平方米)			
		8及以下	9-12	13-16	17-19
总　计	**15521851**	**65142**	**306903**	**798695**	**778389**
未上过学	146070	740	3270	7237	5504
学前教育	7651	48	136	345	260
小　学	2685706	16674	66737	163821	120826
初　中	7346048	37382	171234	442388	419365
高　中	2416360	6562	40434	110693	132416
大学专科	1489992	2056	14319	43220	57946
大学本科	1305564	1551	9919	28741	39038
硕士研究生	112315	123	771	2041	2739
博士研究生	12145	6	83	209	295

注：本表数据为居住在普通住宅的家庭户。

8-5　续表

单位：户

受教育程度	人均住房建筑面积(平方米)				
	20-29	30-39	40-49	50-59	60及以上
总　计	**3876448**	**3272147**	**2377024**	**1221563**	**2825540**
未上过学	26916	24180	21695	15205	41323
学前教育	1261	1152	1043	797	2609
小　学	635013	580959	404277	197244	500155
初　中	2021861	1573629	1075397	520871	1083921
高　中	605283	494803	370545	206140	449484
大学专科	321554	302803	250932	140312	356850
大学本科	244672	270044	230608	128382	352609
硕士研究生	18031	22303	20335	11424	34548
博士研究生	1857	2274	2192	1188	4041

8-5a 全省按户主受教育程度、人均住房建筑面积分的家庭户户数(城市)

单位：户

受教育程度	户 数	人均住房建筑面积(平方米)			
		8及以下	9-12	13-16	17-19
总 计	**9565104**	**43142**	**200630**	**482845**	**549424**
未上过学	57911	457	1775	3385	3140
学前教育	4281	32	78	183	140
小 学	843790	8982	28474	54834	48441
初 中	4044519	24699	111447	261169	286406
高 中	1976890	5512	35179	94080	117329
大学专科	1309877	1849	13226	39510	53658
大学本科	1207624	1483	9603	27478	37329
硕士研究生	108484	123	765	1998	2693
博士研究生	11728	5	83	208	288

注：本表数据为居住在普通住宅的家庭户。

8-5a 续表

单位：户

受教育程度	人均住房建筑面积(平方米)				
	20-29	30-39	40-49	50-59	60及以上
总 计	**2389538**	**1909620**	**1392585**	**819517**	**1777803**
未上过学	11215	9125	8261	7663	12890
学前教育	641	540	565	509	1593
小 学	201807	161039	113318	76235	150660
初 中	1145837	807552	530650	307096	569663
高 中	501839	395653	291370	171952	363976
大学专科	283071	263982	215428	124641	314512
大学本科	225829	247936	211209	119247	327510
硕士研究生	17494	21574	19648	11024	33165
博士研究生	1805	2219	2136	1150	3834

8-5b　全省按户主受教育程度、人均住房建筑面积分的家庭户户数(镇)

单位：户

受教育程度	户　数	人均住房建筑面积(平方米)			
		8及以下	9-12	13-16	17-19
总　计	**1875173**	**5441**	**28220**	**84089**	**75614**
未上过学	14464	47	270	629	453
学前教育	888	5	15	33	32
小　学	311604	1374	6737	17920	13171
初　中	1053981	3437	17701	53088	47256
高　中	262235	436	2618	8877	9723
大学专科	141964	100	643	2507	3397
大学本科	86531	42	230	1000	1533
硕士研究生	3252		6	35	43
博士研究生	254				6

注：本表数据为居住在普通住宅的家庭户。

8-5b　续表

单位：户

受教育程度	人均住房建筑面积(平方米)				
	20-29	30-39	40-49	50-59	60及以上
总　计	**485438**	**412379**	**303996**	**131158**	**348838**
未上过学	2554	2419	2097	1525	4470
学前教育	132	125	123	81	342
小　学	74162	68130	46134	21802	62174
初　中	294796	232485	162651	66789	175778
高　中	65081	57546	46574	20026	51354
大学专科	31178	30921	28371	12416	32431
大学本科	17019	20057	17401	8143	21106
硕士研究生	484	653	605	356	1070
博士研究生	32	43	40	20	113

8-5c 全省按户主受教育程度、人均住房建筑面积分的家庭户户数(乡村)

单位：户

受教育程度	户 数	人均住房建筑面积(平方米)			
		8及以下	9-12	13-16	17-19
总 计	**4081574**	**16559**	**78053**	**231761**	**153351**
未上过学	73695	236	1225	3223	1911
学前教育	2482	11	43	129	88
小 学	1530312	6318	31526	91067	59214
初 中	2247548	9246	42086	128131	85703
高 中	177235	614	2637	7736	5364
大学专科	38151	107	450	1203	891
大学本科	11409	26	86	263	176
硕士研究生	579			8	3
博士研究生	163	1		1	1

注：本表数据为居住在普通住宅的家庭户。

8-5c 续表

单位：户

受教育程度	人均住房建筑面积(平方米)				
	20-29	30-39	40-49	50-59	60及以上
总 计	**1001472**	**950148**	**680443**	**270888**	**698899**
未上过学	13147	12636	11337	6017	23963
学前教育	488	487	355	207	674
小 学	359044	351790	244825	99207	287321
初 中	581228	533592	382096	146986	338480
高 中	38363	41604	32601	14162	34154
大学专科	7305	7900	7133	3255	9907
大学本科	1824	2051	1998	992	3993
硕士研究生	53	76	82	44	313
博士研究生	20	12	16	18	94